Augmented REALITY

증강 현실의 기본 원칙과 구현

Augmented REALITY

증강 현실의 기본 원칙과 구현

디터 슈말스타이그 · 토비아스 휄레러 지음
고은혜 옮김

에이콘

우르술라, 카타리나, 플로리안에게

– 디터

줄리, 클라라, 루이사에게

– 토비아스

지은이 소개

디터 슈말스타이그^{Dieter Schmalstieg}

오스트리아의 그라즈 기술 대학^{TUG} 컴퓨터 그래픽과 비전 학회장이자 전임 교수다.
현재 관심 연구 분야는 증강 현실, 가상 현실, 실시간 그래픽, 사용자 인터페이스, 시
각화다. 비엔나 기술 대학에서 학사(1993년), 공학 박사(1997년), 교수(2001년) 자격
을 취득했다. 300편 이상의 논문을 저술(공동 저술 포함)하고 심사했다. 또한 IEEE 시
각화 및 컴퓨터 그래픽 협회지의 공동 편집장, 스프링거의 가상 현실 저널 컴퓨터와
그래픽 편집 자문 위원, IEEE 국제 혼합 및 증강 현실 심포지엄 운영 위원, 가상 환경
유로그래픽스 실무 위원장(1999~2010년), 비엔나 가상 현실 및 시각화 K-플러스 컴
피턴스 센터의 핵심 연구원, 그라즈 노우 센터^{Know-Center} 핵심 연구원 등의 직책을 맡
았다. 2002년에는 오스트리아 과학 기금에서 수여하는 START Career 상을 수상했
고, 2012년에는 증강 현실 분야에 크게 기여한 공로로 IEEE 가상 현실 기술 업적상
을 수상했다. IEEE 선임 회원, 오스트리아 과학 학회, 아카데미아 유로피아의 회원으
로 선출됐다. 2008년 이래로는 핸드헬드 증강 현실을 위한 크리스찬 도플러 실험실
감독으로 일하고 있다.

토비아스 휠레러 Tobias Höllerer

산타 바버라 캘리포니아 컴퓨터 과학 대학의 교수로, 이미징Imaging, 상호작용Interaction, 혁신적 인터페이스Innovative Interface의 첫 글자인 네 개의 I를 의미하는 포 아이 연구실Four Eyes Laboratory의 공동 감독을 맡고 있다. 베를린 공학 대학에서 정보학 학위를, 콜럼비아 대학에서 컴퓨터 과학 석사, 철학 석사 및 박사 학위를 받았다. 모바일 컴퓨터 사용자가 어딜 가든 3D 공간에 주석을 넣을 수 있게 해주는 'Anywhere Augmentation'으로 미국 국립 과학 재단의 CAREER 상을 수상했다. IEEE 선임 회원이며, 2013년에는 ACM의 뛰어난 과학자로 뽑힌 바 있다. 증강과 가상 현실, 정보 시각화, 3D 디스플레이와 상호작용, 모바일과 웨어러블 컴퓨팅, 소셜 컴퓨팅 분야에 대한 150편 이상의 저널과 컨퍼런스 발표 자료를 저작(공동 저작 포함)하고 심사했다. 이 저작물 중 다수는 IEEE 국제 혼합 및 증강 현실 심포지엄ISMAR, IEEE 가상 현실VR, ACM 가상 현실 소프트웨어와 기술, ACM 모바일 HCI, IEEE 소셜컴, IEEE CogSIMA 같은 행사에서 최우수 및 우수 논문으로 선정됐다. 현재 IEEE 시각화와 컴퓨터 그래픽 협회지의 공동 편집자다. 여러 과학 학회 조직 위원으로 활동하고 있으며, IEEE VR 2015, ICAT 2013, IEEE ISMAR 2009 및 2010 프로그램의 의장과 IEEE ISMAR 2006 의장을 맡았고 IEEE ISMAR의 운영 위원이기도 하다.

감사의 말

많은 친구와 동료들의 격려나 도움 없이는 이 책을 완성할 수 없었을 것이다. 먼저, 귀중한 통찰과 제안을 아끼지 않고 책을 검토해준 라인홀트 베링거, 더그 보우먼, 안드레 페르코, 스테폰 골리츠, 키오시 키요카와, 토비아스 랭글로츠, 벵상 르쁘띠, 게르하르트 라이트마이어, 크리스 스위니, 다니엘 와그너에게 감사한다.

두 번째로는 애디슨웨슬리Addison-Wesley 편집자에게 감사한다. 피터 고든은 이 책의 아이디어를 믿고 출판 계약을 맺는 데 도움을 줬으며, 로라 르윈과 올리비아 바세지오는 지속적인 격려와 충고를 건넸다.

세 번째로 이미지 자료를 제공해준 동료들인 아론 스태포드, 알레산드로 물로니, 알렉산더 플롭스키, 안드레아스 버츠, 안드레아스 가이거, 안드레아스 하틀, 안드레이 스테이트, 앤드루 마이몬, 인디 쯔톨, 앤 모리슨, 안톤 퍼먼, 안톤 반 덴 헨겔, 아린담 데이, 블레어 매킨타이어, 브리짓 루드빅, 브루스 토머스, 크리스찬 라인바허, 크리스탄 샌더, 클로디오 피나네즈, 클레멘스 아스, 다니엘 와그너, 데이빗 미젤, 데니스 칼코펜, 도마고지 바리세비치, 도리에 셸리그먼, 에두아르도 베아스, 에릭 멘데즈, 언스트 크루예프, 에단 이드, 플로리안 레더만, 거드 헤시나, 게르하르트 라이트마이어, 게르하르트 숄, 그레그 웰치, 구드룬 클링커, 한스 카우프만, 헨리 푸쉬, 히로유키 야마모토, 허보예 벵코, 이스트반 바라코니, 이반 서덜랜드, 얀 헬링, 옌스 그루버트, 조나탄 벤투라, 조셉 뉴먼, 줄리엔 필렛, 기요시 키요카와, 루카스 그루버, 마크 빌링허스트, 마커스 오버웨거, 마커스 타츠건, 마틴 허처, 맷 스워보다, 마티아스 스트라카, 마이클 거보츠, 마이클 켄젤, 마이클 마너, 모튼 펠드, 나시르 나바브, 올리버 빔버, 파스칼 푸아, 파스칼 라거, 피터 칸, 피터 모어, 피터 위어, 필립 데스코비치, 키 판, 랄프 숀펠더, 라파엘 그라셋, 레모 지글러, 사이먼 쥴리에, 스테판 하우스바이스너, 스테파니 졸만, 스테폰 골리츠, 스티브 파이너, 이태희, 타쿠지 나루미, 탄 능구엔, 토머스 리히터 트루머, 톰 드루몬드, 울리히 에크, 벵상 르쁘띠, 웨인 피에카르스키, 윌리엄 스텝토, 볼프강 브롤, 졸트 잘라바리에게 감사한다.

네 번째로는 이 책의 주제에 관련된 수많은 토론과 훌륭한 작업 환경을 제공해준 그라즈 과학 대학과 산타 바버라 캘리포니아 대학의 동료 및 학생 여러분에게 감사한다.

마지막으로, 이 책을 쓰는 짧지 않은 기간 동안 인내하고 도와준 가족에게 감사한다.

2016년 4월 오스트리아 그라즈에서 **디터 슈말스타이그**

2016년 4월 캘리포니아 산타 바버라에서 **토비아스 휄레러**

옮긴이 소개

VIVIAN

고은혜(eunego91@gmail.com)

동국대학교에서 영어영문학을 전공했다. 졸업 후 12년
간 서구권 TV 애니메이션 제작사에서 통번역을 담당하
면서 미디어 콘텐츠 분야의 경력을 쌓았다. 이후 게임 개
발/퍼블리셔 웹젠Webzen에서 영미권 개발 스튜디오의 게임

개발 자료 번역부터 시작해 로컬라이제이션으로 영역을 넓혔다. 미국의 게임 개발사
라이엇 게임즈Riot Games에서 로컬라이제이션 팀장으로 일하면서 4년여간 인기 온라인
게임 〈리그 오브 레전드League of Legends〉의 한국 런칭부터 제반 게임 콘텐츠의 한글화
를 총괄했다.

현재는 프리랜서 번역가로 일상의 여유를 즐기면서 게임 분야를 비롯한 IT 서적을 번
역하고 있다. 독립 IT 기술자의 저술 강연 상호부조 네트워크 GoDev의 일원이다.

옮긴이의 말

〈포켓몬 고〉 신드롬을 기억할 것이다. 스마트폰으로 '포켓몬'을 잡아 수집하는 이 게임은 한국에서만 지도 자료 공개 문제로 인해 정식 서비스가 이뤄지지 않아, 국내에서 유일하게 잡을 수 있었던 속초에 얼리어답터들이 몰렸다는 소식이 뉴스로 전해지기도 했다. 몇 개월 후 정식 서비스를 시작해 전국을 강타했던 이 증강 현실 게임은 희귀 포켓몬이 나오는 길 모퉁이마다 '운전 중 포켓몬 고 금지', '주위 교통에 주의해 이용 바람' 등의 내용을 담은 현수막이 나붙는 진풍경을 연출하기도 했다. 그런데 이 신드롬은 그야말로 '신드롬'이었다. 이후 불과 몇 달 만에 그 열기가 과연 언제 있었던가 싶게 급속히 식어버렸다. 증강 현실에는 가능성이 큰 만큼 한계도 엄연히 있다는 사실을 증명하듯이 말이다.

아무튼 이 게임으로 인해 증강 현실에 대한 대중의 관심이 커진 것은 사실이다. 그렇다면 증강 현실은 게임으로만 유효한 것일까? 게임 분야에 적용하기에는 몰입도가 훨씬 높은 가상 현실이 더 적합하리라 생각한다. 대신 증강 현실은 그 쓰임새가 훨씬 많고, 일상에 적용할 수 있는 범위가 훨씬 넓다. 실제 증강 현실의 초기적 구현은 우리가 전시회나 박물관에 갔을 때 적당한 간격으로 작품에 대한 소개를 들려주는 전시 설명 앱, 전자제품의 QR 코드 등을 인식시키면 사용 설명서로 연동되는 앱, 모임 장소를 찾아가기 위해 활용하는 지도 앱 등으로 생활 곳곳에 벌써 들어와 있다. 이 모든 것이 다 증강 현실이라고? 다소 의아할 수 있겠지만 어떤 도구든 활용해 우리의 생활 현장에 대한 추가 정보를 제공하는 것이 바로 증강 현실이다. 게다가 우리의 주머니에는 이미 남녀노소 할 것 없이 스마트폰이라는 성능 좋은 휴대용 컴퓨터가 들어있지 않은가. 구글 글래스나 마이크로소프트의 홀로렌즈에 대한 기대가 높았던 이유는 이런 증강 현실을 공상 과학 영화처럼 좀 더 편리한 UI로 직접 활용하게 된다는 상상 때문이었을 것이다. 그리고 스마트폰만으로 혹은 스마트폰과 함께 활용해 이렇게 증강 현실을 눈앞에서 펼쳐줄 새로운 기기를 만드는 것도 개발자에게는 이루고 싶은 꿈일 것이다.

프라이버시 문제와 괴짜처럼 보일 것 같은 두려움을 극복하는 기술이 나오기만 하면, 증강 현실은 지금껏 나온 어떤 기술보다 소비자에게 깊숙이 침투할 수 있을 것이다. 증강 현실이 무엇인지, 어떤 가능성이 있는지, 어디에 활용할 수 있을지 궁금하다면 기초적 내용을 꼼꼼히 살펴주는 이 책으로 공부를 시작해보고 힌트를 얻길 바란다.

차례

들어가며

지난 20여년 동안 정보 기술은 딱딱한 사무실 공간에 있는 커다란 데스크톱으로부터 웹을 거쳐 소셜 미디어로, 그리고 모바일 컴퓨팅으로 바뀌었다. 노트북 컴퓨터를 데스크톱 카테고리에 포함한다 해도 스마트폰과 태블릿 컴퓨터의 판매량이 기존 데스크톱 PC의 판매량을 훌쩍 앞지른 지 이미 몇 년째다.

오늘날 주로 쓰는 사용자 인터페이스 스타일은 1990년대의 데스크톱 컴퓨팅(또는 1981년 제록스 스타Xerox Star)에서 크게 달라지지 않았지만, 젊은 세대가 받아들이는 컴퓨터의 개념은 확실히 변화했다. 앱과 클라우드 컴퓨팅이 데스크톱 컴퓨터의 자리를 차지하고 있는 경우는 셀 수도 없다. 그와 함께 컴퓨팅 역시 사무실이나 홈오피스에서 이뤄지는 언제 어디서나 하는 활동으로 바뀌었다.

시작하는 말: 증강 현실

사용자가 데스크톱에서 멀어지면서 컴퓨팅 경험에 물리적 환경을 포함시키는 것이 점점 더 중요해지고 있다. 우리가 사는 물리적 세계는 평면이 아니며 미리 작성된 문서로 구성되지도 않기에 새로운 사용자 인터페이스 개념이 필요하다. 그런데 증강 현실AR이야말로 위치 기반 컴퓨팅을 위한 선도적인 사용자 인터페이스가 될 가능성이 높다. 증강 현실은 실제 현실과 그 현실에 대한 가상 정보를 직접 연결하는 독특한 특징이 있다. 세상 자체가 사용자 인터페이스가 되기 때문에 "다시 진짜 세상으로!"라는 선언이 사실이 되는 것이다.

인공적으로 만든 세계에 빠져들게 하는 개념의 가상 현실은 놀라운 3D 그래픽으로 게임 콘솔 개발과 헤드마운트 디스플레이 및 제스처 추적 장치 같은 상용 제품 개발을 이끌었다. 하지만 우리의 주의를 독점하는 가상 현실 형태의 사용자 인터페이스가 일상적이며 자발적인 컴퓨터 사용에 꼭 들어맞는 것은 아니다. 대신, 우리는 작고 이해하기 쉬운 정보를 제공하며 일상적으로 활용할 수 있는 컴퓨터 인터페이스에 점점 더 의존하고 있다. 즉, 유비쿼터스 컴퓨팅의 필요성이 대두되고 있는 것이다. 사용자가 개입하지 않거나 의식적으로 주의를 기울이지 않아도 배후에서 작동하는 조용한 컴퓨팅calm computing의 형태가 여기에 적당하다. 유비쿼터스 상호작용이 필요하다면, 증강 현실은 그런 사용자 인터페이스 기술로서 탁월하다.

왜 증강 현실인가?

여러 중첩된 연구 분야가 증강 현실의 발전에 기여하고 있으며, 그에 관한 지식 체계도 빠르게 성장하고 있다. 우리는 1990년대부터 이 분야의 연구자로서 기여해왔다. 하지만 이 책은 내가 근무하는 그라즈 기술 대학Graz University of Technology과 산타 바버라 캘리포니아 대학University of California, Santa Barbara에서 증강 현실 강의의 교재로 쓰기 위해 만들어졌다. 강의를 준비하는 시점에는 빠르게 발전하는 이 분야를 깊이 있게 모두 다루는 교과서가 없기 때문이다. 몇 가지 노트는 시그래프SIGGRAPH 2001부터 시작해 우리가 참여한 여러 컨퍼런스의 튜토리얼에서 가져왔다. 그 이후 많은 연구가 이뤄졌기에 체계적으로 새로운 개념과 실용적인 정보에 주목하며 이런 지식을 담고자 했다. 그렇게 이 책은 탄생했다.

이 책에서 다루는 내용

제목 그대로, 이 책은 원칙과 실천의 타협을 추구한다. 학술 연구자와 실무자, 특히 증강 현실 응용에 관심이 있는 엔지니어에게 흥미롭고 유용하도록 구성하는 것이 우리의 목표였다. 그래서 이 책은 교과서나 참고 자료 모두로 충분히 활용할 수 있다. 컴퓨터 과학에 대한 기본적인 지식이 있고 컴퓨터 그래픽 및 컴퓨터 비전에 대한 지식이나 흥미가 있다면, 이 책을 최대한 활용할 수 있을 것이다. 이 책에서 모든 것을 설명하기보다는 구체적으로 특정 측면을 설명한 기존 문헌에서 그 배경을 더 알아볼 수 있도록 적극적으로 참고 문헌을 소개했다. 동시에 이 책만으로도 증강 현실의 개념에 대해 기본적인 지식 이상의 내용을 충분하고 분명하게 이해할 수 있게끔 주의를 기울였다. AR의 기술적, 방법론적 토대를 이해하기 쉽게 제시하고자 책은 다음과 같이 구성했다.

1장. 증강 현실의 개요 증강 현실의 현재 개념을 정의하고 이 분야의 역사를 간략하게 알아본 다음, 강력한 실제 세계의 사용자 인터페이스 기술로서 다양한 응용 사례를 독자들에게 안내한다. 마지막으로 관련 기술과 연구 분야의 다양한 맥락을 살펴본다.

2장. 디스플레이 증강 현실을 가능하게 해주는 근본적인 기술인 디스플레이를 다룬다. 시각적 인식의 기초를 토대로 증강 현실에 적합한 다양한 디스플레이 기술, 특히 헤드마운트 디스플레이, 핸드헬드 디스플레이, 투영 디스플레이를 살펴본다. 청각 및 촉각 장치와 같은 비시각적 디스플레이에 대해서도 설명한다.

3장. 트래킹 증강 현실의 핵심 기술 중 하나인 트래킹을 소개한다. 먼저 트래킹과 일반적인 측정 시스템이 어떻게 작동하는지 이해하는 데 필요한 특성을 알아본다. 그런 다음 기존의 고정형 트래킹 시스템을 알아보고, 이를 모바일 센서와 비교한다. 가장 눈에 띄는 트래킹 기술인 광학 트래킹은 광범위하게 활용된다. 센서 퓨전의 원리를 간략히 살펴보며 맺는다.

4장. 증강 현실을 위한 컴퓨터 비전 3장에서 다룬 광학 트래킹의 문제를 알아보고 실시간 포즈 추정, 즉 관찰된 이미지에서 카메라의 관찰 위치와 방향을 결정하는 컴퓨터 비전 알고리즘을 자세히 설명한다. 이 주제에 좀 더 편하게 다가가고 다양한 독자의 수준에 맞추기 위해 이 장은 사례 연구 위주로 구성했다. 모든 사례 연구는 그 자체에 필요한 지식만 소개하므로, 컴퓨터 비전에 대한 깊은 지식이 없어도 괜찮다. 또한 OpenCV와 같은 소프트웨어 라이브러리를 참조하므로, 고급 수학 관련 주제를 반드시 이해하지 못하더라도 내용을 쉽게 따라갈 수 있다.

5장. 캘리브레이션과 등록 증강 현실에 사용되는 장치의 캘리브레이션과 등록 방법을 다룬다. 3장에서 설명한 광학 트래킹에 사용되는 디지털 카메라의 캘리브레이션은 증강 현실 애플리케이션에서 반복 가능하고 정확한 동작을 제공하는 데 필요한 전제 조건이다. 등록은 증강 현실 체험의 물리적 부분과 가상 부분의 지오메트리를 정렬해 일관된 혼합 환경을 만들어내는 과정이다.

6장. 시각적 일관성 실제 및 가상 객체의 완벽한 혼합 보기를 함께 생성하는 컴퓨터 그래픽 기술 제품군에 중점을 둔다. 가상 객체와 실제 객체 사이의 올바른 오클루전이나 가상 객체와 실제 객체 간의 정확한 음영 처리 같은 현상도 알아본다. 또한 감소 현실이라고도 불리는, 장면에서 실제 물체를 제거하는 접근법을 알아보고 실제 카메라의 시뮬레이션을 살펴본다.

7장. 상황 시각화 시각화 기술을 집중적으로 살펴본다. 시각화는 정보를 이해하기 쉽게 만들어주는 것이다. 증강 현실의 맥락에서 이는 물리적 장면의 물체에 지오메트리가 등록된 컴퓨터로 생성한 정보가 사용자가 쉽게 이해할 수 있는 방식으로 배치되고 스타일화돼야 한다는 것을 의미한다. 우리는 2D 증강(예: 텍스트 레이블)과 3D 증강(예: 객체 내부가 합성된 뷰, 즉 '고스팅')이라는 두 가지를 다룬다.

8장. 상호작용 증강 현실의 응용과 관련된 다양한 상호작용 기술 및 상호작용 스타일을 살펴본다. 그리고 간단한 위치 정보 검색부터 완전한 3D 상호작용에 이르기까지 다양한 내용을 다룬다. 특히 프롭, 위젯 및 수작업 기반의 상호작용과 증강 현실을 다양한 유형의 사용자 인터페이스에 연결하는 방법을 구체적으로 논의한다. 또한 증강 현실을 위한 멀티모드 및 에이전트 기반 인터페이스를 살펴본다.

9장. 모델링과 주석 대화형 모델링, 즉 증강 현실을 통한 새로운 지오메트리 콘텐츠의 생성과 관련된 주제를 다룬다. 3D 환경에 내장된 사용자 인터페이스는 환경의 디지털 버전을 재구성하는 강력한 접근 방식이 될 수 있다. 이 가능성은 비주얼 컴퓨팅을 다루는 모든 애플리케이션에 아주 중요하다.

10장. 저작 증강 현실 저작의 접근법을 논의한다. 증강 현실 프레젠테이션 및 정보 데이터베이스의 콘텐츠는 오늘날 웹 콘텐츠가 제작되는 것과 같은 방식으로 설계되고 작성돼야 한다. 증강 현실 콘텐츠는 기존 도구 또는 증강 현실 자체로 저작할 수 있다. 저작은 지오메트리 및 시각적 속성(특히 애플리케이션의 의미 및 동작 설정)을 넘어서, 애플리케이션의 의미와 행동 양식을 결정 짓는다. 저작은 되도록 내용에만 신경 쓸 수 있어야 하며 전통적 프로그래밍 작업은 최소한, 혹은 아예 필요 없어야 한다. 이러한 요건을 충족할 수 있는 다양한 접근법을 알아보고, 증강 현실 저작과 최신 웹 표준 공개를 결합하는 최근의 연구를 알아본다.

11장. 내비게이션 특히 증강 현실의 사용자 인터페이스로서의 내비게이션을 살펴본다. 모바일 정보 시스템에서는 낯선 환경에서 방향을 찾는 것이 애플리케이션이 풀어야 할 중요한 과제다. 증강 현실을 사용해 구현된 내비게이션 가이드 기술의 개요를 제시하고, 디지털 맵과 비교해본다.

12장. 협업 공동 작업을 살펴본다. 증강 현실은 개인 간의 의사 소통에 사용될 수 있는 매체로서 잠재력이 크다. 여기에는 공유 증강 현실 시스템에서 제공하는 추가 단서로 강화된 같은 공간에서의 협업과 증강 현실 기술로 큰 도움을 받을 수 있는 원격 협업이 포함되며, 그 과정에서 새로운 형태의 원격 회의도 가능하다.

13장. 소프트웨어 아키텍처 증강 현실 시스템의 기본 아키텍처를 분석한다. 증강 현실은 실시간 시스템, 멀티미디어 시스템, 분산 시스템의 측면을 결합해야 할 때가 많으므로 복잡한 요구 사항이 따른다. 애플리케이션 프로그래머가 이해할 수 있는 유연한 방식으로 이런 요구 사항을 결합하는 것은 어려운 일이다. 분산 객체, 데이터플로우 시스템, 씬 그래프 같은 다양한 아키텍처 패턴을 논하고, 여러 사례 연구를 알아본다.

14장. 미래 증강 현실이 프로토타입 애플리케이션에서 입증된 유용성을 통해 연구 분야로부터 보편적인 소비 제품으로 변화해가면서 어떻게 자리잡을지 검토한다. 이 장은 장애물과 아직 해결되지 않은 문제를 해결할 방법도 살펴본다. 또한 이 책에서 소개한 자료의 추세와 시사점을 요약하고, 향후 연구될 주제들도 설명한다.

이 책과 관련 자료의 활용법

이 책을 어떻게 사용하느냐는 증강 현실 분야에 대한 독자의 관련성, 관심의 정도, 초점에 따라 다르다. 세 가지 유형에 따라 활용법은 다음과 같다.

개발자: 전문 개발자라면 증강 현실 애플리케이션의 설계, 구현, 평가에 대한 영감을 얻는 지침서로 사용할 수 있다. 디스플레이, 트래킹, 상호작용을 다룬 장들에서 하드웨어 설정에 대한 유용한 정보를 찾을 수 있다. 시각적 일관성, 시각화 및 응용프로그램 콘텐츠 개발을 위한 저작에 대한 장들도 도움이 될 것이며, 트래킹, 컴퓨터 비전, 캘리브레이션을 다룬 장들에서는 적절한 등록 기술에 대해 배울 수 있다. 사용자 인터페이스 설계는 상호작용을 다룬 장과 그다음 장들에서 설명한다. 마지막으로 소프트웨어 아키텍처에 관한 장은 실제 구현 작업에 중요한 정보를 제공한다.

교사: 이 책은 몇 가지 대학 수준 과정에 대한 교과서로 유용하게 활용할 수 있다. 증강 현실을 연구하는 대학원 과정이라면 기초 교과서로 사용할 수 있다. 컴퓨터 그래픽이나 비주얼 컴퓨팅 과정이라면 시각적 일관성과 시각화에 대한 장들을 증강 현실의 그래픽 측면을 소개하는 목적으로 사용할 수 있다. 컴퓨터 비전 과정에서는 중요한 실시간 컴퓨터 비전 기술을 가르칠 때 트래킹과 등록에 대한 장들을 사용할 수 있다. 인간과 컴퓨터의 상호작용 과정이라면 상호작용, 모델링, 저작, 내비게이션, 협업에 대한 장들을 활용해 증강 현실 개념을 자세히 설명할 수 있다.

연구원: 실험용 증강 현실 애플리케이션의 개발 또는 평가에 관심이 있는 연구원이라면 포괄적 참고서로 활용할 수 있다. 결론 장의 연구 주제는 연구자와 학생들에게 이 분야에서 다뤄질 중요한 질문을 제시한다.

웹사이트

이 책의 웹사이트 주소는 다음과 같다.

http://www.augmentedrealitybook.org/

증강 현실은 빠르게 진화하는 분야다. 이 책은 그 속도에 맞출 수 있게끔 웹사이트에 교재를 포함한 추가 정보를 수록했다. 사이트에는 최신 증강 현실 연구 및 애플리케이션과 관련된 정보와 링크가 포함돼 있다. 사이트는 공개로 운영되고 있으므로 자유로이 기고하면 된다. 이 책의 향후 개정판 웹사이트 업데이트를 위해 많은 의견을 부탁한다.

한국어판 관련 정보와 정오표는 에이콘출판사 도서정보 페이지 http://www.acornpub.co.kr/book/augmented-reality-principle에서 확인할 수 있다.

1장

증강 현실의 개요

컴퓨터 그래픽의 발달로 이미지가 점점 현실 세계를 닮아가면서 가상 현실(VR, virtual reality)의 인기도 높아지고 있다. 하지만 게임이나 영화 같은 미디어에서 컴퓨터로 합성한 이미지를 보면 실제로 우리가 살고 있는 환경에 매끄럽게 섞여 들어가지는 않으며, 무엇이든 가능해졌다는 것이 장점인 동시에 한계로 작용하고 있다.

그 이유는 바로 우리가 일상에서 주로 관심을 갖는 부분이 가상이 아니라 우리를 둘러싼 실제 세계이기 때문이다. 스마트폰과 여러 모바일 기기 덕분에 우리는 언제 어디서나 엄청난 양의 정보에 접근할 수 있지만, 이런 정보는 보통 실제 세계와는 단절돼 있다. 온라인에서 실제 세계에 대한 정보를 얻으려 하거나 정보를 접하고 싶다면 개인이 인지적으로 꾸준한 노력을 기울여야 한다.

모바일 컴퓨팅을 강화해 자동으로 실제 세계에서 일어나는 일에 연결될 수 있다면 여러모로 좋을 것이다. 몇 가지 예제만 살펴봐도 이런 아이디어가 가진 매력은 뚜렷하다. 위치 기반 서비스는 GPS^{Global Positioning System}를 기반으로 내비게이션 서비스를 제공하고, 바코드 스캐너는 도서관 서가에 꽂힌 책이나 슈퍼마켓에 진열된 상품을 식별해준다. 하지만 이런 기술은 사용자가 정해진 행동을 취해야 하며, 다소 조잡하기도 하다. 바코드는 책의 정보를 확인할 때는 좋지만 하이킹 중에 앞에 보이는 산봉우리 이름을 찾아주지는 않는다. 마찬가지로 시계의 조그만 부품을 식별해줄 수도 없고, 수술하는 외과 의사에게 인체의 해부학적 구조를 알려줄 수도 없다.

증강 현실은 직접, 그리고 자동으로 물리적 세계를 전자 정보에 적극적으로 연결해준다는 전제를 담고 있다. 다시 말해 물리 세계에 대해 전자적으로 강화된 단순하고 즉각적인 사용자 인터페이스^{UI}를 제공한다. UI에 대한 근본적 발상의 전환이라는 메타포로서 증강 현실이 가진 엄청난 잠재력은 휴먼 컴퓨터 상호작용에서 최근 일어난 월드 와이드 웹, 소셜 웹, 모바일 기기의 혁명이라는 사건에서 짐작할 수 있다.

이런 사건들의 전개 과정은 뚜렷하다. 먼저 온라인 정보에 대한 접근이 엄청나게 늘어나며 대규모의 정보 소비자들이 생겨났다. 이런 소비자들은 이어서 정보 제조자로 활동하며 서로 대화할 수 있게 되고, 결국 어디에서 어떤 상황에서나 커뮤니케이션을 관리할 수단까지 갖게 됐다. 그럼에도 이 모든 정보가 수집되고 작성되며 커뮤니케이션이 일어나는 물리적 세계는 사용자의 전자적 활동에 연결될 준비를 하지 못했다. 이 모델은 물리적 세계와 직접 연관되지 않는 추상적 웹 페이지와 서비스에 머물러 있는 것이다. 위치 기반 컴퓨팅과 서비스 분야에는 많은 기술적 발전이 일어나서, 상황 컴퓨팅^{situated computing}이라고 불리기도 한다. 그렇지만 위치 기반 서비스의 UI는 아직까지도 데스크톱, 앱, 웹 기반 패러다임으로 구성돼 있다.

증강 현실은 이런 상황을 변화시킬 수 있으며, 그 과정에서 정보 브라우징과 저작을 재정의할 수 있다. UI로서의 잠재력과 이를 가능케 해줄 기술은 오늘날의 컴퓨터 과학과 애플리케이션 개발 분야에서 가장 흥미롭고 미래 지향적인 부분이다. 증강 현실은 실제 세계의 모습 위에 컴퓨터로 생성한 정보를 얹을 수 있어서 인간의 인식과 인지를 굉장히 새로운 방식으로 확장할 수 있다.

이 책에서는 먼저 증강 현실에 대한 잠정적 정의를 제공하고 간단히 연구 분야의 중요한 개발 성과를 살펴본 후, 다양한 애플리케이션 분야의 예제를 통해 물리적 UI로서의 잠재력을 알아보겠다.

정의와 범위

가상 현실VR은 완전히 컴퓨터로 만든 환경 속에 사용자를 넣지만, 증강 현실AR은 실제 환경에 정보를 직접 등록하는 것이 목적이다. AR은 가상 현실과 실제 세계 사이의 간극을 공간적, 그리고 인지적으로 메워준다는 면에서 모바일 컴퓨팅을 한 단계 넘어선다. AR을 사용하면 최소한 인지적으로는 디지털 정보가 실제 세계의 일부처럼 보인다.

이런 연결을 구현해내려면 컴퓨터 과학의 많은 분야에 대한 지식이 필요하며, AR이 진짜 무엇인지도 애매해질 수 있다. 예컨대 증강 현실이라고 하면 많은 이들이《쥐라기 공원》과《아바타》같은 영화에서 쓰인 특수 효과 그래픽과 실사 요소의 시각적 조합을 연상한다. 영화에 이용되는 컴퓨터 그래픽도 AR이 적용될 수 있는 영역이긴 하지만, 영화에는 AR의 한 가지 중요한 측면인 상호작용성이 결여돼 있다. 이런 혼동을 피하려면 먼저 이 책에서 논의될 주제의 범위를 정해야 한다. 다시 말해, 'AR은 무엇인가?'라는 질문에 대한 답을 정해야 하는 것이다.

AR에 대해 가장 폭넓게 받아들여지는 정의는 1997년 아주마Azuma가 논문을 통해 제기했다. 그에 따르면[2007] AR은 다음 세 가지 특성을 갖춰야 한다.

- 실제와 가상의 결합
- 실시간 상호작용
- 3D로 표시

이 정의에는 헤드마운트형 디스플레이HMD 같은 기기에 관련된 요건은 포함되지 않으며, AR을 시각적 매체로 한정하지도 않는다. 청각, 촉각, 심지어 후각이나 미각 AR은 비록 구현하기는 어렵지만 이 범위에 들어간다. 이 정의에는 실시간 컨트롤이나 공간적 표시는 들어가지 않으므로, 정확한 실시간 정렬이나 가상과 실제 정보의 상호 부합 역시 고민하지 않아도 된다. AR 디스플레이 사용자에게는 어떤 종류든 상호작용할 수 있는 시점 컨트롤이 있어야 하며, 컴퓨터로 생성된 디스플레이 증강물은 실제 환경에서 참조한 물체들을 표시해야 한다.

실시간 성능의 측면에 대한 의견은 개인과 과제 혹은 애플리케이션, 밀착된 피드백 순환에 의해 작동하는 인간과 컴퓨터 인터페이스에 내재된 상호작용성에 따라 다양하다. 사용자는 계속해서 AR 장면을 이동하며 AR 경험을 컨트롤한다. 그러면 시스템은 사용자의 시점이나 포즈를 추적해 입력을 포착한다. 그래서 실제 세계의 포즈를 가상 콘텐츠에 표시한 후, 사용자에게 상황 시각화(실제 세계에 있는 물체들에 사물을 표시하는 시각화)로 보여준다.

완전한 AR 시스템에는 트래킹, 등록, 시각화라는 최소한 세 가지 컴포넌트가 필요하다. 네 번째 컴포넌트인 공간 모형(예: 데이터베이스)은 실제 세계와 가상 세계에 대한 정보를 저장한다(그림 1.1). 트래킹 컴포넌트에서 참고할 수 있게끔 실제 세계의 모형이 필요한데, 이것이 실제 세계에 사용자가 있는 위치를 결정한다. 가상 세계 모델은 증강을 위해 활용되는 콘텐츠와 일관돼야 하며, 공간 모델의 두 부분 모두 같은 좌표 시스템에 등록돼야 한다.

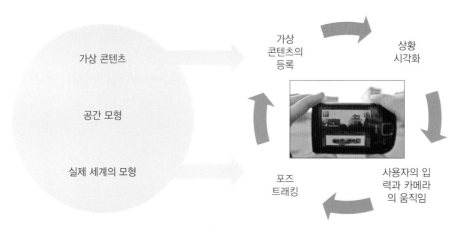

그림 1.1 AR은 인간 사용자와 컴퓨터 시스템 사이의 피드백 순환을 활용한다. 사용자는 AR 디스플레이를 관찰하고 시점을 컨트롤한다. 시스템은 사용자의 시점을 추적해 실제 세계의 포즈를 가상 콘텐츠에 표시하고, 위치 시각화를 제시한다.

증강 현실의 간략한 역사

물리적 세계 위에 정보 오버레이를 얹는 예는 쉽게 찾을 수 있으므로, 컴퓨터로 만든 정보의 주석을 얹는 최초의 시도는 1960년대에 이미 일어났다는 정도만 기억하자. VR과 AR로 발전한 이 분야의 선구자로는 이반 서덜랜드Ivan Sutherland를 꼽을 수 있다. 그는 1965년에 발표한 에세이 『얼티밋 디스플레이ultimate display』에서 다음과 같이 유명한 문구를 남겼다.

> 궁극적인 디스플레이라면 당연히 컴퓨터가 사물의 존재를 컨트롤할 수 있는 방일 것이다. 이런 방에 디스플레이된 의자에는 앉을 수도 있을 것이다. 디스플레이된 수갑은 구속력이 있고, 총알은 치명상을 줄 것이다. 이런 디스플레이를 적절하게 프로그래밍하면 말 그대로 앨리스가 걸어 들어갔던 이상한 나라가 될 수 있다.

하지만 서덜랜드[1965]의 에세이에는 그저 몰입형 디스플레이에 대한 설명만 있지 않다. 여기에는 그리 자주 논의되지는 않지만 분명히 AR의 탄생을 예상하는 문구도 담겨 있다.

> 오늘날 시각 디스플레이의 사용자는 쉽사리 실체가 있는 물체를 투명하게 만들고, '사물을 투과해서 볼 수' 있다!

이후 서덜랜드는 곧 최초의 VR 시스템을 만들어냈다. 1968년 그는 최초의 헤드마운트 디스플레이를[서덜랜드 1968] 완성했다. 무게가 상당히 나갔기 때문에 천장에 매달아야 했고, 그래서 '다모클레스의 칼'이라는 별명이 붙었다(그림 1.2). 이 디스플레이에는 이미 헤드 트래킹head tracking과 투사형 광학see-through optics 기술이 탑재됐다.

1980년대부터 1990년대 초반까지 컴퓨터의 성능이 크게 발전하면서 결과적으로 AR도 독립적 연구 분야로 떠오르게 됐다. 1970년대부터 1980년대까지, 마이론 크루거Myron Krueger, 댄 샌딘Dan Sandin, 스콧 피셔Scott Fisher 등은 쌍방향 예술 경험으로서 동영상에 얹은 CG 오버레이에 사람이 상호작용할 수 있게 해주는 여러 가지 개념을 실험했다. 특히 크루거[1991]는 1974년경 비디오플레이스Videoplace 설치에서 그래픽 입력으로 상호작용이 가능하게 참가자의 실루엣을 얹은 협동 작품을 선보였다.

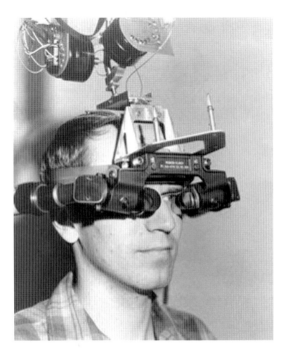

그림 1.2 1968년 세계 최초로 만들어진 헤드마운트 디스플레이의 별명은 다모클레스의 칼[1]이었다. (사진 제공: 이반 서덜랜드)

1992년에는 드디어 '증강 현실'이라는 용어가 정식으로 등장했다. 이 용어는 보잉의 코델Caudell과 미젤Mizell의 작업에서 처음 등장했는데, 투명한 헤드마운트 디스플레이(그림 1.3)에 와이어프레임의 설계도를 디스플레이해 항공기 공장 직원들을 보조하는 방편으로 쓰였다.

---

1 아무 부족함이 없고 우아하게만 보이는 그리스 신화 속 절대 권력자인 왕의 머리 위에 매달려 그 목숨을 위협하던 검으로, 권력을 탐하는 자에 대한 통렬한 경고를 의미한다. – 옮긴이

그림 1.3 보잉의 연구원들은 비쳐 보이는 HMD를 활용해서 항공기의 전선 조립 가이드를 마련했다. (사진 제공: 데이빗 미젤)

1993년, 파이너Feiner 등은 지식 기반 AR을 활용하는 시스템 KARMA를 소개했다. 이 시스템은 자동으로 복구와 유지 관리 절차를 위한 적절한 명령어 시퀀스를 판단할 수 있었다(그림 1.4).

또 1993년에는 피츠모리스Fitzmaurice가 최초의 핸드헬드형 공간 인식 디스플레이를 만들었는데, 이는 핸드헬드 AR의 전신이 됐다. 카멜레온Chameleon이라는 이 핸드헬드 기기는 LCD 화면에 연결해 쓰는 형태였다. 화면에는 마그네틱 트래킹 기기를 사용해 해당 시점에 공간적으로 추적한 동영상이 SGI 그래픽 워크스테이션에 출력됐다. 이 시스템은 벽에 붙여둔 지도에서 한 위치에 대한 상세한 정보를 주는 등, 사용자가 기기를 움직일 때 맥락에 따른 정보를 보여줄 수 있었다.

38

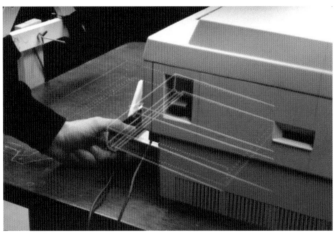

그림 1.4 (위) KARMA는 최초의 지식 기반 AR 애플리케이션이었다. (아래) HMD를 쓴 사용자는 프린터 유지 보수를 위한 지시를 볼 수 있었다. (사진 제공: 스티브 파이너(Steve Feiner), 블레어 매킨타이어(Blair MacIntyre), 도리 셀리그 먼(Doreé Seligmann), 콜럼비아 대학교)

1994년 노스 캐롤라이나 채플 힐 대학교의 스테이트State 등은 의사가 임산부의 태아를 직접 볼 수 있도록 해주는 매력적인 의료용 AR 애플리케이션을 선보였다(그림 1.5). 사람의 몸처럼 변형될 수 있는 사물 위에 컴퓨터 그래픽을 정확하게 얹는 것은 오늘날에도 까다로운 도전이지만, 이 애플리케이션은 의료와 기타 섬세한 작업에 AR이 어떤 힘을 발휘할 수 있는지 알려주는 중요한 업적으로 자리매김했다.

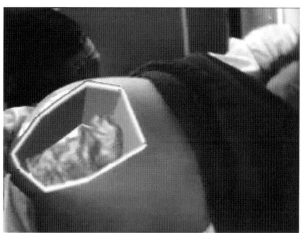

그림 1.5 임산부의 자궁 속 모습 (사진 제공: 안드레이 스테이트(Andrei State),
UNC 채플 힐)

1990년대 중반에는 MIT 미디어 랩의 스티브 맨Steve Mann이 허리에 매는 컴퓨터와 투
사형 HMD(버추얼 리서치 시스템의 VR4를 개조함)를 사용한 '현실 중개기'를 만들어
실험했는데, 이 장치는 사용자가 시각적인 현실을 증강하거나 변경 혹은 감소시킬 수
있었다. 맨은 웨어캠WearCam 프로젝트로[1997] 웨어러블 컴퓨팅과 중계된 현실을 탐구
했다. 그의 작업은 궁극적으로 학문적인 웨어러블 컴퓨팅 분야 확립을 도와서 초기
시절 AR과의 시너지를 보여줬다[스타너(Starner) 등, 1997].

1995년, 레키모토Rekimoto와 나가오Nagao는 최초로 선으로 연결하는 방식이긴 하지만 진정한 의미의 핸드헬드형 AR 디스플레이를 만들어냈다. 이들이 만든 나비캠NaviCam 은 워크스테이션에 연결되며 전방을 향한 카메라를 갖췄다. 이 장치는 동영상 피드에서 카메라 이미지의 컬러 코드 처리된 마커를 감지하고 동영상을 투과해 정보를 디스플레이했다.

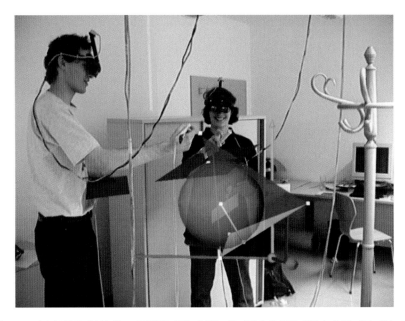

그림 1.6 스터디어스투브 시스템에는 고등학생을 위한 지리학 교육 애플리케이션이 있었다. (사진 제공: 한스 카우프만(Hannes Kaufmann))

1996년 슈말스타이그Schmalstieg 등은 최초의 공동 AR 시스템인 스터디어스투브 Studierstube를 개발했다. 이 시스템은 여러 사용자가 공유 공간에서 가상의 물체를 함께 경험할 수 있었다. 각 사용자는 추적되는 HMD를 가지고 개인의 시점에서 원근법이 정확한 입체 이미지를 볼 수 있었다. 멀티유저 VR과는 달리, 음성, 몸의 자세, 제스처 같은 자연스러운 커뮤니케이션 신호는 가상 콘텐츠가 가능한 한 두드러지지 않는 방식의 전형적인 협업 상황에 추가됐기 때문에 스터디어스투브에 영향을 미치지 않았다. 대표적 애플리케이션 중 하나인 지리 교과는[카우프만과 슈말스타이그 2003] 실제 고등학교 학생들을 대상으로 테스트에 성공했다(그림 1.6).

1997년부터 2001년까지는 일본 정부와 캐논 주식회사가 합작으로 임시 연구 회사인 믹스트 리얼리티 시스템 래보라토리Mixed Reality Systems Laboratory에 기금을 댔다. 이 조인트 벤처는 당시 시점으로 MRmixed reality(혼합 현실) 연구를 위한 최대 규모의 산업적 연구 시설이었다[타무라(Tamura) 2000][타무라 등 2001]. 이 연구소의 가장 주목할 만한 성과는 최초의 동축 스테레오 비디오 투사형 HMD인 코스타COASTAR 설계를 꼽을 수 있다. 그 외에 이 연구소는 일본에서 아주 각광받는 디지털 엔터테인먼트 시장을 향한 많은 작업을 수행했다(그림 1.7).

1997년, 파이너 등은 최초의 아웃도어 AR 시스템인 투어링 머신Touring Machine(그림 1.8)을 콜럼비아 대학에서 개발했다. 투어링 머신은 투사형 HMD에 GPS와 방향 추적을 이용한다. 이 시스템으로 모바일 3D 그래픽을 전달하려면 컴퓨터, 다양한 센서, 입력용 초기 태블릿 컴퓨터가 들어있는 배낭이 필요했다[파이너 등. 1997][횔레러(Höllerer) 등. 1999b].

그림 1.7　RV-보더 가드(RV-Border Guards)는 캐논의 혼합 현실 시스템 랩에서 개발한 멀티유저 슈팅 게임이었다. (사진 제공: 히로유키 야마모토(Hiroyuki Yamamoto))

 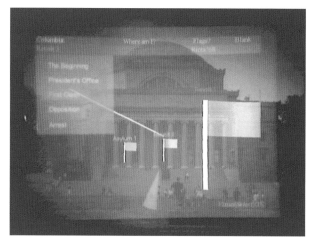

그림 1.8 투어링 머신은 최초의 아웃도어 AR 시스템이었다(왼쪽). 1999 버전 투어링 머신에서 구동한 AR 캠퍼스 투어 가이드 위치 다큐멘터리의 이미지(오른쪽) (사진 제공: 콜럼비아 대학)

바로 1년이 지난 1998년에는 토마스[Thomas] 등이 아웃도어 AR 내비게이션 시스템인 맵 인더 햇[Map-in-the-Hat]의 제작 과정을 펴냈다. 그에 이어 나온 틴미스[Tinmith](이 이름은 사실 'This is not map in the hat'의 첫 글자를 딴 것이라는 사실을 모르는 이가 많다.)는 아웃도어 AR의 실험적 플랫폼으로 진화했다. 이 플랫폼은 3D 조사 같은 고급 애플리케이션에 사용됐지만, 최초의 아웃도어 AR 게임인 〈AR퀘이크[ARQuake]〉(그림 1.9)를 출시하면서 유명해졌다. 이 게임은 유명한 일인칭 슈팅 애플리케이션 〈퀘이크[Quake]〉를 틴미스로 포팅한 것으로, 사용자는 진짜 주차장에서 공격하는 좀비들의 한가운데에 놓이게 된다.

같은 해 라스카[Raskar] 등은[1998] 노스 캐롤라이나 채플 힐 대학에서 광스캐닝과 프로젝터 카메라 시스템을 결합하는 아이디어로 만든 원격 영상 회의 시스템인 오피스 오브 더 퓨처[Office of the Future]를 소개했다. 하드웨어가 보급형이 아니어서 당시 일상적으로 사용하기엔 실용적이지 않았지만, 심도 센서와 카메라, 그리고 프로젝터를 합치는 기술은 오늘날의 AR과 여타 분야에서 중요한 역할을 하게 된다.

1999년에 이르기까지는 특화된 연구실 외에서는 AR 소프트웨어를 구할 수 없었다. 이런 상황은 카토[Kato]와 빌링허스트[Billinghurst]가[1999] 최초의 AR용 오픈소스 소프트웨어인 AR툴킷[ARToolKit]을 출시하면서 바뀌었다. 이 툴킷은 레이저 프린터로 간단히 생산할 수 있는 흑백 기준점을 이용하는 3D 트래킹 라이브러리 기능이 있었다. 대중화된 웹캠의 가용성을 결합한 영리한 소프트웨어 디자인은 AR툴킷의 인기를 이끌었다.

그림 1.9 최초의 아웃도어 AR 게임인 〈AR퀘이크〉의 스크린샷 (사진 제공: 브루스 토마스(Bruce Thomas)와 웨인 피카스키(Wayne Piekarski))

그림 1.10 인기 AR 오픈소스 소프트웨어 프레임워크인 AR툴킷의 네모난 마커를 들고 있는 사람 (사진 제공: 마크 빌링허스트)

같은 해 독일의 연방 교육 연구청은 ARVIKA(개발, 제조, 서비스를 위한 증강 현실)라는 이름의 산업 AR 프로그램에 2,100만 유로를 지원했다. 업계와 학계에서는 20개 이상의 연구 그룹이 산업용 애플리케이션, 특히 독일 자동차 산업을 위한 선진적 AR 시스템 개발 작업을 했다. 이 프로그램은 전 세계 AR 전문가 커뮤니티에 알려져서, 이어 유사하게 이 기술의 진전된 산업 애플리케이션을 위한 프로그램이 생겨났다.

또 한 가지 주목할 만한 아이디어가 1990년대 후반에 나타났으니, IBM 연구원인 스포러[Spohrer]가[1999] 애플의 어드밴스드 테크놀러지 그룹과 작업하면서 처음 제안했던, 공간에 등록된 정보를 하이퍼링크를 통해 확장 가능한 네트워크형 인프라 '월드보드[Worldboard]'에 대한 에세이 출간이었다. 이 연구는 최초의 AR 브라우저 개념으로 볼 수 있다.

2000년 이후, 휴대폰과 모바일 컴퓨팅은 급속하게 진화했다. 2003년 와그너[Wagner]와 슈말스타이그는 오늘날 스마트폰의 전신이라 할 수 있는 '퍼스널 디지털 보조기'에서 독자적으로 구동되는 최초의 핸드헬드 AR 시스템을 선보였다. 일년 후 SIGGRAPH의 이머징 테크놀러지 전시장에서는 수천 명의 관람객이 멀티플레이어 핸드헬드 AR 게임(그림 1.11)인 〈인비저블 트레인[Invisible Train]〉[핀타릭(Pintaric) 등. 2005]을 경험할 수 있었다.

그리고 다시 수년이 흐른 2008년이 돼서야 최초로 제대로 사용할 수 있는 자연스러운 스마트폰의 트래킹 시스템 기능이 소개됐다[와그너 등 2008b]. 이 작업은 AR 개발자들을 위한 인기 뷰포리아 툴킷[Vuforia toolkit]의 원조가 됐다. 최근 몇 년간 트래킹 분야에 일어난 그 밖의 성과로는 클라인[Klein]과 머레이[Murray]의 PTAM[parallel tracking and mapping](평행 트래킹과 맵핑) 시스템이 있는데, 이 기술은 알려지지 않은 환경에서 사전 준비 없이 트래킹이 가능하며, 뉴콤비[Newcombe] 등이 개발한 키넥트퓨전[KinectFusion] 시스템은[2011a] 저렴한 심도 센서로 상세한 3D 모델을 구성해준다. 오늘날 AR 개발자들은 많은 소프트웨어 플랫폼 중에서 원하는 것을 선택해 사용할 수 있지만, 이런 모델 시스템들은 연구자들의 중요한 연구 방향을 계속해서 반영한다.

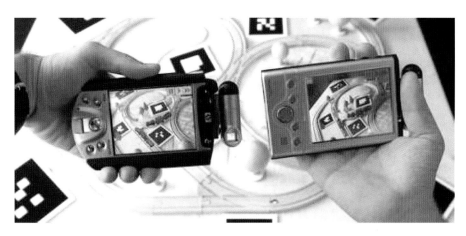

그림 1.11 〈인비저블 트레인〉은 진짜 나무 트랙 위로 가상의 기차를 모는 핸드헬드 AR 게임이었다. (사진 제공: 다니엘 와그너(Daniel Wagner))

예제

이 절에서는 AR의 여러 기술과 그 적용을 잘 보여주는 예제들을 살펴보겠다. 먼저 초기에 성공을 자랑했던 AR 애플리케이션 분야, 즉 산업과 건축 분야로 시작한다. 그다음으로는 유지 보수와 훈련, 그리고 의료 분야의 애플리케이션이 뒤따른다. 그다음 개인 정보 디스플레이와 내비게이션 지원이라는 개인 이동 방면의 예제를 논의하겠다. 마지막으로는 TV, 온라인 판매, 게임 같은 증강 매체 채널에서 AR로 얼마나 많은 것을 지원할 수 있는지 예제를 통해 소개하겠다.

산업과 건축

지금까지 짚어본 AR에 대한 간단한 설명처럼, AR을 이용한 최초의 실용 애플리케이션 중 몇몇은 보잉의 전선 조립과 초기 유지 보수 및 수리의 사례처럼 산업적인 동기에서 만들어졌다.

산업 시설은 점차 복잡해지고 있으며, 이 점이 계획과 운영에 큰 영향을 미친다. 건축 구조물, 인프라, 기기는 컴퓨터 디자인^{CAD} 소프트웨어를 이용해 설계할 수 있지만, 실제로 건설하고 설치를 진행하다 보면 많은 변경이 생기게 마련이다. 보통 이런 변경

사항이 다시 CAD 모델에 반영되지는 않는다. 게다가 CAD로 설계도를 만들기 전에 이미 대규모의 기존 구조물이 있을 때도 있고, 새로운 제품 생산을 위해 기존 공장을 변경하는 등 자주 설치물의 변경이 필요할 수도 있다. 설계자들은 '설계된' 내용과 시설의 '현재' 상태를 비교해 중요한 차이점이 있는지 확인하려 할 것이다. 또한 설계와 개조, 운송 절차에 사용하게끔 현재의 시설 모델을 확인하고 싶어 할 것이다.

전통적으로 이런 작업은 3D 스캐너와 원격 데이터 통합 및 비교를 통해 이뤄졌다. 하지만 이 과정은 오래 걸리고 지루한 데다가 모델 역시 점 데이터군point clouds으로 이뤄진 저해상도여서 아쉬운 수준이다. AR을 통해 현장을 먼저 검사하면 시설에 설계를 맞추는 것이 아니라, CAD 모델을 시설에 적용할 수 있게 해준다. 예를 들어 조겔Georgel 등은[2007] 투명하게 렌더링된 CAD 모델(그림 1.12)에 싱글 이미지와 오버레이가 맞춰진 원근 표시에서 카메라 포즈를 추출하는 정지 화상 AR 기법을 개발했다.

쉔펠더와 슈말스타이그는[2008] 외부 트래킹이 되는 바퀴에 AR 디스플레이가 달린 플래나Planar(그림 1.13) 기반의 시스템을 제안했다. 산업 시설에서 실시간으로 완전한 쌍방향의 차이 확인이 가능하다.

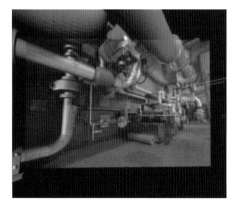 

그림 1.12 AR은 산업 시설의 차이 분석에 사용할 수 있다. 이 이미지들은 정지 화상을 CAD 정보 위에 얹어서 보여준다. 오른쪽의 밸브가 모델처럼 오른쪽이 아니라 왼쪽에 탑재된 것을 잘 보자. (사진 제공: 나시르 나밥(Nassir Navab))

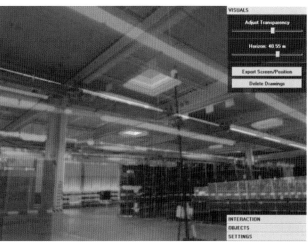

그림 1.13 플래나는 바퀴 달린 터치스크린 디스플레이(왼쪽)로, 현장에서 직접(오른쪽) 차이 분석에 사용할 수 있다. (사진 제공: 랄프 쉔펠더)

공익 기업들은 원격 통신선이나 가스관 같은 지하 인프라 시설 관리를 지리 정보 시스템GIS에 의존한다. 다양한 상황에서 지하에 있는 인프라의 정확한 위치가 필요하다. 예를 들어, 건설 관리자는 굴착하는 동안 지하 구조물에 피해를 입히지 않게끔 지하 인프라 구조물에 대한 정보를 구하도록 법규에 정해져 있다. 마찬가지로, 현장 조사에서는 정전 원인의 파악이나 오래된 GIS 정보의 업데이트가 자주 요구된다. 이럴 때 GIS에서 나온 AR 시점을 직접 목표 현장에 등록해서 보여주면 야외 작업의 정확도와 속도 개선에 큰 도움이 된다[숄(Schall) 등 2008]. 그림 1.14는 이런 야외용 AR 시각화 시스템 중 하나인 비덴테Vidente다.

건축 현장의 항공 조사와 복원에는 카메라를 탑재한 마이크로 항공기(드론)가 점차 늘어나는 추세다. 이런 드론은 일정 정도 자동 비행 조작이 가능하지만, 언제나 사람이 조종해야 한다. AR은 드론의 위치를 찾고(그림 1.15), 지상 위치나 속도 같은 비행 수치를 모니터링하고, 조종자에게 충돌 가능성을 알리는 데 아주 유용하다[졸먼(Zollmann) 등. 2014].

그림 1.14 야외 AR용 감별 GPS가 있는 태블릿 컴퓨터(왼쪽). 가상 굴착의 위치 등록 화면을 보면 가스관이 보인다(오른쪽). (사진 제공: 게르하르트 숄)

그림 1.15 드론이 멀리 날아가 거의 보이지 않게 될 때도 그 위치는 구체형 AR 오버레이를 이용해 시각화할 수 있다. (사진 제공: 스테파니 졸먼(Stgefanie Zollmann))

유지 보수와 훈련

많은 전문 분야에서 일이 어떻게 돌아가는지, 어떻게 조립하고 분해하거나 수리하는지 이해하는 것은 큰 도전 과제다. 유지 보수 엔지니어가 많은 시간을 사용 설명서와 문서 공부에 투자함에도 불구하고, 모든 절차를 세세히 외우기는 불가능하기 때문이다. 하지만 AR은 작업자의 시야에 바로 지시서를 떠워줄 수 있다. 그래서 더욱 효과적인 훈련이 가능하지만, 그보다 더 중요한 것은 훈련이 덜 된 인력이라 해도 정확하게 작업을 수행할 수 있게 해준다는 점이다. 그림 1.16은 AR이 전자동 커피 메이커에서 추출 유닛을 어떻게 빼내는지 알려주고, 그림 1.17은 밸브의 해체 순서를 보여준다[모어(Mohr) 등. 2015].

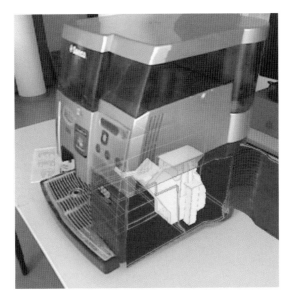

그림 1.16 가상 시각화로 커피 머신 내부를 보여줘서 사용자가 직접 유지 관리를 할 수 있도록 가이드해준다. (사진 제공: 피터 모어(Peter Mohr))

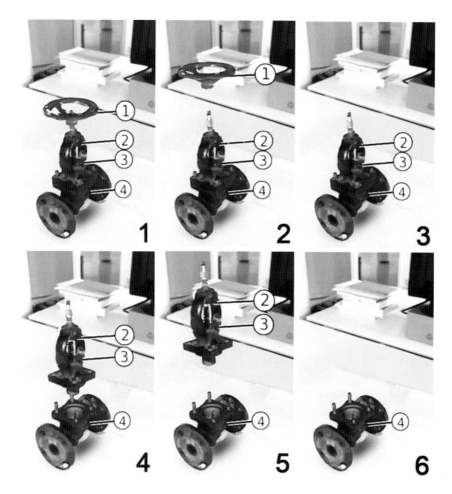

그림 1.17 자동으로 생성된 밸브의 해체 순서 (사진 제공: 피터 모어)

사람의 도움이 필요할 때는 AR이 물리적 작업을 위한 실시간 모바일 원격 협업을 위해 공유 시야 공간을 제공해줄 수도 있다[골리츠(Gauglitz) 등. 2014a]. 이런 접근법을 통해 먼 곳에 있는 전문가가 로컬 사용자의 카메라가 어디에 있는지와 상관없이 장면을 살펴보고, 로컬 사용자의 AR 시야 공간에 즉시 주석을 표시해 커뮤니케이션할 수 있다 (그림 1.18). 이 과정은 실시간 비주얼 트래킹과 재구성을 통해 따로 기기를 준비하지 않고도 이뤄질 수 있다. AR 텔레프리젠스telepresence는 실시간 영상 회의와 원격 장면 시청의 장점을 자연스러운 협업 인터페이스로 결합한 것이다.

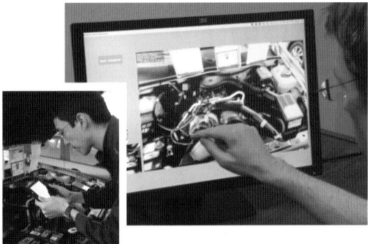

그림 1.18 태블릿 컴퓨터에서 AR 텔레프리젠스를 통해 원격에 있는 전문가의 도움을 받는 자동차 수리 시나리오(위). 원격에 있는 전문가는 수리 현장에서 조금씩 전송되는 자동차의 3D 모델에서 직접 힌트를 얻을 수 있다(아래). (사진 제공: 스테픈 골리츠(Gteffen Gauglitz))

의료

엑스레이 이미징은 의사들이 수술을 하지 않고도 환자의 몸속을 볼 수 있게 해줌으로써 진단 의학에 일대 혁신을 가져왔다. 하지만 재래식 엑스레이와 컴퓨터 단층 촬영 장비는 환자의 몸 바깥쪽과 몸속 모습을 분리한다. AR은 이 두 가지를 합쳐서, 의사가 환자의 몸속을 직접 볼 수 있게 해준다. 이런 예 중 하나는 이제 상업적으로 대중화된 카메라 증강 모바일 C-arm(이동식 엑스레이 투사 장치), 혹은 CamC(그림 1.19)다. 모바일 C-arm은 수술실에 엑스레이를 제공하는 데 사용된다. CamC는 이런 모습을 재래식 비디오 카메라로 촬영해서 엑스레이 광학 사진에 잘 정렬한 후 정확하게 등록한 이미지 쌍을 전달해준다[나바브(Navab) 등. 2010]. 의사는 원하는 대로 내부와 외부 모습을 전환하거나 합쳐서 볼 수 있다. CamC에는 가이드 천자 생검과 정형 수술용 스크류를 결합하는 등 여러 가지 임상적 응용을 적용할 수 있다.

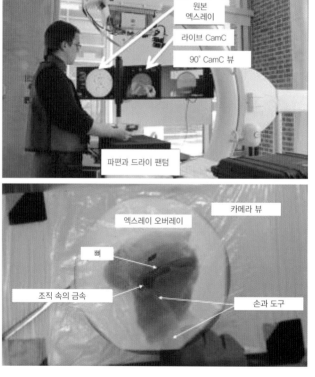

그림 1.19 CamC는 모바일 C-arm이며, 의사가 전형적인 카메라에 찍힌 모습과 엑스레이 이미지를 매끄럽게 연결해서 볼 수 있게 해준다. (사진 제공: 나시르 나밥(Nassir Navab))

개인 정보 디스플레이

앞서 살펴봤듯이, AR 기술은 여러 애플리케이션 영역에 혜택을 줄 수 있다. 하지만 이 기술이 일상적인 용도로 더 넓은 사용자층에도 적용될 수 있을까? 이제는 그럴 것으로 보인다. 레이아Layar, 위키튜즈Wikitudes, 쥬나이오Junaio 등 다양한 AR 브라우저 앱이 이미 스마트폰에 출시돼 있다. 이런 앱들은 사용자 주변에 있는 흥미로운 장소에 관련된 정보를 기기의 카메라로 찍은 동영상 위에 띄워 제공한다. 흥미로운 장소는 전화기의 센서(GPS, 나침반 측정 값)를 통해 인식된 지리 좌표가 표시되거나 이미지 인식을 통해 식별된다. AR 브라우저는 GPS의 정확도가 낮으며, 완전한 물체가 아니라 개별 지점만 증강할 수 있는 등 분명한 한계가 있다. 하지만 스마트폰의 보급 덕분에 이런 앱을 쉽게 구할 수 있게 됐고, 소셜 네트워크 기능이 AR 브라우저에 내장되면서 이용률도 많이 증가했다. 그림 1.20은 소셜 비즈니스 리뷰 앱인 옐프Yelp에 결합된 AR 브라우저인 옐프 모노클Yelp Monocle의 모습이다.

그림 1.20 옐프 모노클 같은 AR 브라우저는 라이브 동영상 피드 위에 흥미로운 장소들을 겹쳐서 보여준다.

AR 브라우징의 또 한 가지 매력적인 이용 사례는 외국어의 동시 번역이다. 이 기능은 현재 구글 번역 앱으로 폭넓게 이용되고 있다(그림 1.21). 사용자가 원하는 언어를 선택해 기기의 카메라를 인쇄된 텍스트 쪽으로 향하면, 앱에서 이미지 위에 번역을 띄워준다.

내비게이션

운전자가 고속으로 달리는 동안에도 주의가 흐트러지지 않는 헤드업 내비게이션 아이디어는 처음에는 군용기에 고려된 것이었다[퍼니스(Furness) 1986]. 조종사의 헬멧 바이저 부분에 탑재할 수 있는 다양한 투과형 디스플레이는 1970년대부터 개발돼 왔다. 이런 기기는 보통 HUD라고 불리는데, 현재 속도나 토크 같은 비등록 정보를 의도한 것이지만, AR 형식을 보여주는 데도 이용할 수 있다. 하지만 군사 기술은 보통 인체공학과 가격 구조가 판이하게 다른 소비자 시장에 직접 적용할 수 없다.

그림 1.21 구글 번역은 카메라 이미지 위에 실시간으로 인식된 텍스트의 자동 번역을 얹는다.

향상된 지리 정보 덕분에 도로망 같은 자동차 내비게이션 시스템의 더 큰 구조를 얹을 수 있게 됐다. 그림 1.22는 일인칭 자동차 내비게이션 시스템인 위키튜드 드라이브를 보여준다. 운전 지시는 지도 같은 모습으로 표시되기보다는 실시간 동영상 피드 위에 얹어진다. 이 시스템의 등록 품질은 GPS 같은 스마트폰 센서를 이용하는 데도 차의 관성을 반영해 비교적 정확하게 전방 지리를 예측할 수 있게 해준다.

그림 1.23은 자동차의 경로를 뒤에 탑재한 카메라 화상에 그래픽적으로 시각화한 오버레이를 표시하는 주차 지원 기능이다.

텔레비전

많은 사람이 가정에서 처음 라이브 영상에 주석이 표시되는 AR을 접하는 것은 아마도 TV 방송을 통해서일 것이다. 이 개념의 최초이자 가장 눈에 띄는 사례는 미식 축구에서 퍼스트다운(풋볼에서 4회 연속 공격권 중 첫 번째)에 몇 야드가 필요한지 가상으로 표시해주는 첫 번째와 10번째 선으로, 풋볼이 중계되는 TV 화면 위에 바로 얹어진다. 풋볼 중계에서 이렇게 경기장 위에 마커를 표시하는 최초의 아이디어와 특허는 1970년대까지 거슬러 올라가지만, 이 개념이 처음 현실화된 것은 1998년에 이르러서야 가능했다. TV 영상에 가상 오버레이를 덮어서 주석을 넣는다는 개념은 야구, 아이스하키, 레이싱 경주, 세일링 같은 많은 다른 스포츠에 성공적으로 적용돼 왔다. 그림 1.24는 증강 현실을 이용해 TV로 중계되는 축구 경기를 보여준다. 이 AR 중계를 보는 관객은 개별적으로 시점을 바꿀 수는 없다. 경기장에서 실시간으로 펼쳐지는 액션을 추적형 카메라로 잡아내기 때문에 최종 시청자가 조작할 수는 없지만 쌍방향 시점 변경은 가능하다.

그림 1.22 위키튜드 드라이브는 전방의 도로를 원근법을 적용해 얹어서 보여준다. (사진 제공: 위키튜드 GmbH)

그림 1.23 주차 보조 장치는 많은 현대식 자동차에서 쓰이고 있는 상업적인 AR 기능이다. (사진 제공: 브리짓 루드빅 (Brigitte Ludwig))

그림 1.24 증강 기술이 활용된 축구 경기의 TV 중계 (사진 제공: 스위스 텔리클럽(Teleclub)과 비츠(Vizrt)(리베로비전 AG))

몇몇 회사에서 경쟁적으로 다양한 방송 행사를 위한 증강 현실 솔루션을 제공하며, 신뢰도 있는 정보성 실시간 주석을 만들고 있다. 이런 주석 달기는 스포츠 정보나 단순한 선형 그래픽을 넘어선 지 오래며, 이제는 로고 및 제품 광고 렌더링을 섬세한 3D 그래픽으로도 제공하고 있다.

유사한 기술을 이용해, 오늘날 TV 방송에서는 가상 스튜디오 세팅에서 진행자나 다른 TV 출연자를 보여줄 수도 있으며 실제 흔히 이뤄지고 있다. 이 애플리케이션에서 진행자는 녹색 화면 앞에서 추적형 카메라에 촬영돼 가상으로 랜더링된 스튜디오에 삽입된다. 이 시스템은 가상 소품과의 상호작용까지도 허용한다.

영화 업계에서도 비슷한 기술이 사용되는데, 영화 감독과 배우들에게 실제로 촬영된 환경의 풋티지에 특수 효과나 다른 합성이 적용된 후의 장면을 미리 보여주는 등이 그것이다. 이런 AR 애플리케이션은 프리비즈Pre-Viz라고 불리기도 한다.

그림 1.25 라이프스타일 잡지인 「레드 불레틴(Red Bulletin)」은 AR을 이용한 다이내믹 콘텐츠를 선보인 최초의 출판 잡지였다. (사진 제공: 다니엘 와그너(Daniel Wagner))

홍보와 광고

AR은 잠재적 고객에게 3D로 된 임의의 제품 모양을 즉시 보여줄 수 있기에 광고와 상업 분야에서는 이미 크게 환영받고 있다. 이 기술은 소비자에게 정말로 쌍방향적인 경험을 줄 수 있다. 소비자가 레고 상점에서 AR 키오스크로 박스를 들고 가면, 키오스크 화면에서 조립된 레고 모델의 3D 이미지를 보여주는 것이 그 한 가지 예다. 소비자가 박스를 돌리면 어떤 시점으로든 모델을 확인할 수 있다.

AR이 노릴 수 있는 또 한 가지 타깃은 전단지나 잡지 같은 인쇄 자료의 증강이다. 소설 『해리 포터』의 독자들이 소설 속 데일리 프로펫 신문을 읽을 때 지면에 실린 사진이 증강된 형식으로 생생하게 재현된다면 어떻겠는가. 이런 아이디어는 인쇄된 템플릿의 특정 부분에 디지털 영화와 애니메이션을 얹는 AR 기술로 현실화할 수 있다. 잡지를 컴퓨터나 스마트폰으로 보면 정지 사진이 애니메이션이나 영화로 대체된다(그림 1.25).

AR은 제품의 장점을 시연해야 하는 세일즈맨에게도 유용하게 쓰일 수 있다(그림 1.26). 특히 복잡한 기기라면 말만으로 내부 작동 원리를 전달하기 어려울 것이다. 그런데 잠재적 고객에게 내부를 애니메이션으로 보여주면 박람회에서나 전시장에서 훨씬 흡인력 높은 프레젠테이션이 가능하다.

픽토핏^{Pictofit}은 사용자들이 온라인 패션 상점에서 자기 몸에 옷을 미리 대볼 수 있게 해주는 가상 옷장 애플리케이션이다(그림 1.27). 옷들은 입을 사람의 사이즈에 맞게 자동으로 조정된다. 또한 신체 측정치를 추정해서 구매 시 사이즈 데이터를 작성해주기도 한다.

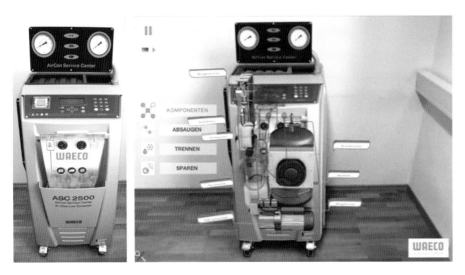

그림 1.26 와이코(Waeco) 에어컨 서비스 유닛의 마케팅 프레젠테이션 (사진 제공: magiclensapp.com)

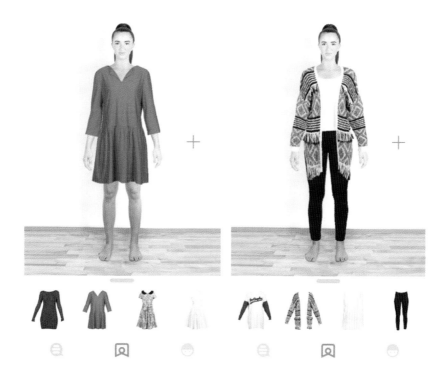

그림 1.27   픽토핏은 온라인 쇼핑 사이트에서 옷의 이미지를 추출한 후 고객의 이미지에 매치해 렌더링해준다. (사진 제공: 스테판 하우와이즈너(Stefan Hauswiesner), 리액티브리얼리티(ReactiveReality))

게임

최초의 상업적 AR 게임은 〈디 아이 오브 저지먼트^{The Eye of Judgment}〉라는 소니 플레이 스테이션 3용 쌍방향 트레이딩 카드 게임이었다. 이 게임은 머리 위에 있는 카메라가 게임 카드를 찍어서 해당하는 괴물을 소환해 매치에 투입하는 방식으로 플레이된다.

전통적으로 게임의 중요한 특성 중 하나는 실제 형태가 있다는 점이었다. 아이들은 가구를 이용해 방 전체를 점프하거나 숨을 수 있는 놀이터로 만드는 재주가 있다. 반 면 비디오 게임은 보통 완전히 가상의 영역으로 제한된다. AR은 디지털 게임을 실 제 환경 속으로 옮겨 놓을 수 있다. 예를 들어 뷰포리아 스마트터레인^{SmartTerrain}(그림 1.28)은 3D로 스캔한 현실의 장면을 플레이할 수 있는 필드로 바꿔서 '타워 디펜스' 게임을 만들어낸다.

그림 1.28 뷰포리아 스마트터레인은 주위 환경을 스캔해 게임의 배경으로 구성해준다. (©2013 퀄컴 커넥티드 익스피리언스 주식회사의 허가를 받고 게재)

그림 1.29 TV와 프로젝터를 함께 사용하는 일루미룸(IllumiRoom)은 게임 월드를 화면 바깥까지 확장해준다. (사진 제공: 마이크로소프트 리서치)

마이크로소프트의 일루미룸은[존스(Jones) 등. 2013] 프로젝트 기기로 AR 게임 경험을 선사하는 프로토타입이다. 일반 TV 수상기와 홈시어터 프로젝터를 연결해 TV 화면 바깥까지 게임 세상을 확장해준다(그림 1.29). 프로젝터로 영사되는 3D 게임 장면은 TV 속 장면과 매치되지만, 영사기로 비춰지는 화면이 더 넓은 공간을 차지한다. 플레이어가 중앙에 있는 화면에 집중하긴 하지만, 주변 시야에도 역동적인 이미지들이 채워져서 극강의 게임 경험을 선사한다.

관련 분야

앞부분에서는 몇 가지 AR 애플리케이션을 집중적으로 살펴봤다. 우리가 제시한 AR의 정의에 접점이 있는 매력적 애플리케이션도 있다. 이런 애플리케이션은 혼합 현실, 유비쿼터스 컴퓨팅, 가상 현실 같은 유관 분야가 많은데, 여기서 간단히 살펴보자.

혼합 현실 연속체

사용자는 CAVE(케이브: 스테레오 배면 투영 벽으로 구성된 방)나 폐쇄형 HMD를 착용하고서 가상 자극만을 통해 몰입도 높은 가상 현실을 경험한다. 이는 다양한 정도로 실제와 가상의 요소가 합쳐지도록 하는 방식으로, 혼합 현실이라고 부른다. 사실, '혼합 현실'보다 '증강 현실'이란 용어를 선호하는 이들도 있는데, MR이라는 개념보다 더 폭넓기 때문이다.

그림 1.30 혼합 현실 연속체는 실제와 가상 세계의 가능한 모든 조합을 포착한다.

이런 관점은 현실부터 가상 현실까지를 아우르는 연속체(그림 1.30)를 제안하는 밀그램Milgram과 키시노Kishino에서[1994] 유래했다. 둘은 MR의 특징을 다음과 같이 설명한다.

(MR은) 완전한 현실의 환경을 완전한 가상의 환경과 연결하는 '가상 연속체'에 따른 실제와 가상 세계에서 나온다.

벤포드[Benford] 등[1998]은 한 걸음 더 나아가, 혼합 현실을 구성하는 여러 디스플레이와 그 인접 공간으로 구성되게 마련인 복합 환경을 주장한다. 이 여러 공간이 '혼합 현실의 경계'와 만난다.

이 관점에 따르면 증강 현실은 우선 현실의 요소를 담으며, 따라서 현실에 더 가깝다. 예를 들어 AR 앱을 스마트폰으로 쓰는 사용자는 평범하게 계속 현실 세계를 인식하는데, 여기에 스마트폰에서 표시되는 요소가 추가된다. 이런 경우 현실 세계의 경험이 분명 지배적이다. 그 반대의 개념인 증강 가상은 주로 가상의 요소가 제시되는 것이다. 예를 들어 온라인 롤플레잉 게임에서 아바타의 얼굴에 실시간으로 플레이어의 얼굴로부터 얻은 영상대로 텍스처가 구성되는 것을 상상해보자. 이 가상 게임 월드의 모든 것은 얼굴만 빼고는 가상이다.

가상 현실

MR 연속체의 가장 우측에는 가상 현실이 사용자를 컴퓨터가 생성한 환경에 완전히 몰입시킨다. 즉, 사용자가 VR에서 할 수 있거나 경험하는 것에는 어떤 제약도 없는 것이다. VR은 현재 증강형 컴퓨터 게임에서 점차 인기를 끌고 있다. 오큘러스 리프트[Oculus Rift]나 HTC 바이브[Vive] 같은 HMD 게임 기기를 위한 새로운 디자인이 대중의 큰 관심을 받고 있다. 이런 기기는 증강 현실 애플리케이션에도 적합하다. 따라서 AR과 VR은 MR 연속체 안에서 쉽게 공존할 수 있다. 이후 살펴보겠지만, AR과 VR 양쪽의 전환형 인터페이스 디자인을 통해 더 큰 혜택을 누릴 수 있다.

유비쿼터스 컴퓨팅

마크 와이저[Mark Weiser]는 유비쿼터스 컴퓨팅[ubicomp]이라는 개념을 1991년 중요한 에세이에서 제안했다. 이 에세이에서는 일상생활에 디지털 기술이 대규모로 소개될 것이라고 예상한다. 그는 가상 현실을 이용한 유비쿼터스 컴퓨팅과 대조적으로, 컴퓨터에 '가상성'을 도입해 다양한 컴퓨터 형식의 요인을 통해 컴퓨터에서 판독할 수 있는 데이터를 물리 세계로 가져와, 오늘날 사용자에게 익숙한 몇 인치짜리 '탭', 조금 더 큰 '패드', 대형 '보드'의 사용을 주창했다.

> 방 크기에 따라 100개의 탭, 10~20개의 패드, 한두 개의 보드가 설치될 수도 있다. 이
> 는 방마다 수백 개의 컴퓨터를 넣는 하드웨어 배치를 통해 구현되는 가상성이라는 목표
> 로 이어진다[와이저 1001].

이 설명에는 사용자가 디지털 정보에 언제 어디서든 접근할 수 있게 해주는 모바일 컴퓨팅 아이디어도 포함돼 있다. 하지만 동시에 일상 환경의 모든 사물을 도구화하는 '사물 인터넷'도 예측했다. 맥케이[Mackay]는[1998] 증강된 사물 역시 AR의 일부로 봐야 한다고 주장했다. 예를 들어 홈 오토메이션, 자동차의 자율 주행 시스템, 대규모의 커스터마이제이션이 가능한 스마트 공장을 생각해보자. 이런 기술이 제대로 작동한다면 우리가 주의를 기울일 필요가 없어진다. 와이저의 1991년 기사에 나오는 첫 두 문장이 이런 모델을 적절히 묘사해준다.

> 가장 엄청난 기술은 바로 사라지는 것이다. 일상생활에 깊숙이 파고들어와 사물과 구분
> 되지 않을 정도가 될 것이다.

유비쿼터스 컴퓨팅은 주로 사람이 신경을 쓰거나 조작할 필요가 없는, 또한 그럴 의도도 없는 '차분한 컴퓨팅'을 위한 것이다. 하지만 그렇다 해도 일정 시점에는 조작이 불가피하다. 예를 들어 데스크톱 컴퓨터에서 멀리 있는 조작자가 복잡한 장비를 조작해야 할 수도 있다. 이런 경우 AR 인터페이스는 상태를 업데이트하고 원격으로 정보를 전달하고, 실제 환경에서 보이는 위젯을 컨트롤하는 데 직접 쓰일 수 있다. 이런 의미에서 AR과 유비쿼터스 컴퓨팅은 아주 잘 맞는다. AR이 유비쿼터스 컴퓨팅 시스템에 이상적인 사용자 인터페이스가 되는 것이다.

와이저에 의하면 VR은 유비쿼터스 컴퓨팅의 정반대다. 와이저는 CAVE와 같이 사용자가 현실 세계에서 격리되는 VR 환경의 획일적 성질에 주목했다. 하지만 뉴먼[Newman] 등은[2007] 유비쿼터스 컴퓨팅이 실제로는 두 가지 중요한 특성인 가상성과 편재성을 합쳐야 한다고 제안한다. MR 연속체에서 설명되는 가상성은 가상과 실제가 어느 정

도로 혼합될지를 정한다. 와이저는 연산의 입력 값으로 장소와 위치를 고려한다. 그래서 편재성이란 고정된 장소(단말기)와는 관계없이 정보에 접근할 수 있는 정도를 말한다. 이런 이해를 기준으로, 우리는 그림 1.31과 같이 '밀그램-와이저' 차트로 기술군을 정리할 수 있다.

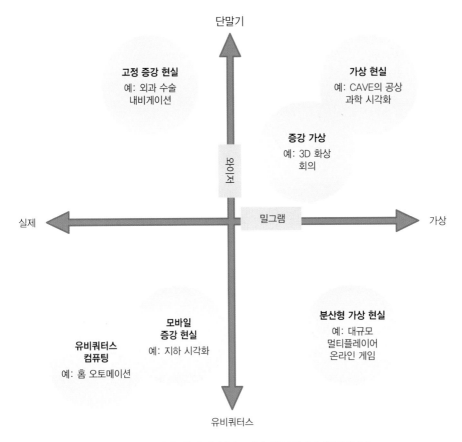

그림 1.31 밀그램-와이저 차트는 다양한 사용자 인터페이스 패러다임의 관계를 시각화해준다.

요약

이 장에서는 증강 현실의 연구 분야와 실용적인 사례들을 소개했다. 잠정적 정의로 서 증강 현실은 세 가지 핵심 컴포넌트에 의존한다. (1) 가상과 현실 정보의 결합, 액 션과 (2) 상호작용의 주된 현장으로서의 실제 세계, 그리고 (3) 물리적 환경에 표시된 3D 가상 정보의 실시간 업데이트다. 이런 개념을 실현하는 데는 다양한 기술이 활용 될 수 있다. 이 책의 전반부에서는 디스플레이 기술(2장), 트래킹 기술(3, 4, 5장), 그 래픽(6장, 7장) 기술의 개요를 다루겠다. 그리고 8장부터 14장까지인 후반부에서는 상호작용 기술을 다룬다.

또한 이 분야의 짧막한 역사를 짚어본 후 수많은 AR 애플리케이션 사례들을 살펴보 며 물리 세계의 인터페이스적 메타포로서 AR이 가지고 있는 엄청난 잠재력을 알려주 겠다. AR은 장비 유지 보수나 외과 수술 보조 같은 많은 애플리케이션적 가능성이 있 지만, 그중에서도 물리 세계의 컴퓨팅에서 전반적인 브라우징 경험을 개선해주는 더 일반적인 인터페이스 패러다임 변화 역시 생각해볼 수 있다. 개인 정보 디스플레이와 내비게이션용 애플리케이션의 사례가 이런 잠재력을 엿볼 수 있는 부분이다.

1장은 유관 분야에 대한 논의로 끝냈다. 이는 밀그램의 혼합 현실 연속체 안에서 AR 의 범위를 정하고, 와이저의 유비쿼터스 컴퓨팅 개념과 비교해보기 위해서였다.

2장

디스플레이

AR 디스플레이는 가상과 현실의 자극을 결합해야 한다는 점에서 일반적인 디스플레이와는 다르다. 2장에서는 이런 디스플레이의 다양한 옵션을 살펴보자. 먼저 비시각적 양상을 고려한 AR 디스플레이부터 시작하겠다. 오디오를 통한 증강 분야에는 상당한 작업이 있어왔으나, 비시각적 감각인 촉각, 후각, 미각은 AR에서 지금껏 비교적 주목을 끌지 못했다. 전반적으로 지금까지 AR에 대한 관심과 개발은 대부분 시각적 영역에 초점을 맞춰왔다. 우리는 다양한 AR 개발에 관심을 두고 있지만, 이 장에서는 이런 현실을 감안해 시각 디스플레이를 상세히 살펴보겠다.

시각 디스플레이로는 데스크톱 디스플레이, 헤드마운트 디스플레이[HMD], 핸드헬드 디스플레이, 프로젝터 기반 디스플레이, 고정 디스플레이에 대해 논의해보겠다. 이런 디스플레이 중 비시각적 범주가 결합된 것도 다수 있다. 따라서 시각적 분야를 집중적으로 보기 전에, 먼저 사운드와 촉각에 관련된 AR 연구와 함께 나머지 감각에 대해 이뤄진 감각 통합 AR 실험들을 살펴보겠다.

복합 디스플레이

AR이라면 대개 물리적 세상에 대한 사람의 인식 위에 시각적 정보를 얹는 것으로 생각하지만, 다른 감각 역시 중요한 역할을 할 수 있다. 물리적 세계에 대한 인간의 경험은 본질적으로 다면적이므로, 복합 증강을 지원하는 AR 디스플레이도 가능하다. 많은 현대의 AR 제품은 여러 감각을 지원해주며, 특정한 각각의 비시각적 측면에 중심을 둔 AR 개발 노력도 진행 중이다. 사실, 오디오 가이드나 전자 멀티미디어 가이드 종류의 제품군은 박물관이나 관광객을 주 대상으로 하는 장소에서 오디오 정보를 제공한다. 오디오 AR 개발은 상당한 역사를 자랑하지만, 탠지블[tangible]과 햅틱[haptic] AR 역시 연구가 이뤄져왔다. 그럼 이런 연구들에 대해 간략히 살펴보자.

오디오 디스플레이

박물관의 오디오 가이드는 1950년대 초반부터 존재했다. 오랫동안 이런 오디오 투어는 비교적 선형적이고 일률적인 경험으로 제작됐다. 초기적 시스템은 입구에 있는 안내 데스크에서 모바일 라디오 수신기를 대여한 방문객들에게 다양한 언어로 테이프에 녹음된 설명을 방송해준다. 테이프는 정해진 방문객 그룹에 맞춰져서 구동되며, 방송을 수신하는 이들은 방송에 맞춰 걸어가며 설명되는 내용에 따라 고개를 돌려서 본다[탤론(Tallon)과 워커(Walker) 2008]. 수년이 흐르면서 이런 투어 가이드에는 재생의 유연성, 개인화, 멀티미디어 지원이 더해졌다[베더슨(Bederson) 1995][애보우드(Abowd) 등 1997]. 오늘날 많은 실내나 야외 관광지에서는 전자 멀티미디어 가이드가 표준적인 대여 장비, 또는 개인 스마트폰 다운로드 형태로 제공되며, 위치 인식 기술이 탑재돼 명소 근처에 가면 주문형 오디오가 즉시 그에 대한 설명을 들려준다[탤론과 워커 2008].

오디오 AR의 또 다른 적용 예인 시각 장애인을 돕는 오디오 가이드는 1970년대 초반 프로토타입이 만들어졌다. '말 표시기'는 시각 장애인이 15~40미터 범위로 걸어 들어오면 착용한 모바일 적외선 수신기에 전송기가 적외선 신호를 통해 해당 물체를 주제로 녹음된 디지털 음성을 전송한다[루미스(Loomis) 등 1998]. 1990년대 초반 최초의 핸드헬드 GPS 수신기가 나오기 시작하면서, 루미스와 골리지는 산타 바버라의 캘리포니아 대학 동료들과 함께 음성 합성과 가상 청각 디스플레이를 통해 시각 장애가 있는 행인에게 GIS(글로벌 위치 지리 정보 시스템) 자원을 활용한 오디오 내비게이션을 적용하고 평가했다[루미스 등 1998].

모든 오디오 증강 기술이 박물관 가이드의 경우처럼 특수한 목적으로, 혹은 내비게이션 가이드 보조처럼 특정 사용자군을 타깃으로 하지는 않았다. 오디오 오라Audio Aura 시스템은[마이냇(Mynatt) 등 1998] 일반적인 작업 공간에서의 커뮤니케이션과 정보 브라우징을 위해 위치 감지를 해주는 액티브 뱃지Active Badges[원트(Want) 등 1992]와 분산 컴퓨팅, 무선 헤드폰을 하나로 결합해 눈에 거슬리지 않는 디지털 오디오 전송을 통해 재미있는 배경 정보를 제공한다.

이동하는 청취자가 3D 지점에서 나오는 사운드를 인지할 수 있게끔 물리적 3D 공간에 가상 오디오 소스를 등록하려면 공간 오디오spatial audio 기술을[버지스(Burgess) 1992] 적용해야 한다. 복잡한 장소에서의 사운드 전달은 모델링하기가 굉장히 어렵지만[펑크하우저(Funkhouser) 등 2001], 헤드 트래킹, 공간 사운드 합성, 그리고 사람의 머리에 전달되는 기능head-related transfer function[설리(Srurle) 등 1976]을 세심하게 모델링하면 괜찮은 품질의 공간 오디오를 재현할 수 있다. 수년간 오디오 증강 현실에 대해서는 많은 발표가 이뤄져왔다[소니(Sawhney)와 슈만트(Schmandt) 2000][마리엣(Mariette) 2007][린더만(Linderman) 등 2007]. 최근 발표된 메타Meta 2와 마이크로소프트 홀로렌즈 개발 킷 같은 현대적 AR 헤드셋은 자연스러운 공간 오디오를 지원한다. 사실, 홀로렌즈의 최초 공개 프리뷰에서 리뷰어들은 일반적인 이어폰 대신 헤드셋에 설치된 스피커를 통해 전달되는 공간 오디오 경험에 대해 열광적인 찬사를 보냈다. 최종 사용자가 간단히 이용할 수 있으려면 3D 오디오의 충실성보다는 거슬리는 부분을 배제해 사람에 맞춘 기능을 설계하는 어느 정도의 타협이 필요하다.

햅틱, 택타일, 탠지블 디스플레이

실제 세계에서는 물체와의 상호작용이 주로 촉각을 통해 이뤄진다. 증강 현실 용도로는 탠지블tangible AR(8장에서 상세히 논의하겠다.)의 경우처럼 자동으로 촉감 피드백을 제공하는 유형의 대용 물체에 의존하거나, 햅틱haptic 기술 연구 분야처럼 기기와 장치를 통해 촉감을 그럴듯하게 합성한 후 재생해볼 수도 있다. 실제로 어떤 느낌의 속성을 모두 전해주는 물체가 없을 때 사실적인 촉감을 제공하기는 까다롭다. 가상 환경에서의 햅틱 피드백 전달 가능성에 대해서는 많은 연구가 진행됐지만, AR 환경으로의 적용은 아직까지 비교적 제한적이다. AR 애플리케이션은 특히 모바일인 경우에 방해되지 않으면서 촉감을 전달하는 기술이 필요하다. 부피가 크고 고정된 포스 피드백force-feedback 장치는 비교적 좁은 공간만 처리할 수 있으며, 일반 사용자가 일상적인 일을 할 때 로봇형 장비처럼 튀는 포스 피드백 장치를 기꺼이 착용하리라고 생각하기는 어렵다.

AR 환경에서는 다양한 촉감의 재현을 시도할 수 있다. 특히 햅틱 피드백은 키네스테틱kinesthetic과 택타일tactile 피드백으로 나눌 수 있다. 키네스테틱 피드백은 관절과 근육 신경에서 감지하는 포스 피드백이며, 택타일 피드백은 피부와 피하 조직에 있는 다양한 감각 수용체에서 감지하는 표면 촉감(예: 피부 접촉, 표면 감촉, 진동, 온도)이다. 열 피드백 역시 별도의 감각으로 볼 수 있다.

바우Bau와 포우피레프Poupyrev는[2012] 햅틱 AR 디스플레이를 물리적 환경을 활용하는 외적 햅틱 디스플레이와 사용자의 택타일 및 키네스테틱 인지를 변형하는 증강을 통한 내적 햅틱 디스플레이로 구분하는 접근법의 개요를 보여줬다. 외적 햅틱 디스플레이는 기계 로봇 팔(그림 2.1)이나 작동 장치에 (숨겨진) 나일론 줄을 연결하는 것처럼 제한된 작업 공간만을 처리할 수 있고 보기에 거슬린다는 단점이 공통적이다[이쉬(Ishii)와 사토(Sato) 1994]. 하지만 디즈니 리서치의 AIREAL 프로토타입이 증명하듯 눈에 거슬리는 부분을 다소 줄일 수는 있다[소디(Sodhi) 등 2013b]. 이 기술은 소용돌이 고리 형태로 공기를 압축해 촉감을 전달한다. 하지만 AIREAL로 만들 수 있는 이런 촉감은 회오리가 만들어낼 수 있는 빈도, 강도, 패턴에 제약이 있으며, 현재의 시스템으로서는 회오리 생성기에서 소리가 나기 때문에 무음으로 가동할 수는 없다.

1977년 콜린스^{Collins}와 동료들이 시연한 맹인을 위한 시각 보조기는 웨어러블 택타일 조끼 형태의 내적 햅틱 디스플레이다[콜린스 등 1977]. 그 이래로 햅틱 장갑, 신발, 조끼, 재킷, 엑소스켈레톤 등을[탠(Tan)과 펜틀랜드(Pentland) 2001][린드먼(Lindman) 등 2004][테(The) 등 2008][체체루코우(Tstserukou) 등 2010] 비롯한 많은 웨어러블 햅틱 디스플레이가 연구됐다. 임의의 표면에서 택타일 감각의 느낌을 만들어내려면 약한 전기 신호를 사용자의 몸에 전달하면 된다[바우와 포우피레프 2012]. 이런 웨어러블 기술은 위치에 반응할 수 있으며, 그래서 병용된 시각이나 오디오 증강을 통해 햅틱 자극을 제공한다. 전반적으로 현재 기술로 구현 가능한 촉감은 특정 가상 물체의 사실적인 표현이라기보다는 두드리기나 진동 같은 상징적 표현에 더 적합하다.

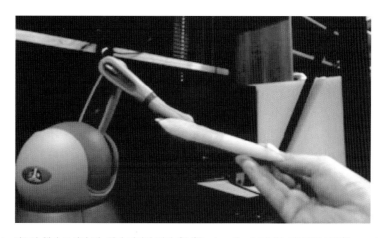

그림 2.1 비주얼 햅틱 표시의 예. 햅틱 기기인 팬텀 옴니(Phantom Omni, 지금은 지오매직 터치(Geomagic Touch) 가 됐다.)의 스타일러스가 시각 증강으로 하일라이트돼 보인다. (사진 제공: 울리히 엑(Ulrich Eck)과 크리스찬 샌더 (Christian Sandor))

전^{Jeon}과 최^{Choi}는[2007] 밀그램의 혼합 현실 연속체(1장의 내용 참고)를 햅틱의 영역으로 확장했다. 햅틱 현실에는 유형적인 소품의 이용과 함께 판지로 만든 마커 등의 플레이스홀더까지 포함한다(이에 관한 내용은 8장에서 유형 AR을 다루며 살펴보겠다). 햅틱 가상 현실은 시각 및 청각 증강과 함께 표현돼야 하는 완전히 합성된 햅틱 감각의 환경에 대응된다. 햅틱 혼합 현실에서는 실제의 물체와 합성된 작용(유형의 소품이나 진짜 터치스크린에서의 택타일 피드백 같은 가상 진동 촉각 자극)을 조합해 활용한다.

후각과 미각 디스플레이

냄새를 포함한 여러 감각 자극을 아우른다는 생각은 모튼 하일리그^{Morton Heilig}가[1962] 적용하고 그 후 수십 년간 개량한 독립형 영화 콘솔 센소라마^{Sensorama} 시뮬레이터의 특허로 거슬러 올라갈 수 있다. 이 장치는 스테레오 사운드, 바람, 향을 즐길 수 있는 3D 시네마 형태였다[하일리그 1992]. 하일리그의 아이디어는 조정된 감각 자극이 핵심이며, 이것은 복합 AR 경험의 핵심이기도 하다. "미풍, 향기, 시각적 이미지와 양쪽 귀로 들리는 사운드를 조합해 관찰자의 감각 중 특정 감각을 자극하는 것이다. 즉, 움직이는 느낌을 주고 싶을 때는 작은 진동이나 덜컹거림을 제공해 이동하는 느낌을 일으키고, 또한 실제의 충격을 시뮬레이션한다."[하일리그 1962]

자연스러우면서도 의도하는 방식으로 공기 중에 향을 뿌리기는 매우 까다롭다. 하일리그의 기계 장치는 관객 쪽을 향해 공기에 향을 담아 보냈지만, 스팟센트^{SpotScents}는 [나카이즈미(Nakaizumi) 등 2006] 향이 담긴 공기를 담은 소용돌이 고리를 활용한다. 두 개의 향 전달용 공기 분사기를 조정해 두 개의 공기 소용돌이가 목표 지점에서 충돌하며 부서져서 향을 퍼지게끔 하는 시스템이므로, 사용자가 부자연스럽고 강한 공기 분사에 맞지 않는다. 스멜링 스크린^{Smelling Screen}은[마츠쿠라(Matsukura) 등 2013] 화면 네 모서리에 설치된 팬을 조정해 이차원 디스플레이 화면 앞에 앉아있는 사람들에게 향을 전달한다. 센사버블^{SensaBubble}은[시어(Seah) 등 2014] 특정 크기의 거품에 담긴 향을 지정한 경로로 보내서 향기 안개를 전달한다. 더불어 거품을 추적하며 화상을 영사해 시각적으로 강화하기도 한다. 시각적 강화는 거품이 터질 때까지만 유지되며, 이 시점에 향이 퍼진다. 우리는 이 메커니즘을 놀이에도 활용할 수 있다고 제안한다. 이 모든 예는 외적인 후각 디스플레이를 활용하는데, 냄새는 환경의 고정된 곳에서 발산된다. 내적인 디스플레이의 예로는 야마다^{Yamada}와 동료들이[2006] 시연한 웨어러블 후각 디스플레이의 두 가지 프로토타입을 실내 환경에서 평가한 것이 있다.

푸드 시뮬레이터^{Food Simulator} 프로젝트에서는 햅틱과 미각(맛)을 합치는 것이 목표였는데, 깨무는 햅틱 인터페이스로 시연과 평가를 진행했다[이와타(Iwata) 등 2004]. 지원자들은 정해진 음식 질감을 시뮬레이션한 포스 피드백 기구를 깨물었다. 이와 동시에 단맛, 신맛, 짠맛, 쓴맛, 감칠맛 다섯 가지를 나타내는 물질의 조합이 든 소량의 액체를 통해 맛의 화학적 반응이 유도됐다. 이 작업은 시뮬레이션한 음식 아이템의 시각

적 표시는 사용하지 않았지만, 시각과 후각 증강 조합을 탐구한 다른 연구 프로젝트
도 있다.

예를 들어, 나루미^{Narumi}와 동료들은[2011a, 2011b] 각인을 넣고 식용 염료로 상업용 식
품 플로터를 일반 쿠키에 AR 마커로 적용해 여러 가지 메타쿠키^{MetaCookie}를 개발했다.
후각 디스플레이와 시각 AR 디스플레이는 다양한 맛의 쿠키라는 느낌을 주는 데 사
용된다(그림 2.2). 평가에 따르면 일반 쿠키 맛을 재현하는 여러 냄새와 시각의 조합
을 통해 '의사 미각' 효과의 달성, 즉 참가자가 증강 쿠키의 맛 변화를 보고했다는 점
을 증명했다.

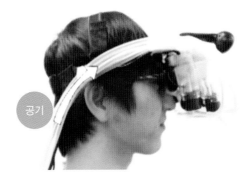

그림 2.2 메타쿠키(MetaCookie): 후각 디스플레이는 보통 쿠키의 시각 증강과 합쳐져 향기 나는 쿠키라는 환상을 만
들어준다(아래 이미지에서는 초콜렛). (사진 제공: 타쿠지 나루미(Takuji Narumi))

이제 비시각적 AR 디스플레이의 역사와 현황을 간단히 살펴보고 다양한 증강의 잠재
성을 짚어봤으니, 이 장의 나머지 부분에서는 시각적 영역에 집중하겠다. 그럼 시각

인식에 대한 개요를 간략히 알아보고 시각 디스플레이에 대한 논의를 시작하자. 이 부분은 다양한 시각 디스플레이 종류의 요건과 특징을 검토하는 데 필요하다.

시각적 인식

인간의 시각은 매우 섬세한 감각으로, 두뇌의 전체 감각 정보 전달에서 대략 70%를 차지한다[하일리그(Heilig) 1992]. 그래서 AR은 인간 사용자의 시각적 인식을 증강하는 데 집중해왔다. 이런 시각적 AR 디스플레이를 논의하기에 앞서, 사람의 시각 체계에서 중요한 속성을 간단히 짚고 넘어가자. 사람의 인식에 대한 더 상세한 정보를 얻고 싶다면 사람의 시각 체계에 대한 더 일반적인 글을 읽어보길 권한다[마르(Marr) 1992][프리스비(Frisby)와 스톤(Stone) 2010].

사람의 시야각은 머리 모양과 눈 위치에 따라 양쪽 눈을 합쳐서 보통 가로 200~220도에 이른다. 중심와(즉, 시각적으로 가장 정밀한 부분)는 1~2도에 불과하며, 중심 0.5~1도가 가장 정확하게 보인다. 중심와 바깥쪽에서는 각도가 늘어날수록 시각적 정확도가 급격히 떨어진다. 사람은 최고 50도까지 눈을 움직이고 또한 고개를 움직여 이를 보완한다. 그래서 고품질 AR이라면 시청 장치에서 정확도가 높은 부분의 해상도가 충분히 표시돼야 한다.

사람은 동공 크기를 조절해서 눈으로 들어오는 빛의 양을 조정한다. 그래서 최대 10^{10}의 역동적인 범위까지(인지 가능한 최대와 최소 빛 강도 비율) 수용할 수 있어, 희미한 별빛부터 아주 밝은 햇빛까지 볼 수 있다. 따라서 정말 다목적의 AR 디스플레이라면 더 넓은 관람 조건에 적응할 수 있어야 한다.

두 눈을 사용한다는 것은 사람이 양안식 심도를 인식할 수 있다는 뜻이 된다. 이미지의 크기, 선형 원근감, 시야 높이, 가림, 그림자와 음영 같은 단안 심도는 전통적인 컴퓨터 그래픽의 단일 이미지에 인코딩할 수 있지만, 양안 심도 신호에는 양쪽 눈의 별도 이미지를 동시에 표시해주는 디스플레이 하드웨어가 필요하다. 가장 뚜렷한 양안 심도 신호는 입체 영상으로, 왼쪽과 오른쪽 이미지에 차이가 있다. 입체 영상은 특히 가까이 있는 물체들의 심도를 매우 효과적으로 전달해준다. 물체가 눈에 더 가까이 있을수록 각도 차가 커지거나, 양쪽 눈에 비치는 이미지의 물체 영사가 달라지게 된다.

요건 및 특징

성공적으로 AR을 적용해낸 다양한 시각 디스플레이에 대해 논의하기 전에, 이런 디스플레이의 몇 가지 요건과 다양한 특징을 이해할 필요가 있다.

이상적인 AR 시스템이라면 실제의 물리 공간을 그럴듯하게 채워주는 사실 같은 3D 증강 능력이 있어야 할 것이다. AR 디자이너들은 실제와 다르게 보이는 증강 방식을 택할 수도 있지만, 기존의 물리적 현실과 매끄럽게 합쳐지는 가상 콘텐츠를 만들 수 있다면 분명 반길 것이다. 이론 과학과[서덜랜드(Sutherland) 1965]《스타 트렉》의 홀로덱 Holodeck 같은 공상 과학[크라우스(Krauss) 1995] 모두 완벽히 사실적인 디스플레이를 상상했지만, 이런 아이디어 중 실제 세계의 포함을 고려한 경우는 드물다. 주위의 원자를 원하는 대로 이동시켜서 실제 세계의 진짜 일부로서 실시간으로 가상의 콘텐츠를 생성하고 우리의 감각으로 이런 증강체를 느낀다면 멋질 것이다. 분명, 이런 꿈의 대부분은 곧 이뤄지기엔 시기상조다.

미래에 대한 전망은 14장에서 다시 살펴보고, 지금은 실제의 시각 AR 기술의 특징과 잠재력을 살펴보겠다. 좋은 AR 디스플레이 디자인은 언제나 그 속성에 대한 취사선택을 필요로 하며, 다양한 디스플레이에 따라 그 장단점 역시 다양하다. 그럼 우선 현재 AR 디스플레이에서 적용하고 있는 증강 방식을 검토해보자.

증강 방식

사람이 가진 시각 체계의 속성과 AR 애플리케이션의 목표에서 우리는 AR 디스플레이의 요건을 찾을 수 있다. AR 디스플레이가 전통적인 컴퓨터로 만든 디스플레이와 차별되는 한 가지 뚜렷한 요건은 바로 실제 환경과 가상 환경이 합쳐져야 한다는 것이다. 사용자가 환경을 들여다보는 렌즈를 통해 이렇게 실제와 가상 콘텐츠의 합성이 일어나면 그 결과는 투과해보는 디스플레이가 된다고 설명할 수 있다. 이런 결과를 낳기 위해서는 광학 투과 디스플레이나 비디오 투과 디스플레이 중 하나를 사용할 수 있다. 증강 콘텐츠가 실제의 물리적 지오메트리에 투영된다면(더미로 만든 임시 물체든 실제 세계의 자연적인 일부든 관계없다.) 이 기술은 공간 AR, 투영 기반 AR, 혹은 공간 투영이라고 부른다. 이제 이 세 가지 접근법을 간략히 알아보자.

광학 투과^{OST} 디스플레이는 흔히 일부는 전송되고 일부는 반사되는 광학적 요소를 활용해 가상과 현실을 결합한다. 이런 광학 요소의 예로 반도금 거울이 있다. 이 거울은 실제 세계의 빛을 상당량 투과해 실제 세계를 직접 볼 수 있게 해준다(그림 2.3). 이와 동시에, 가상 이미지를 보여주는 컴퓨터로 생성한 디스플레이는 머리 위에 놓거나 거울과 나란히 배치해 가상 이미지가 거울에 반사돼 실제 이미지에 덮이게 만든다.

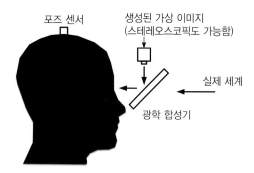

그림 2.3 광학 투과 디스플레이는 광학적 요소를 사용해 사용자에게 보이는 실제 세계와 컴퓨터로 생성한 이미지를 합쳐준다.

동영상 투과^{VST} 디스플레이는 가상과 실제의 합성을 전자적으로 이뤄낸다. 실제 세계의 디지털 비디오 이미지는 비디오 카메라로 촬영돼 그래픽 프로세서로 전송된다. 그래픽 프로세서가 비디오의 이미지를 컴퓨터로 생성한 이미지와 합성하는데, 비디오 이미지를 프레임 버퍼에 단순한 배경 이미지로 복사해 컴퓨터로 생성한 요소를 위에 덮는다(그림 2.4). 그런 다음 합쳐진 이미지가 전통적인 감상 기기에서 보인다.

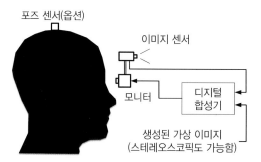

그림 2.4 비디오 투과 디스플레이는 실제 세계를 비디오 카메라로 잡아내고 그래픽 프로세서를 이용해 전자적으로 결과 이미지를 변형함으로써 사용자에게 실제와 가상의 이미지를 합성해 전달한다.

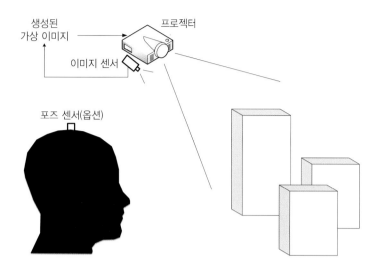
생성된
가상 이미지

프로젝터

이미지 센서

포즈 센서(옵션)

그림 2.5 공간 투영은 실제 세계의 물체에 직접 이미지를 투영하며, 합성기 유닛은 필요하지 않다.

공간 투영에서 AR 디스플레이의 가상 부분은 특수 스크린을 사용하는 대신 영사기로 생성하지만, 가상 이미지는 실제 세계의 물체에 직접 영사된다(그림 2.5). 이것도 역시 광학적 조합이지만, 여기에서는 별도의 광학 합성기나 전자 화면도 필요 없다. 이 디스플레이 개념은 체적형volumetric 3D 디스플레이의[블런델(Blundell)과 슈왈츠(Schwartz) 1999] 예로, 인지할 수 있는 물체를 정의하는 빛의 점들이 3D 입체에 물리적으로 분산된다.

시각적 AR 디스플레이의 몰입 요인은 그 개발에서 핵심적으로 고려해야 할 부분이다. VR에서의 몰입에 대해서는 많은 연구가 이뤄졌지만[포쉬(Pausch) 등 1997][보우먼(Bowman)과 맥마한(McMahan) 2007][커밍스(Cummings) 등 2012], AR에서 몰입과 존재 요인의 컴포넌트와 변수들은 잘 알려지지 않았다[매킨타이어(MacIntyre) 등 2004a][스텝토(Steptoe) 등 2014]. 이 책에서는 슬레이터Slater의[2003] 몰입과 존재 간의 차이를 적용하겠다. 즉 몰입은 VR(우리의 경우는 AR) 시스템이 제공하는 감각적 충실함의 객관적 정도를 칭하지만, 존재는 이런 시스템에 대한 사용자의 정신적 주관적 반응을 일컫는다.

외안과 입체 영상

접안 디스플레이와 핸드헬드 매직 렌즈 같은 투과형 AR 디스플레이 기술에는 단일 이미지를 쓸 것인지, 양쪽 눈을 위한 두 개의 이미지를 쓸 것인지 결정해야 하는 문제가 있다. 물리 세계를 일종의 렌즈나 고안해낸 카메라를 통해 본다면, 장면의 차원성에 대한 두 가지 질문이 나온다. (1) 실제 세계의 삼차원성이 유지되는가? 그리고 (2) 입체 영상으로 디스플레이된 증강물이 양안식 시각을 활용하는가?

외안식 HMD는 이미지를 한쪽 눈으로만 보여준다. 이런 외안식 디스플레이를 AR에 사용할 수는 있지만, 이런 접근법은 몰입감이 떨어지기 때문에 그다지 인기를 끌지 못한다. 양안식 디스플레이는 같은 이미지를 양쪽 눈에 보여줘서 밋밋한 느낌을 준다. 이 접근법은 때로는 VST HMD에 활용되는데, 단일 카메라 스트림이 요구되며 감지와 프로세싱 요건은 최소화된다. 마지막으로, 복안식 HMD는 양쪽 눈에 별도의 이미지를 보여줘서 입체 효과를 준다. 복안식 디스플레이는 분명 이런 선택지 중에서 가장 고품질의 AR을 제공하지만, 기술적 비용은 상당히 증가한다. 이 기술에는 두 개의 디스플레이나 혹은 와이드 포맷으로 두 개의 광학적 요소를 적절히 나눠줄 수 있는 한 개의 디스플레이가 필요하다(그림 2.6). 입체 증강은 그림 2.6 아래 줄의 휴대폰 카메라처럼 단일 카메라로 실제 세계의 외안으로 잡은 배경 위에 렌더링할 수 있지만, 완전 입체 VST는 사람의 두 눈으로 보는 것과 비슷한 원근감을 제공하는 비디오 입력을 위한 최소한 두 개의 카메라가 필요하다. 이미지를 동시에 전달하려면 비디오 카메라 쌍과 디스플레이 쌍이 동기화돼야 한다.

눈 가까이 착용하는 디스플레이를 이용해 AR을 외안이나 양안 보기에 적용할 수 있다. 양안 보기를 이용하면 실제 세계의 배경과 증강이 양안 시차가 있거나 없게 디스플레이되는데, 이러면 입체 시각 효과가 가능해진다. OST 디스플레이로는 실제 세계의 배경이 직접 보이기 때문에, 자연히 양안 시차가 생긴다. 증강물은 입체 영상과 함께, 혹은 입체 영상이 없이 렌더링할 수 있다 입체 영상에서의 투과식 디스플레이 디자인은 그림 2.7에 묘사돼 있다. 이 그림에 나열된 대부분의 예제는 상업용 HMD(즉, 눈 근처에 착용하는 디스플레이)지만, 외안식 비디오 투과 카테고리 역시 스마트폰이나 태블릿 기반의 핸드헬드 AR에서 흔하게 쓰이고 있다.

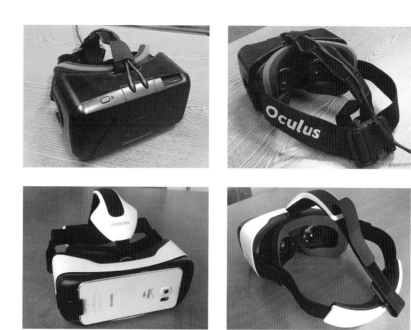

그림 2.6 (위) 리프트는(이미지는 DK2) 몰입감이 강한 컴퓨터 게임용의 양안식 HMD다. 오큘러스(Oculus)로 개발됐으며, 2014년 200만 달러에 페이스북이 인수했다. 큰 주목을 받은 이 인수는 전 세계에 HMD 기술에 대한 관심을 불러일으켰다. (아래) 삼성 기어 VR은 스마트폰(여기에서는 삼성 갤럭시 S6)을 주된 입출력과 연산 엔진으로 사용하는 자유로운 가상 및 증강 현실 기기의 예다.

VST 디스플레이는 한 대 또는 두 대의 카메라를 적용할 수 있다. 카메라가 둘 있는 VST 디스플레이는 눈의 광학 축과 맞춰서(이 장 후반의 그림 2.14 참조) 사용자가 입체 영상에서 물리 세계를 인식할 수 있도록 하는 이미지를 생성할 수 있다. 불행히도, 입체 카메라 영상을 이용해 실제 같은 인상을 주는 삼차원 공간을 구현하기는 지극히 어렵다. 사람은 특히 다양한 심도 정보를 가진 것들에 관해서는 물리적 세계를 미리 생각하거나 다른 개입 없이 보는 데 익숙하며, 사실적으로 보이는 것에 대한 기대치가 높다. 시야, 해상도, 집중력 같은 여타 몰입 요인들의 이상적인 값의 차이를 피할 수 없기 때문에 다소, 심지어는 상당히 부자연스러운 경험이 만들어지게 된다.

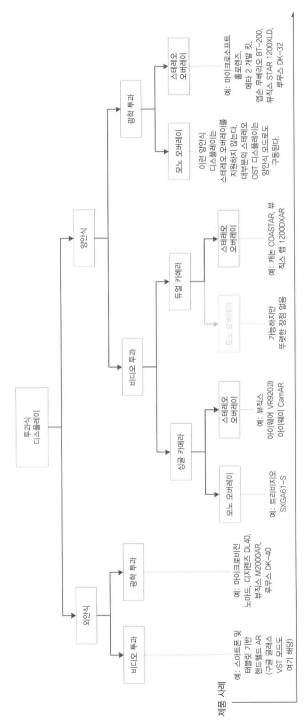

그림 2.7 입체 가능 여부를 기준으로 한 투과형 디스플레이 범주

초점

컴퓨터 그래픽에 흔히 쓰이는 핀홀 카메라(카메라 조리개를 이상적인 지점까지 열고 렌즈는 이용하지 않음)로 가상의 물체를 렌더링하는 일반적 방식은 초점 심도와는 관계없이 모든 물체에 대해 완전히 또렷한 이미지가 만들어진다. 그런데 우리의 눈과 실제 카메라는 조리개 크기가 정해져 있어서 제한된 심도라는 문제를 해결해야 한다. 즉, 정해진 범위 안의 물체들만 초점이 맞고, 이 범위 밖에 있는 것들은 모두 흐릿해 보이는 것이다. 물론, 우리의 눈은 다양한 거리를 수용할 수(초점을 맞출 수) 있다.

보통 이접 운동(공간 안의 한 점에 고정하기 위한 두 안구의 독립적 회전) 반사의 형태로 이런 적응이 이뤄지지만, 의식적으로 조절할 수도 있다. 우리는 동공 뒤에 있는 수정체의 탄력을 조정해 거리에 따라 초점을 바꾼다. 그런데 입체 디스플레이 스크린에 적용하려면 문제가 그리 간단하지 않다. 디스플레이 스크린이나 재래식 광학 시스템을 맨눈으로 보면 초점 심도가 고정돼 있다. 따라서 가상 물체의 이미지는 실제 물체의 심도(가상 카메라로부터의 거리)가 다양할 수 있는데도 항상 고정 초점식으로 디스플레이된다. 이런 입체 디스플레이에서 물체의 실제 거리는 입체 시차를 통해 사람의 시각 체계에 신호를 보내 이접 운동 반응을 이끌어낸다. 그 결과, 초점과 눈이 동조되는 신호의 충돌이라는 수렴 조절 불일치가 생겨난다. 사람들은 가상 장면의 여러 가지 양안 입체 신호로부터 이접 운동 정보를 받게 되는데, 이것이 디스플레이의 초점 심도에 필요한 고정 원근 조절과 충돌하는 것이다. 이 현상이 작업 효율을 떨어뜨리고 시각적 피로를 불러오는 것으로 밝혀졌다[이모토(Emoto) 등 2005][호프만 등 2008][뱅크스(Banks) 등 2013].

수렴 조절 불일치는 고정 초점면이 사용되는 입체 디스플레이라면 VR뿐만 아니라 AR에서도 발생한다. 그런데 이런 입체 렌더링 기능의 광학 투과 AR에서는 추가적인 연관 문제도 발생한다. 가상 증강체를 보는 것이 수렴 조절 불일치에 의한 영향을 받을 뿐 아니라, 사용자가 실제 세계는 올바른 원근 조절 신호로 보면서도 가상 주석에 초점이 맞춰져 있어서 사용자가 디스플레이 이미지 면에 초점을 맞출 필요가 생긴다. 따라서 건물 정면 앞의 면에 위치한 텍스트 라벨을 읽으려면 사용자는 초점을 건물 전면에서 디스플레이 이미지로 번갈아 바꿔가면서 봐야 한다. 건물 전면을 보면 건축의 세세한 면을 또렷이 볼 수 있지만 텍스트 설명은 흐려지고, 텍스트에 초점을 맞추면 건물은 흐려진다. 가상과 실제 물체가 함께 있을 때는 물체의 심도가 디스플레이 이미지 면과 같을 때를 제외하곤 항상 이런 문제가 생긴다. 이 문제가 얼마나 중요한지에 대한 평가는 아직 완전히 이뤄지지 않았다. 사람들은 별 무리 없이 이런 초점 조절을 해내지만, 일정 정도를 넘어 장기간 사용하면 시각적 피로감과 불편함이 커진다.

실시간으로 초점면을 바꾸는 디스플레이가 이 문제의 한 가지 해결책이 될 수 있다. 연구자들이 현재 조사하고 있는 기술로[리우(Liu) 등 2008], 집중해서 보는 물체를 식별하고 나서 사용자의 주의 집중에 따라 초점면을 옮기기 위해 시선 추적이 필요하다.

다초점 디스플레이는[쇼웬거르트(Schowengerdt)와 사이벨(Seibel) 2012] 수렴 조절 불일치를 피할 수 있는 또 한 가지 가능성을 제시한다. 이 영역의 몇 가지 유망한 기술은 눈 근접 디스플레이를 다루면서 이 장 후반에서 논의하겠다. 초점 조절과 이접 운동은 체적형 디스플레이의 경우 자연히 맞춰지는데[블런델(Blundell)과 슈왈츠(Schwartz) 1999], 이때 빛 발산과 반사는 3D 볼륨의 실제 지점에서 일어난다. 이 디스플레이 양식 중 특수한 경우인 공간 투영은 프로젝터 디스플레이에서 나중에 따로 다루겠다.

고정된 초점면의 입체 디스플레이를 고수한다면, 다른 심도 표지를 영리하게 이용함으로써 초점 조절과 이접 운동 불일치 문제를 줄일 수 있을 것이다. 심도 표지에 대해서는 커팅Cutting과 비슈톤Vishton[1995]의 논문이나 이 책의 1장에서 다룬 블런델과 슈왈츠의 논의를[1999] 참고하자. 초점 심도의 효과는 예를 들어 컴퓨터 그래픽으로 시뮬레이션할 수 있다(기술에 관한 조사는 [바스키(Barsky)와 코슬로프(Kosloff) 2008] 참고). 눈의 추적과 연관해서는[힐레어(Hillaire) 등 2008] 실시간 렌더링으로 초점 심도 바깥의 실제 물체들을 흐리게 처리하면 수렴 조절 불일치를 완화할 수 있다[비니코프(Vinikov)와 앨리슨(Allison) 2014].

비디오 투과 시스템에서는 카메라 광학이 올바른 초점으로 이미지를 전달하게 된다. 앞서 언급했지만 VST 디스플레이는 한 대의 카메라나 두 대의 카메라를 쓸 수 있는데(그림 2.7), 카메라 두 대를 쓰면 실제 장면의 입체 디스플레이가 가능하다. 그런데 카메라의 초점 역학은 사람의 눈과는 아주 다른 경우가 많다. 두 역학이 일치한다 해도, 수정체가 늘어나고 이완되는 안구 운동의 신호와 카메라의 초점 시스템을 연동시키는 것은 엄청나게 어려운 일일 것이다. 카메라에는 자동으로 중앙에 있는 물체에 초점을 맞추는 자동 초점 메커니즘이 탑재돼 있다. 이런 자동 초점 세팅은 보통 카메라가 부착돼 있는 컴퓨터에서는 사용할 수 없지만, 고정된 물체까지의 거리는 씬 모델에서 결정할 수 있고, 이는 4장에서 다룰 SLAM 같은 방법을 통해 오프라인이나 실시간으로 준비할 수 있다. 이런 정보를 통해, 예상 초점 거리에 따라 가상의 물체에 심도 표지를 렌더링하고(즉, 심도에 따른 흐릿함), 카메라에서 초점 효과를 재현하려는 이미지 프로세싱 실행까지 시도할 수 있다. 하지만 VST에서 심도 인식에 대한 경험과 특히 초점 효과는 대개 굉장히 사실적이지는 않다.

가림

가상과 실제의 물체 간의 오클루전occlusion은 씬의 구조를 전달하는 데 중요한 표지가 된다. 실제의 물체들은 서로 자연스럽게 가려지고 가상 물체들 사이의 가림 효과는 z-버퍼를 통해 쉽게 이뤄질 수 있지만, 실제 물체 앞의 가상 물체나 그 반대의 경우를 올바르게 가림 처리하려면 특별한 고려 사항이 필요하다. z-버퍼를 이용할 때, 비디오 투과 시스템은 실제 장면의 지형적 재현이 가능할 때는 가상의 물체나 실제의 물체 중 어떤 것이 앞에 있는지 판단할 수 있다. 그런데 증강이 반투명한 오버레이로 처리되기 마련인 광학 투과 시스템에서는 가상 물체가 정말로 진짜 물체의 앞에 있는 것처럼 보이도록 하기가 더 어렵다. 이럴 때는 세 가지 대안이 있다.

- 가상 물체를 실제 물체가 보이는 강도보다 비교적 밝게 렌더링해, 가상 물체가 더 돋보이게 한다. 하지만 이러면 실제 장면의 나머지 부분들도 잘 인식되지 않게 될 수 있다.

- 제어된 환경에서는 실제 장면의 관련 부분을 컴퓨터로 조종되는 프로젝터로 밝게 조명하고, 장면의 나머지 부분은 (특히 가상의 물체에 가려지는 실제 물체를) 어둡게 남겨둬서 인지되지 않도록 한다[빔버(Bimber)와 프뢸리히(Frohlich) 2002]. 이런 어두운 부분에서는 가상의 물체가 실제 물체에 가려져 보이게 된다(그림 2.8).

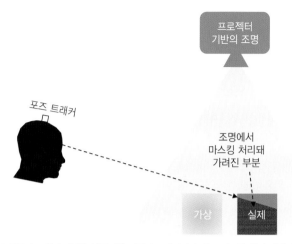

그림 2.8 오클루전 그림자 기법은 불투명한 컴퓨터 그래픽이 눈에 보이도록 실제 세계의 겹쳐지는 부분을 지우는 데 통제되는 조명을 이용한다.

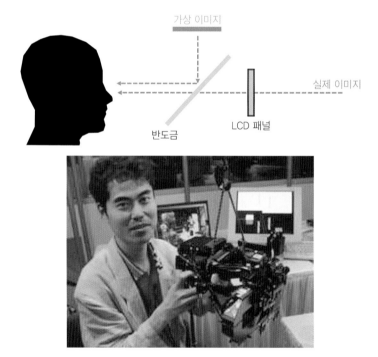

그림 2.9 (위) ELMO HMD는 디스플레이와 광학 합성기 사이에 추가 LCD 패널을 이용해 실제 세계의 물체가 가려지도록 하는 데 픽셀 단위 블로킹을 활용한다. (아래) ELMO 프로토타입을 들고 있는 기요카와(Kiyokawa) 교수 (사진 제공: 기요시 기요카와(Kiyoshi Kiyokawa))

- 광학적으로 투명한 디스플레이를 액정 화면으로 증강해, 각 픽셀을 투명하거나 불투명하게 따로 처리할 수 있다. ELMO HMD는[기요카와 등 2003] 이런 접근법의 선구적 제품이다(그림 2.9).

해상도와 새로고침 속도

디스플레이의 해상도는 결과 이미지의 또렷함에 즉각적인 영향을 미친다. 전반적으로 해상도는 디스플레이의 종류와 광학 시스템에 의해 제한된다. 비디오 투과 솔루션을 사용한다면 실제 세계의 해상도가 카메라 해상도 때문에 추가적인 제약을 받게 된다. 보통 컴퓨터로 생성된 디스플레이는 사람이 실제 세계를 직접 인지하는 최대 해상도에 미치지 못한다(그림 2.10).

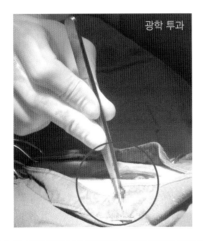
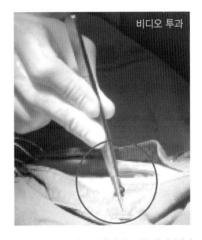

그림 2.10 광학 투과 디스플레이의 이미지 품질은 실제 세계에서 더 높지만, 아주 일관되지는 않는다. (정상적으로 가려진) 핀셋의 끝은 증강으로 렌더링된다. 이 예시용의 목업에서 보면 왼쪽의 증강된 부분과 오른쪽의 이미지 전체의 해상도 결함이 과장돼 보인다.

그럼에도 불구하고, 컴퓨터로 생성한 이미지에서 눈에 거슬리는 결함은(예컨대 선이나 텍스트의 픽셀이 두드러지는 현상) 해상도가 충분하면 사용자가 현실 세계를 인식하는 것과 비교해서 그리 두드러지지 않을 정도로 줄일 수 있다.

공간 해상도와는 별개로, 주기 해상도, 즉 디스플레이 본래의 새로고침 속도는 인지된 깜박임을 최소화하고 이미지 지연과 고스팅ghosting을 피하는 데 중요하다. 점멸 융합 임계치는 일반적인 관찰자에게는 완전히 안정적으로 보이는 간헐적인 빛의 자극 빈도다. 많은 요인이 이 임계치에 영향을 준다. 어떤 사람들은 CRT 디스플레이의 깜박임을 75Hz 미만의 주사율로 경험하는 반면, LCD 디스플레이처럼 픽셀 지속력이 높은 새로운 디스플레이 기술은 주사율이 60Hz 미만이어서 깜박임이 방지된다. 주사율은 디스플레이의 모션 렌더링 방식에 영향을 준다. 움직이는 이미지를 표시할 때 사람의 점멸 융합 임계치는 보통 16Hz로 잡고, TV 시스템에 따라 카메라는 초당 25에서 30 프레임으로 잡는다. 빠른 동작을 흐릿함이 없이 보려면 더 빠른 프레임 레이트가(120Hz 이상) 좋고, AR과 VR에서는 보통 60Hz 이상의 프레임 레이트가 좋다. 입체 디스플레이의 왼쪽과 오른쪽 눈에 번갈아 프레임을 보여주는 것 같은 시간 다중화 정보 전송과 빠르게 연속해서 하나의 픽셀을 빨간색, 녹색, 파란색으로 바꿔 보여줘서 컬러를 섞는 필드 순차 컬러 디스플레이를 위한 VR과 AR 디스플레이에 더 높은 주사율이 종종 사용된다.

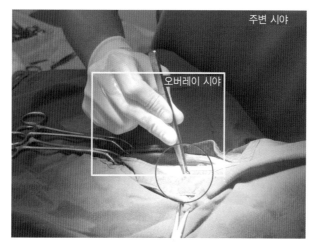

그림 2.11 AR 시스템은 시야가 제한되므로, 증강된 것이 눈에 보이는 '오버레이 FOV' 영역과 증강물이 보이지 않는 '주변 FOV'가 있다.

시야

원 해상도raw resolution가 시야FOV보다 훨씬 중요할 수도 있다. 더 넓은 시야를 채우려면 같은 밀도에 더 많은 픽셀이 있어야 하므로 FOV와 해상도는 서로 연관이 깊다. 시야가 넓다는 것은 사용자에게 한 장면에서 더 많은 정보를 보여준다는 뜻이다. AR에서는 오버레이 FOV와 주변 FOV를 구분한다. 오버레이 FOV에서 컴퓨터로 생성된 그래픽은 실제 세계의 이미지 위에 덮인다. 반면, 주변 FOV는 관찰된 환경의 증강되지 않은 자연스러운 부분을 담는다. 그림 2.11의 전체적인 이미지가 대각선 62도 FOV라면, 표시된 오버레이 FOV는 대략 대각선 30도다. 이렇게 비교적 좁은 FOV는 사용자가 전부를 보려면 가상 및 실제 물체로부터 거리를 좀 두거나, 아니면 잠시 동안 스캔하듯이 고개를 움직여야 한다는 뜻이다. FOV 제한은 VR과 특히 AR 디스플레이에서는 흔하게 발생하며, 결과적으로 몰입감이 줄어들어 사용자가 디스플레이된 장면과 내용에 빠져드는 데 한계로 작용한다.

비디오 투과 AR에서 제시되는 실제 세계 정보의 양을 결정하는 것은 디스플레이 시야라기보다는 카메라 시야라고 할 수 있다. 카메라는 디스플레이보다 시야가 더 넓을 때가 많으므로 카메라 이미지가 실제로는 어안 렌즈를 쓴 것처럼 압축돼 보이게 된다. 스마트폰을 핸드헬드 AR 매직 렌즈로 쓰는 경우를 예로 들면, 팔 길이만큼 뗀 거리는 상당히 짧기에 스마트폰 뒷면의 카메라가 디스플레이에서 대응되는 각보다 넓을 가능성이 높다.

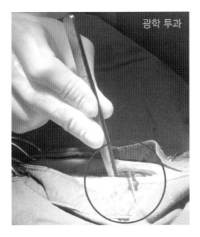
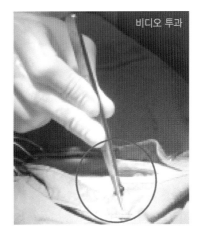

그림 2.12 눈과 디스플레이의 캘리브레이션이 충분하지 않으면 눈에 거슬리는 오프셋이 생긴다. 비디오 투과 디스플레이에서는 픽셀 단위의 정확한 등록을 더 쉽게 해낼 수 있다.

HMD에서는 가능한 한 오버레이의 시야를 넓히는 것이 목표가 된다. 그런데 HMD의 크기를 키우지 않으려면 눈에 더 가까이 두거나(망막 스캐닝 디스플레이나 AR 콘택트 렌즈를 사용하는 방법이며, 14장에서 논의하겠다.) 관련된 광학 요소의 디자인을 최적화 해야 한다. HMD 제조사들은 수평과 수직 시야 대신 대각선 시야로 명세하는 경우가 많은데, 그러면 더 높은 수치가 나온다. HMD에서 눈과 디스플레이의 거리가 고정돼 있을 때는 시야와 디스플레이의 공간 해상도가 합쳐져서 각도 해상도를 결정한다. 픽셀 밀도가 아주 높은 디스플레이는 넓은 시야를 제공할 때 비교적 간단히 광학 확대를 활용할 수 있다. 이런 접근법은 최근까지 평면 디스플레이 기술 발전에 힘입어 오큘러스 리프트 같은 비투과형 디스플레이에 이용돼왔다. 하지만 픽셀 수가 고정돼 있기 때문에 넓은 시야나 높은 해상도 중 하나만 선택해야 할 때도 있다. 예를 들어, 비행기 조종사라면 넓은 시야를 선호하겠지만 외과 의사라면 높은 해상도를 요구할 것이다.

시점 오프셋

광학 투과 디스플레이는 가상과 실제의 광학적 경로를 하나로 합쳐서, 결과 이미지는 설계에 따라 동조된다. 이 결과는 자연적인 시각과 맞기만 하면 바람직해 보인다. 하지만 가상 카메라의 캘리브레이션이 필요하며, 이를 통해 AR 디스플레이의 가상 부분을 사용자의 눈에 생성해준다. 캘리브레이션이 주의 깊게 이뤄지지 않으면 이미지 부분 사이의 차이가 빚어진다. 비디오 투과 디스플레이에서는 카메라 프레임을 컴퓨터 비전 기반의 등록에 활용할 수 있어(4장 참조) 픽셀 단위의 정확한 주석을 넣을 수 있다(그림 2.12).

비디오 투과 설정은 카메라가 보는 방향과 카메라의 이미지가 제시되는 화면의 보는 방향 간에 상당한 차이를 낳을 때가 많다. 이 차이는 카메라를 탑재할 수 있는 곳(예: HMD)의 제한이나, 혹은 AR 작업 공간 디자인을 반영한 것일 수 있다. 사용자가 자기 손과 증강된 물체를 시야에서 별개로 볼 수 있도록 사용자 앞의 수직 표면에 머리 위에서부터 아래로 향한 카메라에서 증강된 이미지를 영사하는 작업대가 그런 예가 될 수 있다(그림 2.13).

미니어처 카메라를 사용하면 사용자의 눈으로 보는 방향과 정렬되도록 카메라 광학 기기를 넣은 HMD를 구축할 수도 있다(그림 2.14). 이렇게 만든 최초의 기기는 캐논 MR 랩에서 개발한 COASTAR^Co-Optical Axis See-Through Augmented Reality였다[우치야마 (Uchiyama) 등 2002]. 이런 병렬 왜곡 방지 HMD의 또 다른 방식의 디자인 과정을 스테이트State 등이 설명했다[2005].

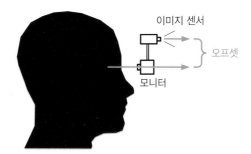

그림 2.13 (위) 디스플레이 뒤에서 대각선으로 아래를 향하는 카메라는 사용자의 손 위를 중심으로 AR 상호작용 공간을 잡아낸다. (사진 제공: 모텐 펠드(Morten Fjeld)) (아래) 일반적으로, 사용자가 보는 방향과 카메라의 광학 축 간에는 차이가 없는 것이 좋다.

그림 2.14 COASTAR는 상용으로 나온 최초의 시차 없는 비디오 투과 HMD였다. (사진 제공: 히로유키 야마모토 (Hiroyuki Yamamoto))

시점을 바꾸는 특수 케이스로 거울 설정이 있다. AR이 사용자를 향한 카메라와 똑바로 세운 화면을 합쳐서 화상 회의 설정과 비슷하게 전달될 수 있는 설정이다. 이 경우, 수평으로 반전된 카메라 이미지를 보여주는 장점을 통해 결과 디스플레이가 사람들이 거울을 볼 때 익숙한 모습을 보게 된다.

어떤 식으로든 시점에 차이가 날 때는 물론 사용자가 보이는 시뮬레이션에 적응해야 하며, 아주 자연스럽지 않다는 부작용이 따른다.

밝기와 명암비

투과 디스플레이에서는 일반적으로 명암차를 충분히 주기가 어렵다. 특히 야외이거나 자연광이 풍부할 때 대부분의 컴퓨터 디스플레이는 충분히 밝지 않아서 충분한 명암비를 제공할 수 없다. 이런 문제를 해결하기 위해 흔히 사용하는 방법은 예를 들어 실내에서 공간 투영에 영향을 주는 외부 유입 광량을 조절하기 위해 블라인드를 치거나, HMD라면 조절할 수 있는 바이저 조작을 통해 관람 상황에 영향을 주는 물리적 광량을 줄이는 것이다. OST HMD는 사용자가 세상을 직접 볼 수 있게 해준다. 디스플레이의 최대 밝기는 실제 세계의 밝기와 경쟁 관계에 있으므로 특히 직사광을 받는 야외에서는 명암비 수준을 충분히 달성하기가 매우 어렵다. 어떤 경우에는 옵티컬 시스템 역시 실제 세계를 너무 어둡게 만들 수 있다(그림 2.15).

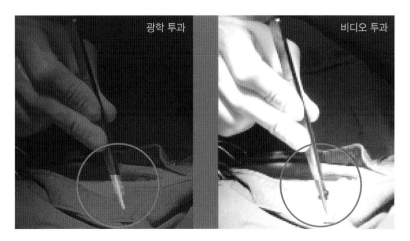

그림 2.15 광학 투과 디스플레이는 광학 합성기의 투명도에 좌우되지만, 비디오 투과 디스플레이는 디스플레이 자체가 충분한 명암비를 전달하기만 하면 밝기와 명암비를 임의로 변경할 수 있다. 오른쪽은 명암비가 최대치여서 실제 세계의 세부 묘사가 일부 사라졌다.

VST에서는 환경을 직접 보여주지 않아도 되므로 관람 환경의 자연광량을 더 쉽게 조절할 수 있다. 하지만 재래식 비디오 카메라에 의한 명암비 부족은 더 두드러진다. 게다가 VST HMD는 보통 사용자의 시야에서 일부만 처리하고, 자연광이 주변에서 들어올 수 있다. 또한 VST는 전자 컴포넌트의 작동에 크게 좌우된다. 카메라나 디스플레이가 제대로 작동하지 않으면 제대로 된 이미지를 전혀 볼 수 없다(그림 2.16).

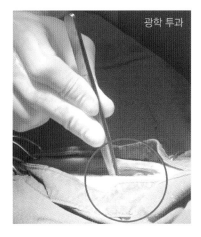

그림 2.16 비디오 투과는 디스플레이가 작동하지 않으면 사용자가 아무것도 볼 수 없게 된다. 수술이나 비행기 조종같이 목숨이 달린 상황에서는 큰 위험을 초래할 수 있다.

왜곡과 수차

OST든 VST든 모든 실제 디스플레이에는 렌즈 같은 광학적 요소가 있다. 이런 광학적 요소는 특히 넓은 시야가 필요할 때는 어안 렌즈 효과 같은 왜곡을 일으킨다. 게다가 전자적 이미지 처리 과정에서 결함의 추출과 재현이 일어날 수 있다. 예를 들어 전자식 카메라에서 폭넓게 사용되는 바이엘 마스크는 특유의 색수차를 발생시킨다. 고급 컴포넌트를 사용하고 세심하게 보정하면 이런 문제를 최소화할 수 있지만, 비용이 상승한다.

지연

시간적 오류도 공간적 오류와 비슷하게 부정적인 효과를 줄 수 있다. 공간적 캘리브레이션이 불충분할 때 가상과 실제 이미지에 이격이 생기는 것처럼, 가상과 실제 이미지의 시간 정렬이 불충분할 때도 공간적 이격이 생길 수 있다. 그래픽 생성 완료에 너무 시간이 걸리는 등의 이유로 AR 디스플레이의 가상 요소가 너무 늦게 보이면 사용자는 그동안 이동해버릴지도 모른다. 그러면 가상 요소가 이미지의 잘못된 부분에 표시된다.

지연^{latency}은 OST와 VST 양쪽 모두에 적용되는데, 두 경우 모두 가상 부분이 시간에 뒤처지게 되기 때문이다. VST가 OST보다 한 가지 나은 점은 가상 요소가 매칭되도록 비디오를 지연시킬 수 있다는 점이다. 그 결과로 AR 디스플레이는 공간적 불일치를 피할 수 있지만, 그래도 프레젠테이션 지연이 커지는 것은 피할 수 없다. 이런 지연은 오류가 작을 때만 수용할 수 있다.

높은 지연율은 VR과 AR 관람 시 멀미를 일으키는 요인 중 하나로 밝혀졌다. 다양한 연구에서 나온 데이터들이 모두 경우에 따라 다르기에 절대적인 수치를 제시하긴 어렵지만, 좀 더 심도 있는 연구에서 추론해보면 20ms에서 300ms 사이가 임계치인 것으로 보인다. 분명한 지연을 줄이기 위해서는 예측 캘리브레이션을 적극적으로 이용할 수 있으며, 그러면 시뮬레이터 멀미를 상당히 줄일 수 있다[버커(Bucker) 등 2012].

인체공학

분명, AR 시청 기기를 사용할 때 사용자는 편안해야 한다. 고정 디스플레이에서는 사용자가 기기를 사용하는 동안 편안하게 서 있거나 앉은 자세를 유지할 수 있게 작업 공간을 제대로 배치하면 된다. 그런데 모바일 기기에서는 피로감을 느낄 위험이 더 크므로, 수용할 정도의 인체공학적 속성을 달성하기가 더 어렵다. 눈높이로 들어야 하는 핸드헬드 기기는 사용자가 빠르게 부담을 느끼게 되며, 대부분의 HMD는 장시간 착용하고 있으면 무겁고 거추장스럽게 느낄 수밖에 없는 듯하다.

사회적 용인

남들의 눈에 얼마나 이상해 보여도 괜찮을까? 모바일 컴퓨터는 오늘날 널리 사용되고 있으며, 최근에는 무선 오디오 헤드셋을 착용해도 이상해 보이지 않는다. 그렇긴 하더라도 HMD를 공공 장소에서 착용하고 있는 것은 대부분의 사회적 환경에서 아직 완전히 받아들여지고 있지 않다. 이런 상황은 주로 HMD가 아직 부피가 크고 눈을 비롯해서 얼굴의 많은 부분을 가리기 때문일 것이다. 따라서 AR에 흥미를 가질 많은 사용자들이 최소한 덜 이상스러워 보이기 전까지는 HMD 사용을 꺼릴 것이다. 연구자들은 이렇게 제한적인 사용자 수용성에는 기기의 명명법이 한몫한다고 지적한다. '헤드마운트'형 디스플레이는 '모자형'이라는 용어보다 거부감이 들고, 일부 연구자들은 사실 모자형이라는 용어를 선호한다[파이너(Feiner) 1999][카크마치(Cakmakci)와 롤랜드(Rolland) 2006]. 이 책에서는 애매한 '모자형'이라는 용어보다는 전통적으로 불려온 'HMD'를 계속 사용하도록 하겠다.

HMD와는 대조적으로, 고정 AR 디스플레이는 몰입감이 덜하지만, 여러 사용자가 동시에 큰 노력을 기울이지 않고도 감상할 수 있으므로 어떤 면에서는 더 사회적이라 할 수 있다. 핸드헬드 기기는 양극단의 중간에 있으며, 그 자체로 인체공학과 사회 용인성 측면의 문제가 많긴 하지만 현재와 가까운 미래에는 수용할 만한 절충안으로 보인다. 하지만 태블릿이나 스마트폰을 렌즈를 통해 보는 것처럼 들고 있다면 사용자의 팔에 부담이 될 것이다. 마찬가지로, 카메라가 장착된 스마트폰이나 태블릿의 '렌즈'를 통해 다른 사람의 실루엣 주위로 증강 물체를 보는 것 역시 그 사람에게는 무례하게 느껴질 것이다. 착용식 카메라로 촬영되는 데 대한 위협은 이미 구글 글래스를 통해 사회적 용인 문제를 불러일으켰고[홍(Hong) 2013], 많은 연구자들은 감시와 프라이버시에 대한 문제를 숙고하고 있다[만(Mann) 1998][파이너 1999][마이클과 마이클 2013]. AR 콘택트 렌즈(14장 참조)로 작동할 수 있는 물리적으로 덜 침해하는 AR 기술이라면 사용자가 더 잘 받아들일 수 있겠지만, 전혀 다른 사회적, 그리고 사회 체제 관련 문제들을 제기할 것이다[메이라즈(May-raz)와 라조(Lazo) 2012].

공간 디스플레이 모델

시각적 AR 디스플레이의 요건과 특징을 알아봤으니, 이제 다양한 좌표 변환을 통한 AR 정보 디스플레이 프로세스를 알아보자. 이전 절에서 말했듯이, 사용자가 증강된 세계를 보는 데는 여러 간접적 조치가 연관된다. 관람 경험은 카메라의 촬영과 디스플레이 화면을 통해 중계된다. AR에서는 표준형 컴퓨터 그래픽 파이프라인을 이용해 [휴즈(Hughes) 등 2014] 실제 세계의 오버레이를 만들어낸다. AR 디스플레이의 종류와 관계없이, 이 파이프라인은 모델 변환, 보기 변환, 그리고 투영 변환으로 이뤄진다.

- 모델 변환: 모델 변환은 3D 로컬 물체의 좌표와 3D 글로벌 세계 좌표의 관계를 알려준다. 모델 변환은 물체가 실제 세계에서 어떻게 위치가 잡히는지를 알려준다.
- 보기 변환: 보기 변환은 3D 글로벌 세계 좌표와 3D 관람(관찰자나 카메라) 좌표의 관계를 알려준다.
- 투영 변환: 투영 변환은 3D 관람 좌표와 2D 기기(스크린) 좌표의 관계를 알려준다.

투영 변환은 보통 오프라인으로 결정되지만, 시야 같은 내부 카메라 매개변수가 변화할 경우 능동적으로 업데이트돼야 할 수도 있다(5장 참조). 다른 변환은 정적이어서 오프라인에서 결정되거나, 온라인으로 변경될 경우에는 트래킹으로 결정돼야 한다. 트래킹에 대해서는 3장에서 더 상세하게 논의하겠다.

AR 씬에서 실제 물체를 이동시키고 싶다면 오브젝트 트래킹이 필요하지만, 정적인 물체들의 위치는 한 번 측정하면 추적할 필요가 없다. 오브젝트 트래킹은 모델 변환을 설정하는 데 사용된다. 추적된 물체만을 증강하고 싶다면 (추적되지 않은 고정된 물체는 제외) 명시된 월드 좌표 시스템을 포기하고, 대신 추적된 실제 물체 단위로 하나의 보기 변환만을 사용할 수 있다(예: 독립 AR 마커의 경우. 3장 참조).

보기 변환을 결정하려면 여러 컴포넌트가 관여해야 하므로 좀 더 복잡해질 수 있다(그림 2.17). 사용자가 디스플레이에 상대적으로 이동한다면 헤드 트래킹, 그리고 눈 트래킹도 필요해진다. 그리고 디스플레이가 월드에 상대적으로 이동한다면 디스플레이 트래킹이 필요하다. VST 디스플레이를 이용한다면 사용자가 카메라를 통해 실제 세계를 인식하는 VST 루트가 있으므로 카메라 트래킹이 필요한 반면, OST는 사용자가 세상을 직접 볼 수 있다. 사용자, 디스플레이, 카메라, 물체가 모두 독립적으로 움직이게 하는 설정도 생각할 수 있지만, 전형적으로는 최대 두 개의 동시 트래킹 개체가 사용된다. 하지만 시스템에서 각 컴포넌트 유형(사용자, 디스플레이, 카메라, 물체)의 각 인스턴스를 적용할 수도 있다.

이 장의 후반부에서 그림 2.17의 도해처럼 설계상으로 다양한 AR 디스플레이와 감상 설정을 계속 보여주겠다(그림 2.23과 다음 그림).

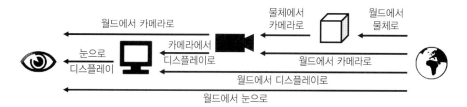

그림 2.17 대부분의 AR 디스플레이에서 공간 모델은 사용자의 눈, 디스플레이, 카메라, 증강할 물체, 그리고 월드라는 다섯 가지 컴포넌트의 공간적 관계로 결정된다. 우리는 여기에서 가장 중요한 좌표 변환을 그렸으며, 각각은 고정, 캘리브레이션, 능동적인 추적, 혹은 제약 없이 두는 것이 가능하다.

시각 디스플레이

오늘날의 시각적 AR 디스플레이 기술을 자세히 이해하려면 다양한 과학적 주제를 고려해야 한다. 빛, 광학, 홀로그래픽 원칙에 대해 살펴보는 것은 이 책의 범위를 넘어서지만, 디스플레이 기술에서 이런 주제를 훌륭히 소개하고 있는 하이니치[Hanich]와 빔버Bimber의 저서를[2011] 참고하면 좋다. 여기에서는 흔한 오해와 때로 마케팅 자료에서 의도적으로 모호하게 설명하는 부분을 짚어볼 필요가 있으므로 간단하게 다양한 3D 디스플레이 기술 간의 차이를 설명하겠다. 특히 스테레오스코픽 접근법, 홀로그래픽 디스플레이, 라이트 필드 디스플레이, 볼류메트릭 디스플레이로 3D 디스플레이를 구분해보겠다.

스테레오스코피에 대해서는 이미 다뤘다. 관찰자의 눈에 별도의 이미지들을 보내는 것이 관객에게 3D 콘텐츠를 보여주는 데 가장 흔히 적용되는 접근법이다. 양안식 접안형 디스플레이는 사용자의 왼쪽 눈과 오른쪽 눈에 자연스럽게 서로 다른 이미지를 보여줄 수 있다. 그런데 모니터나 대형 디스플레이(프로젝터로 영사)를 사용할 때는 입체 감상을 위해 다른 기술이 적용된다. 일부는 사용자가 다양한 설정의 액티브 셔터 안경이나 패시브 필터 안경(색깔, 편광, 간섭 필터)을 써야 한다. 왼쪽이나 오른쪽 눈의 이미지가 공간이나 시간을 다중화한 방식으로 전송될 때는 동기화나 매칭 필터를 통해 최종 결과가 항상 관찰자가 해당 눈에서 적절한 원근감으로 받는 이미지가 된다. 오토 스테레오스코픽이라고 불리는 기법에는 안경이 필요 없다. 대신 디스플레이 면이나 바로 앞에서 스테레오 채널 분리를 실행해 서로 다른 관람 영역에 눈과의 거리보다 짧은 다른 관점의 이미지를 보내면 양쪽 눈이 다른 관점으로 보게 된다. 실제 사례로는 시차 배리어 디스플레이와 렌티큘러 디스플레이가 있다.

대부분 스테레오스코픽 접근법은 초점 거리가 고정된 면에 의존하지만, 일부 스테레오스코피는 다른 이미징 접근법을 결합하기도 한다[할리(Halle) 1994][후앙(Huang) 등 2015]. 다른 쪽 극단에는 이미지 형성이 3D 공간에서 이뤄지는 완전한 볼류메트릭 디스플레이가 있는데, 3D 물체의 이미지가 인식되는 3D 좌표에서 빛이 발산되거나 반사되는 것이다[블런델과 슈왈츠 1999][기무라(Kimura) 등 2006].

홀로그래픽 디스플레이와 라이트 필드 디스플레이는 디스플레이 범주에 밀접하게 연관되며, 이들 사이의 경계는 다소 모호하다. 두 접근법 모두 특정 씬에서 표현하는 광파light wave의 모든 특징을 기록(혹은 생성)하고 재생하는 것이다. 이상적으로는 관람과 실제의 물리적 장면 사이에 차이가 없어야 하며, 제대로 빛을 발하는 홀로그래픽 녹화나 제대로 재현된 라이트 필드 경험이 이뤄져야 한다. 현실적으로 이 두 기술은 각각 많은 한계가 있다[하이니치와 빔버 2011][웨츠스틴(Wetzstein) 2015].

홀로그램은 보통 간섭광(레이저)으로 생성하고 관람한다. 라이트 필드 디스플레이는 보통 일관되지 않은 빛으로 작동한다. 라이트 필드 디스플레이는 볼류메트릭 디스플레이[존스(Jones) 등 2007], 멀티프로젝터 어레이[발로(Balogh) 등 2007]와 마이크로렌즈를 활용한 눈 근접 디스플레이[랜먼(Lanman)과 루엡케(Luebke) 2013] 등 많은 형태를 취할 수 있다.

그림 2.18_ AR 디스플레이는 눈에서부터 디스플레이까지의 거리에 따라 나눌 수 있다.

'홀로그래피'라는 용어는 원래 레이저로 빛나는 광선의 간섭 패턴으로서의 라이트 필드와 씬의 반사된 레이저 빛의 코드화 현상을 일컫는 것이었으며 다양한 투명도, 농도, 혹은 사진 매체의 표면 성질에 따라 다양하게 변형된다. 홀로그래피와 홀로그램이라는 용어는 지난 몇 년에 걸쳐 널리 퍼졌으며, 렌티큘라와 기타 오토 스테레오스코픽, 오토 멀티스코픽 3D 디스플레이, 그리고 간단한 반투명 거울과 영리한 콘텐츠 조정 및 조명으로 작동하는 무대 연출 '페퍼스 고스트Pepper's Ghost'를 포함한 어떤 3D 재현도 (부정확하게) 일컬어왔다. 이런 용어가 일반적으로 수용되는 의미는 점차 높아져가는 인기에 따라 변화하고 있지만, 이 책에서는 연구 문헌에서의 용어 의미를 정확히 따르도록 하겠다.

그럴듯한 증강 현실을 제시하기 위해서는 어떤 디스플레이를 써야 할까? 하이니치는 [2009] 세상의 모든 컴퓨터 디스플레이를 모방하고 대체하는 데 이상적으로는 범위가 매우 동적이며 트래킹이 완벽한 비강압적이고 편안한 고해상도의 넓은 시야를 갖춘 눈 근접 디스플레이 형식의 잘 작동하는 개인용 AR 디스플레이 하나만 있으면 된다고 말한다. 이런 것이 있다면 좋겠지만, 가까운 미래나 적어도 단기간 내에 AR이 개인용 눈 근접이나 핸드헬드, 그리고 웨어러블 디스플레이와 고정된 대형 화면의 체적형 디스플레이, 그리고 물리 공간에 이미지를 영사하는 것을 포함한 디스플레이 기술의 결합으로 현실화될 것 같지는 않다.

그러면 AR과 관련된 이런 디스플레이 기술에 대해 알아보자. 라스카[Raskar]의 제안에 따라[2004], 우리는 눈으로부터의 거리가 멀어지는 순서로 시각적 AR 디스플레이에 대해 논의해보겠다. 먼저 HMD부터 시작해 핸드헬드 디스플레이, 고정 디스플레이, 투영형 디스플레이를 알아보자.

눈 근접 디스플레이

AR에서 가장 중요한 디스플레이는 아마도 HMD일 것이다. AR 설정에서 HMD의 사용은 서덜랜드의 중요한 연구로 거슬러 올라간다. 그의 '데모클레스의 검' HMD는 천정에 매달아 무게를 지탱하고, CRT 스크린을 광학 투과 설정으로 활용했다[서덜랜드 1968].

머리에 쓰는 기기를 고안하기까지는 복잡한 노력이 필요했다[기요카와 2007]. 거추장스럽지 않고 편안하면서도, 가능한 한 최고의 관람 품질을 제공해야 한다. HMD 디자인에는 디스플레이적 요건과 특징에서 이미 논의한 여러 기술과 인체공학적 매개변수가 중요하다[롤랜드와 카크막치 2009].

특히 눈 근접 디스플레이에는 착용할 디스플레이의 인체공학적 측면이 엄청나게 중요하다. 당연히 HMD는 가능한 한 가벼워야 하며, 특히 오래 사용하기에 적합해야 한다. 전자나 광학적 부품과는 별개로, 케이스나 착용에 쓰이는 부품이 대부분 그 무게를 결정한다(그림 2.19). 헬멧형 기기는 튼튼하긴 하지만, 조종사나 소방관처럼 어차피 헬멧을 써야 하는 작업에나 매력적일 것이다. 클립형 디자인은 평범한 안경이나 선글라스에 부착할 수 있지만, 디스플레이가 주 시야에서 벗어날 경우 '두리번거려야 하는' 결과를 낳는다. 구글 글래스를 통해 잘 알려진 이런 공간 배치는 웨어러블 정보(텍스트) 디스플레이 쪽에 주안점을 두고 있지만, 투과형 AR 디스플레이에는 그다지 적합하지 않다. 바이저에 내장된 디스플레이가 가장 강력한 접근법이긴 하지만, 디스플레이의 무게가 사용자의 얼굴 앞에 쏠리게 되며 제대로 고정한 채 유지하는 문제가 있어 프레임을 주의 깊게 디자인해야 한다. 프레임이나 케이스는 다양한 머리 크기와 편안한 착용감을 위해 조정이 가능해야 한다. 또한 땀이 나지 않도록 머리 주위에서 충분한 공기 흐름이 이뤄질 수 있어야 한다.

그렇다면 이상적인 눈 근접 AR 디스플레이는 어떤 모양이어야 할까? 우리 앞의 환경에 잘 합쳐진 3D 증강물을 양쪽 눈으로 볼 수 있도록 시야가 정해져 있다고 해보자. 이럴 때는 상당한 시야의 오버레이가 좋을 것이며, 그렇지 않으면 큰 3D 증강 물체가 잘려 나가서 제대로 감상하려면 주위를 둘러봐야 할 것이다. 그러고도 몇 가지 디자인적 결정이 더 남는다. 우선 가장 중요한 것은 증강 방식이다. 투과형 디스플레이는 광학으로 할 것인가, 비디오로 할 것인가?

그림 2.19 여러 디스플레이 탑재 옵션 (왼쪽) 록웰 콜린스 심아이(Rockwell Collins SimEye)에 사용되는 것 같은 헬멧 마운트 디스플레이 (가운데) 구글 글래스에 사용되는 방식의 클립형 디스플레이 (오른쪽) 엡손 모베리오(Moverio)에 사용되는 방식의 바이저 디스플레이

광학 투과형 헤드마운트 디스플레이

OST HMD는 광학 합성기로 가상과 실제를 합쳐야 한다. 1990년 후반 소니 글래스트론Glasstron OST 디스플레이가 적용한 표준적인 접근법은 빔 스플리터를 이용해 LCD 디스플레이에서 관람자의 눈으로 이미지를 반사하는 동시에 전방의 씬은 자유로이 볼 수 있도록 하는 것이다(그림 2.3과 그림 2.20). OST AR 디스플레이에서 아주 까다로운 문제는 바깥 세상에서 투과하는 광량의 조절이다. 글래스트론 시리즈 OST 디스플레이는 빔 스플리터 앞에 조절 가능한 글로벌 LCD 셔터 마스크를 놓는다(눈에서 가능한 한 멀리 위치한다). 사용자는 이 셔터의 투명도를 조절할 수 있다. 하지만 실

제 세계의 광도는 굉장히 변화무쌍하기 때문에 이 셔터로는 충분히 조절해낼 수가 없다. 밝은 햇빛 아래에서는 셔터를 최대한 어둡게 해도 빛이 충분히 차단되지 않아, 사용자가 반사된 컴퓨터 이미지의 세부 묘사를 다 볼 수 없다. 그리고 실내에서는 셔터를 최대한 투명하게 조절해도 앞의 세상이 충분히 밝게 보이지 않는다. 이런 경험은 단순한 빔 스플리터를 OST HMD의 광학 합성기로 사용할 때의 뚜렷한 한계를 부각시킨다. 크레스Kress와 스타너Starner는[2013] 최신 HMD 기술과 컴포넌트를 리뷰해 업계에서 활용되는 다양한 광학 합성기 기술을 비교한다.

그림 2.20 소니 글래스트론 LDI-D100B(콜럼비아 MARS 시스템에 특별히 맞춰 새로 장착했다.) (사진 제공: 콜럼비아 대학)

더 최근에 디자인된 루무스Lumus(그림 2.21) 같은 OST 디스플레이는 진일보한 광학을 활용한다. 루무스의 디자인은 특수한 프리즘 렌즈로 미니어처 영사기의 출력을 보내며, 렌즈에서 내부적으로 반사되고 굴절된 빛이 전달된다.

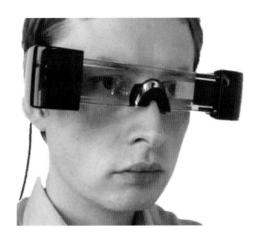

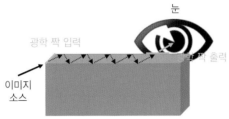

그림 2.21　루무스는 라이트 가이드(Light-Guide) 광학 요소 기술로 특수 광학 프리즘을 투과해 이미지를 전달한다. (위 이미지 사진 제공: 젠스 그루버트(Jens Grubert))

눈 근접 OST AR에서 아직 해결되지 못한 문제점은 넓은 시야를 어떻게 작고 가벼운 형태로 합성해내는가다. 시야각이 넓으려면 자연히 (고해상도의) 디스플레이를 눈에 더 가까이 가져와야 한다. 그러면 예를 들어 필요한 초점 광학을 어떻게 적용해야 하는가라는 문제가 떠오른다. 이노베가 주식회사Innovega Inc.에서 아이옵틱iOptik 플랫폼으로 보여주는 한 가지 접근법은 콘택트 렌즈에 넣어서 중앙의 마이크로렌즈가 감상자에게 눈 근접 디스플레이 기반의 안경에 초점을 맞출 수 있게 해주는 것이다. 중앙의 콘택트 렌즈 부분은 주위 환경에서 들어온 빛이 아니라 눈 근접 디스플레이에서 나온 빛만 이 방식으로 초점이 맞도록 하는 편광 필터를 사용한다. 콘택트 렌즈 바깥 부분은 디스플레이에서 들어오는 빛을 막지만, 환경에서 들어오는 빛은 투과하게 해준다. 이렇게 하면 감상자는 디스플레이에 초점이 맞으면서 주변 환경도 자연스럽게 볼 수 있다. 사용자가 이런 넓은 시야의 AR 경험을 위해 기꺼이 특수 제작된 콘택트 렌즈와 함께 눈 근접 디스플레이를 다 착용하려고 할 것인가라는 문제는 남지만, 일단 안경은 일반 선글라스보다 그다지 클 필요가 없다.

그림 2.22 (위) 포인트 라이트 소스가 빽빽이 배치된 패널 (아래) 핀라이트 디스플레이 프로토타입 (사진 제공: 앤드루 마이몬(Andrew Maimone), 노스 캐롤라이나 채플 힐 대학)

핀라이트Pinlight 역시[마이몬(Maimone) 등 2014] 눈 가까이 초점을 맞추는 문제를 기발하게 해결한 OST HMD의 프로토타입이다. 이 기기는 기발한 광학 디자인을 활용해 이미지를 만들어내는데, 프로젝터들을 촘촘하게 짜 넣은 모양이다. 이 집합체는 LCD 패널과 포인트 광원들로 이뤄진다. 포인트 광원은 광학 프리즘으로 빛을 보내서 생성되며, 이 빛은 정확하게 제조된 점으로 나간다. LCD 패널은 사용자에게는 초점이 맞지 않게 배치돼 있지만, 투영된 이중 이미지는 망막에 초점이 맞는 이미지로 비친다. 이 디스플레이는 현재 연구 단계의 프로토타입으로 흥미진진한 가능성을 보여주고 있지만, 완전히 실용성을 갖추기까지는 몇 가지 장애를 극복해야 한다. 디스플레이를 비교적 고해상도로 구동하려면 디스플레이에 대한 눈의 위치를 추적해야 한다. 향후 눈 근접 디스플레이에 눈 트래킹이 가능해지길 기대하고 있지만, 그러려면 기술의 접목이 선행돼야 하며 몇 군데의 제조사에서 내놓은 초기 프로토타입을 보면 아직 걸음마 수준에 있다. 제대로 된 모바일 눈 트래킹 솔루션은 여전히 소비자용 VR과 AR 제품의 가격대를 훌쩍 넘어선다.

또 한 가지 최근 개발된 것으로 눈 근접 라이트 필드 디스플레이가 있다. 이런 디스플레이는 광학적으로 사용자가 마음대로 초점을 맞출 수 있는 지원 범위 안에서는 모든 시점에서 정확한 이미지를 보여주므로 비교적 눈의 움직임과 자동 초점 조절에서 자유로울 것으로 보인다. 랜먼과 루엡케가 제시한 NVIDIA 프로토타입은[2013] 굴절형 마이크로어레이 렌즈를 사용하기에 OST에는 적합하지 않다. 하지만 마이몬 등은[2014] 충분한 픽셀 밀도만 갖춘다면 핀라이트 디스플레이 역시 라이트 필드 디스플레이처럼 제조될 수 있으며, OST의 시점 캘리브레이션이 필요 없는 장점과 눈 트래킹 요건을 만족시킨다는 점을 강조한다. 핀홀 디스플레이의 '트래킹 없는 라이트 필드 설정'이라면 아이박스^eyebox 내로 움직임을 제한할 수 있다. 하지만 현재로서는 일부 이미지 저하와 상당한 공간 해상도의 저하를 낳는다.

마이크로소프트 홀로렌즈 프로젝트[1]와 구글 및 퀄컴 같은 투자자들로부터 5억 달러 이상의 투자를 받은 베일에 싸인 매직리프^MagicLeap 같은 스타트업[2]에 대한 최근 발표로 인해 해당 기술의 정확한 원리를 둘러싼 수많은 추측이 유발됐다.

마이크로소프트 홀로렌즈의 개발 에디션은 무선 광학 투과 AR 기기로, 이 회사의 2015 빌드^BUILD 개발자 컨퍼런스에서 여러 가능성이 시연된 형태로 발표됐다. 매우 인상적인 이 시스템에는 커스텀 트래킹과 심도 인식, 공간 오디오, 최첨단 광학 투과

1　http://www.microsoft.com/microsoft-hololens/

2　http://www.magicleap.com

디스플레이(오버레이 시야가 다소 제한되는 아쉬움은 있다.) 같은 중요한 AR 기술이 모두 무선 바이저 형태로 적용돼 있다. 마이크로소프트는 이 프로젝트를 '홀로그래픽 컴퓨팅'이라는 용어로 설명하며, 이 회사의 홀로렌즈 프로젝트를 통해 고해상도 홀로그램이 가능할 것이라고 암시했다. 디스플레이의 광학에는 홀로그래픽 요소를 이용할지 몰라도, 초기 사용자 경험을 보면 최초의 프로토타입은 스테레오스코픽 디스플레이를 활용하는 것으로 보인다.

인터뷰와 일부 관계자의 이야기, 그리고 이 회사의 추정 기술에 대해 발급된 특허를 통해 볼 때 매직리프는 '디지털 라이트 필드 기술'로 작동해 앞서 논의한 이접 운동과의 부조화 문제를 해결했다고 한다. 특허에서는 워싱턴 대학에서 집중 연구한 스캐닝 파이버 디스플레이와 궤적을 같이한다[쇼웬거르트(Schowengerdt) 2010][쇼웬거르트와 사이벨(Seibel) 2012]. 이런 디스플레이의 웨어러블에 가장 가까운 버전은 렌즈에서 다양한 거리에 광섬유를 배열해 다중 초점 빔을 겹쳐 보이게 한다. 이 작업에서는 다양한 심도의 4D 라이트 필드를 만들기 위한 중첩 파장 가이드 배열도 포함될 수 있을 것 같다.

마이크로비전MicroVision 노마드Nomad 같은 초기 상용 망막 스캐닝 디스플레이 버전은 시장에서 대중적 인기를 끌지 못했다. 망막 스캐닝 디스플레이는 눈의 망막에 직접 래스터 이미지를 그리는 것으로, 망막에서만 이미지가 실제로 형성되지만 사용자는 이 이미지가 자기 앞의 공간에 떠 있는 것으로 인식한다. 2004 모바일 AR 리뷰에서는[휄레러와 파이너 2004] 망막 스캐닝 디스플레이 기술이 당시 실외 햇빛 아래에서 충분한 밝기와 명암비로 증강 물체를 만들어낼 수 있는 아주 소수의 후보 중 하나라고 언급했다. 더 최근에 상업적으로 구현된 망막 스캐닝 디스플레이에는 브라더 에어스카우터Brother AiRScouter와 애비건트 글리프Avegant Glyph가 있는데, 홀로그래픽 웨이브가이드 광학 같은 다른 기술로 경쟁을 걸고 있다.

실제 기술이 뭐든 간에, 새로운 디스플레이로 이전 접근법에서 존재했던 한계를 해결하면서 소형과 경량성은 가능한 한 유지하려는 노력이 경주되고 있다. 즐길 만하고 지속 가능한 AR 경험을 보장하기 위한 중요한 요인이 너무나 많아서, 어떤 기술이 승리를 거둘지 예측하기는 어렵다. 궁극적으로 인체공학적이고 사용하기 편리해야만 (가벼운 '웨어러블' 착용성) 사용자가 AR에 적응하고 자주 사용하기에 적합할 것이다.

사용자가 계속해서 물리적 세계와 가상 3D 증강 물체로 초점을 바꿔야 하는 애플리케이션이라면 라이트 필드나 홀로그래피에서 가능한 것처럼 다중 초점 이미지 형성 방식이 장점이 있겠지만, 이것은 대량 적용을 위한 절대적 요건은 아닐 수도 있다.

이 장 앞부분에서 소개한 공간 디스플레이 모델에 맞춰, OST 눈 근접 디스플레이부터 시작해 각 디스플레이 유형의 공간 관계를 도해로 표시해보자. 일부 매개변수는 오프라인으로 캘리브레이션할 수 있다. 마운트가 단단히 고정시키지 못하거나 재질 변형 때문에 작은 오류가 일어날 수는 있지만, 작동 중에는 일정하게 유지된다고 간주할 수 있다. 우리의 공간 관계 도해에서는 이런 지속되고 캘리브레이션되는 변형을 가장자리에 C자를 넣어 표시한다. 다른 매개변수들은 프레임마다 변화하며 추적이 필요하다. 이런 변형은 가장자리에 T라고 표시한다. 도해에서 두 개의 컴포넌트 사이에 경계선이 없을 때는 둘의 공간적 관계를 알 수 없거나 중요하지 않다는 뜻이다.

광학 투과 디스플레이는 근본적인 컴포넌트 간의 공간 관계가 비교적 분명하다. 그리고 카메라가 꼭 필요한 것은 아니다. 물론 카메라로 시야 기반의 트래킹과 장면 이해를 수행하는 장점을 취할 수도 있다(4장의 논의 참조).

OST HMD 설정에는 보통 눈에서 비교적 고정된 위치에 놓인 디스플레이가 들어간다. 세계와 디스플레이는 비교 추적할 수 있지만, 눈과 디스플레이 변형은 미리 보정하거나 아니면 HMD에 입력한 직후 보정하는 것이 더 좋다(그림 2.23). 최근의 연구에서는[이토(Itoh)와 클링커(Klinker) 2014] HMD 내부에 탑재된 시선 트래커로 눈과 디스플레이 캘리브레이션의 영속적인 업데이트가 가능한지 같은 사용 가능성을 탐구했다. 이러면 수동 캘리브레이션이 필요 없어지고, HMD가 머리에서 무심코 움직이는 경우에도 문제없이 사용할 수 있다.

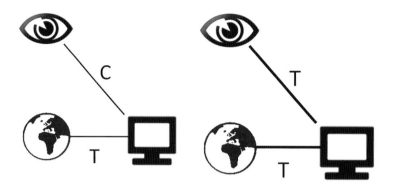

그림 2.23 (왼쪽) 광학 투과 헤드마운트 디스플레이 (오른쪽) 시선 트래킹 가능한 광학 투과 헤드마운트 디스플레이

비디오 투과 헤드마운트 디스플레이

VST HMD는 비투과형 HMD에 하나 이상의 비디오 카메라를 더한다. 이 기술에서는 사용자의 눈, 디스플레이, 카메라라는 세 개의 컴포넌트가 필수 구성 요소다(그림 2.24). 이런 컴포넌트는 캘리브레이션이 필요하며, 고정된 컴포넌트 간의 결합에서 세계로의 변형은 트래킹돼야 한다. 이 과정은 일반적으로 반드시 필요한 것은 아니지만 카메라 트래킹을 통해 이뤄진다. OST HMD와 마찬가지로 이 설정에 시선 트래킹 기기를 넣을 수도 있다.

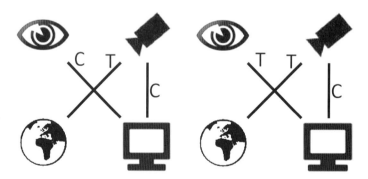

그림 2.24 (왼쪽) 비디오 투과 헤드마운트 디스플레이 (오른쪽) 시선 트래킹이 가능한 비디오 투과 헤드마운트 디스플레이

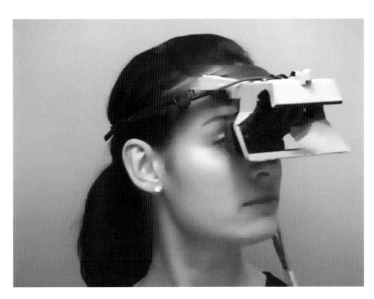

그림 2.25 눈 위의 카메라를 이용한 거울 광학의 VST HMD 사례. 디자인 안드레이 스테이트(Andrei State) 2005 (사진 제공: 안드레이 스테이트, 노스 캐롤라이나 채플 힐 대학)

모든 VST HMD 디자인에서 공통되는 한 가지 난제는 비디오 카메라 녹화를 통해 보이는 데도 사용자가 실제 세계를 보는 것과 비슷하게 만들어내는 것이다. 물론, 이런 카메라를 이용해 관람자의 눈앞에 위치한 디스플레이의 시야나 시선과는 다르게 인식할 수 있는 장점도 취할 수 있다. 예를 들어 구글 글래스는(그림 2.19 가운데) VST 디스플레이를 이용했는데, 디스플레이의 카메라 시야는 사용자의 눈 가장자리에 삽입돼 있는 작은 디스플레이 창에서 향한 각도보다 훨씬 넓어서 AR 증강 물체의 배경으로 이 넓은 카메라 시야를 사용하는 것이 일리가 있었다. 완전히 몰입감을 주는 경험에서도 관람자는 초기 시각 실험에서 시연한 것처럼[콜러(Kohler) 1962] 광학적 왜곡에도(혹은 전도까지도) 쉽게 적응하는 것을 보여줬다. 그럼에도 불구하고 사용자가 노력하지 않고 보는 이른바 시차 없는 디스플레이parallax-free display와 정렬된 비디오 시각이 사용자가 세계를 인지하는 방식을 변경하지 않고 OST 디스플레이가 제공하는 매끄러운 시각을 모방하므로 AR 경험에는 좋을 것이다.

스테이트 등이[2005] 제안한 시차 없는 VST HMD를 위한 디자인은 두 개의 카메라를 양쪽 눈 머리 위에 하나씩 배치하고 그 밑에 경사진 거울을 두어 카메라가 찍은 영상을 보여주는 두 개의 눈 근접 디스플레이에 시선 각도와 똑같은 이미지를 만들어낸다 (그림 2.25). 이보다 몇 년 전에는 캐논 MR 랩에서 이런 방식으로 최초의 상용 HMD 를 개발했는데, 바로 COASTAR다[우치야마 등 2002](그림 2.14).

AR 리프트Rift는[스텝토(Steptoe) 등 2014](그림 2.26) 좀 더 최신의 VST HMD다. 이 기기 는 정확히 시차가 없는 감상이 목적이 아니라, 오큘러스 리프트의 스크린에 디스플레 이되는 카메라 감상 축을 세심하게 정렬해 넓은 시야의 AR 디스플레이를 만들어내는 것이 목적이었다.

그림 2.26 윌리엄 스텝토(William Steptoe)가 만든 두 개의 비디오 카메라로 오큘러스 리프트를 개조한 AR 리스트 (사 진 제공: 윌리엄 스텝토)

VR과 AR에 쓰일 고품질 눈 근접 디스플레이의 개발은 오랫동안 틈새 시장으로 여겨 져왔다. 1990년대 후반 소니 글래스트론 시리즈와 같이 몇 개의 눈에 띄는 예외를 빼 곤 이런 디스플레이의 제조는 대중 소비 시장에 중점을 두지 않았다. 그런데 스마트 폰과 태블릿 같은 모바일 기기 시장용으로 가격 경쟁력이 있는 고해상도의 LCD와 OLED 디스플레이가 개발되면서 고해상도의 눈 근접 디스플레이 개발 가능성이 부 상되고 판도가 뒤집혔다.

단순한 감상 광학의 추가로 눈 근접 디스플레이 방식의 고해상도 핸드헬드 디스플레이의 적합성을 깨닫게 된 사우스 캘리포니아 대학의 마크 볼라스^{Mark Bolas}와 동료들은 IEEE VR 2012 컨퍼런스에서 FOV2GO라는 이름으로 직접 만들 수 있는 판지 스테레오스코픽 VR 뷰어와 소프트웨어를 선보였다. 이 기술은 스마트폰을 VR 헤드셋으로 바꿔서 앱을 통해 나뉘어진 입체 영상 감상을 제공했다. 대부분의 스마트폰 뒷면에 있는 카메라를 활용하는 이 솔루션은 VST AR 디스플레이의 기능도 할 수 있다. 볼라스는 2006년 페이크스페이스^{Fakespace} 랩에서 WIDE5 가상 현실 HMD를 개발하기도 했지만, 판매 가격이 3만 달러를 넘기에 소비자 전자제품 시장에는 적합하지 않았다. 하지만 고해상도 디스플레이의 가격대가 낮아지면서, 이 실험은 오큘러스 리프트, 삼성 기어 VR(그림 2.6), 구글 카드보드^{Cardboard}를 포함한 여타 VR과 AR HMD 제품의 개발에 직접적인 영향을 미쳤다.

이제 OST와 VST 디스플레이 양쪽을 살펴봤으니, 이상적인 눈 근접 디스플레이에 대한 질문으로 돌아가보자. 이상적이란 것은 적용 예와 맥락에 따라 달라진다. AR의 사용을 잠깐 동안만 하는가, 아니면 장시간 유지할 것인가? 사용 후에는 AR 기기를 벗어야 하는가, 아니면 계속 쓰고 있게 할 것인가? AR을 사용하는 장소는 닫혀 있는가, 아니면 AR 상호작용이 실내뿐 아니라 야외에서도 일어날 수 있는가? 이런 여러 질문이 필요하다. 기술적 제약이 없고 취사선택의 여지가 없거나 적다면 답을 찾긴 쉬울 것이다. 이 경우 우리는 눈에 띄지 않고(예: 콘택트 렌즈 형태), 편안하고(예: 거슬리지 않거나 눈에 편안함), 편리하며(늘 켜져 있고 충전이나 유지 보수가 필요 없음), 광학 투과형이며(실제 세계를 보는 데 부정적인 영향을 미치지 않음), 범위가 능동적이며(어떤 조명에서도 잘 작동함), 눈에 한정된 해상도(픽셀이 보이지 않음), 사람에 맞춘 시야(가려진 부분이 없는 완전한 오버레이 시야), 3D 심도를 갖춘 양안식 디스플레이(수렴 조절 불일치가 발생하지 않음), 정확한 오클루전(원치 않는 투명하게 비치는 오버레이 고스트 현상이 없음), 그리고 모든 센서가 튼튼하고 안정적으로 트래킹되며, 씬 모델링과 AR 애플리케이션이 지원되길 원할 것이다. 그리고 이런 모든 기능을 갖춘 기기가 100달러 이하 가격이어야 하는 것은 물론이다.

기존의 눈 근접 디스플레이가 가진 기술적이고 인지적인 문제의 상세한 내용은 리빙스턴^{Livingston} 등이[2013] 쓴 책과 여러 조사 보고서를[기요카와 2007][롤랜드와 카크막치 2009][하이니치와 빔버 2011][기요카와 2012][크레스와 스타너 2013] 참고하자.

눈 근접 디스플레이에 대한 논의는 이것으로 마치겠다. 이 책에서 아직 다루지 않은 헤드마운트형 디스플레이로는 헤드마운트 투영형 디스플레이^{HMPD}가 있는데, 이 유형은 이 장의 프로젝션 기반 AR 부분에서 설명하겠다. 우선은 핸드헬드형 디스플레이를 살펴보자.

핸드헬드 디스플레이

스마트폰과 태블릿 컴퓨터의 급속한 개발로 핸드헬드 디스플레이가 지금까지 가장 인기 있는 AR 플랫폼으로 자리매김하게 됐다. 뒷면에 있는 카메라는 VST 경험을 위한 비디오를 촬영한다(그림 2.27). 카메라가 보통 기기 뒤쪽을 똑바로 향하게 되므로, 최소한 가슴 높이로 기기를 들고 있을 필요가 있다. 그런데 이런 자세는 단시간만 취해도 피로를 유발할 수 있고, 더욱이 모든 세부 사항을 다 보기 위해 가만히 이 자세를 유지하고 있기도 힘들다. 필요하지 않을 때 디스플레이를 치울 수 있다는 사실은 장단을 모두 갖추고 있다. 한편으로는 머리에 AR 기기를 계속 착용하고 있을 필요가 없어서 좋지만, 또 한편으로는 잠깐 쓰겠다고 핸드헬드 디스플레이를 주머니에서 꺼내기는 번거로우므로 즉시성이 떨어진다는 단점도 있다.

핸드헬드 디스플레이에는 실제 디스플레이와 케이스에 단단히 부착된 카메라가 다 있어야 하는데, 디스플레이에서 카메라로의 전환은 미리 보정할 수 있다. 월드 안에서 기기의 포즈를 추적하는 것은 대개 카메라에서 처리되지만, 다른 트래킹 방식을 사용할 수도 있다.

최근 개발된 제품들은 기기 측면에서의 디스플레이보다는 사용자 관점의 디스플레이를 제안한다(그림 2.28). 즉, 사용자의 위치와 관계없이 카메라에서 포착한 시점으로 비디오 이미지를 증강해 보여주는 대신, 사용자까지 추적해 보여주는 것이다[힐(Hill) 등 2011][바리체비치(Baričević)등 2012]. 예를 들어 사용자에게서 기기로의 추적은 많은 기기에 내장돼 있는 전면 카메라로 수행된다. 이런 설정은 전통적인 기기 시점의 디스플레이보다 비용이 상당히 더 들어간다는 점에 유의하자. 두 개의 별도 트래킹 시스템이 필요할 뿐 아니라, 시스템 자체도 뒷면 카메라에서 촬영한 새로운 모습을 렌더링해야 하기 때문이다. 이런 과정은 후면 카메라에서 찍힌 동영상을 왜곡하거나(사용자가 기기를 들고 취할 수 있는 모든 관람 각도를 커버할 수 있도록 충분히 넓은 시야를 확보해야 한다.)[힐 등 2011][토미오카(Tomioka)등 2013], 아니면 기기가 보고 있는 3D 장면을, 예를 들어 심도 감지나[바리체비치 등 2012] 입체 재구축으로[바리체비치 등 2014] 재구축해서 처리한다.

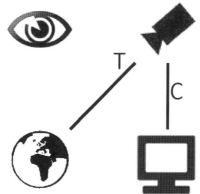

그림 2.27 핸드헬드 AR 디스플레이는 변형하지 않은 스마트폰이나 태블릿 컴퓨터에 구축할 수 있다. (위 이미지 사진 제공: 다니엘 와그너)

그림 2.28 (위) 기기 시점에서 본 핸드헬드 디스플레이 (중간) 사용자 시점에서 본 핸드헬드 디스플레이 (아래) 사용자 시점의 핸드헬드 디스플레이는 카메라와 사용자의 시점을 모두 트래킹해야 한다. (상단과 중간 이미지 사진 제공: 도마 고지 바리체비치)

스마트폰과 태블릿의 보급률이 계속 증가하면서 이런 기기들이 맥락에 따른, 혹은 '상황' 컴퓨팅을 가능하게 하는 핵심 장비로 부상되면서 핸드헬드 플랫폼이 물리 세계의 사용자 인터페이스 자체를 바꾸는 AR의 가능성을 이끌고 있는 것도 당연한 일이다. 핸드헬드 AR 애플리케이션의 예는 이후 장들에서 더 많이 살펴보겠다. 하지만 비디오 투과 매직 렌즈 AR 관람 패러다임이 사람들이 계속해서 사용할 인터페이스가 되거나 눈 근접 및 웨어러블 종류 같은 새로운 디스플레이 방식이 자리잡으려면 AR을 더 발전시킬 필요가 있다. 시각적 탐색과 선택[위더(Wither) 등 2007] 및 모바일 AR 게임[브라운(Braun)과 맥콜(McCall) 2010] 같은 특정 작업을 위해 핸드헬드와 머리에 쓰는 AR 인터페이스를 비교한 초기 연구에서는 머리에 쓰는 접근법에 대해 특별한 장점을 보고하지는 않았다. 반면, 유지 보수와 수리 작업에서는 머리 앞에 띄워주는 디스플레이든 고정된 평판 디스플레이든 고정된 지시문보다는 머리를 추적하는 AR이 분명 장점이 있다고 보고된 바 있다[헨더슨(Henderson)과 파이너 2009].

고정 디스플레이

앞에서 우리는 AR에서 단지 해당 위치에 가상 디스플레이를 두기만 하면 모든 다른 물리 디스플레이를 모방할 수 있는 올바른 개인용 AR 디스플레이의 가능성에 대해 이미 언급했다. 이런 미래형 시나리오에서도 실제의 물리 디스플레이는 AR을 이용하지 않는 관객을 포함해 그룹 커뮤니케이션이라는 사회적 기능에 따르는 분명한 혜택을 준다. 또한 현재 세상에는 여러 종류의 디스플레이가 존재하므로 이런 것들도 AR 용도로 고려해볼 수 있다. 그럼 이제 데스크톱 디스플레이, 거울 디스플레이, 디스플레이 쇼케이스, 창/포털 디스플레이에 대해 짧게 살펴보자.

데스크톱 디스플레이

가장 단순한 AR 디스플레이 설정은 데스크톱 디스플레이다. 예를 들어, 웹캠이 연결된 데스크톱 컴퓨터나(그림 2.29 위) 웹캠이 내장돼 있는 노트북 컴퓨터라면(그림 2.29 아래) VST 디스플레이를 충분히 구축할 수 있다. 이는 카메라를 비디오 소스이자 정보 트래킹 소스로 이용하는 아주 저렴한 접근법이라 하겠다. 그러므로 트래킹 시스템은 하나 이상의 실제 물체에 대응하는 카메라의 정확한 포즈를 추출할 수 있어야 한다. 물론, 이런 접근법을 지원하는 작업장은 다소 적을 것이다.

사용자가 손에 카메라를 든다면 이 설정은 '아이볼 인 핸드eyeball in hand'라고 불리기도 한다[로비넷(Robinett)과 홀로웨이(Holloway) 1002]. 편의상, 카메라는 삼각대나 모니터 베젤처럼 고정된 지점에 설치되기도 한다. 이런 설정에서는 사용자가 관람하는 방향의 반대편을 카메라의 광학 축이 향해서 왼쪽과 오른쪽이 어색하게 반전될 수도 있다.

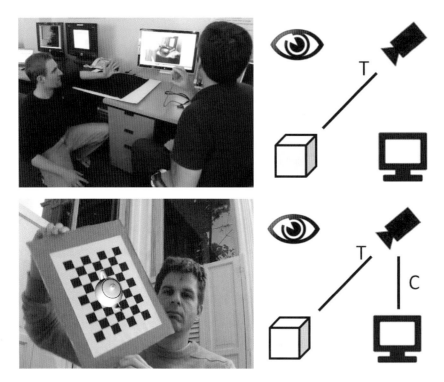

그림 2.29 (위) 데스크톱 AR 디스플레이는 손에 든 안구라는 메타포를 이용해 구축할 수 있는데, 카메라가 추적해 녹화된 것을 디스플레이에 옮긴다. 여기에서 묘사된 애플리케이션에서는 카메라에 대한 물체(사용자의 손)를 트래킹해, 마커로 인식한 후 증강한다. (아래) 종종 카메라가 고정돼 증강이 일어날 부분을 다 처리하기도 한다. 이럴 때도 이동하는 물체(체커보드 무늬)에 대한 카메라를 트래킹한다.

가상 거울

가상 거울virtual mirror은 앞을 향한 카메라가 사용자를 찍고 수직 축으로 반사해 디스플레이해서 거울을 보는 것처럼 보인다. 이런 종류의 설정은 당연히 사용자가 예컨대 가상 의상실이나 안경 같은 착용 가능한 물건을 증강해서 보는 애플리케이션에 가장 적합하다. 이미 화상 회의를 위해 카메라가 내장돼 있는 컴퓨터를 이용해서 편리하게 적용할 수도 있다. 물체들을 사용자에 대해 올바르게 배치하려면, 사용자의 몸과 머리를 추적해야 한다. 이것은 하나의 카메라로, 혹은 그림 2.30처럼 여러 대의 카메라 설정으로 처리할 수 있다.

스크린이 단순히 추적돼 증강된 사용자만 묘사한다면 사용자와 화면 간의 공간적 관계가 어떻든 간에 사용자의 시점(머리나 눈)을 특별히 추적할 필요가 없다(그림 2.30, 왼쪽 도해). 반면, 디스플레이가 정말 물리적인 거울처럼 작용해 보는 각도에 따른 디스플레이 앞의 공간을 반사하고 싶다면, 사용자의 시점을 추적해야 한다(그림 2.30, 오른쪽 도해). 도해의 눈 아이콘에서 트래킹 선은 박스, 카메라, 디스플레이 아이콘으로 이어질 수도 있다는 점에 유의하자. 이런 공간 관계 도해에는 비슷한 많은 그래프가 있다.

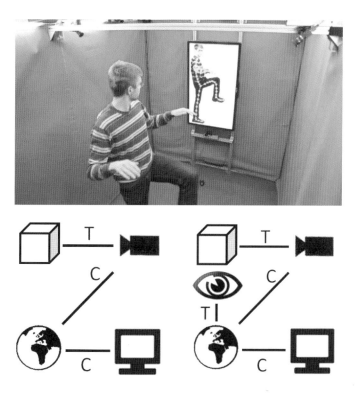

그림 2.30 (위) 비디오 투과 가상 거울 (사진 제공: 매티아스 스트라카(Matthias Staka)와 스테판 하우스파이스너 (Stefan Hauswiesner) (아래) 설계도는 사용자가(여기서는 증강된 물체와 마찬가지로 박스 아이콘으로 표시돼 있음) 카메라에서 추적할 수 있어야 한다는 점을 보여준다. 디스플레이가 시야각과 관계없이 항상 사용자를 보여줄 때는 왼쪽의 도표가 적용된다. 디스플레이가 실제 거울을 모방할 때는 사용자의 시점도 트래킹돼야 하므로 오른쪽 도표가 적용된다.

116

평판 스크린에 반투명 거울을 합쳐서 OST 가상 거울을 구축할 수도 있다(그림 2.31). 이럴 경우에는 사용자의 이미지가 광학적으로 반사되지 않으므로 비디오 카메라가 필요 없다. 하지만 사용자의 트래킹은 여전히 필요하다.

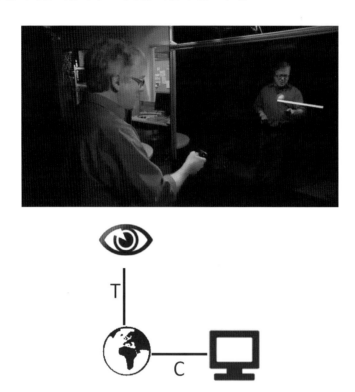

그림 2.31 (위) 마이크로소프트 리서치의 앤디 윌슨(Andy Wilson)이 홀로플렉터(HoloFlector)를 보여주고 있다. 사용자 트래킹은 마이크로소프트 키넥트로 처리된다. (사진 제공: 마이크로소프트 리서치) (아래) 광학 투과 가상 거울 도해

가상 쇼케이스

가상 쇼케이스[빔버 등 2001] 역시 가상 거울의 한 종류지만, 그 설정은 OST HMD의 고정식 변형과 가깝다. 반투명 거울이 관찰자를 관찰되는 물체와 구분해준다(그림 2.32). 거울은 위나 아래에 거치된 스크린의 반사체를 합성해 컴퓨터로 생성한 이미지가 관람자 쪽으로 반사된다. 그리고 액티브 셔터 안경으로 입체 효과를 준다. 셔터 안경은 왼쪽과 오른쪽 이미지가 시간 교차순으로 통과하면서 디스플레이와 동기화돼 양쪽 눈에 적합한 모습을 보여준다.

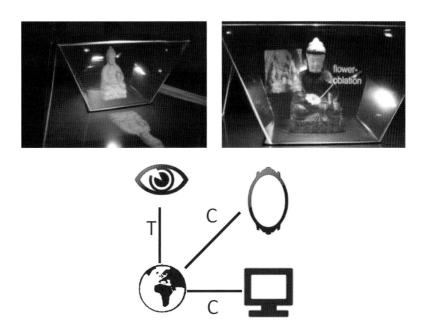

그림 2.32 (위) 가상 쇼케이스는 전시회, 박물관, 전시장을 위한 고정식 광학 투과형 디스플레이다. (사진 제공: 올리버 빔버(Oliver Bimber)) (아래) 가상 쇼케이스는 사용자 트래킹과 디스플레이 및 거울 광학의 세심한 캘리브레이션이 요구된다.

가상 쇼케이스는 세상에 대한 디스플레이와 거울의 위치를 보정해야 하고, 관람자로부터 세계(그리고 거울로)의 변환은 트래킹해야 한다.

창과 포털 디스플레이

AR 창이나 포털 디스플레이에서는 마지막 두 가지 경우처럼 비슷한 컴포넌트 의존성이(사용자 트래킹, 위치가 일관된 디스플레이) 부각된다. 그림 2.33은 삼성의 2012 스마트 윈도우 프로토타입으로, 이 투명한 디스플레이는 (장난감) 도시 장면의 모습을 보여주는 창으로 작용한다. 삼성은 실제로 이 프로토타입에서 AR을 시연하진 않고, 단지 가상 블라인드를 포함한 터치 작동식 앱만 제공했다. 창 뒤의 도시 장면에 주석을 넣으려면 관람자를 위한 올바른 원근법을 구현해야 하므로 사람의 시점을 트래킹해야 한다. 마크 와이저Mark Weiser는[1991] 창이 낮 동안 사람들이 걸어가는 경로를 녹화해, 요구될 때 이를 재생해 익명화한 전자 자취를 보여주는 애플리케이션으로도 사용될 수 있다고 언급한다.

그림 2.33 삼성 트랜스페어런트 스마트 윈도우 디스플레이. CES 2012에서 전시

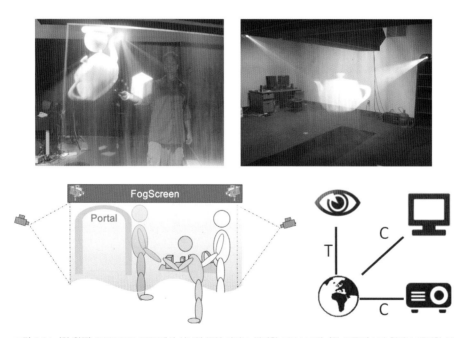

그림 2.34 (위 왼쪽) SIGGRAPH 2005에서 선보인 듀얼 사이드 쌍방향 포그스크린. (위 오른쪽) L자 형태로 배치한 두 개의 포그스크린으로, 트래킹된 관찰자에게 심도가 융합된 주전자의 3D 렌더링을 제공한다. (아래 왼쪽) 사람들은 스크린을 통해 서로 강화체가 돼 상호작용할 수 있다. (아래 오른쪽) 스크린과 영사기 모두 위치가 보정된다. 원근법이 정확한 3D 물체 렌더링이 필요하면 사용자의 시점이 트래킹된다.

관찰자의 시점을 트래킹하고 나면, 창 뒤에서 단순한 포털 렌더링 기법을 이용해 임의의 3D 증강물을 보여줄 수 있다. 사용자는 예를 들어 거대한 괴물이 앞마당에서 쿵쿵 걸어다니는 AR 비디오 게임을 플레이할 수 있다.

투명한 디스플레이는 손을 뻗거나 걸어가는 동작에 꼭 장애가 되지는 않는다. 그림 2.34는 사용자가 보고 통과할 수 있는 안개 시트에 쌍방향 이미지를 영사하는 쌍방향 듀얼 사이드 포그스크린FogScreen을[라콜코레이넨(Rakkolainen) 등 2005] 보여준다. 막대기나 손 트래킹을 이용해 사람들은 양쪽 어디서든 화면에 영사된 물체와 상호작용할 수 있다. 헤드 트래킹을 더하면 콘텐츠가 사용자의 관점에서 렌더링될 수 있어, 3D 물체가 허공에 떠다니는 인상을 줄 수 있다. 정말로 부피감이 있는 안개 디스플레이를 실현하기 위한 첫 단계로, 리Lee와 동료들은[2007] 여러 포그스크린과 헤드 트래킹을 이용해 심도가 융합된 3D 효과를 연구했다.

투영형 디스플레이

프로젝터를 사용하는 포그스크린의 예에서 우리는 이제 투영형 디스플레이의 영역으로 들어왔다. 프로젝터는 성능이 점차 좋아지고 가격대가 내려가면서 전통적인 영화관, 교실, 강당 등을 떠나 이제 개인용 기기처럼 변화되고 있으며, 건물 전면이나 공장의 현관처럼 실외 건축물에서 특수 효과 및 쌍방향 내러티브 투영 같은 신기한 공공 행사의 영역에도 쓰이고 있다. 마지막에 언급한 적용 예는 공간 증강 현실 개념의 전형적인 경우인 디지털 투영 맵핑이라고도 불린다.

그럼 이제 감상에 독립적인 것과 감상에 의존적인 공간 증강 현실의 개념을 간단히 살펴보자. 헤드마운트 프로젝터 디스플레이, 다이내믹 셰이더 램프, 그리고 어디에나 디스플레이하는 프로젝터 같은 특수 케이스도 알아보겠다.

공간 증강 현실

프로젝터는 별다른 디스플레이 없이도 공간 AR을 만드는 데[빔버와 라스카 2005] 활용될 수 있다. 이 접근법으로는 투영이 직접 실제 물체 표면에 반사돼, 눈에 이런 물체들의 모습이 변해 보인다. 투영 자체가 물체의 모양을 바꿀 수는 없고, 표면의 세부 모양, 그림자, 음영, 심지어 애니메이션이 영사되는 것처럼 변화무쌍한 느낌을 주게 되는 것이다(그림 2.35).

그림 2.35 공간 AR은 일반적 물체를 특정한 질감이 있는 모델로 바꾸는 데 쓸 수 있다. (사진 제공: 마이클 마너(Michael Marner))

이런 접근법이 성공하려면 표면 재질이 이상적으로는 중간 정도의 밝은 색상이고 반사를 확산하는 속성이 있어야 하는 것은 물론이다. 어둡거나 질감이 두드러지는 재료도 활용할 수는 있지만, 이럴 때는 명암비가 뚜렷하지 못하게 된다. 마찬가지로, 명암비는 환경의 전체적인 밝기에도 영향을 받는다. 실제 세계가 정적일 때는 공간 AR에 어떤 트래킹도 필요하지 않다(그림 2.36). 그냥 영사기와 물체의 상대적인 위치와 물체 자체의 지오메트리만 알면 된다. 증강이 물체의 표면에 직접 나타나므로 트래킹은 필요하지 않고, 확산형 반사가 일어난다고 간주한다.

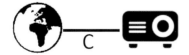

그림 2.36 단순한 공간 AR은 증강된 장면이 정적이기만 하다면 어떤 트래킹도 필요하지 않다.

시야에 따른 공간 증강 현실

액티브 셔터 안경과 사용자 추적을 통해(그림 2.37) 공간 AR은 시야에 따라 변하게 할 수 있다[빔버와 라스카 2005]. 이 접근법은 3D 가상 물체가 물체의 표면만이 아니라 공간 어디에나 나타나게 한다.

여러 프로젝트가 합쳐지면 더 나은 공간 처리가 가능하다[빔버와 에멀링(Emmerling) 2006]. 이 경우, 모든 픽셀에 대해 가장 또렷한 이미지를 전달하는 프로젝터, 즉 고려된 표면 지점이 초점면에 가장 가까운 프로젝터를 선택해야 한다(그림 2.38).

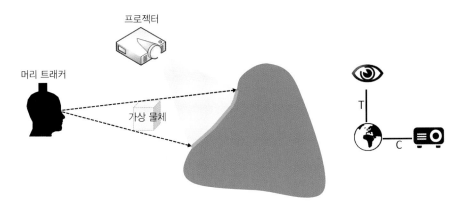

그림 2.37 보기에 따라 달라지는 AR에는 사용자 트래킹이 필요하지만, 공간에 구애받지 않는 3D 물체를 보여줄 수 있다.

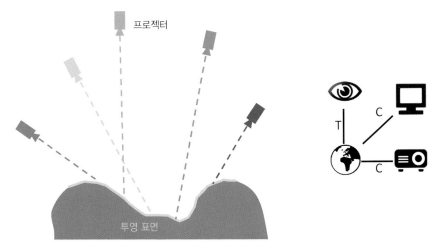

그림 2.38 (왼쪽) 여러 개의 프로젝트를 합쳐서 초점이 흐리게 투영되는 픽셀을 최소화할 수 있다. (오른쪽) 투영 표면의 지오메트리를 알아야 하며, 여기서는 디스플레이가 보정돼서 세상에 표시된다.

이와 연관돼 최근에는 한 개의 프로젝터로 피사계 심도 한계 문제를 해결한 연구 결과가 있다. 특히 역동적인 상황에서는 하나의 프로젝터로 투영 축에서 상당한 거리에 영사하는 일을 완전히 피하기가 어렵다. 피사계 심도에 제한이 있기 때문에 이럴 때는 상당히 초점이 흐린 투영 맵핑 영역이 생기게 된다. 이런 문제를 해결하기 위해 마Ma와 동료들은[2013] 고속의 공간 조명 조절기를 이미지 면에 적용하고 조리개가 변경된 프로젝터를 사용하는 '고급 코딩된 조리개 프로젝터'를 제안한다. 이와이Iwai와 동료들은[2015] 프로젝터의 목표 대상 앞에 전자 초점 조절형 렌즈를 놓고 사람이 인지하지 못하는 속도로 초점 거리 범위를 빠르게 앞뒤로 오가는 방식을 사용한다. 투영된 픽셀의 지점 확산 기능을 한 번 오프라인으로 측정하는 것으로 시야 범위 내에서 초점 조절을 계산해 적용할 수 있다.

헤드마운트 프로젝터 디스플레이

프로젝터들을 환경에 여러 대 설치하는 대안으로, 헤드셋에 합칠 수도 있다. 이 설정은 일찍이 1997년 시연됐으며[키지마(Kijima)와 오지카(Ojika) 1997], 프로젝터 기술은 그 이후부터 상당한 소형화가 이뤄졌다. 이 접근법은 역반사 스크린과 함께 사용될 때가 많다. 역반사 재료는 대부분의 들어오는 빛을 분산시키거나 반사하기보다는 광원으로 보내기 때문에 보통 교통 신호와 시안성이 높은 의류에 사용된다(그림 2.39 위). 헤드마운트 프로젝터 디스플레이HMPD를 환경에 있는 역반사 재료와 함께 사용하면, 이 기술은 개인화된 관람과 함께 3D 입체 영상에서 양쪽 눈에 다른 관람을 제공할 수도 있다[이나미(Inami) 등 2000][롤랜드 등 2005]. 투영된 빛이 거의 전부 다시 관람자에게 반사되므로, 영사는 다른 관람 각도에 있는 사람들에게는 보이지 않으며, 프로젝터의 휘도는 개인화된 이미지에 최적화된다.

이 접근법을 이용하면 물체 뒤에 장면의 비디오 영상을 투영해 물체를 숨길 수도 있다. 이런 환영은 카메라가 관람 방향으로 정렬돼 있는 한 잘 작동한다[이나미 등 2000]. 헤드마운트 프로젝터의 휘도는 역반사가 되지 않는 표면에 투영하면 디스플레이 착용자를 포함한 모두가 알아보지 못하도록 조정할 수 있다. 그래서 올바른 가림 효과를 낼 수 있다. 예를 들어 사용자의 손이 손 뒤에 있는 역반사체 표면에 투영된 가상 물체는 올바르게 가려지게 된다. 공간에 떠 있는 3D 물체는 두 개의 프로젝터를 관람자의 머리에 탑재해 스테레오스코피로 구현할 수 있다. 움직이면서 이런 물체를 공간 안에서 정지돼 있는 것으로 보려면, 사용자의 머리를 추적해야 하며(그림 2.39 아래 오른쪽) 환경의 대부분이 역반사 재료로 처리돼 시점 변화를 처리할 수 있어야 한다. 이런 공간 안정화 가상 물체가 연관되는 일부 가림 효과는 여전히 부정확할 것이다. 예를 들어, 가상 이미지 뒤에서 역반사가 되지 않는 간섭 물체인데 역반사 스크린 앞에 있다면 이런 환영을 깨고 부정확하게 가상 물체를 가리는 것처럼 보이게 된다.

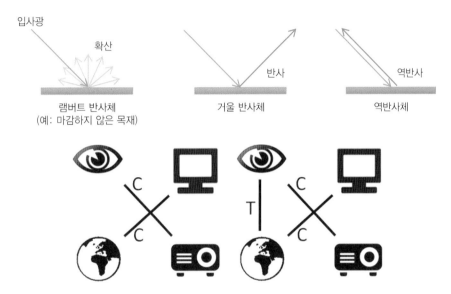

그림 2.39 (위) 역반사 재료는 입사광을 발광체에 돌려보내므로 헤드마운트 프로젝터 디스플레이에 잘 맞는다. (아래) 헤드 트래킹이 있는 HMPD 공간 관계 설계도와 없는 설계도. 후자의 경우 (오른쪽 그림) 가상 물체는 공간에서 안정적으로 유지되고 관람자가 이동한다.

다이내믹 셰이더 램프

사용자 트래킹보다는 물체 트래킹이 되는 공간 AR의 변형이(그림 2.40) 다이내믹 셰이더 램프라는 이름으로 소개됐다[반디오파디예이(Bandyopadyay) 등 2001].

트래킹 정보로 인해 움직이는 물체에 동적인 콘텐츠를 영사할 수 있다. 그림 2.41에서 보듯, 이것은 예를 들어 '빛으로 그린 그림paint with light'이나 애니매트로닉 캐릭터의 머리에 그럴듯한 얼굴 표정을 넣는 프로젝트에 활용될 수 있다.

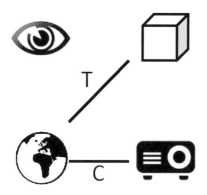

그림 2.40 다이내믹 셰이드 램프는 추적된 물체에 공간 AR을 전달한다.

그림 2.41 다이내믹 셰이더 램프의 두 가지 사용 예 (왼쪽) 실제 표면에 빛으로 그린 그림 (사진 제공: 마이클 마너) (오른쪽) 얼굴에 애니메이션이 투영되는 애니매트로닉 캐릭터 (사진 제공: 그레그 웰치(Greg Welch), 노스 캐롤라이나 채플 힐 대학)

어디에나 디스플레이하는 프로젝터

공간 AR이 이동하는 사용자를 지원하고 다이내믹 셰이더 램프가 이동하는 물체를 지원한다면, 프로젝터 자체가 움직이게 할 수도 있다. 이런 특성을 지원하는 어디에나 디스플레이하는 프로젝터는[피나네즈(Pinhanex) 2001] 추적형 팬 틸트 플랫폼에 결합된다 (그림 2.42).

거울의 포즈를 변경해 시스템은 환경 안에서 투영할 수 있는 모든 표면에 닿을 수 있다. 이로 인해 공간 AR과 비슷한 효과를 낼 수 있지만, 훨씬 넓은 작동 부피와 시간에 따라 위치를 바꾸는 증강물을 디스플레이하는 옵션이 가능하다(그림 2.43). 예를 들어 비마트론^{Beamatron}은[윌슨(Wilson) 등 2012] 모터 구동 프로젝터에 심도 센서를 결합하고 몸 전체를 트래킹해 몸에 디스플레이한다.

그림 2.42 조종할 수 있는 추적형 프로젝터는 어디에든 이미지를 디스플레이할 수 있다.

그림 2.43 어디에나 디스플레이하는 프로젝터는 추적되며 조종할 수 있는 투영을 기반으로 하며, 어떤 표면에든 콘텐츠를 투영할 수 있다. 예를 들어, 제품 진열대에 길 찾기 힌트를 디스플레이할 수도 있다. (사진 제공: 클라우디오 피나네즈(Claudio Pinhanez)(저작권 IBM 2001))

요약

이 장에서는 증강 현실을 위한 디스플레이를 알아봤다. 이런 디스플레이는 가상과 현실을 결합시킬 수 있으며, 결합은 다양한 양상으로 일어날 수 있다. 대부분의 AR 연구는 시각적 분야를 추구해왔지만, 청각 AR에 중점을 맞춘 연구도 있었다. 또한 사람의 다른 감각, 특히 촉감 역시 실제적인 증강 경험에서 점차 중요한 역할을 맡아가고 있다. 최첨단 AR 디스플레이는 공간 오디오로 보조되는 시각 증강에 초점을 맞추고 있다.

이 주제에 대한 논의에서 우리는 시각 AR 디스플레이의 요건과 특징을 고려하면서 시각 인식에 대한 기본적 사항을 살펴봤다. 시각 AR은 광학 투과나 비디오 투과 접근법, 혹은 공간 투영을 통해 달성할 수 있다. 유용한 AR 경험을 전달하려면 안구, 시야, 휘도와 명암비, 오클루전, 지연, 초점 메커니즘, 해상도, 디스플레이 기술의 크기와 편안함을 포함한 많은 몰입 요소들이 중요하다.

우리는 AR 디스플레이를 사용자의 머리나 몸(핸드헬드 포함), 환경 중 어디에 배치하는지에 따라 분류했다. 마지막의 환경 배치에는 고정형과 투영형 디스플레이가 포함된다. 어떤 종류의 디스플레이 하나로는 가능한 모든 사용 예를 다 처리할 수 없다. 핸드헬드 디스플레이는 흔하고 경제성이 커서 모두가 AR 기술을 활용할 잠재성을 보여주며, 머리에 착용하는 디스플레이는 더 고급 기술과 인체공학적 혁신을 통해 이후의 AR 유행을 이끌 수 있을 것으로 보이지만 널리 수용되기에는 아직 해결해야 할 문제가 많다. 특히, 라이트 필드 디스플레이는 현대적 마이크로디스플레이의 픽셀 해상도가 점차 높아짐에 따라 새로운 접근법으로 기대되고 있다.

서로 다른 디스플레이 기술에 의한 좌표 변환과 관계의 특성을 보여주는 공간 모델 역시 살펴봤다. 이런 도해에서 새로운 유형을 보여주는 디스플레이의 주된 AR 경험 컴포넌트, 즉 사용자, 디스플레이, 카메라, 세계, 공간 AR, 프로젝터와 물체 사이의 주된 트래킹 및 고정 좌표 관계를 요약했다. 이 중에서는 트래킹 기술이 매우 중요한 주제이므로 3장에서 자세히 살펴보자.

3장

트래킹

트래킹이란 실시간으로 공간 속성을 결정하는 것을 의미한다. 흔히 AR의 맥락에서 개체 트래킹이란 개체의 위치와 방향을 계속 측정한다는 것을 의미한다. 사용자의 머리, 눈, 팔다리처럼 다양한 개체, 혹은 카메라나 디스플레이 같은 AR 기기, 아니면 AR 장면을 채우는 어떤 물체든 추적할 수 있다. 이 장에서는 트래킹의 일반적인 특징을 설명하고 다양한 트래킹 기술을 논의하겠다. 먼저 고정된 시스템으로 시작해 모바일 센서를 알아보고, 광학 트래킹을 상세하게 살펴보자. 마지막으로는 다양한 센서로부터 얻은 트래킹 데이터의 융합에 대해 간략히 설명하겠다.

트래킹, 캘리브레이션, 등록

AR의 맥락에서 물체의 정렬 측정과 관련된 중요한 용어 세 가지는 바로 트래킹, 캘리브레이션, 등록이다. 이 용어들은 실용적으로 흔히 쓰이므로, 이 책에서의 의미를 확실히 해둘 필요가 있다(그림 3.1).

이 용어들을 간단히 소개하려면 각각의 차이를 알아둬야만 한다. 등록이란 공간 속성의 정렬을 의미한다. 'AR에 등록된' 물체는 정해진 좌표 시스템으로 서로 정렬된다. 가상 정보와 물리적인 장면 속 물체가 정확하게 등록돼 사용자에게 인식되는 것이 AR 시스템의 목적이다. 캘리브레이션은 측정치들의 오프라인 조정을 뜻한다[울로카(Wloka) 1995]. 캘리브레이션은 센서 측정치나 센서의 정확도를 확인하고 조정할 수 있도록 표준적으로 사용되는 도구와 연관된다. 캘리브레이션은 정적 등록을 처리하고 트래킹 시스템의 여러 비공간적 매개변수에 필요하며, 트래킹은 동적인 등록을 처리한다.

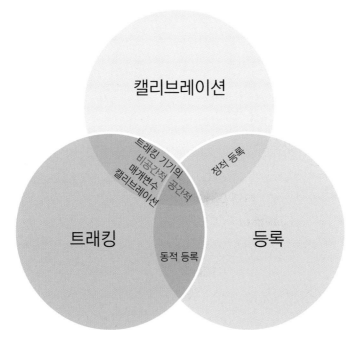

그림 3.1 AR 시스템은 트래킹, 등록, 캘리브레이션이라는 겹쳐지는 세 가지 중요한 개념을 해결해야 한다.

더 정확히 말하자면, 트래킹은 AR 시스템의 동적 감지와 측정을 설명하는 데 쓰이는 용어다. 가상의 물체들을 삼차원 공간에서 실제 물체들에 등록하려면 최소한 상대적인 포즈, 즉 실제 물체들에 대한 AR 디스플레이의 포지션과 방향을 알아야 한다. AR은 실시간으로 작동하므로, 포즈 측정치는 시간이 흐르면서 계속 추적해 업데이트돼야 한다. AR 영역에서 '트래킹'이란 보통 전통적인 컴퓨터 시야에서 흔한 이미지 공간에서의 이차원 물체 트래킹이 아니라, 삼차원 포지션의 '3D 트래킹'이나 실체 개체의 육차원 포즈(포지션과 방향)와 동일하게 쓰인다.

캘리브레이션은 참고 기기와 보정한 기기 두 개의 측정치를 비교하는 절차다. 참고 기기는 좌표 시스템을 알고 있는 지리 측정용의 알려진 참고용 값으로 대체할 수 있다. 목표는 알려진 범위에서 전달된 측정치를 보정할 기기를 사용해 매개변수를 결정하는 것이다. AR에서는 AR 시스템, 특히 트래킹에 활용되는 기기의 컴포넌트들을 보정해야 한다.

트래킹은 계속 측정을 수행한다는 뜻이지만, 캘리브레이션은 보통 딱 한 번 일어난다. 측정 시스템에 따라 캘리브레이션은 기기를 폐기할 때까지 딱 한 번(전형적으로 생산 중이나 생산 후) 이뤄질 수도, 작동을 시작하기 전에 매번, 혹은 트래킹과 동시에 이뤄질 수도 있다. 마지막의 경우는 정해진 횟수로만 한정되며, 따라서 일반적인 트래킹 활용을 방해하지 않게끔 캘리브레이션 절차가 관리하에 이뤄져야 한다. 따라서 이 과정은 자동 캘리브레이션이라고 불릴 때가 많다. AR을 위한 절차는 5장에서 더 깊이 다루겠다. 이 장의 나머지 부분에서는 기기가 적절히 보정돼 있다고 간주하고 읽으면 된다.

AR에서 등록이란 가상과 실제 물체 간의 좌표 시스템을 정렬하는 것을 뜻한다[홀로웨이(Holloway) 1997]. 특히, 투과 디스플레이는 컴퓨터 그래픽 요소를 실제 세계의 물체와 정렬해 보여줘야 한다. 여기에는 사용자의 머리나 비디오 배경을 제공하는 카메라의 트래킹이 (혹은 둘 다) 필요하다. 정적 등록은 사용자나 카메라가 움직이지 않을 때 트래킹 시스템을 보정해 가상과 실제 물체 간의 일반적 좌표 시스템을 설정해야 한다. 동적 등록은 사용자나 카메라가 움직일 때 트래킹이 요구된다.

좌표 시스템

AR에서 우리는 보통 표준형 컴퓨터 그래픽 파이프라인을 이용해 실제 세계의 오버레이를 만들어낸다[로비넷(Robinett) 등 1995]. 프레임이 캡처돼 렌더링되고 합성되는(2장 참조) AR 디스플레이의 종류와 관계없이 이 파이프라인은 모델 변환, 보기 변환, 투영 변환으로 이뤄진다(그림 3.2).

등록은 이런 변환에서 실제와 가상을 누적해서 매치시켜야 한다. 개별적 변형을 어떻게 처리할지는 AR 시스템의 설정과 트래킹 기술에 달려 있다. 특정 매개변수는 오프라인으로 보정 가능한 반면, 프레임 단위로 변해 트래킹이 필요한 매개변수도 있다.

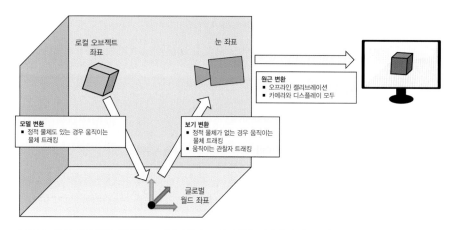

그림 3.2 AR은 여러 변환 시스템을 고려해야 한다. 모델 변환은 정적 환경 안에서 움직이는 물체의 포즈를 알려준다. 보기 변환은 카메라, 트래킹 센서, 혹은 환경 안에 있는 디스플레이의 포즈를 알려준다. 원근 변환은 눈으로 보는 좌표에서 화면 좌표로의 맵핑을 알려준다. 모델과 보기 변환 모두 트래킹할 수 있으므로 등록이 가능하다.

모델 변환

모델 변환은 3D 로컬 물체의 좌표와 3D 글로벌 세계 좌표의 관계를 알려준다. 모델 변환은 물체가 실제 세계에서 어디에 어떻게 놓이는지를 알려준다. 가상 물체는 애플리케이션에 의해 조종돼, 아주 드문 상황을 빼고는 트래킹이 필요 없다. 예를 들어, 물체 트래킹은 증강된 비디오 스트림에서 트래킹을 얻어낼 수 있을 때만 가능하다.

실제 물체들은 정적인 실제 장면의 일부가 되거나 이동할 수 있다. 정적 실제 장면은 모델 변형이 필요 없다. 우리가 가상 정보를 등록하고자 하는 장면 안의 모든 움직이는 실제 물체에 대해서는 모델 변환을 트래킹해야 한다. 하지만 많은 AR 시나리오에서 특히 마커를 이용할 때는 글로벌 좌표 시스템과 독립적으로 움직이는 물체만을 처리한다. 이 경우 우리는 세계의 좌표 시스템을 구분할 필요가 없이 실제 세계의 추적한 물체 단위로 보기 변환을 활용할 수 있다.

보기 변환

보기 변환은 3D 글로벌 세계 좌표와 3D 카메라 좌표의 관계를 알려준다. 대부분의 AR 시나리오는 관찰자가 실제 세계에서 이동할 수 있도록 허용한다. 따라서 보기 변환의 추적이 가장 중요한 목표가 된다. AR은 전형적으로 카메라와 사용자의 디스플레이를 위한 보기 변환이 분리돼야 한다. 비디오 투과형 기기에 하나의 카메라만 필요하다면 디스플레이 캘리브레이션은 필요 없다. 하지만 다른 시스템, 특히 입체 디스플레이를 이용한 시스템에서는 카메라와 디스플레이의 캘리브레이션이 필요하다.

투영 변환

투영 변환은 3D 카메라 좌표와 2D 기기 좌표의 관계를 알려준다. 보통 시야 원뿔에 있는 콘텐츠가(피라미드 모양으로 추출) 단위 정육면체에 맵핑된 다음 Z 컴포넌트를 빼서 스크린에 투영하고 뷰포트viewport 변환을 (올바른 화면 종횡비로 화면 유닛을 구하기 위해) 적용한다. 투영 변환은 보통 오프라인에서 보정된다. 그러려면 각 카메라와 디스플레이를 따로 처리해야 한다.

기준 프레임

이전에 설명한 변환은 물체, 세계, 눈의 좌표 시스템을 정의한다. 가상 정보는 글로벌 월드, (움직일 수도 있는) 물체, 혹은 사람의 시점(AR 화면)에 대응해 고정될 수 있다. 사용자의 몸이 특수한 물체라면 우리는 세계 안정화, 물체 안정화(특수 케이스에서는 신체 안정화), 그리고 스크린 안정화 정보에 대해 이야기할 수 있다[파이너 등 1993b][빌링허스트 등 1998a].

이 개념을 그림 3.3에서 가상의 시나리오로 그려봤다. 그림 속의 사람이 AR 안경을 통해 경험하는 내비게이션 시스템을 이용하고 있다고 가정해보자.

그림 3.3 모바일 AR의 기준 프레임: 사용자의 시야에 언제나 머무르는 헤드업 디스플레이(HUD)는 화면 안정화 요소의 한 예다. 3D 세계에 '거주'하는 가상의 파란 신호판 등의 주석은 월드 안정화 요소다. 사용자를 따라 움직이지만 몸에 비해서는 정해진 위치를 유지하는 주석은 신체 안정화 요소다(즉, 사용자의 무릎 높이로 삼차원 수평 창이 있어서 지도, 목적지의 이미지, 결정 분기 등을 보여줄 수 있는 것이다).

AR 인터페이스는 목적지를 알려주고, 선택한 경로의 진행 사항을 표시하며, 올바른 방향 전환을 위해 판단하는 것을 도와준다. 안경은 앞에 있는 세계에 (가상의) 파란 표시판 같은 주석을 보여줘서 분기점에서 경로를 올바르게 따라갈 수 있도록 표시해준다. 표지판은 안경을 쓴 사용자 이외에는 볼 수 없는데, 물리 세계의 물체 같은 행동 양식을 보이기 때문에 월드 안정화 AR 요소다. 사용자는 장면에서 안정적으로 유지되는 표지판으로 걸어가거나 돌아갈 수 있다.

이 AR 시스템은 헤드업 디스플레이[HUD] 역시 제공한다. 사용자의 AR 시야에서는 왼쪽 위 모서리에 창으로 나타난다. 이 HUD는 화면에 고정된 AR 요소로서 언제나 화면에 유지된다. 이 창은 예를 들어 음성 명령이나 웨어러블 트랙패드, 혹은 시선 트래킹 같은 어떤 종류의 상호작용 메커니즘으로든 사용자가 언제든 선택할 수 있는 옵션 메뉴를 제공한다. 메뉴를 통해 사용자는 선호 경로를 바꾸는 등의 선택을 할 수 있다.

마지막으로, 이 AR 시스템은 몸 기준으로 안정된 AR 요소가 특징이다. 사용자의 무릎 높이에 있는 세 개의 창은 예를 들어 중앙에는 이 지점으로의 분기점을 정확히 계속 따라가고, 왼쪽에는 현재의 여정 진행 상황을 보여주는 지도를, 그리고 오른쪽에는 최종 목적지를 보여주도록 구성될 수 있다. 이 세 개의 창은 사용자의 걸음에 따라 움직이는데, 다시 말해 사용자의 몸에서 항상 같은 거리와 방향으로 유지된다. 하지만 사용자는 이렇게 몸에서 안정적으로 유지되는 정보는 그대로 둔 채, 고개를 움직여 세 개의 창 중 하나를 집중해서 볼 수 있다. 보통 이런 종류의 몸에서 안정적으로 유지되는 정보를 적용하려면 머리뿐 아니라 몸의 방향도 추적해야 한다.

트래킹 기술의 특징

이전 절에서는 무엇을 추적하는지 살펴봤다. 그럼 지금부터는 어떻게 추적하는지 알아보자. 먼저 트래킹 기술의 특징부터 시작하겠다. 추적에 사용되는 측정 시스템은 다양한 물리적 현상과 배열 옵션을 채용할 수 있다. 이런 선택은 어떤 좌표 시스템이 측정되는가를 결정하며, 추적의 시간과 공간적 속성에도 영향을 준다.

물리적 현상

측정에는 가시 광선, 적외선, 레이저 광선, 무선 신호, 자장을 포함한 전자기 복사, 사운드, 물리적 연결성, 중력, 관성을 활용할 수 있다[메이어(Meyer) 등 1992][롤랜드 등 2001][웰치(Welch)와 폭슬린(Foxlin) 2002]. 이런 물리 현상은 각각 특화된 센서들이 있다.

측정 원칙

우리는 신호의 강도, 신호 방향, 전파 시간을 (절대 시간과 주기적 신호 단계 모두) 측정할 수 있다. 전파 시간 측정에는 발신자와 수신자 간의 동기화 시간을 확인하기 위한 보조 커뮤니케이션 채널이 필요하다는 데 유의하자. 게다가 전자기적 속성도 측정할 수 있다.

측정한 지오메트릭 속성

우리는 거리나 각도를 측정할 수 있다. 이 결정은 측정 수치에 적용할 수학적 방법에 영향을 준다[리우(Liu) 등 2007]. 삼변측량은 최소한 측정한 세 개의 거리에서 위치 지점을 결정하는 지오메트릭 기법이고, 삼각측량은 최소한 하나의 거리를 알 때 둘 이상의 측정된 각도에서 위치 지점을 결정한다(그림 3.4). 단단한 물체의 세 개 이상의 꼭지점 위치를 알아도 물체의 포지션과 방향을 알아낼 수 있다.

센서 정렬

스테레오 카메라 리그와 같이 알려진 단단한 지오메트리 설정에서는 흔히 여러 센서를 함께 쓴다. 이런 설정은 몇 개의 센서만 사용할 때는 듬성듬성 배치하거나, 수백만 픽셀급의 디지털 카메라 센서처럼 조밀한 2D 배열의 형태를 띠기도 한다. 때로는 세 가지 기본 방향 가속같이 벡터 값의 수량을 측정하기 위해 세 개의 센서를 직각 배열하는 것이 중요하다. 여러 개의 센서 설정을 사용한다면 센서 동기화를 통해 측정치를 동시에 얻도록 하든가 두 개의 센서에서 측정치가 약간씩 다른 시간에 들어온다는 사실을 처리해야 한다. 여러 센서의 입력 값을 합쳐서 더 완전하거나 정확한 측정치를 얻는 것을 센서 퓨전$^{\text{Sensor fusion}}$이라고 한다(이 장 끝부분의 '센서 퓨전' 절 참고).

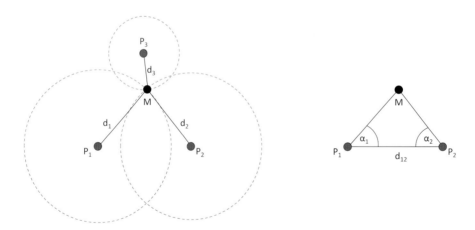

그림 3.4 (왼쪽) 삼변측량은 세 개의 원을 교차시켜 d_1, d_2, d_3에서 P_1, P_2, P_3의 거리로 M 지점의 위치를 계산한다. (오른쪽) 삼각측량은 P_1에서의 a_1과 P_2에서의 a_2라는 두 개의 각도, 그리고 P_1에서 P_2의 알고 있는 거리 d_{12}를 가지고 M 지점의 위치를 결정한다.

신호 소스

소스는 센서에서 포착한 신호를 제공한다. 센서처럼 소스 역시 알려진 지오메트리 설정 안에 위치해야 한다. 소스는 패시브이거나 액티브일 수 있다.

패시브 소스는 자연광이나 지구의 자기장처럼 환경 안에 있는 자연 신호에 의존한다. 관성 감지처럼 외부 소스가 분명하지 않을 때의 신호 방식은 소스 없는 감지라고 부른다[바흐만(Bachmann)과 맥기(McGhee) 2003].

액티브 소스는 물리적 신호를 만드는 데 전자 기기에 의존한다. 음향, 광학, 그리고 일부 무선 전파 소스 같은 대부분의 액티브 소스는 센서까지 신호가 흐트러지지 않고 닿기 위해서는 시야가 트여 있어야 한다. 액티브 소스는 소스가 관심 물체에 부착돼 있는 직접 액티브 소스와 물체가 환경 내 다른 곳에 있는 소스에서 나온 신호를 그저 반사할 뿐인 간접 액티브 소스로 다시 나눌 수 있다. 간접 액티브 소스의 경우 우리는 소스 자체보다는 관심 물체의 반사 지점의 지오메트리 속성을 알아야 한다.

자유도

측정 시스템에서 자유도[DOF]는 측정의 독립된 차원이다. 삼차원 공간에서 실제와 가상의 물체를 등록하려면 보통 포지션에 대한 3 자유도와 방향에 대한 3 자유도로 6 자유도 물체의 포즈를 결정해야 한다. 대부분의 AR 애플리케이션에서는 6 자유도를 완전히 전달하는 트래킹 시스템을 사용하면 이상적일 것이다. 하지만 어떤 센서와 기술은 3 자유도의 방향만을(예: 자이로스코프), 혹은 3 자유도의 포지션만을(예: 싱글 트래킹 LED), 아니면 1~2 자유도만을(예: 주행 기록계) 전달한다. 이런 기술은 그래도 빠른 업데이트 속도나 작은 형태 같은 장점 때문에 AR에는 매력적일 수 있다. 이런 것들을 다른 종류의 센서와 함께 활용해 AR 애플리케이션의 모든 입력 요건을 해결하면 된다.

측정 좌표

트래킹은 주어진 좌표 시스템에 대한 물리적 수량을 측정한다. 좌표 시스템의 선택은 트래킹 기술에 따라 달라지지만, AR 애플리케이션에서 데이터가 사용되는 방식에 큰 영향을 준다.

글로벌인가, 로컬인가

글로벌과 로컬 좌표 시스템은 구분해야 한다. 로컬이라면 사용자가 임시변통의 접근 법을 택해서 설정한 좀 더 작은 규모의 좌표 시스템을 뜻한다. 예를 들어 우리가 있는 방의 모서리에 대한 위치를 측정할 수 있다. 글로벌이란 전 세계적인 측정치로(혹은 최소한 도시 전체 규모의 아주 큰 영역), 이 역시 비교치이긴 하지만 지구 전체에 대한 것이다. 나침반 바늘은 늘 지구의 자기장에 반응하는 것이 그 예가 되겠다.

글로벌 좌표 시스템은 조작 범위가 더 넓어서 이동이 더 자유롭다. 더욱이, AR의 용 도에서는 GIS 데이터베이스의 데이터 같은 외부 지리 등록 데이터를 가상 오브젝트 에 직접 활용할 수 있다는 이점도 있다. 반면, 로컬 좌표 시스템은 범위가 작고 단거 리 센서 인프라 전용이므로 측정치의 정확도와 정밀성이 높아진다. 사용자는 이동성 이 있는 인공물을(예: 시각 추적 마커) 지리 등록 데이터베이스의 입력 없이도 근처 환 경에 배치하는 로컬 좌표 시스템을 구축할 수도 있다.

절대적인가, 상대적인가

절대 수치와 상대 측정치 역시 구분한다. 절대 측정치는(예: 이동하는 오브젝트의 포즈 측정치) 참고 좌표 시스템이 미리 설정돼 있다는 뜻이고, 상대 측정치는 참고 좌표 시 스템이 능동적으로 구축된다는(예: 이전 포즈와 비교해서) 뜻이다. 상대 측정치의 예로 점증 센싱을 들 수 있다. 컴퓨터 마우스 같은 점증형 센서의 일반적 패턴은 마지막 측 정에서부터 차이를 보고하는 것이다. 자립형 이동식 센서로 얻을 수 있는 기동성에도 불구하고, 실제와 가상의 등록은 보통 계속 변하는 것이 아니라 고정돼 있을 것으로 기대되기 때문에 상대 측정치를 AR에 활용하기는 더 어렵다. 상대 측정치를 절대 측 정치로 변환하면 보통 정확도가 떨어지는 악영향이 온다.

공간 센서 배열

트래킹 시스템에는 외부에서 내부로, 그리고 내부에서 외부로의 두 가지 기본적 공간 배치 종류가 있다(그림 3.5).

외부에서 내부로의 트래킹이란 센서들이 환경에 고정돼 머리에 쓴 디스플레이같이 이동하는 대상을 관찰한다는 뜻이다. 센서들은 삼각측량이 보장되기에 적절한 각도

로 배열돼 정확한 위치 측정치가 나온다. 방향 측정을 트래킹되는 대상의 세 개 이상
지점을 감지해 얻을 때는 방향 트래킹 결과가 잘 조정되지 못할 수 있는데, 환경에 있
는 하나의 센서에서 이 지점들을 측정할 때는 각도가 조금씩 차이날 수 있기 때문이
다. 밖에서 안으로 트래킹하는 접근법은 사용자가 무게를 견디고 힘들일 필요 없이
이런 센서들의 속성에 영향을 받지 않으며, 여러 개의 센서를 이용할 수 있다는 장점
이 있다. 하지만 환경에 설비를 해야 하며 사용자가 작업할 수 있는 공간이 제한된다.
이런 한계들은 진정한 의미의 모바일 AR 구현을 위해 극복해야 할 문제점이다.

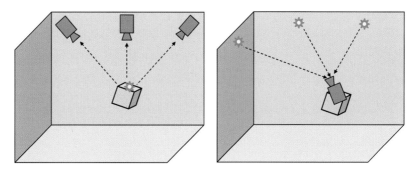

그림 3.5 밖에서 안으로의 트래킹과 안에서 밖으로의 트래킹 구분은 소스와 센서가 어디에 배치되는지에 따라 결정된
다. 이 예제에서는 LED 비콘을 소스로, 카메라를 센서로 간주한다. (왼쪽) 밖에서 안으로의 트래킹은 센서가 환경에 고
정돼 설치된다. (오른쪽) 안에서 밖으로의 트래킹은 센서가 모바일이나 웨어러블 기기에 탑재돼 있다.

반면, 안에서 밖으로 트래킹하는 것은 센서가 추적되는 물체와 함께 움직이며 환경의
정지돼 있는 참고점들을 관찰한다는 뜻이다. 이런 참고점들은 보통 충분히 멀리 거리
를 두고 있어 방향을 정확히 측정할 수 있지만, 특히 넓은 구역을 가로질러 추적할 때
는 위치 측정이 잘 조정되지 않는다. 정지해 있는 참고점들은 액티브 소스일 필요도,
사용자가 배치할 필요도 없다. 사실, 컴퓨터 시야 기반의 트래킹은 완전히 준비되지
않은 환경에서 움직이는 카메라의 포즈를 추정할 때가 많다(4장 참조). 이동식 센서는
모바일 AR을 잘 지원하며, 사용자가 고정된 인프라에서 더 독립적으로 활동할 수 있
게 해준다. 하지만 무게와 크기, 센서의 숫자는 모바일 설정에서 수용 가능한 수준으
로 제한된다.

작업장 범위

로컬 측정치를 이용하는 트래킹 기술 중에서 센서의 범위(혹은 작동 부피)는 중요한 특징이다. 최대 거리가 단 1m밖에 되지 않는 센서도 있지만(예: 단거리 자기 트래커) 복도(예: 3rdTech HiBall), 격납고, GPS의 경우에는 지구 전체 표면처럼 넓은 범위를 커버하는 센서도 있다. 모바일 애플리케이션에서 범위가 넓은 것은 분명 좋지만, 대개는 범위와 정확도의 취사선택이 필요하다.

사용자는 이상적으로는 실내에서나 야외에서나 무작위의 넓은 환경 안에서 자유로이 다니고 싶고, 전자 기기에 선으로 연결되는 것과 같이 번거로운 일은 없길 바랄 것이다. 하지만 트래킹 시스템은 보통 어떤 종류든 인프라 구조물에 의존한다. 이 인프라는 밖에서 안으로 추적하는 시스템 같은 액티브 기기나 환경에 설치되거나 사용자가 가지고 다니는 기준 대상 같은 패시브 대상으로 구성될 수 있다. 물리적 인프라가 없다면 최소한 실제 물체와 관련 있는 디지털 모델이나 사용자가 있어야만 트래킹 시스템이 이를 감지할 수 있다. 환경의 모델은 동시 위치 측정과 맵핑의 경우처럼 트래킹과 병행해 구성할 수 있다('모델 기반인가, 모델이 없는 트래킹인가' 절과 4장 참조).

측정 오류

실제 세계의 센서는 시스템적인 것만 아니라 무작위적인 측정치 오류도 생길 수 있다. 정적 측정 오류는 스태틱 오프셋, 척도 인자 오류, 혹은 시스템적 이상적 측정치 이탈 같은 것으로 예측하거나 측정할 수 있는 환경적 영향이어서 자기 트래커로 처리하는 영역의 강자성 재료 이용 등 캘리브레이션을 개선하면 해결할 수 있다. 무작위적 측정치 오류는 노이즈나 지터[jitter]라고도 불리는데, 감지 시스템에 대한 통제하지 못한 영향 때문에 생기며 보통 정규 분포를 보인다. 어떤 트래킹 시스템에서든 정확성, 정밀성, 해상도는 중요한 오류 특징이다.

정확성은 측정치가 측정되는 양의 진짜 값에 얼마나 근접한지로 결정한다. 정확성은 시스템적 오류의 영향을 받기 때문에 비용과 노력이 더 많이 들긴 하지만 더 나은 캘리브레이션 기술을 쓰면 개선할 수 있다. 하지만 특정 상황이나 용례에서는 이런 비용이 받아들여질 수 없다.

정밀도는 동일한 수량의 측정 수치가 얼마나 서로 합치되느냐에 따라 결정된다. 정밀도는 센서 종류와 개개의 자유도에 따라 다르다. 정밀도는 무작위적인 측정 오류의 영향을 받는다. 무작위적인 오류는 필터링 기술에 의해 제한할 수 있지만, 보통은 연산 비용이 커지고 지연율도 늘어난다.

센서의 해상도는 두 개의 측정치를 구분할 수 있는 최소한의 차이다. 예를 들어 포지션 트래커의 공간 해상도가 0.01mm라는 것은 이동하는 탐침의 위치가 0.01mm 단위로 트래커에서 감지된다는 뜻이다(물론, 이런 해상도에서 실제로 업데이트를 보려면 탐침이 아주아주 느리게 움직여야 할 것이다). 해상도는 정적이거나 동적인 오류가 없는 것으로 간주하기 때문에 이론상의 속성은 실제로는 얻어내기 어려울 때가 많다. 실제로, 특히 싸구려 센서에서는 노이즈가 주어진 해상도 제한보다 훨씬 클 때가 많다.

시간적 특성

트래킹 시스템에는 업데이트와 지연이라는 두 가지 중요한 시간적 특성이 있다. 업데이트 속도(혹은 시간 해상도)는 정해진 시간 간격 단위로 수행되는 측정 횟수를 뜻한다. 지연은 모션 같은 물리적 사건에서 해당 데이터 기록이 AR 애플리케이션에서 사용할 수 있도록 제공되는 데 걸리는 시간이다. 이 두 가지 시간적 특성 중 AR 같은 실시간 애플리케이션에서는 지연이 더 중요한 역할을 한다고 할 수도 있는데, 시스템 수준에서 동적 오류가 얼마나 일어날지를 직접적으로 결정하기 때문이다. 사용자는 시스템이 눈치챌 만큼의 지연 없이 즉각적으로 반응하기를 기대한다[울로카(Wloka) 1995]. 지연은 물체나 카메라의 움직임이 있을 때 실제 물체에 계속 등록돼 있어야 하는 가상 물체가 뒤에 남는 현상을 일으켜, 불편한 느낌과 멀미를 유발한다. 60Hz 디스플레이는 17ms 이하의 간격 안에 업데이트가 일어나야 하는데, 대상 프레임을 놓치지 않으려면 지연의 상한선이 꽤 낮은 것이다. 종단 간 지연은 센서의 물리적 측정과 호스트 컴퓨터로의 전송뿐 아니라 AR 디스플레이를 최종 사용자에게 전달하는 것까지 포함한다는 데 유의하자.

고정 트래킹 시스템

이전 절에서는 트래킹 시스템을 디자인할 때 여러 가지를 선택할 수 있다는 점을 살펴봤다. 이런 선택은 용례에 따른 특정한 트래킹 시스템에서의 유용성에 따라 달라진다. 예를 들어 가격 대 성능비를 꼼꼼히 따져볼 필요가 있다. 또 한 가지 중요하게 비교할 것은 트래킹 시스템의 크기, 무게, 전력 소모량이다. 휴대용이나 모바일로 구성하지 않는다면 시스템 구축이 훨씬 쉬워진다. 그렇다면 고정 트래킹 시스템이 1990년대에 가상 현실 애플리케이션으로 처음 인기를 끈 것도 놀랄 일은 아니다[메이어 등 1992][롤랜드 등 2001]. 기계적 트래킹, 전자기 트래킹, 초음파 트래킹 시스템은 고정돼야 하기 때문에 오늘날의 AR에는 그리 인기를 끌지 못한다. 하지만 이런 시스템은 트래킹의 기본 원칙을 이해하기만 하면 유용하게 사용할 수 있다.

기계적 트래킹

아마도 가장 오래된 기술일 기계적 트래킹은 잘 이해하고 있는 기계공학적 방법으로 구축된다. 보통 암에 두 개에서 네 개의 다리를 연결부로 결합해 말단 작용체가 만들어진다(그림 3.6). 여기에는 모든 다리의 길이와 모든 연결부의 각도 측정에 대한 지식이 필요하다. 연결부는 하나나 둘, 혹은 세 단계의 방향 자유도를 줄 수 있으며, 회전 인코더나 가변저항potentiometer을 이용해 측정된다. 다리의 길이와 연결부의 각도 측정치와 연쇄 수학 공식으로 말단 작용체의 위치와 방향을 설정할 수 있다.

이런 접근법은 고도의 정밀도와 빠른 업데이트 속도가 장점이지만, 작동의 자유도는 기계적 구조에 의해 심각하게 제약된다. 더욱이 대부분의 기계적 트래킹 시스템은 한 지점만의 측정치를 제공해줄 수 있다. 이 측정치는 위치만 해당되거나 위치와 방향 모두를 포함할 수도 있다. 하지만 다리의 동작 제약 때문에 암이 모든 방향에 다 닿지는 못한다. 따라서 기계적 트래킹은 아주 제약된 작업 공간 내의 밖에서 안으로 감지하는 설정에서 볼 수 있다. AR에서는 가상과 실제 물체들이 놓여야 할 시야 내에 조작되는 암이 잡히는 것은 좋지 않은 선택이다.

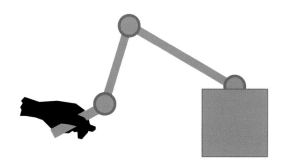

그림 3.6 다리와 연결부 정렬을 이용한 기계 조작 암의 사례(여기서는 다리와 연결부가 각각 세 개씩이다.)로, 연결부의 각도가 감지된다. 이런 설정은 포스 피드백도 제공할 수 있다.

기계적 트래킹 시스템은 고가의 실험용 장비에서 주로 볼 수 있으며, 대개 일반 사용자에게는 적합하지 않다. 따라서 오늘날 AR에는 기계적 트래킹이 거의 사용되지 않는다. 하지만 높은 정밀도 때문에 기계적 트래킹이 다른 트래킹 시스템의 캘리브레이션이나 평가용으로 가끔 사용되기는 한다.

전자 트래킹

전자 트래킹은 세 개의 직교되는 자기장을 만들어내는 고정 소스로 사용된다(그림 3.7). 위치와 방향은 세 개의 직교되는 코일로 장착된 연결된 소형 센서를 이용해 자기장의 강도와 방향에서 동시에 측정한다. 센서와의 거리가 늘어나면 자기장 강도가 낮아지고 연결선도 있으므로 보통 1~3m 지름의 반경 안에서만 작동한다.

신호가 전달되는 방향에서 볼 때 자기 트래킹은 안에서 밖으로 측정하는 접근법이라고 분류할 수 있다. 하지만 비교적 작은 작업장에서 선으로 연결된 센서를 사용하기 때문에 다른 안에서 밖으로 측정하는 접근법만큼 자유도를 부여하지는 못한다. 자기 트래킹의 한 가지 특장점은 반드시 시야가 트여 있을 필요가 없으므로 오클루전을 처리할 수 있다는 점이다. 동시에 강자성 재질과 여타 주변에 있는 전자기 간섭에 의해 쉽게 방해받을 수 있다. 전체적으로 자기 트래킹 접근법은 오늘날 AR에는 거의 사용되지 않는다.

그림 3.7 레이저 히드라(Razer Hydra)는 데스크톱 용도로 디자인된 자기 트래킹 기기다. 두 개의 핸드헬드 조이스틱 컨트롤러가 6 자유도 포즈를 반구 형태로 트래킹한다.

초음파 트래킹

초음파 트래킹은 소스에서 센서로 이동하는 음파의 전달 시간을 측정한다. 별도의 (유선이나 적외선) 동기화 채널이 있을 때는 삼변측량에 세 개의 측정치면 충분하다. 그렇지 않을 때는 추가적인 측정치가 필요하다. 여러 초음파 센서가 동시에 신호를 잡을 수 있지만, 여러 개의 소스가 순서대로 파장을 보내야 간섭을 피할 수 있다. 이 요인과 함께 음속은 비교적 속도가 느리기 때문에 초당 10~50의 측정치 업데이트까지만 가능하고, 이를 트래킹된 모든 물체가 공유해야 한다. 또렷하게 수신하려면 시야가 트여 있어야 하며, 시끄러운 환경 소음의 방해에 취약하고 기온에 따라 음속이 달라진다는 제약도 있다.

밖에서 안으로의, 또 안에서 밖으로의 설정이 모두 가능하다. 인터센스^{Intersense} IS-600과 IS-900군의 기기를 포함한[폭슬린 등 1998] 초기 초음파 트래킹 시스템은 훨씬 빠른 관성 센서와의 융합을 통해 초음파 전송의 비교적 느린 업데이트 속도를 극복했다. 또 한 가지 잘 알려진 밖에서 안으로의 설정은 캠브리지 AT&T 연구소에서 개발한 배트^{Bat} 시스템(그림 3.8)이다[뉴먼 등 2001]. 이 시스템은 무선 방출기를 보통 목에 걸고 사무실 전체의 천정에 설치된 수신기가 잡아내는 파장을 발산한다. 신호는 사람마다 자기만의 방출기가 배정되게끔 코딩된다. 헬멧에 달린 세 개의 배트 방출기가 합쳐져서 완전한 6 자유도 헤드 트래킹이 이뤄진다. 배트는 최초의 여러 사람들을 위한 넓은 실내용 트래킹 시스템이었지만, 사용하려면 정교한 고정 인프라가 필요했다.

그림 3.8 AT&T 배트 시스템은 밖에서 안으로 적용되는 초음파 트래킹 시스템이었다. 세 개의 배트 방출기가 헬멧에 탑재된다. 손에 든 방출기 하나는 포인터 역할을 한다. 수신기들은 천정에 설치되고, 시분할 접근법을 통해 건물 전체 같은 넓은 영역에서 트래킹이 가능하다. (사진 제공: 조셉 뉴먼(Joseph Newman))

모바일 센서

사용자가 그다지 움직일 필요가 없는 특정 VR 애플리케이션에는 고정 트래킹 시스템이 적합하지만, AR의 트래킹 시스템은 모바일이어야 한다. 불행히도 AR 사용자들은 제한이 없는 환경, 특히 야외에서 돌아다니므로 물리적 인프라를 이용한 제어는 기대하기 어렵다. 마찬가지로, 야외에 있는 사용자들은 안정된 품질의 무선 서비스를 기대할 수도 없다. 따라서 감지와 트래킹 연산 양쪽 모두 로컬 모바일 기기에서 대개 환경 안에 있는 인프라의 도움 없이 수행돼야 한다. 이 때문에 모바일 센서에서 작동할 수 있는 적용 가능한 기술에도, 또한 처리 능력에도 제약이 가해진다.

스마트폰이나 태블릿 같은 현대의 모바일 기기들에는 센서들이 장착돼 있다. 이런 센서들은 외부적 제약에 의해 큰 제한이 있긴 하지만, 저렴한 기기에 이미 결합돼 있고 계속해서 사용할 수 있기 때문에 큰 기회를 주는 것도 사실이다. 그럼 먼저 비시각적 센서인 글로벌 위치 시스템인 GPS, 무선 네트워킹, 자기 탐지기, 자이로스코프, 선형 가속계, 그리고 주행 기록계를 살펴보자. 광학 트래킹 시스템은 이후 '광학 트래킹' 절에서 별도로 살펴보겠다.

글로벌 위치 시스템

글로벌 내비게이션 위성 시스템, 특히 미국에서 개발된 GPS는[게팅(Getting) 1993] 지구 궤도를 도는 위성들에서 발산한 코드화된 무선 신호의 전달 시간을 측정하는데, 근본적으로는 안에서 바깥을 향하는 전 지구 규모의 신호 시스템이다(그림 3.9). 궤도를 도는 현재 위치를 아는 네 개 이상의 위성에서 신호를 받을 수 있다면 지표면의 현재 위치를 계산할 수 있다. 이 측정치의 정확도는 볼 수 있는 위성 수, 신호 수신 환경, 그리고 수신기의 품질에 따라 1에서 100m까지 큰 폭으로 차이가 난다.

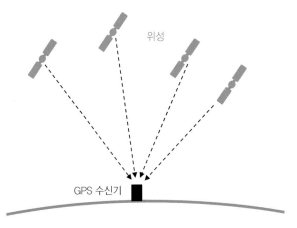

그림 3.9 GPS 같은 위성 내비게이션 시스템은 여러 대의 궤도형 위성에서 수신한 신호의 전달 시간을 측정해 모바일 수신기의 위치를 삼변측량으로 결정한다.

원리상으로 3D 위치를 추정할 수 있지만 위도와 경도만 주로 사용되며, 측정 오류의 영향을 더 크게 받는 높이는 가끔씩만 고려된다. 신뢰할 수 있는 실내 수신은 보통 불가능한데, 위성 신호가 벽에서 반사돼 여러 개의 신호가 전파되므로 위치가 신뢰도 있게 복구될 수 없기 때문이다. GPS로는 방향도 결정할 수 없지만, 다른 센서로 알아낼 수 있다.

차동 모드 GPS[DGPS]를 사용하면 정확성이 높아진다. DGPS는 지상 기지국에서 받은 별도의 수정 신호를 이용해 신호 전파에 영향을 받는 현재 환경 왜곡을 측정한다(그림 3.10). 수정 신호는 상용 서비스를 통해 받을 수 있지만, 모바일 GPS 기기를 작동하려면 영구적인 인터넷 연결이(혹은 추가 무선 링크가) 필요하다.

실시간 키네마틱[RTK] GPS는 신호 주기를 추가적으로 측정함으로써 DGPS의 정확도를 불과 몇 센티미터 차이로 높인다. 하지만 RTK는 탄생한 이래 지름 10cm 이상의 큰 수신기가 필요했다. 오늘날의 '경량' 시스템이라 해도 아직 손바닥 크기에 무게는 1kg에 육박한다. 따라서 이 기술은 스마트폰에 접목하기에는 너무 크고, 소비자용으로 제품화하기에는 수백만 원 선이어서 너무 비싸다. 하지만 RTK 처리가 스마트폰 연산으로 변화하고 네트워크 RTK[NRTK] 프로토콜이 표준화되면서 이런 상황도 변화하고 있다[황(Hwang) 등 2012].

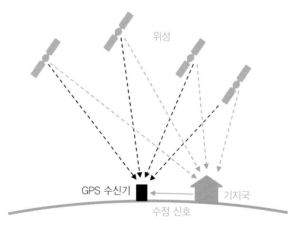

그림 3.10 DGP는 환경 왜곡에 의한 측정치 오류를 보정함으로써 위치 정확도를 개선한다. 수정 신호는 근처 기지국의 네트워크에서 연산돼 무선 네트워크로 전송된다.

GPS는 위치만을 측정하며, 업데이트 속도는 보통 1, 5, 10Hz 단위다(초당 업데이트). 최신형 소비자용 칩셋은 업데이트 속도가 50Hz에 도달했다. GPS가 현재 소비자용 위치 기반 서비스 애플리케이션 중에서 인기를 끌고 있긴 하지만, 그 자체로는 아주 정확한 등록이 필요한 AR의 요건 같은 고도의 정확성을 갖춘 트래킹에 적합하지 않다. 최근의 실험에서는 스마트폰의 GPS가 조밀한 도심 지역에서는 5~10m, 벌판 지역에서는 0.5~5m의 정확도를 보여줬다[다보브(dabove)와 페토벨로(Petovello) 2014]. 그렇다곤 하더라도, 글로벌 가용성 덕분에 컴퓨터 시야(4장 참조) 같은 다른 위치 기술을 보조적으로 쓴다면 매력적이긴 하다. 현대적 스마트폰에서 GPS는 관성 감지와 무선 네트워킹 신호 강도 계산 같은 다른 감지 기술과 합쳐져 있다.

무선 네트워크

와이파이, 블루투스, 휴대폰 네트워크 같은 기존 무선 네트워크 인프라는 사람의 위치를 판단하는 데 사용할 수 있다[하이타워(Highttower)와 보리엘로(Borriello) 2001]. 모든 기지국은 고유 식별자[ID]를 무선 네트워킹 방송으로 제공해, 이 ID와 연관된 데이터베이스를 지도상의 위치에 맞춰 검색할 수 있다. 이미 이런 네트워크와 통신할 수 있는 휴대폰은 식별된 기지국 무선 네트워크에서 대략의 글로벌 위치를 유추할 수 있다.

위치에 관한 가장 간단한 접근법은 관찰된 기지국의 ID만을 사용하는 것이다. 기지국의 신호 강도를 측정해 거리를 추정하고 삼변측량을 기반으로 지리적 추론을 적용하면 개선된 결과를 얻을 수 있다. 불행히도 트래킹 전용 기지국을 추가한다면 인프라 비용이 높아지므로 거의 불가능하다. 세 개 이하의 기지국이 보일 때는 위치를 완전히 확인할 수 없다. 그리고 충분한 기지국이 보인다고 해도 정확도는 보통 잘해야 수 미터 차이를 나타낸다. 게다가 벽과 다른 구조적 속성 때문에 가려져서 일부 지역은 음영 현상이 발생하기도 한다.

작동 구역을 따라 관찰된 신호 강도를 수동으로 맵핑하는 '지문' 접근법으로 더 나은 결과를 얻을 수도 있다. 블루투스 기반의 저전력 저비용 비콘을 사용하면, 예를 들어 소매점 애플리케이션 같은 내부 위치망을 만들 수도 있다.

모바일 통신용으로 이동전화 기지국에서 방송되는 신호 강도를 WiFi 대용으로 쓸 수도 있다. 충분한 수의 이동전화 기지국 신호를 측정할 수 있다면 삼변측량이나 확률 지도에서 위치를 판단할 수 있다. 하지만 측정치는 조악하고, 송신탑이 겹치는 경우는 제한된다. 보조 GPS[A-GPS] 시스템은 송신탑 식별을 위치 전제 조건으로 활용해 GPS 초기화를 가속한다. GPS, WiFi, 휴대폰 무선 송신이 보통 모바일 기기에서 동시에 활용할 수 있다는 점을 감안하면, 이런 시스템이 이제 흔히 세 가지 소스 모두에서 들어온 정보를 조합해 위치 측정과 관련해 개선된 범위, 속도, 정확도를 제공할 수 있다[라마르카(LaMarca) 등 2005][사피에진스키(Sapiezynski) 등 2015]. 여러 업체가(스카이후크, 구글, 애플, 마이크로소프트, 브로드콤 등의 글로벌 기업들) 오랫동안 전 세계 주요 도시 지역의 지도를 두고 경쟁을 벌여왔으며, 이제 수억의 모바일 기기 사용자들이 크라우드소스crowd-sourced 신호 정보를 주고받을 수도 있게 돼 선진국에서는 스마트폰과 태블릿의 트래킹 정확도가 매우 높다. 야외나 실내에서의 장소 측정은 보통 GPS 수신기가 야외에서 스스로 도달할 수 있는 평균 정확도를 넘어서는 경우가 많다(다보브와 페토벨로에 의하면 평균 1~10m[2014]).

자기 탐지기

자기 탐지기, 혹은 전자 나침반은 지구의 자기장 방향을 측정해 북극에 비교한 방위를 결정한다. 그래서 글로벌 방향을 알려준다. 측정치는 보통 3 자유도의 세 개 축으로 표시된다. 센서의 애플리케이션 인터페이스는 아직 1 자유도 방위만 전달할 수도 있다는 데 유의하자. 모바일 기기에 있는 대부분의 미니 자기 측정기는 홀 효과(길이의 방향으로 전류가 흐르는 길쭉한 금속판을 자장磁場에 수직으로 놓으면 이 금속판에 전류 및 자장에 대해 수직 방향으로 기전력起電力이 생기는 현상)라고도 부르는 자기저항을 기반으로 한다. 하지만 실제 사용해보면 자기 측정치가 전기와 전자 기기가 만들어내는 지엽적 자기장의 영향을 받아 왜곡되기 때문에 신뢰도가 떨어지는 경우가 많다. 숄Schall 등은[2009] 최대 30도에 이르는 왜곡을 쉽게 관찰할 수 있다고 보고한다(그림 3.11).

자이로스코프

전자 자이로스코프는 회전 속도를 측정하는 기기다. 기기가 회전할 때 진동면을 유지하는 소형 진동 물체의 코리올리력Coriolis force을 측정한다(그림 3.12). 숫자를 합치면 방향을 계산할 수 있다. 세 개의 직교형 자이로스코프는 보통 마이크로 전자기계 시스템MEMS과 결합돼 완전한 3 자유도의 방향 측정치를 알려준다. 관성 센서에는 소스가 없으므로 상대적인 측정치가 단독으로 사용되는 경우는 드물다. 업데이트 속도는 매우 빨라서, 최대 1000Hz에 이른다. 하지만 통합돼야 하기 때문에 누적 이동에는 취약하다.

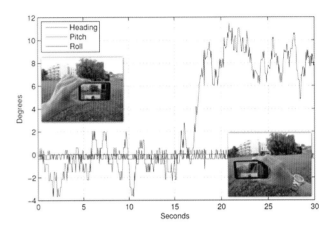

그림 3.11 모든 현대식 스마트폰에는 자력계가 있지만, 이 센서의 정확도는 단독으로 쓸 때는 아주 낮다. 그림에서 사용자가 오른손에 차고 있는 금속 시계가 기기에 가까워지면 시간이 흐름에 따라 방위 오류가 나타나는 것을 볼 수 있다. (사진 제공: 게르하르트 솔(Gerhard Schall))

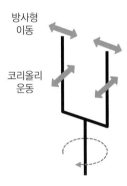

그림 3.12 MEMS 자이로스코프는 회전축의 직교 면에서 대규모 진동의 면외 각변형을 측정한다.

항공에서 사용되는 것과 같은 레이저 자이로스코프나 광섬유 자이로스코프는 고리로 된 광섬유 코일의 끝에서 관찰되는 빛의 간섭(사냑 효과)을 기준으로 각 가속도를 측정한다(그림 3.13). 이 원칙을 따르는 기기들은 기계식 자이로스코프보다 훨씬 정확하지만, 레이저 자이로스코프는 소비자 AR 애플리케이션으로 사용하기에는 아직 너무 크고 가격이 비싸다. 현재까지 문서화된 단 한 번의 사용이 타운웨어^{TOWNWEAR} 시스템으로[사토(Satoh) 등 2001], 일본의 혼합 현실 시스템 랩에서 자금을 지원한 연구다 (이 연구실에 대한 논의는 1장 참고).

선형 가속계

자이로스코프에서 관성 위치를 측정하는 것이 선형 가속계다. MEMS 접근법으로도 생산하는 이 기기는 소스가 없는 가속 추정을 허용한다. 가속은 작은 덩어리에 가해지는 힘으로(그림 3.14), 결과적인 이동은 각 주요 축에서 별도로 측정된다. MEMS 센서는 고정된 전극과 움직이는 부품 사이의 전기 용량을 측정하거나 움직이는 부품으로 인해 구부러지는 압전 저항 효과를 측정한다. 중력의 영향을 제하고 두 번 적분하면 가속 측정치에서 위치를 계산할 수 있다.

그림 3.13 광섬유에 사냑 효과를 기반으로 한 레이저 자이로스코프는 매우 정밀하다.

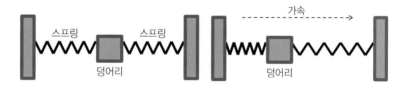

그림 3.14 일차원 선형 가속계는 센서가 가속할 때 스프링 사이에 매달린 작은 덩어리의 이동을 측정한다.

이 원칙은 시작점에 비교한 위치를 결정하는 데 쓰인다. 상대적인 측정치에는 변동이 있기 때문에, 아주 짧은 시간 동안만 사용하거나 부수적으로 절대 위치 측정 시스템과 합쳐서 사용한다.

가속계의 또 다른 흔한 용례는 중력 벡터를 추정하는 것인데, 기기가 움직이지 않을 때 알려진 상수 가속 값은 대략 $9.81 m/s^2$이 된다. 중력의 방향을 세 개 축의 가속계로 측정하면 2 자유도의 성향을 결정할 수 있다. 자기 탐지기의 바늘과 함께 완전한 3 자유도의 글로벌 방향을 다소의 차이로 측정할 수 있다.

보수계는 걷는 거리를 추측하기 위해 사용자의 걸음 수를 재는 데 사용한다. 몸에 가속계를 달고 시간에 따라 측정된 가속 최대치를 분석하면 된다[폭슬린 2005].

주행 기록계

주행 기록계는 모바일 로보틱스나 자동차가 지면에서 이동한 거리를 점증적으로 측정하는 데 자주 쓰이는 기기다. 기계식이나 광전자식 바퀴 인코더로 지면에서 바퀴가 굴러간 횟수를 결정한다. 여러 인코더로 기기의 회전을 관찰할 수 있다. 예를 들어, 구식 컴퓨터 마우스에는 저렴한 주행 기록계가 사용돼(그림 3.15) 마우스 안에 든 볼의 회전을 관찰했다.

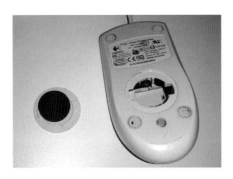

그림 3.15 기계식 마우스는 2D 주행 기록계의 잘 알려진 예로, 트래킹 표면 위에서 볼이 수평과 수직으로 움직이는 것을 관찰해 연산했다.

광학 트래킹

마지막 절에서 설명한 센서들은 이동성 때문에 중요하다. 불행히도, 이 센서들의 정확성은 AR에 필요한 고품질의 등록에는 충분치 않다. 반면 디지털 카메라는 작고 저렴하면서도 풍부한 센서 입력을 제공해, 한 번에 그야말로 수백만 개의 독립적인 픽셀을 얻을 수 있다. 비디오 투과 AR 디스플레이에서(2장에서 상세히 다뤘다.) 카메라는 이미 AR 시스템의 필수 요소지만, 다른 디스플레이 기술을 적용한다고 해도 광학 트래킹은 오늘날 AR에서 사용되는 물리적 트래킹 원칙에 가장 중요한 것으로 꼽을 수 있다.

디지털 카메라는 상보성 금속 산화물 반도체[CMOS] 기술이나 전하 결합 소자[CCD] 칩을 기반으로 한다. 둘 다 카메라의 중앙에서 각 픽셀로 관찰된 빛의 강도를 측정한다(그림 3.16). CMOS 센서는 대부분의 모바일 기기에서 쓰이는데, 빠르고 저렴하며 전력 소모가 적기 때문이다. CCD 센서는 특히 전문적 사진처럼 최상의 이미지 품질이 필요할 때 쓰인다. 센서 자체 외에도 카메라 렌즈는 카메라의 특징을 결정하는 데 중요한 역할을 한다. 렌즈가 큰 산업용 카메라는 1~2mm 지름의 작은 렌즈가 장착된 카메라 폰보다 훨씬 품질이 높다. 따라서 센서 타입, 렌즈, 셔터 타입이(예: 글로벌 셔터, 롤링 셔터) 카메라의 물리적 성능을 결정한다.

광학 트래킹의 매력은 저렴한 카메라로도 매우 풍성한 측정이 가능하다는 점에 있다. 카메라에서 전달된 픽셀들은 정교한 컴퓨터 비전 기술로 분석할 수 있다. 카메라와 컴퓨터 비전 알고리즘을 구동하는 연산 능력 모두 산업 연구와 제품 개발에서 중요한 영역이며, 계속 향상이 이뤄지고 있다. 특히 컴퓨터 비전 기술로 얻을 수 있는 결과는 연산 능력과 정비례하며, 카메라 시스템의 향상 없이도 발달하고 있다. 그 결과, 무어의 법칙에 따라 광학 트래킹의 성능 향상이 예상된다.

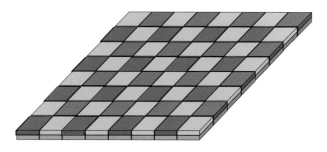

그림 3.16 현대식 디지털 카메라는 CCD 센서를 이용해 입사광의 강도를 결정한다. 컬러는 베이어 패턴이 적용된 필터를 이용해 추가된다.

그럼 이 절의 나머지 부분에서는 광학 트래킹의 물리적 기술적 원칙을 살펴보고, 다음의 다양한 상황을 고려해보자.

- 카메라 이미지와 비교할 디지털 레퍼런스 모델이 있는가, 혹은 이런 디지털 레퍼런스 모델을 즉석에서 구성해야 하는가(모델 없는 트래킹)?
- 환경 조명을 조절할 수 있는가?
- 환경에 인공 기준점을 넣어도 되는가, 혹은 환경을 '그대로' 활용해야 하는가?
- 트래킹된 물체를 어떻게 인식하고 구별할 것인가?

광학 트래킹에서 실제로 쓰이는 컴퓨터 비전 기술은 4장에서 다루겠다.

모델 기반인가, 모델이 없는 트래킹인가

카메라에서 얻은 이미지를 이용하려면 이런 이미지들을 레퍼런스 모델과 비교해야 한다. 이런 모델을 트래킹 시스템을 시작하기 전에 구해뒀다면 우리는 이런 접근법을 모델 기반 트래킹이라고 부른다. 그 반대의 경우는 모델이 없는 트래킹이라고 칭하는데, 트래킹 중에 즉석에서 임시 모델을 실제로 구하기 때문에 용어 자체가 모순되는 점은 있다. 미리 만든 모델이 필요 없다면 유연성이 더 늘어난다. 게다가 동시 로컬라이제이션과 맵핑(SLAM) 같은 즉석 적용 기술은 3D 스캐닝의 3D 트래킹과 결합될 수 있다. 반면, 모델이 없는 트래킹은 주행 기록계와 마찬가지로 시작점과 비교한 포즈만을 결정할 수 있다. 모델이 없는 트래킹만으로는 AR의 가상 물체가 저절로 배치되고, 실제 세계에 미리 등록될 수 없다. 최근 모델 기반과 모델이 없는 트래킹의 장점을 합친 시스템, 예를 들어 뷰포리아Vuforia 라이브러리가 상용화된 바 있다.

조명

광학 트래킹에서 먼저 논의해야 하는 측면은 빛의 특징이다. 우리는 자연적으로 일어나는 패시브 조명에 의존하는 접근법과 액티브 조명에 의존하는 접근법을 구별할 필요가 있다.

패시브 조명

패시브 조명은 광원이 트래킹 시스템에 접합된 부품이 아닌 경우다. 패시브 조명은 햇빛 같은 자연 광원과 천정 조명 같은 인공 광원에서 온다. 사람과 마찬가지로 재래식 카메라도 환경에서 물체가 반사하는 가시광선(380~780nm) 스펙트럼을 본다. 재래식 디지털 카메라에 패시브 조명을 이용하는 것이 물리적 설정 측면에서 광학 트래킹의 가장 단순한 접근법이다.

패시브 조명을 쓰는 광학 트래킹의 난제는 관심 있는 물체들이 이미지에서 빠르고 확실하게 감지될 수 있도록 하는 것이다. 이러려면 충분한 이미지 명암비가 필요하다. 따라서 환경에서 두드러진 시각적 특징이 있어야 하며 이런 특징이 이미지에서 두드러지도록 간접광이 충분해야 한다. 실내 광학 트래킹은 사람의 눈에는 환경이 잘 보인다고 해도 조명이 충분하지 않아 문제가 되는 경우가 많다. 작은 렌즈가 달린 디지털 카메라로는 적당한 이미지 품질을 얻기 힘든데, 어둑한 실내에서 폰 카메라로 플래시를 쓰지 않고 사진을 찍으려 해본 사람은 누구나 알 것이다.

액티브 조명

액티브 조명은 액티브 광원을 광학 센서에 결합해 환경에서 외부 광원에 대한 의존성을 극복한다. 가시 스펙트럼에서 광선 액티브 조명은 사용자가 환경을 인식하는 방식을 변화시키기 때문에 불편한데, 인기 있는 접근법은 적외선 조명에 의존하는 것이다. 적외선 광원은 LED 스포트라이트에 기반할 때가 많은데(그림 3.17), 장면을 밝혀주긴 하지만 관찰하는 사람에게는 보이지 않는다. LED 비콘을 환경에 고정할 수 있지만, 기기에 배터리가 포함될 수만 있으면 목표 물체에 탑재할 수도 있다. 적외선 필터가 장착된 카메라는 적외선만 잡아내서 쉽게 처리할 수 있는 명암비가 높은 이미지를 생성한다. 이런 접근법은 상당한 적외선이 있는 강한 햇빛 아래에서의 트래킹에는 적합하지 않다.

구조광

구조광structured light은 장면에 알고 있는 패턴을 투영함으로써 비구조광과 함께 액티브 조명을 사용하는 것보다 진일보한 방식이다. 구조광의 광원은 재래식 프로젝터나 레이저 광원을 사용할 수 있다. 관찰되는 반사가 카메라에 포착돼 장면과 그 안에 있는 물체의 지오메트리를 감지한다. 본질적으로, 환경 자체가 자연적으로 충분히 구분되지 못할 때는 환경의 특징이 적극적으로 부각되게 된다. 구조광은 적외선이나 가시 스펙트럼 양쪽에서 모두 작동한다.

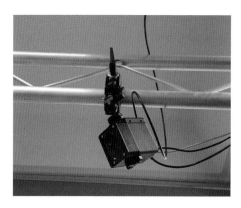

그림 3.17 고급 실시간 트래킹(Advanced Realtime Tracking)의 트래킹 시스템은 액티브 조명과 적외선 빛을 이용한다. LED 스포트라이트가 스마트 카메라에서 네트워크 인터페이스로 이미지 처리에 적용된다.

픽셀 단위의 빛 강도를 측정하는 카메라 센서와 달리, 레이저는 표면에서 레이저파가 반사되는 데 걸리는 전달 시간에 의해 범위가 결정된다. 이 측정치 원칙은 먼 거리까지 지도 정밀도가 높아서, 로봇 공학과 측량에 자주 사용된다. 가장 단순한 형태로는 하나의 거리만 측정된다. 이런 단일 지점 레이저 범위 측정기는 핸드헬드 기기로서, 수동으로 조준해야 한다. 이런 기기는 예를 들어 건설 업계에서 줄자를 대체하기 위해 쓰인다.

회전식 거울을 달면 레이저를 일차원이나 이차원으로 조종할 수 있는데, 이 설정은 때로 레이저 스캐너라고 부른다. 일차원 레이저 스캐너는 모바일 로봇에 탑재해 자동 내비게이션 입력용으로 쓰이고, 범위 이미지를 전달하는 이차원 레이저 스캐너는 3D 물체 재구성에 활용된다. 더 긴 거리의 레이저 감지는 LIDAR('light'와 'radar'의 합성어)라고도 불리는데, 대개 측량 애플리케이션에 쓰인다.

저렴한 가격대의 이미지 센서는 최근 비디오 게임에서 자연스러운 사람의 모션을 트래킹하는 용도로 인기를 끌고 있다. 가장 돋보이는 예는 마이크로소프트의 키넥트를 들 수 있다(그림 3.18). 1세대 키넥트는 적외선 레이저로 투영된 구조광 패턴을 활용했고, 2세대 키넥트는 타임 오브 플라이트^{time-of-flight} 카메라를 활용한다. 이미지 센서의 범위는 재래식 카메라와 단단히 결합돼 하나의 기기를 이루는데, 이를 RGB-D 카메라(D는 depth, 즉 심도를 나타내는 이니셜이다.)라고 부른다. 이런 기기는 이미지와 이미 등록된 장면에 대한 지오메트리 정보를 전달해주기 때문에 AR에 아주 매력적이다. RGB-D 카메라는 이제 모바일 기기에 알맞은 크기로 소형화됐지만, 모바일로 사용하기에는 아직 전력 소모량이 걸림돌이 되고 있다.

레이저 프로젝터   RGB   심도 센서

RGB 이미지   적외선 이미지   심도 맵

그림 3.18 (위) 마이크로소프트 키넥트 V1은 동작 인식을 활용해 XBox 게임을 조종하는 RGB-D 카메라다. (아래 왼쪽) RGB 카메라는 평범한 컬러 이미지를 전달한다. (아래 가운데) 레이저 프로젝터는 장면에 적외선 점 패턴을 쏜다. (아래 오른쪽) 심도 센서는 적외선 카메라를 이용해 점 패턴을 관찰하고 여기에서 심도 맵을 계산한다. 그림의 심도 맵은 빨간색일수록 가깝고, 파란색일수록 멀리 있다는 것을 표시하고 있다.

마커인가, 자연적 특징인가

패시브와 액티브 조명 간의 차이와 마찬가지로 목표 트래킹도 자연적 특성인가, 인공적 특성인가에 따라 분류할 수 있다. 인공적 특징은 마커 혹은 기준점이라고 부른다. 이상적으로는 환경에서 AR을 경험하기 전까지는 환경을 계측할 필요가 없겠지만, 계측을 해두면 더 단순하고 탄탄한 트래킹 알고리즘을 이용할 수 있게 된다. 마커가 사용되지 않고 자연 환경을 추적할 때 이런 접근법을 자연적 특징 트래킹natural feature tracking이라고 한다. 마커와 자연적 특징 양쪽 모두가 모델 기반 트래킹에 이용될 수 있다. 마커 접근법으로는 디지털 모델이 먼저 존재(구분과 인식의 편의를 위해 생성)하고, 물리적 물체(예: 판지로 된 마커)가 여기에 맞춰 만들어진다. 자연적 특징 접근법에서는 물리적 물체가 먼저 존재하고, 스캐너를 사용해 거기에 맞는 디지털 모델을 얻는다. 많은 경우 동일한 카메라가 먼저 환경을 스캔한 후 계속되는 광학 트래킹에 활용된다.

마커

이미 언급했지만, 광학 트래킹에서는 이미지를 해석할 수 있게끔 충분한 이미지 명암비가 필요하다. 그런데 상황에 따라 대상 물체의 표면 속성이 대상 물체의 특징을 제대로 식별하기에 불충분할 수도 있다. 첫째, 물체가 흰 벽처럼 텍스처가 아주 적거나 아예 없는 하나의 색상으로 칠해지면 식별할 수 없다. 둘째, 물체의 반사도가 높으면 카메라에 대해 움직일 때 그 모습이 극도로 불안정해진다. 셋째, 체크 무늬 테이블보나 똑같은 유리창들이 있는 건물 앞면처럼 물체에 반복적인 텍스처가 있을 때는 물체의 어디가 찍혔는지 애매해진다.

이럴 때는 해석하기가 어려워지므로 마커를 이용해서 극복할 수 있다(그림 3.19). 마커는 대상 물체의 표면이나 대상 물체에 부착된 추적 가능한 형태에 배치되는 특정 패턴이다. 마커는 이미지에서 가능한 한 쉽고 확실하게 감지할 수 있도록 디자인된다. 최적의 명암비와 쉽게 감지될 수 있는 형태를 선택하면 이런 목표를 달성할 수 있다.

가장 성공률이 높은 마커 디자인은 원형이나[호프(Hoff) 등 1996][스테이트 등 1996][폭슬린과 나이마크(Naimark) 2003], 정사각형[레키모토(Rekimoto) 1998][카토(Kato)와 빌링허스트 1999][와그너(Wagner) 등 2008a][피알라(Fiala) 2010]이다. 원형은 이미지에 타원형으로 투영되고, 정사각형은 사변형으로 투영된다. 두 모양 모두 이미지상에서 쉽게 감지할 수 있다(그림 3.20). 원형은 중심점이 하나고, 정사각형은 네 개의 꼭지점이 나온다. 완전한 6 자유도의 포즈를 복원하려면 이론적으로 최소 세 개의 점이 필요하다. 네 번째 점은 고유한 솔루션을 취할 수 있으려면 반드시 필요하다. 다시 말해, 이 요건은 원형은 항상 알려진 설정 안에서 그룹 단위로 활용돼야만 하는데 반해, 정사각형은 하나만으로도 감지하기에 충분하다는 뜻이 된다. 하지만 정사각형의 네 모서리가 늘 적절히 식별되는 것은 아니다. 원형이나 정사각형 안에 회전에 따라 변하지 않는 패턴을 추가해서 여러 개의 마커를 구분하고 마커의 방향을 알 수 있도록 식별을 강화할 수 있다.

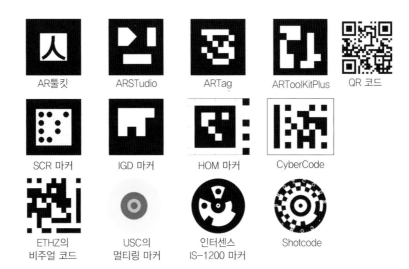

그림 3.19 정사각형과 원형 마커는 가장 인기 있는 마커 디자인이다. 아주 다양한 마커 디자인이 제안되고 있으며, 대부분은 쉽게 만들 수 있는 흑백 디자인에 패턴이나 바코드가 들어있어 구별하기 쉽다. (사진 제공: 다니엘 와그너 (Daniel Wagner))

그림 3.20 마커는 감지하기가 쉬워서 많은 대중이 활용하는 최초의 광학 추적 기술이 됐다. (왼쪽) 윈도우 CE 기기에서 구동되고 있는 스터디어스투브(Studierstube) 트래커, 2004년경 (사진 제공: 다니엘 와그너) (오른쪽) 노스 캐롤라이나 채플 힐 대학교의 컬러 원형 기준점 시스템, 1996년경 (사진 제공: 안드레이 스테이트, 노스 캐롤라이나 채플 힐 대학)

프린트된 마커를 편평한 물체 표면에 붙여도 되지만, 원형 마커 디자인은 대상 물체에 정확한 좌표로 부착해야 한다. 구형은 시점과 관계없이 이미지 위에 항상 동그랗게 투영된다는 이점이 있다. 따라서 원형 대상은 카메라에 대해 계속해서 방향이 변하는 물체, 특히 사람이나 지팡이, 혹은 셔터 안경같이 사람을 중심으로 한 기기를 추적할 때 많이 사용된다. 한 개의 원형 마커는 하나의 포인트만 식별하므로, 이런 마커는 최소한 세 개가 필요하다. 하지만 원형 디자인에는 바코드나 여타 독립형 식별 특징을 적용할 수 없는 단점이 있다. 그러므로 세 개나 다섯 개의 원형 모음의 거리 차를 고유한 식별에 활용할 수 있다(그림 3.21). 그래서 다소 기준이 약하며, 여러 개의 모양이 서로 상당히 달라야만 모호하지 않게 판별할 수 있다.

마커는 흑백으로 디자인될 때가 많은데, 그래야만 카메라 내부에서의 컬러 처리 방식과는 관계없이 명암비가 충분해지기 때문이다. 또한 이런 마커는 사무용 프린터를 이용해서 쉽게 만들 수 있다. 하지만 표면에 광택 처리가 된 용지는 보는 각도에 따라서 거울처럼 번쩍이는 반사 현상이 발생할 수 있으므로 피해야 한다. 이미지에 바이너리를 적용하고 나면, 마커 후보군을 식별하는 데는 외곽선이 흑백으로 닫혀 있는 모양만 찾으면 된다.

마커를 만들 때는 이 대신 역반사 포일을 활용할 수도 있다. 안전 작업복에서 자주 볼수 있는 이 재질은 빛을 다량 굴절시켜 다시 입사 방향으로 보낸다. 조명의 주 광원이카메라에 가까이, 특히 카메라 주위에 스포트라이트가 원형으로 배열된 경우, 역반사포일은 명암비가 매우 높은 이미지를 만들어낸다.

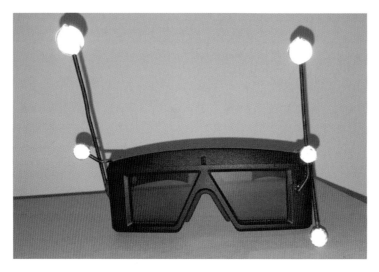

그림 3.21 스테레오스코픽 셔터 안경에 부착된 '뿔' 같은 패시브 적외선 대상은 네 개 이상의(이 예에서는 다섯 개) 역반사 구체로 구성된다.

인기 있는 접근법 중 하나는 구체 마커를 역반사 포일에 감싸서 만들고 적외선 조명으로 사용하는 것이다. 이러면 이미지에 명암비가 매우 높은 방울 모양이 생기는데, 확실히 감지할 수 있다. 역반사 재질을 이용한 편평한 마커 디자인 역시 시연된 바 있다.

자연적 특징

대상 물체에 마커를 넣고 싶지 않거나 그럴 수 없는 경우에는 자연적으로 발생하는 특징을 활용한다. 자연적 특징 추적은 보통 이미지 품질이 높고 연산 리소스가 더 많아야 하는데, 최근 인기를 끈 예는 하나뿐이다.

가장 자주 이용되는 자연적 특징은 이른바 흥미로운 지점이나 키포인트라고 불리는데, 대상 물체에서 가장 핵심이 되는 특징이다(그림 3.22). 흥미로운 지점은 쉽게 찾을 수 있어야 하며, 물체에서의 위치가 시점이 변화할 때도 안정적으로 유지돼야 한다. 실제로 흥미로운 지점을 활용하려면 표면 텍스처가 충분히 조밀하고 불규칙해야 한다.

장식이 별로 없는 건물 전면이나 산업 시설같이 텍스처가 거의 없는 물체는 외곽선을 관찰하기 쉽다는 가정하에 에지 특징^{edge feature}을 이용해 트래킹한다. 하지만 추가적인 지식이 없이는 가장자리 선 하나를 고유하게 식별하도록 하기가 어려워서 여러 개의 가장자리를 합쳐서 해석해야 확실한 대상 감지가 될 수 있다(그림 3.23).

흥미로운 지점이나 에지 특징 같은 지엽적인 특징 외에도, 특정 시점에서 찍은 키프레임의 이미지 전체 정렬을 이용해 카메라 이미지를 비교할 수도 있다. 하지만 이 접근법을 더 넓은 환경에 적용하기는 어렵다.

그림 3.22 SIFT는 야외의 흥미로운 지점들을 감지한다. 원의 크기는 흥미로운 지점의 '크기'를 대략적으로 나타낸다. (사진 제공: 마틴 허처(Martin Hirzer))

그림 3.23 캠브리지 대학의 고잉 아웃 시스템(Going Out system)은 이미지의 뚜렷한 가장자리를 추적해 야외 장면의 알려진 모델과 비교한다. (사진 제공: 게르하르트 라이트마이어(Gerhard Reitmayr)와 톰 드루몬트(Tom Drummond))

대상 물체를 먼저 비교해보지 않고 트래킹할 수 있다면 자연적 특징 트래킹이 장기적으로는 마커 트래킹을 뛰어넘을 것이므로 분명 장점이 된다. 하지만 광학 트래킹은 본질적으로 주어진 디지털 레퍼런스 모델에 이미지의 특성을 비교하는 과정을 수반한다는 점을 기억해야 한다. 마커로 만든 레퍼런스 모델은 디자인적으로 주어지는 반면, 자연적인 대상 물체의 레퍼런스 모델은 다른 소스에서 얻어야 하는 것이다. 사람이 만든 물체라면 컴퓨터 디자인[CAD]으로 만든 모델이 간혹 있을 수도 있다.

모델이 없다면 3D 스캐닝 같은 별도의 획득 과정을 통해 레퍼런스 모델을 얻어야 한다. 이런 스캐닝 과정은 최종 사용자가 쓰기에는 친숙하지 않으며, 자연적 특징 트래킹에서는 큰 걸림돌이 되고 있다. 작은 대상 물체의 획득은 트래킹 초기화 단계에서 작업이 이뤄지기 때문에 사용자에게는 어느 정도 숨겨져 있다[물로니(Mulloni) 등 2013]. 그런데 방 전체나 도시 전체같이 더 큰 모델을 얻으려면 노동 집약적인 사전 처리가 필요하다.

대상 식별

여러 물체를 트래킹하거나 넓은 영역 안에서 모바일 사용자를 트래킹하려면, 광학 트래킹에서는 대상의 식별이 큰 문제가 된다. 올바른 특징이나 대상을 감지하는 것은 이미지에서 정확한 3D 지점을 측정하는 것 다음으로 중요하다. 가능한 한 많은 대상 물체를 구분하면 분명 좋지만, 식별할 수 있는 물체의 숫자와 식별의 신뢰도를 취사선택해야 한다. 더 넓은 범위의 물체를 식별하게 되면 모양이 서로 비슷해질 수밖에 없고, 그러면 혼동이 쉽게 일어난다. 이미지 해상도를 높이면 상황이 개선되겠지만, 실제로 이미지 품질이 개선됐을 때만 그렇다. 이 절에서는 이런 취사선택이 광학 트래킹 시스템 디자인에 어떻게 영향을 주는지 고민해보자.

마커 대상 식별

바코드가 들어있는 마커 디자인은 바코드에 인코딩된 비트 수 때문에 정보 사이즈가 분명히 커진다. 보통 2D 바코드가 있는 정사각형 마커는 ARTag(그림 3.19)처럼 6×6 그리드로 구성되므로 36비트의 원 정보 공간 용량이 된다. 이런 패턴의 고유한 방향을 판단하려면 2비트가 필요하다. 나머지 34비트는 실제 ID와 중복 오류 수정 정보에 분배돼야 한다. 일반적 설정에서는 ID에 6~12비트를 할애해 수천 개의 고유 마커를 허용한다. 그런데 그리드의 해상도를 높여서 원 정보 용량을 늘리면, 이미지에서 유효한 바코드를 성공적으로 추출할 확률이 줄어든다. ID에 이용되는 비트 수를 늘리면 오류 수정 용량이 줄어들고, 바코드를 잘못 인식할 확률이 높아진다. 그래서 마커수에 실제로 상한선이 생긴다.

구체의 거리로 정확히 구분할 수 있는 구체 마커로 구성된 대상 수는 훨씬 적다. 보통 다섯 개의 구체 조합이 이용되는데, 그러면 하나의 구체가 가려지는 경우도 허용오차로 수용될 수 있다. 하지만 구체 간의 거리가 최소한으로만 차이 나야 하며, 구체대상의 크기가 너무 커서는 안 된다. 실제로 이로 인해 동시에 포착할 수 있는 대상의 수에는 한계가 생긴다.

넓은 지역을 트래킹한다는 것은 모바일 기기의 카메라 포즈를 고정돼 있는 환경에 상대적으로 설정한다는 뜻이 된다. 이 문제는 하나의 아주 큰 대상을 트래킹한다는 뜻으로 해석할 수 있다. 더 큰 대상의 완전한 디지털 모델이 있고 모든 고유한 특징이 있다는 가정하에, 이런 특징에 상대적인 포즈를 결정해주는 데 충분한 특징만을 관찰해야 한다.

이런 고민은 마커가 프린트된 대형 포스터 형태나 천정 타일에 기준점들이 찍혀 있는 형태의 마커 태피스트리marker tapestries(그림 3.24)의 디자인으로 이어졌다[폭슬린과 나이마크 2003]. 단 몇 개의 마커만 구분해주는 마커 시스템은 공간 분할을 활용해 더 넓은 영역을 처리할 수 있다[칼쿠쉬(Kalkusch) 등 2002]. 이 설계에서는 예를 들어 방 단위로 구획을 정해서 마커를 재사용할 수 있다.

액티브 조명이 허용된다면 점멸 LED를 이용해 이진법 코드를 인코딩할 수도 있다. 코드는 각 LED마다 독립적인 점멸로 구성되거나[마쓰시타(Matsushita) 등 2003], 순서대로 깜박이는 여러 개의 LED로 구성할 수 있다. 시간 동기화를 세심히 처리하고 업데이트 속도를 높이면 순서식 점멸로 넓은 영역을 처리할 수 있다. 예를 들어 하이볼 시스템HiBall System은[웰치(Welch) 등 2001] 천정 타일 하나당 하나의 LED로 수백 평방미터의 지역을 처리한다(그림 3.25). 시간차 액티브 조명의 또 다른 형태는 재래식 스크린에 패턴을 보여주는 방법으로 구현할 수 있다[우(Woo) 등 2012].

그림 3.24 넓은 지역의 트래킹은 시각적인 표지물들로 지저분해지는 것이 문제 되지 않는다면 구역 내의 벽에 기준점들을 부착해 구현할 수 있다.

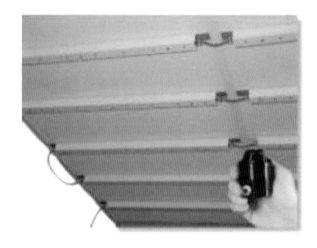

그림 3.25 하이볼은 지향성 광학 센서를 이용해 천정에 부착돼 주기적으로 깜박이는 LED 비콘을 감지한다. (사진 제공: 그레그 웰치(Greg Welch), 노스 캐롤라이나 채플 힐 대학)

자연적 특징 대상 식별

자연적 특징점 인식은 수백 수천, 심지어는 수백만 가지의 자연적 특징으로 확장할 수 있다. 이런 대규모라면(예: 도시 전체의 특징점 데이터베이스가 구축됐을 때) 개별적 특징점 인식의 쿼리 이미지가 한 장소를 확실히 식별하기에 충분한 차이점을 보이지 않게 된다. 대신, 이미지의 특징점들이 동시에 존재하는 것이 필수 요소가 된다.

그림 3.26 특징 매칭은 시스템이 장면의 새로운 시점에서도 트래킹 모델의 알려진 흥미로운 지점을 인식할 수 있게 해준다. 정확한 지점 수가 충분히 제공되면, 장면은 현재의 카메라 포즈에서도 인식될 수 있다. (사진 제공: 마틴 허처)

실제 세계에서 알려진 지점들의 어떤 특징의 숫자가 이미지에서 함께 잡힐 때만 특징의 매치가 이뤄질 확률이 높아진다는 것을 알 수 있다. 하나의 이미지에서 추출된 수천 가지 특징점의 후보는 대량의 특징점 데이터베이스와 대조된다. 잘못된 매치를 제외하고 데이터베이스 중에서 가장 그럴 법한 매치를 결정하는 데는 탄탄한 통계 기법이 활용된다.

하지만 트래킹의 성공률과 정확도 모두 넓은 영역을 처리할 때는 제대로 유지되지 못한다. 첫째, 넓은 환경에서는 식별 시도의 실패나 부정확한 식별 건수가 늘어난다. 둘째, 특징점이 세계의 좌표와 상대적으로 측정되는 것은 환경과 기타 매개변수의 공간적 범위에 달려 있다. 그 결과, 성공적인 특징점 매칭이 자동으로 높은 정확도의 포즈로 이어지지는 않는다.

4장에서는 마커 기반과 마커 없는 트래킹 배후에 있는 기본적인 컴퓨터 비전 방법론들에 대해 논의해보자.

센서 퓨전

일반적인 모바일 기기에는 최소 하나의 카메라와 GPS, 관성 센서, 나침반 같은 여러 개의 센서가 있다. 광학과 비광학식 트래킹 기술이 저마다 뚜렷한 장점과 단점이 있다는 점을 감안할 때, 트래킹에서 사용 가능한 모든 센서를 통해 제공된 입력 정보를 이용하면 최선의 결과를 낳을 것이다. 하나의 센서 트래킹에서 개선할 수 있는 분명한 방법은 여러 종류의 센서를 동시에 활용하는 것이다. 반면, 이런 하이브리드형 트래킹 시스템의 센서 조합은 결과적인 시스템의 무게, 비용, 소모 전력량이 늘어나게 되며, 센서를 서로 맞춰서 등록하는 데 추가적인 캘리브레이션이 필요하다. 한편, 이런 결과 얻어진 전반적 시스템 성능은 각각의 한계를 극복할 만큼 뛰어나게 된다.

신호 처리와 로봇 공학에서 이런 여러 센서의 조합은 흔히 센서 퓨전$^{sensor\ fusion}$이라고 부른다. 이 접근법에는 센서 퓨전 알고리즘과 여러 센서를 지원하는 소프트웨어 아키텍처가 요구된다. 두런트-화이트$^{Durrant-Shyte}$는 센서 퓨전의 유용한 분류를 제안한 바 있다[1998]. 푸스트카^{Pustka} 등은[2011] 여러 센서를 어떻게 실시간 애플리케이션에 동적으로 결합시킬 수 있는지 설명한다. 지금까지 AR 트래킹을 위한 센서 퓨전의 많은 성공 사례들이 시연돼 왔다[폭슬린 2996][유(You)와 뉴먼(Neumann) 2001][클라인(Klein)과 드러몬드(Drummond) 2004][블레서(Bleser)와 스트리커(Stricker) 2008].

보조적 센서 퓨전

보조적 센서 퓨전은 여러 센서가 서로 다른 자유도를 제공할 때 일어난다. 센서 간의 상호작용은 결과 데이터의 결합 외에는 필요 없다. 물론 이런 결합도 센서들이 동기화돼 있지 않고 서로 개별 업데이트 속도가 다를 때는 사소한 작업이 아니다. 이런 상황에서는 최소한 어떤 형태든 시간 보간이나 외삽법이 요구된다.

보조적 센서 퓨전이 가장 흔하게 사용되는 예는 포지션만 잡아내는 센서와 방향만 추적하는 센서를 합쳐서 완전한 6 자유도를 계산하는 것이다. 예컨대 현대식 휴대폰에서 GPS는 위치 정보를 전달하고, 나침반과 가속계는 방향 데이터를 알려준다.

여러 가지 1 자유도 센서 컴포넌트로 구성된 여러 종류의 센서 또한 보조적 센서 퓨전의 활용 사례에서 찾아볼 수 있다. 자이로스코프, 가속계, 자기 센서로 구성된 3 직교 센서가 그 예다.

경쟁적 센서 퓨전

경쟁적 센서 퓨전은 서로 다른 센서 타입이 똑같은 자유도를 독립적으로 측정한 데이터를 합치는 것이다. 개별적 측정치가 하나로 합쳐져서 일종의 수학적 결합을 활용해 측정치의 품질을 높이는 것이다.

중복 센서 퓨전은 경쟁적 센서 퓨전의 단순한 변형이다. 주된 센서가 측정치를 전달할 때, 보조 센서는 무시된다. 주 센서의 작동이 불가능할 때만 보조 센서가 이를 대체한다. 예를 들어 GPS 수신이 간헐적으로 불량해질 때는 자동차의 주행 기록계와 보행자가 착용하고 있는 계보기의 보조를 받는 것이 이런 경우다. 할라웨이[Hallaway]와 동료들은[2004] 고품질이지만 범위가 한정된 초음파 트래커(InterSense IS-600)와 관성 방향 센서, 계보기, 적외선 비콘 시스템의 결합을 서로 전환하는 넓은 실내 트래킹 시스템을 설명한다.

경쟁적 센서 퓨전을 주로 사용하는 것은 서로 다른 특성의 여러 센서에서 동시에 얻은 정보를 조합하는 데에서 온다. 여러 센서는 보통 업데이트 속도가 다르고 불규칙하게 인터리브[interleave]된 새로운 측정치를 내놓기 때문에, 통계적 상태 모델이 설정된 다음에야 새로운 측정치가 주어질 때마다 업데이트한다. 이런 통계적 퓨전 접근법은 다양한 자유도와 절대 및 상대 측정치를 조합한 다양한 특징을 수렴할 수도 있다[알렌(Allen) 등 2001]. 가장 자주 쓰이는 통계적 센서 퓨전은 올바른 매개변수로 이뤄진 하나의 상태 모델이면 충분한 경우의 연장형 칼먼 필터[extended kalman filter][웰치와 비숍(Bishop) 2001], 상태 전환 모델이 매우 비선형적일 때 더 나은 결과를 내주는 분산점 칼만 필터[unscented Kalman filter][줄리에(Julier)와 울먼(Uhlman 2004), 그리고 여러 '입자'로 모델의 가능한 상태들이 동시에 유지돼야 하는 경우의 파티클 필터[두세(Doucet) 등 2001]가 있다.

통계적 센서 퓨전은 느리고 빠른 센서들과 절대적 상대적 센서 모두에 좋은 접근법이다. 후자의 사례로는 방향 측정을 위한 관성 측정 유닛[IMU]이 있다. 완전한 IMU 설정은 자기 탐지기, 자이로스코프, 가속계 유닛이 서로 직교해 구성된다(더 적은 수의 센서로도 설정은 가능하다). 칼만 필터를 이용하면 자이로스코프에서 측정되는 방향 이동을 다른 센서를 통해 안정시킬 수 있다.

IMU는 더 느리고 정확한 센서와 함께 활용할 수도 있다. 이런 예로는 IMU와 어쿠스틱 트래킹 조합[폭슬린 등 1998], IMU와 광학 트래킹 조합[리보(Ribo) 등 2002][폭슬린 등 2004][블레서와 스트리커 2008], 야외 사용에 GPS 추가[가솔 등 2009][오스키퍼(Oskiper) 등 2012] 있다.

협력적 센서 퓨전

협력적 센서 퓨전에서는 주 센서가 보조 센서에서 들어온 정보에 의존해 측정치를 얻는다. 예를 들어 대부분의 현대적 휴대폰에는 보조적 GPS$^{\text{A-GPS}}$가 있는데, 휴대폰으로 무선 링크가 생긴 전송탑의 ID에서 위치 제한을 가져와 GPS 초기화를 빠르게 해준다. 마찬가지로 GPS와 나침반 기술이나[아스(Arth) 등 2012] 가속계가[커즈(Kurz)와 벤하이만(BenHimane) 2011] 자연적 특징의 인덱스로 활용돼, 매치되는 특징의 성공률을 높여줄 수 있다.

더 일반적으로 협력적 센서 퓨전은 둘 중 하나의 센서만으로는 얻어낼 수 없는 측정치 속성이라고 할 수 있다. 예를 들어, 광학 트래킹에서 사용되는 스테레오 카메라 리그는 알려진 에피폴라^{epipolar} 지오메트리를 허용해 두 개의 2D 측정치를 하나의 3D 측정치로 변환할 수 있기 때문에 협력적 센서 퓨전을 수행하는 것을 볼 수 있다. 비슷하게, RGB와 RGB-D 센서의 컴포넌트인 심도 센서에서 전달된 이미지의 공동 필터링은[리하르트(Richardt) 등 2012] 고해상도의 거의 노이즈가 없는 심도 이미지를 허용한다.

그림 3.27 포인트그레이 레이디버그(이미지는 모델 3 1394b)는 무지향성 이미징을 위한 멀티카메라 기기다. 여섯 개의 카메라로 구성되며, 360도 시야의 이미징이 가능하다.

비슷한 주장이 비중복 멀티카메라 설정에 사용될 수 있다. 예를 들어, 포인트그레이 레이디버그 카메라(그림 3.27)는 여섯 개의 중복되는 카메라 요소가 각각 넓은 시야를 제공해 파노라마 이미지를 전달한다. 여러 부분에 겹쳐지는 물체는 여러 하위 이미지에서 특징을 감지해야 하며, 이것을 전체로 해석해야 한다.

또 한 가지 협력적 센서 퓨전의 혜택은 안에서 밖으로의, 그리고 밖에서 안으로의 트래킹, 즉 모바일 센서와 고정 센서를 합쳐준다. 이 두 가지 센서는 함께 사용돼 대상 물체와 모바일 센서가 둘 다 동시에 움직인다고 해도 모바일 센서에서 관찰한 대상 물체의 포즈를 고정 센서의 외부 좌표 시스템으로 복원해준다. 고정 센서는 모바일 센서 시스템의 모션을 결정하고, 모바일 센서에서 판단한 대상 물체의 모션과 결과를 연관시켜준다. 이런 종류의 설정은 '모서리 너머를 돌아보는' 트래킹 시스템과 고정 센서의 위치에서 가려진 물체의 트래킹까지 가능하게 해준다.

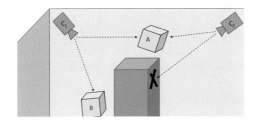

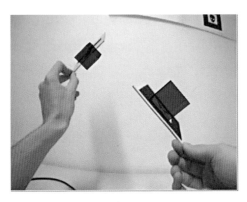

그림 3.28 (위) 모퉁이를 돌아 트래킹한다. 카메라 C는 물체 A와 B를 추적하고, 카메라 C는 A만 볼 수 있다. 모든 가능한 트래킹 정보를 합치면 B의 C에 비교한 포즈를 결정할 수 있다. (아래) 왼쪽 마커는 표면이 카메라에서 거꾸로 돼 있으므로 그림에서는 트래킹할 수 없다. 하지만 두 번째 카메라를 빌어 증강물(파란 육면체)이 마커가 있는 곳에 성공적으로 배치될 수 있다. (사진 제공: 플로리안 레더만(Florian Ledermann))

예를 들어 아우어^{Auer}와 핀즈^{Pinz}는[1999] 자기와 적외선 감지의 결합을 논의한다. 폭슬린 등은[2004] 고정식과 헬멧 탑재형 카메라와 함께 IMU를 결합한다. 클라인과 드러몬드는[2004] 고정식 적외선 카메라와 태블릿 컴퓨터의 일반 카메라의 결합으로 트래킹한다. 이 원칙은 둘 이상의 모바일 트래킹 시스템으로 확장할 수 있는데, 서로 상대를 트래킹해(그림 3.28) 협력적 애플리케이션을 실현한다[레더만(Ledermann) 등 2002]. 고정된 키넥트와 여러 휴대폰으로 함께 트래킹하는 방법이 최근 이^{Yii} 등에 의해[2012] 발표됐다.

요약

이 장에서는 트래킹 기술을 주로 내재된 센서의 물리 원칙에 따라 살펴봤다. 물리적 원칙, 자유도, 공간과 시간 특성 같은 트래킹 기술의 중요한 분류 기준에 대해서도 논의했다. 이런 특징은 트래킹 시스템의 사이즈, 이동성, 성능에 대한 취사 선택이 필요하게 한다. 고정 시스템은 무게나 전력 소모량에서 제약을 고려할 필요 없이 영구적인 인프라로 설치될 수 있다. 하지만 사용자가 돌아다닐 수는 없으며, 따라서 AR에 바람직하지 않을 때가 많다. GPS나 IMU 같은 모바일 센서는 모바일 형태 요인에서 공통으로 제공되지만, AR을 완전히 지원하기에는 성능 특징이 충분하지 않다. 따라서 컴퓨터 비전 알고리즘을 위한 충분한 연산 성능이 주어진다면 디지털 카메라 기반의 광학 트래킹이 AR에는 가장 희망적인 기술로 보인다. 또한 센서 퓨전을 이용해 광학과 비광학 센서를 결합하면 모바일 트래킹의 탄탄함과 다양성이 대폭 향상될 수 있다. 그럼 다음 장에서는 광학 트래킹 접근법과 가장 연관성이 큰 컴퓨터 비전 기술에 대해 자세히 살펴보자.

4장

증강 현실을 위한 컴퓨터 비전

이 장에서는 AR에 사용하기 위한 컴퓨터 비전 알고리즘을 소개한다. 특히 광학 트래킹과 장면 재구성을 중점적으로 다루겠지만, 이후 장들에서 살펴볼 시각적 일관성, 상호작용, 저작, 내비게이션, 협업과 같은 중요한 다른 개념들도 소개한다. 사용자와 그를 둘러싼 환경에 대한 정보를 AR 뷰로 구성하려면, 카메라 센서에서 AR 시스템으로 전달해주는 이미지 정보를 전자적으로 인식하고 이해할 수 있어야 한다. AR에는 실시간 접근법이 반드시 필요한데, 컴퓨터 비전 작업의 하위 요소로 반영된 요건을 여기서 살펴보겠다.

트래킹 기술의 일반 개요를 설명했던 3장에서 논의했듯이, 센서의 도움을 받는 실시간 컴퓨터 비전은 증강 현실과 그 등록의 성공을 위한 핵심 요소다. 광학 트래킹의 목적은 실제 세계에 있는 물체의 카메라에 대한 포즈를 결정하는 것이다. 이 과정에는 카메라와 이미지에 대한 연산 알고리즘 작동에 대한 지식이 필요하다. 간결한 모델링, 설명, 내재된 개념 해결과 도전 과제를 제대로 풀어내기 위해서는 상당한 수학적 해설 밖에는 답이 없다(이런 설명이 따분한 독자라면 파란색 박스의 내용은 건너뛰어도 좋다).

필요한 모든 수학적인 개념은 빠르게 설명하겠지만, 깊이 있게 모두 설명하기는 어렵다. 그러므로 심도 있는 이해를 원하는 독자들은 관련 서적을 참고하길 바란다. 관심 있는 독자에게는 다음과 같은 컴퓨터 비전 교과서를 추천한다. 하나는 하틀리[Hartley]와 지서만[Zisserman][2003], 파우거라스[Faugeras][1993], 젤리스키[Szeliski][2010], 마[Ma] 등[2003]이고, 다른 하나는 르쁘띠[Lepetit]와 푸아[Fua]의 3D 트래킹 관련 연구[2005] 등이다.

이 장에서는 또한 실제 세계 시스템에서 필요한 컴포넌트들을 간단히라도 설명하려고 한다. 우리는 사례 연구들을 통해 컴퓨터 비전 기술에 대해 차근차근 소개하겠다. 이런 사례 연구에 따른 접근법은 실용적이고 해결책을 위주로 하는 개념 소개에서 파생된 것이다. 새로 소개하는 개념들은 이를 소개한 특정 사례 연구에 한정하지 않고 더 폭넓게 적용해 독자들이 유용한 AR 관련 컴퓨터 비전 기술을 습득할 수 있도록 하겠다.

- 마커 트래킹 사례 연구: 기본적 카메라 묘사, 윤곽 기반의 형태 감지, 호모그래피에서의 포즈 추정, 비선형적 포즈 개선을 간단하게 소개한다.
- 멀티카메라 적외선 트래킹 사례 연구: 멀티뷰 지오메트리를 집중 논의한다. 멀티카메라 이미지, 에피폴라 지오메트리, 삼각측량, 절대 방향에서의 2D-2D 지점 관련성을 배울 것이다.
- 감지에 의한 자연 특징 트래킹의 사례 연구: 이미지에서 관심 지점 감지, 서술자 생성과 매칭, 알려진 2D-3D 관련성에서 탄탄한 카메라 포즈 연산을(시점 n-점: perspective-n-point 포즈, RANSAC) 소개한다.

- 점증적 트래킹 사례 연구: 액티브 검색 방법론(KLT, ZNCC)을 이용해 연속되는 프레임에 걸친 특징을 어떻게 추적하는지, 그리고 점증적 트래킹이 어떻게 감지에 의한 트래킹과 합쳐질 수 있는지 설명한다.

- 동시 위치 측정과 맵핑 사례 연구: 2D-2D 관련성(5점 포즈^{five-point pose}, 번들 조정^{bundle adjustment})으로부터의 포즈 연산법을 탐구한다. 또한 병렬 트래킹과 맵핑, 그리고 밀집 트래킹과 맵핑 같은 현대적 기술도 살펴본다.

- 야외 트래킹 사례 연구: 넓은 영역의 야외 환경을 트래킹하는 방법론을 소개하며, 확장 가능한 특징 매치와 센서 퓨전 및 지오메트리 사전 조건의 도움을 받을 수 있는 방법론을 제시한다.

수식 표기법 안내

첫 번째 사례 연구를 살펴보기 전에 수식은 다음과 같이 표기하겠다.

- 스칼라 값과 함수는 소문자 기울임 꼴로 쓴다: a
- 스칼라 상수는 대문자 기울임 꼴로 쓴다: A
- 벡터 값과 함수는 소문자 굵은 글씨로 쓴다: a
  벡터는 열 벡터며, 벡터가 전치될 때는 다음처럼 표시한다: a^T
- 행렬은 대문자로 쓴다: A, 행렬의 역행렬은 A^{-1}, 행렬의 전치 행렬은 A^T, 역 이항 행렬은 A^{-T}로 표기한다
- 각도는 소문자 그리스 문자로 쓴다: α
- 3D 평면은 대문자 그리스 문자로 쓴다: Π
- 벡터와 행렬에 대한 색인은 첨자로 쓴다: a_i, $A_{i,j}$
- 삼차원 유클리드 공간은 x, y, z를 첨자로 사용한다: $a = [a_x \ a_y \ a_z]^T$
- 이미지 공간의 경우에는 u, v를 첨자로 사용한다: $a = [a_u \ a_v]^T$
- 동질적 좌표가 필요할 때는 아래 첨자 w를 쓴다: $a = [a_u \ a_v \ a_w]^T$
- 행렬의 열 벡터는 A_{C1}, A_{C2},. . . , 행렬의 행 벡터는 A_{R1}, A_{R2}, . . .
- 이름에 더 많은 구별이 필요하다면 프라임 부호나 위 첨자를 사용한다: a', a^{last}
- 벡터의 표준화는 $\underline{N}(x) = x/\|x\|$로 쓴다.

마커 트래킹

사각형 트래킹의 흑백 기준점 마커는 AR툴킷과[카토와 빌링허스트 1999] AR툴킷 플러스
가[와그너와 슈말스타이그 2007] 오픈소스 소프트웨어로 배포된 이후 엄청난 인기를 끌어
왔다. 마커 트래킹은 연산 리소스가 덜 소요되고 비교적 품질이 낮은 카메라로도 유
용한 결과를 전달할 수 있다. 단순한 것도 큰 매력이다. 하나의 보정된 카메라로 찍은
이미지에서 평면 마커의 네 모퉁이를 감지하는 것만으로 마커에 대한 카메라 포즈를
복원할 충분한 정보가 된다.

그림 4.1은 마커 트래킹 파이프라인의 개요를 제공한다. 파이프라인은 다섯 단계로
구성된다.

1. 수학적 표현이 알려진 카메라를 이용해서 이미지 캡처
2. 사변형 모양을 검색해 마커 감지

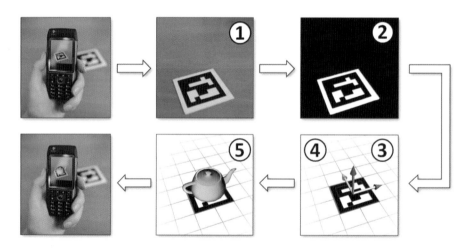

그림 4.1 사각형 기준점 마커의 트래킹 파이프라인은 이미지의 경계화로 시작해 사변형 맞추기와 포즈 추정으로 이어
진다. 포즈를 구하면 AR 렌더링이 수행될 수 있다. (사진 제공: 다니엘 와그너(Daniel Wagner))

3. 호모그래피에서 포즈 추정
4. 비선형 투영 오류 최소화로 포즈 향상
5. 복원한 카메라 포즈로 AR 렌더링(6장 참조)

그럼 이런 도전 과제들을 하나씩 자세히 살펴보자.

카메라 표현

컴퓨터 그래픽과 비전에서 쓰이는 표준 카메라 모델은 핀홀 카메라로, 일반적인 물리적 카메라를 추상화한 것이다. 핀홀 모델은 물체 공간에서 3D 지점 q의 원근 투영에서 이미지 공간의 2D 지점 p를 기술한다(그림 4.2). 관찰된 3D 지점의 투영이 모두 지나가야 하는 투영 중심 c, 이미지 면 Π, 그리고 주점$^{principal\ point}$ c'∈Π에 의해 정의되며, 이것은 c에서 Π로의 노멀 투영이다. c와 c'를 잇는 선은 광학 축이라고 불리며, c에서 c'까지의 거리는 초점 거리 f라고 불린다. 균일한 좌표를 이용해서 우리는 원근 투영을 3×4 행렬 M으로 표현할 수 있다.

$$\begin{bmatrix} p_u \\ p_v \\ 1 \end{bmatrix} \propto \mathbf{M} \begin{bmatrix} q_x \\ q_y \\ q_z \\ 1 \end{bmatrix} \tag{4.1}$$

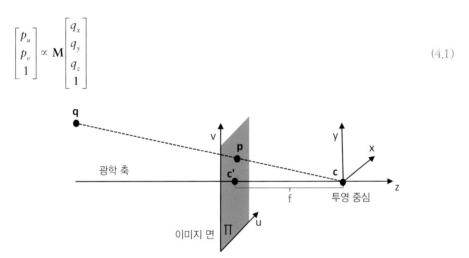

그림 4.2 핀홀 카메라 모델은 컴퓨터 그래픽과 컴퓨터 비전에 폭넓게 쓰인다. 달리 표현하면, 투영의 중심 c는 3D 지점 q와 같은 이미지 면에 놓여 실제 카메라 암상자의 한쪽에 난 구멍과의 관계를 강조한다. 수학적으로는 차이가 없지만, 이런 보는 방향과 카메라 이미지 면 좌표 시스템은 다르다. 이 그림은 카메라가 c에서 왼쪽을 향하고, 카메라 좌표 시스템의 마이너스 z축에 있는 것으로 간주한다.

M은 11 자유도(11DOF)로 행렬 요소의 수보다 하나가 적은데, 0이 아닌 요소로 곱하면 카메라 행렬과 동등한 결과가 나온다. 이 원근 투영은 내적과 외적 카메라 매개변수에 의존한다.

내부적 및 외부적 카메라 매개변수

내부 매개변수는 카메라 교정 행렬인 3×3 행렬 K에서 카메라 자체의 지오메트리 특성을 설명한다. 외부 매개변수는 3×4 행렬로 글로벌 좌표계의 원점을 기준으로 카메라의 포즈를 나타낸다. [R | t]는 3×3 회전 행렬 R과 변환 벡터 t로 구성된다.

$$M = K [R | t] \tag{4.2}$$

카메라 캘리브레이션이란 내부 파라미터 행렬 K를 결정하는 것을 의미한다. 이 절차는 오프라인 단계에서 한 번 수행된 후 K가 고정된 것으로 가정한다. 이 가정은 렌즈를 바꾸거나 줌을 허용하지 않는다는 것을 의미한다. K는 다섯 개의 파라미터를 가진 상삼각 3×3 행렬이다.

$$K = \begin{bmatrix} f_u & s & c_u \\ 0 & f_v & c_v \\ 0 & 0 & 1 \end{bmatrix} \tag{4.3}$$

매개변수 f_u 및 f_v는 방향 u와 v의 픽셀 크기로 각각 조정된 카메라의 초점 거리를 나타낸다. 이러한 구별은 픽셀당 비사각형 영역이 있는 베이어 필터 패턴을 사용하는 디지털 카메라와 관련이 있다. 그러나 대부분의 경우 카메라 드라이버는 이미지를 내부적으로 정사각형 픽셀로 다시 샘플링한다. 이 경우에는 $f_u = f_v$라고 가정할 수 있다. 매개변수 c_u와 c_v는 주요 점 c에 대한 이미지 좌표의 오프셋을 설명한다. 이 점은 현대적 카메라의 이미지 중심에 배치되는 경우가 많다. 왜곡 요인(skew factor) s는 이미지 방향 u 및 v가 수직이 아닌 경우에만 필요하며, 보통 카메라는 주로 0이다.

투영 행렬 M의 11DOF는 K에 대한 5DOF, R에 대한 3DOF, t에 대한 3DOF로 분해될 수 있다. 3×3 행렬 R은 직교 행렬이며, 아홉 개의 요소는 방향의 3DOF를 중복해 부호화한다. 적절한 회전 행렬은 모든 3×3 직교 행렬(행렬식 1을 갖는 행렬)의 부분 집합을 나타내므로, 트래킹 알고리즘을 사용해 R을 복구하려고 한다면 라이(Lie) 그룹 SO(3)를 사용하는 것처럼 최소 세 개의 매개변수만으로 된 표현이 좋다[그라시아(Grassia) 1998].

이 장에서는 알려진 K의 보정된 카메라를 가정한다. 캘리브레이션과 렌즈 왜곡에 관련된 문제와 절차는 5장에서 더 자세히 설명하겠다.

마커 감지

우리는 흰색 배경 위에 정해진 두께의 검정색 사각형 외곽선으로 돼 있는 단일 입력 마커를 가정한다. 여기서는 더 복잡한 2D 바코드 대신, 마커 내부의 1/4을 검정색으로 칠해서 고유한 방향을 지정하겠다(그림 4.3)

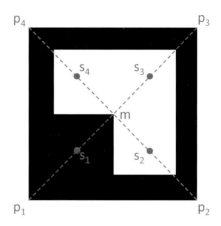

그림 4.3 검은색 사각형으로 둘러싸인 인기 있는 2D 바코드 마커 디자인. 이 경우에는 한쪽 모서리만 검정색으로 칠해져서 마커의 방향을 판단할 수 있다.

그림 4.4 (왼쪽) 경계화 이전의 이미지 (가운데) 경계화 이후의 이미지 (오른쪽) 감지된 닫힌 윤곽선은 마커 후보군으로 간주된다. (사진 제공: 다니엘 와그너(Daniel Wagner))

먼저 단일 채널 입력 이미지를(일반적으로 8비트 회색조 값) 이진화 연산을 이용해(그림 4.4) 흑백의 이진법 이미지로 변환한다. 조명 조건이 다양하기 때문에 적절한 한계 값을 선택해야 한다. 이 과정은 수동이나 자동으로 처리할 수 있다. 자동 한계 값 설정은 이미지의 히스토그램을 분석하거나, 더 낮게는 이미지 강도 로그의 변화도를 기반으로 한계 값을 정해서 선택하면 된다. 이런 방법론은 마커의 광택면 반사 같은 강한 결함도 처리할 수 있다. 하지만 연산 부하가 크다는 단점도 있다. 이보다 가벼운 방법론은 로컬로 한계 값을 결정하고(예: 4×4 하위 영역) 이미지 위에 선형으로 보간하는 것이다[와그너 등 2008a].

이진화 연산 후에는 입력된 이미지에서 닫힌 윤곽을 찾는다(그림 4.4). 모든 스캔 선에 대해 검정 픽셀 다음에 오는 흰색 픽셀로 표시되는 가장자리를 검사한다. 이런 가장자리가 발견되면 네 개의 연결된 면을(위, 아래, 왼쪽, 오른쪽) 따라가서 시작 픽셀로 돌아오거나 이미지 경계에 닿게 된다. 마커가 10픽셀같이 최소한의 높이라면, 그다음에는 매 10번째 선을 스캔해 마커를 놓치지 않았는지 확인한다. 스캔 선 검토는 가장 리소스가 많이 드는 측면이므로, 이 접근법에서는 상당히 빠른 알고리즘이 나온다.

닫힌 윤곽선은 충분한 사이즈일 때는 마커의 후보로 간주돼 윤곽선에 사변형을(그림 4.5) 맞출 수 있다. 너무 작은 윤곽선은 바운딩 박스를 검토한 후 거부할 수 있다. 사변형 맞추기는 먼저 임의의 지점 a로 시작해서 윤곽선을 따라간다. 최대 거리인 a 지점은 첫 번째 꼭지점이 되며, p_1이라고 부른다. 윤곽선의 중심인 m을 계산한다. 꼭지점인 p_2, p_3는 대각선 $d_{1,m}$에서 p_1 그리고 m까지의 양쪽에 있어야 한다. p_4는 p_2에서 p_3로부터의 대각선 왼쪽 p_1에서 가장 먼 지점이다. 가장 먼 지점을 찾는 절차는 모서리 사이의 가장자리마다 반복해서 더 이상 모서리가 없을 때까지 진행한다.

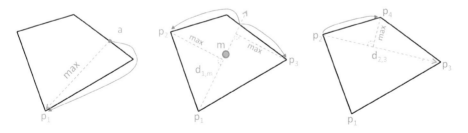

그림 4.5 닫힌 윤곽선 안에 세 단계로 사변형 맞추기

마지막으로 대각선을 따라 네 개의 지점 $s_i = (p_i + m)/2$을 샘플링해 마커의 방향을 판단한다. 검정색 샘플이 방향을 드러낸다. 모서리당 여러 개의 샘플이 있을 때는 다양한 조명 상황을 처리할 수 있다는 장점이 있다.

호모그래피에서 포즈 추정

편평한 마커의 네 모서리는 평면 위에 있는 알려진 지점 q_i를 담고 있는 지오메트리 상황에서 자주 마주치는 경우다. 마커는 월드 좌표에서 $\Pi':q_z = 0$ 면을 정의하며, 이 마커의 모서리에는 좌표 $[0\ 0\ 0]^T$, $[1\ 0\ 0]^T$, $[1\ 1\ 0]^T$, $[0\ 1\ 0]^T$가 없다고 가정한다. 그런 다음에는 3D 지점 $q \in \Pi'$을 동종의 2D 지점 $q' = [q_x\ q_y\ 1]^T$으로 표현한다. 한 면에서 다른 면으로의 맵핑은 3×3 행렬 H로 호모그래피 정의로서 수학적으로 모델링할 수 있다[하틀리(Hartley)와 지서만(Zisserman) 2003].

호모그래피 추정

동질 2D 점 $p \in \Pi$와 $q' \in \Pi'$는 다음과 같이 동질 H로 관련될 수 있다.

$$p = Hq' \tag{4.4}$$

트래킹 응용프로그램은 한 평면이 이미지 평면이고 다른 평면은 마커의 모서리와 같이 실제 세계의 알려진 지점을 포함한다(그림 4.6). 네 점은 평면에 놓여 있기 때문에 2DOF만으로 표현할 수 있다. 따라서 8DOF(아홉 번째 요소는 스케일)를 갖는 3×3 행렬이면 이미지 평면과 연관시키기에 충분하다.

H는 직접 선형 변환(DLT)[하틀리(Hartley)와 지서만(Zisserman) 2003]을 사용해 2D-2D 대응으로부터 추정될 수 있다. 동질적인 좌표를 사용하기 때문에 두 점은 호모그래피에 의해 연관된다. 그러나 벡터로 해석되면 같은 방향을 가리킨다. 따라서 교차 곱은 0이다.

$$p \times Hq' = O \tag{4.5}$$

벡터 p의 외적(cross-product)에 대한 p_x를 행렬 형식으로 작성한다.

$$\mathbf{p}_\times = \begin{bmatrix} p_u \\ p_v \\ p_w \end{bmatrix}_\times = \begin{bmatrix} 0 & -p_w & p_v \\ p_w & 0 & -p_u \\ -p_v & p_u & 0 \end{bmatrix} \tag{4.6}$$

이 표기법을 사용해 다음과 같이 수식 4.5를 작성할 수 있다.

$$p_\times \begin{bmatrix} H_{R1} \\ H_{R2} \\ H_{R3} \end{bmatrix} q' = 0$$

$$\begin{bmatrix} 0 & -p_w & p_v \\ p_w & 0 & -p_u \\ -p_v & p_u & 0 \end{bmatrix} \begin{bmatrix} H_{R1}q' \\ H_{R2}q' \\ H_{R2}q' \end{bmatrix} = 0 \tag{4.7}$$

$$\begin{bmatrix} 0 & -p_w H_{R2}^T q' & p_v H_{R3}^T q' \\ p_w H_{R1}^T q' & 0 & -p_u H_{R3}^T q' \\ -p_v H_{R1}^T q' & p_u H_{R2}^T q' & 0 \end{bmatrix} = 0$$

$a^T b = b^T a$이므로, 결과를 다음과 같이 다시 작성할 수 있다.

$$\begin{bmatrix} 0 & -p_w q'^T H_{R2} & p_v q'^T H_{R3} \\ p_w q'^T H_{R1} & 0 & -p_u q'^T H_{R3} \\ -p_v q'^T H_{R1} & p_u q'^T H_{R2} & 0 \end{bmatrix} = 0 \tag{4.8}$$

이 9×3 행렬에서 우리는 H의 요소들로 만들어진 9×1 벡터 h를 추출할 수 있다.

$$\begin{bmatrix} 0 & -p_w q'^T & p_v q'^T \\ p_w q'^T & 0 & -p_u q'^T \\ -p_v q'^T & p_u q'^T & 0 \end{bmatrix} \begin{bmatrix} H_{R1}^T \\ H_{R2}^T \\ H_{R3}^T \end{bmatrix} = 0 \tag{4.9}$$

하나의 2D–2D 쌍으로부터 우리는 이제 h의 미지 계수로 세 개의 방정식을 얻었다. 이 방정식은 선형으로 의존적이므로 처음 두 개만 유지한다. 여덟 개의 미지수를 결정하려면 최소 네 개의 입력점이 필요하다. N 쌍 $p_i = [p_{i,u}\ p_{i,v}\ p_{i,w}]^T$와 $q'_i = [q'_{i,u}\ q'_{i,v}\ q'_{i,w}]^T$에서 2N×9 행렬을 설정한다.

$$\mathbf{A} = \tag{4.10}$$

$$\begin{bmatrix} 0 & 0 & 0 & -p_{1,w}q_{1,u}'^T & -p_{1,w}q_{1,v}'^T & -p_{1,w}q_{1,w}'^T & p_{1,v}q_{1,u}'^T & p_{1,v}q_{1,v}'^T & p_{1,v}q_{1,w}'^T \\ p_{1,w}q_{1,u}'^T & p_{1,w}q_{1,v}'^T & p_{1,w}q_{1,w}'^T & 0 & 0 & 0 & -p_{u,u}q_{1,u}'^T & -p_{u,v}q_{1,v}'^T & -p_{u,v}q_{1,w}'^T \\ \dots & \dots & \dots & \dots & \dots & \dots & \dots & \dots & \dots \\ 0 & 0 & 0 & -p_{N,w}q_{N,u}'^T & -p_{N,w}q_{N,v}'^T & -p_{N,w}q_{N,w}'^T & p_{N,v}q_{N,u}'^T & p_{N,v}q_{N,v}'^T & p_{N,v}q_{N,w}'^T \\ p_{N,w}q_{N,u}'^T & p_{N,w}q_{N,v}'^T & p_{N,w}q_{N,w}'^T & 0 & 0 & 0 & -p_{N,u}q_{N,u}'^T & -p_{N,u}q_{N,v}'^T & -p_{N,u}q_{N,w}'^T \end{bmatrix}$$

균등 방정식 A h = 0은 N>4에 대해 과도하게 결정된 것으로, SVD(singular value decomposition)를 사용해 풀 수 있다. SVD의 목표는 방정식 시스템을 해결하는 h의 0이 아닌 값을 결정하는 것이다. $A = UDV^T$는 위 삼각형 2N×9 행렬 U, 대각선 9×9 행렬 D, 위 삼각형 9×9 행렬 V로 분해된다. D의 요소가 내림차순으로 정렬되면, h는 가장 작은 특이 값 벡터, 즉 V의 마지막 열이 된다. H는 원래의 호모그래피 행렬 H로 재구성한다.

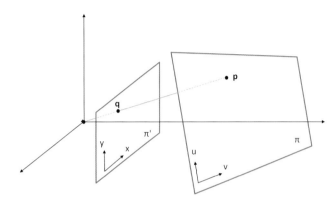

그림 4.6 호모그래피는 두 면의 지점을 3D로 연결한다.

H에서 AR 렌더링에 사용할 카메라 포즈 [R | t]를 복원해야 하는데, 다음에서 설명하겠다.

호모그래피에서 포즈 추정

점들은 z-평면에 놓여 있으므로 회전 행렬 R의 세 번째 열 R_{C3}는 아무런 영향을 미치지 않는다는 점을 기억하자. 따라서 다음과 같이 H와 카메라 캘리브레이션 행렬 K를 사용해 이미지 평면으로 투영을 확장할 수 있다.

$$\mathbf{p} \propto \mathbf{Mq}$$
$$\propto \mathbf{K[R \mid t]}[q_x \, q_y \, q_z \, 1]^T$$
$$\propto \mathbf{K[R_{C1} \mid R_{C2} \mid R_{C3} \mid t]}[q_x \, q_y \, 0 \, 1]^T \tag{4.11}$$
$$\propto \mathbf{K[R_{C1} \mid R_{C2} \mid t]}[q_x \, q_y \, 1]^T$$
$$\propto \mathbf{Hq'}$$

$H = K [R_{C1} | R_{C2} | t]$. 따라서 카메라 포즈는 다음에서 계산할 수 있다.

$$H^K = K^{-1}H \qquad (4.12)$$

첫 번째 두 열의 교차 곱으로 회전 행렬의 세 번째 행(최대 규모까지)을 복구해 $R_{C1} \times R_{C2}$로 계산할 수 있다. 그러나 H^K의 첫 번째 두 열은 일반적으로 점 통신의 노이즈로 인해 실제로 정규화되지 않는다. 따라서 적절한 회전을 실행해야 한다. 먼저 회전 구성 요소의 기하 평균을 사용해 H^K 열의 크기를 조정한다. 조정된 세 번째 열에서 직접 t가 나온다.

$$d = 1/\sqrt{|H_{C1}^K| \cdot |H_{C2}^K|}$$
$$h_1 = d\,H_{C3}^K$$
$$h_2 = d\,H_{C2}^K \qquad (4.13)$$
$$t = d\,H_{C3}^K$$

직교 보조 좌표 $h_{1,2}$ $h_{2,1}$을 설정한다(그림 4.7).

$$h_{1,2} = \underline{N}(h_1 + h_2)$$
$$h_{2,1} = \underline{N}(h_{1,2} \times (h_1 \times h_2)) \qquad (4.14)$$

마지막으로 R 열을 복구한다.

$$R_{C1} = (h_{1,2} + h_{2,1})/\sqrt{2}$$
$$R_{C2} = (h_{1,2} - h_{2,1})/\sqrt{2} \qquad (4.15)$$
$$R_{C3} = R_{C1} \times R_{C2}$$

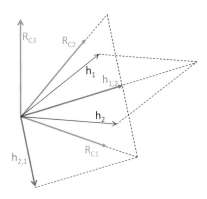

그림 4.7 호모그래피에서 포즈를 계산하려면 호모그래피의 회전 컴포넌트를 먼저 직교 정규화해야 한다.

포즈 개선

불완전한 점 대응에서 직접 계산한 포즈 추정은 늘 원하는 정도의 정확성을 보일 수 없다. 그러므로 포즈 추정은 반복적으로 재투영 오류를 최소화함으로써 개선해야 한다. 첫 번째 카메라 포즈 추정을 알고 있을 때는 3D에서 [R| t]를 이용해 투영된 알고 있는 지점 q_i를 알고 있는 이미지 위치 p_i에서 어긋나는 것을 최소화한다. 동질의 좌표 표현을 이용함으로써(세 번째 요소로 0을 추가해 p를 3D 벡터로 바꾸는) 다음과 같이 오류를 최소화할 수 있다.

$$\underset{R,t}{\mathrm{argmin}} \sum_i (\mathbf{K}[\mathbf{R} \mid \mathbf{t}]\mathbf{q}_i - \mathbf{p}_i)^2 \tag{4.16}$$

이런 종류의 이차 최소화 문제는 보통 반복적으로 해결해야 한다[보이드(Boyd)와 반덴버그(Vandenberghe) 2004]. 더 추상적인 형태로는 투영을 데이터 포인트 b(측정치)에 대한 맵핑 모델 매개변수 x(카메라 포즈)인 함수 f(x) = b로 생각할 수 있다.

$$\underset{x}{\mathrm{argmin}} \| \mathbf{f}(\mathbf{x}) - \mathbf{b} \|^2 \tag{4.17}$$

비선형 최적화

f가 선형이라면, 의사 역행렬 $A^+ = (A^T A)^{-1} A^T$를 사용해 f(x) = Ax = b를 최소 자승으로 풀 수 있다. 그러나 원근 투영 함수 f는 일반적으로 비선형이며 최소화는 가우스-뉴튼(Gauss-Newton) 방식으로 계산할 수 있다. 모든 반복에서 x는 남은 f(x)-b를 최소화하도록 이전 값을 업데이트해 계산된다.

$$\mathbf{x}^{new} = \mathbf{x} - \mathbf{J}^+(\mathbf{f}(\mathbf{x}) - \mathbf{b}) \tag{4.18}$$

수식 4.18에서, J^+는 x에서 f의 편도 함수의 자코비안(Jacobian) 행렬 J의 의사 역행렬이다. 레벤버그-마르쿼트(Levenberg-Marquardt) 방식은 가우스-뉴튼 단계와 제스츠-뉴튼(Gests-Newton) 단계 사이의 보간법을 개선해 가우스-뉴튼 방식을 향상시킨다. 후자는 좀 더 천천히 수렴하지만, 더욱 안정적으로 각 반복이 최소한으로 나아가도록 보장한다.

멀티카메라 적외선 트래킹

일반적으로 월드에서 알려진 지점은 편평한 마커 트래킹에 대해 이전 절에서 가정했던 것처럼 평면상에 제한되지 않는다. 임의의 물체를 트래킹하려면 월드 좌표에서 알고 있는 지점 q_i와 이미지 좌표에 투영되는 p_i 간의 2D-3D 대응에서 카메라 포즈를 판단하는 문제를 해결해야 한다.

이 절에서는 네 개 이상의 역반사 구체로 구성된 강체rigid body 마커를 트래킹하기 위해 고안된 간단한 적외선 트래킹 시스템을 설명하겠다(3장에서 소개한 접근법). 이 방법은 여러 적외선 카메라를 이용한 밖에서 안으로의 설정을 이용한다[돌프뮐러(Dorfmüller) 1999]. 알려진 설정, 즉 보정된 스테레오 카메라 리그로 최소한 두 개의 카메라가 필요하다. 이 전략은 여러 각도에서 장면을 더 넓게 담고 추가 입력을 제공해 트래킹 품질과 작업 볼륨이 향상된다. 실제로는 실험실 공간의 네 귀퉁이에 네 개의 카메라를 설치하는 설정이 많이 쓰인다. 두 대 이상의 카메라를 사용하면 시스템의 성능이 향상되지만, 근본적으로 스테레오와는 달라진다.

스테레오 카메라의 트래킹 파이프라인은 다음과 같이 구성된다.

1. 모든 이미지에서 강체 마커의 구체를 찾는 방울 감지
2. 카메라 간의 등극선 기하학epipolar geometry을 이용한 방울 간의 점 대응 확정
3. 여러 2D 지점에서 3D 후보 지점을 얻는 삼각측량
4. 3D 타깃 지점에 3D 후보 지점 매칭
5. 절대 방향을 이용한 타깃의 포즈 결정(예를 들어 혼과[1987] 우메야마 Umeyama[1991]가 설명함)

방울 감지

3장의 '마커인가, 자연적 특징인가' 절에서는 구체 마커에서 타깃을 찾는 원리를 논의했다. 타깃은 알려진 단단한 구조에서 역반사 포일로 덮여 있는 네 개나 다섯 개의 구체로 구성된다. 카메라는 이 구체들에서 반사된 적외선 이미지를 캡처해 각 구체마다 고강도의 방울을 포함하는 이미지가 나온다.

때로 카메라 하드웨어에서 직접 처리되기도 하는 방울 감지는 아주 간단하다. 이진법 입력 사진을 스캔해 흰색 픽셀로 구성된 연결된 영역을 찾는다. 너무 작거나 너무 긴 영역은 거부된다. 남아있는 영역에 대해 중심이 연산돼 후보 지점으로 반환된다. 모든 구체는 모양이 비슷하므로, 타깃 식별을 위해 필요한 데이터들은 이후 단계에서 해결돼야 한다.

점 대응 수립

두 이미지 Π_1과 Π_2의 후보 2D 지점들은 등극선을 이용해서 연관된다. 그림 4.8은 중심 c_1, c_2와 이미지 면 Π_1, Π_2의 두 카메라의 등극선 지오메트리를 보여준다. 3D 지점 q는 $p_1 \in \Pi_1$과 $p_2 \in \Pi_2$에 투영된다. c_1에서 c_2의 기준선 (e)는 등극 e_1의 Π_2 등극 e_2의 Π_1에서 만난다.

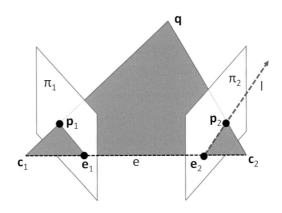

그림 4.8 두 대의 카메라 센터와 3D 지점으로 정의한 등극 면

스테레오 카메라로 트래킹할 때는 보통 두 이미지에서 주어진 지점 q의 대응을 수립해야 한다. 즉 2D 지점 $p_1 \in \Pi_1$이 투영 q라는 것은 알지만, q가 어디에 있는지는 모르는 것이다. 그래서 q를 삼각측량하기 위해 Π_2의 p_2를 찾아야 한다. p_2가 e_2를 통과하는 등극선 l 위에 있어야 한다는 것은 안다.

Π_2, p_2에서 투영 q를 찾으려면, 등극선 l를 따라서 p_1에서 관찰된 씬에 대응하는 관심 지점을 찾는다. Π_2에서 l에 대한 한계 값보다 가까운 어느 후보 지점이든 삼각측량을 위해 고려된다. 이상적으로는 Π_2에서 한 개의 후보 지점만 이 요건에 맞게 된다. 매칭 단계의 유용한 변형 단계는 첫 번째 카메라에서 등극선을 두 번째 카메라로 연산하고 두 번째 카메라 등극선을 첫 번째 카메라로 연산해, 양쪽 방향에서 일관된 짝만 남기는 것이다. 매치가 발견되지 않으면 올바른 데이터 짝은 타깃의 구조에서 판단해야 한다. 하지만 먼저 2D 지점에 연관된 3D 지점을 연산해야 하는데, 이 기술은 삼각측량이라고 부른다. 먼저 두 개의 카메라만 있을 때의 단순한 삼각측량을 알아본 다음, 세 개 이상의 카메라에서도 사용할 수 있는 일반적인 해결책을 알아보자.

카메라 두 대의 삼각측량

p_1과 p_2를 찾았다고 가정하면, c_1과 c_2에서 나오는 교차하는 광선을 식별해 q를 계산할 수 있다. 다양한 캘리브레이션 오류 때문에 광선은 정확하게 만나진 않는다(그림

4.9). 두 개의 카메라일 때는 광선 d_1과 d_2를 따라서 가장 가까운 거리의 두 점을 찾은 후 이 중간점인 q를 계산한다[슈나이더(Schneider)와 에벌리(Eberly) 2003].

두 광선의 가장 가까운 지점

점 d_1과 d_2에서 서로 가장 가까이 있는 두 광선으로 시작하자(그림 4.9).

$$d_1 = c_1 + t_1(p_1 - c_1) = c_1 + t_1v_1$$
$$d_2 = c_2 + t_2(p_2 - c_2) = c_2 + t_2v_2 \qquad (4.22)$$

d_1에서 d_2로 선을 연결하면 두 광선에 직각이므로, 선과 각 광선을 연결하는 점은 0이 돼야 한다.

$$v_1 \cdot (d_2 - d_1) = 0$$
$$v_2 \cdot (d_2 - d_1) = 0 \qquad (4.23)$$

t_1과 t_2의 이 선형 공식을 풀면 점 q를 얻을 수 있다.

$$q = (c_1 + t_1v_1 + c_2 + t_2v_2)/2 \qquad (4.24)$$

두 개의 카메라를 위한 이 삼각측량은 비선형 재투영 오류 최소화를 따른다면 개시 단계에 유용하다. 중간 지점 계산 자체는 씬 구성에 의존하는 단순한 지오메트리 오류 최소화며, 트래킹 품질과 관련이 없다. 재투영 오류 최소화에는 리소스를 더 소요하는 방법론이 필요하다('탄탄한 포즈 추정' 절 참조).

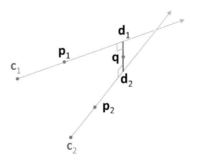

그림 4.9 카메라 중심 c_i와 이미지 면 좌표 p_i를 통과하는 광선은 공간에서 적절히 교차하지 않을 수도 있다. 이 둘에서 가장 가까운 거리로 중간점을 식별할 수 있다.

여러 2D 관측으로부터의 3D 지점

호모그래피로부터의 포즈 추정에 대한 이전의 논의에서 p = Mq라면 교차 생성을 사용해 동차 스케일 인자를 제거할 수 있다는 것을 기억하자.

$p_\times Mq = 0$

$$\begin{bmatrix} 0 & -1 & p_v \\ 1 & 0 & -p_u \\ -p_v & p_u & 0 \end{bmatrix} \begin{bmatrix} M_{R1} \cdot q^T \\ M_{R2} \cdot q^T \\ M_{R2} \cdot q^T \end{bmatrix} = 0$$

(4.25)

$$\begin{bmatrix} p_v M_{R3}^T \cdot q & - & M_{R2}^T \cdot q \\ M_{R1}^T \cdot q & - & p_u M_{R3}^T \cdot q \\ p_u M_{R2}^T \cdot q & - & p_v M_{R1}^T \cdot q \end{bmatrix} = 0$$

N개의 카메라로부터의 각 점 $p_i = [p_{i,u} \ p_{i,v}]^T$에 대한 첫 번째 두 공식을 3×2N 행렬 A의 공식 AX = 0으로 포갠다.

$$A = \begin{bmatrix} p_{1,v} M_{1,R3}^T \cdot q - M_{1,R2}^T \cdot q \\ M_{1,R1}^T \cdot q - p_{1,u} M_{1,R3}^T \cdot q \\ \cdots \\ p_{N,v} M_{N,R3}^T \cdot q - M_{N,R2}^T \cdot q \\ M_{N,R1}^T \cdot q - p_{N,u} M_{1,R3}^T \cdot q \end{bmatrix}$$

(4.26)

두 개 이상의 카메라에서 삼각측량

이제 두 대 이상의 카메라를 사용해서 중간점 계산을 적용할 수 없는 삼각측량에 대해 생각해보자. 그런데 N개의 카메라를 위한 해결책은 수학적 오류를 최소화해주는 DLT 방법론으로 계산할 수 있다. 우리는 보정된 여러 카메라 설정이므로, 각 카메라에 대한 최초 캘리브레이션 행렬과 첫 번째 카메라에서 정의한 월드 좌표 시스템에 관련된 외적 매개변수를 알고 있다. 그러므로 각 카메라에 대한 투영 행렬 M을 연산할 수 있다.

호모그래피 포즈 추정에서의 DLT와 마찬가지로, 이 방정식 시스템은 SVD로 풀 수 있다[젤리스키(Szeliski) 2010]. 결과는 가장 작은 특이치에 해당하는 고유 벡터다. 강체의 세 개 이상의 지점을 이런 식으로 연산하고 나면, 객체의 포즈는 절대 방향의 변형을 이용해서 연산할 수 있다('절대 방향' 절 참조).

구체 마커로 구성된 타깃 매칭

삼각측량 단계에서 얻은 q_i 지점의 후보 지점들은 타깃 지점 r_j에 매치돼야 한다. 등극선 제약으로도 $j \leq i$가 되는 경우가 많은데, 즉 모호한 관찰로 인해 타깃 지점보다 많은 후보 지점들이 생길 수 있다. 게다가 특정 이미지에서 가려진 구체들 때문에 가짜 후보 지점들이 더 생길 수 있다.

후보 지점군에서 타깃 지점 연결은 타깃의 알려진 지오메트리 구조를 이용해서 해결할 수 있다. 어떤 두 지점 간의 거리와 세 지점에서 생긴 삼각형의 각도로 고유한 특징이 나오게 된다. 이런 마커를 디자인하는 최적의 접근법은 핀타릭^{Pintaric}과 카우프만이[2008] 제시했다.

i 후보 지점들에서 모든 j 순열을 선택하고 이 순열의 특징을 계산한다. 그런 다음 이 특징을 타깃 특징과 비교하고, 한계 값을 넘어서는 순열은 제외한다. 남은 순열 중 오류가 가장 낮은 순열을 선택한다.

절대 방향

후보 지점들을 연결한 후에는 관찰 지점 q_i와 타깃 지점 r_j라는 두 관련 지점이 남는다. 후자는 참조 좌표 시스템을 명시하고, 이 참조 좌표 시스템에 대해 관찰된 타깃의 포즈 [R | t]를 계산해야 한다.

절대 방위$^{absolute\ orientation}$는 혼^{Horn}이[1987] 설명한 방법을 이용해서 계산한다. 여기에는 최소한 세 개의 지점이 필요하다. 세 점의 중앙은 참조 좌표 시스템에서 측정치 좌표 시스템으로 변환을 판단하는 데 활용할 수 있다. 회전은 두 부분에서 계산한다. 먼저 측정치 좌표 시스템을 q_i에 의해 정의된 중간 좌표 시스템으로 정의한다. 두 번째로 r_j에도 똑같이 한다. 마지막으로 두 회전을 연결해 R을 얻는다.

혼 알고리즘

T의 해석은 중심차로 판단한다.

$$\mathbf{q}^c = (\mathbf{q}_1 + \mathbf{q}_2 + \mathbf{q}_3)/3$$

$$\mathbf{r}^c = (\mathbf{r}_1 + \mathbf{r}_2 + \mathbf{r}_3)/3 \qquad (4.27)$$

$$\mathbf{t} = \mathbf{q}^c - \mathbf{r}^c$$

회전 R을 계산하기 위해 q_1의 원점과 x축 x를 q_1에서 q_2까지의 벡터와 정렬한다고 가정한다. y축 y는 x와 직교하고 q_1, q_2, q_3에 의해 정해진 평면에 놓인다. z축 z는 x와 y의 외적이다.

$$\mathbf{x} = \underline{N}(\mathbf{q}_2 - \mathbf{q}_1)$$

$$\mathbf{y} = \underline{N}((\mathbf{q}_3 - \mathbf{q}_1) - (((\mathbf{q}_3 - \mathbf{q}_1) \cdot \mathbf{x})\mathbf{x})) \qquad (4.28)$$

$$\mathbf{x} = \mathbf{y} \times \mathbf{z}$$

3×3 행렬 [x | y | z]는 측정 좌표계에서 중간 좌표계로의 회전을 정의한다. 우리는 등가 회전 $[x_r | y_r | z_r]$을 기준 좌표계에서 중간 좌표계로 이동시킨다. 원하는 회전 행렬은 간단히 두 번째 회전과 첫 번째 회전의 곱과 같다.

$$\mathbf{R} = [\mathbf{x}_r | \mathbf{y}_r | \mathbf{z}_r][\mathbf{x} | \mathbf{y} | \mathbf{z}]^T \qquad (4.29)$$

실제로는 완벽하게 정확한 측정치를 가정할 수 없으므로, 이 접근법은 최소 자승 오차로 최소화하도록 정의하고 모든 측정치를 고려해야 한다.

이제 단일 타깃의 [R | t] 포즈를 복원했으니 이를 AR 렌더링에 활용할 수 있다. 타깃들의 특징이 구별될 수 있을 만큼 충분하기만 하면 여러 타깃을 동시에 처리할 수 있다.

감지에 의한 자연 특징 트래킹

이전의 두 사례 연구에서 우리는 인공 마커를 고려했다. 이런 접근법은 연산 요구가 최소한일 때는 잘되지만, 대부분의 애플리케이션에서는 마커가 시각적 요소로 빼곡히 들어가지 않도록 피하는 것이 좋다. 이미지에서 관찰한 내용에서 카메라 포즈를 판단해 자연적 특징을 트래킹하는 방법을 활용하면 환경에 마커를 넣지 않아도 된다. 먼저 디지털 트래킹 모델을 만들고 나서 물리적 환경에 트래킹 모델에 매치되는 물리적 마커를 넣는 대신, 자연 특징 트래킹은 그 반대의 접근법을 취한다. 먼저 물리적 환경을 스캔해 적절한 디지털 모델을 재구성한 후 런타임으로 카메라에서 관찰된 내용에 트래킹 모델을 매칭하는 것이다.

그럼 이제 한 개의 카메라를 이용한 단안식 트래킹을 알아보자. 널리 보급된 모바일 기기에 내장된 카메라는 모바일 AR에서 선호되는 트래킹용 하드웨어다. 물론 입체 카메라나 여러 카메라 설정 역시 자연 특징 트래킹에 활용될 수 있다. 하지만 하나 이상의 카메라를 사용하면 하드웨어 가격과 연산 요구량이 늘어나며 카메라가 하나 이상인 모바일 기기는 드물다.

하나의 카메라로 제한하는 것은 트래킹의 목적이 카메라 이미지의 2D 지점과 월드 안에서 알고 있는 3D 지점의 대응을 판단하는 것이기 때문이다. 이런 2D-3D 대응은 조밀하게 혹은 듬성듬성하게 판단해볼 수 있다. 조밀한 매칭이란 이미지의 매 픽셀에 대해 대응점을 찾는다는 뜻이다. 듬성듬성한 매칭은 이미지에서 선택한 작지만 충분한 숫자의 핵심적 관심 지점을 찾는다는 뜻이다.

몇 년 전까지만 해도 몇 가지 이유로 듬성듬성한 관심 지점 매칭에 의존하는 방법론이 더 많은 연구의 대상이 됐다. 첫째, 듬성듬성한 관심 지점으로 구성된 모델은 일부 관심 지점의 디지털 표현만 만들면 되고, 나머지 물리적 객체는 무시해도 됐기에 만들어내기가 더 쉽다. 그 결과로 나온 트래킹 모델은 작은 편이라 효율적으로 저장되고 매칭될 수 있다. 둘째, 듬성듬성한 관심 지점은 독립적으로 처리할 수 있다. 특정 관심 지점이 가려져 있거나 조명 때문에 찾을 수 없을 때는 트래킹 알고리즘 자체가 심각하게 방해된다. 셋째, 관심 지점이 별개로 처리되기 때문에 배경이 빽빽하게 채워져 있을 때도 찾을 수 있다. 충분한 수의 올바른 매치가 남아있는 한, 잘못된 매치는 이상치로 분류돼 포즈 추정에 영향을 주지 않고 제거될 수 있다.

조밀한 매칭에는 듬성듬성한 매칭에 비해 한 가지 중요한 장점이 있는데, 바로 혹독한 환경을 더 잘 처리할 수 있다는 점이다. 예를 들어 텍스처가 좋지 않은 객체, 반복적인 구조물, 금속 같은 반사성 표면도 조밀한 매칭에서는 듬성듬성한 매칭보다 훨씬 탄탄하게 처리될 수 있다. 많은 반복적인 이미지 지점의 매칭 역시 낮은 조명 조건으로 인한 이미지 노이즈를 더 잘 처리하지만, 이때 듬성듬성한 방법보다 조밀한 이미지 지점 처리에 리소스는 더 많이 들어간다. 최근의 개발에서는 준 조밀과 조밀 매칭에 대한 관심이 다시 올라가고 있다. 따라서 이 주제는 이 장 후반에서 SLAM 접근법에 대해 논의할 때 더 자세히 다루겠다. 하지만 지금으로서는 듬성듬성한 매칭만을 고려한다.

특히, 감지에 의한 트래킹을 먼저 설명해보자. 카메라 포즈는 이전 프레임에서 모은 이전의 정보에 의존하는 것이 아니라, 매 프레임마다 새로 관심 지점을 매칭해 판단한다. 관심 지점은 서술자로 표현되는데, 서술자에서 데이터 구조는 빠르고 신뢰할 수 있는 매칭을 위해 설계돼 있다. 서술자는 새로운 카메라 이미지에서 발견되고 트래킹 모델과 매치된 관심 지점들을 위해 만들어진다.

이 접근법은 단순하면서 카메라 이동의 종류에 대해 어떤 가정도 하지 않는다. 카메라 포즈가 예컨대 사용자가 실수로 카메라를 가리는 일 때문에 한 프레임에서 판단될 수 없을 때는 이 프레임을 뺀다 해도 다음 프레임의 트래킹에 영향을 주지 않는다. 감지에 의한 트래킹은 히스토리를 보존할 필요가 없기 때문에 이전 정보에 의존하는 트래킹보다 적용하기에 좀 더 단순하기도 하다. 이전 정보가 없는 트래킹은 '점증적 트래킹' 절에서 다루겠다.

듬성듬성한 관심 지점 감지에 의한 트래킹의 전형적인 파이프라인은 다섯 단계로 구성된다.

1. 관심 지점 감지
2. 서술자 생성
3. 서술자 매칭
4. 시점 n-점 카메라 포즈 결정
5. 탄탄한 포즈 추정

그럼 각 단계에 대해 더 살펴보자. 마지막 두 단계인 원근과 지점 카메라 포즈와 탄탄한 포즈 추정은 보통 함께 이뤄진다. 하지만 이해를 돕기 위해 설명은 나눠서 하겠다.

파이프라인은 카메라에서 새로운 프레임을 찍으면서 시작된다. 관심 지점 감지기가 적용돼 매칭 후보 지점들을 감지한다. 각 후보마다 특징 서술자가 생성돼 트래킹 모델에서 서술자 데이터베이스와 매치된다. 모든 매치에 2D-3D 대응이 나오면, 이 대응이 원근과 지점 알고리즘을 이용해 포즈 추정자로 전달된다. 충분한 숫자의 매치가 있으면 포즈 추정 문제는 초과 결정된다. 하지만 때로는 부정확한 매치에서 상당수의 이상치가 나오기도 한다. 이럴 때는 탄탄한 포즈 추정 기술을 사용해 이상치의 영향을 줄여야 한다.

관심 지점 감지

연구자들은 좋은 '관심 지점'이나 '특징'이 무엇인가라는 질문에 대답하기 위해 상당한 노력을 기울여왔다. 시[Shi]와 토마시[Tomasi]는[1994] 실용적으로, 올바른 특징은 신뢰성 있는 매치를 정확히 만들어내는 것이라고 선언한다. 실제로 이는 관심 지점 주위의 영역이 시각적으로 뚜렷해야 한다는 의미다. 충분한 텍스처가 있고 작은 로컬 주변 지역에만 고대비 강도 변화가 있으며, T자형 교차로나 원형 방울같이 신뢰할 만한 식별되는 구조를 형성하고 있어야 한다.

추가적으로 바람직한 속성은 글로벌 이미지 정보를 감안하며, 따라서 관심 지점 감지자로는 해결하기 어렵다. 예를 들어, 이상적으로 관심 지점은 씬에 있는 다른 관심 지점과 쉽게 혼동될 수 있기 때문에 반복적인 형태의 구조물의 일부여서는 안 된다. 더욱이, 관심 지점은 이미지에서 비교적 균일하게 분포해야 한다.

관심 지점 선택은 반복할 수 있어야 하는데, 즉 감지 알고리즘은 시점과 조명 조건 같은 관찰 매개변수와는 관계없이 동일한 관심 지점들을 선택할 수 있어야 한다. 또한 지점 감지는 회전, 축척, 관점 변화와 조명 변화에도 흔들리지 않아야 한다. 너무 듬성듬성하거나(신뢰할 수 있는 결과를 계산하기 위해) 너무 조밀해서도(시스템이 실시간 연산을 처리할 수 있도록) 안 된다.

이런 요건의 일부나 상당수를 만족시키는 여러 접근법이 있다. 예를 들어 미콜라이지크[Mikolajczyk]와 슈미드[Schmid]나[2004] 골리츠 등의[2011]의 연구에 여러 관심 지점 감지자에 대한 심도 있는 평가가 수록돼 있다. 먼저 대표적인 해리스 코너[Harris corner]를 살펴보고, 그다음에는 가우스와 FAST의 차이점 기반 관심 지점을 알아보자.

해리스 코너

이미지가 이차원일 때 지점 감지란 수평과 수직 방향 양쪽으로 강한 경사가 있어야 한다는 뜻이다. 따라서 적합한 관심 지점은 일반적으로 원형 방울이나 모서리 모양이 될 것이다. 해리스 감지자는[해리스와 스티븐스(Stephens) 1998] 이미지 자동 연관을 이용해 모서리를 판단한다.

자동 수정 기반의 모서리 감지기

모서리 감지기의 가장 보편적인 공식은 이미지 $I(x, y)$가 차원 $W_x \times W_y$의 이미지 패치 $I(x \pm W_x/2, y \pm W_y/2)$에 비교해서 옮겨진 버전에 이미지 $I(x, y)$가 얼마나 유사한지 설명하는 자기 상관 행렬 $A(x, y)$다.

$$\mathbf{A}(x,y) = \begin{bmatrix} \sum_{i,j} I_x(x+i, y+j)^2 & \sum_{i,j} I_x(x+i, y+j)I_y(x+i, y+j) \\ \sum_{i,j} I_x(x+i, y+j)I_y(x+i, y+j) & \sum_{i,j} I_y(x+i, y+j)^2 \end{bmatrix} \quad (4.30)$$

I_x와 I_y는 x와 y 방향에서 I의 편미분을 나타낸다. 주 곡률(이미지 그래디언트의 강도)은 A의 고유 값 λ_1, λ_2로 표시된다. 두 고유 값이 작으면 큰 곡률이 없고 영역이 균일하다. 하나의 고유치가 큰 경우 가장자리 영역을 검사한다. 두 고유치가 다 크면 모서리 영역을 발견한 것이다. 고유 값 계산은 연산 부담이 크기 때문에 해리스 모서리 감지기는 고유치 자체보다는 A의 자취로 표현할 수 있는 점수 함수 r을 사용한다.

$$\rho(x,y) = \lambda_1 \lambda_2 - k(\lambda_1 + \lambda_2)^2$$
$$= \det(\mathbf{A}(x,y)) - k \cdot \text{trace}(\mathbf{A}(x,y))^2 \quad (4.31)$$

이어서, 여덟 개의 연결 값에서 최대가 아닌 억제가 수행된다. 미리 정의된 최대 응답 비율보다 낮은 응답은 제거된다.

시와 토마시[1994]가 제안한 '트래킹하기 좋은 특징'은 해리스 모서리와 비슷하지만 고유 값에 대한 액세스가 필요하기 때문에 계산하는 데 더 많은 연산이 필요하다. 이 수치는 두 고유치가 최대 응답의 백분율보다 커야 한다.

$$\rho(x,y) = \min(\lambda_1, \lambda_2)$$
$$\rho(x,y) > \tau \cdot \max_{x,y} \rho(x,y) \quad (4.32)$$

가우스 차이(DoG)

해리스 모서리는 스케일이 고정되지 않기 때문에 카메라가 보는 방향을 따라 이동할 때는 잘 작동하지 않는다. SIFT 연구의 일환으로 라우이[Lowe]는[2004] 이미지 피라미드에서 얻은 축척 공간에서 작동하는 방법론인 DOG 이미지로 필터링된 이미지의 로컬 극치를 감지해 이 문제를 해결했다.

스케일 공간 검색

먼저, 이미지 피라미드 I_d, $d \in [0..N]$은 σ와 k $(k > 1)$에 의해 주어진 다른 스케일에서 가우스 필터 G의 차이로 I의 중첩으로부터 만들어진다. 이 이미지 피라미드는 이미지 중첩 및 차이점의 시퀀스로 계산된다.

$$G_\sigma(x,y) = \frac{e^{\frac{-x^2+y^2}{2\sigma^2}}}{2\pi\sigma^2}$$

(4.33)

$$I_d = I * G_{k^{d+1}\sigma} - I * G_{k^d\sigma}$$

이미지 차이는 서로 다른 스케일 대비를 계산한다. 스케일 공간의 로컬 한계치는 피라미드에서 각 픽셀의 연결된 26개의 인접 영역을 검사해 찾는다. 극점이 발견되면 2차 최소화로 정확한 위치가 결정된다. 명암이 약한(절대값이 작은) 후보와 가장자리의 후보(자기 상관 행렬에서 하나의 큰 고유 값만)는 표시되지 않는다. DOG는 규모 면에서 볼 때 우수한 탐지기지만, 가우스 중첩은 연산 비용을 높인다.

FAST

로스텐[Rosten]과 드루몬드[Drummond]는[2006] 속도에 최적화된 감지기를 제안했다. 이들의 가속 분할 테스트에서의 특징점(FAST) 감지자는 실시간 비디오 프로세싱 애플리케이션에 매우 적합하고, 고속 성능 덕분에 모바일 AR처럼 연산용 리소스에 제약이 있는 경우에 특히 유용하다. FAST는 후보 지점에 원형 중심 분할을 활용한다(그림 4.10). 중앙 픽셀과 충분히 대조되는 인접한 픽셀 포물선이 있고, 원의 3/4까지 채우고 있다면 지점은 모서리로 분류된다. FAST에는 여러 변형이 있는데, 픽셀의 포물선 길이에 따라 각각 FAST9, FAST10, FAST11, FAST12라고 칭한다. 인접한 픽셀 수 N

과 대조의 한계치 값 d를 선택할 때는 장단점을 고려해야 한다. 감지되는 모서리 수를 늘릴 때 특징점이 반복되는 일을 피하면서도 연산은 가능한 한 단순하고 효율적으로 이뤄지도록 선택해야 한다. 이런 특징점 감지자의 단점에는 노이즈와 움직임으로 인한 흐려짐을 방지하는 데 제한이 있어서 특징점이 상당히 빠르게 지워질 수 있다는 점 등이 있다. 그림 4.10의 오른쪽 이미지에서 묘사한 고속 테스팅 방법에서 보면 인접한 여러 특징점들이 감지되는 것을 볼 수 있다.

단순한 고속 테스트를 개선한 로스텐과 드루몬드의 연구는[2006] 테스트를 가능한 한 빠르게 끝낼 수 있도록 테스트해야 하는 포물선 픽셀의 순서를 판단하는 의사결정 수형도decision tree를 생성하는 머신 러닝 접근법을 제안한다. 이 머신 러닝 버전 알고리즘은 가장 흔히 쓰이는 것 중 하나로, 특히 포물선 길이가 12보다 작을 때 가장 많이 활용된다. 머신 러닝 버전을 사용하지 않을 때는 12픽셀의 포물선 길이(FAST12)가 일반적으로 적용된다.

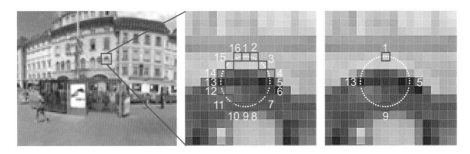

그림 4.10 FAST는 원에서 중앙보다 일관되게 밝거나 어두운 연결된 픽셀들을 찾는다. 먼저 위, 아래, 왼쪽, 오른쪽의 픽셀들을 테스트해 중간 탈락시킨다(오른쪽 이미지). 머신 러닝과 프리 컴파일된 의사결정 수형도 알고리즘을 기반으로 12픽셀보다 작은 포물선 길이를 더 잘 일반화해주는 개선된 감지 방법도 꽤 사용된다. (사진 제공: 게르하르트 라이트마이어)

FAST12 모서리

FAST12는 16개의 픽셀로 구성된 원을 사용한다. $s_i, i \in [1..16]$. 인접한 12개의 픽셀이 중심보다 임계점 d만큼 더 밝거나 어두우면 모서리가 발견된다. 신속한 폐기는 먼저 s_1(위), s_9(아래), s_{13}(왼쪽), s_5(오른쪽)를 테스트해 결정할 수 있다. FAST 탐지 자체는 관심 지점의 강도를 결정하지 않기 때문에 중앙보다 더 어두운 픽셀, S^D 및 중심인 S^L보다 가벼운 픽셀을 고려한 점수 ρ이 사용된다.

$$S^D = \{s_i(x,y) | s_i(x,y) \leq I(x,y) - d\}$$
$$S^L = \{s_i(x,y) | s_i(x,y) \geq I(x,y) + d\}$$
$$\rho(x,y) = \max(\sum_{s_i \in S^D} |s_i - I(x,y)| - d, \sum_{s_i \in S^L} |s_i - I(x,y)| - d)$$

(4.34)

식별자 생성

관심 지점을 선택한 후에는 관심 지점을 트래킹 모델이나 다른 이미지에 매칭할 적절한 데이터 구조인 서술자를 계산해야 한다. 이상적으로 서술자는 트래킹 모델의 모든 지점이 다 고유해야 하지만, 임의의 시점과 조명 조건하에서는 동일해야 한다. 좋은 서술자는 로컬 이웃의 텍스처를 캡처하는 한편, 조명, 축척, 회전, 아핀 변형의 변화에 대체로 영향을 받지 않아야 한다. 가장 단순한 서술자는 관심 지점 주위의 이미지 패치다. 이런 이미지 패치는 회전과 축척의 영향을 받으므로, 거의 점증적 트래킹 접근법에서 활용된다(이 장의 후반에 나오는 '점증적 트래킹' 절 참조).

여기서 우리는 듬성듬성한 관심 지점을 위한 가장 인기 있는 서술자로, 라우이가 제안한[라우이 1999, 2004][스크리프닉(Skrypnyk)과 라우이 2004] SIFT[scale invariant feature transform](축척 불변 특징 변환)를 집중해서 살펴보자. 독자 여러분은 SURF[베이(Bay) 등 2006], BRIEF[캘론더(Calonder) 등 2010], Ferns[오즈이살(OZuysal) 등 2007] 같은 다른 인기 있는 접근법에 관련한 연구와 정보를 참고하길 바란다. 여러 조사와 서술자 비교 논문의 개요를 살펴봐도 좋다[미콜라이치크(Mikolajczyk)와 슈미트(Shmid) 2005][모릴스(Moreels)와 페로나(Perona) 2007][골리츠 등 2011].

점 p = [x y]$^\top$에 대해 SIFT는 DOG 감지기로부터 스케일 σ_p를 얻는다. p를 중심으로 한 패치의 모든 픽셀에 대해 그래디언트의 방향 θ 및 강도 g가 계산된다. 방위는 g에 의해 가중치가 적용된 히스토그램에 삽입되고 픽셀까지의 거리에 대한 가우스가 p에 삽입된다. 히스토그램의 피크는 서술자 방향 θ_p로 선택된다(그림 4.11). 다음 작업은 x, y, σ_p, θ_p에 의해 주어진 참조 프레임에 상대적이다.

이미지 패치는 $K_x \times K_y$ 그리드로 세분화되고, K_b 영역^{bin}을 가진 별도의 가중 방향 히스토그램이 계산된다. 서술자는 $K_x \times K_y \times K_b$ 영역 연결에 따른 특징 벡터로 간주된다. 벡터는 조명 변화의 영향을 최소화하기 위해 정규화된다. 표준 SIFT 서술자는 4×4×8 = 128이다.

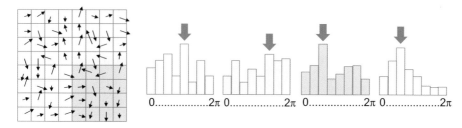

그림 4.11 SIFT는 이미지 패치(왼쪽)에서 모든 픽셀의 기울기 벡터를 판단한다(여기서는 8x8). 그래디언트 방향에 대한 누적 그래디언트 벡터 크기와 관련된 히스토그램(여기서는 8 bin)이 있는 (여기서는 2x2) 서술자 배열이 구성된다(오른쪽). 이 예제에서 설명자는 2 x 2 x 8 = 32이다.

와그너 등은[2008b] 휴대폰 같은 임베디드 기기에 최적화된 SIFT의 변형인 PhonySIFT를 제안한다. 감지에는 3×3×4 = 36 크기와 FAST(DOG가 아님)만 사용한다. FAST는 스케일 추정을 제공하지 않으므로 입력 이미지는 중첩이 아닌 평균화를 통해 피라미드로 다운 샘플링되며 모든 레벨에서 FAST가 별도로 적용된다. 이 접근법은 연산력의 일부를 활용해 관심 지점을 결정하지만 이상치가 존재한다. 이러한 이상치는 신중한 지오메트리 검증을 통해 관리될 수 있으므로 최종 포즈 결과의 정확도에는 영향을 미치지 않는다.

서술자 매칭

이미지에서 감지된 관심 지점의 서술자에 따라서, 트래킹 모델의 관심 지점에 가장 잘 매치되는 것을 찾아야 한다. 특징 벡터로 묘사된 두 서술자의 가장 간단한 매칭 점

수는 유클리드 거리$^{\text{Euclidean distance}}$다. 한 이미지의 트래킹 모델에서 가장 작은 거리로 된 서술자가 최고의 매치가 된다. 이 매치는 고유해야 하며, 따라서 가장 작은 거리와 두 번째 작은 거리의 비율이 일정한 한계치(일반적으로 80%로 설정함)보다 크다면 해당 관심 지점은 버려진다.

트래킹 모델의 서술자 수가 너무 많아져서 최고의 매치를 가능한 시간 내에 완전히 검색할 수 없게 될 경우, 경험적 검색 구조를 활용해야 한다. 일반적인 접근법은 k-d 트리 같은 계층 검색 구조에 의존하는 것이다. 그런 다음 로그 시간으로 검색을 수행하면 되는데, 소수의 매치를 놓치는 일은 감수해야 한다. K-d 트리가 효율적이지 않다면 스필 포리스트$^{\text{spill forest}}$를[와그너 등 2008b] 사용해도 좋다. 이 접근법에서는 여러 개의 스필 트리를(즉, 회전을 위해 무작위의 크기로 된 어느 정도 겹치는 k-d 트리들) 검색해 그 결과를 합친다.

근사치 검색 구조를 사용하면 늘 부정확한 매칭 결과가 나와서 포즈 계산에 영향을 주는 이상치를 만들어내게 된다. 따라서 탄탄하고 효율적인 이상치 제거가 아주 중요해진다. 이럴 때는 가장 저렴한 방법으로 시작해 가장 값비싼 기술로 마무리하는 케스케이드 제거$^{\text{cascade of removal}}$ 기법을 적용하는 것이 좋다.

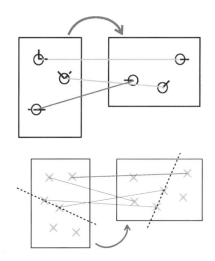

그림 4.12 (위) SIFT 서술자에서 제공하는 주된 방향으로부터 간단한 회전 체크를 할 수 있다. 모든 핵심 지점은 상대적으로 동일하게 회전돼야 한다. (아래) 해당 특징이 일관되게 두 개의 무작위로 선택한 특징을 연결한 선상에 놓이는지 확인하는 라인 테스트 (사진 제공: 다니엘 와그너)

비용이 덜 드는 첫 번째 테스트는 전체적인 방향 체크에 달려 있다. SIFT같이 방향 히스토그램에 의존하는 서술자는 이미 관심 지점의 회전을 제공하고 있다. 이미지에서 매치된 모든 관심 지점이 타깃 모델에 대해 일관된 방향으로 있는지 확인하기는 쉽다(그림 4.12, 위). 두 번째 테스트로 해당 특징의 두 짝을 무작위로 선택해 라인 체크를 구성할 수 있다. 모든 추가 특징 짝은 선택한 특징을 연결하는 선의 양쪽에 일관되게 있어야 한다(그림 4.12, 아래).

시점 n-지점 카메라 포즈

N개의 2D-3D 지점 연결로 6 자유도 포즈의 보정된 카메라를 복원하는 문제는 'n'이 연결된 숫자를 일컫는 관점과 지점 카메라 포즈(PnP) 문제로 불린다. 모든 연결이 두 개의 제약을 준다고 할 때, 6 자유도에 매치되는 여섯 개의 제약에는 최소 세 개의 2D-3D 연결이 필요하다. 세 개의 지점만 있을 때는 이 P3P 알고리즘은 최대 네 개의 모호한 해결책을 준다. 고유한 해결책을 결정하려면 네 지점 연결이 필요하다.

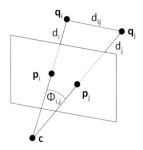

그림 4.13 P3P 알고리즘은 카메라 중심 c에서 3D 지점 q_i까지의 거리 d_i를 계산한다.

P3P 알고리즘

P3P 알고리즘은 여러 버전이 개발됐다[콴(Quan)과 란(Lan) 1999]. 여기서는 가장 간단한 것을 설명한다(그림 4.13).

1. 주어진 세 점에서 임의의 두 점 q_i, q_j를 선택한다.
2. 두 개의 선택된 점과 (알 수 없는) 카메라 중심점 c에서 삼각형 cq_iq_j를 만든다.

3. $d_{ij} = |q_i - q_j|$와 $\cos\theta_{i,j}$를 결정한다.

$$\cos\theta_{i,j} = \underline{N}(q_i - c)\cdot\underline{N}(p_i - c) \qquad (4.35)$$

4. $d_i = |q_i - c|$ 와 $d_j = |q_j - c|$ 두 개의 미지수로 방정식 4.36을 설정한다.

$$d_{ij}^2 = d_i^2 + d_j^2 - 2d_i d_j \cos\theta_{ij} \qquad (4.36)$$

5. 다른 두 쌍의 입력점을 고려한다. 모든 쌍은 4차수 다항식을 하나 생성하고, d_1, d_2, d_3 세 개의 방정식 집합을 형성한다. 이 집합은 최대 네 가지 닫힌 형식으로 해결할 수 있다. 실제로는 네 개의 점으로 쉽게 고유한 솔루션을 얻을 수 있다. P3P 문제는 네 개의 점 중 세 개 점으로 구성된 각 하위 집합에 대해 해결되고 일반적인 솔루션은 유지된다.

6. 카메라 좌표 q_i의 q_i^C 위치를 계산한다.

$$q_i^C = c + d_i \cdot \underline{N}(p_i - c) \qquad (4.37)$$

7. q_i와 q_i^C를 정렬해 절대 방향을 사용한 포즈 $[R \mid t]$를 계산한다('절대 방향' 절 참조).

8. 포즈의 비선형 교정을 수행한다('포즈 개선' 절 참조).

탄탄한 포즈 추정

데이터 포인트의 수가 많을수록 수치 최적화가 개선되므로 더 좋다. 물론 입력 데이터 세트가 커지면 이상치가 나타날 가능성도 높아져서 결과가 오염되긴 한다. 따라서 이상치가 강하게 들어있다 하더라도 좋은, 데이터 세트에서 시작한 후 그 결과를 수렴해 정확한 해법을 얻도록 하는 편이 좋다. 오염된 데이터포인트 세트에서 모든 적합치 서브세트를 선택하는 것이 목표가 된다.

RANSAC

RANSAC(랜덤 샘플링 컨센서스)을 이용하면 이런 탄탄한 초기화가 가능하다[피슬러(Fischler)와 볼레스(Bolles) 1981]. RANSAC의 주 개념은 데이터 포인트의 서브세트에서 무작위로 선택된 모델 매개변수 x를 추정하는 것이다. 카메라 포즈로는 P3P가 자주 사용되는데, 세 개의 2D-3D 점 대응만 있으면 되기 때문이다. 나머지 점 대응은 선택된 세 개의 점에서 계산한 카메라 포즈로부터 남은 오류로 계산한다. 잔여 오류가 한 계치보다 작은 데이터 포인트는 정상치로 간주된다. 정상치와 이상치의 비율이 충분 하지 않을 때는 이 절차를 반복한다. RANSAC은 충분한 정상치가 발견되거나 최대 한도로 반복 적용되면 종료된다. 마지막으로, x를 반복 적용해서 얻은 모든 정상치를 이용해 가장 큰 개수의 정상치로 다시 추정된다.

M-추정자

정확성을 높이기 위해 최초의 포즈 추정(우리의 경우에는 RANSAC으로 획득한 추정) 결과가 '포즈 개선' 절에서 설명한 것과 비슷한 방식으로 탄탄한 반복 적용 포즈 개선으로 전달된다. 이를 위해서는 M-추정자를 활용할 수 있다(M은 'maximum likelihood', 즉 최대 가능치의 머릿글자다)[트릭스(Triggs) 등 2000]. 근본 아이디어는 L2의 잔류치 $|f(x) - b|^2$를 다른 함수 $\rho(f(x) - b)$로 대체해 최소화에 큰 잔류치를 생성하는 데이터 요소의 영향을 감소시키는 것이다. 한 가지 대중적인 M-추정자는 본질적으로 포물선 함수와 상수 함수의 혼합인 투키^{Tukey} 추정자(식 4.38)다(그림 4.14).

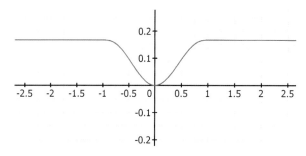

그림 4.14 K = 1인 투키 추정자

투키 추정자

$$\rho(x) = \begin{cases} K^2/6(1 - (1 - (x/K)^2)^3), & \text{if } |x| \leq K \\ K^2/6, & \text{if } |x| > K \end{cases} \qquad (4.38)$$

투키 추정자는 주의해서 사용해야 한다. 이 추정자는 볼록하지 않아서, 최적화가 로 컬 미니멈으로 제한될 수 있기 때문이다. 게다가 이 함수는 해법이 최적에서 너무 멀

때는 편평해져서, 기울기 계산의 목적을 달성하지 못한다. 따라서 투키 추정자는 글로벌 최소치나 합리적인 로컬 최소치에 충분히 가까운 해법에만 적용해야 한다.

점증적 트래킹

많은 AR 트래킹 시스템이 단순하면서도 이상치 식별과 포즈 추정을 동시에 처리할 수 있어 편리하기 때문에 감지에 의한 트래킹을 이용한다. 후보 특징군 중 대부분의 이상치는 탄탄한 포즈 추정 과정에서 거부된다. 하지만 이 접근법이 어렵다는 것을 간과해선 안 된다. 감지에 의한 트래킹은 사각형 마커가 조금 있어서 매칭에 별 어려움이 없을 때 같은 아주 간단한 트래킹 모델에서 가장 성공적으로 이뤄진다. 넓은 자연적 특징 모델에 매칭되도록 확장하기는 훨씬 어려운데, 이 점은 '야외 트래킹' 절에서 살펴보겠다.

AR은 실시간 업데이트가 필요하기 때문에 카메라 포즈나 이미지로 특징점 투영 둘다 한 프레임에서 다음 프레임으로 가면 굉장히 변화한다. 감지에 의한 트래킹은 일관성을 무시해서, 트래킹 문제가 필요 이상으로 해결하기 어려워진다. 프레임별 일관성 무시는 소중한 연산 리소스를 낭비할 뿐만 아니라, 트래킹 시스템 역시 격리된 하나의 이미지만 검토해서는 해석하기 어려운 상황이 발생하기도 한다. 이런 경우는 이전 프레임에서 정보를 가져올 때 더 쉽게 해석할 수 있다.

이전 단계의 정보를 이용하는 트래킹 시스템은 점증적 트래킹incremental tracking 혹은 반복적 트래킹이라고 부른다. 마지막 트래킹 반복 적용이 성공적이었다면 지난 프레임의 정상치를 다시 검색해서 마지막으로 알고 있는 포지션에 가까운 결과 값을 검색할 때도 성공할 가능성이 높다. 이런 접근법은 감지의 두 컴포넌트 모두에 상당한 도움이 될 수 있다.

- 로컬 검색: 검색을 이전 포지션 주변이라는 작은 구역에 한정해 관심 지점 추출이 용이하다.
- 직접 매칭: 간단히 검색하는 이미지 안의 이미지 패치에 관심 지점 주위의 이미지 패치만 비교해 매칭을 처리할 수 있다. 이러면 리소스 소모가 큰 서술자의 생성과 비교를 피할 수 있지만, 트래킹 모델이 간단하고 카메라 모션이 작

을 때만 작동된다. 현실에서 점증적 트래킹은 보통 카메라 포즈의 사전 정보가 좋을 때 쓰인다.

점증적 트래킹에는 점증 검색 컴포넌트와 관심 시점 매칭 컴포넌트 두 가지가 필요하다. 점증 (액티브) 검색은 마지막 프레임의 관심 지점 위치로부터 가까운 곳에서 실행된다. 이런 가까운 거리에서는 카네이드-루카스-토마시^{Kanade-Lucas-Tomasi} 기법이나 ZNCC^{zero-normalized cross-correlation}가 적합한 매칭 기반이 된다.

액티브 검색

카메라 포즈의 최초 추정이 모션 모델을 이용해 마지막으로 알려진 포즈에서 외삽될 때, 이런 기술을 액티브 검색이라고 한다. 카메라가 가만히 고정돼 있으리라고 예상하는 0차 모션 모델을 가정하기보다는 단순하지만 효과적인 예측을 제공하는 1차 모션 모델을 가정하는 것이다. 이 기술에서는 마지막 프레임이나 몇 개 프레임에서의 변화를 추정해 카메라는 공간과 각속도가 일정하게 계속 움직이는 것으로 간주한다. 2차 모션 모델은 자이로스코프 센서 등에서 추가 가속 정보가 있을 때 더 나은 결과를 줄 수도 있다. 또한 카메라가 대형 차량에 탑재돼 있을 때처럼 가속 특징에 대한 추정을 활용할 수도 있다.

단순한 경우에서 3D 트래킹 모델이 없을 때는 순수하게 관심 지점의 2D 지점에서만 모션 모델을 얻을 수 있다(그림 4.15, 왼쪽). 이 경우 모션은 특징점의 이미지 공간 해석에서 직접 추정된다.

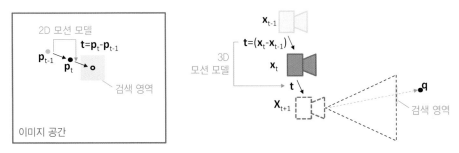

그림 4.15 2D의 액티브 검색(왼쪽)과 3D의 액티브 검색(오른쪽)

하지만 3D 트래킹 모델을 얻을 수 있을 때는 보통 해당하는 3D 모션 모델에서 더 나은 결과가 나온다(그림 4.15, 오른쪽). 카메라의 예측된 새로운 위치가 마지막 프레임의 내층에 해당하는 트래킹 모델의 특징점을 현재 프레임의 새로운 2D 포지션으로 재투영하는 데 사용된다. 모션 모델이 정확하다면 우리가 찾고 싶어 하는 관심 지점은 이런 2D 포지션에 아주 가까워 보일 것이다. 따라서 관심 지점 검색을 2D 포지션 주위의 작은 부분으로 국한하는 것으로도 충분하다.

트래킹 모델이 씬의 지오메트리 설명으로 이뤄져 있을 때는 씬의 새로운 이미지를 예측한 카메라 포즈에서 합성해 템플릿 이미지를 준비할 수도 있다. 이런 합성에 의한 트래킹 접근법은 가장자리[드루몬드와 치폴라(Cipolla) 2002] 같은 단순한 지오메트리 특징에 의존할 수 있고, 텍스처 모델이 있을 때는 GPU에서[라이트마이어와 드루몬드 2006] 효율적으로 합성 이미지를 생성할 수 있다.

케네이드-루커스-토마시 트래킹

점증적인 트래킹의 전형적인 접근법이 케네이드-루커스-토마시[KLT] 트래커로[루커스(Lucas)와 케네이드(Kanade) 1981][토마시(Tomasi)와 케네이드 1991][시(Shi)와 토마시 1994][베이커(Baker)와 매튜스(Matthews) 2004], 최초 이미지에서 지점을 추출한 후 광학 플로우를 이용해 트래킹한다.

KLT를 이용한 트래킹은 템플릿 이미지 T를 입력 이미지 I로 변환하는 와프 w의 매개변수 x를 찾는 것이 목적이다. 와프 w는 아핀[affine] 변환으로 제한될 때가 많은데, 작은 카메라 모션 이후 관찰되는 이미지 패치의 변형을 모델링하기에는 불충분하다. 이런 작은 점진적 모션에서 아핀 변환은 훨씬 연산력이 많이 들어가는 관점 왜곡 효과와 아주 유사하다.

루카스–케네이드 알고리즘

트래킹 매개변수 x는 관심 지점 p_i를 w로 뒤튼 다음 강도 차이 오차를 최소화해 계산한다.

$$\sum_i (I(\mathbf{w}(\mathbf{p}_i, \mathbf{x})) - T(\mathbf{p}_i))^2 \tag{4.39}$$

점증 루카스–케네이드 트래킹은 이전 추정치가 알려져 있다고 가정한다.

$X^{new} = x + \Delta x$. 1차 테일러 확장(Taylor expansion)을 통해 다음과 같은 수식이 작성된다.

$$\sum_i (I(\mathbf{w}(\mathbf{p}_i, \mathbf{x} + \Delta \mathbf{x})) - T(\mathbf{p}_i))^2$$

$$\approx \sum_i \left(I(\mathbf{w}(\mathbf{p}_i, \mathbf{x})) + \left(\frac{\delta I}{\delta \mathbf{w}} \frac{\delta \mathbf{w}}{\delta \mathbf{x}}\right) \Delta \mathbf{x} - T(\mathbf{p}_i)\right)^2 \tag{4.40}$$

$$= \sum_i (\mathbf{J}\Delta \mathbf{x} + \mathbf{r}(\mathbf{p}_i, \mathbf{x}))^2 \tag{4.41}$$

수식 4.41에서 r은 뒤틀린 입력 영상과 템플릿 사이의 잔류차 $r(p_i, x) = T(p) - I(w(p, x))$이고, J는 이른바 가파른 하강 이미지다. 그래디언트 이미지 $\delta I / \delta w$는 와프 함수의 자코비안(Jacobian)과 와핑 함수 $\delta w / \delta x$로 뒤틀린다. 가파른 하강 이미지의 의사 역 J^+을 사용하면 이 방정식은 Δx에 대해 닫힌 형식으로 풀 수 있다.

$$\Delta \mathbf{x} = \mathbf{J}^+ \mathbf{r}(\mathbf{p}_i, \mathbf{x}) \tag{4.42}$$

수식 4.42는 오차 $\| \Delta x \|$가 충분히 작은 것으로 얻어질 때까지 x의 추정 값을 갱신하는 데 사용된다. 가장 일반적인 형태에서 J는 이미지 그래디언트와 현재 매개변수 x에 의존한다. 그러나 w를 아핀 와프 w^{affine}으로 제한하면 자코비안 값은 상수로 사전에 계산할 수 있다.

$$\mathbf{w}^{affine}(\mathbf{p}, \mathbf{x}) = \begin{bmatrix} x_1 + 1 & x_3 & x_5 \\ x_2 & x_4 + 1 & x_6 \end{bmatrix} \begin{bmatrix} p_x \\ p_y \\ 1 \end{bmatrix} \tag{4.43}$$

KLT를 대체할 수 있는 최근의 중요한 개발은 서술자 필드에 중점을 둔다[크리벨라로(Crivellaro)와 르쁘띠 2014]. 이 새로운 접근법으로, 이미지 위치를 설명하는 새로운 로컬 서술자가 매칭에 이용되는 이미지 강도를 대체한다. 서술자 필드는 거울 반사가 많은 환경처럼 까다로운 조건에서 매칭 성능을 상당히 개선시키면서 연산 효율 또한 아주 높다.

0 정규화 교차 상관

광류^{optical flow}를 이용한 특징점의 최적 포지션을 찾으려면 최적화 문제를 해결해야 한다. 최고의 포지션을 위해서는 전체 검색을 그냥 스캔하는 편이 더 간단하고 빠르다. 이런 스캔은 두 이미지가 얼마나 잘 맞는지 점수를 매기는 탄탄한 이미지 비교 기준을 이용해 처리할 수 있다. 이상적으로 이런 기준은 템플릿과 입력된 이미지 간의 조명 차이로 일어나는 로컬 강도의 차이에 영향을 받지 않아야 한다.

(x,y) 포지션 근처의 $V_x \times V_y$ 크기의 이미지 패치에 대한 0 정규화 교차 상관^{ZNCC}은 이런 바람직한 속성을 갖추고 있다. 전형적인 패치 크기는 5×5나 7×7이다.

> ### ZNCC를 이용한 액티브 검색
>
> 입력 이미지 I와 템플릿 이미지 T에 대해 우리는 평균값을 $\bar{I}$와 $\bar{T}$로, 표준 편차를 σ^I와 σ^T로 나타낸다. ZNCC 점수 ρ^{ZNCC}는 다음과 같이 계산된다.
>
> $$\rho^{ZNCC}(x,y) = \frac{\frac{1}{V_x V_y}\sum_{x,y} I(x,y)T(x,y) - \overline{IT}}{\sigma^I \sigma^T} \tag{4.44}$$
>
> ZNCC를 사용해 예상 위치 (x, y)를 중심으로 액티브 검색 창 $(x \pm W_x/2 \times y \pm W_y/2)$에서 가장 일치하는 항목을 검색한다.
>
> $$\operatorname*{argmin}_{i \pm W_x/2, j \pm W_y/2} \rho^{ZNCC}(x + i, y + j) \tag{4.45}$$

KLT에 비해 ZNCC를 이용하는 액티브 검색의 한 가지 단점은 이미지 면의 해석만 고려한다는 것이다. 모션에 강한 회전이나 줌이 있을 때는 ZNCC만 활용해서는 부족하다. 하지만 액티브 검색에 활용하는 모션 모델은 이미지 패치의 왜곡에도 활용할 수 있다. 템플릿 이미지의 왜곡된 버전을 계산해 입력된 이미지와 비교한다. 왜곡된 템플릿 이미지는 ZNCC에서 충분히 받아들일 수 있는 입력된 이미지와 비슷해진다. KLT에서 와프 연산은 최적화보다 모션 모델로 사전 결정된다는 점이 다르다. 변형은 목표에 가까워지는 중간 단계만을 나타내므로, 보통은 아핀 변형으로 충분하다(그림 4.16). 이런 아핀 변형은 이중 선형 보간 템플릿 이미지를 다시 샘플링해 빠르게 연산할 수 있다.

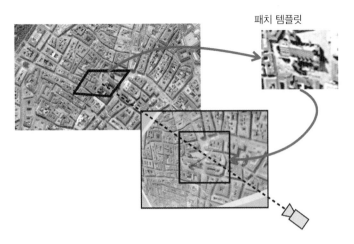

패치 템플릿

그림 4.16 템플릿 이미지에서 가져온 패치는(위 왼쪽) 모션 모델에서(위 오른쪽) 추정한 카메라 포즈를 이용해 아핀 변형이 이뤄진다. 변형된 패치는 현재의 카메라 이미지와(아래) 비교된다. (사진 제공: 다니엘 와그너)

계층적 검색

핸드헬드 카메라로 찍은 중간 품질인 640×480픽셀 해상도의 30Hz 동영상 스트림이라도 수백 개의 특성을 담을 때가 많은데, 환산하면 매 프레임당 50픽셀이 이동하는 셈이다. 아무 생각 없이 트래킹하면 검색할 것이 너무 커져서 트래킹 연산에 부하가 올 수 있다. 그래서 중요도가 줄어드는 단계별로 최종 카메라 포즈를 결정하는 계층적 접근법을 적용하는 편이 바람직하다.

보통은 단순한 2차원 이미지 피라미드(그림 4.17)로 입력된 이미지를 원본 해상도에서 1/4로 먼저 줄이는 샘플링을 적용하면 된다[클라인(Klein)과 머레이(Murray) 2007]. 예컨대 20~30개의 특징이 모인 몇 안 되는 강한 특징점이 모션 모델에서 예측한 카메라 포즈를 이용해 이 해상도로 트래킹된다. 반면 검색 범위는 커지는데, 예를 들어 5×5픽셀이(원본 해상도의 20×20픽셀에 해당함) 된다. 이렇게 거친 트래킹 단계에서 나온 카메라 포즈는 모션 모델의 포즈에 비해서는 개선되지만, 그래도 충분히 정확하진 않다. 그렇다곤 해도 완전한 해상도로 트래킹을 개시하는 정도로는 활용할 만하다. 전체 해상도로 트래킹하면 모든 특징(예: 가장 강한 특징점 200개)을 잡아낼 수는 있지만, 검색 범위가 훨씬 좁아진다(예: 2×3픽셀). 이상치들을 제거하고 나서 비선형 개량을 적용하면 최종 카메라 포즈를 얻을 수 있다.

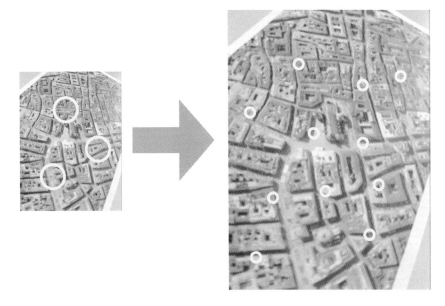

그림 4.17 이차원 계층 검색은 2x2 하위 샘플 이미지로 시작하며, 카메라 포즈의 첫 번째 추정치를 얻을 만한 몇 개의 관심 지점만 이용한다. 두 번째 단계에서는 완전한 해상도의 완전한 관심 지점들이 고려되지만, 검색 범위는 훨씬 줄어든다. (사진 제공: 다니엘 와그너)

탐지와 트래킹 결합

순수한 점증적 트래킹은 카메라 포즈를 알고 있지 못하면 개시할 수 없다. 초기 접근법에서는 수동 초기화를 활용했지만, 현대적 트래킹 시스템은[와그너 등 2009] 감지와 점증적 트래킹 접근법을 결합한다(그림 4.18).

감지 접근법은 사전에 포즈가 필요 없고, 엄격한 프레임 레이트를 충족할 필요가 없으므로 연산 사이클 횟수도 합리적인 수준이다. 감지는 타깃 인식으로 확장할 수 있기에, 아주 방대한 데이터베이스에서도 올바른 트래킹 모델을 찾을 가능성이 높다.

점증적 트래킹에는 사전 포즈에 대한 정보가 필요하지만, 시간적 일관성에 의존할 수도 있다. 시작하고 나서는 저장된 트래킹 모델에 의존하기보다 이 방법론을 이용해 동영상 스트림에서 템플릿 이미지를 추출할 수 있다. 새로운 템플릿 이미지는 조명 같은 현재의 환경 조건을 반영해, 흐릿하거나 광택이 반사되거나 많이 기울어진 것 같은 어려운 조건에서도 트래킹이 가능해진다(그림 4.19).

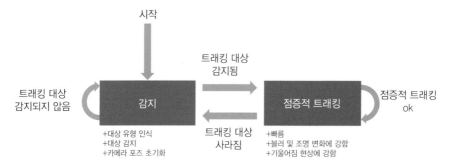

그림 4.18 트래킹과 감지는 상호 보완적인 접근법이다. 감지에 성공하고 나면 타깃을 점증적으로 트래킹한다. 타깃을 놓치면 다시 감지를 활성화한다.

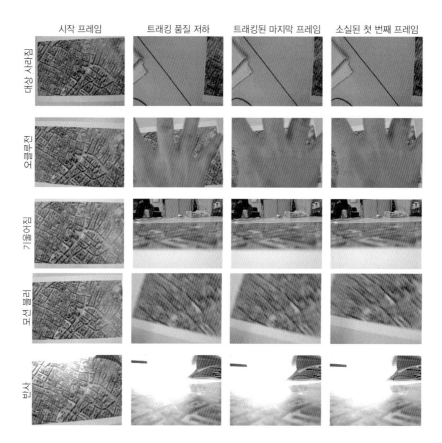

그림 4.19 이 이미지들은 패치 워핑을 이용한 점증적 트래킹을 순차적으로 보여주며, 오른쪽 끝 열에 가면 더 이상 트래킹이 가능하지 않게 된다. 대상이 사라지거나 가려지고 기울어지거나, 모션 블러가 일어나거나 반사가 있어도 관계없이 트래킹이 이뤄진다. (사진 제공: 다니엘 와그너)

동시 위치 측정과 맵핑

이제까지 트래킹을 시작하기 전까지는 트래킹 모델을 참조로 활용할 수 있다고 가정했다. 모델이 없는 트래킹의 경우에는 이런 트래킹 모델을 사용할 수 없다. SLAM의 선도 격으로 볼 수 있는 가장 간단한 모델 없는 트래킹의 형태는 시각적 주행 거리 측정visual odometry이라고도 불린다[니스테어(Nistér) 등 2004]. 간단히 말하자면 시각적 주행 거리 측정법은 임의의 시작점에 대한 카메라 포즈의 연속적 6DOF 트래킹을 뜻한다. 이 접근법은 원래 모바일 로봇 개발 분야에서 온 것이다. 시각적 주행 거리 측정에서는 환경의 3D 재구성을 연산하지만, 점증적 트래킹을 보완하는 용도로 쓰일 뿐이다. 기본적인 시각적 주행 거리 측정 파이프라인은 다음과 같은 단계로 구성된다.

1. 첫 번째 프레임에서 관심 지점을 탐지한다. 예를 들어 해리스Harris나 FAST 모서리를 이용한다('관심 지점 감지' 절 참조).

2. 이전 프레임에서 2D로 관심 지점을 찾는다. 예를 들어 KLT를 사용한다('케네이드-루커스-토마시 트래킹' 절 참조).

3. RANSAC 루프 내의 5점 알고리즘('필수 매트릭스를 위한 5점 알고리즘' 절 참조)으로 현재와 이전 프레임 사이의 필수적인 매트릭스를 결정한다('탄탄한 포즈 추정' 절 참조).

4. 필수 매트릭스에서 점증적 카메라 포즈를 복구한다.

5. 필수 매트릭스는 확대 정도에 따라 포즈의 변환 부분을 판단하므로, 이 확대 정도를 별도로 추정해 트래킹된 이미지 시퀀스와 일관되도록 해야 한다. 그러려면 3D 포인트 위치는 같은 이미지 특징점의 여러 3D 관찰로부터 삼각측량해야 한다('두 개 이상의 카메라에서 삼각측량' 절 참조). 이런 접근법을 SFMStructure from motion(동작에서 구조를 추측하는 기법)이라고 부른다.

6. 다음 프레임으로 진행한다.

여기에서 개략적으로 짚은 모든 알고리즘은 이미 설명했다. 그럼 지금부터는 아직 소개하지 않았던 5점 알고리즘을 살펴보자.

필수 매트릭스를 위한 5점 알고리즘

2D의 점 대응에서 상대적인 카메라 모션을 판단하기 위해 니스테어의[2004] 알고리즘은 5점 대응에서 E를 계산한다. E = t_xR이므로, 카메라들 간 거리 [R | t] 사이의 상대적인 포즈는 SVD를 이용해 E를 R과 t로 분해하면 구할 수 있다. 두 카메라 시점의 광학 중심은 서로 달라야 한다(즉, ||t||>0). 그렇지 않으면 내적 삼각측량, 따라서 E가 잘못 정의된다. 그러기 위해 SLAM 시스템은 뚜렷한 (옆으로나 앞으로) '이동하는' 모션으로 개시돼야 하며, 카메라가 회전만 하면 실패한다.

니스테어 알고리즘

알려진 내부 교정이 K_1, K_2인 두 개의 카메라에서의 대응하는 관측치 p_1, p_2가 필수 행렬 E와 관련될 수 있다는 것을 기억하자.

$$p_2^T K_2^{-T} E K_1^{-1} p_1 = 0 \qquad (4.46)$$

공식 4.46에 5점 대응을 삽입하면 E에는 아홉 개의 요소가 있으므로 5×9 행렬이 산출된다. SVD 또는 QR 인수 분해를 사용해 이 행렬의 0 공간을 계산할 수 있다. 이 행렬은 네 개의 행렬 X, Y, Z, W와 네 개의 스칼라 x, y, z, w로 표현할 수 있다.

$$E = x\mathbf{X} + y\mathbf{Y} + z\mathbf{Z} + w\mathbf{W} \qquad (4.47)$$

E가 동질이기 때문에 $w = 1$로 설정한다. 이제 모든 기본 또는 필수 행렬의 행렬식이 0이라는 사실에 기초해 수식 4.47을 제약에 결합한다.

$$det(\mathbf{E}) = 0 \qquad (4.48)$$

수식 4.47과 E의 특수 구조를 표현하는 다음 방정식을 결합해 아홉 가지 제약 조건을 얻는다.

$$2\mathbf{E}\mathbf{E}^T\mathbf{E} - tr(\mathbf{E}\mathbf{E}^T)\mathbf{E} = 0 \qquad (4.49)$$

그러면 10×20 행렬이 나오는데, $i + j + k \leq 3$의 단항 행렬 $x^i y^j z^k$로 구성된다. 이 행렬은 가우스-조던(Gauss-Jordan) 제거로 축소된다(자세한 내용은 니스테어의 논문 참조). 10의 다항식을 얻기 위해 10개의 해를 구한다. 이 다항식의 실제 뿌리는 마지막으로 E를 복구하기 위해 다시 치환된다. SVD를 사용해 E를 R과 t로 분해한다.

$$E = UDV^T$$

$$W = \begin{bmatrix} 0 & -1 & 0 \\ 1 & 0 & 0 \\ 0 & 0 & 1 \end{bmatrix}$$

$$R = UW^{-1}V^T$$

$$t_\times = VWDV^T$$

(4.50)

니스테어의 알고리즘이 구현하기 어렵다면 리^{Li}와 하틀리^{Hartley}[2006], 혹은 스튜베니우스^{Stewénius} 등[2006]이 제안한 대안적 접근법도 있다.

번들 조정

앞서 설명한 것처럼 별 생각 없이 시각적 주행 거리 측정 접근법을 사용하면 시간이 흐르면서 변동이 축적될 가능성이 높다. 이 문제는 번들 조정을 통해 재투영 오류를 최소화함으로써 해결할 수 있다[트릭스 등 2000]. 보정이 K인 카메라의 경우 $p_{k,i}$는 카메라 포즈 X_k로 얻은 프레임에 3D 점 q_i의 투영을 보여준다. 여기에서 메트릭 ρ의 재투영 오류를 다음과 같이 최소화하자.

$$\underset{x_k, q_i}{\text{argmin}} \sum_k \sum_i \rho(KX_k q_i - p_{k,i})$$

(4.51)

함수 ρ은 (터키 추정자 같은) 탄탄한 추정자며, P_{ki}는 세 개의 요소가 있는 균일한 벡터다.

이 장의 앞부분에서 설명한 포즈 개선처럼, 이 문제는 보통 가우스-뉴튼, 혹은 레벤버그-마카르트 방법론으로 해결된다. 하지만 문제의 공간은 빠르게 아주 커질 수 있다. 이 문제는 매개변수를 카메라 포즈와 3D 지점으로 분할해 효과적으로 해결할 수 있다. 또한 계산은 특정한 공간 영역으로 제한된다. 제한된 번들 조정은 고정된 수의 인접 프레임에 대해서만 최적화된다(그림 4.20).

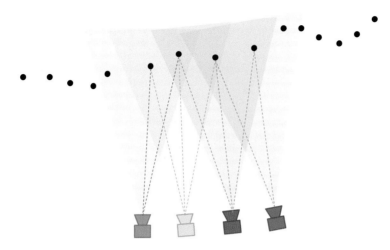

그림 4.20 한정된 번들 조정은 인접한 카메라 포즈의 최적화를 통해 연산 필요량을 줄여준다.

매우 큰 장면에서는 포즈 그래프 최적화[쿠멀리(Kummerle) 등 2011]는 한 걸음 더 나아가 선택한 키프레임의 카메라 포즈만 최적화에 고려된다. 키프레임은 두 개 키프레임 사이의 가장자리에서 장면의 공통 부분이 관찰된다는 것을 나타내는 그래프의 노드를 형성한다. 이 기술은 전체 포즈를 최적화하기보다는 가장자리를 기준으로 상대적 포즈 변경만 고려한다.

병렬 트래킹과 맵핑

앞에서 설명한 상세히 고려하지 않는 시각적 주행 거리 측정법은 트래킹되는 지점만 고려한다. 한 지점이 시야에서 벗어났다가 나중에 다시 획득될 때, 순진한 시각적 주행 거리 측정법은 두 번째 관찰을 첫 번째 관찰과 관련시킬 수 없다. 반면, SLAM은 관측치와 장면의 지점과의 일관된 데이터 연관성을 사용해 맵을 생성하는 것이 목표다[데이비슨(Davison) 등 2007]. 안타깝게도 카메라가 장면을 탐색할 때 지점 수 면에서 이런 맵은 급속하게 커질 수 있으며 전역 번들 조정 계산은 곧 불가능해질 수 있다.

병렬 트래킹 및 맵핑[PTAM][클라인과 머레이 2007]은 맵핑과 트래킹을 분리하는 현대적인 접근법이다(그림 4.21). PTAM은 트래킹과 맵핑을 병렬 스레드에서 함께 실행할 수 있지만, 둘의 업데이트 빈도는 서로 달라지게 한다.

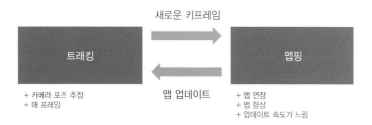

그림 4.21 병렬 트래킹 및 맵핑은 서로 다른 속도로 실행되는 두 개의 동시 스레드(트래킹용과 맵핑용)를 사용한다.

트래킹 스레드는 풀 프레임 속도(예: 30Hz)로 작동한다. 이 스레드는 모션 모델을 이용해 지도에 저장된 지점을 현재 프레임에 투영하고 일치하는지 검색한다. 그런 다음, 이 대응에서 카메라 포즈를 계산한다.

맵핑 스레드는 훨씬 느린 속도로 실행되며 반복당 몇 초씩 소요된다. 맵핑 스레드는 키프레임, 즉 다양한 카메라 포즈 세트를 나타내는 동영상 스트림의 프레임을 통해 트래킹 스레드에 연결된다. 다른 모든 키프레임에 대한 최소 기준선이 존재하고 트래킹 품질이 신뢰할 만하다면 새 키프레임이 추가된다.

새 키프레임을 가져오면 맵핑 스레드가 두 가지 방식으로 맵을 확장한다. 먼저, 새로운 키프레임에서 발견되는 기존 지도의 모든 지점에 대한 새로운 관측을 활용해 삼각측량을 향상시킨다. 둘째, 키프레임에서 새로운 맵 지점이 발견되면 맵에 추가된다. 이 지점들은 이웃하는 키프레임으로 투영돼 삼각측량을 구할 수 있다. 그런 다음 확장된 맵은 번들 조정을 활용해 배경에서 최적화된다. 카메라가 새로운 영역을 탐색하지 않고 새로운 키프레임을 제공하지 않을 때는 맵핑 스레드가 유휴 시간을 사용해 모든 키프레임의 모든 지점을 점진적으로 검사해 지도를 개선함으로써 위치 추정을 향상시키고 가짜 데이터 연결 및 이상치를 식별한다.

위치 재지정 및 루프 폐쇄

두 가지 뚜렷한 문제 때문에 SLAM은 일관된 데이터 연결이 필요하다. 첫 번째 문제는 위치 재지정relocalization으로, 예를 들어 일시적으로 가려지거나 급속한 움직임으로 트래킹이 끊어져 다시 시작해야 하는 것을 일컫는다. 이럴 때는 이전과 같은 지도 좌표에서 트래킹을 다시 시작해야만 맵 데이터의 의미가 지속될 수 있다.

두 번째 문제는 카메라가 이미 맵핑된 장면의 일부를 다시 보고 있다고 인식해 지점이 두 번 맵핑되지 않도록 하는 문제를 뜻하는 루프 폐쇄^{loop closure}다. 수학적으로 이 문제는 위치 재지정과 유사하다. 하지만 실제로는 서로 매우 다른 문제를 야기할 수 있다. 트래킹이 작동하는 동안에 루프 폐쇄는 이전 카메라 포즈에 대한 제대로 된 정보로 시작해 잘못된 데이터 연결을 방지할 수 있다. 반면 트래킹이 끊어지면 위치 재지정이 일어나는데, 트래킹 실패 이후 사용자가 임의의 거리를 이동할 수 있으므로 전체 모델을 신뢰도 있게 검색할 수 있어야 한다.

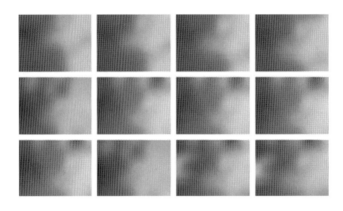

그림 4.22 640×480 소스 이미지를 40×30픽셀로 리샘플링해 연산된 작고 흐릿한 이미지. 사이즈 5픽셀의 가우스 커널로 흐려짐 (사진 제공: 다니엘 와그너)

키프레임 기반 SLAM은 인접한 키프레임에 특징점을 재투영해 루프 폐쇄를 내적으로 처리한다. 이 재투영은 키프레임 수가 무한정 확장되지 않으므로 이런 형태의 루프 폐쇄는 작은 장면에만 적용할 수 있다.

현재 프레임에서 관심 지점을 추출하고 모든 지점과 비교해 위치 재측정을 수행할 수 있다. 그러나 키프레임 기반 SLAM은 보통 키프레임에서 가져온 패치의 템플릿 매치를 활용해 SIFT같이 부담이 되는 서술자 계산을 피한다. 그래서 지도 크기가 커지면 잘 확장되지 않는다.

대신, 키프레임 기반 SLAM에서 위치 재지정을 위해 널리 사용되는 기술은 전체 키프레임에서 부담되지 않는 서술자를 생성하는 것이다. 키프레임은 높은 주파수를 줄이기 위해 작아지고(예: 40×30픽셀) 대폭 흐려진 작고 흐릿한 이미지^{SBI}[클라인과 머레이

2008]로 다운 샘플링된다(그림 4.22). 키프레임의 간격이 충분히 조밀하면 현재 카메라 이미지와 ZNCC를 단순 비교해 괜찮은 위치 재지정 성능이 나온다. 충분히 유사한 키프레임이 확인되면 그 카메라 포즈를 적용해 현재 이미지에서 알려진 맵 지점을 검색해 트래킹을 재시작할 수 있다.

대형 작업 공간에서는 좀 더 확장 가능한 감지 방법이 필요하다. 여기에서 표준적인 접근법은 맵 지점에 대한 설명자를 계산하고 매우 큰 지도를 효율적으로 검색하기 위해 k-d 트리[라우이 2004] 또는 어휘 트리^{vocabulary tree}[니스테어와 스티베니우스 2006] 같은 계층 검색 구조를 사용하는 것이다.

조밀한 맵핑

PTAM 같은 관심 지점 기반 접근법은 드문 점 데이터군에 의존하며 텍스처가 좋지 않은 영역에서는 잘 작동하지 않는다. 더 많은 정보가 통합되기 때문에 이미지의 모든 지점을 조밀하게 트래킹하는 편이 불량한 이미지 조건에서는 훨씬 더 탄력적이다. 단점으로, 조밀한 트래킹은 연산력이 크게 소요된다.

최근 하드웨어의 두 가지 발전으로 인해 실시간으로 조밀한 트래킹이 가능해지기도 했고 굉장히 매력적이 됐다. 첫째, 마이크로소프트 키넥트 같은 저렴한 RGB-D 센서가 소프트웨어를 통한 지점 삼각측량을 계산할 필요가 전혀 없이 직접 심도 값을 제공한다. 둘째, GPU가 대량 병렬 연산에 사용될 수 있다. 이로 인해 조밀과 준 조밀 맵핑 알고리즘이 다시 등장했으며, 모바일 컴퓨팅 플랫폼에서도 연산 능력이 계속 향상돼 이러한 추세를 더 뒷받침하게 됐다. 준 조밀 SLAM 기술은 이미 정교한 하드웨어 지원 없이 실시간으로 실현 가능한 것으로 드러났다[엥겔(Engel) 등 2014].

고밀도 SLAM을 위한 새로운 하드웨어의 가능성을 성공적으로 활용한 첫 번째 접근은 키넥트 퓨전^{KinectFusion}[뉴콤비(Newcombe) 등 2011]이었다. 이 기술의 개요는 그림 4.23에서 확인할 수 있다.

키넥트 퓨전의 트래킹 부품은 RGB-D 센서의 심도 이미지를 점 데이터군으로 해석한다. 카메라 포즈는 현재 심도 이미지를 ICP^{iterative nearest points}(반복적 최근접 지점) 알고리즘으로 이전 심도 이미지와 정렬시켜 결정한다[아룬(Arun) 등 1987].

1. 현재 심도 이미지의 각 지점에 대해 이전 심도 이미지에서 가장 가까운 지점이 결정된다. 입력된 데이터에 대한 유한한 차이를 이용해 지점당 노멀을 계산한 후, 점 대 평면 거리 메트릭 계산에 사용해 데이터 연결을 결정한다.

2. 이런 점 연결을 활용해 잔류 오차를 최소화하는 강체 변환이 계산된다.

3. 이 변환이 모든 지점에 적용된다.

4. 오류가 충분히 작아질 때까지 절차를 반복한다.

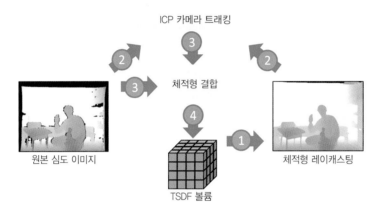

그림 4.23 키넥트 퓨전은 심도 센서에서 장면의 라이브 지오메트리 추정을 얻는다. 심도 맵은 점 데이터군으로 변환돼 ICP로 트래킹된다. 재구성은 볼륨에 새로운 심도 관찰을 통합해 수행된다.

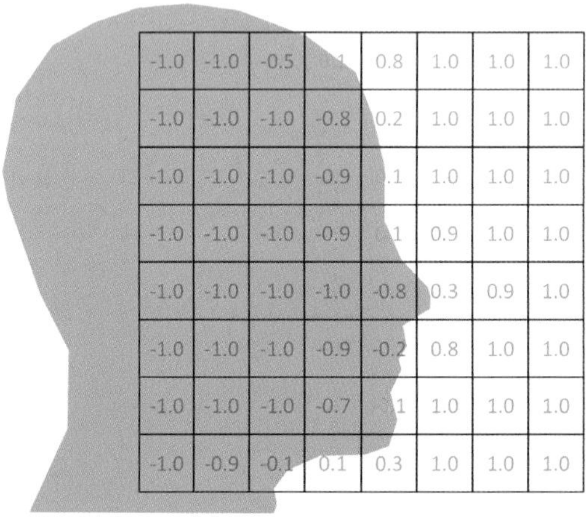

그림 4.24 잘려진 부호화 거리 함수는 공간상의 모든 지점에 가장 가까운 등면(isosurface)까지의 거리를 정의한다.

키넥트 퓨전의 맵핑 부분은 장면을 잘려나간 부호화 거리 함수 $t(\mathbf{q})$를 저장하는 볼륨으로 나타낸다(그림 4.24). 트래킹 결과를 사용해 새로운 심도 데이터를 전역 좌표계로 변환한 후, 보조 볼륨 w[컬리스(Curless)와 레보이(Levoy) 1996]를 활용해 계산한 이동 평균(그림 4.25)을 사용함으로써 t를 v에 통합한다.

심도 이미지 통합

잘라낸 사인 거리 함수 $t(\mathbf{q})$는 q에서 노멀 n의 가장 가까운 표면 지점 s까지의 거리를 나타낸다. 거리는 s 주위의 $\pm\delta$ 간격으로만 고려된다.

$$t(\mathbf{q}) = \min(1, \delta \parallel q - s \parallel) \cdot \text{sgn}(\underline{N}(\mathbf{q} - \mathbf{s}) \cdot \mathbf{n}) \tag{4.52}$$

모든 복셀이 모든 프레임에서 업데이트되는 것은 아니므로 복셀당 카운터는 두 번째 볼륨 $w(\mathbf{q})$에 저장된다.

$$w^{\text{new}}(\mathbf{q}) = \min(W^{\max}, w(\mathbf{q}) + 1)$$

$$v^{\text{new}}(\mathbf{q}) = \frac{v(\mathbf{q}) \cdot w(\mathbf{q}) + t(\mathbf{q})}{w(\mathbf{q}) + 1} \tag{4.53}$$

시각화 또는 AR에 GPU 레이캐스팅을 사용해 v에서 재구성된 장면의 심도 맵을 추출할 수 있다. 시간이 지남에 따라 통합되기 때문에, 이 심도 맵은 센서 결함의 영향을 받지 않는다. 따라서 이후의 프레임에서 ICP를 결정하는 데 사용된다.

최근의 연구는 조밀한 SLAM의 다른 형태를 살폈다. DTAM[뉴콤비 등 2011b]은 심도 센서를 사용하지 않고 RGB 이미지만으로 조밀한 맵핑을 계산한다. RGB-D SLAM[컬(Kerl) 등 2013]은 보통 RGB 이미지가 아니라 RGB-D 이미지를 사용하는 키프레임 기반 SLAM 방식으로, CPU에서 연산 작업의 부담이 적어진다. LSD-SLAM[엥겔 등 2014]은 드문드문한 맵핑과 조밀 맵핑의 효과적인 절충인 준 조밀 맵핑을 시도한다. LSD-SLAM을 사용하면 RGB 카메라의 이후 프레임에서 작은 기준 입체 매칭을 통해 심도 추정을 얻을 수 있다. 그런 다음 적합한 심도 추정치가 있는 모든 픽셀을 키프레임 심도 매칭에 사용한다.

실외 트래킹

지금까지 설명한 트래킹 방법은 주로 실내에서 이용하기 위한 것이다. 물론 AR에도 관광지 내비게이션이나 엔지니어링 검사처럼 야외 작업에서 트래킹이 필요한 여러 가지 야외 사용 사례가 있다. 하지만 일반적으로 실외 트래킹은 몇 가지 이유 때문에 실내 트래킹보다 어렵다.

- **이동성**. 사용자는 어디든 갈 수 있다. 트래킹이 매우 넓은 지역을 처리해야 하며, 비교적 느리고 저장 공간이 거의 없는 스마트폰 같은 모바일 기기에서 실행해야 한다. 스마트폰의 GPS 및 나침반 같은 소형 센서는 정확도가 떨어지며, 대부분의 카메라에는 시야각이 좁다. 무선 네트워크 연결성은 예측하기 어렵다.

- **환경**. 실외 환경에는 텍스처가 좋지 않거나 사용할 수 없는(거리, 풀) 지역과 반복적인 구조(창문, 울타리)가 포함돼 시각적으로 차별화되지 않을 가능성이 크다. 또한 시간적 변화 때문에 트래킹 모델이 금세 더 이상 정확하지 않게 된다. 달리는 자동차, 날씨 변화, 가을에 떨어지는 나뭇잎을 떠올려보면 금방 알 것이다.

- **위치 측정 데이터베이스**. 광범위한 지역에 대한 트래킹 모델(위치 측정 데이터베이스)은 굉장히 커질 수 있다. 이런 데이터베이스를 검색하는 데는 많은 시간이 걸리고 쉽게 확장되지도 않는다. 체계적인 야외 이미지 획득을 통해 위치 측정 데이터베이스를 만드는 것은 매우 노동 집약적인 프로세스며 이러한 데이터베이스의 점증적 업데이트는 일반적으로 지원되지 않는다.

- **사용자**. 일반적으로 AR 시스템을 그저 사용하는 사람이 시스템 작동법을 깊이 이해할 것이라 기대할 수는 없다. 실내에서는 사용자가 작은 공간만 다루며, 대개 AR 기기를 작업 공간 쪽으로 향해야 한다는 것이 분명하다. 하지만 야외에서는 사용자가 주변에서 어떤 곳을 AR이 처리하는지 명확하게 알기 어려울 수 있다. 트래킹을 시작하거나 AR 오버레이를 볼 수 없으면 사용자는 불편할 것이다.

그림 4.25 오스트리아 그라츠(Graz)의 광장을 대규모 파노라마 이미지에서 SFM을 사용해 계산된 3D 점 데이터군으로 표현했다. (사진 제공: 클레멘스 아스)

이러한 문제가 합쳐져, 수용 가능한 야외 AR 트래킹 솔루션에 대한 기준이 높아진다. 가장 성공적인 솔루션은 보통 설명자 및 기타 정보의 주석이 달린 대형 점 데이터군의 형태로 위치 측정 데이터베이스에 의존하는 모델 기반 자연 특징점 트래킹을 활용한다(그림 4.25).

트래킹 또는 위치 측정은 이전에 논의한 자연적 특징 매칭 기술을 기반으로 하지만, 솔루션이 확장 가능하게끔 추가 조치를 더해 향상돼야 한다. 이러한 향상은 네 가지 중 하나에 속한다. 바로 (1) 확장 가능한 시각적 매칭 전략, (2) 시각적 매칭을 위한 검색 공간을 줄이기 위한 센서의 사전 정보 사용, (3) 지오메트리에서 사전 정보 사용, 그리고 (4) 동시 트래킹, 맵핑, 위치 측정이다.

확장 가능한 시각적 매칭

트래킹 모델이 도시 전체같이 아주 커지면 관심 지점에서 서술자를 통해 연산해 특징점을 매치시키는 것은 불가능해진다. 순진한 접근법은 전체 데이터베이스와 특징을 하나씩 매칭하는 데 시간이 너무 오래 걸려서 비효율적이다. SIFT와 같은 정교한 서술자라 해도 충분히 식별할 수 없기 때문에 순진한 접근법은 효과가 없다.

효율성(즉, 검색 속도)을 향상시키기 위해 데이터베이스는 보통 특징점의 k 평균 군집 k-means 클러스터링을 통해 트리로 구성된다. 이런 트리에서 특정 특징점을 검색하는 데 필요한 단계 수는 특징점의 수에 비례한다. 선형 검색에 비해 효율성을 충분히 높이려면 트리의 분기 너비가 10~50분기처럼 매우 넓어질 때가 많다.

쿼리 이미지에서 추출한 특징점은 노이즈가 있는 측정의 영향을 받기 때문에, 데이터베이스의 특징점과 정확하게 일치하지 않을 수 있다. 그러므로 매칭은 입력된 특징과 데이터베이스의 특징 간에 작은 차이를 허용해야 한다. 특징점이 늘어나고 특징 간의 평균적 차이가 작아지면 이런 허용을 유지하기가 더 어려워진다. 그래서 매칭이 고유한 결과가 아니라 입력된 특징과의 유사도로 순위가 매겨진 예상 일치 목록을 반환하게 될 수 있다. 일반적으로 최상의 매칭은 두 번째로 비슷한 매치 값과의 비율이 0.8 미만일 때 허용 가능하다는 점을 기억하자. 트리의 피벗 요소를 어떻게 선택하는가에 따라 트리의 잘못된 경로가 검색돼 입력된 특징점에 가장 매치되는 항목을 반환하지 않는 경우도 있다. 이로 인해 데이터 연결이 잘못되거나 누락될 수 있다.

매칭의 효율성을 높이기 위해서는 일정량의 잘못된 데이터 연결을 허용할 수 있는 접근법을 찾아야 한다. 이런 용도로 가장 많이 활용되는 알고리즘은 BoW[bag-of-words] 모델이다. 이미지 특징이 동시에 발생하는 것을 토대로 해서 텍스트 추출과의 관계를 강조하기 위해 '시각적 단어[visual words]'라고도 불린다. 개별 이미지 특징 감지로는 수백만 개의 특징으로부터 신뢰성 있는 위치 측정을 보장하기에 충분하지 않을 수 있지만, 이미지 내 특징점의 동시 발생을 포착함으로써 충분한 식별력을 제공할 수 있다.

어휘 트리[vocabulary tree]는[니스테어와 스티베니우스 2006] 원래의 나뭇잎에 1:1로 대응하는 특징점이 생략된 검색 트리다. 원래 잎 바로 위의 중간 노드는 각각 시각적 단어(양자화된 서술자)와 연결돼 새로운 잎이 된다. 각 시각적 단어에는 특징의 목록이 아니라 페이로드로 반전된 파일 구조가 있다. 트리는 소스 이미지 모음에서 관심 지점을 추출해 SFM으로 생성된 3D 점 데이터군으로 특징점을 연결해 만들었다는 점을 기억하자. 시각적 단어에 대해 반전된 파일은 서술자를 추출한 모든 이미지의 색인을 가리킨다. 소스 이미지는 3D 이미지에서 추출한 3D 지점을 나타낸다.

그다음 동일한 이미지에서 추출한 특징점을 포함하는 비주얼 단어들이 이미지에 대해 제안된다. 따라서 어휘 트리를 통해 쿼리 이미지로부터 추출된 모든 특징점을 구동하면, 특정 이미지에 대한 제안의 히스토그램을 얻을 수 있다. 히스토그램에서 가장 높은 순위의 소스 이미지를 선택한다. 쿼리 이미지와 동일한 장면을 가장 많이 표시하기 때문이다. 이제 쿼리 이미지의 특징은 선택된 소스 이미지의 3D 지점에 연관된 특징과 매치된다. 이 프로세스에서 최고 순위의 여러 소스 이미지를 고려하면 이상치에 대해 더 견고해질 수 있다. 우리는 쿼리 이미지의 관심 지점에서 소스 이미지 중 하나로 실제 함께 나타나는 3D 지점까지의 연관만 유지한다. 이 과정에서 생성된 2D-3D 연관은 이제 추가적인 지오메트리 검증으로 일반적인 RANSAC P3P로 전달된다(이 장 앞부분의 '관점과 지점 카메라 포즈' 절 참조).

원래의 어휘 접근법을 어샤라^{Irschara} 등[2009]이 이른바 버추얼 뷰^{virtual views}로 강화했다. 다시 말해, 사전 처리 과정 중 SFM에서 얻은 3D 지점을 가상 카메라의 일반 그리드를 설정해 만든 '가상 뷰'에 다시 투영하는 것이다. 이런 가상 뷰는 가능한 시점 공간에서 지오메트리의 근접성을 갖는 특징점이 동시에 발생하도록 하는 컨테이너로만 작용한다. 가상 뷰의 개수가 아주 커질 수 있기 때문에 가상 뷰가 유사한 특징점 세트에 그리디 병합 방식으로 압축된 버전의 가상 뷰 세트를 얻는다. 이렇게 강화하면 최종 결과물이 어휘 트리에서 특징점의 공간적 일관성을 좀 더 잘 표현하게 된다.

새틀러^{Sattler} 등[2011]은 소스 이미지를 통한 간접 매칭을 직접 매칭으로 대체해 데이터 연관성을 높일 것을 제안한다. 시각적 단어는 관련 특징점의 목록을 직접 저장한다. 쿼리 이미지에서 발견된 시각적 단어 중에서 몇 가지 서술자만 있는 것을 먼저 살핀다. 매치에 성공하면 3D 액티브 검색이 시작된다. 추가적인 매치를 찾기 위해 근처의 3D 지점을 쿼리 이미지로 다시 투영한다[새틀러 등 2012].

더 큰 규모의 포즈 추정을 위해, 리 등[2012]은 세계적인 규모의 포즈 위치 측정 파이프라인을 도입했다. 이 기술은 대규모의 지리적으로 등록된 3D 점군에 대한 6DOF 카메라 포즈를 추정해 보정되지 않은 카메라로 사진이 촬영된 위치를 결정하는 문제를 해결한다.

센서로부터 얻은 사전 정보

최신 모바일 기기에는 대개 GPS, 자기 탐지기 및 선형 가속도계와 같은 여러 센서가 장착돼 있다. 이런 센서의 성능은 환경적 조건에 따라 크게 달라질 수 있지만, 일반적으로 야외 위치 측정에서 사전 정보를 얻는 용도에는 적합하다. 이런 사전 정보는 이미지 기반 위치 측정으로 정제된다. 센서의 사전 정보를 사용해 위치 측정 데이터베이스를 줄이면 데이터베이스가 상당히 작아져서, 런타임 효율성과 위치 측정 성공률이 모두 향상된다. 또한 불필요한 매치를 제거한 이후의 데이터베이스 크기와 전체 데이터베이스 크기는 대체로 관계가 없다. 따라서 이러한 가지치기 기술을 사용해 필요에 따라 모바일 클라이언트에 관련 기능을 무선으로 다운로드할 수도 있다.

GPS는 사전 정보의 가장 확실한 출처다. 지리적으로 정렬된 SFM 재구성에서 우리는 3D 지점과 카메라 포즈 모두에 대해 글로벌로 등록된 좌표를 결정할 수 있다. 이 정보는 '확장 가능한 시각적 매칭' 절에서 논의했던 버추얼 뷰와 비슷한 아이디어를 활용해 데이터베이스를 규칙적인, 혹은 불규칙한 지리적 그리드로(그림 4.26) 구성하는 데 사용할 수 있으며, GPS 사전 정보에 충분히 근접한 버추얼 뷰의 특징점만 일치하는 것으로 간주된다. 대부분의 특징점이 제한된 거리에서 관찰된다고 가정하면 3D 지점의 지리적 좌표를 양자화하는 것만으로도 데이터베이스를 구성할 수 있다[타칵스 (Takacs) 등. 2008].

그림 4.26 재구성 이후 도시 구역의 관련 부분을 셀로 세분화할 수 있다. GPS 측정치를 기초로 셀을 미리 소스로 선택함으로써, 재구성물 데이터베이스에서 관련 부분을 상당히 제거할 수 있다. (사진 제공: 클레멘스 아스)

자기 탐지기가 제공하는 수평 방향 추정은 데이터베이스 정리에도 적합하다. 특징점의 노멀을 바닥 평면으로 투영한 결과의 방향에 따라 특징점을 미리 정렬할 수 있다. 아스 등[2012]은 45도 간격으로 여덟 개의 겹치는 상자를 사용하는데, 각 상자는 60도의 시야각을 잡는다(그림 4.27).

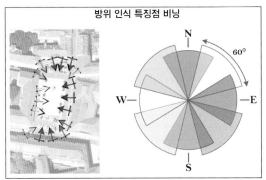

그림 4.27 자기 탐지기(나침반)는 사전 정보의 소스로 사용돼, 대략 사용자를 향하는 노멀의 점 대응을 탐색하도록 좁힐 수 있다. (사진 제공: 클레멘스 아스)

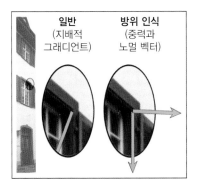

그림 4.28 그래디언트 같은 시각적 속성이 아니라 중력에 방향이 정렬된 특징점이 더 신뢰도 높게 매치될 수 있다. (사진 제공: 클레멘스 아스)

수직 방향 추정은 선형 가속도계를 사용해 중력을 측정함으로써 제공된다. AR에서 중력은 두 가지 용도가 있다. 첫째, SIFT 같은 기능에서 지배적인 그래디언트 방향을 대체할 수 있다[커츠(Kurz)와 벤히메인(BenHimane) 2011]. 건물 외관에 대부분의 특징점이 있으므로 방향이 수직적인 도시 환경에서는 중력 정렬 기능을 사용해 매칭 성능을 향상시킨다(그림 4.28). 둘째, 중력을 활용해 뷰의 경사도를 추정할 수 있다. 그래서 자기 탐지기에서 수행되는 수평 비닝binning과 유사하게, 특징점의 수직 비닝vertical binning이 가능해진다. 하지만 건물 아래의 거리와 건물 위의 하늘에는 신뢰할 만한 관심 지점이 없기 때문에 수직 비닝의 장점은 작다.

종합하면, 사전 정보의 소스로 센서를 활용할 때 위치 측정 성공률이 15% 정도 향상될 수 있다[아스 등 2012]. 하지만 이 기술을 사용할 때의 가장 큰 개선점은 데이터베이스 정리를 통해 검색 속도가 향상된다는 것이다. 메모리 대역폭이 아주 제한적인 모바일 기기에서는 바로 이것이 기술 채택의 주된 이유가 될 수 있다.

지오메트리에서의 사전 정보

널리 보급된 구글 맵 및 오픈스트릿맵OpenStreetMap 같은 온라인 지리 정보 시스템GIS도 사전 위치 측정 데이터를 위한 정보를 제공한다. GIS는 건축 윤곽선과 때로는 디지털 고도 모델DEM을 제공한다. 건물 외곽선을 외삽법DEM과 통합하면 도시 환경의 거친 3D 모델을 계산할 수 있다.

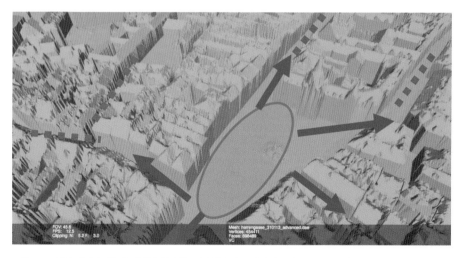

그림 4.29 중앙 광장의 가능한 시각화 설정에는 광장에서 바로 연결되는 거리 세그먼트가(파란색 화살표) 포함되지만 모퉁이를 한 번 돈 후의 (빨간색 점선) 길은 포함되지 않는다.

이 정보가 GPS 및 자기 탐지기의 사전 포즈 데이터와 결합되면 그 결과 모델을 이용해 위치 측정 데이터베이스를 정리할 수 있다. 잠재적인 비주얼 세트는[에어리(Airey) 등 1990] 먼저 모델의 어느 부분(예: 실내 모델의 경우 전면 또는 벽)이 사전 정보가 나타내는 카메라 포즈에서 보일 수 있을지 결정한 후 이에 따라 검색 공간을 추려내는 방식으로 계산할 수 있다. 이런 계산은 사전 포지션에 대한 정보보다 더 강력하게 후보군을 줄여준다[아스 등 2009](그림 4.29). 또한 GIS로부터 얻어진 건물 전면에 충분히 근접하는 3D 점들은 해당 전면에 속하는 것으로 표시된다. 그래서 점 데이터군에 추가적인 의미 구조를 부여하며, 매칭하는 동안 올바른 결과치라는 검증을 개선하는 데 사용될 수 있다. 아니면, 건물 전면을 GIS 데이터에 직접 매치할 수 있다[아스 등 2015].

동시 트래킹, 맵핑, 위치 측정

'동시 위치 측정과 맵핑' 절에서 설명한 SLAM에서는 로컬 시작점에 대해서만 모델 없는 트래킹을 제공할 수 있었다. 글로벌로 등록된 정보(예: 거리 이름)를 실외 AR 디스플레이에 표시할 때는 SLAM만 활용해서는 부족하다.

물론 SLAM에서 상대 좌표 시스템을 최소한 한 번 글로벌 등록 정보에 연결할 방법이 있다면 SLAM은 실외 트래킹에 몇 가지 장점을 제공할 수 있다. 예를 들어, SLAM에는 사전에 만든 트래킹 모델이 필요 없다. 대신 환경의 현재 시각 정보에 의존하며, 여기에는 날씨처럼 짧은 시간 동안만 유효한 많은 현상이 포함될 수 있다. 또한 SLAM은 추가 인프라가 전혀 없이 모바일 기기에서 완전히 독립적으로 실행할 수 있다. 마지막으로, SLAM으로 생성된 맵은 공간적으로 인접한 시점의 많은 정보를 하나의 데이터 구조로 통합한다. 대규모 데이터베이스에서 작동하는 위치 측정 절차에 시야각이 좁은 단일 카메라 이미지로는 충분하지 않다면 맵에서 수집한 정보를 합산하면 된다.

동시 추적, 맵핑, 위치 측정을 적용하면 가능하다(그림 4.30). 이 방법론에서는 클라이언트 측 SLAM 시스템이 서버 측 위치 측정과 결합된다. 클라이언트와 서버는 무선 네트워크를 통해 느슨하게 연결되며, 각 호스트는 자체 속도로 비동기적으로 작동한다. 서버 측 위치 측정은 클라이언트의 이동성에 영향을 주지 않으면서 확장 가능한 서버 기술을 최대한 활용할 수 있다.

클라이언트는 맵이 확장되는 즉시 서버를 업데이트한다. 이런 맵 업데이트는 단순히 키프레임과 연관된 로컬 포즈를 담고 있는 메시지로 구성될 수 있다. 서버는 이 정보를 수집하고 반복적으로 여기에서 글로벌 포즈를 얻으려고 시도한다. 서버가 그 시도에 성공하면 클라이언트에 알린다. 그러면 클라이언트는 로컬 포즈를 글로벌 포즈로 업그레이드하고, 글로벌로 등록된 정보의 디스플레이를 시작할 수 있다. 서버에서 추가 포즈 업데이트를 제공하지 않아도 클라이언트는 글로벌 좌표로 계속 작동할 수 있다. 클라이언트는 로컬 맵 정보만 사용해 글로벌 좌표로 위치 재측정을 수행할 수도 있다.

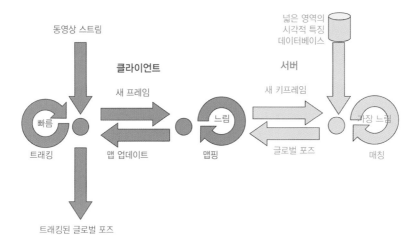

그림 4.30 기존 SLAM(파란색)은 모바일 클라이언트 기기에서 동시 트래킹 및 맵핑을 수행한다. 위치 측정 서버(주황색)를 추가하면 광역 위치 측정을 위한 시각적 특징의 글로벌 데이터베이스와 매칭하는 세 번째 동시 작업이 추가된다. 클라이언트와 서버는 독립적으로 작동하므로 클라이언트는 항상 최고 프레임 속도로 실행될 수 있다.

그림 4.31 실시간 파노라마 SLAM으로 획득한 파노라마 (사진 제공: 클레멘스 아스)

클라이언트 측 SLAM의 가장 간단한 접근법은 파노라마식 위치 측정과 맵핑이며[디베르디 등 2008][와그너 등 2010], 실시간으로 그림 4.31과 같은 파노라마를 만든다. 6DOF로 모션에서 로컬 구조를 얻는 대신, 사용자는 가만히 선 채로 카메라만 회전시켜야 한다(그림 4.32). AR을 활용하는 이런 탐색 모드는 야외 사용자에게 매우 일반적이다.

회전하는 모션만으로 제한하면 SLAM 문제가 3DOF의 이미지 정렬로 좁혀지며, 이 경우 호모그래피만 계산하면 되므로 느린 기기라고 해도 쉽게 실시간으로 처리할 수 있다. 파노라마식 SLAM은 SLAM 맵을 시작하기 전에 기준을 만들 필요가 없는데, 그래서 훈련받지 않은 사용자에게는 어렵다고 알려져 있다[물로니 등 2013]. 당연히 야외 위치 측정 데이터베이스와 매치될 수 있는 특징의 수는 카메라의 시야각에 따라 대략 선형으로 비례해 증가한다[아스 등 2011]. 더 크게 파노라마 맵핑을 하면 결국 위치 측정이 더 성공적으로 이뤄질 가능성이 높아진다(그림 4.33). 따라서 하나의 좁은 시야각 이미지로부터의 위치 측정 계산을 반복적으로 시도하는 것이 바람직하다.

그림 4.32 파노라마식 SLAM에서는 사용자가 인접 환경을 탐색할 때와 같이 회전 동작만 수행할 수 있다. (사진 제공: 다니엘 와그너)

그림 4.33 노란 선은 파노라마 이미지에서 획득한 특징 매치를 보여준다. 건물 전면이 직접 관측되는 방향은 매우 잘 수행되지만 길 반대편을 향한 방향은 제대로 되지 않는 것을 확인할 수 있다. 신뢰할 만한 야외 위치 측정을 위해서는 시야각이 넓어야 한다는 점을 알 수 있다. (사진 제공: 클레멘스 아스)

완전한 6DOF SLAM 시스템을 사용할 수 있다면 사용자는 특정 위치에 머물러 있을 필요가 없다. 따라서 사용자는 자유롭게 주변을 탐험하면서 다양한 관점을 획득할 수 있다. 그림 4.34는 여러 시점으로 살펴보는 사용자를 보여준다. '동시 위치 측정과 맵핑' 절에서 설명했듯이, 6DOF SLAM 맵에서의 글로벌 포즈 계산은 알고리즘적으로 루프 폐쇄와 동일하다[벤투라 등 2014a]. SLAM 맵과 글로벌 재구성은 7DOF 유사도 변환(3DOF 포지션 + 3DOF 방향 + 1DOF 확대)에 의해 관련된다. 이 변환은 점 데이터 군 정렬에 의해 결정될 수 있지만[우메야마(Umeyama) 1991], 작은 SLAM 맵에서는 필요한 매칭을 획득하기가 어려울 수 있다. 벤투라 등[2014b]은 최적 그뢰브너[Grëbner] 기반을 활용한 네 개의 2D-3D 대응에 효과적인 해결책을 제시하고, 스위니[Sweeney] 등은 최소 자승 비용 함수 공식의 n≥4 대응에 대한 좀 더 일반적인 문제의 정밀한 해결책을 제공한다.

서버가 위치 측정을 성공적으로 수행하면, 그 과정에서 계산된 루프 폐쇄 정보를 클라이언트가 로컬 번들 조정에서 활용해 로컬 맵의 이동을 최소화할 수 있다. 맵은 기본적으로 서버와 일치하는 3D 점에 고정되므로 훨씬 안정적이고 확장 가능한 맵핑을 할 수 있다. 그와 동시에 맵에는 최신 관측치가 통합되므로 글로벌 데이터베이스에 저장될 수 없다(그림 4.35).

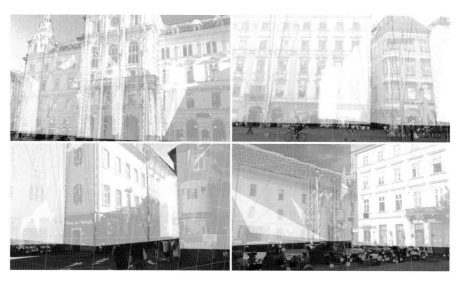

그림 4.34 클라이언트에서 6DOF SLAM으로 여러 이미지가 순서대로 트래킹되며, 위치 측정 서버가 투명한 노란색으로 건물 외곽선을 덮은 글로벌 포즈를 제공한다. (사진 제공: 조나단 벤투라와 클레멘스 아스)

그림 4.35 이 SLAM 시퀀스는 건물 전면(노란색으로 덮인 부분)의 트래킹으로 시작되고, 글로벌 포즈는 서버가 판단한다. 아래 줄의 이미지는 서버에서 알고 있는 정보로 계속 트래킹할 수 없다. 대신 앞쪽에 있는 포스터가 SLAM 맵에 통합돼 트래킹에 사용된다. (사진 제공: 조나단 벤투라와 클레멘스 아스)

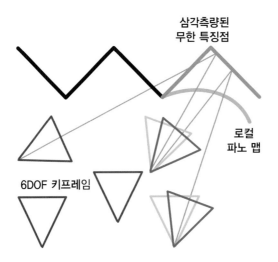

삼각측량된
무한 특징점

로컬
파노 맵

6DOF 키프레임

그림 4.36 일반적인 6DOF 모션과 순수한 회전을 모두 처리할 수 있는 SLAM 시스템은 사용자가 특정한 종류의 동작에 제약되지 않는다는 이점이 있다. 또한 추가 뷰를 사용할 수 있을 때는 파노라마 특징점(남색)에서 3D 특징점(빨강)을 복구할 수도 있다. (사진 제공: 크리스찬 퍼치하임)

SLAM 시스템에는 근본적으로 모델링할 객체와의 거리에 비해 상당한 크기의 카메라 기준선이 필요하다는 것을 기억하자. 야외에서는 물체가 수십에서 수백 미터까지 떨어져 있을 때가 많다. SLAM 시스템은 시점 이동에 의존하며, 카메라가 회전만 할 때는 제대로 작동할 수 없다.

야외에서는 충분한 기준선을 설정하기 어려울 때가 많고 사용자가 주위를 탐사할 때 회전 동작을 주로 할 수도 있으므로 하나의 시스템에 파노라마식과 6DOF SLAM을 결합하는 것이 좋다. 파노라마식과 6DOF 모드를 원할 때 전환할 수 있는 시스템이라면 실수로 '잘못된' 동작을 해도(그림 4.36) 트래킹 실패를 피할 수 있을 것이다. 이런 식으로 결합된 SLAM은 GRIC 점수에 따라 모션을 분석하는 식으로 구성할 수 있다[골리츠 등 2014c].

맵을 적절히 구성하면 파노라마의 부분에서 우연히 3D 정보를 복구할 수도 있으므로, 맵을 더 빽빽히 채우고 확장할 수도 있다[퍼치하임 등 2013]. 결과적으로, 트래킹은 훨씬 더 탄탄해진다(그림 4.37).

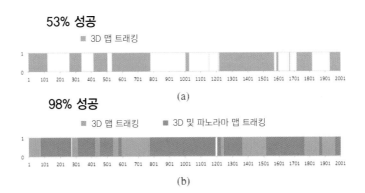

그림 4.37 6DOF와 파노라마식 SLAM을 조합하면 사용자가 임의로 움직이는 동안 훨씬 더 탄탄한 트래킹 성능을 제공한다. (a) 기존의 6DOF SLAM은 프레임의 53%에 대한 포즈만 트래킹할 수 있다. (b) 결합형 SLAM은 프레임의 98%에 대한 포즈를 트래킹할 수 있다. (사진 제공: 크리스찬 퍼치하임)

요약

이 장에서는 3D 트래킹을 위한 컴퓨터 비전 알고리즘에 대해 설명했다. 또한 중요한 활용 사례를 살펴보고 관련된 수학적 기법을 논의했다.

사각형 마커 트래킹은 간단한 임계 값을 활용해 이미지에서 사변형을 추출하고 마커의 네 모서리에서 추정된 호모그래피의 포즈를 계산한다. 초기 추정치에서 카메라 포즈를 수정할 수도 있다.

멀티카메라 적외선 트래킹은 두 개 이상의 카메라를 사용해 적외선을 반사하는 대상을 삼각측량한다. 카메라의 기하학적 구성이 알려져 있다고 가정하면, 3D 지점은 등극선 기하학을 사용해 두 개 이상의 관측치로부터 삼각측량될 수 있다. 대상의 로컬 좌표계는 절대 좌표를 사용하는 글로벌 좌표계와 연관될 수도 있다.

감지에 의한 자연적 특징 트래킹은 실제 환경에서 구축된 트래킹 모델에 카메라 이미지를 매칭하기에 인위적으로 준비된 장면을 넘어선다. 관심 지점은(예: 해리스Harris, DOG 또는 FAST) 이미지에서 추출되고, SIFT 같은 서술자가 관심 지점에서 생성된다. 이 서술자는 트래킹 모델과 매치되는 것을 효율적으로 검색하게 해준다. 매치된 포인트는 일반적으로 탄탄한 추정을 제공하는 RANSAC 루프가 임베드된 PnP 알고리즘을 이용한 카메라 포즈를 계산하는 데 사용할 수 있다.

점증적 트래킹은 KLT나 NCC 매칭을 활용하는 액티브 검색 방법을 이용해 한 프레임에서 다음 프레임으로 관심 지점을 트래킹한다. 이런 종류의 점증적 검색을 지원하는 카메라의 사전 정보는 모션 모델 혹은 계층적 검색에서 얻는다.

점증적 트래킹은 작동하려면 개시 과정이 필요하지만, 보통 감지에 의한 트래킹과 결합된다.

SLAM은 미리 제작된 모델에 의존하는 대신 카메라가 환경을 탐색하는 모션의 구조를 활용해 트래킹 모델을 구축한다. 그러려면 먼저 5점 알고리즘을 사용한 후 3D 지점을 삼각측량하고, 마지막으로 번들 조정으로 맵 이동 현상을 제한하는 것과 같이 2D-2D 관심 지점 대응에서 상대적인 카메라 포즈를 먼저 추정해야 한다. 현대적 SLAM은 보통 병렬 트래킹과 맵핑 스레드로 분리되며, 위치 재측정 및 루프 폐쇄 기능을 포함한다. 드문드문한 3D 지점으로 작동하는 키프레임 기반 SLAM과 달리, 조밀한 맵핑은 입력된 이미지의 모든 픽셀을 고려한다. 그러므로 까다로운 환경에서 더 탄탄한 결과물을 제공하긴 하지만, 일반적으로 하드웨어 추가나 매우 효율적인 정렬 기술이 필요하다.

게다가 실외 트래킹은 매우 큰 위치 측정 데이터베이스를 검색해야 하는 과제도 해결해야 한다. 확장 가능한 비주얼 검색을 위한 가장 보편적 접근법은 어휘 트리의 사용이다. 데이터베이스는 GPS나 자기 탐지기 같은 모바일 센서에서 얻은 사전 정보나 지리 정보 시스템에서 획득한 데이터를 활용해 더 추릴 수 있다. 모바일 기기는 로컬로 소규모 SLAM을 수행하면서 위치 측정 서버에서 글로벌 포즈를 얻어 확장 가능한 실외 트래킹을 제공할 수 있다. 로컬 SLAM은 파노라마식과 완전한 6DOF 모션을 지원해야 하며, 따라서 사용자는 자유롭게 환경을 탐색할 수 있다. 선도적인 온라인 지도 제공 업체의 체계적인 지도 작성 및 재구성이 이미 진행 중인 만큼, 가까운 미래에 실외 트래킹 시스템은 빠르게 개선될 것이다.

5장

캘리브레이션과 등록

트래킹 시스템을 이용하려면 여러 좌표 시스템을 처리해야 한다. 이런 좌표 시스템을 서로 맞춰서 트래킹된 물리적 객체 위에 가상 물체 오버레이가 정확히 놓이게 해야 하는 것이다. 이 프로세스를 등록이라고 하는데, 트래킹된 포즈를 렌더링 애플리케이션의 좌표 시스템으로 전환하는 것이다. 등록은 트래킹된 디스플레이에 렌더링 카메라를 정렬하는 데도 필요하다. 트래킹된 좌표 시스템을 절대 방향 알고리즘을 이용해 객체의 좌표 시스템으로 등록하는 방법은 4장에서 이미 살펴봤다.

AR에서 등록이란 여러 컴포넌트를 보정하는 것이다. 이 장에서는 카메라의 내부 매개변수와 렌즈 왜곡의 캘리브레이션을 알아보고, 그다음에는 디스플레이로 가서 광학 투과 헤드마운트 디스플레이의 위치 결정 장치가 있는지 없는지에 따라 캘리브레이션이 어떻게 달라지는지 논의한다. 그리고 손과 눈의 캘리브레이션에 대해서도 논의할 텐데, 이 캘리브레이션은 밖에서 안으로와 안에서 밖으로의 트래킹 시스템이 동시에 사용될 때 유용하다. 마지막으로는 AR 등록의 문제와 오류의 원인을 알아본다. 3장에서 이미 언급했지만, 내용을 빨리 훑어보고 싶은 독자라면 파란색 박스의 내용은 건너뛰어도 좋다.

카메라 캘리브레이션

먼저 카메라의 내부 작동 방식부터 알아보자. 카메라 캘리브레이션이란 카메라 내부의 매개변수와 렌즈 왜곡으로 빚어진 비선형성 측정까지 포괄한다.

카메라 내부 매개변수

4장에서 설명한 트래킹 기술은 카메라 내부 캘리브레이션 매트릭스 K를(4장의 '카메라 표현' 절 참조) 알고 있다고 간주한다. 투영 매트릭스는 내부와 외부 매개변수 M = K[R | t]로 구성돼 있다는 점을 기억하자. 이전 정보가 없다면, 먼저 M을 결정한 후 M을 K, R, 그리고 t로 분해해 K를 얻을 수 있다.

가장 널리 사용되는 카메라 캘리브레이션 알고리즘은 차이[Tsai]와[1986] 장[Zhang]이[2000] 제안한 것이다. 우리는 알려진 참조 객체인 캘리브레이션 타깃에 해당하는 2D-3D 지점 세트를 가정한다. 가장 인기 있는 캘리브레이션 타깃 유형은 규칙적으로 배열된 점들을 쉽게 추출할 수 있는 체커보드나 사각형 점 그리드가 쓰인다. 호모그래피 추정의 경우와 달리, 3D 점들은 한 평면에 있어서는 안 된다. 두 개의 캘리브레이션 타깃을 직교하게 두거나, 하나의 캘리브레이션 타깃을 서로 다른 앵글에서 찍은 여러 장의 사진을 쓰면 된다(그림 5.1).

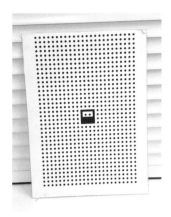

그림 5.1 알고 있는 크기의 규칙적 점 그리드로 이뤄진 두 개 이상의 캘리브레이션 패턴 이미지면 카메라 내적 매개변수 캘리브레이션을 충분히 수행할 수 있다.

차이 알고리즘

4장에서 다룬 3D 지점 q와 그 2D 이미지 p의 관계는 $p_\times Mq = 0$이라는 공식을 떠올려보자.

$$\mathbf{p}_\times \mathbf{Mq} = 0$$

$$\begin{bmatrix} p_v \mathbf{M}_{R3}^T \cdot \mathbf{q} & - & \mathbf{M}_{R2}^T \cdot \mathbf{q} \\ \mathbf{M}_{R1}^T \cdot \mathbf{q} & - & p_u \mathbf{M}_{R3}^T \cdot \mathbf{q} \\ p_u \mathbf{M}_{R2}^T \cdot \mathbf{q} & - & p_v \mathbf{M}_{R1}^T \cdot \mathbf{q} \end{bmatrix} = 0 \tag{5.1}$$

이 관계에서 호모그래피와 비슷한 DLT 방법론을 이용해 M을 계산할 수 있다. M의 계수는 12×1 벡터 $[\mathbf{M}_{R1}, \mathbf{M}_{R2}, \mathbf{M}_{R3}]^T$로 재배치한다.

$$\begin{bmatrix} 0 & -p_w \mathbf{q}^T & p_v \mathbf{q}^T \\ p_w \mathbf{q}^T & 0 & -p_u \mathbf{q}^T \\ -p_v \mathbf{q}^T & p_u \mathbf{q}^T & 0 \end{bmatrix} \begin{bmatrix} \mathbf{M}_{R1}^T \\ \mathbf{M}_{R2}^T \\ \mathbf{M}_{R3}^T \end{bmatrix} = 0 \tag{5.2}$$

방정식 5.2는 2 자유도뿐이므로 M의 11DOF를 결정하기 위해서는 방정식 시스템에 여섯 개 이상의 점 대응을 쌓아야 한다. 이 시스템은 SVD로 해결되며 솔루션은 레벤버그-마르쿼트(Levenberg-Marquardt) 최소화를 통해 반복 정제된다.

M의 왼쪽 3×3 부분 행렬은 직교 회전 행렬 R과 위 삼각 행렬 K로 구성된다. 즉, $[\mathbf{M}_{C1} \mid \mathbf{M}_{C2} \mid \mathbf{M}_{C3}]$ = KR이다. 이는 RQ 인수 분해를 사용해 분해될 수 있다. 이를 위해 역 회전 $\mathbf{R}^{-1}$을 세 개의 직교 회전 행렬의 곱으로 표현한다.

$$\mathbf{R}^{-1} = \mathbf{R}_x \mathbf{R}_y \mathbf{R}_z =$$

$$\begin{bmatrix} 1 & 0 & 0 \\ 0 & \cos(\theta_x) & -\sin(\theta_x) \\ 0 & \sin(\theta_x) & \cos(\theta_x) \end{bmatrix} \begin{bmatrix} \cos(\theta_y) & 0 & \sin(\theta_y) \\ 0 & 1 & 0 \\ -\sin(\theta_y) & 0 & \cos(\theta_y) \end{bmatrix} \begin{bmatrix} \cos(\theta_z) & -\sin(\theta_z) & 0 \\ \sin(\theta_z) & \cos(\theta_z) & 0 \\ 0 & 0 & 1 \end{bmatrix} \tag{5.3}$$

세 개의 직교 행렬 각각은 M과 곱해질 때 대각선 아래에 있는 세 개의 값 중 하나가 0이 되도록 선택된다. 곱셈의 결과는 위 삼각 행렬 $K = MR^{-1} = MR_x R_y R_z$이다. 먼저 요소 (3, 2)가 0이 되도록 θ_x를 선택한다.

$$\cos(\theta_x) = -\frac{m_{3,3}}{\sqrt{m_{3,2}^2 + m_{3,3}^2}}, \quad \sin(\theta_x) = \frac{m_{3,2}}{\sqrt{m_{3,2}^2 + m_{3,3}^2}} \tag{5.4}$$

마찬가지로 요소 (3, 1)이 0이 되도록 θ_y를 선택하고 요소 (2, 1)이 0이 되도록 θ_z를 선택한다.

렌즈 왜곡 교정

실제 카메라 렌즈는 완전하지 않아서 핀홀 모델을 충분히 정확하게 따르지 못한다. 디지털 카메라가 공장 캘리브레이션 과정에서 이미 펌웨어로 이를 해결하지 않은 경우, 렌즈 왜곡을 교정해야 할 수도 있다. 렌즈 왜곡을 고려할 때 우리는 방사상과 탄젠트 형태의 왜곡을 구분해야 한다. 방사형 왜곡은 이미지가 렌즈 중앙으로부터 멀리 갈수록 늘어나거나 압축돼서 볼록하거나 오목해 보이는 효과를 준다(그림 5.2). 탄젠트 왜곡은 이미지 지점이 렌즈 중앙으로부터 원형을 그리며 탄젠트 곡선을 따라 왜곡된다. 이런 효과는 센서의 중앙과 렌즈 중앙이 정렬되지 않아서 일어나는 것이므로, 반드시 이미지에서 대칭적으로 관찰되는 것은 아니다. 일반적으로, 방사 왜곡은 보정해야 하지만 탄젠트 왜곡은 덜 두드러지며 보통 무시한다.

방사 왜곡을 해결하기 위해서는 왜곡된 이미지 지점 d에서 왜곡되지 않은 이미지 지점 p와 투영 중심 c를 계산해야 한다. 가장 널리 쓰이는 방법에서는 다음의 다항 근사치를 이용한다.

$$\begin{aligned} r &= \sqrt{(d_u - c_u)^2 + (d_v - c_v)^2} \\ p_u &= d_u + (d_u - c_u)(K_1 r^2 + K_2 r^4 + \cdots) \\ p_v &= d_v + (d_v - c_v)(K_1 r^2 + K_2 r^4 + \cdots) \end{aligned} \tag{5.5}$$

왜곡된 지점들은 이전에 말했듯 캘리브레이션 패턴에서 얻는다. 재래식 카메라에서는 보통 단일 계수 K_1만 고려해도 만족스러운 결과가 나온다. 반면, 와이드 앵글 렌즈에서는 두 개의 계수 K_1과 K_2를 고려해야 한다. 두 개 이상의 계수를 고려할 때는 결과가 개선되지 않으며, 캘리브레이션 과정이 훨씬 취약해진다. 그림 5.3은 규칙적인 10×10 그리드에 텍스처 맵핑을 하고 5.5의 공식에서 나온 텍스처 좌표를 적용해 왜곡을 교정한 것이다.

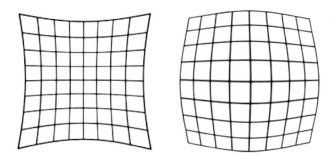

그림 5.2 방사 왜곡: (왼쪽) 볼록 왜곡과 (오른쪽) 오목 왜곡 (사진 제공: 게르하르트 라이트마이어)

그림 5.3 (왼쪽) 렌즈 왜곡 때문에 문과 문틀이 눈에 띄게 구부러져 보이는 동영상 이미지 (오른쪽) 렌즈 왜곡 캘리브레이션에서 나온 텍스처 맵핑 매개변수로 교정한 같은 이미지 (사진 제공: 안톤 퍼먼(Antorn Fuhrmann))

디스플레이 캘리브레이션

AR 시스템을 완전히 보정하려면 입력만이 아니라 출력, 즉 디스플레이에도 캘리브레이션이 필요하다. 카메라의 내적과 외적 매개변수를 알고 있다면 비디오 투과 디스플레이에 AR 오버레이 등록을 보여줄 충분한 정보가 있는 것이다.

광학 투과 디스플레이에는 AR 오버레이 등록 시 카메라 트래킹 대신 헤드 트래킹을 이용해 정보를 입력해야 한다. 헤드 트래킹은 예를 들어 헤드마운트 디스플레이에 부착된 카메라같이 외부적으로 이뤄져야 한다. 하지만 헤드 트래킹만으로는 디스플레이에 대한 양쪽 눈의 포즈를 식별할 수 없다. HMD는 디스플레이를 비교적 눈 가까이에 두기 때문에 눈과 디스플레이의 정확한 캘리브레이션 변형이 필요하다. 다행히 우리는 이 정보를 정적이라고 간주해 HMD에서 한 번의 캘리브레이션으로 처리할 수 있다. 이 가정은 세션 도중에 머리에서 HMD를 다시 조정하지 않는 한 유효하다.

사용자는 광학 투과 디스플레이에서만 합성된 이미지를 보기 때문에 보통의 이미지 기반 캘리브레이션 접근법에 사람을 넣어서 바꿔야 한다. 시스템은 캘리브레이션 패턴을 보여주고, 사용자는 패턴과 물리적 환경의 구조를 정렬하도록 요구받는다. 이 과정은 여러 형태로 이뤄질 수 있으며, 사용자가 원하는 바에 따라 달라진다.

오이시Oishi와 타치Tachi의 연구에서[1005] 사용자의 머리는 정해진 위치에 고정되며, 다양한 거리에서(그림 5.4) 사용자에게 '사격 연습장' 캘리브레이션 패턴이 제시된다. 아주마와 비숍은[1994] 가늠좌 패턴이 물리적 시야선에 정렬돼야 하는 조준형 접근법을 이용한다(그림 5.5).

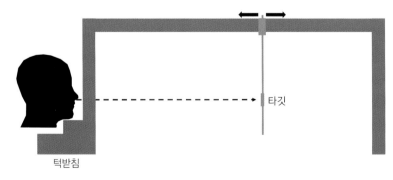

타깃

턱받침

그림 5.4 사격 연습장 접근법을 이용한 HMD 캘리브레이션. 사용자의 머리는 턱받침에 고정되며, 사용자는 다양한 거리에서 보이는 타깃을 조준해야 한다.

그림 5.5 HMD 캘리브레이션을 위한 조준형 접근법. 사용자는 HMD의 시야를 상자의 모서리에 정렬해야 한다.

이 절에서는 사용자가 자유롭게 움직이면서 양쪽 눈을 함께가 아니라 하나씩 보도록 제약하는 두 가지 접근법을 논의하겠다. 투세리안 등이[2002] 제안한 단일 지점 액티브 정렬 방법은 사용자가 실제 세계에서 알고 있는 지점에 가늠좌를 정렬하도록 요구하며, 퍼먼 등이[2002] 제안한 방법론은 추가적으로 트래킹된 조준 기기를 이용한다. 두 방법론 모두 사용자가 보정하는 동안 가만히 있어야 하는 방법론보다 편의성이 개선돼, 이런 유형의 접근법이 전문가 사이에서는 큰 인기를 끌고 있다. 이런 방법론은 이전의 캘리브레이션 결과를 더욱 개선할 수 있고, 한 눈에서 다른 눈으로 (입체 디스플레이에서) 다음 세션을 이어갈 수도 있다. 이런 재사용은 사용자의 캘리브레이션을 위한 노력을 더욱 줄여준다[퍼먼 등 2000][젠크(Genc) 등 2002].

최근에는 실시간으로 디스플레이에 대한 사용자를 트래킹하는 트래킹 시스템이 인기를 끌고 있다. 사용자 트래킹 시스템은 가상 쇼케이스와[빔버 등 2005] 핸드헬드 혹은 헤드마운트 디스플레이 같은 고정형 광학 투과 디스플레이에 활용될 수 있다. 바리체비치 등은[2012] 사용자 관점의 렌더링을 위한 헤드 트래킹이 가능한 핸드헬드 디스플레이를 설명한다. 상용 아마존 파이어 폰이 유사한 접근법을 취하는데, 동시에 네 개의 전면부 카메라를 이용한다. 이토[Itoh]와 클링커[Klinker]는[2014] HMD 내부에 실시간 등록을 조정하기 위해 탑재된 동공 트래커를 이용한다. 플롭스키 등은[2015] HMD 안에 있는 눈 트래킹 시스템으로 디스플레이에서 사용자의 눈으로 투영된 캘리브레이션 패턴의 반사를 감지하는 방법을 설명한다(그림 5.6).

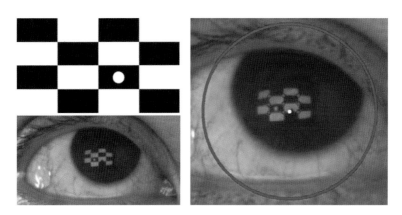

그림 5.6 HMD에 탑재된 안쪽을 향하는 카메라는 투영된 체커보드 패턴을 감지해 디스플레이에 대한 눈의 위치와 방향을 알아낼 수 있다. (사진 제공: 알렉산더 플롭스키(Alexander Plopski))

단일 지점 액티브 정렬 방법

단일 지점 액티브 정렬 방법^{SPAAM}은[투세리안 등 2002] HMD 캘리브레이션의 가장 인기 있는 방법 중 하나다. 이 방법론은 광학 투과 HMD가 세계 W에 대해 트래킹된다고 가정한다. HMD에서 트래킹된 지점은 H라 라벨링되고, 트래킹 변형은 $M^{W \to H}$로 보인다. 사용자의 눈 E는 2D 위치 p에서 주어진 세계의 좌표를 지점 q에서 관찰한다(그림 5.7).

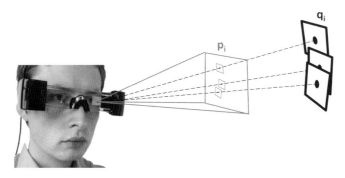

그림 5.7 단일 지점 액티브 정렬 방법은 디스플레이에 가늠좌 타깃의 시퀀스를 제시하고, 사용자는 알고 있는 실제 세계 지점과 정렬하는 방식으로 작동한다. (사진 제공: 젠스 그루버트(Jens Grubert))

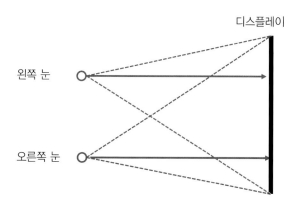

그림 5.8 일반적 씬에서 사용자는 HMD 안쪽의 디스플레이를 비축 투영(off-axis projection)하에서 보게 된다. 이미지 면에 노멀인 보는 방향은 시점 안에 중심이 놓이지 않는다. 따라서 보는 원뿔은 비스듬한 모양을 사용해야 한다.

이 캘리브레이션의 목적은 머리에서 눈으로의 좌표 $M^{H \to E}$에서 투영 행렬을 결정하는 것이다.

$$\mathbf{p} = \mathbf{M}^{H \to E} \mathbf{M}^{W \to H} \mathbf{q} \tag{5.6}$$

4장의 '카메라 표현' 절에서 논의했듯, 일반적인 투영 행렬은 11 자유도로, 내부와 외적 매개변수를 합친 것이다. 일반적으로 디스플레이는 눈 바로 앞에 중심이 놓이지 않아서, 비축 투영으로 이어진다(즉, 공식 4.3의 카메라의 내적 매개변수 c_u와 c_v가 화면 중앙에 해당하지 않게 된다). 결과적으로 보는 원뿔은 비대칭이 된다(그림 5.8).

SPAAM의 목적은 사용자의 상호작용으로 얻은 최소한 여섯 개의 2D-3D 관련점 $M^{H \to E}$(더 낫게는 12~20 관련점)를 계산하는 것이다. 화면의 $\mathbf{p}_i$ 위치에 디스플레이된 일련의 가늠좌 마커들이 사용자에게 제시된다. 사용자는 시각적으로 알고 있는 $\mathbf{q}$ 지점에 가늠좌를 정렬해야 한다. 사용자가 방아쇠 버튼을 눌러서 정렬을 확인하면, 시스템은 2D-3D 관련점 $(\mathbf{p}_i, \mathbf{q}_i)$와 $\mathbf{q}_i = \mathbf{M}^{W \to H}\mathbf{q}$를 기록하고 다음 캘리브레이션 지점으로 진행한다.

바람직한 투영 행렬은 이전 절 '내적 카메라 매개변수'에서 설명한 DLT 기술을 이용해 이런 관련점들을 연산하는 것이다.

포인팅 장치를 이용한 헤드마운트 디스플레이 캘리브레이션

퍼먼 등이[2000] 제안한 캘리브레이션 방법은 SPAAM에 의해 사용된 정적 캘리브레이션 지점 대신 디스플레이에 있는 가늠좌를 정렬하는 추가적 포인팅 장치를 트래킹해야 한다. 이런 위치 결정 장치는 종종 AR 설정의 일부로, 정렬을 확인하는 방아쇠가 포함돼 있다. 위치 결정 장치의 장점은 정렬을 위해 고개를 움직이는 대신 사용자가 팔을 움직여, 더 정확하고도 편리하게 사용할 수 있다는 점이다(그림 5.9). 게다가 이 접근법은 '매직 미러' 설정의 비디오 투과 캘리브레이션에 활용할 수 있는데, 이때 사용자가 캘리브레이션 입력을 수행하면서 고정된 디스플레이를 쳐다봐야 한다.

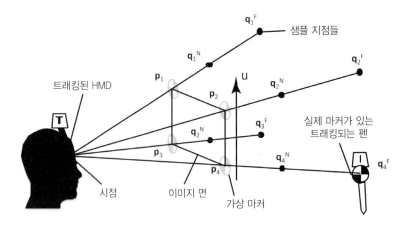

그림 5.9 위치 결정 장치가 있을 때는 SPAAM의 직접적인 사용자 입력에 쓰이는 세계의 알고 있는 고정 지점 대신 활용할 수 있다. 사용자는 수동으로 팔을 쭉 뻗어서 3D 지점의 거리를 선택할 수 있다. (사진 제공: 안톤 퍼먼)

이 방법론은 사용자가 같은 가늠좌 위치의 두 개 지점을 명시함으로써 개별 지점보다는 선을 정의하도록 한다. 한 점은 팔을 머리에 가까이 든 q^N 위치고, 또 한 점은 팔을 쭉 뻗은 먼 지점 q^F다. 가늠좌의 사이즈는 요청한 위치가 가까운 지점인지 먼 지점인지를 표시한다. 절차는 네 번 반복되는데, 화면 꼭지점 근처의 가늠좌 지점 p_i당 한 개의 선 (q_i^N, q_i^F)로 보는 원뿔의 근사치를 낸다.

위치 결정 장치 D의 변형이 $M^{W \to D}$로 트래킹되면, $M^{W \to H} (M^{W \to D})^{-1}$을 여덟 개의 입력 지점 각각에 대해 저장한다.

H에서 E로의 변형 복구는 지오메트리 고려를 기반으로 하거나, SPAAM에서 해당하는 DLT 기법을 활용할 수 있다. 지오메트리 기법은 연산이 더 빠를 수 있다. 첫째, 네 개의 선은 연산돼야 하는 시선 점에서 최소한 정사각형으로 교차해야 한다. 이 선들의 방향에 대한 평균을 내면 합리적인 보는 방향의 근사치가 나오는데, 처음에는 이미지 면 P에 직교하는 것으로 간주한다. 이미지 면의 수직과 수평 방향은 P와 선들의 교차에서 추정한다. 이 정보에서 카메라의 업 벡터^{up-vector}를 추정할 수 있다. 비선형 개량을 따른 경우에는 이 추정치로 불충분할 때가 많다.

손과 눈의 캘리브레이션

4장의 '절대 방향' 절에서는 두 트래킹 시스템 모두에서 지점의 세트를 측정할 수 있다면 절대 방향 방법론을 이용해 두 개 트래킹 시스템의 좌표 시스템을 정렬할 수 있다는 것을 확인했다. 이 기술은 AR에서 모델링된 실제 환경의 좌표 트래킹을 정렬하고 싶을 때 흔히 사용된다. 다른 경우, 두 개의 트래킹 시스템은 단단히 연결돼 배치될 수 있지만, 흔한 참조점들을 관찰할 수는 없다. 예를 들어, 디스플레이에 카메라를 탑재할 수 있다. 이런 경우 카메라는 세계에 있는 물체의 내부에서 밖으로의 트래킹을 수행하고, 디스플레이는 밖에서 안으로의 외부 트래킹 장치가 된다. 우리는 디스플레이에서 카메라로의 변환을 알고 싶다.

로봇 공학에서 카메라(눈) E가 로봇 R의 최종 작용체(손) H에 탑재될 때 비슷한 상황에 부딪힌다. 로봇 유닛은 기계적으로 $R - H$를 트래킹하고, 카메라는 시각적으로 보정 타깃 T의 $E - T$를 트래킹한다. 정적 변형 $R - T$와 $H - E$는 알 수 없으므로, 우리는 공통 참조 물체가 없이 두 개 트래킹 시스템의 측정치에서 H - E를 보정하고자 한다.

우리는 여러 측정치 $\mathbf{M}_k^{R \to H}$와 $\mathbf{M}_k^{E \to T}$를 얻어서 손과 눈의 캘리브레이션을 할 수 있다. 측정치 쌍을 (k, k') 관련 변형으로 연결한다.

$$\mathbf{A} = (\mathbf{M}_k^{R \to H})^{-1} \mathbf{M}_{k'}^{R \to H}$$
$$\mathbf{B} = (\mathbf{M}_k^{E \to T})^{-1} \mathbf{M}_{k'}^{E \to T} \qquad (5.7)$$

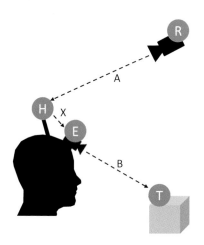

그림 5.10 손과 눈의 캘리브레이션은 두 개의 트래킹 시스템을 동시에 사용하지만, 공통의 기준점은 없을 때 사용해야 한다. 여기에서 우리는 사용자의 손 H에서 헤드마운트 카메라 E로의 알지 못하는 정적 변형 X에 관심이 있다. 외적 트래킹 시스템 R은 사용자의 머리 H로의 변형 A를 측정하고, 카메라 E는 대상 물체 T로의 변형 B를 측정한다. A와 B에서 X를 계산할 수 있다.

이 상대 변경에서 우리는 다음 공식을 활용해 최소한 손과 눈의 캘리브레이션 $X = M^{H \rightarrow E}$의 제곱 정답을 계산할 수 있다.

$$\mathbf{A}_i \mathbf{X} = \mathbf{X} \mathbf{B}_i \tag{5.8}$$

차이와 렌즈의 고전적 알고리즘은[1989] 첫 번째로 회전을 판단한 후 X 부분을 바꿔서 이 문제를 해결한다.

차이-렌즈 알고리즘
먼저 측정치를 회전과 변경으로 분리한다. $A = [R^A \mid t^A]$, $B = [R^B \mid t^B]$이다. 회전은 사원수(quaternion)로 표시된다. 단위 벡터 $[w_x \, w_y \, w_z]^T$로 주어진 축을 중심으로 한 각도 θ의 회전은 다음과 같이 사원수 형식 q로 표현된다. $$\mathbf{q} = [q_w \, q_x \, q_y \, q_z]^T = \left[\cos\frac{\theta}{2} \; \sin\frac{\theta}{2} w_x \; \sin\frac{\theta}{2} w_y \; \sin\frac{\theta}{2} w_z \right]^T \tag{5.9}$$

회전 행렬 R에서 구할 수 있다.

$$q_w = \frac{\sqrt{1 + \mathbf{R}_{0,0} + \mathbf{R}_{1,1} + \mathbf{R}_{2,2}}}{2}$$

$$q_x = \frac{\mathbf{R}_{2,1} - \mathbf{R}_{1,2}}{4q_w}$$

$$q_y = \frac{\mathbf{R}_{0,2} - \mathbf{R}_{2,0}}{4q_w} \tag{5.10}$$

$$q_z = \frac{\mathbf{R}_{1,0} - \mathbf{R}_{0,1}}{4q_w}$$

단위 사원수는 3DOF이기 때문에 q_x, q_y, q_z의 세 가지 구성 요소만 사용해 보조 3 벡터, q'를 계산할 수 있다. q^A와 q^B는 각각 R^A와 R^B의 3 성분 표현이다. 다음과 같이 q'를 계산한다.

$$(\mathbf{q}_i^A + \mathbf{q}_i^B)_\times \, \mathbf{q}' = \mathbf{q}_i^B - \mathbf{q}_i^A \tag{5.11}$$

최소 제곱으로 이 문제를 해결하려면 적어도 두 쌍의 측정 값 (A_i, B_i)가 필요하다. $()_\times$는 단수이기 때문이다. 4 벡터가 단위 길이여야 한다는 사실을 적용해 q'의 네 번째 구성 요소를 다른 세 구성 요소로부터 복구한다. 원하는 회전 q^X는 다음과 같이 q'에 관련된다.

$$\mathbf{q}^X = \frac{2\mathbf{q}'}{\sqrt{1 + |q'|^2}} \tag{5.12}$$

결과로 나온 사원수는 다시 회전 행렬로 변환할 수 있다.

$$\mathbf{Rot}(\mathbf{q}) = \begin{bmatrix} 1 - 2(q_y^2 + q_z^2) & 2(q_x q_y - q_w q_z) & 2(q_w q_y + q_x q_z) \\ 2(q_x q_y + q_w q_z) & 1 - 2(q_x^2 + q_z^2) & 2(q_y q_z - q_w q_x) \\ 2(q_w q_y - q_x q_z) & 2(q_y q_z + q_w q_x) & 1 - 2(q_x^2 + q_y^2) \end{bmatrix} \tag{5.13}$$

한 번 더 최소 제곱법으로 원하는 t^X 변환을 얻을 수 있다.

$$(\mathbf{Rot}\,(\mathbf{q}_i^A) - \mathbf{I})\mathbf{t}^X = \mathbf{Rot}\,(\mathbf{q}^X)\mathbf{t}_i^B - \mathbf{t}_i^A \tag{5.14}$$

등록

이제 오프라인에서 수행해야 하는 캘리브레이션에 대한 실제적인 지식을 쌓았으니, AR 애플리케이션을 사용하기 전에 적절한 등록을 런타임으로 보존하는 기법을 알아보자.

시스템 컴포넌트들의 복잡한 상호작용은 등록에 많은 오류의 원인이 있을 수 있다는 점을 암시한다. 3장의 '시간적 특성' 절에서 언급했듯이, 우리는 정확성에 영향을 주는 정적 오류와 정밀도에 영향을 주는 동적 오류를 구분할 수 있다. 정적 오류를 수정하려면 주로 측정치와 참조 좌표 시스템 간의 모든 정렬 불량의 원인이 되는 캘리브레이션을 개선해야 한다. 아직 해결되지 못한 정적 오류의 주된 원인은 트래킹 시스템에서 제공되는 측정치가 시스템적으로 비선형적이라는 점이다. 분명, 동적 오류는 정적 캘리브레이션으로 해결할 수 없기 때문에 문제가 더 심각하다. 이 범주에서는 오류의 확대와 지연을 주로 극복해야 한다.

기하학적 측정치 왜곡

센서 시스템은 다양한 까다로운 조건 때문에 어려움을 겪는다. 예를 들어, 자기 트래킹 시스템은 환경에 있는 금속과 자기장의 영향을 받고, 키네틱 같은 심도 센서는 작업 공간의 먼 끝으로 갈수록 편향성이 두드러진다.

이런 기하학적 왜곡은 보통 비선형적이지만 단조롭다. 즉 개념적으로 광학 렌즈 왜곡 수정과 유사한 방식으로 바로잡을 수 있다는 뜻이다. 먼저, 왜곡을 설명하는 수학적 함수를 얻도록 캘리브레이션 과정을 수행한다. 두 번째로는 런타임에서 모든 측정치를 역함수로 변환해서 참 값을 찾는다.

캘리브레이션 과정은 트래킹 시스템이 포괄하는 작업 범위 전체에서 왜곡된 측정치의 샘플을 얻는 것으로 이뤄진다. 측정치는 두 번째로 독립적인 측정 시스템에서 얻은 실제 검증과 연결해야 한다. 이 두 번째 시스템은 예를 들어 로봇 팔 같은 신뢰도 있는 측정 시스템이거나 줄자로 만든 규칙적인 그리드 같은 수동 설정이 될 수 있다.

결과적인 캘리브레이션 측정치들은 조회 테이블에서 직접 찾아보거나 보간 함수로 변환할 수 있다. 조회 테이블 접근법에는 측정치 값의 근사치 검색이 필요하며, 이런 이웃 값에서 보간에 의해 왜곡을 바로잡을 수 있어야 한다. 아니면 낮은 자리의 다항이 측정치에 일반적으로 각 자리마다 별도로 맞춰질 수 있어야 한다. 브라이슨[Bryson] 은[1992] 3~4의 다항으로 자기 트래킹에서 최고의 결과가 나온다고 보고했으며, 카인즈[Kainz] 등은[2012] 키넥트 V1에서 심도 데이터에 대해 비슷한 결과를 보고한다.

오류 전파

많은 실용적 AR 시스템을 괴롭히는 문제는 트래킹이 흔들리거나 자릿수에 의한 캘리브레이션이 불충분해서 생기는 작은 오류가 전파되는 것이다. 원래의 오류는 눈치 채지 못할 만큼 작을 수도 있지만, 전파되고 나면 이런 오류는 참아낼 수 있는 범위를 넘어서게 된다.

시스템 컴포넌트 간의 여러 상호작용이 오류 전파로 이어질 수 있지만, 가장 흔한 문제는 작은 회전상의 오류가 큰 해석 오류로 이어지는 것이다. 사용자가 고정돼 있는 트래킹 시스템을 마주하고서 점차 밀리 갈 때, HMD의 밖에서 안으로의 트래킹에 대해 생각해보자. 카메라 해상도에는 제한이 있기 때문에 트래킹 시스템에서 보고된 사용자가 보는 방향에는 작은 회전 오류가 생긴다. 고정 트래킹 시스템 근처에 있는 가상 물체는 사용자와 트래킹 시스템 간의 거리가 커질수록 이에 비례해 실제 세계에서 부정확하게 배치된다(그림 5.11).

이런 오류 전파 효과는 좌표 시스템의 동적 연속을 피하고 하나의 좌표 시스템을 다른 좌표 시스템과의 관계로 직접 표현해 최소화할 수 있다. 예를 들어, 실제 세계 물체들은 중간에 세계 좌표 시스템을 거치지 않고 트래커 좌표에서 직접 저장하고 조작할 수 있다. 로컬 물체 좌표가 사용되면, 평균 좌표 가중치는 최소한이어야 한다. 이 효과를 얻으려면 로컬 좌표 시스템을 물체의 중력 중심의 출처로 선택하면 된다.

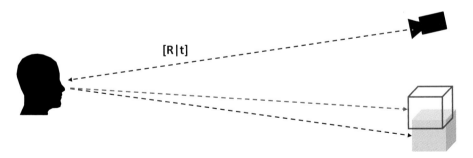

그림 5.11 오류 전파로 인해 작은 각도 오류도 큰 위치 오류를 만들어내기 때문에 등록 품질을 크게 떨어뜨릴 수 있다. 여기서 외부 트래킹 시스템에서 생긴 회전 오류는 실제 세계의 박스에 대한 빨간색 가상 박스의 큰 등록 차이로 이어진다.

지연

사용자의 움직임을 트래킹 시스템으로 관찰하면 해당되는 이미지가 즉시 표시될 수는 없다. 시스템이 관찰된 움직임을 반영하는 AR 이미지로 제시할 수 있으려면 정해진 지연 시간이 들어가게 된다. 종단 간 지연은[제이콥스(Jacobs) 등 1997] 여러 컴포넌트로 구성된다.

- 센서에서 수행한 물리적 측정 과정과 결과를 호스트 컴퓨터에 전송하는 시간
- 호스트 컴퓨터에서의 측정치 처리
- 호스트 컴퓨터에서의 이미지 생성
- 이미지 생성기와 디스플레이의 영상 동기화는 추가적인 1 프레임의 지연을 발생시킬 수 있다(예: 60Hz 업데이트율에서 최대 16.7 ms).
- 이미지가 최종적으로 보여질 때까지 디스플레이 내부의 지연

이동하는 사용자에게 지연으로 인한 시간적 오류는 증강된 이미지가 잘못된 (지나간) 위치나 잘못된 (지나간) 카메라 포즈로 제시되기 때문에 바로 공간 오류로 바뀌게 된다.

특히 HMD를 착용하고서 고개를 돌리는 것 같은 사람의 머리 동작에서 지연은 쉽사리 강력한 공간 오류의 원인이 될 수 있다. 초당 최대 500mm나 50도를 넘어서는 속도로 머리를 움직이면 20~60mm까지 등록 오류가 발생할 수 있다. 할로웨이Holloway 는[1997] 경험적으로 1ms당 1mm의 오류를 보고한다. 이와 비교할 때 부정확한 캘리브레이션이나 트래킹 흔들림 같은 다른 오류 원인은 10mm 미만이다.

지연의 효과는 동작의 속도와 비례하므로, 사용자의 활동을 동적으로 변화시킨다. 이로 인해 사용자가 실제의 동작보다 느리고 동작을 멈추면 멈추도록 이미지가 제시되는 '이미지 수영image swimming' 효과가 나타난다. 이런 종류의 시스템 행동 양식은 삼차원 상호작용 시 과도한 조정이 일어나게 되며, 심각할 때는 멀미를 느끼게 된다.

필터링과 예측

흔들림 때문에 측정치가 영향을 받으면 센서 데이터를 필터링해 부드럽게 처리해야 한다. 마찬가지로, 여러 트래킹 시스템을 함께 쓸 때는 각 트래킹 시스템에서 다른 시

스템과 연관이 없으면서 측정치의 노이즈를 보상해주는 필터가 필요하다. 이렇게 하면 부드럽게 처리된 트래킹 데이터를 얻을 수 있으므로 고품질의 AR 경험에 더 적합해진다. 더 중요한 것은, 필터로 노이즈를 감소시키면 예측이 가능하며(4장의 '점진적 트래킹' 절 참조), 따라서 특정 정도의 지연률을 보상할 수 있는 적합한 모션 모델을 이용할 수 있다는 점이다.

센서 데이터의 통계적 필터링 접근법에는 칼만 필터와 파티클 필터가 있다. 둘 다 '반복적' 필터 방식으로, 가장 최근에 계산된 상태에 의존해 트래킹되는 루프에서 구동되므로 계속 메모리가 필요하다.

칼만 필터$^{Kalman filter}$는[칼만 1960] 오류를 정규 분포로 규정할 수 있으며 시스템 상태와 측정치의 선형 조합을 이용해 오류를 식별하고 제거할 수 있다고 간주한다. 이 필터는 예측과 수정 두 단계로 작동한다. 예측 단계는 시기에 따라 조정한 이전 값을 기반으로 향후 시스템 상태를 예측한다. 그리고 수정 단계는 새로 들어온 측정치 정보를 이용해서 상태를 업데이트하고 빗나가는 것을 방지한다. 대부분의 센서 시스템은 비선형적인 방식으로 행동하며, 확장형 칼만 필터[웰치와 비숍 1995]와 비조정 변형[줄리어와 울만 2004] 같은 고급 모델로 해결할 수 있다.

파티클 필터는 오류가 정규 분포로 근사치를 낼 수 없을 때 사용할 수 있다[이사드(Isard)와 블레이크(Blake) 1998]. 이것은 시스템 상태를 별개의 파티클 집합으로 모델링하는 순차적 몬테 카를로$^{Monte Carlo}$ 기술[두셋(Doucet) 등 2001]이다. 각 파티클은 그 동적 행동 양식의 외삽법으로 측정치에서 관찰되는 시스템 상태를 얼마나 잘 예측할 수 있는지 반복적으로 조정한다.

이 필터링의 결과는 외삽법으로 모션을 예측할 수 있게 해주며[아주마와 비숍 1994] 지연을 보정해준다. 측정치를 얻은 다음, 카메라 포즈에 대응해 시스템 상태가 예측돼 추정된 지연을 반영한다. 결과적으로 이미지가 제시될 당시 카메라 포즈에 가장 근접하게 된다.

예측의 정확도를 더 높이기 위해 파이프라인을 더 잘게 나눠서 데이터 스트림을 외삽법과 보간으로 동기화할 수 있다[제이콥 등 1997]. 먼저 트래킹 시스템을 필요한 디스플레이 속도보다 더 높은 빈도로 전달하도록 설정해야 한다[울로카 1995]. 특히, 보조적인 트래킹 소스를 이용하는 IMU 기기는 업데이트 속도를 매우 높일 수 있다[아주마와 비숍 1994]. 둘째, 이미지 생성은 최종적으로 디스플레이에서 사용될 제시 창보다 더 크게 렌더링하도록 설정해야 한다. 최종적인 이미지 생성은 가장 최근의 트래킹 데이터를 이용한 카메라 포즈의 업데이트된 예측에 따라 수정된 이미지를 제시한다(그림 5.12). 이미지 수정은 넓은 시야의 이미지에서 잘라내거나[마주리크(Mazuryk) 등 1996], 큐브 맵을 이용하거나[리건(Regan)과 포즈(Pose) 1994] 픽셀 단위 이미지 변형을 이용해[마크 등 1997] 이뤄진다. 또한 비디오 투과 AR에서는 비디오 스트림의 디스플레이를 지연시킬 수도 있다[바주라(Bajura)와 뉴먼 1995].

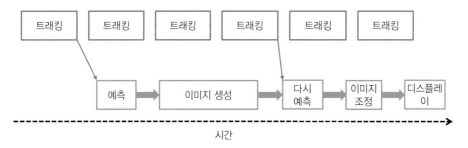

그림 5.12 트래킹 시스템에서 업데이트 속도가 충분히 빠르면 예측을 이용해 지연에 의한 등록 오류를 보정할 수 있다. 먼저, 예측한 카메라 포즈를 기반으로 이미지를 생성한다. 이미지가 완성되고 나면, 업데이트된 트래킹 정보에서 또한 번 예측을 구동해 이미지를 조정함으로써 이미지가 최종적으로 제시될 때 사용자의 시점에 매치되도록 한다.

여러 센서를 합쳐서 이용할 경우, 센서들 간의 시간적 등록 역시 강화돼야 한다. 이 과정은 보통 획득하는 동안 각각의 측정치에 찍힌 타임스탬프를 기반으로 이뤄진다. 이상적으로는 센서들의 업데이트 속도가 충분히 빠르면 센서 결합으로 단순히 같은 시간, 최소한 비슷한 시간에 취한 측정치를 합칠 수 있다. 통계적 필터를 사용한 경우에는 필터에서 각 센서의 측정치가 새로운 데이터가 들어올 때마다 다른 시간대에 필터링될 수 있도록 설정할 수 있다[웰치와 비숍 1997].

요약

AR을 위한 적절한 캘리브레이션을 위해서는 시스템의 모든 컴포넌트를 주의 깊게 보정해야 한다. 오프라인 캘리브레이션은 트래킹 시스템(카메라의 내적 매개변수, 렌즈 왜곡, 기타 트래킹 시스템의 시스템적인 왜곡), 디스플레이(투과 HMD 캘리브레이션, 손과 눈의 캘리브레이션), 그리고 트래킹 시스템에 대한 실제 세계 물체(절대 방향)를 모두 포함해야 한다. 가능하다면 상당한 오류를 만들어내는 설정은 피해야 한다.

런타임에서는 모든 시스템 컴포넌트의 주의 깊은 동기화를 거쳐야만 올바른 시간적, 공간적 등록을 담보할 수 있다. 그러려면 피할 수 없는 지연 효과를 보상하기 위한 (종종 칼만이나 파티클 필터 기반의) 모션 예측이 필요하다.

6장

시각적 일관성

이 장에서는 AR 시스템에서 시각적으로 일관된 출력을 얻는 방법을 검토한다. 특히 이 장에서는 실제와 가상 객체를 어떻게 결합해 가상 객체가 매끄럽게 실제 환경에 녹아들어 실제 세계와 구분할 수 없게 할지 살펴보자. AR 애플리케이션의 궁극적인 목표가 모두 매끄러운 결합을 추구하는 것은 아니지만, 시각적 일관성은 엔터테인먼트, 교육, 상거래 같은 분야에서 중요하다. 시각적 일관성의 중요한 요소인 공간 등록에 대해서는 5장에서 이미 살펴봤다. 이 장에서는 실시간 사실적 컴퓨터 그래픽의 기술에 주로 의존하는 외형과 관련된 이슈들에 집중해보자.

등록

AR의 핵심 요건 중 하나는 실제와 가상의 씬이 잘 맞게 등록되는 것이다. AR 디스플레이의 모든 프레임에 공간 등록이 필요하다는 점을 생각해보면 실시간 포즈 트래킹이 필수적일 것은 당연하다. 씬에 대한 관찰자나 카메라의 상대적 포즈가 주어지면 가상 객체는 출력 이미지에 정확한 위치와 방향으로 놓일 수 있다(그림 6.1). 일반적으로 삼차원 객체가 실제 씬의 이미지에 들어가야 하는 경우, 가상 객체는 가상 카메라에서 실제 카메라에 대응하는 내적 외적 카메라 매개변수를 이용해 렌더링돼야 한다.

이렇게 카메라를 보정하고 나면 필수적인 심도 신호를 생성할 수 있다. 심도 신호는 사람이 관찰한 씬의 삼차원 구조를 해석하도록 해주는 자극 요소다[골드스틴 2009]. 심도 신호에는 대략 15~20가지 종류가 있는데, 크게 단안식과 양안식 신호로 나눌 수 있다. 단안식 신호는 하나의 이미지에서 관찰되며(그림 6.2), 양안식 신호는 이미지 쌍에서 관찰된다. 이런 신호들은 특별한 디스플레이 시스템에만 적용될 수 있다. 예컨대 양안 시차(두 눈에서 보이는 차이)는 스테레오 디스플레이 기기에서만 만들어낼 수 있다.

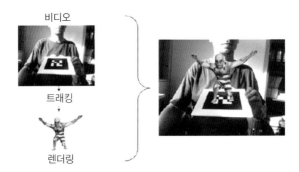

그림 6.1 단순한 AR 렌더링 파이프라인. 이 예제에서는 실제 세계의 동영상을 얻어서 별도로 렌더링한 컴퓨터 그래픽 요소인 녹색 괴물과 합친다. (사진 제공: 이스트반 바라코니(Istvn Barakonyi))

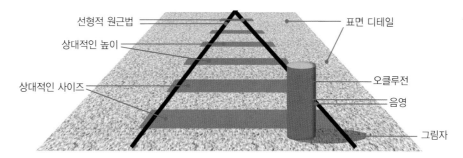

그림 6.2 단안식 심도 신호는 하나의 이미지에서 씬 구조를 해석하게 해준다.

오늘날의 많은 AR 디스플레이는 단안식 비디오 투과 모드를 이용하기 때문에 AR에서는 전반적으로 단안식 심도 신호가 더 중요하다. 이 효과는 순전히 컴퓨터 그래픽 소프트웨어를 통해서만 만들어낼 수 있다. 가장 중요한 신호는 다음과 같다.

- 상대적 사이즈: 물체가 관찰자로부터 멀어질수록 더 작아진다.
- 상대적 높이: 더 멀리 있는 물체는 이미지에서 바닥 위치가 높아진다.
- 원근법: 관찰자로부터 멀리 뻗어 나가는 것을 표시하는 평행선
- 표면 디테일: 가까이 있는 물체일수록 표면의 세부 묘사나 텍스처 그라데이션이 더 섬세하다.
- 대기 감쇠: 더 멀리 있는 물체는 대기의 영향을 받아 흐리고 푸른색을 띤다.
- 오클루전: 관찰자에 더 가까이 있는 물체는 씬 공간에서 멀리 있는 물체를 가린다.
- 음영: 물체는 광원의 위치와 방향에 따라서 밝아진다.
- 그림자: 물체들은 다른 물체에 그림자를 드리운다.

삼차원 컴퓨터 그래픽은 모든 신호를 잘 전달한다. 사이즈, 원근법, 높이, 표면 디테일 같은 여러 신호는 실제 씬에 지오메트리를 등록한 가상 카메라로 간단히 만들 수 있다. 대기 감쇠 효과는 넓은 영역에 적용하는 야외용 AR에 주로 활용되므로 여기서는 다루지 않겠다. 하지만 나머지 심도 신호, 특히 오클루전, 음영, 그림자는 AR 렌더링에서 특수하게 처리해야 한다.

가상과 실제를 하나로 합치기 위해 AR 렌더링은 전통적인 컴퓨터 그래픽 파이프라인을(표 6.1) 넘어서야 한다. 여기에는 비디오 투과형 파이프라인이 광학 투과형 파이프라인보다 잘 맞는데, 최종 이미지의 모습을 완전히 제어할 수 있기 때문이다. 그래서 이 장에서는 다음 단계로 구성된 비디오 투과형 AR의 파이프라인을 기준으로 하겠다.

1. 획득: 실제 씬에서 모델(지오메트리, 머티리얼, 조명)을 획득한다.
2. 등록: 실제 씬과 가상 씬 간의 공용 지오메트리와 측광 속성을 확정한다.
3. 합성: 실제 씬과 가상 씬을 하나의 이미지로 합친다.
4. 디스플레이: 합성된 이미지를 사용자에게 제시한다.

표 6.1 시각적 일관성을 위한 파이프라인에서는 여러 데이터 소스의 획득, 등록, 합성이 수행된다.

데이터 소스	획득	등록	합성
지오메트리	지오메트리 재구성, SLAM	지오메트리 등록	오클루전, 감소 현실
광원, 재질	라이트 프로브	측광 등록	일반적 조명
이미지	비디오 캡처	카메라 캘리브레이션	카메라 시뮬레이션, 스타일화

분명 이 파이프라인은 가상 씬만 처리하는 표준적인 컴퓨터 그래픽 렌더링 파이프라인보다 복잡하다. AR 렌더링 파이프라인은 실제 씬과 가상 씬을 다뤄야 하며, 두 씬의 지오메트리 등록과 측광적 측면의 등록도 제공해야 한다.

지오메트리 등록의(일반적으로는 '등록'이라고만 부른다.) 기반은 앞 장에서 다뤘다. 즉, 지오메트리 포즈 업데이트를 어떻게 얻는지(3장), 지오메트리의 실시간 획득은 어떻게 제공하는지(4장), 실제 씬과 가상 씬을 어떻게 정렬하는지(5장) 우리는 이미 알고 있는 것이다. 실제 씬의 지오메트리와 가상 씬에 대한 정렬을 알면, 바로 지오메트리 합성을 진행할 수 있다. 먼저 AR 지오메트리 합성의 적용에서 주로 다뤄야 하는 가상과 실제 객체 간의 오클루전 해결 문제를 살펴보자.

측광 등록은 좀 더 복잡하다. 가상 씬과 실제 씬에서 각각 인지된 밝기와 색상을 정렬하는 이 과정은 시각적 일관성을 위해 필수적이다. 빛이 가상과 실제 객체 사이를 어떻게 지나가서 최종적으로 관찰자에게 도달하는지 그럴듯하게 시뮬레이션하려면, 씬의 지오메트리뿐 아니라 표면 재질과 실제 광원까지 획득해야 한다.

측광과 지오메트리를 등록하면 가상과 실제 씬의 측정이 완전히 끝난다. 가상과 실제 물체를 함께 렌더링하는 합성에서는 가상과 실제 물체 사이를 빛이 이동할 때 흔히 발생하는 조명 문제를 해결해야 한다. 사실적인 AR 연구에 대해서는 제이콥스[Jacobs]와 로스코스[Loscos]의 연구와[2004] 크로낸더[Kronander] 등을[2015] 읽어보길 바란다.

합성에서 일반적 조명으로 처리되지 않는 측면 하나가 씬에서 실제 물체를 제거하는 것인데, 감소 현실[diminished reality]이라고도 한다. 원치 않는 물체로 채워진 배경은 관찰되지 않을 때가 많지만, 다른(예: 확률적) 수단으로 복구할 수 있어야 한다.

획득과 등록에서 근사치와 오류는 보통 피할 수 없기 때문에 합성 단계에서 결과적인 차이가 최소한으로 보이게끔 주의를 기울여야 한다. 이 문제를 처리하는 수단 중하나가 카메라 시뮬레이션인데, 물리적 카메라의 행동 양식을 가상 씬 렌더링 과정에 감안해 결과가 실제 씬의 이미지에 매치되도록 만드는 것이다. 또 다른 수단은 컴파짓 이미지 전체에 스타일화[stylization]를 적용하는 것이다.

오클루전

컴퓨터 그래픽 물체를 등록된 카메라로 비디오 배경 위에 그리는 것만으로는 가상과 실제가 공존하는 씬이라는 느낌을 주기에 충분하지 않다. 그림 6.3을 보자. 가상의 레고 맨은 화면의 위치와 원근법상 정확히 렌더링돼 있다. 하지만 왼쪽에 있는 실제 세계의 여자 레고를 가리는 것이 눈에 거슬리고, 가상 물체의 3D 위치도 제대로 전달되지 않는다. 실제 세계의 경험에서 누구나 기대하게 마련인 적절한 심도 신호가 누락돼 생기는 현상이다.

오클루전은 강력한 심도 신호며, 그럴듯한 AR 씬을 만들기 위해서는 반드시 적용해야 한다. 두 예제 이미지는 분명한 차이가 있다. 가상 물체는 실제 물체의 앞이나 뒤에 넣을 수 있지만 가상 물체가 앞에 놓일 때는 처리하기가 쉽다. 아주 단순하게 적용할 때는 그저 가상 물체를 비디오 배경 위에 그리는 것만으로 비디오에 있는 실제 물체를 가릴 수 있다. 하지만 가상 물체가 실제 물체의 뒤에 있다면 렌더링 동안 가려진 가상 객체에서 눈에 보이는 부분을 구분할 방도를 마련해야 하므로 적절한 오클루전 처리가 까다로워진다.

그림 6.3 (a) 가상 캐릭터가 올바른 위치에 놓여 있지만, 물리적 캐릭터에 의한 오클루전을 고려하지 않았다. (b) 올바른 오클루전 렌더링으로 상충되는 신호를 제거하면 훨씬 사실적인 느낌이 나온다. (사진 제공: 데니스 칼코펜)

이런 효과를 달성하는 기본 알고리즘은 팬텀^{phantom}을 이용하는 것이다[브린(Breen) 등 1996]. 팬텀 렌더링은 현대적 그래픽 프로세싱 유닛^{GPU}의 표준 z-버퍼(심도 버퍼)를 활용한다. 팬텀이란 실제 객체의 가상 표현을 눈에는 보이지 않게 렌더링하는 것으로, z-버퍼만 수정하면 된다. 이러면 동영상에 보이는 실제 객체에 올바른 심도 값이 확보되므로, 가상 물체는 부분적으로 가려진 것처럼 렌더링된다. 팬텀 객체가 올바르게 등록돼 있다면 가상 객체의 숨겨진 패치들은 표준 z-버퍼 알고리즘이 거부한다. 의사 코드^{pseudo-code}로 설명하자면 이렇다.

1. 동영상 이미지를 컬러 버퍼에 그린다.
2. 컬러 버퍼에 쓰기 기능을 끈다.
3. 실제 씬에 z-버퍼에만 팬텀을 렌더링한다.
4. 컬러 버퍼에 쓰기 기능을 켠다.
5. 가상 객체를 그린다.

팬텀은 주로 표준 그래픽 하드웨어를 이용해 렌더링할 수 있는 전통적인 폴리곤 모델을 이용해 정의한다(그림 6.4). 하지만 심도 버퍼를 확립할 수만 있다면 다른 팬텀 모델 표현도 가능하다. 예를 들어, 피셔 등은[2004] 체적형 모델에 처음 부딪히는 등위면 레이캐스팅^{isosurface raycasting}을 활용한다. 혹은 명시적인 모델 없이 동적으로 심도를 얻을 수도 있다. 이 접근법의 개요는 '모델이 없는 오클루전' 절에서 살펴보겠다. 그보다 먼저, 기본적 오클루전 문제가 어떻게 오클루전 개선과 개연적 오클루전^{probabilistic} ^{occlusion}으로 극복될 수 있는지 알아보자.

그림 6.4 팬텀 렌더링은 z-버퍼를 실제 객체의 가상 모델 심도 값으로 채운다. (사진 제공: 데니스 칼코펜)

오클루전 개선

팬텀 렌더링 접근법을 이용하는 오클루전의 품질은 입력 데이터의 품질에 따라 달라진다. 부정확성이 발생하는 주된 원인은 모델 자체, 정적 등록 오류, 그리고 동적 등록(예: 트래킹 오류)의 오류다.

- 실제 세계의 객체를 충실하게 표현하지 않는 가상 모델은 올바른 오클루전 마스크를 만들어낼 수 없다.
- 정적 등록 시 가상과 실제 시스템의 좌표 시스템이 제대로 맞지 않으면 팬텀 객체가 엉뚱한 위치나 잘못된 방향으로 렌더링된다.
- 트래킹 오류로 인해 동적 등록이 부정확할 때는 카메라 포즈 추정이 부정확할 때와 마찬가지로 정적 등록의 정확성이 떨어진다.

이런 오류는 화면 공간에서 실제 세계의 객체와 오클루전 마스크의 불일치를 낳는다. 그런데 사람의 눈은 이런 불일치를 아주 잘 간파하기 때문에, 불일치를 바로잡는 오류 수정을 하는 편이 좋다. 이런 수정이 오클루전 개선이다. 경험 법칙을 기반으로 개선하는 것이긴 하지만, 실제로는 결과가 뚜렷이 나아진다.

오클루전 개선이란 일반적으로 팬텀 객체의 실루엣만 정확하게 따서 가상과 실제 객체가 서로 관통할 수 없게 하는 것이다. 따라서 실루엣을 형성하는 폴리곤 모델의 가장자리만 수정해야 한다. 이런 수정은 이미지 공간에서 추정할 수 있다. 개념적으로 오클루전 경계의 일부로 가리는 폴리곤의 모든 외곽선은 비디오 이미지가 진짜 오클루전 경계를 표시하는 근처의 선에 해당하는지 찾는다. 그런 다음 폴리곤이 조정돼 이미지에서 찾은 가장자리에 매치된다. 가리는 가장자리 근처의 알파 버퍼에 가리는 폴리곤을 렌더링할 때 투명도 그라데이션을 적용할 수도 있는데, 이러면 가장자리가 흐릿해져서 부정확성이 남아있어도 눈에 잘 띄지 않는다.

클라인과 드루먼드는[2004] 팬텀에 대응되는 동영상에서 이런 가장자리를 식별하는 데 가장자리 트래킹을 사용한 후, 팬텀 지오메트리를 관찰에 매치되도록 변형한다. 반면, 디베르디와 휄레러는[2006] 순전히 이미지 공간에서만 작업한다. 이들은 픽셀 셰이더를 이용해 가장자리를 따라 있는 모든 픽셀을 별도로 수정한다(그림 6.5).

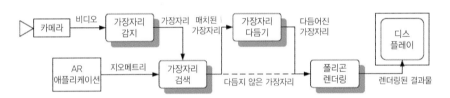

그림 6.5 순전히 GPU에서 처리되는 오클루전 개선 접근법. 먼저, 동영상 이미지에서 가장자리를 감지해 가상 모델의 가장자리와 맞춘다. 수정된 가장자리를 따온 폴리곤 위에 알파 블렌딩으로 겹쳐 띄운다.

그림 6.6 팬텀 물체가 투영된 가장자리 근처에서 대응하는 실제 물체의 진짜 가장자리를 찾으면 (왼쪽) 오클루전 경계선을 수정할 수 있다(오른쪽). (사진 제공: 스티븐 디베르디(Stephen DiVerdi))

셰이더는 최대의 증감치를 위한 가장자리의 방향을 찾아나가며, 검색 결과를 보조 텍스처로 저장한다. 가리는 폴리곤들은 가장자리 픽셀 단위의 오클루전 수정으로 렌더링된다(그림 6.6). 감지된 가장자리에 노이즈가 너무 많을 때는 그 대신 가장자리를 다듬는 단계를 넣어도 된다. 젱Zheng 등은[2014] 한 발 더 나아가, 카메라 이미지와 텍스처가 입혀진 모델 렌더링 간의 광학적 흐름을 연산해 오클루전 개선을 위한 조밀 대응을 얻어낸다.

개연적 오클루전

퍼먼 등은[1999] 팬텀 렌더링의 개연적 오클루전을 설명한다. 이들은 움직이는 사람처럼 관절이 있는 모델을 다루기 위해 움직이는 팔다리의 포즈를 실시간으로 획득하는 모션 캡처 시스템을 활용한다. 정확한 트래킹을 확정할 수 없는 사람의 손 같은 부분에는 개연적 모델을 이용한다(그림 6.7). 이 모델은 가장 안쪽과 가장 바깥쪽으로 갈수록 투명해지는 중첩된 다중 표면으로 구성된다. 이런 식으로 만들면 최종 이미지에서 관찰되는 투명도가 대략 손이 특정 구역에 있을 개연성에 대응된다. 현대적 그래픽 하드웨어를 이용한 적용법이라면 이 같은 목적을 위해 셰이더의 체적형 텍스처나 3D 거리 영역 연산을 활용할 것이다. 이 방법은 손 트래킹을 비롯해 어떠한 트래킹 불확실성이 있을 때 AR 애플리케이션을 쉽게 개선해줄 수 있다.

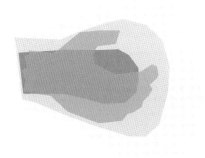

그림 6.7 팬텀 렌더링의 개연적 접근법. 손처럼 정확한 트래킹이 힘든 영역에는 점차 투명해지는 셸 표면(shell surface)으로 구성된 개연적 팬텀 모델을 활용할 수 있다.

모델이 없는 오클루전

AR은 역동적인 실제의 환경에서 작동해야 하며, 팬텀 객체가 늘 미리 준비돼 있는 것도 아니다. 그래서 특별한 하드웨어를 통해, 혹은 가정을 통해 씬의 심도 맵을 동적으로 획득하게 해주는 여러 기법이 개발돼왔다.

다양한 기법의 한 극단에 있는 물체 분할은 전경 물체 선택을 사용자가 입력하도록 한다. 르쁘띠와 버거[2000] 사용자가 수동적으로 전경 물체를 적어도 두 키프레임 이미지에서 분할하도록 하는 접근법을 제시한다. 시스템은 객체의 윤곽을 연속적인 프레임으로 트래킹하고, 이 정보를 이용해 객체의 정확한 오클루전을 연산한다. 이 기술의 장점은 분명한 입체 모델이 필요 없다는 것이다. 최근의 여러 연구는 씬에 있는 객체들의 반수동 재구성을 다루는데[반 덴 헹겔 등 2009][바스티안 등 2010], 비슷한 방식으로 오클루전을 판단하는 데 활용될 수 있다.

반대편 극단에서 실시간으로 심도 맵을 완전히 자동으로 획득하는 접근법은 전용 심도 센서를 활용하는데, 스테레오 카메라 리그나[울로카(Wloka)와 앤더슨 1995] 전파 시간 카메라가 여기에 해당한다[고든 등 2002][피셔 등 2007]. 그림 6.8을 보자. 심도 센서와 비디오 투과 증강을 위한 비디오 카메라를 단단하게 결합할 수 없을 때는 심도 이미지와 비디오 이미지 간의 등록을 트래킹 정보에서 동적으로 연산해야 하고, 심도 이미지를 비디오 카메라의 뷰 공간으로 재투영해야 한다. 재투영된 심도 이미지는 GPU로 전송돼 픽셀 단위 심도 연산에 이용된다. 최근의 RGB-D 센서는 이미 공장에서 보정된 상태로 출하된다.

전경과 배경의 바이너리 z-버퍼 분할을 이용하는 애플리케이션도 있다. 이런 전경 마스크는 오클루전 효과를 위한 연산에 활용된다. 심도 정보가 아주 조악하기 때문에, 이 접근법은 주로 전경과 배경 물체의 역할이 시간이 흘러도 변화하지 않는 정적 카메라 설정에서 유용하다.

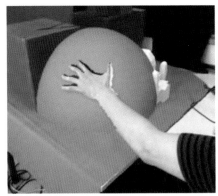

그림 6.8 (왼쪽) 손이 가상 객체에 잘못 가려져 있다. (오른쪽) 심도 센서는 간단하게 실제 세계의 객체를 프레임 레이트에 따라 매 픽셀 단위로 해결해준다. (사진 제공: 루카스 그루버)

이 요건을 만족시키는 애플리케이션 중 하나가 가상 스튜디오인데, TV 방송에서 디지털 배경을 넣는 제작 방식이다. 그룬되퍼^{Grundhëfer} 등은[2007] 인지할 수 없는 플래시 키잉$^{flash\ keying}$을 이용해 배경 앞에 있는 화자의 외곽선을 판단하는 가상 스튜디오 설정을 설명한다(그림 6.9). 전경은 60Hz로 카메라와 동기화된 플래시 빛이 하나 건너 한 프레임마다 비춰진다. 따라서 플래시가 비추고 비치지 않는 이미지를 시스에서 나눌 수 있다.

씬에 있는 특정 객체나 객체 타입 감지를 기반으로 분할할 수도 있다. 예를 들어, 컴퓨터 비전의 필드에서 큰 몸의 처리는 손 감지에 중점을 둔다. 손이나 손가락이 가리키는 동작은 직접적인 상호작용으로 잘 쓰이는데, AR에서는 손의 방향도 인기를 끈다. 예를 들어, 위어 등이 제시한 시스템은[2003] 피부색 기준으로 손을 분할한다(그림 6.10). 손 감지를 적용해 정확한 오클루전을 판단할 수도 있다. 경험적으로 보통은 손이 전경 물체로 가정되며, 따라서 어떤 가상 객체든 가리게 된다. 색 기반 분할은 추가적인 하드웨어 없이 비디오 카메라에서 직접 작동하며, 단점이라면 그리 탄탄하지 않고 조명 조건에 쉽게 영향을 받는다는 점이다.

 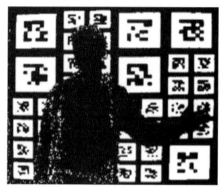

그림 6.9 (왼쪽) 가상 스튜디오에서 라이브 배경 앞에 있는 화자 (오른쪽) 구조광을 이용해 전경의 화자를 실시간으로 분할할 수 있다. (사진 제공: 올리버 빔버)

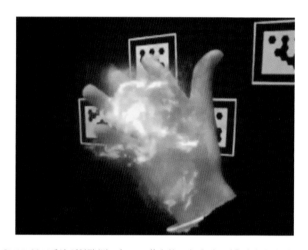

그림 6.10 IEEE ISMAR 2011에서 시연된 '번AR(BurnAR)'이라는 이 데모는 사용자의 손이 피부색에 따라 분할된다. 감지된 손에 가상의 불이 붙는다. (사진 제공: 피터 위어, 크리스찬 샌더, 매트 스와보다, 탄 엔구옌, 울리히 에크, 게르하르트 라이트마이어, 애린덤 데이)

측광 등록

가상과 실제 객체 간의 오클루전 계산만으로는 진짜 같은 AR 애플리케이션용 이미지 제작에 충분하지 않다. 측광 등록도 계산해서 가상 객체가 실제 객체와 함께 일관되게 조명의 영향을 받을 수 있도록 해야 한다. 그러기 위해서는 가상과 실제 객체의 지오메트리뿐 아니라 실제 씬의 입사광, 즉 광원을 알아야 한다. 입사광의 수와 특징은 결과적인 빛 시뮬레이션의 연산 복잡성에 강한 영향을 미친다.

이런 복잡성은 모든 광원이 멀리 있고 씬에서 외부 요소로 처리하는 작은 AR 작업 공간을 가정해 줄일 수 있다(그림 6.11). 그런데 이 가정은 햇빛이나 천정에 있는 조명만 있을 때는 합리적이지만, 탁상용 램프나 촛불이 있다면 적합하지 않다. 원거리 조명으로만 제한하면 조명 연산이 상당히 단순화된다.

이것이 왜 중요한지 이해하려면 먼저 로컬 조명과 글로벌 조명에 대해 알아야 한다. 로컬 조명이란 빛이 광원에서 씬 안의 표면 지점으로 이동하는 것만 감안한다는 뜻이다. 반면 글로벌 조명은 복잡한 빛과 씬에 있는 다른 객체와의 상호작용 역시 고려한다. 따라서 글로벌 조명은 자연히 반사, 굴절, 그림자 효과를 만들어낸다. 예를 들어 부드러운 그림자는 여러 방향에서 빛이 들어온 결과, 일부 빛은 가려지고 다른 빛은 가려지지 않아서 생긴다. 글로벌 조명은 또한 반사하는 물체의 재질에 따라서 반사를 만들어낸다. 광택 있는 물체들은 거울 반사를, 무광 물체는 확산 반사를 만들어낸다. 순수한 확산(램버트라고도 불린다.) 반사는 반사의 방향과 보는 방향을 무시하기 때문에 연산하기 더 쉽다.

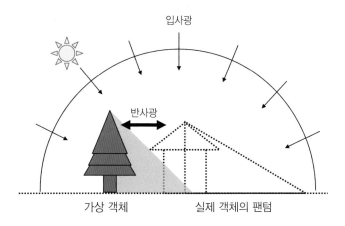

그림 6.11 가상과 실제 객체 간의 빛 상호작용은 로컬 실제 장면에서만 고려된다. 먼 장면은 빛을 보내기만 한다.

먼 광원을 가정하면 로컬 씬이 많은 광원을 포함하지 않기에 조명을 연산할 필요성이 제한된다. 먼저, 모든 들어오는 빛은 지향광으로 모델링돼 이차원 표(환경 맵environment map[블린(Blinn)과 뉴웰(Newell) 1976])에 저장되고 순전히 방향에 따라 색인되지만, 씬 안의 위치는 고려되지 않는다(그림 6.12). 다시 말해, 씬 안의 표면 지점이 받는 빛은 이 지점과는 독립적으로 가정된다. 둘째, 빛이 씬을 나가는 이동은 연산할 필요가 없다. 빛이 씬을 나가서 다시 씬에 반사될 때만 관계가 있는데, 이는 광원 정의에 의해 배제된다. 대신, 씬 밖의 먼 물체에서의 반사는 환경 맵의 광원과 함께 인코딩된다. 셋째, 먼 광원은 씬에서 먼 광원에 의해 강한 그림자가 생기는 일이 드물기 때문에 대개 빈도가 낮다.

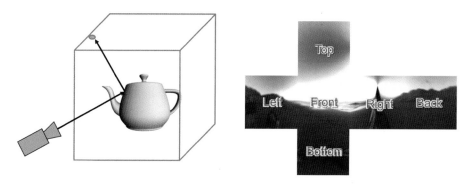

그림 6.12 환경 맵은 한 객체가 주위에서 받는 조명의 효율적인 표현이다.

이미지 기반 조명

이미지 기반 조명에 환경 맵을 이용하려면 보통 고명암비HDR를 이용해야 하는데, 임의의 고정 자릿수보다는 부동 소수점 정밀도의 의미 있는 물리적 유닛으로 환경 맵에서 조명이 표현된다는 뜻이다. 환경 맵이 관찰자의 시점에서 들어오는 빛을 표시할 경우, 이는 래디언스 맵radiance map이라고 부른다. 반사 후 밖으로 향하는 빛(방사광)을 직접 표현할 적절한 커널을 미리 정해둔 맵은 이래디언스 맵irradiance map이라고 부른다.

래디언스 맵은 씬의 가상 물체에 이미지 기반 조명을 적용하는 데 이용할 수 있다. 가장 단순한 형태의 이미지 기반 조명은 로컬 조명에만 쓰이는데, 빛이 광원에서 씬 안의 표면 지점으로 이동하는 것만 감안한다는 뜻이다. 간접광 반사나 씬에 있는 다른 물체에 의한 음영 같은 글로벌 조명의 효과는 감안하지 않는다. 먼 환경의 표면에서의 방사 광원과 반사가 합쳐진 효과는 래디언스 맵에서 합쳐져 나타나는데, 매력적인 결과물을 만들어낸다(그림 6.13).

정확하게 조명된 가상 객체가 디지털 이미지에 합쳐진 첫 번째 작업으로는 나카마에 Nakamae 등이[1986] 제안한 것이 꼽힌다. 이 초창기 연구는 야외 씬의 정지 이미지에 건물을 추가하는 데 주력했다. 래디언스는 환경 맵에 저장되는 대신 알고 있는 태양 위치에서 분명히 계산됐다.

그림 6.13 두 가지 조명 조건으로 표현한 래디언스 맵의 과일 접시 이미지 기반 조명 처리 예 (사진 제공: 토마스 라히터 트루머(Thomas Richter-Trummer))

진짜 이미지 기반 라이팅은 1990년대에 접어들어서야 등장했다. 예를 들어 스테이트 등은[1996a] 구면 텍스처 맵핑spherical texture mapping을 통해 크롬 구체에 적용된 반사체를 이용한 실시간 조명을 시연했다. 드비벡Debevec은[1998] HDR과 차별 렌더링을 이용한 이미지 기반 라이팅을 소개했다(이 내용은 이후 더 자세히 논의하겠다). 사토Sato 등은[1999] 무지향성 스테레오 카메라의 입체 재구성과 다양한 셔터 스피드로 찍은 무지향성 이미지의 시퀀스를 이용한 환경의 지오메트리와 래디언스 맵을 합치고 나서, 레이캐스팅을 이용해 실제 조명을 연산했다.

2000년대에는 GPU에서 프로그래밍할 수 있는 텍스처 맵핑으로 이미지 기반 라이팅의 쌍방향 사용이 가능해졌다. 어거산토Agusanto 등은[2003] 래디언스 맵을 이용해 가상 객체에 거울 반사를 만들었다. 페소아Pessoa 등은[2010] 선택된 물체를 위한 별도의 환경 맵을 동적으로 렌더링했다. 이렇게 합성된 환경 맵은 환경광뿐 아니라 다른 가상 객체의 반사도 포함한다. 메일랜드[Meiland] 등도[2013] 비슷한 아이디어를 추구했는데, 실제 씬의 라이트 필드 표현에서 물체 단위로 환경 맵을 합성했다.

라이트 프로브

래디언스 맵의 획득은 사실상 라이트 프로브를 통해 이뤄진다. 이 도구는 패시브 라이트 프로브(씬에 배치돼 카메라가 관찰하는 '보는 물체'의 반사)나 액티브 라이트 프로브(씬 안이나 근처에 배치된 카메라)의 형태가 된다. 래디언스의 무지향성 표현을 획득하는 것이 목적이기 때문에 라이트 프로브는 넓은 시야를 제공하는 편이 더 좋다.

패시브 라이트 프로브는 일반적으로 관찰 물체에 미러형 구체를(그림 6.14) 적용한다. 구체는 대략 300도의 수평 시야를 전달할 수 있으며 재래식 렌즈 카메라로 관찰할 수 있다. 씬 안에 배치된 카메라에는 특수한 어안 렌즈가 필요하다.

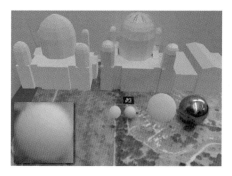 

그림 6.14 (왼쪽) 디퓨즈 구체 형태의 라이트 프로브와 미러형 구체는 실제 세계의 조명을 포착한다. (오른쪽) 포인트 그레이 레이디버그(Point Grey Ladybug) 같은 무지향성 카메라는 액티브 라이트 프로브 역할을 할 수 있다. (사진 제공: 루카스 그루버)

라이트 프로브의 목적은 주로 HDR 이미지 획득에 있다. 드비벡과 말릭[Malik]은[1997] 카메라의 비선형 노출 반응 기능을 보정한 후 점점 노출 시간을 늘려서 찍은 일련의 정지 이미지로 HDR 이미지를 빠르게 연산하는 방법을 설명한다. 오늘날에는 카메라가 하드웨어에서 HDR 이미지를 연산할 수 있으므로 이 애플리케이션의 난제가 상당 부분 해결됐다.

구형 환경 맵을 지원하는 하드웨어라면 구형 관찰 물체의 이미지를 환경 맵핑에 직접 이용할 수 있다[스테이트 등 1996a]. 오늘날은 뷰가 독립적이기 때문에 정육면체 환경 맵이 더 흔해졌다. 하지만 정육면체 맵은 라이트 프로브에서 가져온 소스 이미지의 재샘플링이 필요하다.

관찰 물체의 재질은 애플리케이션마다 다르다. 가장 흔히 이용되는 것은 미러형 재질로, 예를 들어 크롬 코팅된 메탈이 거울 반사 레코딩에 활용된다[드비벡 1998][어거산토 등 2003]. 거울 재질일 때는 HDR 이미지 레코딩이 허용돼야 한다. 칸바라[Kanbara]와 요코야[Yokoya]는[2004] 검은 미러 구체를 이용해 강한 광원만 기록하고 광량이 낮은 조명은 걸러낸다. 이 구체는 기준점 마커에 부착해 실시간으로 시선 물체의 이미지를 식별한다. 반면 아이탈라[Aittala]는[2010] 확산 구체(탁구공)를 활용해 확산 조명만 획득하고, 단순한 원형 감지를 통해 구체의 이미지를 추출한다.

일부 연구자들은 확산되는 반사를 일으키는 라이트 프로브로 편평한 물체도 이용한다. 예컨대 아이탈라는[2010] 시선 물체를 기준점 마커로도 활용해 마커 트래킹 기술로 쉽게 감지할 수 있는 방식을 언급한다. 필렛[Pilet] 등은[2006] 텍스처를 알고 있어 쉽게 트래킹할 수 있는 평면 물체를 활용한다(그림 6.15). 이들은 사용자가 물체를 움직일 때 트래킹 타깃의 노멀에 의한 반사를 샘플링한다. 트래킹된 물체가 런타임으로 씬과의 상호작용에 활용될 수 있고 제거할 필요가 없기 때문에 조명이 변화한다면 래디언스 맵을 점진적으로 업데이트하는 데도 활용될 수 있다.

그림 6.15 텍스처가 있는 직사각형 같은 평면 트래킹 타깃을 단순한 라이트 프로브로 활용해 주된 빛 방향을 추정할 수 있다. 가상 객체에는 사실 같은 음영이 생기고 그림자도 드리우게 된다. (사진 제공: 줄리언 필렛, 안드레아스 가이거, 파스칼 라거, 뱅상 르프티, 파스칼 푸아)

필렛 등과[2006] 아이탈라는[2010] 시선 물체의 관찰로부터 직접 조명을 계산한다. 둘 다 광원 지점들을 계산해 거울 하일라이트와 드리워진 그림자 같은 효과를 얻는다. 아이탈라는 주변 조명으로 이용될 수 있도록 환경 맵의 표현에 분명한 광원으로 잡히지 않는 잔류 에너지를 추가로 투영한다.

패시브 프로브와는 상반되게, 액티브 프로브는 환경 맵을 직접 획득한다. 어안 렌즈나 무지향성 거울을 씬에 직접 설치해 한 번에 모든 방향의 이미지를 얻는다[사토 등 1999]. 무지향성 카메라를 설치해 런타임으로 씬에 남겨두거나, 씬 가까이에 있지만 AR 비디오 피드를 제공하는 카메라 시야 바로 바깥쪽에 둘 수 있는 애플리케이션도 있다[수판 등 2006][그로쉬 등 2010][칸과 카우프만 2012a]. 특수 HDR 카메라를 이용하면 HDR 환경 조명을 애플리케이션에 동적으로 제공할 수 있다.

오프라인 라이트 캡처

프로세싱이 허용된다면 환경 맵은 일렬로 여러 이미지를 연결해 캡처할 수 있다[젤리스키(Szeliski) 2006]. 일렬 연결은 실시간으로도 수행될 수 있지만[디베르디 등 2008][와그너 등 2010], 사용자가 가능한 모든 방향을 다 볼 수 있다고 보장하기는 어렵다.

환경 맵은 2D 라이트 필드의 하나다. 이 맵은 임의의 방향에서 한 지점으로 도달하는 광선의 강도나 색을 정한다. 원거리 광원을 가정한다면 이 지점은 씬 전체에 대체적으로 유효하다. 하지만 더 넓은 씬에서는 위치가 무시될 수 있다. 이럴 때는 5D 라이트 필드를 사용할 수 있는데, 공간에서 많은 3D 위치에 별도의 환경 맵을 저장한다[로우(Low) 등 2009]. 이 접근법은 메모리에 큰 부담을 준다는 점에 유의하자.

주어진 2D 표면 위치에 대한 2D 환경 맵만을 제공하는 4D 라이트 필드는 넓은 영역을 처리하면서 저장 요건에도 최적화하는 절충안이다. 메일랜드 등은[2013] RGB-D SLAM 시스템으로 이런 라이트 필드를 캡처한다. 이들은 심도 데이터를 이용해 겹치는 키프레임들을 정렬하고 표면 지점 단위로 중복 관찰을 활용해 모든 키프레임의 노출과 HDR 값을 계산한다. 결과는 비정형 광그래프unstructured lumigraph로 해석돼[뷜러 Buehler 등 2001], 여기에서 환경 맵들이 만들어진다.

정지 이미지로부터 측광 등록

많은 실용적 AR 애플리케이션에서 라이트 프로브나 오프라인 캡처링은 너무 복잡한 방식이다. 이보다는 하나의 사진이나 비디오 프레임에서만 입사광을 복원하는 편이 이상적이다. 컴퓨터 비전 분야에서 오래된 이 문제는 레티넥스^{Retinex} 알고리즘에 대한 랜드 등의 중요한 연구[1971]로 거슬러 올라간다. 레티넥스 알고리즘은 조명이 표면 텍스처보다 이미지 공간에서 더 낮아진다는 가정에 기반한다. 분명 레티넥스 아이디어는 하나의 이미지에는 자동으로 임의적인 씬의 조명을 자동으로 복원할 만한 정보가 부족하다는 문제가 있다. 그래서 다양한 형태의 추가 정보를 적용해 이미지 변화에 조명과 표면 텍스처를 넣는 것을 돕는 지오메트리 사전 데이터를 적용한다[배론(Barron)과 말릭(Malik) 2005].

일부 접근법은 사용자의 입력에 의존한다. 예를 들어, 사용자가 쌍방향으로 표면과 광원을 식별하면 시스템이 조명을 복원하고 이미지 안에 있는 가상 객체를 그럴듯하게 배치할 수 있게 해준다[카쉬(Karsch) 등 2011]. 크라우드 소스의 사용자 주석은 이미지 데이터베이스에서 수집해[벨 등 2014] 이미지 변형을 가이드한다.

심도가 있는 이미지 역시 관찰된 이미지 속성에 대해 추론할 수 있는 지오메트리 사전 정보를 제공한다[첸과 콜툰(Koltun) 2013][리 등 2012]. 심도 채널이 없을 경우, 지오메트리 사전 정보는 이미지 안의 물체에 대한 데이터베이스에서 3D 모델을 맞춰 이 지오메트리 정보에서 확산 반사를 추론해 획득할 수 있다[콜게이드(Kholgade) 등 2014]. 심도와 조명은 RGB-D 이미지 데이터베이스와 환경 맵에 각각 매칭해 추정할 수도 있다[카쉬 등 2014].

이전에 획득한 지오메트리 정보를 획득하는 또 한 가지 방법은 객체의 윤곽 감지다[로페즈-모레노(Lopez-Moreno) 등 2013]. 윤곽은 윤곽의 표면 노멀 벡터 추정에 좋은 신호를 제공하며, 이것을 광원의 위치를 다시 찾는 데 활용할 수 있다.

이런 방법은 인상적인 결과를 낳지만, 각 이미지에서 별개로 조명을 복원하려는 것이므로 추가적인 수단이 필요하다. AR은 보통 한 개의 이미지가 아니라 동영상 시퀀스에서 동작한다. 따라서 다음 절에서 논의할 시간적 일관성을 보장하는 실시간 기법이 필요하다.

거울 반사에서 측광 등록

알고 있는 물체에서 거울 반사를 관찰하면 반사된 방향으로부터의 입사광을 직접 추정할 수 있다는 것을 기억해보자. 이 원칙은 라이트 프로브만이 아니라 씬에 있는 형태를 알고 있는 어떤 반사체에도 적용될 수 있다.

예를 들어 쓰무라[Tsumura] 등과[2003] 니시노[Nishino]와 나야[Nayar]는[2004] 사람의 눈에 비친 반사를 자연적인 라이트 프로브로 활용한다. 래거[Lagger]와 푸아는[2006] 움직이는 작은 물체에서 반사되는 하일라이트를 감지한다. 하라[Hara] 등은[2003, 2008] 원거리 광원 가정 없이 하나의 이미지에서 광원의 위치와 반사율 속성을 추정한다. 마시타[Mashita] 등은[2013] 평면 물체에 반사된 하일라이트를 감지해 실제 세계의 라이팅을 추론한다.

재크닉[Jacknik] 등은[2012] 광택이 있는 책 표지 같은 작은 평면 표면의 4D 라이트 필드를 캡처한다. 이 연구자들은 경험적으로 확산 반사는 위치에 따라서만 변하며 보는 방향에 따라서는 변하지 않고, 거울 반사는 위치가 아니라 보는 방향에 따라서만 변한다는 가정하에 확산과 거울 반사를 따로 관찰한다. 거울 반사는 환경 맵 재구성에 사용되며, 확산은 색 번짐 효과에 활용할 수 있다.

확산 반사에서 측광 등록

씬에서 거울 반사를 식별할 수 없다면 대신 확산 반사에서 측광 등록을 연산해볼 수 있다. 확산 표면은 특히 실내 씬에서 더 흔히 나타난다. 이런 표면에서 입사광을 복원하려면 많은 방향에서 들어오는 빛의 분포를 분리해야 하기 때문에 역렌더링이 까다롭다. 그래서 한 개의 지배적인 빛 방향만 추정할 때가 많다.

추정한 씬 지오메트리에서 하나의 원거리 점 광원과 배경 빛을 자동으로 추정할 수 있는 최초의 시스템 중 하나가 스타우더[Stauder]의[1999] 화상 회의 시스템이다. 이 시스템은 배경 분할에서 타원형 지오메트리 모델을 추정해 지향성 빛의 추정을 획득했다.

지향성 조명을 저장하는 수학적으로 더욱 일관된 접근법은 구형 조화 함수[SH, spherical harmonics]로, 구체 위에 가능한 모든 방향을 기저 함수 세트의 선형 조합으로 2D 함수로 표시하는 것이다[라마무어시(Ramamoorthi)와 한라한(Hanrahan) 2001]. 낮은 빈도의 표현만 저장해 캐시 항목 단위로 몇 개의(예: 9, 16, 혹은 25) 계수만 SH 형태로 압축하는 것으로도 충분할 때가 많다(그림 6.16). 더욱이, 확산광 전달은 SH 형태로 매우 저렴하게 계산할 수 있고[슬론(Sloan) 등 2002] 표면 텍스처 맵에 저장할 수 있다(예: 버텍스당 삼각형 메시로).

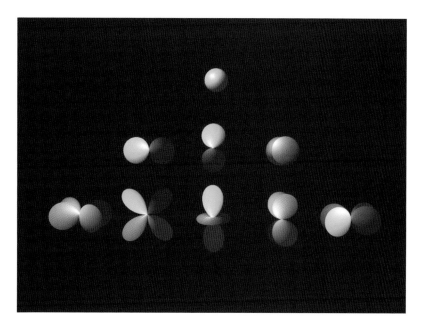

그림 6.16 구형 조화 함수는 구체 영역에 정의되는 기저 함수다. 세 줄은 밴드 0, 1, 2의 구형 조화 함수를 보여준다.

그루버 등은[2012] SH 프레임워크가 RGB-D 카메라 하나만으로도 실시간으로 실제 세계의 라이팅을 복원할 수 있다는 것을 시연해 보였다(그림 6.17). 이 연구자들은 심도 이미지에서 씬을 재구성한다. 이들은 확산 반사만 가정해, 재구성된 표면에서 선택한 샘플 지점들에서 SH 형태로 지향성 입사광 문제를 해결한다. 샘플 지점들은 표면 노멀에 고루 분포해야 한다. 확산 반사는 모든 방향에서 들어온 빛을 합산하므로, 씬에 있는 다른 물체들에 드리우는 그림자는 모든 샘플 지점에 대해 계산돼야 한다. 이미지 공간 최적화가 되면[그루버 등 2015], 이런 시스템에서는 데스크톱 GPU에서 초당 20 프레임으로 동적 입사광과 동적인 실제 물체에서 드리워지는 그림자를 추정할 수 있다.

그림 6.17 지향성 빛을 사원의 모델 같은 확산성 물체에서 추정해, 흰 공 같은 가상 객체에 적용할 수 있다. 오른쪽의 열은 큐브 맵에서 추정된 입사광을 보여준다. 환경 맵에서 빨간색 점으로 표시된 가장 강한 빛 방향이 돔에 비친 흰색 하일라이트의 이동에 따라 어떻게 바뀌는지 눈여겨보자. (사진 제공: 루카스 그루버)

붐^{Boom} 등은[2013] 임의의 씬 지오메트리에서 단일 지점 광원을 추정하는 시스템을 선보였다. 이들은 씬 전체에 확산 반사를 가정한다. 이들의 접근법은 이미지를 색상을 수퍼픽셀로 분할하고 여기에서 상수 알베도^{albedo}(확산 반사)를 가정하는 방법을 기반으로 한다. 알베도를 알면 비교적 정확하게 광원을 복원할 수 있다.

크노르^{Knorr}와 쿠르즈^{Kurz}는[2014] 사람의 얼굴에서 입사광을 추정한다. 이들의 방법론은 다양한 조명 조건하의 여러 얼굴에 대한 오프라인 머신 러닝을 활용한다. 온라인 방법론은 얼굴 트래커를 적용해 감지된 얼굴의 뚜렷한 관찰 포인트를 훈련 데이터베이스에 매치시켜, 실제 세계의 빛을 SH로 추정한다.

그림자로부터 측광 등록

광원 추정의 또 다른 방법은 이미지의 그림자 관찰이다. 주된 방법론은 그림자를 드리우는 것의 지오메트리에 대한 전체, 혹은 부분적 지식을 기반으로 이미지에 나타난 그림자의 모습을 올바르게 구분하고 측정하는 것이다. 실제로는 그림자와 이미지에 나타난 윤곽을 감지하게 된다. 윤곽의 표면 지점들은 그림자를 드리운 물체의 지오메트리 경계선을 다시 추적한다. 그러면 하나 혹은 여러 광원 방향을 추정할 수 있게 된다(그림 6.18). 예를 들어, 하트만 등은[2003] '그림자 캐처shadow catcher'라고 알려진, 어느 방향에서든 그림자를 안정적으로 캡처하는 특별한 지오메트리 특징을 가진 라이트 프로브를 활용한다. 자연적인 이미지에서는 그림자 감지가 더 어려운 편이다[왕(Wang)과 사마라스(Samaras) 2006][이케다(Ikeda) 등 2012][아리에프(Arief) 등 2012][오카베(Okabe) 등 2004][메이(Mei) 등 2009].

야외 측광 등록

AR을 야외에서 작동할 때는 보통 씬의 완전한 지오메트리 모델이 없어서 측광 등록이 더 어려워진다. 하지만 낮 동안에는 태양의 직사광이 멀리에서 들어오는 가장 강한 광원이라는 사실로부터 단순한 조명 모델을 추정할 수 있다. 시간대와 지리적 위치를 알면 태양의 분석적 모델을 최우선 추정치로 이용할 수 있다[나카마에(Nakamae) 등 1985][매드슨(Madsen)과 닐센(Nielsen) 2008][리우(Liu)와 그래니어(Granier) 2012]. 하늘은 두 번째 큰 영역의 광원으로 추정할 수 있다. 더 나은 결과를 위해서는 이미지의 그림자 신호를 이용할 수 있다[카오(Cao)와 샤(Shah) 2007].

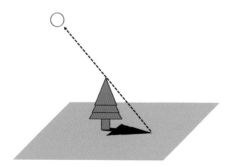

그림 6.18 그림자의 윤곽에서 고유한 지점을 그림자를 드리운 물체 위 해당 지점과 연결하는 광선을 설정해 광원의 방향을 추정할 수 있다.

분명한 광원 재구성

환경 맵핑을 넘어서는 글로벌 조명 효과는 보통 지향성 빛보다 분명한 광원의 위치가 필요하다(그림 6.19). 래디언스 맵에 있는 모든 픽셀은 (방향) 광원이 씬 중앙에서 먼 거리에 고정돼 있다고 가정하면 래디언스 맵에서 분명한 광원으로 변환할 수 있다. 하지만 고해상도의 래디언스 맵이라면 광원의 수가 지나치게 많을 수도 있다.

광원의 수를 제한하는 한 가지 방법은 래디언스 맵의 정규 서브샘플링이다[수판(Supan) 등 2006]. 이 기법을 사용하면 맵의 한 영역에 들어있는 픽셀들이 하위 분할을 적용한 후, 평균 픽셀 값에 비교한 강도에 따라 영역의 한가운데 지점에 있는 광원에 의해 대체된다. 이 접근법은 광원의 수를 고정하지만, 환경에서 빛이 불균일하게 분포되는 것은 감안하지 못한다.

그림 6.19 환경 맵을 같은 조도의 영역으로 세분하고 각 영역의 대표 지점을 결정해 분명한 광원을 추정할 수 있다. (사진 제공: 루카스 그루버)

좀 더 복잡한 접근법은 적응형 세분에 의존한다[드비벡 2005]. 이 기법에서는 환경 맵이 가장 긴 축을 따라 반복적으로 세분돼 결과적으로 영역마다 대략 같은 조도가 구현된다. 이 프로세스는 바람직한 수의 영역이 결정될 때까지 반복되고, 마지막에는 광원이 이전에 설명한 대로 각 영역에서 추정된다.

일반 조명

실제 씬, 가상 씬, 그리고 입사광의 모델에서 우리는 가상과 실제 객체 간의 일반 조명을 실제 세계의 조명 상황에 따라 계산할 수 있다. 먼저 빛의 전달과 관계된 종류부터 알아보자.

직접 조명은 광원으로부터 물체로 직접 빛이 이동해, 물체에서 관찰자에게 반사되는 것을 뜻한다. 간접 조명은 광원으로부터 첫 번째 물체로 빛이 이동해, 여기에서 두 번째 물체에 반사되는 것을 뜻한다. 이 빛은 이리저리 튕겨서 결국은 관찰자에게 닿는다. 빛이 광원에 더 가까이 있는 두 번째 물체에 반사돼 첫 번째 물체에 닿지 않는다면 두 번째 물체는 그림자를 드리우게 된다. 완전한 글로벌 조명 시뮬레이션이라면 물체들 간의 많은 빛 튕김이 들어갈 수 있다. 간접 조명은 보통 직접 조명보다는 훨씬 약하지만, 간접 조명은 특히 태양의 직접 조명이 아닌 실내 환경에서는 시각적 현실성에 큰 역할을 한다.

이전에 언급한 첫 번째와 두 번째 객체는 실제일 수도 가상일 수도 있다. 즉, 실제에서 실제, 실제에서 가상, 가상에서 실제, 가상에서 가상이라는 객체의 네 가지 조합이 가능하다. 이런 조합 중에서 실제에서 실제 객체 조합만이 비디오 이미지에 내재되며, 가상 객체가 포함된 나머지 세 가지 조합은 조명 시뮬레이션을 통해 계산해야만 한다. 여기에는 가상에서 실제로의 조합도 포함되는데, 이 경우 실제 객체에 미세한 변경만 생길 수도 있다.

실제와 가상의 합성은 다음에 설명할 차등 렌더링을 기반으로 한다. 그다음으로 글로벌 조명의 원칙과 방법론을 알아보겠다.

차등 렌더링

주의 깊게 측광 등록을 하더라도, 일반 조명은 씬 내 모든 빛의 상호작용을 완전히 다루기가 불가능하므로 완벽할 수 없다. 그렇긴 하지만, 씬의 가상 부분이 완벽히 자연스러워 보이지는 않을지라도 최소한 실제 씬에서 이미 카메라로 잡은 기존의 자연광 같은 미묘한 조명 효과는 유지해야 한다. 실제 세계의 조명 효과를 유지해주는 이 프로세스는 차등 렌더링이라고 부른다. 처음 도입한 이는 포니어Fournier 등이었다[1993]. 여기서는 드비벡의 차등 렌더링 공식을[1998] 이용한다.

씬의 지오메트리와 재질, 그리고 카메라와 광원의 매개변수를 이용해 오리지널 씬에 대응하는 빛 시뮬레이션 L_R을 연산할 수 있다(즉, 가상 객체는 필요 없다). 가상 객체를 씬 설명에 삽입하고 나면 두 번째 빛 시뮬레이션 L_{R+V}를 계산할 수 있는데, 가상과 실제 물체를 둘 다 담고 있는 씬을 표현해준다. 가상 물체에 보이는 모든 픽셀은 L_{R+V}로 대체될 수 있다. 실제 물체에 보이는 모든 픽셀에 대해서는 $L_{R+V} - L_R$의 차이가 씬의 실제 부분 조명이 가상 물체 추가에 의해 어떻게 달라지는지를 표현한다. 이 차이는 카메라 이미지 L_C에 수정항으로 추가된다(그림 6.20).

- 가상 물체를 보여주는 픽셀: $L_{final} = L_{R+V}$
- 실제 물체를 보여주는 픽셀: $L_{final} = L_C + L_{R+V} - L_R$

두 번째 실제 물체에서 보이는 픽셀 수식은 시뮬레이션 결과 L_{R+V}에 오리지널 씬 L_C의 모델링 L_R에서 일어날 수 있는 어떤 부정확성이든 수정하도록 추가된 오류항 $L_C - L_R$로 해석될 수 있다. 가상 객체에 의해 간접적으로 비춰진 픽셀들은 밝아지고 ($L_{R+V} - L_R$ 포지티브), 가상 객체가 그림자를 드리운 픽셀들은 어두워진다($L_{R+V} - L_R$ 네거티브).

차등 렌더링은 씬 변형에 재조명relighting, 즉 씬에 있는 객체뿐 아니라 광원 변경까지 허용할 때는 더 까다롭다. 특히, 광원을 제거하면 그림자가 사라지게 되므로 인공물 없이는 처리하기 어려워진다. 반면 새로운 가상 광원의 추가는 실제로 빛이 선형으로 추가되기 때문에 잘된다. 그러므로 다음 절에서는 보통 실제 조명을 그대로 두거나 몇 개의 보조 광원만 추가하도록 제한하는 방법론을 설명하겠다.

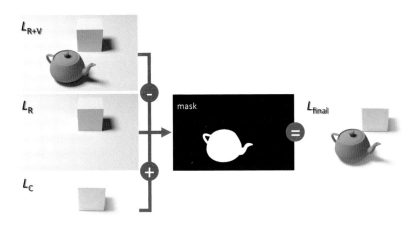

그림 6.20 차등 렌더링은 새로 추가된 가상 객체의 빛을 합쳐서 물리적 씬의 가상 표현 L_R에 대해 라이브 비디오 입력을 계산한다. (사진 제공: 피터 칸)

실시간 글로벌 일루미네이션

차등 렌더링을 위해 필요한 두 빛 시뮬레이션은 전형적으로 글로벌 일루미네이션 기법으로 계산된다(그림 6.21). 실시간 글로벌 일루미네이션에는 두 가지 큰 복잡성이 있다.

- 빛 전달: 첫 번째는 시뮬레이션되는 빛의 전달 유형과 관련된다. 그림자 알고리즘은 빛을 제거하기만 하면 되므로 가장 단순한 클래스다. 확산 글로벌 일루미네이션은 부드러운 그림자와 색 번짐을 허용하는데, 이때 빛은 주변 물체의 강한 색상 표면에서 반사된다. 흔한 응용은 거울 효과를(반사, 굴절, 부식) 선택한 객체에만 추가하는 것이다. 씬 전체에 임의의 확산과 거울 빛 전달을 적용하는 것은 굉장히 복잡하다.

- 씬: 빛이 고정돼 있는 정지된 씬에서 카메라만 움직일 수 있을 때는 모든 빛 전달을 사전에 계산할 수 있다. 사전 계산은 모든 온라인 성능 문제를 극복해줄 수 있지만, 특히 거울 효과가 지원돼야 할 때는 엄청난 연산 리소스와 저장 공간이 필요할 수 있다. 씬 안에 동적 객체가 있다면 최소한 이런 물체들에 대해서는 매 프레임 빛 전달 효과를 계산할 필요가 있다. 동적 객체와 동적 광원이 둘 다 있는 씬이라면 연산 비용이 가장 높아진다.

이런 두 측면과 씬의 사이즈가 합쳐져서 글로벌 일루미네이션의 연산 비용을 결정 짓는다. 복잡한 빛 전달 특징이 있는 큰 동적 씬의 실시간 업데이트라면 모바일 컴퓨터는 말할 것도 없이 고성능 워크스테이션에서도 아직은 처리하기 어렵다. 글로벌 조명을 더 처리하기 쉽도록, 최신의 글로벌 일루미네이션 기법은 두 렌더링 패스를 통한 인수 분해를 도입한다. 첫 번째 패스는 씬 안에서의 빛 전달을 계산하고, 두 번째 패스는 최종 이미지 형태로 분산된 빛의 정보를 수집한다. 이렇게 두 패스로 분리하면 몇 가지 장점이 있다.

그림 6.21 실시간 경로 트레이싱은 증강 현실에서 로컬(왼쪽)과 글로벌(오른쪽) 일루미네이션 렌더링의 차이에서 보듯, 실제적인 글로벌 일루미네이션 효과를 가능케 한다. (사진 제공: 피터 칸)

첫째, 한쪽 패스에 독립적으로 빛 전달 유형을 선택할 수 있다. 예를 들어, 첫 번째 패스에서는 광원에서의 확산 빛 전달만 시뮬레이션하고, 두 번째 패스에는 반사 효과를 합쳐서 주관적인(시스템 전체에서 가능한 모든 종류의 빛 전달을 시뮬레이션하지 못하더라도) 시각적 리얼리즘을 개선하는 것이다. 이런 방식은 첫 번째 패스가 뷰에 독립적이어서 더 효율적일 수 있으므로 편리하다.

둘째, 다른 패스에는 독자적으로 렌더링 방식을 선택해 적용할 수 있다. 예를 들어, 첫 번째 패스에서 고성능의 레이 트레이싱을 제한된 수의 레이에만 적용하고, 두 번째 패스에서는 더 효율적인 GPU 셰이더로 래스터화를 활용하는 것이다.

셋째, 어떤 패스에든 독립적인 업데이트 주기를 선택할 수 있다. 두 번째 패스는 항상 프레임 레이트로 구동돼야 하지만, 첫 번째 패스는 더 낮은 속도로 업데이트할 수 있다. 극단적인 경우, 첫 번째 패스는 완전히 정적인 씬으로 전체를 사전 계산할 수도 있다. 동적 물체는 이에 맞게 처리한다 해도 첫 번째 패스는 두 번째 패스보다 더 느린 주기로 구동하거나, 첫 번째 패스에는 느린 업데이트 전략을 활용해 씬이 변화할 때만 업데이트를 적용할 수도 있다.

두 패스를 연결하는 데이터 구조는 대체로 두 번째 패스에 가능한 방식과 두 번째 패스가 달성할 수 있는 효과를 결정한다. 첫 번째 패스의 결과가 여러 프레임에 걸쳐 분할 상환될 경우, 결과 데이터 구조는 때로 외부로 향하거나 내부로 들어오는 조명에 따라 각각 래디언스 캐시$^{radiance\ cache}$나 이래디언스 캐시$^{irradiance\ cache}$라고 불린다[와드(Ward) 등 1998]. 캐시는 씬의 특정 3D 지점과 특정 2D 방향의 조명에 대한 쿼리에 응답할 수 있어야 한다. 이 기술은 라이트 필드와 비슷하게 메모리를 심하게 소모하므로, 다양한 하위 샘플 캐시 표현이 흔히 쓰인다.

캐시가 위치만으로 색인되면, 결과적인 구성은 반사 방향이 무관해지기 때문에 확산 전달 표현에 적합해진다. 많은 접근법이 이렇게 순전히 공간적 구성 설계를 이용한다. 예를 들어, 포톤 맵$^{photon\ map}$은[젠슨(Jensen) 1995] 듬성듬성한 kd-트리에서 흔히 구성된다. 그림자 볼륨은 3D 지점이 그림자 속에 있는지 찾아볼 수 있게 해준다. 전통적 라디오시티^{Radiosity} 방법론은[코헨 등 1993] 표면 지점들이나 작은 표면 패치들에 래디언스를 저장한다.

캐시가 방향만으로 색인될 때 결과적인 구성을 환경 맵이라고 한다. 보통 큐브 맵의 형태를 나타내며, GPU에서 직접 지원된다. 큐브 맵은 여섯 개의 정사각형 텍스처로 구성되며, 각 방향당 90도로 꺾어진다. 이미지 기반 라이팅의 래디언스 맵은 방향만으로 된 캐시의 한 가지 중요한 용례다.

캐시가 투영 공간으로 색인되면, 주어진 시점에서 본 3D 위치와 2D 심도 맵 항목들이 결합돼 구성된다. 이 구성은 위치와 방향 속성을 결합한다. 심도 맵은 씬의 표면 지점들의 하위 집합으로 표시되므로, 일반적 용도의 캐시 역할은 하지 못한다. 하지만 GPU의 심도 맵은 z-버퍼를 이용해 임의의 씬에서 생성될 수 있으며, 그림자 맵핑 하드웨어를 이용해 효율적으로 변환된다. 인스턴트 라디오시티$^{Instant\ Radiosity}$가[켈러(Keller) 1997] 이런 접근법을 사용한다.

위치와 방향 모두 있는 캐시를 원한다면 위치는 보통 메인 인덱스가 된다. 모든 방향의 정보는 캐시 항목으로 간편하게 저장된다. 이래디언스^{irradiance} 볼륨과[그레거^{Greger} 등 1998] 라이트 프로파게이션$^{light\ propagation}$ 볼륨은[카플라니안(Kaplanyan)과 닥스바커(Dachsbacher) 2010]이 이 범주에 들어간다. 이런 표현은 종종 SH 표현을 이용해 메모리 요건을 줄인다.

이제 실시간 글로벌 조명의 중요한 개념들을 소개했으니, 이런 개념을 일반 일루미네이션 문제에 적용해보자. 다음 절의 논의들은 빛 전달의 복잡성이 높아지는 순으로 정리돼 있다. 먼저 씬에 드리워진 그림자를 추가하는 것으로 시작해 확산 글로벌 조명을 알아보고, 반사 글로벌 조명으로 마무리하겠다.

그림자

그림자는 관찰자의 머릿속에서 씬의 삼차원 구조 판단을 도와주는 심도 신호다. 수가노^{Sugano} 등은[2003] 사용자 연구를 통해 그림자가 실제로 AR 씬을 사실적으로 인식하는 정도를 높여준다는 것을 확인했다. 반사와 그림자 둘을 다 연산하는 것이 부담될 때는 그림자만 계산하는 것으로도 매력적인 결과를 얻을 수 있다. 첫 번째 패스에서는 그림자 표현을 계산하고, 두 번째 패스에서는 이 표현을 최종 이미지의 표면 지점 음영 표현에 참고한다. 많은 그림자 기술이 존재하며[아이스만(Eisemann) 등 2011] 그림자 볼륨과[크로우(Crow) 1977] 그림자 맵핑이[윌리엄스 2978] 그중 중요한 기술이다.

그림자 볼륨이란 어떤 그림자를 드리우는 폴리곤과 광원에 대응해 그림자 속에 들어가 있는 물체를 둘러싼 원뿔이다. 이 원뿔의 면들은 그림자 볼륨 폴리곤이라고 부른다. 에버릿^{Everitt}과 킬가드^{Kilgard}의 그림자 볼륨 기술은[2002] 현대 GPU의 표준 기능인 스텐실 버퍼$^{stencil\ buffer}$를 기반으로 한다. 그림자 볼륨 기술은 네 번의 패스로 적용된다.

1. 조명 없는 씬이 그려진다(예: 그림자가 진 듯이).
2. 전면을 향하는 그림자 볼륨 폴리곤의 래스터화는 스텐실 버퍼를 증가시킨다.
3. 뒷면을 향하는 그림자 볼륨 폴리곤의 래스터화는 스텐실 버퍼를 감소시킨다.

4. 씬을 다시 그리는데, 스텐실 버퍼 값이 0인 모든 패치들은 그림자가 없으므로 빛나는 것으로 렌더링된다.

일반 일루미네이션에서는 실제 객체의 그림자와 가상 객체 간의 그림자뿐 아니라 실제에서 가상으로, 또 가상에서 실제 객체로 드리워지는 그림자까지 고려해야 한다. 그림자는 실제 객체 간의 실제 빛에 의해 생기며 비디오 이미지에서 자연스럽게 보이지만, 가상 객체 사이에도 앞서 말한 표준적 그림자 접근법 중 하나를 이용해 쉽게 만들 수 있으며, 가상과 실제 그림자의 혼합 상호작용에는 특별히 고려해야 할 점이 있다.

할러 등은[2003] 에버릿과 킬가드가 개발한 방법론을 개조해 일반 일루미네이션에 적용할 수 있는 방법을 제안했다. 첫 번째 패스에서는 가상 객체에서 실제 객체로 드리워지는 그림자가 렌더링된다. 두 번째 패스에서는 가상이나 실제 물체 어디에서든 그림자를 받는 것을 포함한 모든 가상 물체가 렌더링된다.

동영상으로 프레임 버퍼를 초기화한 후, 첫 번째 패스는 팬텀을 z-버퍼에 렌더링한다. 가상 객체의 그림자 볼륨은 스텐실 버퍼에 그려진다. 스텐실 버퍼 마스크를 이용해 가상에서 실제 객체로 드리워지는 그림자가 만들어진다. 이는 동영상에서 스텐실 마스크에 의해 그림자로 마킹된 모든 픽셀을 투명하면서 어두운 색상으로 블렌딩해 그림자가 진 영역의 느낌을 줌으로써 처리된다.

두 번째 패스는 전통적인 스텐실 기반 그림자 볼륨 렌더링과 비교할 수 있다. 가상 객체와 팬텀 객체를 포함한 씬 전체가 컬러 버퍼에 렌더링된다. 가상 객체와 팬텀 객체 모두의 그림자 볼륨은 스텐실 버퍼에 그려진다. 결과적인 스텐실 버퍼를 마스크로 이용해 전체 씬을 다시 환경과 방출 컴포넌트만으로 그려서, 그림자에 있는 가상 객체의 영역은 씬의 광원에 의해 밝혀지지 않도록 한다(그림 6.22).

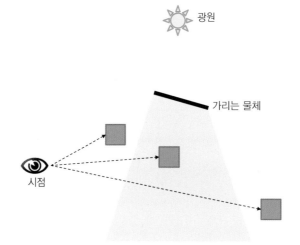

그림 6.22 그림자 볼륨 알고리즘은 스텐실 버퍼 작동을 통해 그림자 볼륨에 들어온 빛이 나가지 않도록 해서 그림자를 연산한다.

대부분의 현대적 렌더링 시스템은 그림자 맵핑의 대안 기술로 구성되는데, 근본적인 투영 텍스처 맵핑이 GPU에서 완전 가속되기 때문이다. 그림자 맵핑은 두 번의 패스 기술이다. 첫 번째 렌더링에서는 광원의 관점에서 씬의 심도 버퍼가 작동되고, 그다음에는 이 그림자 맵을 두 번째 패스에서 이용해 관찰자의 관점에서 씬이 렌더링돼, 광원의 시점에서 패치가 가려지는지를 판단한다(그림 6.23). 광원 좌표에서의 패치의 심도가 그림자 맵의 항목보다 클 때 이 패치는 그림자에 들어간다.

그림 6.23 (왼쪽) 그림자 맵핑 효과가 있는 가상 씬 (오른쪽) 광원에서 본 거리를 회색 값으로 인코딩한 그림자 맵 모습 (사진 제공: 마이클 켄젤)

스테이트 등은[1996a] 그림자 맵을 이용해 가상에서 실제 객체로 그림자를 드리운다. 깁슨Gibson 등과[2003] 수판 등은[2006] 라이트 프로브로 추정한 많은 수의 광원에서 그림자 맵을 이중으로 겹쳐 부드러운 그림자를 만든다. 이렇게 부드러운 그림자를 만드는 블렌딩 접근법은 씬이 정적이고 그림자를 받는 물체들이 미리 결정될 수 있다면 동적 조명 변화가 있을 때도 사전에 계산될 수 있다[카쿠타(Kakuta) 등 2005].

픽셀을 어둡게 만들어 가상에서 실제 객체로 블렌딩을 통해 그림자를 표현하는 접근법은 가상에서 실제로 드리우는 그림자가 실제에서 실제로 드리우는 그림자와 겹쳐질 때는 제대로 작동하지 않는다. 이미 자연히 어두워져 있는 픽셀들이 이 기술 때문에 더 어두워져서, 그림자가 일관되지 못한 인상을 주기 때문이다. 더블 섀도잉double shadowing이라고 부르는(그림 6.24) 이 문제는 특정 라이트 오브젝트의 상호작용, 이 경우에는 오클루전을 감안하는 준 글로벌 일루미네이션 접근법이 빠져서 생기는 것이다.

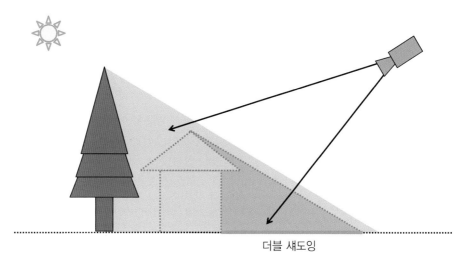

더블 섀도잉

그림 6.24 실제 객체(여기에서는 집)에서 이미 그림자가 드리운 영역 안에 있는 가상 나무에 단순히 가상 그림자를 추가하면 잘못된 더블 섀도잉이 생긴다.

일부 저자들은 그림자 맵핑 접근법을 확대해 더블 섀도잉 문제를 해결하고자 한다. 제이콥스Jacobs 등은[2005] 실제 그림자가 스텐실 마스크로 더 어두워지는 일을 막을 것을 제안한다. 이 마스크는 지오메트리적으로 가려진 팬텀과 광원에서 추정되며, 입력 이미지에서 캐니 가장자리 감지^{Canny edge detector}를 이용해 정제된다. 더블 섀도잉을
피하는 또 한 가지 접근법은 매드슨과 로센^{Laursen}이[2007] 제시한 방법이다. 이들은 실
제 광원에서의 그림자 맵핑을 기반으로 한 역렌더링의 제한된 형태를 이용해 표면 알
베도를 추정한다. 추정된 알베도로, 실제와 가상 물체 양쪽의 그림자 효과를 고려할
수 있게 된다.

확산 글로벌 일루미네이션

그림자뿐 아니라 반사도 원할 때는 완전한 글로벌 일루미네이션의 시뮬레이션이 필
요하다. 이 접근법을 취하면 더블 섀도잉 같은 골치 아픈 문제도 사라진다. 그럼 지금
부터는 확산광 전달을 위한 글로벌 일루미네이션 알고리즘을 집중해서 살펴보자.

전통적인 라디오시티 방법론은 씬의 표면을 별개의 작은 폴리곤 패치들로 바꿔서 패
치 간의 빛 전달 문제를 해결한다. 두 번째 패스로 단순히 빛이 비춰진 패치들을 렌더
링할 수는 있지만 첫 번째 패스에서 많은 패치들 간의 글로벌 가시성을 계산해야 하
는데, 이 작업은 근본적으로 많은 리소스를 소요한다. 그래서 패치 기반 라디오시티
는 동적인 씬을 처리해야 하는 오늘날의 실시간 시스템에서는 거의 쓰이지 않는다.

포니어 등은[1993] 라디오시티 접근법으로 일반적 글로벌 일루미네이션을 시뮬레이션
하는 최초의 애플리케이션을 설명했다. 이 초기 연구는 실시간 성능에 주안점을 두지
않았으며, 몇 가지 단순화한 가정을 활용했다. 씬 지오메트리는 물체의 바운딩 박스에
의해 대략 근사치가 나오며, 카메라 위치, 반사율, 광원의 강도 같은 여러 매개변수는
이미지에서 수동으로 추정된다. 이후의 확장으로 동적 물체에 대해서도 가능해졌고[드
레타키스(Drettakis) 등 1997] 더 정확한 빛 전달이[로스코스(Loscos) 등 1999] 가능해졌다.

더 최근의 접근법을 살펴보면, 최소한 두 번째 패스에 대해서는 실시간 실행을 목표
로 한다. 인기 있는 접근법을 살펴보면, 직접 조명은 GPU에서 그림자 맵핑을 이용해
효율적으로 계산될 수 있고 간접 조명은 제한된 정확성으로 시뮬레이션될 수 있다는
장점을 취한다. 예를 들어, 그로쉬^{Grosch} 등은[2007] 이래디언스 볼륨에서 간접 조명을
저장할 것을 제안한다. 첫 번째 패스에서 가능한 모든 방향으로부터 정지된 씬으로의
래디언스 전달이 사전에 계산돼 SH 형태로 기반 이래디언스 볼륨 세트로 합쳐진다.
두 번째 패스에서 직접 조명은 그림자 맵을 이용해 연산되고, 간접 조명은 기반 이래

디언스 볼륨의 합계로 획득되며, 실제의 빛 강도에 의해 조절된다. 이래디언스 볼륨의 기여는 샘플 단위 그림자 맵핑과 함께 수집된다.

노우루즈자라이Nowrouzezahrai 등은[2011] 단순한 실제 지오메트리 씬에 대한 빛 인수 분해 알고리즘을 제안한다. 이들의 연구가 핵심적으로 기여한 바는 실제 세계의 라이팅을 직접광과 간접광으로 나눈다는 점이다. 직접광은 이미지 기반 라이팅에서 점 광원을 추출하고 이를 그림자 맵핑에 적용해 처리한다. 개별 물체에 전달되는 래디언스는 사전에 계산돼 SH 형태로 표현되며[슬론 등 2002], 이로써 역시 SH 형태로 표현된 간접광과의 효율적인 결합이 허용된다. 애니메이션되는 물체들은 구체의 집합으로 근사치를 만들어 빠르게 누적 래디언스 근사치를 만들어낸다.

크네흐트Knecht 등은[2010] 인스턴트 라디오시티를 차등 렌더링과 합친다. 인스턴트 라디오시티는 반복된 하드웨어 그림자 맵핑에 의해 확산 글로벌 일루미네이션의 근사치를 계산한다. 첫 번째 단계에서는 주된 광원에서 쏘아져 씬에서 튕기는 가상 광자가 찍힌다. 광자가 표면 지점에 부딪히는 곳에 가상 포인트 라이트VPL가 만들어진다. 두 번째 단계에서 표면 지점들은 VPL 세트에서 일루미네이션을 모아 음영 처리된다. 취합은 VPL당 하나의 그림자 맵으로 연산이 가속화된다. 크네흐트 등은 차등 인스턴트 라디오시티라고 부르는 수정을 통해 가상 객체가 있든 없든 모든 광자의 경로를 두 번 평가하는 방법을 제안했다. 이 접근법은 가상 물체가 씬에 추가된 다음 일루미네이션이 연산되는 효율적인 방식으로 이어진다. 주된 광원은 명백히 알려진 광원(예: 손전등)이나 액티브 라이트 프로브로 획득한 래디언스 맵의 가장 밝은 지점들에 부착된다.

렌싱Lensing과 브롤Broll[2012] 역시 VPL 접근을 이용하지만, 크네흐트 등과는[2010] 달리 그림자 맵핑이 아니라 스플래팅splatting을 이용한 VPL에서 빛을 적용한다. 이들의 주된 기여는 RGB-D 카메라를 이용해 동적으로 움직이고 심지어 변형되는 실제 객체까지도 지오메트리를 획득해 이동하는 실제 객체를 지원한다는 점이다. 심도 이미지는 빛의 연산에 노이즈가 너무 많기 때문에 더 나은 표면 노멀 추정을 낳는 가이드 가장자리 보존 필터로 심도 이미지를 다듬는다. 현재 시야 밖에 존재하는 실제 세계 지오메트리는 없으며, 모든 광원은 가상이다. 따라서 가상 빛을 씬에 추가하는 유일한 효과가 달성된다.

프랑케^{Franke}는[2013] 표면 지향이라기보다는 체적형 빛 전달을 이용한 글로벌 일루미네이션 방법론을 제안한다. 이래디언스 지오메트리 볼륨을 이용하는 그로쉬 등과는 [2007] 달리, 프랑케는 래디언스를 표현하는 볼륨인 광 전파 볼륨^{LPV}을[카플라니안과 닥스바커 2010] 이용한다. VPL 세트가 연산되고, 각 VPL 기여도는 SH로 모델링된 지향성 빛과 함께 작은 볼륨에 주입된다. 차등 렌더링을 활용하기 위해 가상 물체를 추가하기 전과 후의 광 전파 차이를 계산한다.

그림 6.25 (왼쪽) 침대에서 아래에 있는 용에 부드러운 그림자가 드리워진다. (오른쪽) 탁구채에서 만화 캐릭터의 얼굴로 확산 컬러 블리딩이 일어난다. 두 예제 모두 실제 지오메트리와 일루미네이션이 실시간으로 재구성된다. (사진 제공: 루카스 그루버)

그루버 등은[2015] 변형 가능한 실제 물체와 RGB-D 카메라에서의 동적 라이팅으로 씬의 실시간 일반 일루미네이션을 위한 접근법을 설명한다(그림 6.25). 이들의 파이프라인은 지오메트리 재구성, 측광 등록, 글로벌 조명 세 가지 단계로 구성된다. 큰 씬과 이동하는 객체 둘 다 이미지 공간 심도 필터링으로 체적형 재구성을 합치는 사전 계산 없이 지원된다. 글로벌 일루미네이션은 지향성 오클루전 변형에 대한 차등 렌더링을 이용해 화면 공간에서 연산된다[릿첼(Ritschel) 등 2009]. 글로벌 일루미네이션은 SH 형태의 역렌더링을 통해 측광 등록에도 활용된다[그루버 등 2012].

반사 글로벌 일루미네이션

이전 절에서 설명한 보는 방향에 따른 방법론의 주된 제약은 금속처럼 반짝이는 표면과 유리처럼 반투명한 표면에서 반사되는 효과를 허용하지 않는다는 점이다. 이런 효과는 크네흐트 등이[2013] 차등 인스턴트 라디오시티로 반사를 확장함으로써 시연했듯 실시간으로 연산될 수 있다. 하지만 크네흐트 등이 설명한 래스터화 접근법은 임의의 확산과 반사 광 전파 결합을 지원하지 않는다. 이렇게 하려면 보통 더 리소스가 많이 드는 레이 트레이싱에 기반하는 접근법이 필요하다.

실시간은 아니지만 최초의 반사 글로벌 일루미네이션 방법론은 그로쉬가[2005] 소개했다. 첫 번째 패스는 포톤 맵핑의 차등 버전을 위해 레이 트레이싱을 활용한다. 표면은 확산이나 반사로 구분된다. 광자는 반사 표면에서는 반사되거나 굴절되지만 확산 표면에서는 저장된다. 광자가 가상 객체에 부딪히면 음수 값의 빛(안티래디언스)이 광자가 실제 물체에 부딪힐 곳에 저장된다. 두 번째 패스는 눈에서 나온 레이 트레이싱을 이용해 실제 이미지에 영향을 주는 가상 객체에서 반사, 굴절, 커스틱스^{caustics}가 있는 최종 이미지를 만들어낸다.

칸과 카우프만은[2012a] 실시간 레이 트레이서 옵틱스^{OptiX}에 기반한 유사한 접근법을 이용한다[파커(Parker) 등 2010]. 그로쉬와 같이 이들은 두 패스 모두에 레이 트레이싱을 이용하고 포톤 맵핑과 결합한다(그림 6.26과 6.27). 하지만 두 번째 패스에 안티래디언스보다는 가상과 실제 이미지를 위한 별도의 그림자 레이로 차등 렌더링을 평가한다. 이 저자들은 이후 자신들의 접근법을 차등 이래디언스 캐싱으로 확장했다[칸과 카우프만 2013]. 이 기술은 두 번째 패스가 레이 트레이싱으로 직접광을 모으지만, 간접광은 이래디언스 캐시를 통해 수집된다. 이래디언스는 전략적으로 선택된 장소에서 계산돼 레이 트레이싱이 아니라 래스터화를 이용해 화면 공간에 효율적으로 분산된다.

1

292

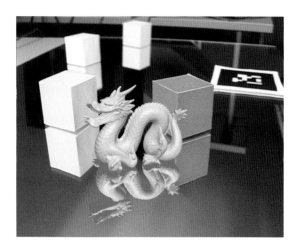

그림 6.26 실제 거울 탁자 표면에 가상과 실제 객체의 거울 반사가 실시간 레이 트레이싱으로 만들어진다. (사진 제공: 피터 칸)

그림 6.27 실시간 레이 트레이싱으로 연산한 굴절이 가상 유리잔 뒤에 있는 사용자의 손을 사실적으로 보이게 해준다. (사진 제공: 피터 칸)

델타 복셀 콘 트레이싱에 대한 프랑케의[2014] 연구는 이전의 델타 광 전파 연구를 개선해, 임의의 광택이나 확산 특성 표면 간 빛 전달의 모든 조합을 지원한다. 이 연구는 콘 트레이싱과 광 전파 볼륨을 결합한다. 콘 트레이싱에서, 스크린 공간 안의 픽셀 하나에 의한 중심 내각으로의 필터링은 여러 광선의 평균에 의해 수행되지 않는다.

대신 하나의 광선이 여러 해상도의 래디언스 볼륨을 통과해 쏘아진다. 광선이 눈에서 멀리 나가기 때문에 필터링은 근본적으로 계층의 더 조악한 레벨에서 샘플링이 수행 된다. 광택이 있는 실제 물체를 처리하고 실시간으로 사실적인 이미지를 렌더링하는 데는 잘 맞지만, 광 전파는 여전히 사전에 계산해야 한다.

감소 현실

대부분의 AR 애플리케이션이 실제 씬에 가상 객체를 넣는 데 주력하지만, 감소 현실 Diminished reality은 개념적으로 그 반대, 즉 실제 씬에서 실제 객체를 매끄럽게 삭제해 내 는 일을 한다. 이 용어는 풍Fung과 민Mann이[2004] 원치 않는 물체들을 제외하기 위해 시각적 씬에 가하는 정교한 변형을 설명하면서 처음 썼다. 이 연구자들은 동영상 시 퀀스에서 평면 물체들을 제거하고 다른 텍스처로 대체하는 방법론을 제시했다.

객체에서 원치 않는 속성이 시각적으로 거슬릴 때가 종종 생긴다. 명암비가 커서 일 상적인 환경에서 부자연스럽게 두드러지는 흑백 기준점 마커를 제거하는 것이 그런 경우다[실타넨(Siltanen) 2006]. 협력 AR에서 헤드마운트 디스플레이는 사용자들이 얼굴 과 시선을 볼 수 없게 하는데, 이 때문에 헤드마운트 디스플레이를 제거하고 합성한 얼굴 표정으로 대체하는 시도가 이어졌다[다케무라(Takemura)와 오타 2002].

감소 현실의 개념은 기술적으로 이미지 완성과 관계가 있다. 예를 들어 미디어 제작 에서는 아날로그 필름이 긁힌 자국 같은 원치 않는 결함이나 이미지에서 안전망 같은 특정 물체를 제거하는데 자주 활용된다. 오프라인 후제작에서 대부분 수행되는 이미 지 완성과 달리, 감소 현실은 이런 제거를 실시간으로 수행하고 사용자의 입력은 최 소한만 필요하다. 따라서 감소 현실은 세 가지 문제 영역을 해결해야 한다.

- 제거해야 하는 관심 지역ROI의 결정
- 다음 합성 단계를 위한 입력 데이터 제공을 위해 ROI에 의해 가려지는 지역의 관찰이나 모델링
- 제거한 ROI를 대체하는 콘텐츠의 새로운 이미지 합성

그럼 다음 절에서 이 과제들을 하나씩 자세히 살펴보자.

관심 지역 결정

ROI는 감소 현실 시스템에 의해 제거될 물체를 담고 있는 스크린상의 연속되는 픽셀이다. ROI는 물체에 의해 가려지는 정확한 픽셀들로만 이뤄지거나, 물체에 의해 가려지는 픽셀의 상위 집합을 가리는 부분으로 보수적으로 잡을 수 있다. 더욱이, 물체나 카메라가 움직일 때는 ROI도 시간에 따라 변한다. 이럴 때는 시간이 흐르면서 ROI를 트래킹하는 메커니즘이 필요한데, 그러면 일이 더 복잡해진다.

ROI는 여러 방식으로 명시할 수 있다. 한 가지 접근법은 이미지에서 수동으로 사용자가 영역을 지정하도록 하는 것이다. 사용자는 직접 물체의 윤곽을 선으로 따거나, 바운딩 사각형 같은 간접적 명시를 하거나 물체 위를 여러 번 누를 수도 있다. 바운딩 사각형은 보수적 ROI로 이용하거나[조카이(Zokai) 등 2003] 물체 윤곽의 동적 결정을 개시하는 데 쓰일 수도 있다[헐링(Herling)과 브롤(Broll) 2010]. 누르기는 객체 분할을 개시하는 데도 활용할 수 있다[르쁘띠 등 2001]. 일단 윤곽을 결정하고 나면, 연속되는 프레임에서 트래킹할 수 있다[르쁘띠 등 2001][반 덴 헨겔 등 2009].

아니면 ROI를 제거될 물체의 모델에서 결정할 수 있다. 이 전략은 ROI의 지오메트리와 모습 기반의 모델이 이미 존재한다는 것을 가정한다. 정지한 물체라면 현재의 뷰에 모델이 팬텀 객체처럼 투영되고, 이미지에 남은 자취를 이용해 ROI를 정한다. 이동하는 물체는 트래킹해야만 프레임 단위 기준으로 식별할 수 있다. 모델 기반 ROI 트래킹의 장점은 카메라 포즈 결정의 부산물로 나올 때가 많다는 점이다.

마지막으로 ROI가 포스 피드백 암처럼 조작할 수 있는 물체일 때, ROI는 조작하는 기기의 관절 각도를 시뮬레이션해 결정할 수 있다[코스코 등 2009].

숨겨진 영역의 관찰과 모델링

씬에서 특정 물체를 제거하려면 해당 씬을 배경 모습으로 대체해야 한다. 배경은 AR 설정에 활용하는 카메라의 라이브 비디오 피드에서 직접 관찰되지 않으므로, 배경에 필요한 정보는 다른 소스로부터 얻어야 한다.

가장 간단한 접근법은 배경을 직접 관찰하는 대신 ROI 주변의 관찰에서 숨겨진 영역을 합성하는 것이다. 이 접근법은 이미지에 충분한 공간적 일관성이 있다는 가정을 기반으로 한다. 복원^{inpainting}, 즉 이미지의 다른 부분에서 적절한 픽셀을 복제하는 형태로 이뤄질 때가 많다.

정지한 씬에서는 전형적으로 오프라인 절차를 통해 사전에 재구성을 획득하는 단순한 대안이 쓰인다. 예를 들어, 코스코 등은[2009] 투영되는 텍스처에 활용되는 이미지 모음으로 단순한 프록시 지오메트리를 정하는 방법을 추구한다. 이와 비슷하게, 오카이 등은[2003] 여러 참고 사진과 단순한 지오메트리 모델을 이용한다. 종종 지오메트리가 그냥 배경 면에 주어진다[에노모토(Enomoto)와 사이토 2007].

르쁘띠 등은[2001] 더 복잡한 오프라인 접근법을 설명했다. 이들은 씬에서 이리저리 움직이는 하나의 카메라에서 찍은 이미지 시퀀스로 작업하기 때문에 시간이 지나면 배경에서 서로 다른 지점들이 드러난다. 카메라 경로를 재구성해 배경 특징들을 삼각 측량하면 텍스처가 있는 배경 지오메트리를 획득하게 된다. 하지만 카메라 한 개로는 카메라 경로를 따라서 사용할 수 있는 배경을 충분히 담아내기 힘들다.

런타임으로 배경을 직접 관찰하려면 여러 대의 카메라가 필요하다. 고정 카메라에는 오프라인에서 외적 캘리브레이션을 수행할 수 있어 런타임으로 신경 쓸 필요가 없다는 장점이 있다. 하지만 이동식 카메라는 동적 씬을 더 잘 담아낼 수 있다. 예를 들어 에노모토와 사이토는[2007] 마커 트래킹과 여러 핸드헬드 카메라를 변환 행렬로 처리해 한 뷰에서 다른 뷰로 이미지 정보를 전송한다. 여러 시스템에서[카메다(Kameda) 등 2004][에이버리 등 2007][바넘 등 2009] 여러 카메라에서 얻은 정보를 활용해 물체를 완전히 지우기보다는 시각적으로 투명해 보이게 만든다(8장의 논의 참조).

관심 지역 제거

ROI를 그냥 칠해버리는 것이 아니라 유효한 배경으로 대체해야 할 때는 복원과 이미지 기반 렌더링이라는 두 가지 접근법이 주로 활용된다.

복원은 배경의 모델을 얻을 필요는 없고, 대신 ROI 주변의 샘플에 의존해 빈 영역을 채운다. 아주 단순한 접근법은 ROI 가장자리 양쪽의 선형 픽셀 보간을 이용한다. 물론 이것은 스캔 선 중심 알고리즘으로 수행할 수 있다. 간단하긴 하지만, 선형 보간은 아주 작거나 가느다란 영역만 제대로 만들어낼 수 있다. 아쉽게도 넓은 지역에 적용하면 세부 묘사가 부족하다는 점이 금방 드러난다.

실타넨[2006]은 사각형 ROI가 영역 가장자리 안쪽 부분을 미러링함으로써 숨겨지는 방법론을 제안한다. 이 미러링은 영역의 가장자리를 구성하는 네 개의 가장자리 각각에 대해 처리된다. 네 개의 뒤집힌 영역들은 보간돼 숨겨진 영역 안쪽 픽셀의 최종값을 만들어낸다. 코칼로Korkalo 등은[2010] 이 작업을 확장해 동적 라이팅을 처리한다. 숨겨진 영역의 저해상도 텍스처는 선형 보간으로 추정한다. 세밀한 텍스처는 뒤집기 기술을 이용해 만들어지지만, 저해상도 텍스처로 나눠서 축척이 맞춰진다. 런타임에서는 저해상도 텍스처가 매 프레임 계산돼 라이팅의 동적 변화를 처리한 후, 세밀한 텍스처로 조절돼 일관된 표면 디테일을 시뮬레이션한다.

그림 6.28 픽스믹스는 제거된 물체의 주변에서 적합한 픽셀을 복사해 실시간 카메라 스트림에서 감소 현실 효과를 만들어낸다. (사진 제공: 얀 헬링(Jan Herling)과 볼프강 브롤(Wolfgang Broll))

헐링과 브롤이 소개한[2012] 픽스믹스PixMix 방법론은 실시간 최적화 문제를 복원으로 처리한다(그림 6.28). 이 연구자들은 소스(ROI 주변)에서 타깃(ROI)으로 픽셀 맵핑을 통해 두 가지 제약을 최적화한다. (1) 타깃의 주변 픽셀들은 소스의 주변 픽셀로부터 오며 (2) 타깃 픽셀의 주변 모습은 해당 소스 픽셀의 주변 모습과 비슷해야 한다. 최초의 거친 추정에서, 소스 위치에 무작위적 변경이 반복적으로 테스트된다. 향상이 발견되면 주변 타깃 픽셀에 전파된다. 로컬 변경만 이뤄지며, 글로벌 최적 검색은 시도되지 않는다. 하지만 이미지 피라미드를 이용해 거친 것에서 다듬는 접근법은 이 알고리즘을 이용해 실시간으로 그럴듯한 결과를 만들어낸다. 헐링과 브롤은 로컬 평면 ROI가 어떻게 호모그래피 트래킹을 이용해 비디오 시퀀스에서 이어지는 프레임들에서 트래킹돼 시간적 일관성을 보장할 수 있는지도 설명한다.

이미지 기반 렌더링은 다른 카메라나 카메라 위치에서 얻은 이미지들로 구멍을 메운다. 이미지는 변형돼 현재의 카메라 위치에 매치된다. 투영에는 일정한 배경 씬의 지오메트리 근사치가 필요하다. 이런 이미지 기반 알고리즘의 핵심 개념은 보조 카메라에서 얻은 이미지로 투영 텍스처 맵핑이나 비슷한 형태의 맵핑을 이용해 프록시 지오메트리가 적용되고 나서, 현재의 시점에서 텍스처 프록시를 묘사해 새로운 이미지를 합성하는 것이다. 여기에는 메시 애플리케이션[코스코 등 2009], 배경의 계층적 분할과 시점 변형 투영[조카이 등 2003], 그리고 플레인 스위프plane sweep 알고리즘을[자루시리사와드(Jarusirisawad) 등 2010] 포함해 여러 형태의 이미지 기반 기법이 적용된다.

프로젝터 기반 감소 현실

감소 현실은 프로젝터 기반 AR에서도 가능하다. 여기서 어려운 점은 씬에서 '제거'해야 할 물체 위에 투영할 올바른 이미지 콘텐츠를 결정하는 것이다. 올바른 설정에서는 사용자가 투영된 이미지를 관찰하고 투영을 받아서 소실되거나 최소한 가장 투명하게 보이는 실제 표면이라는 인상을 받게 된다.

이런 설정 중 하나는 헤드마운트 프로젝터와 함께 역반사 재질로 코팅된 물체를 활용한다. 이 접근법은 '광학 위장optical camouflage'이라고 불린다[이나미(Inami) 등 2003]. 역반사 코팅의 반사되는 속성으로 인해 헤드마운트 프로젝터에서 나온 이미지는 대개 뷰어에게 다시 전달된다. 이런 설정의 장점은 관찰자가 헤드 트래킹이나 투영된 이미지의 동적 조정 없이도 제한된 범위 내에서는 이동이 가능하다는 점이다. 이 설정은 햅틱 입력 기기를 위장해[이나미 등 2000] 자동차의 조종석 일부가 없어져 보이도록[요시다(Yoshida) 등 2008] 하는 데 활용됐다.

대안적 설정은 투영을 위한 확산 표면에 사용된다. 강한 빛을 보내는 프로젝터의 이용은 기존 표면 텍스처를 방사성으로 보상할 수 있게 해준다[빔버 등 2005]. 이 접근법은 물체들이 시각적으로 사라져 보이도록 하는 데 사용할 수 있다[서(Seo) 등 2008]. 이런 효과는 물리적 표면에 납작하게 붙어있는 물체들로 제한되거나, 그렇지 않으면 보는 방향에 따라 제한되고 이동하는 사용자의 헤드 트래킹이 필요하다.

카메라 시뮬레이션

가장 발달한 렌더링 기술을 이용해 흔한 조명 문제를 완전히 해결한다고 해도, 비디오 투과 AR에서는 상당한 소스의 광학적 불일치가 남아서 물리적 카메라의 이미지 품질이 제한되는 결과를 낳는다. 비디오 카메라의 배경 픽셀 모습과 컴퓨터 그래픽으로 렌더링된 증강물의 모습은 서로 매치돼야 한다. 가상과 실제 객체 간의 이미지 품질 차이는 가상 세계와 실제 세계가 분리돼 보이게 만든다. 이런 이음매는 특정 AR 애플리케이션에서는 의도한 것일 때도 있지만, 대다수 애플리케이션에서는 바람직하지 않다.

'이미지 품질'이라는 것은 특히 가상 객체를 생성할 때 쓰는 이상적인 가상 카메라에 반대되는 실제 카메라에 기반한 이미지 처리로 만들어낸 인공물을 뜻한다. 예를 들어, 컴퓨터 그래픽은 완벽한 핀홀 카메라를 가정하는데 실제의 물리적 카메라 렌즈는 상당한 왜곡을 발생시키기도 한다. 전형적인 소비자 제품급 비디오 카메라에도 마찬가지로 많은 소스의 불완전성이 있다. 가장 눈에 띄는 결함은 렌즈 왜곡, 블러, 노이즈, 비네팅, 색수차, 바이에르 마스크 결함, 톤 맵핑 결함이 있으며, 다음 절에서는 이런 문제들을 다루겠다.

렌즈 왜곡

오늘날 AR 애플리케이션에서 사용하는 대부분의 비디오 카메라는 웹캠이나 스마트폰의 내장형 카메라 같은 비교적 저가의 소비자용 제품이다. 이런 카메라는 렌즈가 아주 작고 초점 거리가 짧으며, 일반적으로 상당한 원통형 왜곡^{barrel distortion}이 생긴다. 헤드마운트 디스플레이의 광학 시스템에서도 비슷한 왜곡 문제가 있다.

AR에서는 왜곡을 보정하는 두 가지 대안이 있다.

- 비디오 투과 AR에서는 방사 왜곡을 보이는 비디오 이미지를 그림 6.29처럼 왜곡을 반전해 수정할 수 있다.
- 비디오 이미지를 수정할 수 없거나 광학 투과 디스플레이를 사용한 경우, 컴퓨터로 만든 이미지를 실제 씬에서 인지되는 왜곡에 매치되도록 수정할 수 있다.

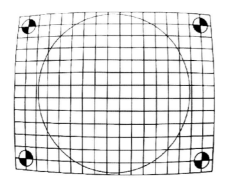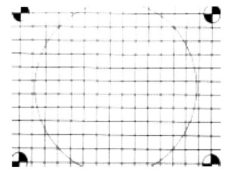

그림 6.29 (왼쪽) 캘리브레이션 패턴의 왜곡된 비디오 이미지 (오른쪽) 바로잡은 이미지 (사진 제공: 안톤 퍼먼(Antorn Fuhrmann))

전형적인 카메라 캘리브레이션 기술은 차이^{Tsai}가[1986] 설명한 분석 모델을 이용한 방사 왜곡 판단이다. 이 모델은 이미지의 모든 지점에 대해 직접적인 왜곡 교정이 가능하다. 하지만 이미지의 모든 지점에 대한 개별적인 교정을 연산하는 것은 대단히 경제적이지 못한 해법이다. 대신 그래픽 하드웨어를 효율적으로 활용해 카메라가 하는 것과 같은 방식으로 AR 오버레이를 위한 이미지를 왜곡하는 편이 낫다.

그래픽 하드웨어를 통한 일반적인 이미지 왜곡 메커니즘을 적용하려면 텍스처 맵핑 메커니즘을 활용하면 된다[왓슨(Watson)과 호지스(Hodges) 1995][퍼먼 등 2000]. 소스 이미지가 텍스처로 활용되는데, 이를 화면에 정렬된 사각 메시$^{quad\ mesh}$에 맵핑한다(그림 6.29). 메시의 모든 버텍스에 왜곡 함수의 역치를 결정함으로써 이미지를 바로잡는다. 이런 종류의 교정에서는 줌 효과로 인해 모서리 근처의 이미지 정보가 소량 손실되는 부작용을 피할 수 없다는 점에 유의하자.

닫힌 형태의 왜곡 기술이 불가하다면, 화면에 사각형 그리드로 된 캘리브레이션 패턴을 놓아서 수동으로 카메라 왜곡을 측정할 수 있다. 그리드 모서리의 위치를 측정한 후에는 이 위치를 직접 왜곡되지 않은 쿼드 메시에 텍스처 좌표로 맵핑하면 된다. 텍스처 하드웨어가 사각형 안에서 선형 보간을 이용해 왜곡된 이미지를 바로잡는다.

블러

블러 효과는 카메라에서 초점 이탈과 모션 블러라는 두 가지 이유로 생긴다. 초점 이탈로 인한 블러는 카메라에서 물체까지의 초점면 거리에 의해 생긴다. 모션 블러는 이미지 센서가 감지하는 색 강도의 시간차로 인해 생긴다. 두 가지 블러의 원인 모두 이미지가 완전히 또렷하지 못한 부분이 생겨서, AR 씬에서 컴퓨터로 생성한 또렷한 부분이 두드러져 보이는 결과를 낳는다. 실제와 가상 이미지가 자연스럽게 합쳐지는 가장 쉬운 해결책은 블러의 정도를 측정한 후 컴퓨터로 생성한 물체를 흐릿하게 만들어 실제 세계의 모습과 매치시키는 것이다.

카메라의 초점 거리를 알고 있다면 씬에서 가상 물체가 표시되는 심도를 이용해 얼마나 초점이 흐려져야 하는지 판단하기 쉽다. 하지만 자동 초점 카메라는 보통 현재의 초점 거리를 보고하지 않는다. 대신 씬에서 알려진 물체를 관찰해 초점 이탈과 블러를 측정할 수는 있다. 오쿠무라Okumura 등은[2006] 원형 흑백 테두리 안의 특수하게 디자인한 기준점 마커로 해당 테두리를 따라 강도의 변화를 관찰해 이미지의 블러 정도를 추정하는 방법을 설명한다.

피셔 등은[2006] 트래킹 정보로부터 모션 블러를 추정한다. 트래킹된 카메라와 고정 씬을 가정해 각 객체의 중심부가 화면 공간에서 어떻게 움직이는지 판단하는 것이다. 이들은 객체의 가속도가 프레임당 5~10픽셀 역치를 넘어서면 그 움직임에 대응하는 블러를 물체에 적용한다. 클라인Klein과 머레이Murray[2010] 역시 트래킹 정보로 작업하지만, 회전 모션만을 고려해 전체 이미지에 모션 블러를 적용한다. 이들은 화면 공간의 저해상도(24×18) 그리드로부터 샘플 지점의 화면 공간 모션을 판단하고 로컬 블러 방향의 탄젠트 값을 중심으로 블러 필터를 적용한다. 고정된 배경 앞에서 움직이는 물체로 인한 모션 블러는 앞에서 언급한 접근법들에서 고려된 바 없으나, 이 요인을 처리하기는 간단하다.

블러는 여러 방식으로 렌더링할 수 있다. 한 가지 접근법은 각 블러 방향으로 약간 오프셋을 주고 점차 투명도(알파 값)를 높여서 물체를 여러 번 그리는 것이다. 그림은 물체 공간에서 처리할 수도 있고, 아니면 화면 공간에서 텍스처를 먼저 렌더링한 후 결과를 빌보드(즉, 텍스처 맵핑이 된 보는 면에 정렬된 쿼드)로 여러 번 디스플레이할 수도 있다. 아니면 블러를 후처리 과정에서 이미 렌더링된 이미지에 픽셀 셰이더를 통해 적용할 수도 있다. 프로세스의 속도를 높이기 위해 보통 분리할 수 있는 가우스 필터가 적용된다.

이런 접근법은 모두 이미지 공간에서의 블러만 고려한다. 올바른 3D 모션 블러를 원한다면 박^{Park} 등이[2009] 설명한 방법론을 적용할 수 있다. 이 방법은 알파 블렌딩으로 여러 빌보드를 오버레이하는 것이다. 두 개의 빌보드 B_0와 B_1이 t_0와 t_1 시간대에 만들어졌다면, 시간 $t(t_0 < t < t_1)$의 흐릿한 보간 물체의 진짜 형태는 B_0과 B_1의 렌더링 전 왜곡을 추정하고, 결과를 서서히 교체하면 나온다. 이런 처리는 텍스처 하드웨어를 이용해 쉽게 할 수 있다. 물체의 바운딩 박스를 원하는 위치의 모서리로 투영하는 기반의 아핀 와핑$^{affine\ warping}$은 정확하지만 더 리소스가 많이 드는 원근 왜곡 추정에 쓰인다.

칸과 카우프만은[2012b] 실시간 레이 트레이싱을 이용해 물리 기반의 AR 피사계 심도 효과를 적용하고, 이미지의 모든 요소에 올바른 블러 효과를 적용한다. 이들은 광선이 계층적으로 흔들리는 샘플링에 의한 조리개 시뮬레이션과 다양한 광선 유형(실제/가상)을 구분해 차등 렌더링에 필요한 L_{R+V}와 L_R 컴포넌트를 계산한다.

노이즈

센서가 작은 디지털 비디오 카메라는 상당한 양의 노이즈가 생길 수도 있다. 이 노이즈는 카메라 모델, 광량, 컬러 채널에 따라 다양한 특성이 있다[이리(Irie) 등 2008]. 특정 카메라의 이런 노이즈를 재구성하려면 먼저 보정을 해야 한다. 적절한 고정 씬을 정해진 N개의 프레임 동안 카메라를 움직이지 않고 관찰하면 된다[피셔 등 2006]. 각 픽셀 p_i마다, N 번 관찰의 $o_{i,j}$의 평균을 내서 평균값 μ_i를 결정한다. 그런 다음 픽셀 p_i는 평균값 μ_i에 따라 M 영역^{bin} B_k로 정량화되고 각 B_k는, 평균값 μ_k와 표준 변이 δ_k가 계산된다. 이런 계산은 각 컬러 채널(레드, 그린, 블루)마다 별개로 처리된다. 통계값 μ_k, δ_k는 노이즈 강도와 변이 설정을 결정하는 데 쓰인다.

런타임에서는 적절하게 조정된 가우스 노이즈가 가상 물체에 속하는 컴퓨터로 생성한 이미지의 매 픽셀에(배경 픽셀이 아님) 적용된다. 노이즈의 소스로는 가우스 노이즈를 담고 있는 텍스처가 미리 연산된다. 모든 픽셀 p_i가 노이즈의 영향을 받도록 하기 위해 픽셀 셰이더를 실행한다. 픽셀 셰이더는 노이즈 텍스처에 무작위의 오프셋을 선택해서 반복적인 패턴을 인지하지 않게끔 방지한다. 텍스처에서 노이즈 값은 통계에 따라 적용된 노이즈 p_i가 속한 빈 B_k에서 통계 μ_k, δ_k에 따라 조정되고 p_i에 더한다. 이 과정은 각 컬러 채널별로 처리된다.

특정 카메라에서 경험적으로 관찰되는 노이즈에 가장 잘 맞추려면 몇 가지 변형을 넣으면 된다. 첫 번째 변형은 교란의 크기에 대한 것이다. 관찰된 노이즈는 픽셀 하나보다 클 때가 많은데, 따라서 노이즈 수정도 여러 픽셀에 걸쳐 적용할 수 있다. 두 번째 변형은 교란의 길이에 대한 것이다. 특정 노이즈 교란을 여러 연속된 프레임에 디스플레이해 고주파 깜박임이 유발되는 일을 피할 때 적절하다. 이런 변형의 양은 역시 무작위적 숫자 분포로 제어한다.

비네팅

비네팅vignetting이라는 용어는 렌즈 구조상 이미지의 모서리와 가장자리가 어두워지는 현상을 일컫는다. 특정 카메라 렌즈에서 유발되는 비네팅의 양은 일률적으로 조명된 판의 이미지를 획득해 관찰하고 여러 프레임에서 강도의 평균을 내면 알 수 있다. 비네팅은 가상 물체를 미리 연산한 비네팅 마스크와 블렌딩하거나 이미지의 중앙으로부터 방사상 거리로 셰이더에서 비례해 픽셀을 어둡게 만들어 시뮬레이션할 수도 있다.

색수차

서로 다른 색 빛이 물리적 렌즈를 통과할 때의 굴절 차이(파장)는 약간의 색상 변화를 낳는데, 특히 물체의 가장자리에서 눈에 띈다. 이 현상은 카메라를 통해 중성 회색조의 패턴을 관찰하는 캘리브레이션 과정에서 측정할 수 있으며, 각 컬러 채널에서 보이는 약간 변화된 패턴을 정렬하면 된다.

그린 컬러 채널에 일탈이 없다고 가정하면, 캘리브레이션은 이미지의 모든 포지션에 대해 레드와 블루 채널의 오프셋을 결정해줄 수 있다. 이 캘리브레이션 데이터로부터 블러나 렌더링 오프셋으로 컬러 차이를 시뮬레이션할 수 있다.

베이어 패턴 결함

베이어 마스크는 특정 카메라 센서 앞에 장착해 레드, 그린, 블루 채널의 개별적 기여도를 감지하는 컬러 필터다. 이 정도가 섞여 픽셀의 최종 색상을 획득한다. 베이어 마스크는 보통 컬러 채널과 블러 현상 간에 일정한 정도의 혼선을 낳는다. 베이어 패턴을 알고 있다면 이미지는 부표본이 각각의 베이어 채널로 수집될 수 있고, 카메라 칩의 행동 양식을 이 표현에서 시뮬레이션할 수 있다. 이 과정에서는 두 단계를 고려해야 한다.

첫째, 카메라 칩은 다양한 처리 작업, 특히 선명화와 양자화를 수행한다. 보통 이 행동 양식은 정확히 명시되지 않으며, 관찰로부터 역엔지니어링돼야 한다.

둘째, 대부분의 카메라는 YUV 포맷(휘도 Y, 색차 U, V)으로 데이터를 전달한다. 데이터는 카메라 칩에 의해 RGB에서 YUV로 변환되며, 일반적으로 호스트 컴퓨터에서 다시 RGB로 변환된다. YUV 포맷은 Y 컴포넌트가 U와 V 컴포넌트보다 공간 해상도가 더 크게 표시되는데, 보통은 4:1:1의 비율이다. 따라서 이전 단계에서 얻은 베이어 이미지는 최종 합성에서 YUV로 변환된 다음 RGB로 바뀐다.

톤 맵핑 결함

불완전함과 별개로, 카메라에서 전달한 RGB 값으로 물리적 빛 값을 변환해 임의로 톤을 맵핑한 결과로 합성한 AR 이미지의 불일치도 나타날 수 있다. 대부분 소비자용 카메라에서는 정확한 컬러 캘리브레이션을 수행할 수 없다. 그래서 가상과 실제 물체 간에 눈에 띄는 차이가 발생할 수도 있다. 이런 불일치는 특히 가상 물체의 렌더링이 물리적 시뮬레이션 기반일 경우 (글로벌 일루미네이션 기법처럼) 사실성이 떨어지게 만든다.

이 문제를 해결하기 위해 크네흐트 등은[2011] 가상 물체가 카메라 이미지에서 관찰된 톤 맵핑에 근접하게 만드는 자동 색 캘리브레이션 기술을 제안한다. 이들은 드비벡이 [1998] 제안한 것 같은 차등 렌더링 접근법의 이용을 가정한다. 이 접근법에서 씬 L_R의 글로벌 일루미네이션 시뮬레이션은 가능한 실제 물체만을 포함하고 카메라 이미지 L_C와 비교할 수 있다는 점을 기억하자. L_R과 L_C에서 해당 픽셀들의 샘플링을 통해 시뮬레이션된 래디언스 값에서 관찰된 컬러 값의 맵핑 함수가 얻어진다. L_R에 제시되지 않은 래디언스 값은 컬러 채널 치환을 통한 단순한 경험 법칙으로 합성된다. 마지막으로, 샘플의 다항 회귀를 적용해 톤 맵핑 함수가 생성된다.

스타일화된 증강 현실

대부분의 컴퓨터 그래픽 기술이 사실적인 렌더링을 목표로 하고는 있지만, 스타일화된[stylized] 이미지의 생성은 비사실적 렌더링[NPR] 분야를 고려한다. 예를 들어 NPR 기술은 연필화, 유화, 만화 등을 시뮬레이션할 수 있다. 이런 NPR 스타일은 AR의 가상 물체에 적용될 수 있다[할러와 스펄(Sperl) 2004]. 스타일화가 AR 씬의 가상 컴포넌트와 실제 컴포넌트 양쪽 모두에 적용된 경우 이 접근법은 스타일화된 증강 현실이라고 부른다[피셔 등 2008].

가상과 실제 객체 간의 표현이나 모습이 차이날 때 이런 균일한 스타일화를 적용해 몰입감을 높이거나 예술적 욕구를 만족시켜줄 수 있다. 기술적으로는 두 가지 접근법을 통해 스타일화된 AR이 가능하다. 한 가지 접근법은 이미지의 실제와 가상 부분에 별도의 스타일화 기술을 적용하는 것이다. 이 접근법은 콘텐츠에 대한 특수한 지식을 활용한다는 장점이 있다. 예를 들어, 가상 물체의 렌더링 알고리즘은 컬러 버퍼에 추가해 노멀 버퍼를 생성할 수 있는데, 그런 다음 노멀 버퍼를 NPR 셰이딩에 활용할 수 있다. 아니면 전체 이미지를 NPR 알고리즘에 넣어서 가상과 실제 부분을 합성한 후 이미지 공간에서 작동시킨다(그림 6.30). 이 접근법은 좀 더 단순하며 두 가지 렌더링 기술을 별도로 조정할 필요가 없다는 장점이 있다.

수년간 스타일화된 AR의 많은 예가 발표돼왔다. 예를 들어 할러 등은[2005] 거칠게 물체의 윤곽을 따라 그은 붓 자국을 기반으로 대략적인 스케치 느낌의 렌더링을 선보인다. 피셔 등은[2005] 많은 붓 자국을 이용해 점묘화 같은 인상을 만들어낸다. AR의 애니메이션 만화는 피셔 등이 논의했듯[2008] 모션 스쿼시와 스트레치, 모션 블러, 그리고 모션 라인을 통해 가상 물체의 움직임을 전달할 수 있다. 첸 등은[2008] AR의 수채화 효과 시뮬레이션 접근법을 선보인다. 이들은 이미지를 불규칙한 타일로 세분화하고 각 타일의 색상을 평균 내서 부드러운 색상이라는 느낌을 만들어낸다. 가장자리는 원본 이미지에서 추출돼 타일들이 시간적으로 일관되게 행동하도록 강제하는 데 활용된다.

그림 6.30 스타일화된 AR은 씬의 실제와 가상 부분이 같은 스타일을 보이도록 하는 예술적 표현에 활용된다. (원본 씬 이미지 제공: 피터 칸)

요약

이 장에서는 AR 씬의 시각적 일관성 개념을 살펴봤다. AR 렌더링 파이프라인은 이미지 안의 가상과 실제 부분을 합쳐준다. 시각적 일관성을 얻으려면 먼저 지오메트리와 측광 등록을 확보해야 한다. 지오메트리 등록은 아주 정확한 트래킹과 비교적 정확한 실제 씬의 모델을 이용하면 가능하다. 측광 등록은 실제와 가상 물체 간의 빛 전달을 시뮬레이션해야 하기 때문에 더 복잡하다. 가장 단순한 기술은 가상과 실제 객체 간의 그림자만 처리한다. 이런 그림자는 컴퓨터 그래픽에서 표준의 그림자 시뮬레이션 기술을 적용해 얻을 수 있다. 그림자를 넘어서는 일반적 고급 조명 효과를 원할 때는 환경 조명을 모델링한 후, 이 조명을 가상 객체에 적용해야 한다. 감소 현실 역시 합쳐진 AR 씬에서 실제 물체를 눈에 띄지 않게 제거하는 기술로 만들어낼 수 있다.

가상과 실제 물체가 공유하는 씬 공간에 대한 고려를 넘어서, 감소 현실에서는 실제 물체를 얻는 데 사용한 카메라의 속성을 시뮬레이션하는 일관된 기술을 찾아서 이런 시뮬레이션을 가상 객체의 예컨대 지오메트리 왜곡, 블러, 노이즈로 적용하는 것이 좋다. 스타일화된 증강 현실은 예술적 접근법을 이용해 실제와 가상 이미지의 모습을 통일하는 것이 목적이다.

7장

상황 시각화

6장에서는 AR에서 어떤 정보를 보여줘야 하는지 잘 안다는 가정하에 컴퓨터 그래픽을 어떻게 실제 씬에 매끄럽게 넣을 수 있는지 살펴봤다. 이것은 정말 중요한 문제다. 새로운 사용자 인터페이스 패러다임으로서 AR이 가진 힘이란 대부분 상황, 과제, 사용자와 관련된 정보를 보여줄 수 있다는 데에서 온다. 원하는 정보를 제대로 전달하려면 시각적 형태가 적합해야 하는데, 적절한 시각화 기술을 적용하면 된다. AR 시각화에서는 실제 씬과의 상호작용이 일어나며, 이 자체에 시각화가 내포돼 있다는 면에서 기존의 시각화와는 매우 다르다[칼코펜 등 2011]. 그럼 이 장에서는 실제 세계를 감안한 상황 시각화 기법을 살펴보겠다.

상황 시각화^{situated visualization}라는 용어는 화이트와 파이너가[2009] 맥락을 이해하는 컴퓨팅의 형태를 설명하면서 사용했는데, 이 맥락은 물리적 장면의 일부로 규정된다. 이런 맥락이 꼭 물체일 필요는 없다. 공간에서 격리된 지점으로부터(그림 7.1), 인공물이 실제 세계에서 의미를 갖게 되는 특정 도시 구역 같은 넓은 영역까지도 이를 수 있다.

상황으로 인정되지 않는 것은 삼차원 공간에 단순히 등록만 된 시각화로, 대개 특정 트래킹 기술이 적용된 것이다. 예를 들어, 기준점 마커를 트래킹 보조에 활용하는 많은 AR 애플리케이션은 특정 마커에 대해 가상 콘텐츠를 등록한다(그림 7.2). 마커는 분명 물리적 물체지만 실제 세계에서는 트래킹을 용이하게 해주는 것 외에 다른 의미가 없다. AR 애플리케이션은 그 의미에 영향을 주지 않으면서 임의의 다른 장소로 옮겨갈 수 있기 때문에 상황형이라고 부를 수 없다. 이런 종류의 시각화는 VR의 시각화와 크게 다르지 않으므로, 이 장에서는 더 다루지 않겠다.

그림 7.1 관광객들에게 관심 장소를 설명하는 텍스트 주석이 상황 시각화의 좋은 예다. (사진 제공: 라파엘 그라셋(Raphael Grasset))

그림 7.2 삼차원 수학적 모델의 AR 시각화는 매력적인 애플리케이션이긴 하지만, 참조하는 실제 세계의 물체가 중요한 의미를 가지지 않으므로 상황 시각화라고 할 수 없다. (사진 제공: 안톤 퍼먼)

먼저 이런 종류의 시각화가 충족해야 하는 도전 과제를 고려하며 상황 시각화를 검토해보면 우리가 마주칠 수밖에 없는 디자인적 문제를 이해할 수 있다. 그리고 나서 중요한 디자인 아이디어를 하나씩 다루겠다. 먼저 근본적인 등록 문제의 해결법부터 논의하자. 그리고 AR 정보의 라벨링과 레이아웃을 위한 접근법을 살펴보겠다. 그런 다음 숨겨진 정보를 전달하기 위한 엑스레이 시각화의 활용을 알아본다. 그다음 절에서는 엑스레이 시각화가 바람직하지 않을 때 대안으로 정보 발견에 활용되는 씬 공간 조작의 개요를 알아본다. 마지막으로는 정보가 빼곡한 씬을 처리할 수 있게 해주는 정보 필터링의 다양한 형태를 논의하겠다.

도전 과제

상황 시각화는 데이터 과부하라는 난제를 우선적으로 처리해야 한다는 점에서는 전통적 시각화와 마찬가지다. 너무 많은 데이터가 제시되면 프레젠테이션이 복잡해져서 이해하기 어려워진다. 제대로 이해하려면 사용자 역시 쌍방향으로 데이터를 찾아볼 수 있어야 한다.

또한 실제 세계에 상황 시각화를 넣으려면 몇 가지 다른 문제도 해결해야 한다. 시각화 배치에 영향을 주는 등록 오류는 잘못된 정보 전달로 이어질 수도 있다. 등록이 완벽하다고 해도, 뷰어가 무관한 정보에서 중요한 정보를 쉽사리 구분할 수 있게 해야만 실제와 가상의 물체 간에 시각적 간섭이 줄어들 수 있다. 더욱이, 사용자의 관점을 포함한 실제 세계는 계속해서 변화하며, 시각화에는 이를 위한 조정이 필요하다. 산만해지지 않으려면 시간적 일관성을 보장하는 방식으로 조정해야 한다. 그럼 이런 도전 과제들을 하나씩 자세히 살펴보자.

그림 7.3 시각화 파이프라인은 데이터 변환, 시각 맵핑, 그리고 뷰 변환 세 단계로 이뤄진다.

데이터 과부하

AR에서 많은 양의 데이터를 빠르게 보여주면 빽빽이 보여서, 사용자가 데이터를 이해하기가 어려워진다. 이 문제가 AR에서는 더 커지는데, 스마트폰 디스플레이처럼 공간 자체에 제약이 있기 때문이다. 아주마 등은[2001] 이런 상황을 데이터의 밀집도 증가로 분류한다. 이들은 데이터 관리를 위한 두 가지 보조적 해결책을 제시한다. 첫 번째 해결책은 필터링을 통해 데이터의 양을 줄이는 것이다[파이너 등 1993a][줄리어 등 2002]. 두 번째 해결책은 시각적 레이아웃이 다른 중요한 정보를 간섭하지 않도록 하는 것이다. 스펜스Spence는[2007] 데이터 부하 측면에서 정보 시각화의 데이터 밀집 문제를 바라본다.

초기 시각화 연구에서는 이 문제를 해결하기 위해 건축 모델을 활용했다[하버(Haber)와 맥냅(McNabb) 1990][카드(Card) 등 1999]. 이 모델들은 일반적으로 데이터 변환, 비주얼 맵핑, 그리고 뷰 변환 세 단계로 이뤄진다(그림 7.3).

- 데이터 변환은 데이터 포인트 필터링이나 집단화를 통해 데이터의 양을 줄인다.
- 비주얼 맵핑은 색깔이나 형태 같은 데이터의 시각 구조를 만들어낸다.

- 뷰 변환은 시각 구조의 위치나 축척 같은 속성을 판단해 레이아웃 문제를 해결한다.

사용자 상호작용

손으로 그린 일러스트레이션과는 대조적으로, 컴퓨터를 활용한 시각화의 핵심은 쌍방향으로 데이터를 살펴볼 수 있다는 데 있다. 정보 시각화의 영역에서 사용자 인터페이스 디자인은 슈나이더만Shneiderman의 '정보 찾기 만트라information seeking mantra'로부터[1996] 큰 영향을 받았다.

- 개요: 전체 컬렉션의 개요를 살핀다.
- 줌: 관심 항목에 줌 인
- 필터: 관심 항목을 필터링
- 상세 사항 요청: 필요할 때 항목이나 그룹을 선택해 상세 사항을 본다.

슈나이더만은 이런 단계를 사전에 정해둘 의도가 아니었지만[크래프트(Craft)와 케언스(Cairns) 2005], 많은 성공적 시각화는 이 공식에 따라 디자인된다. 그러므로 상황 시각화 디자이너라면 사용자가 데이터에 대해 가치 있는 정보를 직관적으로 얻을 수 있게끔 이런 권고를 고려해봐야 한다.

등록 오류

상황 컴퓨팅에는 대화형 시각화에 대한 추가 요건이 있는데, 실제 세계에 증강물을 등록하는 것이다. 트래킹 오류는 부정확한 등록을 낳으므로, 증강물과 그것이 참조하는 실제 세계의 물체가 제대로 맞지 않을 수 있다. 이 문제를 해결하려면 시각화에서 등록의 정확성을 파악해야 한다. 예를 들어, 실제 세계의 맥락에 가상 복제물을 합쳐서 시각화할 때 뷰어에게 잘못된 모습이 보여질 수도 있다(그림 7.4).

시각적 간섭

시각화는 보통 보는 이의 주의를 정보 쪽으로 유도함으로써 관련 데이터를 강조한다. 이렇게 강조하지 않으면 해당 정보는 나머지 데이터 속에서 두드러지지 않기 때문에 모르고 지나칠 수도 있다. 상황 시각화에서 뷰어의 관심은 씬의 중요한 부분으로 인도되고, 이때 실제 세계의 나머지 측면들은 방해를 주지 않는다. 그러려면 시각화와 실제 세계 간의 시각적 간섭을 피해야 한다. 칼코펜 등은[2007] 이런 난제를 AR의 초점과 맥락 시각화의 문제로 규정한다. 씬의 관련 부분에 초점이 맞춰지고, 씬의 나머지 부분은 맥락을 제공한다. 그림 7.5는 뷰어의 관심을 인도하기 위해 초점 부분을 강조하고 씬의 나머지 부분은 희미하게 처리해 주의 분산을 피하고 있다.

그림 7.4 (왼쪽) 등록 오류로 인해 가상 콘텐츠와 실제 세계의 맥락이 제대로 정렬되지 못했다. 사진은 엔진룸이 제대로 들어가지 못한 경우다. (오른쪽) 등록 오류는 자동차의 외곽선 같은 맥락의 복제를 시각화에 합쳐 넣어서 해결할 수 있다. (사진 제공: 데니스 칼코펜)

그림 7.5 시각화의 초점을 강조해 배경과의 시각적 간섭을 피하고 뷰어의 관심을 이끌 수 있다. (사진 제공: 데니스 칼코펜)

시각화와 실제 세계 간의 시각적 간섭은 증강물의 배치 때문에 일어날 수도 있는데, 실제 세계의 물체와 기타 중요한 랜드마크를 가릴 때 흔히 일어난다. 그래서 가상 콘텐츠를 다시 배열해 이런 가림 현상을 막아주는 뷰 관리 기법이 개발됐다[벨 등 2001][그라셋 등 2012].

시간적 일관성

AR 시각화가 기존의 시각화와 크게 다른 점은 실제 세계의 맥락이 멈춰 있는 것이 아니라 시간이 흐르면서 변화한다는 것이다. 동영상 이미지에서 사람이나 자동차가 지나가거나 조명 조건이 변하는 것이 그런 예다. 그림 7.6의 자동차 내부 시각화를 생각해보자. 노란색 자동차의 내부는 잘 보이지만, 자동차가 빨간색일 때는 같은 시각화라 해도 잘 구분돼 보이지 않는다.

그림 7.6 (위) 시각화를 통해 차의 반대편과 내부가 분명히 보인다. (아래) 하지만 색상을 잘못 선택하면 시각화가 눈에 띄지 않는다. (사진 제공: 데니스 칼코펜)

그러므로 정적 증강은 일정 기간 동안에는 효과적이지만 나중에는 효과가 없어질 수 있다. 일관되게 효력을 유지하려면 상황 시각화가 변화하는 환경 조건에 적응할 수 있어야 한다. 그런데 자주 강하게 적용할 때도 마찬가지로 사용자의 주의가 산만해질 수 있어서 바람직하지 않다. 그러므로 시각화는 시간적으로 일관되게 작용해야 한다. 단순한 시점 변화만으로도 큰 변화가 초래될 수 있는 제한된 레이아웃에서 이것은 특히 중요하다.

시각화 등록

그럼 등록 문제가 있는 상황 시각화 기술을 먼저 살펴보자. 상황 시각화는 움직이거나 움직일 수 없는 실제 세계의 인공물을 참조해야 한다는 점을 기억하자. 이 둘을 기준으로 상황을 두 가지로 나눠볼 수 있다.

- 시각화가 잠재적으로 움직일 수 있는 물체의 로컬 좌표에서 이뤄진다.
- 시각화가 고정된 물체나 물리적 장소의 글로벌 좌표에서 이뤄진다.

이 두 가지 옵션에 따라 서로 다른 시각화 디자인 유형이 적용된다.

로컬 등록된 상황 시각화

상황 시각화를 로컬로 적용하려면 우선 참조용 물체 감지를 통해서나 기타 다른 방식으로 로컬 좌표 시스템을 설정해야 한다. 이런 감지 단계가 예를 들어 이미지 검색을 활용한 동적 물체 인식에 의존할 때는 참조된 인공물이 고유한 것이 아닐 때도 있다. 때로는 의도적으로 이렇게 하는데, 예컨대 특정 브랜드 로고에 대해 광고를 넣을 때 이런 방식을 쓴다. 로고가 보일 때마다 상황 시각화를 디스플레이하기 위해서다. 동적으로 감지되는 물체에 대한 시각화의 또 한 가지 예는 식물학자들의 현장 작업을 돕는 화이트 등[2006]의 가상 바우처를 들 수 있다. 이 시스템은 기기의 클립보드에 잎을 올려놓으면 그 이미지를 인식해 다양한 종류를 식별할 수 있다.

글로벌 등록된 상황 시각화

고정된 인공물이나 고유한 장소를 참조하는 시각화는 절대 글로벌 좌표absolute global coordinates로 표시할 수 있다. 이 경우 글로벌 위치 측정 시스템을 사용할 수만 있다면 참조된 물체의 감지가 꼭 필요하지는 않다. 하지만 물체 감지가 수행되지 않으면 관련 물체가 더 이상 그곳에 없는 것처럼 데이터베이스가 생성돼 환경이 변경될 위험이 있다. 그렇다면 글로벌 위치 측정의 대안은 먼저 대략적인 글로벌 장소를 설정하고 나서(예: GPS 활용) 그 근처에 있는 물체를 감지하는 것이다.

글로벌 참조의 한 가지 장점은 글로벌로 등록된 다른 시각화에 상황 시각화로 손쉽게 지오메트리 관계를 넣을 수 있다는 것이다. 이런 관계는 동적 레이아웃 생성 같은('주석과 라벨링' 절 참조) 특정 알고리즘과 관련된다.

글로벌로 참조된 시각화의 예로는 AR을 지하의 인프라 시각화에 활용하는 경우를 들 수 있다[숄 등 2008]. 공익 기업 같은 인프라 제공자는 전선이나 가스 파이프같이 매설된 자산에 대한 지리 정보 데이터베이스를 관리한다. 이런 시설의 유지 관리를 위해서는 현장에서 이런 자산을 찾아야 한다. 유지 보수 직원은 해당 장소를 찾아가서 유관 인프라의 상황 시각화를 활용한다. 이럴 때 시각화 데이터는 눈에 보이는 물체 대신 지리적 좌표를 정확하게 참조한다.

AR 시각화가 특정 물리적 물체에 연관되지 않은 정보를 글로벌로 참조하는 또 다른 예는 센서 데이터 시각화다. 정기적으로 현장을 방문해 전문적 활동에 관련된 느낌을 수집하는 환경 운동가나 도시 계획가 등의 전문가들을 생각해보자. 전문가들이 현장을 답사하며 설치했든 인프라의 영구적 모니터링을 위해 설치된 것이든 이런 곳에 배치된 센서들은 예를 들어 공기 오염도와 습도같이 환경에 대한 중요한 정보를 전달해줄 수 있다. 현장에서 관찰한 이런 센서 정보를 설계 사무소에 돌아간 다음 연관시키는 것보다는 데이터를 수집하면서 직접 관찰하는 편이 더 효율적일 것이다.

이런 접근법은 화이트와 파이너개[2009] 사이트렌즈SiteLens 시스템을 통해 시도했는데, 모바일과 고정형 센서 모두에서 데이터를 얻어 뉴욕 시의 일산화탄소 수치를 디스플레이하게끔 디자인된 것이었다. 베아스 등은[2012a] 넓게 배치한 글로벌 센서 네트워크에서 얻은 스위스 알프스의 수자원 정보를 디스플레이하는 시스템 하이드로 시스^{Hydrosys}를 논의한다. 이 네트워크는 빙하의 모니터링과 관계되는 수위, 온도 등의 정보를 수집한다(그림 7.7).

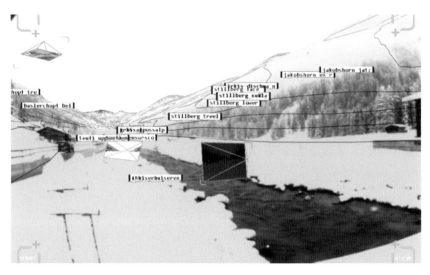

그림 7.7 하이드로시스는 글로벌 센서 네트워크의 기지 위치와 함께 지름길 윤곽으로 보간해 온도를 함께 디스플레이한다. (사진 제공: 에두아르도 베아스와 언스트 크뤼프)

등록의 불확실성

상황 시각화는 가상과 실제 씬 요소의 정확한 등록이 필수적이다. 등록에는 두 가지 큰 오류 원인이 있는데, 먼저 가상 물체의 위치와 방향이 실제 물체와 정확히 매치되지 않는 것이다. 둘째로는 가상 카메라의 위치와 방향이 실제 카메라와 정확히 매치되지 않을 수도 있다. 두 가지 오류 모두 얹혀지는 그래픽이 물리 세계의 물체에 적절히 정렬되지 못하는 결과를 낳아서 시각화의 품질을 떨어뜨린다. 이렇게 증강물이 잘못된 물체를 가리킬 경우에는 애매하거나 심지어는 잘못된 정보를 알려주게 된다.

이런 문제는 상황 시각화를 등록의 불확실성에 적응시킴으로써 어느 정도 해결할 수 있다. 많은 트래킹 기술에서 트래킹 오류의 정도를 추정할 수 있다. 예컨대 지오메트리 관계가 씬 그래프로 인코딩되도록 활용하면 오류 추정치가 화면 공간 오류로 변환될 수 있다. 이런 화면 공간 오류는 오류에 더 저항할 수 있도록 조정한 시각화에 활용될 수 있다.

매킨타이어 등은[2002] 여러 종류의 오류에 내성이 있는 시각화를 제안한다. 이런 접근법 중 하나는 유령 물체의 실루엣을 확대해 결과적으로 화면에 정렬된 형태에 등록 오류가 있을 때도 실제 물체에서 해당 부분을 덮도록 한다. 또 한 가지 아이디어는 동적으로 실제 물체 위에 놓이는 텍스처 라벨을 라벨과 물체 간의 인출선으로 전환해 활용하는 것이다. 후자는 등록 오류에 더 저항성이 있으며, 따라서 등록 오류가 임계점을 넘어갈 때 활용된다.

주석과 라벨링

상황 시각화의 큰 장점 중 하나는 정보를 주석의 형태로 실제 세계의 물체와 가까운 곳에 표시할 수 있다는 것이다. 위더 등의 정의에 따르면[2009,] 주석은 항상 실제 세계 물체에 고정돼 공간적으로 의존적인 컴포넌트와 독립돼 실제 세계에 담겨 있지 않은 추가 정보를 알려주는 컴포넌트로 구성돼야 한다. 이 정의는 매우 광범위하며, 내비게이션, 관광, 유지 보수 지시서 같은 쌍방향 안내 시스템의 다양한 애플리케이션을 포괄한다. 아마도 주석에서 가장 중요한 종류는 실제 세계 인공물에 대한 설명이나 힌트를 제공하는 텍스처 라벨일 것이다.

라벨링의 기본

텍스처 라벨의 배치는 전통적인 2D 지도에서 폭넓게 연구됐지만, 3D는 평면과 상당히 다르고 또 복잡하다. 이 절에서는 이런 애플리케이션에서 고려해야 하는 기본에 대해 설명하겠다. 첫째, 내부와 외부 라벨을 구분해야 한다. 둘째, 적절한 라벨 배치를 위한 목표가 필요하다. 셋째, 라벨이 배치되는 화면 공간의 적절한 표현을 선택해야 한다. 넷째, 필요한 지시선을 위한 고정점을 선택해야 한다.

내부와 외부 라벨

라벨은 물체의 내부나 외부에 넣을 수 있다. 내부 라벨은 물체의 실루엣 안쪽에 배치된다. 물체가 부분적으로 가려질 때는 눈에 보이는 부분 위에 분명히 배치해야 한다. 내부 라벨과 반대로 외부 라벨은 물체의 실루엣 바깥에 배치되지만, 헷갈리지 않게끔 물체 바로 곁에 놓여야 한다. 외부 라벨은 지시선으로 물체의 실루엣 안에 있는 고정점에 연결해 라벨이 무엇을 지칭하는지 분명히 보여준다.

물체 배치

삼차원 씬에 라벨을 배치할 때는 널리 받아들여지는 기준을 따라야 한다.

- 라벨은 지칭하는 물체 가까이 놓여야 한다.
- 라벨끼리 겹쳐선 안 된다.
- 외부 라벨은 다른 중요한 물체 위에 배치해선 안 된다.
- 각 지시선의 길이는 가능한 한 짧아야 한다.
- 지시선이 서로, 혹은 라벨과 교차되는 것은 바람직하지 않다.
- 시간적 일관성이 유지돼, 라벨 위치가 한 프레임에서 다음 프레임으로 갑자기 바뀌면 안 된다.

이런 기준을 수학 공식으로 만들면 NP-하드^{NP-hard}라고 알려진 최적화 문제가 생길 수밖에 없다. 하지만 경험적 최적화 전략을 이용해 해결책을 계산할 수 있다. 출간된 여러 접근법은 라벨의 일정한 순서에 따라 한 라벨이 다른 라벨에 대해 적절하게 배치될 수 있도록 하는 비교적 단순한 그리디 알고리즘^{greedy algorithm}을 흔히 이용한다[아주마와 퍼만스키(Furmanski), 2003].

지역 표현

최적화 문제를 해결하려면 라벨을 넣을 물체가 방해받지 않아야 하는 중요한 물체에 의해, 혹은 라벨과 지시선이 자유롭게 배치돼야 하는 풀밭이나 하늘 등의 배경에 점유돼 있는지 판단하는 화면 지역의 표시가 필요하다. 화면에 정렬된 물체들의 바운딩 박스를 기준으로 별도로 지역을 표시하거나[벨 등 2001], 임의의 간격으로 된 이차원적 정렬일 경우 샘플링으로 처리할 수 있다(화면 해상도와 똑같을 필요는 없다). 두 경우 모두, 물체가 서로 가리는 것을 정확히 인식하기 위해 숨겨진 표면을 제거해야 한다.

샘플 표현은 GPU에서 씬의 물체들을 id-버퍼^{id-buffer}로 래스터화해 쉽게 만들 수 있다. 하지만 id-버퍼를 다시 읽어들일 때는 심각한 지연이 일어날 수 있다. 그래서 하

트만 등은[2004] CPU에서 래스터화를 수행하고, 스타인과 데코렛Décoret은[2008] GPU
의 모든 알고리즘을 실행한다.

고정점 선택

지시선이 부착돼야 할 고정점이 애플리케이션에서 주어지지 않는다면, 적절한 방식
으로 이를 결정해야 한다. 일반적으로 고정점은 현재 프레임에서 눈에 보이는 물체
의 표면 위치에서 선택해야 한다. 볼록한 물체는 (물체의 바운딩 박스만 있다면) 그 중
심을 선택하는 것이 합리적이다. 반면 무작위적 형태의 물체라면 형태적 세밀화를 반
복적으로 적용하는 더 탄탄한 절차를 거쳐, 물체가 완전히 소실되기 전에 마지막으로
남은 위치에 배정한다.

최적화 기법

라벨 배치의 목적을 적절히 이해한다면 최적화를 통해 배치할 수 있다. 문제는 매 프
레임마다 해결해야 하기 때문에 효율적인 처리가 필수적이다. 적합한 최적화 방식은
(1) 힘이나 바운딩 박스로 듬성듬성하게 배치하거나 (2) GPU에서 병렬 평가를 받아
들여 빽빽하게 배치하는 것이다.

힘을 이용한 최적화

하트만 등은[2004] 이미지 공간에 설치한 역장에서 최적화 문제를 풀어 라벨 배치를
결정한다. 역장은 라벨에 적용되는 다음의 힘들을 모델링한다.

- 화면 공간에 투영되는 2D 물체의 당기는 힘
- 물체의 경계에서 밀어내는 힘(라벨이 완전히 안이나 완전히 밖에 배치되지 않도
  록 작용함)
- 다른 물체들의 투영에서 밀어내는 힘
- 화면 경계에서 밀어내는 힘
- 다른 라벨들에서 밀어내는 힘

모든 역장이 가중 평균을 이용해 합쳐진다. 먼저 경험 법칙이 적용돼 라벨 위치를 초
기화한다. 두 번째로, 라벨들이 최솟값이 나올 때까지 합쳐진 역장의 경사도를 따라

간다. 화면 공간에서 겹쳐져 간섭하는 라벨들은 큰 라벨을 중시하는 단순한 그리디 경험 법칙으로 조정된다.

바운딩 박스를 이용한 최적화

벨 등은[2001] 화면에 정렬된 2D 바운딩 박스의 2D 투영 방식으로 접근한다. 바운딩 박스가 차지하고 있는 공간을 뺀 나머지 빈 공간은 라벨 배치 영역으로 간주된다. 벨 등의 알고리즘은 라벨이 부착될 물체에서 눈에 보이는 부분의 크기를 먼저 판단한다. 충분히 클 때는 내부 라벨을 배치하고, 그렇지 않을 때는 알고리즘이 외부 라벨을 배치할 적절한 위치를 찾는다. 외부 라벨은 앞에서 뒤쪽으로 우선순위를 정하되, 다른 우선순위도 이용하는 그리디 알고리즘에 의해 배치된다. 라벨이 배치된 후에는 점유된 영역에 다른 라벨이 들어갈 수 없다.

GPU 최적화

스타인과 데코렛은[2008] 현대적 GPU를 활용해 라벨이 배치될 수 있는 모든 경우의 수를 실시간으로 최적화하는 방식을 적용한다. 라벨들의 우선순위는 안에서(예: 장면의 중앙에서부터) 혹은 밖에서(예: 화면 경계 쪽으로)부터 고정점을 찾아가는 보로노이 다이어그램Voronoi diagram을 기초로 고려된다. 이 알고리즘은 라벨이 들어갈 수 없도록 금지된 지역을 텍스처로 렌더링하는데, 여기에는 중요한 물체, 다른 라벨, 지시선 등이 들어간다. 마지막으로 GPU 프로그램이 체계적으로 남아있는 모든 장소를 테스트해 최적의 결과를 판단한다.

시간적 일관성

최적화 문제가 매 프레임에서 독립적으로 해결된다면, 라벨의 배치는 프레임마다 상당히 달라져서 가려지게 되거나(그림 7.8) 튈 수도 있다(그림 7.9). 그래서 대책으로 추가적인 이력 제한을 넣어 라벨이 크게 이동하지 않도록 막는다. 또한 라벨이 큰 거리를 이동해야 할 때는 이런 전환이 몇 개의 연속된 프레임에서 애니메이션으로 이뤄져서 부드럽게 이동하도록 한다.

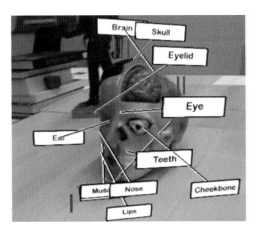

그림 7.8 한 시점에서 적합한 레이아웃을 찾는다고 해도, 다른 시점에서는 (I) 주석이 서로를 가리고 (II) 주석이 관심 물체를 가리거나 (III) 지시선들이 서로 교차되는 등 다양한 간섭이 일어나게 된다. (사진 제공: 마르커스 타츠건(Markus Tatzgern)과 데니스 칼코펜)

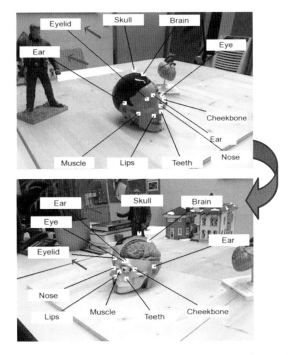

그림 7.9 시간적 일관성이 없다면 카메라를 회전할 때 두 라벨(빨간색과 파란색 화살표)의 순서가 의도치 않게 바뀔 수 있다. (사진 제공: 마르커스 타츠건과 데니스 칼코펜)

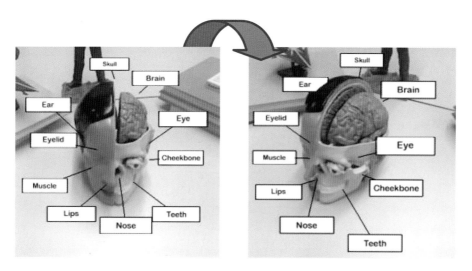

그림 7.10 헤지호그(Hedgehog) 라벨링은 라벨 배치에 시간적 일관성을 강제한다. (사진 제공: 마르커스 타츠건과 데니스 칼코펜)

2D 이미지 공간에서의 라벨 레이아웃으로는 3D 씬에서 이동하는 물체의 시간적 일관성 문제를 해결할 수 없다. 3D 레이아웃은 라벨이 월드 공간에서 물체의 모션을 따라갈 수 있기 때문에 이 문제를 더 잘 해결할 수 있다[픽 등 2010]. 시간적으로 일관된 뷰 관리 접근법은 이 아이디어를 이용해 3D 지오메트리 라벨의 레이아웃 제약을 연산해낼 수 있다. 3D 라벨은 3D 라벨 게시판, 3D 기둥(2D의 지시선에 해당), 그리고 실제 세계의 물체에 있는 고정점으로 이뤄진다. 기둥의 길이 조정과 이미지 공간 내의 주석 게시판을 조금 이동하는 정도만 허용되며, 기둥의 방향은 물체 표면에 고정된다. 그림 7.10은 '헤지호그'와[타즈건 등 2014b] 비슷한 이 전략을 잘 보여준다. 라벨배치는 시간적 일관성의 문제 없이 고품질의 레이아웃을 자유롭게 만들어준다.

이미지 가이드 배치

AR 애플리케이션은 환경에 있는 물체의 일부만 인식할 때가 종종 있다. 이럴 때는 시각적 관심도가 낮은 영역을 비디오 이미지 자체로 분석해, 애플리케이션이 알지 못하는 핵심적인 콘텐츠를 가리지 않으면서 라벨을 배치해야 한다. 그러기 위해 레이킨Leykin과 투세리안Tuceryan은[2004] 텍스처가 있는 배경 위에서 텍스트의 가독성을 자동으로 결정해주는 머신 러닝 접근법을 이용한다. 로스텐Rosten 등도[2005] 비슷한 목적을 달성하기 위해 관심 지점 연산자에 따라 특징이 있는 이미지를 검색하고 이런 특징이 없는 지역들을 찾는 기술을 활용한다. 다나카^Tankka^ 등은[2008] 화면을 직사각형 그리드로 나눠서 모든 그리드 셀의 RGB 값, HSV 컬러 공간의 채도 변화, YCbCr 컬러 공간의 휘도 변화 가중치를 결합해 가시성을 연산한다. 그런 다음 그리드 안에 주석을 낮은 가시성 값으로 배치한다. 그라셋 등은[2012] 동영상 입력의 핵심적인 부분을 분석해 중요성이 낮은 지역에 라벨을 배치하는데, 그러면 중요한 실제 세계의 정보를 가릴 가능성이 낮아진다. 예를 들어 라벨을 하늘에 배치하는 것이다(그림 7.11).

그림 7.11 (위) 라벨을 아무렇게나 배치하면 관심 물체를 가리게 된다. (아래) 핵심 물체를 활용하는 배치로 하늘처럼 비어있는 영역을 우선시해 넣게 하면 이런 현상을 피할 수 있다. (사진 제공: 라파엘 그라셋(Raphael Grasset))

가독성

오버레이로 들어간 정보는 인지적 수준에서 쉽게 이해할 수 있어야 한다. 하지만 이때 인지적 도움만이 아니라 가독성도 보장할 필요가 있다. 가독성이란 크기와 오버레이로 들어간 정보와의 대조가 충분한지 등 기초 수준의 인지적 요인을 뜻한다.

먼저 가장 중요한 것은, 가독성이란 사용자가 읽어야 하는 텍스처 라벨에 해당되는 요소라는 점이다. 또한 온갖 종류의 그래픽 정보도 여기에 해당된다. 컴퓨터로 생성한 정보를 라이브 동영상 배경에 배치할 때는 배경이 아주 중요하고, 강한 색상이거나 복잡한 텍스처가 포함돼 있을수록 까다로워진다. 이런 상황은 최대 색 충실도가 제한되는 등의 이유로 아주 불투명한 오버레이를 얻을 수 없는 광학 투과 시스템에서 더욱 악화된다.

실제 세계의 물체와 그것이 씬에 나타나는 시각적 속성을 사전에 알고 있을 때는 뷰 관리에서 라벨 같은 특정 요소의 최적화된 배치를 결정하고 가독성이 떨어지는 상황을 피할 수 있다.

광학 투과 디스플레이의 다양한 배경 위에 놓인 텍스트의 가독성은 개바드^{Gabbard} 등이[2007] 연구한 바 있다. 이들은 일련의 사용자 연구를 수행한 결과, 많은 이들이 짐작하듯 배경 텍스처와 텍스트 스타일에 따라 사용자의 탐색이 큰 영향을 받는다는 점을 발견했다. 개바드 등은 배경을 가리는 단색의 게시판에 텍스트를 배치하는 방법과 함께 외곽선과 텍스트 그림자 효과를 통해 텍스트를 강조하는 방법을 고려했다. 배경과 강조색이 (즉, 게시판, 외곽선, 혹은 그림자의 색상) 대비되고, 강조색과 텍스트 색상이 대조될 때 가독성은 크게 개선됐다. 하지만 배경의 넓은 부분이 가려져도 괜찮을 때를 제외하면 게시판형 텍스트 사용은 어려울 수 있다는 데 유의하자.

같은 그룹의 앞선 연구에서는[개바드 등 2006] 강조색으로 채도가 높은 녹색을 활용할 때 좋은 결과가 나타났고, 동적 환경에서 최고의 결과는 강조색을 배경에 따라 변화시킬 때 달성할 수 있었다. 예를 들어, 멘데즈 등은[2010] 전경의 물체(라벨 등)와 배경의 물체 간 시각적 차이가 최소한이 되도록 했다.

엑스레이 시각화

AR의 중요한 응용법은 실제 세계 물체로 가려진 부분을 인위적으로 제거해 숨겨진 인공물을 드러내는 것이다. 엑스레이 시각화라고도 불리는 이 애플리케이션은 공상 과학물에서 단단한 물체를 투사해 보는 초능력과 비슷하다. 실제 장면의 맥락 안에 숨겨진 인공물을 합성해 보여줌으로써 관찰자는 보이는 물체와 숨겨진 물체 간의 공간적, 의미적 관계를 추론할 수 있다. 그저 가상 물체를 실제 장면 위에 겹쳐 보여주는 것으로는(그림 7.12. 위) 만족스러운 결과를 얻기 힘든데, 심도 인지의 근본 원리에 부합하지 못하기 때문이다. 마찬가지로, 획일적으로 가상 물체에 투명도를 적용하는 것으로도(그림 7.12, 아래) 이 문제는 해결할 수 없다. 버크만Buckmann 등은[2005] 획일적 투명도가 공간 관계를 깬다는 것을 보여줬다. 더욱이, 이렇게 하면 디스플레이가 빼곡하게 밀집되는 단점도 있다.

그림 7.12 (위) 고민 없이 숨겨진 합성 물체를 실제 씬에 얹은 모습 (아래) 균일한 투명도로 합성 물체를 얹은 모습 (사진 제공: 데니스 칼코펜)

엑스레이 시각화의 더 좋은 방법은 가리는 물체를 렌더링할 때 그 구조적 속성은 최대한 유지하면서 투명도를 조절해 밑에 가려진 물체를 쉽게 알아볼 수 있도록 하는 것이다. 컴퓨터 일러스트레이션에서 이런 표현 방식을 흔히 고스팅ghosting이라고[파이너와 셀리그먼 1992] 부른다.

물체 공간에서의 고스팅

AR에서 고스팅은 5장에서 소개한 팬텀 렌더링 접근법을 확장해 만들 수 있다. 일반적 팬텀 렌더링은 z-버퍼를 이용해 완전히 보이는 픽셀과 완전히 가려진 픽셀들을 구분할 뿐이다. 반면 고스팅을 활용하면 가상 물체의 가려진 모든 픽셀의 투명도를 판단한 후, 이를 이용해 가리는 물체와 가려지는 물체의 알파 블렌딩alpha-blending을 만들어낼 수 있다.

예를 들어, 고스팅은 물체의 주곡률principal curvature의 선형 함수를 기반으로 패치의 투명도를 설정해 생성할 수 있다. 어떤 팬텀에 대해, 만곡률은 버텍스나 텍스처당으로 미리 연산해 저장할 수 있다. 그런 다음 만곡률을 검색하거나 패치 단위로 보간해 축척과 편향을 적용한 후 투명도로 바꿀 수 있다. 거울 접근법의 근거를 살펴보면, 팬텀의 표면에서 크게 휜 부분은 그 형태를 정의하며 더 불투명해야 하고, 편평한 부분은 더 투명해야 한다는 것이다.

투명도 조절에 이용할 수 있는 또 다른 속성은 노멀 표면과 보는 방향의 내적 공간이다. 노멀 표면이 팬텀 물체의 실루엣에서 보는 방향에 직각을 이룬다면 내적 공간은 0이 된다. 반면, 노멀 벡터 방향에서 표면이 보인다면 내적 공간은 1이다. 이 속성을 손쉽게 투명도 값으로 변환할 수 있다. 실루엣과 주곡률은 전달되고 함께 사용되는 물체의 형태 측면에서 상호 보완적이다.

이미지 공간에서의 고스팅

실루엣이나 만곡률처럼 물체 공간에서 연산되는 모든 속성은 일반적으로 등록이 부정확할 때 문제가 생긴다. 실제 물체의 포즈와 팬텀이 맞아떨어지지 않으면 팬텀 지오메트리 때문에 로컬이 빗나가게 되며, 보는 사용자에게 불편을 준다. 더욱이, AR에서 씬에 있는 여러(혹은 모든) 실제 물체는 알려지지 않은 경우가 많으므로 팬텀으로 활용할 수 없다. 이런 실제 물체에 대해 활용할 수 있는 정보만 비디오 이미지에 표시될 수 있다. 하지만 비디오 프레임에 보이는 모든 것을 가리는 물체로 상정해서 숨겨진 가상 물체를 눈에 보이도록 처리할 수는 있다.

그러려면 눈에 보이는 물체의 형태를 전달하고 형태 힌트로서 픽셀의 중요성에 대응하는 픽셀 단위 투명도를 설정해 비디오 이미지에서 형태 힌트^{shape hint}를 식별해볼 수 있다. 형태 힌트를 찾는 한 가지 간단한 방법은 가장자리 감지를 활용하는 것이다. 이미지의 어떤 픽셀이 가장자리를 이루는지 식별한 후(예: 캐니 에지 디텍션^{Canny edge detection} 사용), 가장자리를 강조한다. 예를 들어, 비디오 이미지에서 기본 이미지를 배경으로 렌더링하고 그 위에 가상 물체를 겹친 다음, 가장자리를 기본 이미지 위에 불투명한 색으로 렌더링하면 숨은 선^{hidden-line} 그래픽과 유사한 스타일화가 이뤄진다. 이런 방식으로 실제와 가상 물체 간의 중요한 심도 관계를 담은 일차 고스팅을 만든다.

하지만 인위적으로 색상이 들어간 가장자리는 시각적으로 주의를 흐트러뜨리며, 전체 비디오 프레임에서 모든 가장자리를 추출하면 정보가 극히 밀집돼 보인다. 따라서 형태 힌트에 의존하는 모든 기법은 밀집도를 줄여야만 한다. 형태 힌트의 과도한 이용을 막는 합리적 접근법은 가상 물체 주변의 이미지 영역으로만 제한하는 것이다. 이 영역은 사용자가 매직 렌즈를 이용하게 하는 수동적 방식이나[멘데즈 등 2006] 가상 물체가 투영되는 화면 영역을 계산하는 방식으로 결정할 수 있다. 스텐실이나 id-버퍼에 가상 물체를 렌더링해 이 버퍼에 거리 변환을 적용하면, 이런 영역이 모서리를 딴^{chamfered} 경계선으로 나와서 형태 힌트, 우리의 경우에는 가장자리 픽셀의 투명도를 결정하는데 활용될 수 있다(그림 7.13). 거리 변환의 연산은 GPU에서 처리할 수 있다[롱(Rong)과 탄(Tan) 2006].

그림 7.13 이 예에서는 실제의 차체가 가상 엔진을 가리고 있다. 윤곽선을 중요한 형태 힌트로 추출한 후 2D 거리 변환을 적용해 가리고 있는 물체가 더 불투명해 보이도록 한다. (사진 제공: 데니스 칼코펜)

이미지에서 추출한 가장자리는 형태 전달에 효과적이지만, 이미지가 밀집되고 따라서 가리는 물체가 눈에 잘 안 띄게 된다. 가리는 물체가 이렇게 밀집돼도 괜찮거나 심지어 바람직할 때는 가장자리 이미지에 거리 변환을 적용해 투명도 결정에 활용할 수 있다. 이 작업은 가장자리 주위에서 가려지는 더 넓은 영역으로 이어져, 가장자리에서 멀어질수록 투명도가 점점 커진다. 이 시각화의 결과는 앞에서 제안한 만곡률에서 투명도를 얻어 만들어낸 이미지와 비슷하다.

가장자리는 중요한 형태 신호지만, 공간 인식에 활용되는 유일한 정보는 아니다. 일반적으로 색조, 휘도, 방향, 모션 같은 속성에서 발견되는 대조 측정치를 함께 반영해 결정되는, 시각적으로 핵심적인 이미지 특징들은 유지해야 한다. 이런 핵심적 특징이 관람자의 시선을 유인하는 것으로 밝혀졌다[트리스만(Treisman)과 길레이드(Gelade) 1980].

돌극성^{saliency}은 이미지 피라미드 레벨들의 대비를 분석하고 피라미드 레벨 전체에 주는 영향을 더해서 연산할 수 있다[이티(Ittie) 등 1998]. 이를 위해 L*a*b* 같은 컬러 공간에 이미지가 결합돼, 휘도와 레드-그린, 블루-옐로우 대응색이 직접 인코딩된다. 이 표현에서 이미지 피라미드가 연산된다. 모든 피라미드 레벨과 모든 L*a*b* 이미지 채널에 대해 중앙 차이 값이 결정되고, 모든 차이 값이 합쳐진다. 모션은 시간 경과에 따른 휘도의 변화로 연산된다. 이 모든 연산이 프래그먼트 셰이더$^{fragment\ shader}$에서 효율적으로 수행된다.

그림 7.14 동종 텍스처 영역에 특정 투명도가 적용된 엑스레이 시각화 기법으로 일관된 모습이 만들어진다. (사진 제공: 스테파니 졸먼(Stgefanie Zollmann))

샌더 등은[2010b] 이 돌극성 연산을 활용해 고스팅의 투명도를 결정한다. 패치의 투명도 수준은 가리고 있는 이미지의 돌극성과 가려진 이미지의 돌극성 사이의 차이로 계산한다.

샌더 등이 제안한[2001b] 픽셀 단위 돌극성 판단 접근법과는 대조적으로, 졸먼 등은 [2010] 이미지의 슈퍼픽셀 분할superpixel segmentation에 따라 영역 단위로 돌극성을 결정한다. 이 전략은 이미지의 일관된 영역들의 속성이 고스팅에 활용될 수 있다는 장점이 있다. 이런 영역의 속성 중 돌극성에 중요한 측정치를 주는 것이 텍스처다. 더욱이, 투명도는 영역 단위로 결정될 수 있다(그림 7.14). 영역은 비디오 이미지의 자연스러운 경계 분할에 의해 판단할 수 있으므로, 투명도 모듈화에 의해 더 공간이 조밀해지지 않으므로 결과가 덜 빽빽해진다.

G-버퍼 적용

고스팅 적용은 비사실적 렌더링으로 알려진 지오메트리 버퍼(G-버퍼)를 기반으로 한다[사이토와 타카하시 1990]. 쓰리 패스 렌더링three-pass rendering 접근법에서, 첫 번째 패스에서는 씬의 각 물체가 버퍼 세트로 렌더링되고, 두 번째 패스에서는 버퍼에 이미지 처리 기법이 적용되며, 세 번째 패스에서는 개별 버퍼들을 심도 순서로 훑어서 최종 결과가 구성된다.

버퍼 렌더링

렌더링에서는 특정 그룹에 속한 씬 오브젝트의 근사치를 담은 여러 G-버퍼를 사용한다. 이 기법을 사용하면 서로 다른 그룹에 적용된 스타일을 격리할 수 있으며, 모든 G-버퍼를 합치면 전체 씬에 근접해진다. 버퍼 렌더링에서는 일반적인 렌더링 파이프라인을 이용해 버퍼 프로세싱 동안 필요한 모든 정보를 추출한다. 씬은 여러 개의 렌더링 타깃, 즉 다수의 G-버퍼의 단일 패스로 전달된다. 모든 물체는 G-버퍼 중 하나로 정확하게 렌더링되며, 이는 속한 그룹에 의해 결정된다(그림 7.15).

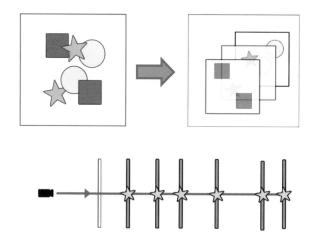

그림 7.15 (위 왼쪽) 씬의 일러스트레이션 (위 오른쪽) 가능한 한 가지 G-버퍼 볼륨. G-버퍼가 심도 레이어를 표시하지 않는다는 점에 유의하자. (아래) G-버퍼 볼륨의 앞-뒤 횡단(front-to-back traversal)에 의한 구성 (사진 제공: 에릭 멘디즈와 데니스 칼코펜)

버퍼 프로세싱

모든 버퍼에는 이미지 프로세싱 기법이 적용돼 가장자리나 만곡률이 높은 영역을 감지하고, 특정 색상이나 심도 값의 영역을 추출하고, 사용자의 상호작용을 통해 제공되는 특정 영역을 표시하는 등 추가 정보를 연산할 수 있다. 일부 기술은 프래그먼트의 이웃, 같은 G-버퍼상의 다른 버퍼의 프래그먼트 값, 혹은 다른 G-버퍼의 프래그 먼트 값처럼 프래그먼트 값만이 아닌 다른 요소들을 고려하기도 한다. 이런 방식으로 보조적 정보를 담은 여러 이미지 컴포넌트가 G-버퍼에 추가될 수 있다.

씬 합성

최종 합성 단계에서는 G-버퍼들의 정보가 G-버퍼의 앞-뒤 횡단을 통해 최종 이미 지로 합쳐진다(그림 7.15. 오른쪽). 여기서 단순한 G-버퍼 블렌딩만으로 충분하지 않 다는 데 유의하자. 픽셀 단위 오클루전은 바람직한 효과를 위해 필수적이다. G-버퍼 들이 이미 새로운 좌표와 씬 해상도에 있으므로, 문제는 G-버퍼의 심도 컴포넌트를 추리는 것으로 줄어든다. 분류가 일어난 다음에는 모든 프래그먼트를 하나의 출력으 로 합친다. 이 프로세스에서 활용되는 합성 규칙을 이용해 임의로 G-버퍼의 픽셀 중 에서 특정 픽셀의 기여도를 변경할 수 있다. 예를 들어, 특정 픽셀의 색상이나 투명도 가 빛이 닿는 중요성에 따라 변경될 수 있다.

공간 조작

씬에 물체가 많이 있고, 좁은 간격으로 여러 물체가 겹쳐져 있을 때는 고스팅만으로 관련 정보를 전부 드러내기 어려울 수 있다. 이럴 때는 비어있는 화면 공간을 활용해 유관 물체의 가시성을 높이는 편이 나을 수도 있다. 바로 이럴 때 씬 속 물체들의 공 간을 조작하면 된다. AR에서는 씬을 재정렬하는데, 숨겨진 물체를 보여줄 공간을 확 보하기 위해 일부 물체가 이동하거나 변경되는 착각을 만들어내는 것이다. 옮겨진 물 체와 드러난 물체 모두 실제 물체여도 되고 가상 물체여도 된다. 그럼 이제부터 전개 도explosion diagram와 공간 왜곡, 두 종류의 공간 조작을 자세히 살펴보자.

전개도

전개도는 물체의 조립을 보여주는 기술로, 손으로 그린 기술 일러스트레이션에서 나 온 것이다. 전개도의 핵심은 복잡한 물체를 머릿속에서 조립할 수 있는 형태로 재배 열하는 것이다. 이러면 부품의 시각 정보를 보여주는 화면 공간의 활용이 극대화되면서, 물체의 공간 구조에 대한 인식도 잘 유지된다. 따라서 좋은 전개도를 생성하려면 분해된 부품들의 관계에 맞는 레이아웃을 찾는 것이 필수적이다.

AR 시각화 기법으로 전개도를 이용할 때는 부품의 올바른 정렬을 찾는 것 외에도 해결해야 할 난제가 더 있다. AR에서 실제 세계의 부품은 그럴듯하게 재배치돼야 한다. 그러기 위해서는 시각 정보가 원래의 위치에서 대상 위치로 옮겨져야 한다(그림 7.16). 이렇게 시각 정보를 옮긴 후에는 원래의 위치에 새로운 이미지를 채워야 한다. 마지막으로, 가상과 실제 물체 간의 올바른 상호 오클루전이 해결돼야 한다.

실제 세계 부품의 이동을 위해서는 비디오-텍스처 팬텀^{video-textured phantom}을 이용할 수 있다[칼코펜 등 2009][타즈건 등 2010]. 실제 세계의 물체를 가상으로 표시하는 이 기술은 라이브 동영상 이미지에 텍스처를 맵핑한다. 투영되는 텍스처 좌표는 현재의 카메라 이미지에 해당하는 시점으로 비디오 텍스처 팬텀의 각 표면 지점을 연산해서 얻는다. 즉, 팬텀의 각 버텍스는 이동하기 전에 점유하고 있던 원래의 버텍스 포지션에서 변환된다.

이 연산은 버텍스 셰이더로 손쉽게 수행돼, 새로운 위치로 옮겨진 팬텀 물체의 지오메트리에 적용할 수 있다. 비디오-텍스처 팬텀은 텍스처 맵핑으로 렌더링되지만 조명 효과는 이미 실제 물체의 비디오 텍스처에 존재하며, 한 번의 렌더링 패스만 필요하다고 가정하므로 셰이딩은 필요 없다. 따라서 비디오-텍스처 팬텀의 렌더링은 큰 연산력을 요구한다. 더욱이, 이 기법은 전통적인 팬텀 렌더링 접근법을 이용할 때와 같은 효과를 내며 이동이 없을 때만 쓰일 수 있다. 이런 속성 때문에 변경되지 않은 실제 물체로부터 시작해 애니메이션되는 전개도를 만들어낼 수 있다.

그림 7.16 (위) 기본 셰이딩을 이용해 렌더링한 전개된 팬텀 (아래) 비디오-텍스처 듀얼 팬텀 렌더링을 통해 눈에 보이는 픽셀들이 전개되고, 배경 픽셀은 검정색으로 칠해진다. (사진 제공: 마르커스 타츠건과 데니스 칼코펜)

비디오-텍스처 팬텀은 실제 세계의 부품을 화면의 새로운 위치로 옮겨 원래의 화면 위치에는 숨겨져 있던 물체를 드러내줄 수 있다. 하지만 보통 드러난 영역을 가상 물체가 완전히 점유하지는 않는다. 가상 물체에 의해 점유되지 않은 픽셀들은 원래의 동영상 이미지에는 보여선 안 되며, 배경 색상이 보여야 한다.

그러기 위해, 드러난 영역에서 비어있는 픽셀을 배경 색상으로 초기화하는 두 번째 렌더링 패스가 실행된다. 이 듀얼 팬텀 렌더링^{dual phantom rendering} 알고리즘은 다음과 같이 표현할 수 있다.

1. 렌더 타깃 T_1으로 변환한다.

2. 렌더 타깃 T_1을 비운다.

3. 비디오-텍스처(이동한) 팬텀을 T_1으로 렌더링한다.

4. 가상 물체를 T_1으로 렌더링한다.

5. 렌더 타깃 T_2로 변환한다.

6. T_2를 현재의 비디오 이미지로 채운다.

7. 원래 위치의 팬텀을 배경 색상으로 렌더링한다.

8. T_1을 T_2 위에 겹쳐 띄운다.

그림 7.12의 위에서처럼 화면 공간에 여러 팬텀이 겹쳐지면, 듀얼 팬텀 렌더링으로 올바른 결과가 나오지 않을 수도 있다. 이럴 때는 이동하지 않은 팬텀의 비디오 정보가 이동된 다른 팬텀으로 옮겨져 프레임에 중복해서 나타난다. 이런 결함을 피하기 위해 원래의 비디오 프레임에서 눈에 보이는 픽셀들만 카피해야 한다. 먼저 id-버퍼에 팬텀을 렌더링하면 된다. 비디오-텍스처 팬텀의 어떤 프래그먼트든, 변경된 알고리즘은 먼저 원래 위치에서 해당되는 프래그먼트가 눈에 보이는지 판단하고 나서, 이 비디오 프레임의 정보를 새로운 장소에 써야 한다. 프래그먼트가 원래 위치에서 눈에 보이지 않는다면 대체 색상, 합성 셰이딩, 혹은 복원 페인팅이 활용돼야 한다(그림 7.17). 이 알고리즘은 동기화 듀얼 팬텀 렌더링이라고 불린다.

1. 렌더 타깃 T_1(id-버퍼)으로 변환한다.

2. 렌더 타깃 T_1을 비운다.

3. 모든 팬텀을 T_1으로 렌더링한다.

4. 렌더 타깃 T_2로 변환한다.

5. T_2를 현재의 비디오 이미지로 채운다.

6. 이동될 팬텀에 해당하는 T_2의 픽셀들을 배경 색상으로 채운다.

7. 비디오 이미지의 사용 컨트롤을 T_1에 의존해 비디오-텍스처(이동한) 팬텀을 T_2로 렌더링한다.

8. 가상 물체를 T_2로 렌더링한다.

공간 조작

숨겨진 정보를 드러내 보여줘야 해도 빈 공간이 없다면 전개도를 적용할 수 없다. 하지만 비디오-텍스처 팬텀을 축소해 화면 공간을 덜 차지하도록 하면 숨겨진 물체를 디스플레이할 공간이 생긴다.

그림 7.17 (위) 텍스처가 잘못된 전개도 팬텀 (아래) 동기화된 듀얼 팬텀 렌더링은 비디오-텍스처화될 수 없는 픽셀을 식별해 이런 픽셀에 다른 렌더링 스타일을 적용할 수 있다. (사진 제공: 마르커스 타츠건과 데니스 칼코펜)

이 아이디어는 샌더 등이 제안한[2010a] 멜트melt 시각화 기법에 적용됐다. 이들의 예제에서는 야외 환경에서 가리는 건물을 위아래로 축소해 숨겨진 물체들을 보여준다. 이렇게 축소되기 때문에 앞의 건물이 '녹아내리는' 듯한 인상을 준다. 샌더 등은 가리는 레이어가 여러 개 있을 때 이 기법으로 전통적인 엑스레이 시각화의 밀집도 문제를 해결할 수 있어 특히 효과적이라는 점을 강조한다.

변동 관점 뷰^{Variable perspective view}는[베아스 등 2012b] 하나의 이미지에서 다양한 관점의 뷰를 합쳐주도록 개발된 AR 시각화 기술이다. 메인 카메라(mc)와 보조 카메라(sc, 원경 카메라라고도 한다.) 두 개의 가상 카메라를 합친다. 이 기법은 그림 7.18에서처럼 뼈대 애니메이션을 위한 스키닝^{skinning} 알고리즘을 적용한다. 회전축까지의 거리 d(메인 카메라에서 연결부까지의 거리), 회전 각도 α, 그리고 영향 범위인 φ(회전이 보간될 곳) 세 개의 매개변수로 두 개의 뼈대와 하나의 연결부를 이용한다.

가상 씬에서 모든 버텍스는 메인 카메라에서부터 회전축까지의 거리에 따라 가중치가 주어진다. 버텍스의 가중치는 메인 카메라의 뷰와 보조 카메라에서, 혹은 보간되는 변환 구역에서 어디에 위치하게 될지 정의한다. 개관의 범위를 더 넓히면 보조 카메라는 AR 뷰에서 멀리에 배치돼 디지털 데이터에서 더 많은 정보를 잡아내면서 실제 세계의 맥락에 동영상을 정확하게 등록할 수 있게 된다.

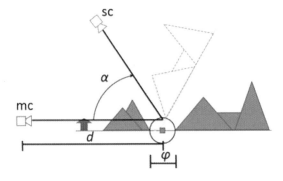

그림 7.18 (위) 변동 시점 뷰는 전경에 있는 일인칭 시점과 씬을 원경에서 내려다본 가상의 뷰를 합친다. (사진 제공: 에두아르도 베아스) (아래) 변동 시점 뷰는 씬 지오메트리에서 기울어진 부분에 뼈대 애니메이션의 원칙을 적용하면 만들 수 있다.

정보 필터링

AR에서 정보 디스플레이의 잘 알려진 한 가지 문제는 너무 많은 정보 때문에 디스플레이가 빽빽해져서 사용자가 환경을 잘 이해하는 게 아니라 오히려 걸림돌이 된다는 점이다. 제시되는 증강 정보를 합리적인 양으로 줄이기 위한 기술을 일반적으로 정보 필터링이라고 부른다. 정보 필터링은 애플리케이션 또는 사용자에 대한 정보의 중요성을 기반으로 하는 필터링(지식 기반 필터)이나 화면 공간 혹은 물체 공간에 의해 주어지는 공간적 고려에 따른 두 가지 필터링 전략 중 하나로 달성할 수 있다. 그럼 이 두 기술을 알아보고 예제를 살펴보자.

지식 기반 필터링

AR을 위한 지식 기반 필터는 파이너 등이[1993] 설명한 바 있다. KARMA^{Knowledge-based Augmented Reality for Maintenance Assistance}(유지 보수 지원을 위한 지식 기반 증강 현실)는 의도 기반 일러스트레이션 시스템^{intent-based illustration system}인 일러스트레이션 생성기에서 자동으로 AR에 적합한 커뮤니케이션용 기술 일러스트레이션을 생성한다. 이 생성기는 동기화된 일러스트레이션에 대해 규칙 기반 접근법을 활용한다. 내부적으로는 특정 물체를 보여주는 것 같은 커뮤니케이션을 위한 목적과 어떤 물체가 현재 사용자의 시점에서 눈에 보이는가 같은 현재 세계의 상황에서 나오는 제약들을 만족시키려 시도한다. KARMA는 어떤 종류의 일러스트레이션이(혹은 그 스타일이) 특정 제약을 만족시키는지 명시하는 규칙 형태로 지식을 보여준다. 따라서 특정 일러스트레이션의 합성 과정은 가능한 모음 중에서 올바른 규칙 적용을 찾고 역추적하는 절차가 된다.

KARMA의 일러스트레이션 엔진은 원래 VR용 일러스트레이션 제작용으로 기획됐지만, 변경할 수 없는 물리적 물체의 위치 같은 제약들을 넣음으로써 AR까지 처리할 수 있도록 시스템이 확장됐다. 그림 1.4에서 광학 투과 HMD를 통해 레이저 프린터의 유지 보수 지시서를 보여주는 예제를 확인할 수 있다.

공간 필터

공간 필터링은 지오메트리나 지리적 정보를 AR 씬 표현에서 직접 끌어와 정보의 양을 줄여준다. 간단한 예를 들면 관찰자로부터의 거리가 멀어짐에 따라 물체를 라벨링해 화면에 가용 공간이 부족할 때 프로세스를 종료하는 라벨링 알고리즘이('주석과 라벨링' 절 참조) 있다.

공간 필터링은 어느 정도 상호작용 컨트롤과 결합된다. 그 전형적인 예가 매직 렌즈 기술이다. 원래 비어[Bier] 등이 2D 사용자 인터페이스 위젯으로 소개한[2993] 매직 렌즈는 주변과 다른 스타일로 렌더링되는 2D나 3D 환경 부분이다. 매직 렌즈를 전형적으로 쓰는 예로는 관심 데이터 증강, 숨겨진 정보 드러내기, 주의를 산만하게 하는 정보 억제 등이 있다.

3D에서 매직 렌즈는 화면 공간이나 물체 공간에서의 일부분으로 정의된다[비에가(Viega) 등 1996]. 플랫 매직 렌즈라고 불리는 씬 공간 안의 매직 렌즈는 매직 렌즈에 덮이는 영역 안에 투영되는 모든 물체에 영향을 준다. 반면 체적형 매직 렌즈라고 불리는 물체 공간 안의 매직 렌즈는 렌즈 영역 안에 있는 모든 물체에 영향을 준다. 두 종류의 렌즈 모두 AR에서 관심 지역의 증강이나 주석의 종류를 제한하는 데 활용할 수 있다.

예를 들어, 루저[Looser] 등은[2007] 물체 확대, 물체 선택, 숨겨진 정보 발견에 핸드헬드 매직 렌즈의 활용을 논의한다. 이들의 접근법에서 사용자는 HMD를 착용하고 트래킹되는 막대를 손에 든다. 막대의 끝에는 매직 렌즈가 달려 있어서 환경 안에 편리하게 배치할 수 있다.

베인과 휄레러는[2004] 또 다른 유형의 공간 필터인 엑스레이 터널[X-ray tunnel](그림 7.19)을 소개한다. 터널은 화면 공간 안의 경계가 있는 영역으로 정의되며, 사용자의 위치에서 보는 방향으로 연장된다. 이 터널은 특수한 유형의 매직 렌즈로, 멀리 있는 가려진 구조물을 드러내주는 데 적합하다. 이런 종류의 시각화는 터널 안으로 장면의 내부를 들여다보는 느낌을 준다. 터널 안에 있는 영역에서 관찰자에 가까이 있는 부분은 비어있고, 중간 영역은 와이어프레임으로 된 물체를 디스플레이해서 맥락을 제공한다. 마지막으로, 먼 끝에 있는 관심 지점에서는 가상 물체가 렌더링되고 배경은 단색으로 채색돼 충분한 대조를 준다. 심도 인지는 원근감을 단축하는 신호를 주는 '철길'과 숨겨진 물체까지의 거리를 수치적으로 디스플레이해 제공한다. 사용자는 실내 같은 의미적 개체를 임의로 잘라낸 지오메트리로 표시하는 대신 전부를 디스플레이하도록 선택할 수 있는데, 이렇게 하면 숨겨진 씬을 훨씬 잘 이해할 수 있다.

그림 7.19 엑스레이 터널은 사용자가 건물 안을 들여다볼 수 있게 해서, 멀리 떨어진 곳에서도 지오메트리에 대한 힌트를 확인할 수 있다.

멘데즈 등은[2006] AR의 맥락 중심 시각화를 위한 매직 렌즈의 사용을 설명한다(그림 7.20). 이들의 멀티패스 렌더링 기법은 임의로 오목 렌즈 세트를 렌더링할 수 있다. 게다가 물체의 속성에 따라 동적으로 적용되는 특수 효과(예: 고스팅 효과)를 넣을 수도 있다. 애플리케이션에 의해 제공되는 속성은 씬 물체에 마크업 정보로 부착된다. 이 접근법은 손쉽게 특정 유형의 매직 렌즈 효과를 합치고, 선택적으로 효과를 적용하게 해준다. 예를 들어 한 효과로 씬에서 중요하지 않은 특정 물체를 제거하면서, 중요하지만 가려져 있는 물체는 투명도 효과를 넣어 렌더링할 수 있다.

340

그림 7.20 매직 렌즈가 간 모형 안의 혈관을 드러내준다. (사진 제공: 에릭 멘디즈와 데니스 칼코펜)

지식 기반과 공간 필터 결합

줄리어 등이[2002] 제안한 포커스-님버스focus-nimbus 기법은 지식 기반과 공간 필터링 전략을 합친 것이다. 연구원들은 씬에서 사용자의 현재 작업에 중요하면서 사용자 근처에 있는 특정 물체에만 상세한 정보를 제공해야 한다고 주장한다. 중요도가 너무 떨어지거나 너무 멀리 있는 물체에 대한 주석은 희미하게 처리한다. 이렇게 복합적으로 처리하려면 사용자의 현재 작업과 위치를 활용해 초점 영역을 정의하고, 주목하지 않는 영역의 물체 속성을 모두 정의해야 한다. 물체에 대한 주석은 초점과 비초점 영역이 얼마나 교차하느냐에 따라 디스플레이된다. 작업에 대한 속성은 초점과 비초점의 정도에 영향을 줘서, 사용자에게 관련이 높은 물체가 있을 때는 어두워진 영역도 넓어진다. 줄리어 등은 자신들의 기술을 활용한 시가전 상황의 애플리케이션을 설명한다(그림 7.21).

그림 7.21 (왼쪽) 가능한 정보 오버레이를 필터링하지 않으면 디스플레이가 복잡해진다. (오른쪽) 포커스-님버스 필터를 적용하면 관련성이 충분히 높은 정보, 이 경우에는 건물의 외곽선과 입구만으로 디스플레이가 제한된다. (사진 제공: 사이몬 줄리어)

하이브리드 포커스-님버스 접근법을 비롯한 어떤 형태의 필터링이든, 의미 있는 정보를 걸러버릴 가능성이 있다. 이상적으로 관련이 낮은 정보는 거르기보다는 편집돼야 한다. 이를 위해 타즈건 등은[2016] 필터로 데이터를 제거하기보다는 유관 데이터 포인트를 클러스터로 합치는 방법을 제안한다. 클러스터링은 필터링에 비해서 완전한 정보 공간이 유지된다는 장점이 있다. 상업용 AR 브라우저의 클러스터 데이터는 균일하게 밀집도를 조정할 수 있지만, 그렇다고 해서 반드시 개요가 더 잘 보이거나 더 많은 데이터 세트를 처리할 수 있는 것은 아니다. 하지만 타즈건은 반복되는 주석의 클러스터링에 정보 계층을 만드는 방법을 제안한다. 이렇게 표시하면 개념적으로는 의미적 수준의 세부 묘사와 비슷해진다. 클러스터링은 사용자가 조절하는 공간적 속성과(예: 거리) 비공간적 속성을(예: 의미 태그) 합쳐준다. 이런 속성들의 가중치가 계산된 합산은 사용자에 대한 데이터의 관련성 순위를 매겨준다.

시각적으로 빽빽해 보이지 않게끔, 디스플레이 알고리즘은 사용자에게 관련 있는 데이터를 더 자세히 보여주면서 화면 공간에 보이는 전체적인 정보의 양은 조절한다. 계층에서 어떤 노드를 선택해 디스플레이할지 판단하면서 점진적으로 최적화 문제를 해결하는 방식이다. 사용자는 상호작용을 통해 관련 있어 보이는 데이터의 우선순위를 정해나가면서, 원하는 모든 세부 사항을 확인해볼 수 있다(그림 7.22).

342

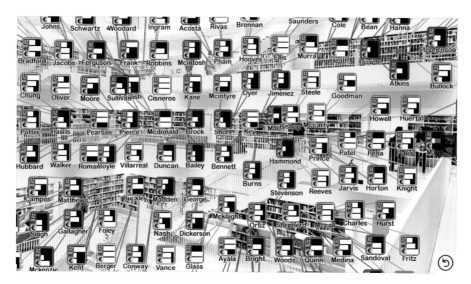

그림 7.22 도서관에서 선택한 책들의 위치를 보여주는 아이콘들 (위) 쿼리한 모든 책에 매치되는 결과를 한 번에 보여 주면 너무 빽빽해진다. (아래) 유사성 기준으로 책을 클러스터화해 그룹 클러스터만 디스플레이하면 쉽게 알아볼 수 있는 뷰가 나온다. 클러스터를 클릭하면 더 자세한 모습을 볼 수 있다. (사진 제공: 마르커스 타츠건과 데니스 칼코펜)

요약

시각화는 정보가 어떻게 보여져야 하는지를 결정한다. AR에서 이것은 사용자가 이미
실제 세계에서 보여주는 모든 정보를 인지하고 있기에 어떤 추가 정보를 보여주느냐
를 판단하는 문제가 된다. 상황 시각화는 AR의 시각화에서 실제 세계 물체의 어디에
정보를 부착하는지를 결정하는 원칙이다. 가독성이 떨어지는 레이아웃과 빽빽하게
밀집된 디스플레이 문제를 피하기 위해 이런 종류의 시각화에는 주석과 라벨링 기술
이 필요하다. AR에서 또 한 가지 중요한 원칙은 엑스레이 시각화를 활용해, 숨겨지거
나 해서 인식하기 어려운 구조를 드러내주는 것이다. 고스팅이나 전개도의 사용이 그
예다. 마지막으로, 매직 렌즈 같은 정보 필터링 기술은 사용자에게 작업에 관련된 적
정량의 정보를 제공하는 데 유용하다.

8장

상호작용

컴퓨터 비전 기술이 지배하는 AR 입력과 컴퓨터 그래픽 기술이 지배하는 AR 출력을 이해했다면, 이제는 입력과 출력을 연결해주는 인간과 컴퓨터의 상호작용에 주의를 돌려보자. 먼저 엔지니어의 입장보다는 디자이너의 입장에서 입력과 출력 양식을 다시 살펴보자. 그런 다음 탠저블(tangible) 사용자 인터페이스와 종이, 햅틱, 매개체와 관련된 인터페이스 등 AR과 관련된 다른 여러 사용자 인터페이스에 대해 논의하겠다.

이런 근거를 토대로 이후 장들에서는 더 심도 깊은 주제들로 들어가보자. 9장에서는 모델링과 주석, 10장에서는 저작, 11장에서는 내비게이션, 12장에서는 협업에 대해 살펴보겠다.

출력 양식

AR 상호작용의 영향은 결과적인 증강에서만 분명해지므로 증강물의 배치는 필수적이다. 2장에서 살펴봤듯이 AR은 증강물을 사용자에게 제시할 때 다양한 접근법을 제공하며, 상호작용 스타일에 뚜렷한 특징을 보인다. 이 장에서는 증강물이 어디에 배치될 수 있는지에 대한 고려로 시작해보자.

증강물 배치

실제 물체는 증강을 위한 참고용 프레임을 제공하는 등록 목표 지점의 역할을 한다. 이 참고용 프레임은 사용자가 직관적으로 이해할 수 있게 해주고, 증강물은 대부분 실제 물체 위나 옆에 배치된다. 물론 증강물을 공간 안에 자유롭게 배치할 수도 있지만, 대부분의 경우 실제 물체가 가상 물체를 해석하기 편한 곳에 놓인다.

아마도 책상 같은 편평한 수평 표면이 있을 때가 가장 간편할 것이다. 편평한 표면은 편평한 2D 콘텐츠로 증강하거나 가상 3D 물체를 지원하는 표면으로 활용될 수 있다. 마찬가지로, 가상 물체를 수직 표면에 배치해 사진이나 벽에 걸린 물체를 시뮬레이션할 수 있다.

실제 환경의 세밀한 지오메트리 모델이 있을 때는 표면 아무 곳에나 배치할 수 있다. 이 아이디어는 시뮬레이션된 물리적 행동 양식과 합쳐져 방에서 가상 미니어처 자동차 경주가 펼쳐지고[윌슨(Wilson) 등 2012] 가구 아이템을 미니 골프 코스의 장애물로 바꿀 수도 있다[존스 등 2010]. 사용자를 둘러싸고 있는 표면 전체를 증강할 수도 있는데, 쌍방향 드라마 경험interactive dramatic experience이 그런 예다[존스 등 2014].

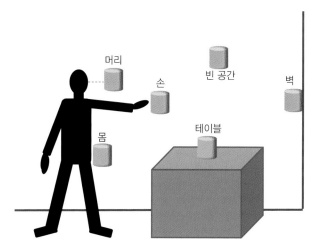

머리

손

빈 공간

벽

몸

테이블

그림 8.1 증강물은 사용자의 머리 또는 몸 쪽에 배치하거나 환경에 배치할 수 있다.

이동하는 증강 물체는 트래킹하거나 증강물을 배치하기 전에 재구성해야 한다. 이 단계는 움직이는 물체가 경험에 동적인 측면을 부여하기 때문에 필수적인 전제 조건이 된다. 더욱이, 사용자는 실제 물체를 조작해 애플리케이션의 행동 양식을 조종할 수 있는데, 이 개념은 탠저블 사용자 인터페이스^{tangible user interface}라고 통용된다[이시이와 울머(Ullmer) 1997]. 탠저블 물체를 직접 증강하면 이 장 후반에 더 자세히 다룰 탠저블 AR이 된다[카토와 빌링허스트 1999].

증강을 배치할 때 한 가지 중요한 것은 사람의 몸이다. 증강물을 움직일 때 몸이 참고 기준이 되면 증강물이 몸과 함께 움직이며, 따라서 상대적으로 같은 포즈에 유지된다. 정보가 움직이지 않는 물체의 증강과(가상 이름표를 생각해보자.) 유사한 개념으로 다른 사람에게 배치될 수도 있지만, 자기 몸에 증강하는 것은 특히 여러 가지 이유로 매력적이다. 첫째, 자신의 몸은 언제든 활용할 수 있다. 둘째, 신체에 의존하면 사용자가 기기를 사용할 필요가 없다. 셋째, 사람은 자기 수용 감각이나 신체의 상대적 포지션에 대한 감각을 통해 신체를 잘 알고 정확히 조절할 수 있다[마인(Mine) 등 1997]. 신체를 선택하면 여러 증강 레이아웃의 디자인이 가능하다. 흔히 머리, 상체, 팔, 손을 선택한다.

머리 참조 디스플레이는 사용자의 시야에 늘 고정된 채 유지된다. 이러면 상태 메시지같이 항상 눈에 보여야 하는 정보 배치에 편리하다. 하지만 사용자가 자기 머리를 볼 수 없을 뿐더러 실제와 가상 등록의 차이도 인지할 수 없다는 단점이 있다. 그래서 이런 종류의 디스플레이는 대단히 유용하고 자주 채용되고는 있지만 '진정한' 증강 현실로 인식되지는 않는 편이다.

상체 참조 디스플레이는 가상 툴 벨트 같은 형태로 상체에 직접 부착되도록 가상 물체를 디스플레이할 수 있다. 아니면 몸 형태를 노점상의 가판대 같은 공간으로 연장할 수도 있다. 후자의 경우는 실제 물체의 참조가 빠져 보인다는 점에서 머리 참조 디스플레이와 유사성이 있다. 사용자가 상체는 그대로 둔 채 머리를 움직일 때 차이가 분명해, 가상 디스플레이의 시야를 조정해야 한다.

손 참조 디스플레이는 정보를 사용자의 손바닥에 배치해, 손 위에 실제 물체를 얹은 것처럼 보이게 한다. 그래서 사용자가 다른 손으로 민첩하게 움직이고 조작할 수 있다. 팔 참조 디스플레이 역시 속성은 비슷하지만, 손 참조 디스플레이만큼 자연스럽지는 않다. 이 옵션은 주로 손으로 실제 물체를 조작해야 할 때는 매력적이지만, 증강물이 사용자의 시야에 유지돼야만 실제와 가상 간의 빠른 맥락 전환이 가능하다.

다른 신체 부위도 참조에 활용할 수 있지만, 인체공학적 속성 때문에 자기 증강의 매력이 떨어진다. 그렇기는 하지만 의료와 건강 애플리케이션에서 정보를 특정 신체 부위에 직접 디스플레이할 때는 큰 이점이 있다. 심지어 댄스나 스포츠 지도에는 전신 증강이 크게 유용하다(그림 8.2).

그림 8.2 뼈대 트래킹은 전신의 입력을 제공한다. 사용자의 신체 모션이 모션 화살표로 변했다. (사진 제공: 데니스 칼코펜)

애자일 디스플레이

증강물의 배치에 대한 논의는 어디에든 증강물을 디스플레이할 수 있다는 기술적 가능성을 전제로 한다. 실제로 AR 경험 디자이너는 디스플레이에서 환경의 어느 부분을 다룰 수 있는지 고민해야 한다. 사용자가 들고 다니거나 착용하는 모바일 디스플레이에서 유연성은 가장 커진다. 광시야각 프로젝터나 모든 관심 표면을 커버하는 프로젝터들을 활용하는 고정 디스플레이로도 넓은 영역을 처리할 수 있다.

고정 프로젝터들을 활용해서 시야를 증강하면 사용자가 몇 명이든 이런 사용자들에게 방해되지 않는다는 혜택이 있다. 더욱이, 이런 배열은 카메라와 프로젝터를 시야가 겹쳐지도록 활용하는 프로젝터-카메라 시스템(그림 8.3)으로 확장할 수 있다. 프로젝터-카메라 시스템은 수백만 개의 픽셀을 이용해 조밀한 입력과 조밀한 출력을 합쳐준다. 카메라는 프로젝터로부터 나온 구조광에 비춰진 이미지를 해석하거나 심도 센서와 합친다. 두 경우 모두, 결과적으로 이동하는 사용자와 변화하는 환경에 반응할 수 있는 적응형 투영 시스템이 된다. 반면, 투영된 증강물은 물리적 표면으로 제한되며 여러 사용자에게 개인화된 경험을 일으킬 수는 없다. 투영은 또한 환경의 주의 깊은 활용을 요구하며, 한낮의 야외에서는 잘 작동되지 않는다.

투영에 비해서 헤드마운트나 핸드헬드 디스플레이 같은 모바일 디스플레이는 더 경제적이고, 여러 사용자가 개인화된 경험을 할 수 있다는 추가적 장점이 있다. 투과형 HMD가 보통 하나의 (증강된) 환경 뷰를 제시하는 반면(그림 8.4, 위), 핸드헬드 디스플레이는 환경의 증강된 복제를(그림 8.4, 중간) 보여준다. 이런 상황에는 장점과 단점이 공존한다. 핸드헬드 디스플레이를 들고 있자면 팔도 아프지만, 디스플레이 크기도 작아서 사용자 시야의 극히 일부만 커버할 수 있다. 따라서 실제 세계와 증강된 이미지 사이에서 사용자의 주의가 분산될 수밖에 없다. 이런 단점은 핸드헬드 기기로 추가 입력 채널을 제공해 부분적으로 상쇄할 수 있다. 사용자는 한 손으로 기기를 움직여 보는 방향을 독립적으로 바꾸고, 다른 손으로는 기기의 터치스크린을 작동할 수 있다. 이런 입력 방식 때문에 사용자는 손으로 완전히 자유롭게 다른 활동을 하기가 어렵다.

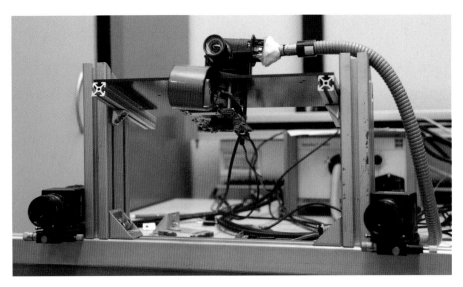

그림 8.3 컴팩트 프로젝터와(가운데) 스테레오 카메라 세트로(왼쪽과 오른쪽) 구성된 프로젝터-카메라 시스템 (사진 제공: 크리스찬 라인바커(Christian Reinbacher))

이 두 가지를 합친 세 번째 범주는 시간이 흐르면서 투영되는 장소를 바꿀 수 있는 애자일 투영^{agile projector}이다. 예를 들어 전동 팬과 틸트 플랫폼에 설치해 조종하는 프로젝터는 환경에서 눈에 보이는 모든 표면에 닿을 수 있다. 관심 물체가 너무 빠르게 이동하거나 변하지 않는 한, 조종형 프로젝터는 계속해서 물체를 증강할 수 있다. 미니어처 프로젝터는 손전등처럼 휘두를 수 있는 핸드헬드 기기다(그림 8.4, 아래). 어깨에 얹는 프로젝터는 사용자가 두 손을 자유롭게 쓸 수 있으면서 사용자의 앞에 있는 물체를 증강해준다. 헤드마운트 프로젝터도 비슷한 역할을 할 수 있으며, 주로 보고 있는 방향과 투영 방향이 항상 정렬돼 유지된다는 추가적인 장점이 있다. 이 원리는 주로 환경에 있는 역반사 표면과 합쳐서 더 나은 명암비를 확보하는 데 쓰여왔다. 하지만 오늘날의 배터리 구동식 프로젝터는 낮은 명암비의 이미지만 만들어낼 수 있으며, 유선 프로젝터는 자연스러운 모바일 작동에는 적합하지 않다.

그림 8.4 (위) AR 헤드마운트 디스플레이 (중간) 핸드헬드 AR (아래) 프로젝터 AR

매직 렌즈

AR은 사용자의 주위에 등록된 추가 정보 스트림을 계속 제공하는 주변 디스플레이로 활용될 수 있다. 사용자 입력은 특정 물체를 보거나 카메라를 그쪽으로 향하는 것으로 제한된다. 이러한 상호작용 스타일을 증강 브라우징이라고 부른다. 브라우징에서 상호작용은 최소한이지만, 사람들이 주의를 집중하지 않고도 생각할 수 있게 해주므로 그 잠재력은 매우 크다. AR의 중요한 용례들은 기본적으로 찾아보기를 토대로하는데, 예컨대 의학적 진단[스테이트 등 1999b], 내비게이션[물로니 등 2012], 관광[파이너 등 1997](그림 8.5), 지하 인프라 구조물 검사[숄 등 2008] 등이 있다. 증강 브라우징을 위한 정보는 지리적으로 등록된 정보나 사람 또는 물체에 대한 정보를 담은 기존 데이터베이스에서 가져올 때가 많다. '윈도우 온 더 월드^{Windows on the world}'는[파이너 등 1993b] 심지어 오래된 2D 데스크톱 애플리케이션을 삼차원 환경 증강을 통해 디스플레이하기까지 한다.

그림 8.5 콜럼비아 투어링 머신은 최초의 AR 브라우저였다. (사진 제공: 콜럼비아 대학)

HMD를 이용한 살펴보기는 사용자가 손을 자유롭게 쓸 수 있으면서 시선 방향 트래킹을 통해 자연스럽게 어디에 주의를 기울이고 있는지 판단할 수 있다는 장점이 있다. 하지만 '늘 보이는' 증강처럼 순진하게 적용하면 밀집도가 높은 환경에서는 번거로울 수 있다. 최소한 사용자가 증강을 손쉽게 켜고 끌 수 있어야 한다.

핸드헬드 디스플레이로 검색할 때는 사용 패턴이 약간 달라진다. 핸드헬드 디스플레이는 사용자가 실제 환경의 바뀐(증강된) 버전을 들여다보는 물리적인 매직 렌즈가 된다(그림 8.6). 매직 렌즈는 두 가지 정보를 나란히 보여주는 초점 + 맥락 디스플레이의[코사라(Kosara) 등 2003] 인스턴스로 해석할 수 있다. 사용자는 실제 세계와 화면을 번갈아 보면서 증강이 필요한지 선택할 수 있으며, 이런 선택은 HMD로 조종할 수 있어야 한다.

물론 매직 렌즈는 HMD로도 구현할 수 있다. 인기 있는 접근법은 수동적인 물리적 클립보드나 물리적 렌즈 같은 소품을 렌즈로 활용해 트래킹만 가능하게 하는 것이다. 이러면 사용자가 매직 렌즈로 주위의 증강되지 않은 영역을 둘러볼 수 없다.

매직 렌즈와 비슷한 제약이 프로젝터 기반 AR에도 적용된다. 사용자는 핸드헬드 프로젝터를 손전등처럼 휘둘러서 증강을 위한 초점 영역을 선택할 수 있지만, 증강물 주변은 볼 수 없다. 하지만 손전등을 단지 잠시 치우기만 해도 변형되지 않은 실제 세계가 보인다는 것은 HMD에서 증강을 끄는 방식보다는 직관적이다.

그림 8.6 매직 렌즈가 사용자에게 사람의 뼈대를 인지할 수 있도록 해준다. (사진 제공: 안톤 퍼먼)

매직 렌즈의 초점 영역 배치는 개념적으로 삼차원 환경에서 레이캐스팅을 이용하는 물체 선택과 아주 비슷하다[보우먼 등 2005]. HMD로 시선 방향을 내재적으로 정의하는 광선은 핸드헬드 기기의 이미지 중심이(혹은 다른 지점이) 되며, 핸드헬드 소품이나 손전등의 방향이 된다. 레이캐스팅은 전형적으로 광선을 따라 처음으로 마주치는 물체를 선택하는 데 쓰인다. 혹은 시야 원뿔이나 손전등의 원뿔에 들어오는 모든 물체로 선택이 확장될 수도 있다. 3D 선택과 매직 렌즈 조작의 가장 큰 차이는 매직 렌즈에 영향을 주는 효과가 브라우징 경험에 즉시 드러난다는 점이다. 반면, 물체의 선택은 보통 명령을(예: 이동하거나 물체를 삭제하는) 일으키는 준비 단계라 할 수 있다. 하

354

지만 사용자가 증강 브라우징 동안 초점을 맞춘 특정 물체를 선택하는 뚜렷한 트리거가(예: 버튼) 갖춰져 있을 때는 매직 렌즈 조작과 선택은 한 개의 상호작용에만 결합할 수 있다.

매직 렌즈와 레이캐스팅을 이용하지 않는 몇 가지 예에서는 오히려 환경 안에 있는 위치를 직접 활용한다. 핸드헬드 기기를 이용한 이런 직접적인 공간적 상호작용의 예는 헨리슨Henrysson 등이[2005] 개발한 AR 테니스 애플리케이션을 들 수 있다. 이 애플리케이션에서는 공중을 날아가는 탁구공이 매직 렌즈를 통해서만 눈에 보인다. 이와 동시에, 매직 렌즈는 공을 치는 탁구채의 역할을 한다.

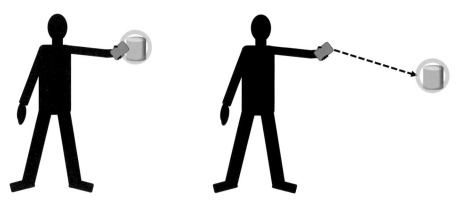

그림 8.7 (왼쪽) 터치로 선택 (오른쪽) 레이캐스팅으로 선택

일반적으로 사용자가 삼차원에서 이런 방식으로 상호작용할 수 있는 것은 핸드헬드 기기의 작은 시야 범위 내로 제한된다. 하지만 레이캐스팅의 일부 변형에서는 길이가 한정된 광선을 선택에 이용하는데, 비유하자면 지팡이를 가지고 물체를 가리키는 것과 비슷하다(그림 8.7). 레이Leigh 등은[2014] 조작하는 사람으로부터 조작되는 물체까지의 거리가 실제로 연속체라고 주장한다. 조작하는 사람이 조작되는 물체에 닿는 극단에 가면 범위는 0이 돼, 탠저블 상호작용이 된다는 것이다. 다른 쪽 극단에서 조작되는 물체가 조작하는 사람이 닿을 수 있는 거리 밖에 있다면 매직 렌즈나 레이캐스팅을 사용해서 접근해야 한다. 탠저블 매직 렌즈의 예로서 레이 등은 스마트폰으로 화면 바로 몇 센티미터 앞에서 화면에 디스플레이된 작은 컬러 패턴을 감지하는 것을 꼽는다.

입력 양식

출력 양식에 대해 논의하면서 우리는 HMD를 착용하고서 고개를 움직이는 것과 같이 사용자가 계속해서 시점이나 증강 초점을 컨트롤한다는 점을 언급했다. 이런 형태의 상호작용은 대부분의 AR 경험에서 필수적인 부분이다. 사용자가 수동적인 관찰자의 역할을 하는 증강 브라우징을 넘어서고 싶다면, 우리는 적합한 입력 기기와 방법을 고려해야 한다. AR은 VR과 내추럴 UI^{NUI, natural user interface} 양쪽을 위해 개발된 다양한 기술에서 끌어낼 수 있다. NUI는 전형적인 데스크톱 UI를 넘어서는 사용자 인터페이스를 포괄하는 용어로, 특히 제스처와 터치가 여기에 해당된다.

단단한 물체의 트래킹과 조작

3장에서는 단단한 물체의 6 자유도 포즈 측정을 구하는 방법을 광범위하게 논의했다. 이런 스파스 트래킹 기법^{sparse tracking}은 업데이트 속도가 빠르고 정확도도 높지만, 물체의 몇 개 지점에만 그렇다.

그림 8.8 닌텐도 위모트는 소비자용 비디오 게임을 위한 3D 입력 장치다.

스파스 트래킹의 가장 중요한 용도는 사용자의 머리나 카메라를 이용한 시점 조종이라 할 수 있다. 그리고 삼차원 위치 결정과 이동은 핸드헬드 기기의 트래킹에 의존한다. 아니면 트래킹 타깃을 비교적 단단한 손등에 붙여서 손 자체를 활용할 수도 있다.

그러기 위해 포즈 트래킹을 버튼이나 스위치 같은 재래식 컨트롤 장치로 보완할 때가 많다. 예를 들어 닌텐도 위모트는 6 자유도의 트래킹과 여러 버튼이 있는 리모콘을 닮은 핸드헬드 장비다(그림 8.8).

핀치 글러브pinch glove는 손가락 끝의 전기를 감지해, 사용자가 두 손가락을 맞대면 액션이 발동돼 비슷한 효과를 준다. 예를 들어 틴미스 핸드Tinmith Hand에서 사용되는 장갑은[피칼스키(Piekarski)와 토머스 2002] 이렇게 맞대는 동작을 감지해 머리에 등록한 메뉴를 작동시킨다(그림 8.9). 장갑의 엄지는 가상 물체의 이미지 면 조작을 위한 기준점 마커로[피어스 등 1997] 활용된다.

트래킹되는 물체를 손에 계속 들고 있을 필요는 없다. 트래킹된 물체가 여러 개일 때, 사용자는 물체를 이동시키고 정리해 의도를 전달할 수 있다. 그러면 앞서 말한 탠저블 상호작용이 된다.

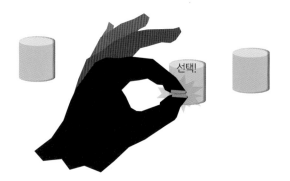

그림 8.9 핀치 글러브는 사용자가 손가락 끝을 맞댈 때를 감지해 이 제스처를 선택으로 해석한다.

몸 트래킹

분명 스파스 트래킹은 마우스 커서의 삼차원 버전에 비교하면 하나, 혹은 아주 적은 지점으로 상호작용을 제한한다. 이렇게 최소한의 입력만 가능하기 때문에 실제 세계와 사람의 풍부한 상호작용을 담아낼 수는 없다. 그래서 최근의 개발 경향은 사람의 모션을 완전히 처리하고, 나아가 환경의 임의적인 변화도 처리할 수 있게끔 카메라나 심도 센서로부터 풍부한 센서 입력에 의존하는 조밀한 트래킹dense tracking을 포함하는 추세다.

사람의 모션을 캡처할 때 대부분의 상호작용에는 사람 뼈대 중 각 뼈의 포즈만으로도 충분하기 때문에 보통 뼈대 트래킹skeleton tracking으로 처리된다. 뼈대의 구성이 해부학적 제약을 크게 받으므로 뼈대만 트래킹하는 편이 사람의 형태 전체를 트래킹하는 것보다 쉽기도 하다.

일부 애플리케이션에서는 머리, 팔, 손 같은 신체 일부 트래킹으로도 충분할 수 있다. 손 트래킹은 우리가 환경을 조작할 때 주로 손을 사용하기 때문에 특히 중요하다. 손 트래킹은 뼈대 트래킹의 특수 케이스라고 볼 수도 있다. 하지만 손과 손가락을 함께 활용하면 20도 이상의 자유도가 생겨서 아주 정확하고 세밀한 조작도 가능하다. 그래서 손 전체를 트래킹하는 것의 신뢰성 문제에도(그림 8.10) 많은 연구가 이뤄졌다 [오버베거(Oberweger) 등 2015].

송Song 등은[2014] 핸드헬드 기기 앞에서 자유로운 손으로 허공에 하는 제스처를 인식하는 시스템을 논의한다. 이들의 접근법은 메뉴 선택이나 팬 이동 같은 다양한 상호작용에 활용될 수 있다. 모바일 AR에서 이런 접근법의 한 가지 장점은 손이 모바일 기기의 시야 안에서 움직일 때만 제스처가 고려된다는 것이다. 그래서 실수로 인식이 일어나는 일을 쉽게 피할 수 있다.

그림 8.10 손과 손가락 트래킹 (사진 제공: 마커스 어버웨거(Markus Oberweger))

제스처

몸이나 손 트래킹의 중요한 용도가 바로 제스처 상호작용이다. 초기 연구는 예를 들어 깃발 알파벳같이 몸이나 손은 정지된 자세에 집중됐다. 그런데 이런 자세는 일상적인 상호작용에서는 그리 자연스럽게 일어나지 않는다. 또한 오늘날은 움직이는 신체의 동적인 제스처를 충분히 감지할 수 있을 만큼 연산력이 늘었다. 동적인 제스처는 질적이고 양적인 입력을 동시에 제공할 수 있다는 장점이 있다. 예를 들어, 사용자가 '프레임을 잡는' 모션을 취함으로써(그림 8.11) 뷰파인더 작동 수행과 동시에 두 손의 거리를 통해 확대를 원하는 정도까지 표시할 수 있다. 웨어러블 카메라와 컴퓨터 비전을 이용한 손 제스처의 트래킹과 인식은 쾰슈Kölsch 등이[2004] 시연해 보였다.

그림 8.11 뷰파인더 제스처에는 양손이 필요하다.

제스처 언어는 표현력이 굉장히 풍부하지만, 전통적인 메뉴 기반 인터페이스보다 더 많은 학습이 필요하다. 화이트 등은[2009b] 반투명한 애니메이션을 통해 가능한 제스처를 배우는 방법을 제안한다. 하지만 일반적으로 제스처는 행동 유도성이 약하고 기억하기 어려운 편이다. 더욱이, 사용자의 몸이 제스처를 가릴 수 있어 확실한 인식에 문제가 되는 상황도 생긴다.

AR을 위한 제스처 상호작용 언어의 예로는 핸디AR HandyAR이[리와 횔레러 2007] 있으며, 이는 사용자가 쭉 뻗은 손을 트래킹해 손바닥에 맞는 좌표 시스템을 수립한다(그림

8.12), 벌린 손에 가상 물체를 부착해 검토하고 조작할 수 있다. 액션은 첫 번째 제스처에 의해 발동된다. 또한 손 트래킹 시스템은 손을 펴고 아래로 향한 손바닥에 물체가 놓일 수 있게 해준다. 이러면 시스템이 SLAM 방식을 이용해 손 주위의 맵을 획득하게 된다[리와 휄레러 2008]. 맵이 초기화된 후의 추가적인 트래킹은 독립돼 손이 없어도 된다. 이런 방식으로 가상 물체가 환경 속 임의의 장소에 배치될 수 있다.

터치

자유 공간 제스처는 섬세한 작업에 영향을 주는 물리적 지원이 부족해서 정확성이 떨어질 때가 많다. 사람은 촉감이 매우 발달했다는 점을 감안하면, 패시브 햅틱 피드백을 제공하면서 표면에서 터치 감각을 주는 터치 인터페이스를 구축하는 것이 바람직할 것이다. 초기의 터치 솔루션은 표면의 한 점만 인식할 수 있었지만, 오늘날의 표면 상호작용은 멀티터치 감지에 의존한다. 작은 터치 표면은 정전식 감지에 쓰이고, 큰 디스플레이는 완전한 내부 반사 같은 광학적 수단으로 사용된다.

그림 8.12 핸디AR은 물체와의 상호작용을 위한 참고점으로 손을 활용한다. (사진 제공: 이태희)

터치 표면은 입력과 출력을 하나의 자연스러운 공간으로 합쳐주는 터치스크린 디스플레이와도 자주 합쳐진다. 터치하는 손가락에 임의의 상호작용 정보가 등록되는 것이 화면에서 보여지므로, 터치 스크린은 3D가 아니라 2D에만 등록된다는 것을 제외하면 거의 AR에 대한 요건을 충족시킨다.

2D 제스처로 기존의 그래픽 유저 인터페이스와 합쳐진 멀티터치 표면은 모바일 컴퓨팅에서 사실상의 인터페이스 표준이 됐다. 오늘날 많은 AR 시스템이 터치스크린이 있는 핸드헬드 컴퓨터를 이용한다는 점을 감안할 때, 터치 입력은 화면에서의 경험을 컨트롤하는 자연스러운 선택이 된다. 사용자는 양손으로 매직 렌즈를 조작한다. 이때 자유로운 손은 완전한 6 자유도의 매직 렌즈를 대충 움직여서 바람직한 초점 영역을 관찰하게 된다. 주로 쓰는 손은 터치스크린을 조작해 자유로운 손에 대한 2 자유도의 오프셋을 제공한다. 그 결과, 손가락 밑에서 광선 기반의 오브젝트 선택은 이미지 면의 물체를 '터치하는' 것으로 인지된다[피어스 등 1997]. 그리고 버튼 같은 기존의 컨트롤은 화면의 지정된 영역에 배치되거나 필요할 때 물체 근처에 나타날 수 있다.

터치 스크린에서 잘 알려져 있는 문제 하나는 '둔한 손가락fat finger 문제'인데, 손가락이 상호작용할 물체와 주위에 있는 것들을 가려서 정확하게 조종하기 힘들어지는 것이다. 루시드터치LucidTouch는[윅도(Wigdor) 등 2007] 편평한 핸드헬드 기기의 뒷면에 터치 표면을 추가해 이 문제를 극복한다(그림 8.13).

흔히 공간 AR과 터치 인터페이스를 합치는 방법은 프로젝터-카메라 시스템을 활용해 평범하고 활용되지 않는 표면을 가상 터치스크린으로 만드는 것이다[피나네즈(Pinhanez) 2001]. 예를 들어, 시스템이 쭉 뻗은 사용자의 손 근처에 있는 표면에 메뉴 항목들을 투영하는 것이다(그림 8.14).

라이트스페이스LightSpace는[윌슨과 벤코 2010] 여러 개의 심도 센서를 활용해 사용자가 하나의 상호작용 표면에서 디지털 아이템을 집어 단순히 표면을 터치함으로써 그 위에 내려놓도록 해준다. 특정 갯수의 심도 샘플이 상호작용 표면 위에서 관찰되면 터치 이벤트가 생성된다. 시스템은 사람과 다른 물체를 구별하려 시도하지 않고, 대신 단순화된 물리 법칙을 이용해 가상 물체를 조작한다. 예를 들어, 사용자가 테이블 가장자리 위에서 손을 벌리고 휩쓰는 모션을 하면 테이블 위에서 가상의 아이템을 집어들수 있다. 라이트스페이스는 상호작용 표면 사이의 자유 공간 안에서 사용자의 모션을 판단하게도 해준다.

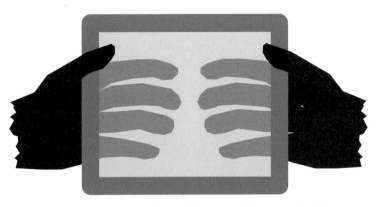

그림 8.13 루시드터치(LucidTouch)는 반투명 화면 뒷면에 있는 터치 인터페이스로 시뮬레이션한다.

그림 8.14 프로젝터-카메라 시스템으로 보통 표면을 터치스크린으로 바꾼다. (사진 제공: 클라우디오 피나네즈 (Claudio Pinhanez)(저작권 IBM 2001))

전신의 터치는 감압식 표면으로 감지할 수 있다. 예를 들어, 그래비티스페이스 GravitySpace는[브랜젤(Bränzel) 등 2013] 무게 분산과 추가적인 물리 속성을 감지해 사용자의 신체 포즈를 추론하는 표면(바닥, 가구)을 활용한 환경이다. 등록된 출력은 표면에 정보를 투영해 제공된다.

그래비티스페이스는 자연스러운 사용자 인터페이스를 디자인하는 데 실제 세계를 관장하는 물리 법칙이 어떻게 활용될 수 있는지 보여준다. 이런 유형의 애플리케이션은 우리가 평생 경험해온 실제 물체의 물리적 행동 양식이 가상 물체를 직관적으로 다루는 데 활용될 수 있다.

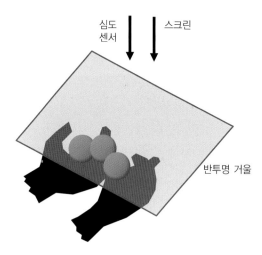

그림 8.15 홀로데스크(HoloDesk)는 고정된 광학 투과 디스플레이와 심도 센서를 결합해 사용자의 손과 가상 물체 간의 물리적 상호작용을 시뮬레이션한다.

물리 기반 인터페이스

물리 기반의 인터페이스는 컴퓨터 게임용으로 시판되는 시뮬레이션 소프트웨어를 활용해서 가상 물체를 실제 물체와 상호작용시킨다. 시뮬레이션이 아주 정확할 필요가 없으므로 연산 부하는 작게 유지된다. 하지만 시각적 일관성을 위해 물리적 실제 세계를 표현하는 팬텀 지오메트리phantom geometry가 쓰인다.

팬텀 지오메트리는 미리 재구성할 수 있다. 존스 등은[2010] 사용자가 이런 시스템의 표면에 가상 물체를 배치할 수 있게 해준다. 물체는 표면에 속박되지만 원하는 어떤 물리적 행동 양식이든 보일 수 있다. 예를 들어 사용자는 컬렉션에 있는 사진들을 넘겨보거나 증강 미니 골프 게임을 플레이할 수 있다.

팬텀 지오메트리가 온라인에서 심도 센서로 감지되면, 물리적 일관성 시뮬레이션으로 사람같이 이동하며 형태가 변하는 물체도 처리할 수 있다. 모델의 복잡한 변형을 피하기 위해, 단단하지 않은 개체는 단단한 구체의 모음같이 단순한 지오메트리와 비슷하게 표현할 수 있다. 대부분의 경우 사용자는 이를 눈치챌 수 없다. 상호작용 디자인은 조종할 수 있는 프로젝터의 방 크기 설정인 베마트론Beamatron[윌슨 등 2012], 홀로데스크 같은 책상 크기 설정과[힐리지스(Hilliges) 등 2012](그림 8.15) 미라지테이블MirageTable[벤코(Benko) 등 2012]에 사용돼왔다.

탠저블 인터페이스

AR과 VR 간의 중요한 차이점 중 하나가 AR 사용자는 자연스럽게 환경 안의 물리적 물체와 상호작용할 수 있다는 점이다. 이런 실제적인 상호작용은 직접적이고 편리하며, AR 경험에 쉽게 영향을 줄 수 있다. 그래서 가상 세계와의 상호작용이 구체화된다. 탠저블 사용자 인터페이스는 원래 피츠모리스Fitzmaurice 등과[1995] 이시이와 울머가[1997] 유비쿼터스 컴퓨팅의 형태로 제안한 것이었다. 사용자 주위에 있는 일상적인 물체를 활용하거나 감지함으로써, 이런 물체는 컴퓨터용 입력 및 출력 기기로 변하게 된다. AR은 사용자를 둘러싼 물리적 실제를 상호작용에 결합시키기 때문에 탠저블 사용자 인터페이스와 관계가 있다. 트래킹된 물리적 물체를 조작하는데, 이런 물체가 증강까지 된다면 그 결과는 탠저블 AR이 된다.

표면에서의 탠저블

터치스크린이 출현하기 전까지는 테이블용 디스플레이에 흔히 탠저블 물체를 이용했었다. 이런 테이블은 물체 감지, 트래킹, 심지어 재구성을 위한 프로젝터-카메라 시스템을 활용했다[리브(Liebe) 등 2000]. 프로젝터-카메라 시스템을 테이블 밑에 설치하면 기술을 숨기면서, 사용자가 프로젝터-카메라 유닛과 테이블 표면 사이에 서 있을 때 가려지는 문제를 피할 수 있다. 트래킹 시스템만 있다면 대형 스크린이나 HMD도 함께 쓸 수 있다.

탠저블 물체를 테이블 표면 위에 배치하고 나서 그대로 둘 수도 있다. 이렇게 배치하면 입력이 확정되면서도 사용자가 아무 방해 없이 두 손을 사용할 수 있다. MIT의 탠저블 미디어 그룹은 테이블 형태의 탠저블 인터페이스들을 개발했다. 메타데스크 metaDESK는[울머와 이시이 1997] 유명한 두 캠퍼스 건물의 축소 모형을 배치해 위치, 방향, 크기를 캠퍼스 지도에 보여준다. 맵 조작에서 이와 같은 방법은 오늘날 멀티터치 디스플레이의 두 손가락 제스처 형태로 널리 알려져 있다. Urp는[언더코플러(Underkoffler)와 이시이 1999] 사용자가 탠저블 물체를 건물 대신 배치해 교통, 햇빛, 바람 같은 변수의 영향을 살필 수 있게 해주는 건축 설계 애플리케이션이다. 일루미네이팅 라이트 Illuminating Light는[언더코플러와 이시이 1998] 레이저 소스, 프리즘, 거울 같은 탠저블 기기가 있는 광학 작업대를 시뮬레이션한다. 이 모든 시나리오에는 한 가지 공통되는 특징이 있는데, 테이블 표면의 2D 공간에서만 작동한다는 것이다. 반면 탠저블 AR은 상호작용의 범위를 삼차원으로 확장할 수 있다.

일반적 형태의 탠저블

탠저블 AR의 초창기 연구는 여러 개의 사각형 기준점 마커를 탠저블 물체로 활용했다. 마커를 테이블 위에 배열할 수 있으므로, 앞에서 논의한 표면 탠저블과 유사한 설정이 된다(그림 8.16). 마커들은 6 자유도로 집어들어 트래킹할 수도 있다. 카메라 한 대만 사용하면 시야에 들어오는 마커들만 트래킹된다. 일부 디자인에서는 마커로 벽걸이나 테이블보를 덮어서 글로벌 참조 프레임으로 활용하기도 한다. 벽걸이에 붙인 마커의 위치는 알려져 있기 때문에, 한 개의 마커를 관찰하면 글로벌 포즈를 결정할 수 있다.

사각형 마커는 특별한 행동 유도성이 없는 일반적 모양이므로, 사용자에게 의미가 전달되는 정보를 담은 그래픽으로 장식해야 한다. 그래도 어느 정도 직접 조작하기에 적합한 자유도를 지닌다. 이런 종류의 설정을 창의적으로 활용할 다양한 방법이 있다(그림 8.17).

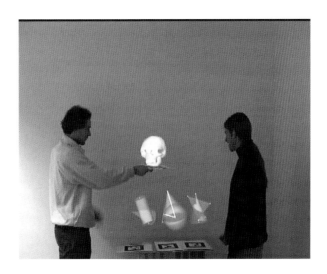

그림 8.16 마커 같은 유형의 물체를 함께 활용해서 가상 물체를 조종할 수 있다. (사진 제공: 게르하르트 라이트마이어와 한스 카우프만)

- 단일 탠저블을 해석하고 회전해 물체를 조작하거나 매개변수를 수정할 수 있다. 주로 수평 표면에서 이렇게 처리한다. 하지만 탠저블을 집어들어 표면에서 탠저블까지의 높이를 또 하나의 매개변수로 활용할 수 있다[스핀들러(Spindler 등 2012].

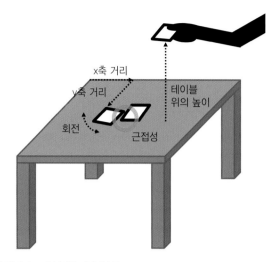

x축 거리

y축 거리

테이블
위의 높이

회전

근접성

그림 8.17 탠저블 작동과 그에 연관된 매개변수들

- 여러 마커를 배열해 관련된 물체들, 예를 들어 대시보드 계기들의 공간적 관계를 표현할 수 있다.
- 두 마커 사이의 거리는 스칼라 값$^{scalar\ value}$을 표시하는 데 쓸 수 있다. 두 마커를 아주 가까이 가져가면 '연관' 명령어를 발동할 수 있다. 예를 들어, '빨간 페인트' 마커를 가상 물체 곁에 놓아서 물체의 색깔을 빨간색으로 바꿀 수 있다.
- 마커를 시야에서 빠르게 빼거나 손으로 가리면 명령어 발동으로 해석될 수 있다. 시스템에서는 또한 가상 물체의 최종적으로 알려진 장소와 배치를 기억할 수도 있다.
- 손에 마커를 들어 제스처 입력에 활용할 수 있다. 흔들고, 방향을 바꾸고, 원형으로 돌리고, 기울이고, 미는 동작은 모션 경로 분석을 통해 쉽게 템플릿과 비교할 수 있다. 예를 들어 흔드는 동작은 속도는 빠르지만 물체의 위치 변화는 작은 모션 중에서 찾을 수 있다.

뚜렷한 형태의 탠저블

일반적인 탠저블은 창의적인 해석을 유도할 수 있지만, 탠저블 인터페이스는 물체가 즉시 인지해 특정한 용도를 제안할 수 있는 의미 있는 형태일 때 표현적인 힘이 커진다. 탠저블은 패들이나 손전등 같은 도구를 닮을 수도 있고 태블릿, 책, 박스 같은 컨테이너일 수도 있다.

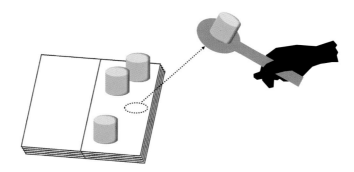

그림 8.18 매직 북과 패들

매직 북은 페이지가 트래킹되는 실물 책이다(그림 8.18). 증강물은 책 페이지에 컴퓨터로 생성한 평면 콘텐츠나(예: 그림 애니메이션) 어린이용 팝업 책처럼 펼치면 페이지에서 3D 물체들이 튀어나오는 방식으로 페이지에 등록할 수 있다.

손잡이에 마커가 부착된 패들은 물체 조작에 풍성한 제스처를 활용할 수 있게 해준다. 보마르VOMAR는[카토 등 2000] 매직 북에서 가구 아이템들을 꺼내 인형의 집에 내려놓고서 사용자가 만족할 때까지 이리저리 밀어놓을 수 있는 패들을 활용한다. 피엘드Fjeld와 보엑틀리Voegtli는[2002] 3D 물체를 조합하는 데 패들을 활용하는 화학 교육 애플리케이션을 논의한다. 사용자는 개개의 원소를 원하는 공간에 배치해 분자를 구성하고, 화학 법칙 작용을 통해 타당한 장소에 배치된다.

퍼스널 인터랙션 패널은(그림 8.19) 태블릿과 스타일러스 펜을 합친다[잘라바리(Szalavári)와 거보츠(Gervautz) 1997]. 이런 접근법은 양손의 상호작용을 친근한 형태 인자로 활용한다. 태블릿은 스타일러스가 참고할 모바일 프레임의 역할을 하고 버튼과 슬라이더 같은 2D 컨트롤부터 체적형 데이터 세트 같은 3D 물체까지 다양한 물체를 증강할 수 있다.

회전 판(그림 8.20)은 매직미팅MagicMeeting 환경에 활용된다[레겐브레이트(Regenbrecht) 등 2002]. 여러 사용자들이 테이블에 둘러앉아 디자인을 검토할 때 판 위에 놓인 가상 물체의 방향을 조정할 수 있게 해준다.

368

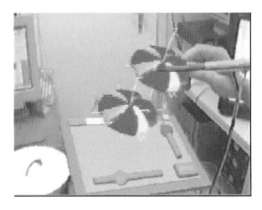

그림 8.19 개인용 상호작용 패널 (사진 제공: 졸트 잘라바리(Zsolt Szalavári)와 마이클 거보츠(Michael Gervautz))

그림 8.20 매직미팅의 회전 판과 비슷한 상호작용

코큐브^CoCube는[브라운 등 2003] 기본적으로 그냥 손에 드는 상자다(그림 8.21). 삼차원 가상 물체가 상자 안에 배치되고, 상자의 벽은 투명한 재질로 렌더링된다. 그리고 텍스트 같은 이차원 콘텐츠를 상자 표면에 렌더링할 수 있다. 상자를 돌리면 텍스트가 두루마리 문서처럼 스크롤된다.

루저^Looser 같이[2007] 두 손으로 사용하는 매직 렌즈는 렌즈의 왼쪽과 오른쪽을 나타내는 두 개의 물리적 손잡이를 활용한다. 핸들을 움직임으로써 사용자는 손잡이에 연결된 튼튼한 고무판처럼 렌즈의 확대율과 형태를 바꿀 수 있다.

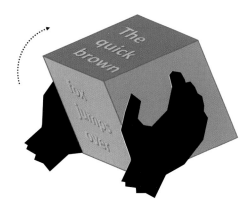

그림 8.21 코큐브는 다용도의 탠저블 물체로, 큐브 안에 있는 가상 3D 물체나 큐브 표면의 텍스트 같은 2D 정보를 볼 수 있다.

투명한 탠저블

탠저블과 그 밑의 표면은 초점+맥락의 관계를 형성할 때가 많은데, 인터페이스 디자인에는 이 사실이 중요하다. 이런 관계의 장점을 취하려면 탠저블 물체와 표면 양쪽 모두에 증강물을 디스플레이하는 것이 좋다. HMD나 핸드헬드 디스플레이가 사용자를 방해하지 않게끔 조정하기 위해 증강물을 프로젝터로 생성할 수 있다. 하지만 한 개의 프로젝터만 이용하는 접근법으로는 충분하지 않다. 위에서 투영하면 탠저블이 표면을 가리게 되며, 디스플레이가 내장된 표면은 탠저블 물체를 증강할 수 없다.

한 개의 디스플레이만 사용하고 싶다면, 디스플레이 테이블 위에서 투명한 탠저블을 사용해 문제를 간단히 해결할 수 있다. 탠저블 바로 밑에 보이는 증강물은 사용자 입장에서는 탠저블 물체에 속한 것으로 인지된다. 예를 들어 메타데스크는[울머와 이시이 1997] 디스플레이 위에 투명한 매직 렌즈를 얹어서 맵의 중요 부분을(예를 들어 확대해서) 보여준다.

데이터타일즈DataTiles는[레키모토 등 2001] 쌍방향 디스플레이에 투명한 타일들을 배치한다. 이 시스템은 타일의 배치를 감지할 수 있으며, 스타일러스 입력도 받아들인다. 이런 결합이 타일을 상호작용 위젯으로 바꿔준다. 각 타일마다 스타일러스로 조작할 수 있는 사용자 인터페이스 요소가 디스플레이된다. 사용자는 여러 타일을 배열해 애플리케이션 컴포넌트를 선택하고 연결하게 된다. 캡스톤스CapStones에는[찬(Chan) 등 2012] 이와 비슷하게 배열하고 쌓을 수도 있는 투명한 탠저블이 들어있다.

슈말스타이그 등의 스타일러스와 태블릿 인터페이스는[1999] 퍼스널 인터랙션 패널의 투명한 변종이다. 사용자는 투명한 재질로 만든 태블릿과 스타일러로 스테레오스코픽 배면 투영 테이블 위에 있는 볼륨을 작업한다(그림 8.22). 인체공학적으로 이런 설정은 붓, 팔레트, 캔버스를 사용하는 화가의 작업 공간과 비슷하다. 예컨대 주된 상호작용 도구의 역할을 하는 스타일러스는 물체를 태블릿과 테이블로 드래그해 드롭한다. 태블릿 자체를 매직 렌즈로 활용할 수도 있다.

그림 8.22 투명한 태블릿과 스타일러스 인터페이스로 스테레오스코픽 투영을 탠저 3D 인터페이스로 바뀔 수 있다.

실제 표면에서의 가상 사용자 인터페이스

태블릿이나 테이블 같은 물리적 표면에 가상 터치 위젯을 배치하면 편리하게 AR 경험에 복잡한 인터페이스를 추가할 수 있다. 데스크톱이나 모바일 사용자 인터페이스에서 알려져 있는 솔루션을 재사용할 수 있는데, 대부분의 사용자들은 이런 인터페이스 작동법을 잘 알고 있다.

가상 사용자 인터페이스는 일반적인 탠저블 물체에도 배치할 수 있다. 가장 단순하게는 태블릿이나[잘라바리와 거보츠 1997] 텅빈 벽[뉴면 등 2001] 같은 편평한 표면을 쓸 수 있다. 펜라이트Penlight는[송 등 2009] 맥락에 따른 가상 사용자 인터페이스를 제도 책상에 활용하는 스타일러스 옆에 배치한다. 증강된 스타일러스는 가상 그림 레이어를 작동시켜서 동적 신호로 작용하고, 표면 위치 위에 가져가거나 그냥 측정 도구로 활용할 수도 있다.

마너 등은[2009] 가상 에어브러시처럼 더 뚜렷한 형태를 가진 탠저블 툴의 이용을 탐구한다. 이들은 탠저블이 가상 사용자 인터페이스 요소와 물리적 형태를 결합한다는 뜻에서 가상 물리 툴이라고 부른다.

실제 표면에 가상 사용자 인터페이스를 배치한다는 아이디어는 인터페이스 디자인과 가상 조종석 프로토타이핑에 활용될 수 있다. 사용자들은 일반적인 탠저블을 배치해 다양한 인터페이스 레이아웃을 실험할 수 있고[푸피레프(Poupyrev) 등 2002] 즉석에서 인 터페이스 기능을 프로그래밍할 수 있다[레키모토 등 2001][월쉬 등 2013]. 탠저블 대신 표면 위에서의 제스처도 새로운 위젯을 정하는 데 활용할 수 있다[시아오(Xiao) 등 2013]. 가상 사용자 인터페이스를 조종석 목업^{mockup}에 투영함으로써 가상 프로토타입의 인체공 학적 속성을 검사할 수 있다.

가상 사용자 인터페이스의 경험은 물리적 표면에 수동적 햅틱을 적용해 강화할 수 있 다. 예를 들어, 일반적 탠저블 물체는 직선의 슬라이더나 돌리는 원형 다이얼 트랙 같 은 사용자 인터페이스 요소를 위한 구조를 양각으로 만들어 특수 용도의 탠저블 활용 을 보완할 수 있다. 헨더슨과 파이너는[2010] 기존의 실제 표면에 있는 물리적 구조물 을 위젯 배치 용도로 바꾸는 것을 제안한다. 예를 들어, 두 패널 사이의 틈새는 슬라 이더로 해석하고, 나사못 머리나 노브는 버튼으로 해석하는 것이다. 그래픽으로 이런 물리적 구조 위에 컨트롤을 띄우면 순수한 가상 컨트롤보다 훨씬 빠르고 확실하게 조 작할 수 있다.

모바일 애플리케이션처럼 적당한 표면이 없을 때는 사용자의 손이나 팔을 대신 활용 할 수 있다. 식스센스^{SixthSense}와[미스트리(Mistry)와 메이즈(Maes) 2009] 옴니터치^{OmniTouch}는 [해리슨(Harrison) 등 2011] 사용자의 손이나 팔에 인터페이스를 투영하는 방법을 찾는다 (그림 8.23). 심도 감지를 통해 사용자의 몸이 터치스크린으로 바뀌는 것이다. 예를 들 어, 사용자는 손바닥을 키패드로 활용해 전화번호를 누를 수 있다.

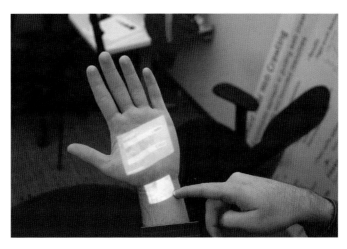

그림 8.23 옴니터치는 프로젝터와 심도 카메라를 활용해 사용자의 손을 터치스크린으로 바꿔준다. (사진 제공: 마이크 로소프트 리서치)

증강 종이

종이는 우리가 일상적으로 쓰는 중요한 물건이다. 데스크톱 컴퓨팅 패러다임은 어느 정도 종이 문서 작업을 시뮬레이션한 것이긴 하지만, 진짜 종이와 디지털 문서의 처 리는 보통 별개의 문제다. 웰너^{Wellner}는[1993] 실제와 가상 문서의 관리 통합법을 주장 하면서 이를 도와주는 시스템으로 디지털데스크^{DigitalDesk}를 소개한다. 디지털데스크 는 프로젝터-카메라 시스템을 갖춘 책상으로 구성된다. 종이 문서를 책상 위에 배열 하고 카메라로 찍으면, 프로젝터가 테이블을 가상 문서로 증강해준다. 사용자는 머리 위에 설치된 카메라가 트래킹하는 펜이나 손가락을 활용해 디지털데스크의 작동을 컨트롤할 수 있다. 시스템에 문자 인식을 통해 텍스트나 숫자를 읽도록, 혹은 물리적 문서에서 이미지를 캡처하도록 지시할 수 있다. 예를 들어, 사용자가 손글씨로 쓴 숫 자를 가리키면 디지털 계산기에 전달해 이후의 과정을 처리할 수 있다.

매케이^{Mackay}와 파야드^{Fayard}는[1999] 일상적 작업 정리에 종이를 많이 사용하는 다양한 분야에 디지털데스크 개념을 적용하는 방법을 설명한다. 예를 들어, 토목 기사가 그 리는 건축 설계도나 영화 제작자가 활용하는 종이 스토리보드, 그리고 항공 관제사들 의 활주로 도면 등에 적용할 수 있다.

그림 8.24 전통적 종이 지도와 투영된 상호작용 콘텐츠로 구성된 증강 맵 (사진 제공: 게르하르트 라이트마이어, 에단 에이드(Ethan Eade), 톰 드루몬드(Tom Drummond))

또 한 가지 일상적으로 쓰이는 일반적인 종이 자료로 지도가 있다. 라이트마이어 등은[2005] 큰 지도를 트래킹하고 증강하는 디지털 데스크 관련 접근법인 증강 맵을 설명한다(그림 8.24). 이런 시스템은 예컨대 지휘 통제에 활용될 수 있다. 동적 정보를 지도에 직접 투영해, 지리적인 정보와 인터페이스 컨트롤을 보여주는 것이다. 증강 맵은 다양한 지도를 동시에 처리하고 지도의 내용에 상호작용하는 도구를 제공한다. 빈 종이 카드를 트래킹해 지도상의 특정 위치를 가리키도록 배치할 수도 있다. 이 시스템은 사용자가 가리킨 곳에서 찍은 사진 같은 유관 정보를 카드의 비어있는 부분에 투영할 수 있다. 머리 위에 있는 카메라로 트래킹하는 소형 핸드헬드 컴퓨터를 기반으로 한 더욱 다재다능한 도구도 있다. 핸드헬드 컴퓨터는 터치스크린으로 작동하며, 임의의 사용자 인터페이스를 표시해 핸드헬드 컴퓨터가 가리키는 지도 위의 물체와 상징적으로 상호작용할 수도 있다. 사용자 인터페이스 생성을 완전히 동적으로 처리하려면 사용자 인터페이스를 위한 코드를 무선 네트워크를 통해 보낸 후 핸드헬드 컴퓨터에서 즉석으로 해석하면 된다.

페이퍼윈도우PaperWindows는 트래킹되는 개별적 종이 조각들로, 사용자는 데스크톱 표면을 떠나서 더 자연스러운 방식으로 종이와 상호작용할 수 있다[홀먼(Holman) 등 2005]. 적외선 트래킹 시스템을 머리 위 프로젝터와 합치면, 사용자가 페이퍼윈도우를 가지고 하는 일을 판단해 각각에 임의의 콘텐츠를 보여준다. 사용자는 물리적으로 페이퍼윈도우를 조작하고 종이 조각을 쥐기, 배치하기, 비교하기, 뒤집기 등의 여러 가지 제스처, 그리고 손가락으로 종이를 문지르거나 가리키는 행동을 할 수 있다. 이런 제스처들로 상징적 인터페이스 없이도 페이퍼윈도우 활성화, 콘텐츠 선택, 복사해 붙여넣기, 로딩과 저장, 스크롤, 주석 넣기 같은 전형적인 사무용 문서 작업이 가능해진다.

피터센Petersen과 스트라이커Stricker가 제안한 인터페이스는[2009] 증강 종이에 제스처 인식을 결합한다. 사용자들은 가상 종이의 형태로 맥락적 정보를 가져오는 물리적 물체를 가리킬 수 있는데, 내용은 벽걸이 디스플레이에 보인다. 이들의 제스처를 머리 위에 있는 카메라에서 관찰해 다른 종이 문서를 디지털화할 수도 있다. 사용자는 이 종이의 카피를 인쇄할 수 있는데, 눈에 보이지 않는 점 패턴으로 손으로 쓴 주석을 감지해 정보를 다시 가상 공간에 전송할 수 있다.

멀티뷰 인터페이스

이 장의 시작 부분에서 우리는 환경에 증강물을 배치하는 다양한 옵션에 대해 논의했다. 적절한 설정을 활용하면 여러 장소를 순서대로가 아니라 동시에 증강할 수 있다. 이런 접근법은 사용자가 반응하는 환경의 일부라는 느낌을 강화시켜주거나, 혹은 단순히 더 많은 양의 정보를 한 번에 보여주는 데 활용할 수 있다.

엘름비스트Elmqvist는[2011] 분산형 사용자 인터페이스를 '컴포넌트가 하나 이상의 입력, 출력, 플랫폼, 공간, 시간의 차원에 분산돼 있는 사용자 인터페이스'라고 정의한다. 멀티뷰 인터페이스에는 이 다섯 가지 중에서 공간(여러 장소)과 출력(여러 디스플레이)이 해당된다. 우리는 여러 장소나 여러 디스플레이에 관련된, 혹은 양쪽 모두에 관련된 인터페이스를 멀티뷰 인터페이스라고 부르겠다.

멀티디스플레이의 초점+맥락

멀티디스플레이는 AR 애플리케이션에서 보조적으로 사용된다. 예를 들어 2D 디스플레이를 3D 디스플레이와 결합하거나, 소형의 고해상도 디스플레이를 대형의 저해상도 디스플레이와 결합하고, 모바일 디스플레이를 고정형 디스플레이와 결합하는 것이다. 이런 상호 보완적 디스플레이는 종종 같은 장소에서 짝지어져서 초점+맥락을 제공한다. 그럼 먼저 이차원 콘텐츠와 상호작용하는 멀티디스플레이를 논의해보자.

THAW는[레이 등 2014] 스마트폰 카메라를 활용해 수직 고정형 디스플레이에 대한 모바일 기기의 위치를 트래킹한다. 스마트폰을 디스플레이 표면에 아주 가까이 들고 있으므로 스마트폰 바로 밑의 이미지는 보이지 않는다. 스마트폰은 기본적으로 디스플레이의 뷰를 바꿔주는 매직 렌즈로 바뀌고, 스마트폰의 터치 스크린은 추가적 입력을 제공하는 도구로 활용될 수 있다.

반면, 스핀들러 등은[2012] 대형 수평면 디스플레이 위에서 핸드헬드 태블릿을 사용해 사용자가 태블릿과 디스플레이를 함께 볼 수 있도록 한다. 태블릿은 디스플레이의 이미지 면과 정렬되도록 매직 렌즈를 디스플레이한다. 하지만 사용자는 자유롭게 디스플레이 위에서 태블릿의 높이에 변화를 줘서 정보의 '레이어'를 선택할 수 있다.

레키모토 등은[2001] 노트북 컴퓨터 같은 모바일 기기가 있는 프로젝터-카메라 시스템을 활용해 표면을 결합하는 증강 표면을 제안한다. 사용자가 노트북을 증강 표면 위에 얹으면 노트북의 위치가 감지되고, 노트북 주위의 증강 표면 영역이 노트북의 디스플레이 영역으로 확장된다. 이 디자인은 탠저블 상호작용과 전통적인 데스크톱 인터페이스를 동시에 사용할 수 있다.

공유 공간

시각화의 영역에서 조직적 멀티뷰coordinated multiple view는 주변과 겹치는 방식뿐 아니라 동시 통합된 시각적 표시를 보여주는 멀티뷰 접근법이다. 예를 들어, 사용자가 알파벳순 목록으로 도시를 하나 선택하면 해당되는 지리적 장소가 맵 뷰에서 하일라이트되거나 그 반대로 보일 수 있다.

멀티디스플레이로 채운 삼차원 환경에서 조직적 멀티뷰는 종종 공유 공간^{shared space}
형태로 적용된다(그림 8.25). 평범한 글로벌 좌표 시스템이 모든 디스플레이에 공유
되지만, 디스플레이에서 각각 시점을 트래킹하는 것이다. 그 결과, 똑같은 3D 장소가
모든 디스플레이에 증강돼 나타난다. 공유 공간으로는 여러 개의 헤드마운트나[슈말
스타이그 등 1996][빌링허스트 등 1998b] 핸드헬드[레키모토 1996] 디스플레이를 이용한 협업이
먼저 탐구됐다.

버추얼 에테르^{virtual ether}(그림 8.26)는 버츠^{Butz} 등이[1999] 제안했는데, 공유 공간 사용
자와 디스플레이 간의 일대일 관계를 일대다 관계로 치환한다. 거울 에테르에 배치된
증강물은 헤드마운트, 핸드헬드, 프로젝터 디스플레이 같은 다양한 디스플레이에 보
인다. 이런 디스플레이 타입의 조합을 통해 공유 공간을 초점+맥락 디스플레이와 결
합한다.

그림 8.25 협업을 위한 공유 공간에서 가상 물체의 관찰은 각자가 헤드마운트 디스플레이를 써서 구축할 수 있다. (사
진 제공: 안톤 퍼먼(Antorn Fuhrmann))

그림 8.26 버추얼 에테르는 사용자를 둘러싼 공간의 삼차원 모델로, 가상 물체로 채워서 노트북, 프로젝터, HMD 등 다양한 디스플레이로 볼 수 있다. (사진 제공: 콜럼비아 대학)

버추얼 에테르에서 사용자들은 하나의 디스플레이에 제한되지 않고, 디스플레이들을 번갈아 보거나 여러 디스플레이를 한 번에 볼 수 있다. 예를 들어 사용자는 투과형 HMD나 핸드헬드 디스플레이를 사용하는 동시에 고정형 디스플레이를 볼 수 있다. 이 설정은 테이블 디스플레이에 개요 맵을 보여주면서 사용자들이 모바일 디스플레이에 보이는 개별 뷰를 트래킹되는 일인칭 관점으로 컨트롤할 수 있다[울머와 이시이 1997][맥윌리엄스 등 2003].

멀티파이^{MultiFi}는[그루버트 등 2015] HMD와 터치 디스플레이(스마트폰이나 스마트워치) 같은 웨어러블 디스플레이의 변형이다. 투과형 HMD는 더 해상도가 높은 터치 디스플레이를 위한 맥락 디스플레이를 제공한다(그림 8.27). 참고 좌표 시스템은 터치 디스플레이로 정의된다. 스마트워치의 경우 좌표 시스템은 실제로 팔을 참조하며 추가적인 디스플레이 표면으로 팔을 지원한다. 아니면 월드 참조 좌표 시스템을 활용할 수도 있다.

그림 8.27 (위) 헤드마운트 디스플레이를 통해 보이는 팔 위의 아이콘들을 이용해 손목에 찬 디스플레이가 연장된다. (아래) 스마트폰이 팔에 뜬 아이콘을 수신한다. (사진 제공: 젠스 그루버트(Jens Grubert))

멀티로컬

멀티로컬 인터페이스multi-locale interface는 여러 디스플레이에서 일반적인 3D 좌표 시스템을 활용하지 않는다는 점에서 공유 공간 인터페이스와 다르다. 대신 가상 물체는 모든 디스플레이의 다양한 위치에 나타난다. 이런 종류의 시스템은 실체가 있는 물리적 물체에 증강물을 등록할 때는 그다지 유용하지 않지만, 순전히 가상의 물체를 배열하거나 일반적인 탠저블을 증강할 때는 많은 유연성을 보장한다.

스터디어스투브는[슈말스타이그와 헤시나(Hesina) 2002] 각 디스플레이에 별개의 로컬 활용을 허용한다(그림 8.28). 예를 들어, 두 명의 HMD 사용자가 각각 같은 가상 물체를 핸드헬드 탠저블에 연결할 수 있다. 그래서 모든 사용자가 고개를 돌리거나 다른 사용자의 시야에 영향을 미치지 않고도 탠저블만 돌려 가상 물체의 원하는 시점을 얻을 수 있다. 한 사용자가 가상 물체에 변경을 가하면 다른 사용자에게도 해당 사항이 공유된다.

로컬의 또 다른 용도는 외부 지향적 시점과 자기 중심적 시점을 가상 씬에 합치는 것이다. 이런 결합은 초점+맥락 디스플레이의 적용이지만, 사용자가 움직이면 두 시점이 동시에 계속 변하기 때문에 공유 공간을 편리하게 내비게이션할 수는 없다. 그런데 뷰를 별도의 로컬로 분리하면 이 문제를 해결할 수 있다. 예를 들어 테이블 디스플레이는 개요 맵을 보여주고, 벽 디스플레이는 가상 씬의 일인칭 뷰를 보여주는 것이다[브라운 등 2003].

그림 8.28 사용자가 책상에 나란히 배열된 멀티로컬을 가로질러 모바일 디스플레이(노트북)를 움직이고 있다. 노트북이 옆에 있는 고정 디스플레이와 같은 로컬의 콘텐츠를 계속 보여주는 것을 볼 수 있다. (사진 제공: 거드 헤시나(Gerd Hesina)와 게르하르트 라이트마이어)

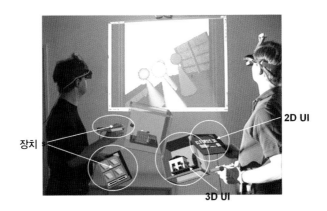

그림 8.29 벽 투영으로 보이는 일인칭 동시 시점과 헤드마운트 디스플레이를 통한 삼인칭 시점 (사진 제공: 거드 헤시나와 안톤 퍼먼)

그림 8.30 월드 인 미니어처(world-in-miniature)는 환경의 개요를 보여주면서, 일인칭 뷰로 직접 라벨을 보여준다. (사진 제공: 콜럼비아 대학)

때로 월드 인 미니어처라고 불리는[스토클리 등 1995] 씬의 삼차원 개요는 HMD로 보여지고(그림 8.29), 외부 지향적 모습은 벽 디스플레이나[슈말스타이그 등 2000] HMD에서 실제 세계의 물체를 직접 증강해(그림 8.30) 보여줄 수 있다[벨 등 2002].

물론 사용자가 원하면 두 로컬로 공유 공간을 형성할 수 있다. 시간에 따라 로컬의 연결을 변경하면 사용자들은 공유 공간에 공간적으로 등록된 정보를 활용하고, 나중에 공유 공간에서 로컬을 분리해 다른 장소에서 활용할 수 있다.

382

크로스 뷰 상호작용

조직적 멀티뷰에 의존하는 방식은 원칙적으로 동기화돼 하나의 뷰에 대한 업데이트가 즉시 다른 모든 뷰를 변경시킨다. 반면 크로스 뷰 상호작용은 정확히 동기화된다. 예를 들어, 사용자가 한 뷰에서 다른 뷰로 아이템을 끌어다 놓을 수 있다.

이 아이디어는 원래 레키모토가[1997] 전통적 2D 디스플레이와 입력 기기에서 집어놓는 방식의 활용법으로 제안했다. 크로스 뷰 상호작용에서는 공간 디스플레이와 특히 모바일 디스플레이 덕분에 시각적 피드백이 상당히 개선되는데, 모바일 디스플레이는 상호작용하는 내내 끌어오는 물체의 시각적 표현을 볼 수 있기 때문이다. 예를 들어, 증강 표면은[레키모토와 사이토 1999] 사용자가 물체를 노트북, 태블릿, 벽 디스플레이 같은 인접한 디스플레이로 옮겨 놓을 수 있게 해준다. EMMIE는[버츠 등 1999] 입력 기기 트래킹을 통해 디스플레이 간의 끌어다 놓기를 지원하는데, 표면뿐 아니라 버추얼 에테르의 자유 공간 어디에나 둘 수 있다. 벤코 등이 설명한[2005] 교차 차원cross-dimensional 제스처는 물체가 2D 테이블 디스플레이에서 차원을 바꿔 테이블 위나 뒤의 3D 버추얼 에테르로 이동하게 해준다(그림 8.31).

그림 8.31 교차 차원 제스처는 2D 터치 표면에서 물체를 당겨 그 위의 3D 공간에 놓는 데 사용될 수 있다. (사진 제공: 콜럼비아 대학)

라이트스페이스^{LightSpace}는[윌슨과 벤코 2010] 사용자가 표면에서 가상 물체를 집어 들어 손에 쥐고, 다른 표면에 올려놓거나 다른 사용자에게 건네줄 수 있게 해준다. 기본적인 프로젝터-카메라 시스템은 환경 안에 있는 사용자를 포함해 모든 물체를 실시간으로 디지털화해 이를 상호작용 표면으로 취급한다. 이런 표현에서 로컬은 단순히 공간 속의 영역이지, 특정한 디스플레이에 연관될 필요는 없다.

터치 프로젝터는[보링(Boring) 등 2010] 스마트폰의 내장 카메라를 활용해 벽 디스플레이에 대한 스마트폰의 포즈를 트래킹해서 가상 손전등을 만들어낸다. 벽 디스플레이에 비춰지는 스마트폰 화면의 라이브 동영상 속 물체를 터치함으로써 벽 디스플레이의 물체들을 원격으로 조작할 수 있다. 버추얼 프로젝션^{Virtual Projection}은[바우어(Baur) 등 2012] 비슷한 접근법을 활용해 스마트폰으로 핸드헬드 프로젝터를 시뮬레이션하면, 벽 디스플레이에 쌍방향 투영이 된다.

햅틱 상호작용

앞서 추가적 노력 없이도 수동적 햅틱 피드백으로 탠저블 물체나 표면에 혜택을 줄 수 있다고 언급했다. 하지만 가상 물체에 햅틱 피드백을 추가하기는 훨씬 더 어렵다. 햅틱 디스플레이는 아직도 비용이 크게 들고, 이런 설정에서 활용하기에는 취약하다. 가장 정립된 햅틱 디스플레이는 센서블^{Sensable}의 팬텀^{Phantom}처럼[1] 손가락이나 스타일러스 입력을 받는 수용체가 달린 조작 가능한 암^{arm}이다. 작업할 수 있는 볼륨에는 한계가 있고, 단일 지점만으로 햅틱 출력을 디스플레이한다.

AR에서 햅틱 디스플레이를 활용할 때 실용적으로 겪는 큰 문제는 디스플레이가 시야에 들어오는 다른 실제 물체를 가린다는 점이다. 광학 투과 디스플레이는 가상 물체를 사용자가 인지하는 실제 세계 위에 반투명하게 투영한다. 이런 접근법이 효과적일 수도 있긴 하지만, 가상 씬이 흥미롭고 사용자의 손(햅틱 디스플레이가 아니다.)이 밝게 보일 정도로 실제 조명을 조정할 수 있을 때만 쓸 수 있다.

---

1 http://www.sensable.com/

대신 비디오 투과 디스플레이는 감소 현실^{diminished reality} 접근법을 활용해(6장 참조) 핸틱 기기로 임의의 시각적 콘텐츠의 픽셀 오클루전을 대체하는 것이다. 사용자의 두 손과 여타 실제 물체를 나눠서 과장되지 않게끔 제외할 수 있다[샌더 등 2007]. 핸틱 기 기 자체는 크로마 키^{chroma-keying}나[요코코지(Yokokohji) 등 1999] 기기 자체를 트래킹해[코스 코(Cosco) 등 2009] 감지할 수 있다.

멀티모드 상호작용

지금까지는 개별적인 상호작용 수단들을 살펴봤다. 실제로 사람은 감각과 여러 능력 을 동시에 활용한다. 그래서 근래의 컴퓨터 인터페이스는 여러 입력과 출력 형태를 멀티모드 상호작용으로 합친다. 가장 흔히 쓰이는 입력 기기는 키보드와 마우스를 넘 어서 말, 제스처, 터치, 응시, 고개 방향, 몸의 움직임까지 활용한다. 펜 입력이나 핸틱 같은 다른 상호작용 형태도 활용할 수 있다.

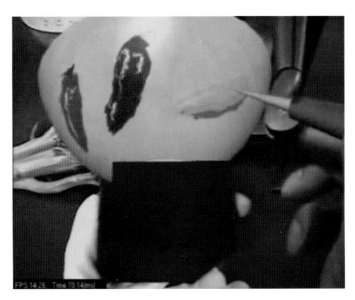

그림 8.32 핸틱 AR의 예. 사용자가 가상 컵에 그림을 그리면, 핸틱 암이 붓으로 누르는 느낌을 전달해준다. (사진 제 공: 크리스찬 샌더)

멀티모드 인터페이스의 핵심 아이디어는 여러 감각 채널을 활용해 기술의 약점을 다른 강점으로 보완하는 것이다. 궁극적으로 성공적인 멀티모드 입력은 다양한 입력 채널과 이 입력 채널의 전체적인 해석으로 정의되는 상호 명확화mutual disambiguation가 적절한 조합에 달려 있다. 이 부분이 바로 멀티모드 인터페이스에 관한 과학적 연구의 주 영역이다.

자연스러운 인터페이스를 찾아가다 보면 멀티모드 상호작용에 흥미가 생길 것이다. 이 분야의 선구적 연구 사례인 미디어 룸Media Room은[볼트 1980] 흔히 'Put-that-there'라고 불린다. 미디어 룸은 사용자가 VR 환경에 몰입해 제스처, 응시, 말을 함께 써서 물체 배치와 기타 활동을 할 수 있게 해준다.

센스셰이프SenseShapes는[올왈(Olwal) 등 2003] 응시하거나 가리키는 등 사용자가 몸으로 지정하는 지오메트리의 형태를 통계적으로 측정 및 연산해 멀티모드 입력의 해석을 강화한다. 이런 측정치는 물체가 볼륨 안에 남아있던 시간, 물체가 볼륨에 들어갔다가 나간 횟수, 사용자로부터의 거리, 오클루전 양 같은 물체에서 얻은 속성을 뜻한다. 이런 연산된 속성의 조합을 통해 말을 비롯한 사용자의 멀티모드 입력을 확실히 받아들인다[카이저 등 2003].

특정 애플리케이션 분야를 미리 알고 있을 때는 규칙 등의 도메인 지식을 통해 센서 처리를 보완하면 멀티모드 입력이 명확해진다. 이라와티Irawati 등은[2006] 제스처와 말로 동시에 인테리어 디자인 애플리케이션을 제어하는[카토 등 2000] 능력을 시연해 보였다. 이 시스템은 제스처와 말을 시간적으로 연관시킴으로써 사용자가 의도했을 액션을 추론한다. 예를 들면 물체가 자립형이고 빈 공간이 있을 때만 가구를 내려놓는 것을 감지한다. 시스템은 '테이블 뒤'처럼 환경에 대한 배치 선언도 해결할 수 있는데, 사용자가 보고 있는 테이블을 시스템이 식별하도록 해서 사용자의 관점에 대한 테이블의 반대편 영역을 연산한다.

하이드만 등은[2004] 말과 제스처만 처리할 수 있는 것이 아니라, 환경에 있는 물체를 시각적으로 인지하는 법을 배우고 이를 외우는 멀티모드 상호작용 프레임워크를 제시한다. AR 특유의 변화무쌍한 환경에서는 물체가 계속 나타났다가 사라지므로, 새로운 물체를 인지하는 것은 아주 중요한 기능이 될 수 있다.

대화형 에이전트

인간은 말, 제스처, 시선을 비롯한 여러 가지 형태의 수많은 커뮤니케이션 수단을 활용한다. 애니메이션되는 에이전트는 인터페이스가 더욱 매력적이 되도록 사람의 커뮤니케이션의 일부 속성을 활용한다. 애니메이션되는 에이전트는(때로 내재형 에이전트 또는 인터페이스 에이전트라고도 불린다.) 시각적 표현이 가능하고 일정 정도 자동화된 지능을 갖춰야 한다. 이 맥락에서 지능이란 에이전트가 환경을 인식하고 행동할 수 있으며, 사용자와 환경에 무관하게 자신의 행동 양식을 결정할 수 있어야 한다는 뜻이다.

애니메이션되는 에이전트는 가상 세계를 채울 때 자주 사용되며, 이제는 컴퓨터 게임에도 흔히 활용되고 있다. AR 연구에서 가장 흥미로운 접근법은 애니메이션되는 에이전트를 멀티모드 입력과 출력에 결합하는 것이다. 이 전략을 쓰면 에이전트가 센서로부터 들어온 데이터를 분석해 정보를 획득하고, 시각과 청각 디스플레이를 통해 출력을 제공할 수 있다. 특히 몸 제스처, 제스처 분석, 음성 인식은 종종 에이전트의 시뮬레이션된 인지의 동인으로 활용된다. 말을 상호작용의 수단으로 활용할 때는 근본 메커니즘을 내재형 대화 에이전트라고 부른다.

AR 인터페이스를 위한 애니메이션된 에이전트들의 타당성은 내재형 대화 에이전트가 인간 사용자에게 특히 매력적이라는 데에서 온다. AR 애플리케이션은 인간 사용자만 있는 물리적 환경에 에이전트를 삽입해 '동행'이 있는 듯한 느낌을 만들어낼 수 있다. 사람은 이런 경험이 컴퓨터로 만들어진 것임을 알면서도 이런 종류의 인터페이스에 긍정적으로 반응하는 듯하다.

예를 들어, 마에스^{Maes} 등이 설명한 ALIVE 시스템은[1997] '매직 미러' 환경을 제공해 사용자가 대형 화면에 디지털로 비춰진 자신을 볼 수 있다. 거울의 동영상 피드는 몸의 자세 분석에 활용돼 공간 속 사용자 위치와 두 손과 두 팔로 하는 제스처를 추정해낸다. 음성 명령도 제공하며, 사용자는 다양하게 시뮬레이션된 생물들을 조종할 수 있다. 가장 인기 있는 예는 강아지가 물을 마시거나 잠자는 등 자동화된 행동 양식을 보이는 것이지만, 명령을 따르거나 쓰다듬는 데 반응하는 상호작용도 가능하다.

매직 미러의 메타포는 사용자가 물리적으로 에이전트의 영역에 들어가는 것을 막아

준다. 아나부키^{Anabuki} 등은[2000] 사용자와 에이전트가 같은 물리 공간을 공유하는 것이 AR 에이전트의 가장 흥미롭고 뚜렷한 특징이라고 주장한다. 이들은 광학 HMD로 관찰하는 애니메이션된 생물인 웰보^{Welbo}를 소개했다. 웰보는 음성 합성을 통해 자신을 표현하고, 사용자의 음성 지시를 인식할 수 있다. 예를 들어 물리적 거실 공간에서 가상의 가구를 옮기는 것처럼 사용자의 명령에 따라 행동할 수 있다. 또한 물리적 환경을 인지할 수 있으므로, 예를 들어 사용자를 막고 서는 것을 피한다.

그림 8.33 웰보는 사용자를 위해 인테리어 장식을 상담해주는 애니메이션되는 에이전트다. (사진 제공: 히로유키 야마모토(Hiroyuki Yamamoto))

카바짜^{Cavazza} 등은[2003] AR 에이전트를 스토리텔링 엔진과 결합한다. 이 시스템은 사용자에게 특정한 역할을 주며, 사용자는 제스처와 언어 명령을 통해 펼쳐지는 스토리에 영향을 줄 수 있다. 매킨타이어 등은[2001] 쌍방향 AR 스토리텔링을 고려한다. 이들은 3D 렌더링 그래픽이 아니라 미리 녹화한 동영상들을 실제 환경에 심는 애니메이션된 에이전트의 표현을 제안한다. 비디오 녹화 자체는 전형적인 컴퓨터 애니메이션보다 훨씬 풍부한 물리 및 음성 표현을 할 수 있는 사람 연기자들이 작업한다. 물론 모든 행동 양식의 시퀀스를 사전에 알고 있어야 하며, 즉석에서 연산할 수 없다는 단점이 있다.

매킨타이어 등의 연구는[2001] 광학 투과 디스플레이를 이용하며, 따라서 동영상 기반의 에이전트는 부분적으로 투명한 캐릭터로 표시된다. 적절한 설정으로는 무덤의 유령이나 역사적 건물에 살았던 거주민같이 스토리라인의 일부로 유령이 나타나도 어울리는 환경이 선호된다. 이런 작업의 연장선에 있는 AR 가라오케는[갠디 등 2005] 사용자가 연극의 배역을 맡아 가상 캐릭터와 함께 유명 영화의 장면들을 재현한다.

AR 설정에 애니메이션되는 에이전트들을 포함해 다양한 종류의 애플리케이션을 탐구하는 다른 연구자도 많다. 발시소이[Balcisoy] 등은[2001] AR에 가상 인간을 넣어 협력하는 게임 파트너로 활용한다. 바체티[Vacchetti] 등은[2003] 가상 캐릭터를 활용해 공장의 기계 사용을 훈련하는 방법을 시연한다. 슈메일[Schmeil]과 브롤[Broll]은[2007] 사용자를 이리저리 따라다니며 메모를 받아 적고 날짜와 일정을 알려주는 등 개인 비서 역할을 하는 에이전트 MARA를 설명한다.

바라코니 등은[2004b] AR 에이전트를 감지 컴퓨팅 내지는 유비쿼터스 컴퓨팅 환경의 일부로, 즉 사람이 초래한 이벤트에 가장 적절한 방식으로 반응할 수 있는 물리적 환경으로 봐야 한다고 주장한다. 그러려면 에이전트가 순수한 가상, 순수한 실제, 혹은 둘의 혼합으로 다양하게 구현돼야 한다. 또한 에이전트의 행동 양식은 적응성이어야만 환경적 자원을 최대한 활용할 수 있다.

그 예로는 스스로 작동하는 레고 로봇의 에이전트 기반 시스템 조립 가이드를 제시한다. 로봇 자체도 물리적 물체와 가상 물체같이 다양하게 구현될 수 있다. 반쯤 조립된 로봇에 바퀴를 부착하는 작업을 생각해보자. 바퀴를 로봇 몸체에 붙이기 전에 가상 바퀴 모습이 실제 바퀴를 부착하는 방법을 보여준다. 바퀴가 성공적으로 부착되고 나면 가상 바퀴는 더 이상 필요 없고, 대신 실제 바퀴가 로봇의 모터 유닛으로 바뀌어서 제대로 부착됐는지 사용자가 확인할 수 있게 된다. 이런 스타일의 상호작용을 이루려면 에이전트가 적절한 여러 구현을 오갈 수 있어야 한다.

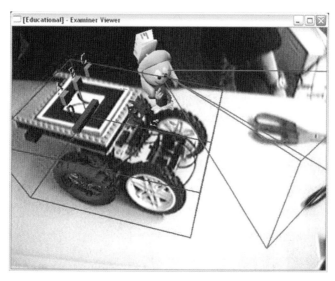

그림 8.34 (위) 탈것을 표현하는 AR 레고 에이전트는 실제, 증강, 가상 등 다양한 구현이 가능하다. (아래) 또 다른 에이전트인 만화 캐릭터가 사용자에게 탈것의 조립을 지시해준다. (사진 제공: 이스트반 바라코니(Istvn Barakonyi))

또 한 가지 예는 여러 디스플레이 중 가장 적절한 것으로 옮겨가는 대화형 에이전트다. 예를 들면, 사용자의 스마트폰 화면에 개인 메시지를 전달하면서 벽에 설치된 대형 디스플레이에는 공식 발표를 보여줄 수 있다.

요약

AR에는 여러 가지 상호작용 스타일이 있어 다양한 AR 애플리케이션과 설정을 반영한다. 이 모든 상호작용 기술의 한 가지 공통점은 사용자의 물리적 환경을 인터페이스의 일부로 포함한다는 것이다. 물리적 환경의 역할은 단순히 컴퓨터로 생성된 정보를 증강하는 배경 역할로부터 탠저블을 활용하는 핵심적인 것까지 다양하다. 이상적으로 실제 환경에서의 행동 유도는 예컨대 물리적 표면이나 종이의 증강을 통하거나, 햅틱 피드백이 활용될 수도 있다. 물리적 환경은 멀티뷰 인터페이스를 위한 프레임을 제공해, 사용자가 증강된 세계를 다양한 시점에서 볼 수 있게 해준다. 또한 멀티모드 상호작용이 AR을 더욱 풍부하고 손쉽게 해줘서 에이전트와의 커뮤니케이션에 자연스럽게 매칭될 수 있다.

9장

모델링과 주석

AR 상호작용은 흥미진진하지만, 궁극적으로 기존 콘텐츠가 있어야만 활용할 수 있다. 모델링과 주석은 AR 사용자들이 실제 세계에 공간적으로 등록되는 새로운 콘텐츠를 생성할 수 있게 해준다. 미리 지오메트리와 비주얼 콘텐츠를 준비하는 것과는 달리, 작업 장소와 떨어져 있는 설정에서 상황 모델링은 위치에 직접 작업할 수 있는 기회를 주므로 입력이 실제 세계에 성실히 맞는지 검증할 수 있다.

지오메트리 모델링과 출현에는 전문가용과 개인용의 여러 애플리케이션이 있다. 컴퓨터 디자인CAD 소프트웨어는 건축, 수송, 기계공학 및 전자공학, 영화, 게임을 위한 모델을 준비하는 데 활용된다. 이런 모델들은 별개로 존재하는 것이 아니라 기존 환경에 들어맞아야 할 때가 많다. 데스크톱이나 제도판에서 하는 전통적인 모델링에서는 많은 전문 모델러의 작업 시간이 데스크톱 컴퓨터와 모델이 속한 장소 사이에서 나눠진다. 물리적 물체가 궁극적으로 환경에 배치되든 아니든 마찬가지다. 예를 들어, 건물은 무언가 물리적으로 지어지거나 기존의 도시 지역을 컴퓨터 게임에서 활용하기 위해 재현하거나 관계없이 언제나 주변 환경에 잘 어울려야 한다.

데스크톱과 작업 장소 사이를 오가는 것은 지치고 비효율적이다. 이동하고 맥락을 바꾸는 데 시간이 소요될 뿐 아니라, 더 중요한 것은 환경에 따른 모델링의 효과가 즉시 눈에 띄지 않기 때문이다. 상황 모델링은 사용자가 작업 장소에 직접 모델링을 수행할 수 있도록 해 이런 간극을 극복할 수 있다.

줄자로 거리를 재고 그 결과를 CAD 소프트웨어에 입력하기보다 AR은 사용자가 단순히 실제 세계의 차원을 가리키도록 해준다. 이 상호작용의 결과는 즉시 표시되고, 원하는 상태를 표현하지 못한다면 개조할 수도 있다. 단순한 예에서 사용자는 실제 표면 위에 가상 물체를 놓고 잘 맞는지 판단할 수 있다. AR을 이용한 상황 모델링에는 건축과 건설 계획부터 기술 설비 설치, 제품 디자인, 〈마인크래프트〉 같은 '샌드박스' 게임의 인테리어 장식에 이르기까지 많은 애플리케이션이 가능하다. 기존 물리적 인공물의 지오메트리 모델을 확보한 어떠한 형태의 3D 재구성도 여기에 포함된다.

이 장에서는 어떤 종류든 연산된 행동 양식을 포함하지 않는 패시브 콘텐츠만을 만들어내는 지오메트리와 모양 측면의 모델링을 살펴보겠다. 먼저 지오메트리와 모양의 수동적 확보부터 시작한 후, 반자동 재구성 방법까지 알아보자. 비평면 형태와 사용자가 정의한 코멘트를 지오메트리 형태에 결합하는 주석의 자유로운 모델링은 따로 다루겠다. AR 애플리케이션의 행동 양식에 대한 사양은 10장에서 논의하겠다.

지오메트리 명세 ▮▮▮▮▮▮▮

모델링의 근본적인 문제는 지오메트리 프리미티브 명세다. 이 장에서는 점, 면, 볼륨 같은 단순한 지오메트리에 초점을 맞춘다. 그 결과로 나오는 지오메트리 개체가 데스크톱 CAD의 데이터 구조와 유사하기는 하지만, AR은 물리적 모션이 필요하기 때문에 입력 기술은 다르다.

점

사람이 입력한 공간 입력은 조작자가 해당 작업 위치가 손 닿는 가까운 거리인지 아니면 사용자가 멀리에서, 가능하면 야외에서 먼 거리를 포괄할 것인지에 따라 구분할 수 있다. 손이 닿는 가까운 곳이라면 가장 쉽고 자연스러운 접근법은 분명 사용자가 트래킹되는 장갑이나 스타일러스를 이용해 원하는 장소를 직접 가리키는 것이다[리 등 2002].

하지만 대부분의 경우에는 멀리에서 작업하는 것이 필요하다. 이런 인터페이스는 거의 레이캐스팅raycasting의 변형에 의해 수행된다. 즉, 사용자가 머리(시선)나 손으로 몸에서 환경을 향해 광선을 쏘는 것이다. 광선 방향은 몸의 방향만으로나 신체의 두 부분(머리에서 손이나 손에서 손) 사이의 벡터로 명세한다. 점은 첫 번째 광선과 교차하는 두 번째 광선을 명세해 결정할 수 있다[버넌(Bunnun)과 마욜 쿠에바스(Mayol-Cuevas) 2008]. 그런 다음 두 광선의 교차점은 보통 손을 자유롭게 쓰는 작업에서는 추출하기 어려우므로 이 두 광선 간 최소 거리의 중심으로 점을 계산할 수 있다(그림 9.1).

교차점의 대안으로는 거리를 명시적으로 명세할 수 있다. 예를 들어, 마우스 휠이나 비슷한 도구로 '낚시줄' 기법을 활용해 이동하는 점을 따라 거리를 결정할 수도 있다[버넌과 마욜 쿠에바스 2008][시몬 2010]. 광선을 따라 있는 점을 명세하는 두 방법 모두 사용자가 광선이 명세된 위치로부터 점차 멀리 갈 것을 예상하므로 거리 입력을 판단할 수 있다.

점의 세 번째 차원을 명세하는 또 다른 방법은 사용자에게 다른 시점을 제공하는 것이다. 예를 들어, 위더 등은[2006] 사용자의 현재 GPS 좌표에 기반해 가져온 항공 이미지에서 사용자에게 2D 지점을 선택하게 하는 방법을 제안한다(그림 9.2). 이 방법은 충분히 먼 장소로 이동해 두 번째 광선을 쏘는 것이 싫은 야외 사용자에게 더 편리하다.

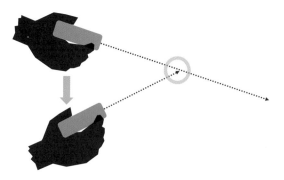

그림 9.1 자유 공간에서 두 개의 광선을 교차시켜 삼차원 지점을 명시할 수 있다.

그림 9.2 일인칭 시점에서 두 개의 점과 삼차원(거리)을 해당 항공 이미지에서(아래 왼쪽 모서리에 삽입돼 있음) 명시해 생성된 예제 주석. 이 예제에서는 와이어프레임 경계 상자로 구역 주석이 렌더링된다.

어떤 유형이든 점 명시를 위해 유용한 증강은 새로운 장소가 충분히 가까이 있을 때 자동으로 기존의 점, 선, 혹은 폴리곤으로 옮겨가는 것이다.

면

개별적 점들 자체도 AR에서 주석을 넣을 기준점으로 유용하긴 하지만, 대부분의 지오메트리 애플리케이션은 면 구조가 들어간다[피에카스키(Piekarski)와 토머스 2004]. 면은 다양한 방식으로 정의될 수 있다(그림 9.3). 임의의 면을 정의하는 가장 분명한 방법은 세 개의 점을 선택하는 것이다. 이 점들은 물리적 표면 위에 있을 수도 있지만, 꼭 그래야 하는 것은 아니다. 예를 들어, 두 개의 점만 표면에 존재하고, 세 번째 점은 이 표면에 대한 새로운 면의 각도를 정의할 수도 있다. 새로운 면이 기존 면에 직교하면 세 번째 점은 필요 없다. 물리적 표면이 없다면 새로운 면이 기존의 자유 공간 면에서 비슷한 방식으로 만들어질 수 있다는 데 유의하자.

중력 센서가 있다면 수직 면은 사용자가 보는 방향으로 정의되고, 수평 면은 높이를 위한 점 하나를 명시해 정의할 수 있다. 게다가 면은 기존 표면이나 면에서 오프셋을 명시해 정의할 수도 있다. 여기에는 보는 면에서 평행인 면도 포함된다.

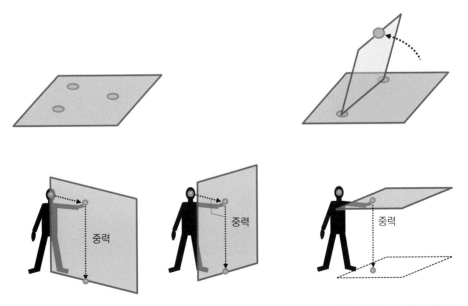

그림 9.3 면을 명시하는 다섯 가지 방법: (위 왼쪽) 점 셋 (위 오른쪽) 기존 면에서 두 점을 재사용하고 세 번째 점으로 기울기 표시 (아래 왼쪽) 사용자의 머리와 중력 방향을 연결하는 두 벡터로 면을 정렬 (아래 가운데) 사용자의 머리와 손을 연결한 벡터와 중력 방향으로 직교하는 면 (아래 오른쪽) 사용자의 손과 직교하는 중력 방향이 포함되는 면

볼륨

보통 점과 면의 명시는 사용자가 궁극적으로 볼륨에 관심이 있을 때 지오메트리 모델링 절차의 중간 단계일 뿐이다. 이런 볼륨에 도달하는 가장 간단한 방식은 폴리곤을 이루는 가장자리들로 점을 연결하고 나서, 폴리곤들의 총계로 볼륨을 형성하는 것이다[리 등 2002][사이몬 2010]. 근본적인 물체의 복잡성에 따라 이 접근법은 힘들고 오류에 취약해질 수 있다.

이런 이유 때문에 체적형 물체는 한 번의 단계로 생성하면서 잘 닫혀 있고 위상적으로 유효하게 처리하는 것이 선호된다. 단순한 접근법은 바닥 사각형과 높이를 표시해 박스를 명시하는 것이다. 일반적으로 돌출된 부분은 올바른 볼륨을 만드는 데 인기 있는 접근법이다[베일롯(Baillot) 등 2001][피칼스키(Peikarski)와 토머스 2001][버넌과 마욜 쿠에바스 2008][반 덴 헨겔(van den Hengel) 등 2009]. 평면 기반의 형태와(예: 폴리곤이나 원) 돌출된 모양을(삼각기둥, 삼각뿔, 원기둥, 원뿔) 따라 높이를 지정해 만들 수 있다(그림 9.4). 일부 시스템은 회전형 돌출이나 미러링을 지원하기도 한다.

그림 9.4 상황형 이미지 기반 모델링 시스템 JIIM은 사용자가 SLAM 맵의 키프레임에 직접 폴리곤 표면의 외곽을 그릴 수 있게 해준다. (사진 제공: 안톤 반 덴 헹겔(Anton Van den Hengel))

더 복잡한 볼륨 형태는 종종 구조적 입체 지오메트리, 즉 용적 합, 교차, 차이의 조합으로 자주 접근한다. 이런 작업으로는 기존 볼륨이나(예: 돌출) 면들을 처리할 수 있다. 모든 면은 양의 노멀 벡터 측면에 있는 모든 점을 아우르는 반공간half-space을 정의

한다. 반공간을 교차하면 공간 조각$^{space-carving}$에 의한 볼륨이 만들어진다. 모든 면이 공간의 부분을 제거해 원하는 볼륨이 남는다(그림 9.5). 수직과 수평 면의 명시는 반공간 교차와 함께 앞서 언급했듯 건물과 기타 사람이 만든 대형의 물체를 모델링하는 데 유용하다[피카스키와 토머스 2004].

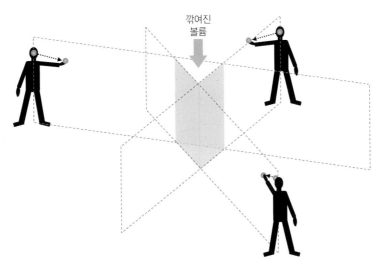

그림 9.5 보는 방향에서 작업하는 여러 면들을 명시하고 결과로 나온 반공간을 교차하면 건물과 같은 볼륨의 외곽선을 빠르게 명시할 수 있다.

모습 명시

AR 모델링이 다른 지오메트리 모델링보다 나은 뚜렷한 장점은 AR에서 활용하는 라이브 동영상 스트림에 풍성한 모습 정보의 소스가 있다는 것이다. 그래서 실제 세계의 물체를 디지털화된 텍스처를 이미지 기반 모델링을 활용해 즉석에서 획득할 수 있다. 폴리곤의 지오메트리가 알려져 있고 폴리곤이 이미지 면에서 너무 과하게 기울어져 있지 않다고 간주하면, 폴리곤의 텍스처를 이미지에서 직접 획득할 수도 있다[리 등 2002]. 가려지거나 반사돼 오는 텍스처 왜곡은 사용자가 새로운 카메라 이미지에서 픽셀로 텍스처의 일부를 선별적으로 대체할 수 있게 함으로써 복구할 수 있다[반 덴 헹겔 2009].

모양 획득과는 별개로, 디자이너는 모습 변경에 관심을 가진다. 물체의 허상이 있다면 다이내믹 셰이더 램프는[밴디오파디예이(Bandyopadhyay) 등 2001] 사용자가 투영된 빛을 실제 물체 위에 페인트할 수 있게 해준다(그림 9.6). 처음에는 물체에 텅 빈 투명한 텍스트만 있다. 사용자가 '페인트'를 적용할 때마다 붓 끝이 허상 물체의 해당 좌표에 있는 로컬 텍스처로 변한다. 이 텍스처는 정해진 좌표의 컬러 스플랫color splat으로 채워진다. 컬러 텍스처의 투영은 투영된 정보가 물리적 표면에 얹어지도록 제한되므로 사용자의 현재 관점에 의존하지 않는다.

그림 9.6 캔버스(전경)와 장난감 집(배경)에 투영된 빛으로 페인트하는 사용자 (사진 제공: 마이클 마너(Michael Marner))

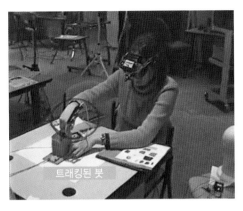

그림 9.7 (위) 헤드마운트 디스플레이를 착용한 사용자가 트래킹되는 붓으로 실제 물체에 페인트하고 있다. (아래) AR 디스플레이를 통해 본 스타일링 애플리케이션의 모습 (사진 제공: 라파엘 그라셋)

그라셋 등은[2005] 비디오 투과 디스플레이를 이용해 비슷한 접근법을 어떻게 적용할 수 있는지 보여준다(그림 9.7).

AR 에어브러시 테크닉은[마너 등 2009] 파티클을 뿌려주는 스프레이로 붓을 대체하는 방식으로 이 아이디어를 확장한다. 사용자가 표면에서 페인트 건을 멀리 가져갈수록 페인트되는 영역도 넓어진다. 주로 쓰지 않는 손으로 스텐실을 사용해서 사용자는 표면에 페인트의 파티클이 뿌려지는 영역을 제한할 수 있다. 실제의 에어브러시와 마찬가지로, 훈련된 아티스트는 페인트 건과 스텐실을 동시에 움직여서 매끄러운 컬러 그라데이션을 줄 수 있다.

400

그림 9.8 AR 에어브러시는 사용자가 스프레이 건으로 물체의 표면에 페인트의 시뮬레이션을 적용할 수 있게 해준다. (사진 제공: 마이클 마너)

반자동 재구성

최근 온라인 재구성에서 이뤄진 발전으로 이제 사용자가 환경을 탐험하면서 즉시 지오메트리 모델을 획득할 수 있다. 속도가 빠른 프로세서나[뉴컴비(Newcombe) 등 2011b] 심도 센서로[뉴컴비 등 2011a] 조밀한 재구성도 가능하다.

하지만 자동 재구성으로 확보한 모델은 AR 애플리케이션에서 즉시 적합하게 사용할 수 없다. 그런데 이런 모델에는 불필요한 세부 묘사가 포함돼 있어 렌더링과 물리 적용에 많은 저장 공간과 프로세싱이 필요하다. 또 한편으로 이런 모델은 의미적 구조가 부족해 개별적 물체 하나를 선택하는 것 같은 간단한 시맨틱 작동을 수행하기가 어렵다.

이런 단점을 해결하기 위해 상황 모델링 작동에 적합한 데이터를 제공하는 온라인 재구성 기법(보통 SLAM을 기반으로 함)인 반자동 재구성이 필요하다. 우리는 여기에서 자기 중심적 AR 인터페이스만을 고려하며, 스캔된 지오메트리를 이용하는 데스크톱

CAD는 고려하지 않는다. 먼저 단안식 RGB 카메라를 활용한 접근법부터 시작해보자.

SLAM을 이용한 가장 간단한 접근법은 씬의 지배적 면을 측정하는 것이다. 해당 면은 가상 물체를 등록하거나[사이먼 2006][체클로프(Chekhlov) 등 2007][클라인과 머레이 2007] 등록된 결과를 향상하는 데[살라스 모레노(Salas-Moreno) 등 2013] 활용될 수 있다. 대안적 접근법으로 이미지의 소실점을 감지해 지면과 주요 방향을 설정해 쉬운 물체 배치를 지원하는 접근법이 있다[노브레가(Nóbrega)와 코레이아(Correia) 2012].

버넌과 마욜 쿠에바스는[2008] 아웃린AR^{OutlinAR}이라는 최초의 SLAM 맵핑 단계에서의 와이어프레임 지오메트리 모델링을 위한 시스템을 설명했다. 사이먼은[2010] 이 접근법을 모델링과 맵핑 단계를 번갈아가는 접근법으로 확장했다. 이렇게 분리함으로써 사용자에게 모델링 단계 동안 더 자유로운 카메라 모션을 허용한다.

반 덴 헨겔 등은[2009] SLAM 키프레임에서 사용자가 텍스처 지오메트리를 모델링할 수 있게 하는 JIIM을 설명했다(그림 9.4). JIIM은 또한 별도의 맵핑과 모델링 단계를 이용한다. 모델링 동안 시스템은 태블릿 컴퓨터에 정지 이미지의 키프레임을 제시하며, 사용자는 키프레임 위에 폴리곤 외곽선을 그린다. 폴리곤은 자동으로 SLAM 맵의 3D 정보에서 추정된 원래의 물리 표면 심도로 배치된다.

팬^{Pan} 등은[2009] 소형 핸드헬드 물체의 지오메트리와 모습을 반자동으로 재구성하는 방법인 프로포르마^{ProFORMA}를 설명한다. 이 방법은 고정 카메라를 이용해 사용자가 카메라 앞에 있는 물체 방향을 돌려야 한다. 물체의 새로운 뷰마다 배경을 제해서 물체의 실루엣을 판단하고, 가능성 공간을 깎아내 모델링이 완료될 때까지 사면체 볼륨을 쳐나간다. 이 시스템은 사용자가 모델링 절차를 가장 잘 완료할 수 있는 방법을 지시하는 상황 시각화 기능도 있다(그림 9.9).

바스티안^{Bastian} 등은[2010] 작은 물체를 재구성하는 데도 초점을 맞췄지만, 카메라가 고정돼 있어야 하는 대신 사용자가 물체를 이리저리 움직이도록 한다. 사용자의 입력에 따라 첫 키프레임에서 물체를 분리해낸 다음에는 물체의 실루엣이 이미지 시퀀스를 통해 트레이스되고 공간 카빙으로 추출된다.

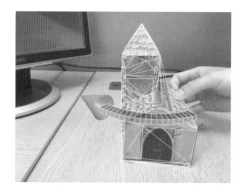

그림 9.9 프로포르마(ProFORMA)는 점진적으로 고정된 카메라 앞에서 물체의 방향을 돌려 표면을 캡처한다. 이 시스템은 사용자에게 방향 화살표를 디스플레이해(왼쪽) 다음에 무엇을 해야 할지 지시하고 완성되지 않은 표면을 알려준다 (오른쪽). (사진 제공: 키 판(Qi Pan)과 게라하르트 라이트마이어)

그림 9.10 (위) 싱글 포인트 레이저 측정기가 HMD에 붙어있다. (아래 왼쪽) 그래프 컷에 기반한 전경 물체의 부분 분할은 레이저 측정기의 측정으로부터 시작됐다. (아래 오른쪽) 전경 분할을 이용해 연산한 가상 조각상의 가려진 부분 (사진 제공: 제이슨 와이더(Jason Wither))

실제 심도 센서로 신뢰할 수 있는 지오메트리 측정을 더 쉽게 얻을 수 있게 돼, 반자동 재구성 방식이 크게 개선된다. 위더 등은[2008] 싱글 포인트 레이저 측정기로(그림 9.10) 야외 환경 지오메트리의 획득을 충분히 용이하게 할 수 있다. 실내의 단거리에만 작동하는 대부분의 구조광 센서와는 달리, 레이저 측정기는 먼 거리의 측정치도 전달한다. 비디오 카메라 피드에 엄격히 등록된다면 범위 측정이 이미지 기반의 분할 개시에 활용될 수 있다. 이 작업은 전경 물체들이 복잡할 때는 여러 번 반복된다. 현대적인 접근법을 살펴보면, 이미지 공간에서 보간된 심도 값으로 환경에서 조잡한 심도 맵을 산출한다. 심도 맵은 오버레이를 놓고 올바르게 가려지도록 처리하는 데 유용하다.

엔구옌 등은[2013] 실내 재구성에 유사한 설정을 보여준다. 레이저 측정기에서 얻은 드문 입력은 벽 같은 면 구조물을 식별하고, 그 위상 관계를 정의하는 데 사용된다. 건축적인 탄탄한 지오메트리 접근법은 이 정보를 방 구조의 체적 모델에서 통합한다.

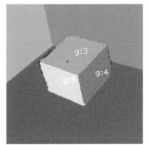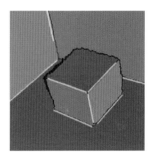

그림 9.11 (왼쪽) RGBD 센서에서 얻은 간단한 씬의 뷰 (가운데) 심도 이미지에서 분리한 면들 (오른쪽) 직선 가장자리는 식별해 노란 선으로, 평행선들은 같은 색상으로 표시된 지오메트리 씬 (사진 제공: 탄 엔구옌)

충분한 지오메트리 정보가 있으면 연산 분석에 기반한 영상 이해가 모델링을 돕는 추가 도구로 활용될 수 있다. 장면 이해 기술은 통계적 접근법과 머신 러닝에 의존할 때가 많으므로 대규모의 데이터 세트가 필요하다. 그래서 대부분의 영상 이해 기술은 오프라인 재구성에 활용되며, 그 후 지오메트리 자동 분할과 분류가 실행된다. 실시간 장면 이해도 점차 실용화되고 있어서, 미래에는 AR에 적용될 가능성이 있다. 예컨대 SLAM++는[살라스 모레노 등 2013] 알려진 물체의 인스턴스를 감지해 SLAM 맵으로 완성된 물체를 구축한다. 시맨틱페인트SemanticPaint는[발렌틴(Valentin) 등 2015] 사용자가

RGB-D 카메라로 실내 환경을 스캔하면서 동시에 간단한 터치 제스처로 씬을 분할할 수 있게 해준다. 야외에서는 시맨틱 페인트브러시^{Semantic Paintbrush}가[미크식(Miksik) 등 2015] 패시브 스테레오 비전과 상호작용을 위해 레이저 포인터로 원을 그리는 제스처를 이용해 비슷한 기능을 용이하게 해준다. 두 경우 모두, 컨디셔널 랜덤 필드^{Conditional Random Field} 모델을 이용한 동적인 머신 러닝 프로세스가 계속해서 이런 온라인 분할을 분석하고 환경에서 보여지지 않은 새로운 부분들을 그에 따라 라벨링한다.

엔구엔 등은[2015] 하이 레벨 지오메트리를 RGB-D SLAM 정보에서 얻은 로우 폴리곤 수로 연산하는 구조적 모델링 시스템을 설명한다. 이 시스템은 면을 추출하고 면경계로 된 지오메트리와 발생 정도 및 직교성 같은 면 대 면 관계를 분석한다(그림 9.11).

자유 형태 모델링

전통적인 형태와 모습을 위한 디자인 방법은 찰흙, 나무, 종이 등과 같이 늘릴 수 있는 재료로 된 물리 목업과 프로토타입 제작에 종종 쓰인다. AR은 물리적 물체를 이용한 디지털 디자인 툴을 합쳐서 이런 디자인 프로세스를 강화한다. 이런 애플리케이션 영역에서는 정확한 지오메트리 입력보다는 창의적인 표현의 자유에 초점이 맞춰져 있다.

그림 9.12 트래킹된 열선 커터는 동시에 물리적 고무 조각을 자르고 해당 3D 형태를 프로젝터 기반 증강에 디지털로 연산한다. (사진 제공: 마이클 마너(Michael Marner))

예를 들어 스페이스디자인^{Spacedesign}은[피오렌티노(Fiorentino) 등 2002] 사용자가 공간에 곡선을 스케치하고 다양한 곡선에 자유 형태의 표면을 맞추게 해준다. 목업 디자인 같은 물리적 물체들은 참고 자료의 역할을 할 수 있다. 볼륨을 위한 자유 형태 모델링의 또 한 가지 직관적인 방식은 시뮬레이션된 발포고무 파티클 스프레이를 활용하는 것이다[정(Jung) 등 2004]. 하지만 디자이너들은 조각이나 스케치 같은 기존 미술 기법을 선호할 수 있다. 예를 들어, 산업 디자이너들은 발포고무 절단을 신속한 프로토타이핑 도구로 활용한다. 이 과정은 열선 커터로 발포고무 조각을 잘라내서 원하는 모양을 얻는 것이다. 마너^{Marner}와 토머스는[2010] 조각과 커터를 트래킹하고 조각의 형태에 가해지는 변화를 시뮬레이션해(그림 9.12) 이 조각에 해당하는 환영을 결정한다. 이들은 프로젝터를 이용해 이미 적용된 절단 애니메이션, 조각의 내부 구조, 혹은 목표 형태 같은 추가 정보로 조각을 증강한다.

발포고무 커팅은 물질적으로 원하는 형태를 만들어낼 수 있어야 한다는 단점이 있다. 반면, AR-Jig는[아나부키(Anabuki)와 이시이(Ishii) 2007] 사용자가 트래킹된 핀들로 2D 곡선을 입력하게 한다(그림 9.13). 이 핀들은 물리적으로 조작해 예컨대 물리적 표면에 누름으로써 원하는 곡선을 만들 수 있다. 곡선형 도구를 이용하면 사용자는 가상 볼륨을 깎아내거나 물체의 표면을 곡선에 맞춰 변형할 수 있다.

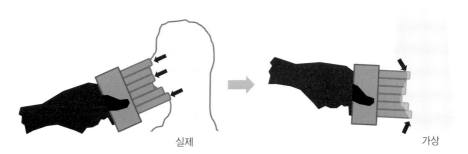

실제　　　　　　　　　　　가상

그림 9.13 (왼쪽) AR-Jig는 실제 물체의 곡선을 캡처할 수 있다. (오른쪽) 캡처된 곡선은 가상 작업 조각에 공간 카빙을 하는 데 쓰인다.

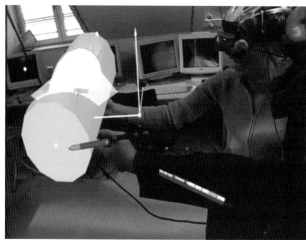

그림 9.14 Construct3D는 원뿔의 교차 같은 고차적 곡선 표면의 자유형 모델링이 가능하다. (사진 제공: 한스 카우프만)

AR은 고차원 구조, 예컨대 수학 공부를 위한 지오메트리 모델링도 지원할 수 있다[카우프만 등 2000]. HMD를 착용한 학생들은 회전면의 곡선 교차 같은 고급 수학 구조물을 만들어내고, 간단한 모델링 기법을 이용해 상호작용으로 그 매개변수를 변형할 수 있다(그림 9.14).

주석

이미 살펴봤듯이, 많은 매력적인 AR 애플리케이션들이 지오메트리나 모습을 다루지만, 더 큰 잠재력은 우리 세계에 있는 물체에 대한 풍성한 추상적 정보를 다양한 종류의 주석으로 넣어[위더 등 2009], 사용자들이 환경에 대해 더 잘 이해하고 기억하게끔 하는 것이다[스타너(Starner) 등 1997]. 다른 사용자와 주석을 공유하는 것이 소셜 컴퓨팅의 핵심 요건이다. 오늘날 상용 AR 브라우저는 이미 사용자가 텍스트 주석 같은 간단한 위치 참조 콘텐츠에 참여할 수 있도록 하고 있다. 이 콘셉트는 레키모토[Rekimoto] 등이 '증강 가능 현실'이라고 이름 붙였다[1998]. 사용자의 시야에 있는 물체가 인식되고 나면, 텍스트, 사진, 오디오 같은 관련 정보가 사용자의 주의를 끌게 된다. 사용자는 주석을 수동적으로 소비만 하는 데 그치는 것이 아니라 원하는 대로 새로운 정보를 제공할 수 있기 때문에 '증강 가능'이라는 용어로 부르는 것이다. 새로운 주석을 장소에 따라 색인된 서버에 올리면, 이 정보 공유는 협업이 된다.

실제 세계에서 우리는 주석을 달고자 하는 물체의 모델 트래킹이 이미 제공된다고 간주할 수 없다. 따라서 물체에 주석을 넣기 전에 3D로 해당 물체를 재구성하거나, 아니면 최소한 신뢰할 수 있도록 주석이 달린 물체나 위치를 나중에 감지할 수 있게 해주는 이미지 기반의 표현을 수집해야 한다. 이런 정보는 앞서 설명했던 반자동 재구성 접근법의 의도와 비슷한 SLAM 기술로 얻을 수 있다. AR 시스템은 환경을 캡처하고, 사용자는 주석의 형태로 보조 정보를 추가한다.

실내 환경에서는 재래식 SLAM으로 얻은 드문드문한 맵을 주석 등록에 직접 사용할 수 있다. 라이트마이어 등은[2007] 사용자가 환경에서 기존 지오메트리 특징(사각형, 원형)을 선택해 시스템이 이런 특징을 추적하도록 하는 접근법을 설명한다(그림 9.15). 특징의 자동 추정 덕분에 사용자는 수동으로 주석을 위한 표면 지오메트리를 명시해야 할 부담을 덜 수 있다.

종종 3D 주석이 2D로 편리하게 저작될 수 있으며, 예컨대 보이는 면 위에서 물체에 화살표를 그리거나 하일라이트로 처리한다거나 부분적으로 동그라미를 그려 넣는 것과 같이 비디오 투과 AR 태블릿에서 2D 스케치를 통해 AR 주석을 넣는 방식이 있다

408

[골리츠 등 2014b]. 이미지나 물체 공간에서 제스처 증강 주석의 해석과 반자동 물체 분할은(예를 들어 SLAM을 통해 얻는다.) 2D 입력을 명확히 함으로써 3D 씬의 다양한 시점에서도 정확히 해석되게 해준다[뇌른버거(Nuernberger) 등 2016].

야외 애플리케이션으로는 킴^{Kim} 등이[2007] 탁 트인 환경에 놓인 건물들에 주석을 생성하게 해주는 시스템을 개발했다. 항공 사진에서의 위치와 모바일 센서 정보(GPS, 나침반, IMU)를 함께 활용해 건물 모퉁이에 대한 사용자의 현재 위치를 확보하고 나면, 건물을 점차적으로 트래킹하고 사용자는 이미지에 원하는 주석을 달 수 있다(그림 9.16).

그림 9.15 반자동 주석은 사용자가 유지 보수 작업을 알려주는 화살표 같은 설명을 SLAM 맵에서 특징점에 직접 부착할 수 있게 해준다. (사진 제공: 게르하르트 라이트마이어, 에단 이드(Ethan Eade), 톰 드루몬드(Tom Drummond))

그림 9.16 건물 모퉁이를 트래킹하는 동안 넣는 라이브 주석 (사진 제공: 김세환)

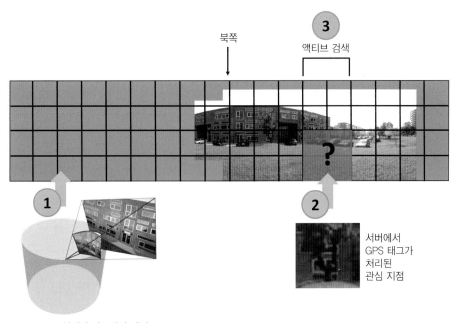

그림 9.17 서라운드 파노라마 브라우징 주석: 먼저 사용자가 모바일 클라이언트 기기를 이용해 부분 파노라마 맵을 만든다. 두 번째, 모바일 클라이언트가 현재 GPS 위치를 기반으로 관심 지점을 가져온다. 세 번째, 관심 지점이 액티브 검색 전에 나침반을 이용해 파노라마에서 감지된다.

탄탄하고 확장성 있는 어디에나 배치할 수 있는 야외 주석은 모바일 센서와 파노라마 SLAM으로 구축할 수 있다[와그너 등 2010]. 파노라마를 캡처하는 동안이나 그 이후에, 사용자는 환경에서 관심 지점을 선택해 텍스트나 오디오 주석을 넣을 수 있다[랭로츠(Langlotz) 등 2013]. 파노라마와 주석의 위치는 GPS 좌표로 색인돼 서버에 저장된다. 또 다른 사용자가 주석을 살펴보고 싶을 때는 새로운 파노라마가 구축돼 탄탄한 이미지 매칭과[랭로츠 등 2011] 이전에 확보한 센서 정보(예: 나침반 방향)를 활용해 서버에 저장된 근처의 파노라마 데이터 세트와(그림 9.17) 비교된다.

거친 위치와 파노라마의 조합으로 주석을 정리하는 것은 이전에 해당 환경에 대해 확보된 지식이 없고 모든 연산이 극히 소량이기 때문이다. 삼차원 도시 모델이 있다면 파노라마는 이미지 기반 도시 모델과의 광시야각 이미지 매칭으로 처리될 수 있다[아스 등 2011]. 이런 확장된 프레임워크에서는 절대적 글로벌 좌표에 저장된 주석 역시 사용될 수 있다.

요약

모델링은 AR 상호작용에서 꼭 필요한 요소다. 무엇보다 모바일 인터페이스를 이용한 모델링은 가상 이미지와 실제 이미지를 나란히 놓고 그 형태와 모습을 비교할 수 있는 속성 때문에 특히 기존 물리 구조물을 재현할 때 매력적이다. 하지만 모바일 기기는 성능이 부족하기 때문에 데스크톱보다 공간 입력을 정확히 명시하기가 더 어려운 점은 아마 피하기 힘들 것이다. 그래서 사용자가 지오메트리 입력을 명시할 수 있도록 보조해주는 다양한 기술이 개발돼왔다. 이런 입력 기술은 특히 고도로 정확한 트래킹이 필요한 반면, 자유 형태와 주석 기술은 그 요건이 좀 더 유연하다(하지만 이 두 기술은 정확성이 그리 높도록 고안되지는 않는다). 주석 배치는 소셜 AR이 주류 매체가 된다면 최종 사용자 모델링 쪽에서 특히 중요한 개념이 될 것이다.

10장

저작

모델링은 지오메트리와 모양을 다루는 반면, 저작은 애플리케이션의 시맨틱과 행동 양식을 정의하는 것이다. 오늘날 이 활동은 여전히 대부분 소스 코드 레벨에서 이뤄진다. AR 저작 방법론에서 프로그래밍에만 의존하는 것은 개발자의 생산성을 제한하고 작가, 디자이너, 아티스트 같은 비프로그래머들이 AR 애플리케이션 개발에서 중요한 역할을 맡지 못하도록 하는 장애 요소가 되고 있다. 어쩌면 이 때문에 AR이 주류 매체에 오르기까지의 속도가 이렇게 더딘 것일지도 모른다. 이 장에서는 이런 상황을 개선할 전략에 대해 알아보자.

특히 AR이 새로운 기술이라기보다는 새로운 매체로 여긴다면[매킨타이어 등 2001], 콘텐츠를 적절히 처리하는 것이 가장 중요하다. 햄프셔^{Hampshire} 등은[2006] AR을 위한 프로그래밍 프레임워크와 콘텐츠 디자인 프레임워크를 구분한다. AR툴킷 같은 저수준 프로그래밍 프레임워크는[카토와 빌링허스트 1999] 트래킹 같은 기본적 AR 기능을 노출한다. 반면, 고수준 프로그래밍 프레임워크는 AR 애플리케이션의 흔한 콘셉트인 씬 그래프 등을 위한 빌딩 블록을 도입한다. 고수준 범주에서는 스터디어스투브[슈말스타이그 등 2002]와 DWARF[바우어 등 2001] 같은 연구용 프레임워크와 뷰포리아[1] 같은 상업용 프레임워크 모두 보통은 객체지향 언어로 적용된다.

이런 프로그래밍 프레임워크와는 다르게(14장에서 논의하겠다.), 이 장에서는 AR 애플리케이션의 콘텐츠 제작을 다루는 디자인 프레임워크에 대해 논의하겠다. 올바른 콘텐츠만 있으면 AR 애플리케이션은 다양한 용도로 활용될 수 있다. 가장 잘 알려진 콘텐츠 주도의 애플리케이션은 아마도 컴퓨터 게임일 것이고, 실제 AR 게임은 콘텐츠 주도형 AR의 중요한 용례다. 하지만 이외에도 그림 10.1에서 예로 보여주는 문화 교육이나[레더만과 슈말스타이그 2003], 그림 10.2에서 볼 수 있는 조립 설명서 같은 흥미로운 용례는 많다.

AR 저작의 요건

콘텐츠 제작은 AR의 독특한 속성을 이해해야만 가능하다. 성공적인 AR 저작의 해법은 기존 AR 애플리케이션 프레임워크를 위한 매력적인 그래픽 유저 인터페이스보다 더 많은 것을 제공해야 한다.

실제 세계 인터페이스

AR 설정이 현존하는 다른 매체와 근본적으로 다른 측면은 바로 사용자가 애플리케이션 공간으로 인지하는 것이 실제 세계로 제시된다는 점으로, 애플리케이션 공간과 상호작용을 구성할 때 이 점을 고려해야 한다. 더욱이, 세계는 애플리케이션의 내용을 담는 수동적인 그릇이 아니며, 조립할 가구나 공구 같은 실제 세계의 물체들은 애플

---

1 http://www.vuforia.com

리케이션의 사용자 인터페이스의 일부가 된다. 개념 모델에서 우리는 애플리케이션 콘텐츠와 실제 세계를 연결하는 다양한 가능성을 해결해야 한다. 예를 들어, 물리적 요소들은 그래픽으로 렌더링되지는 않겠지만 명시적인 애플리케이션 물체로 모델링돼야 한다.

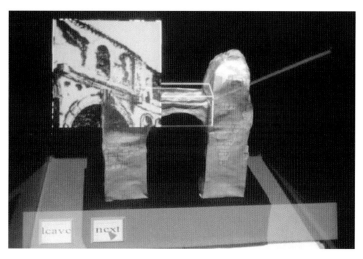

그림 10.1 하이덴토(이교의 문)는 오스트리아 동부에 있는 4세기 로마 유적이다. 이 그림은 멀티미디어 정보로 증강된 축적 모형을 보여준다. 사용자가 빨간색 광선으로 중간 부분을 선택해, 과거에 찍힌 사진이 디스플레이되고 있다. (사진 제공: 플로리안 레더만)

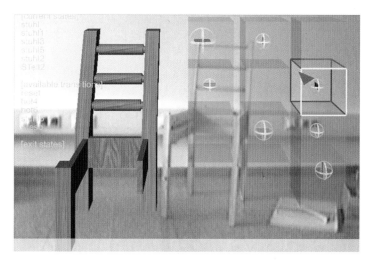

그림 10.2 DIY 가구를 조립할 때 AR 설명서의 도움을 받을 수 있다. 이 이미지에서는 가상 모델이 의자 옆에 보여져서, 사용자가 다음에 무엇을 해야 하는지 알려준다. (사진 제공: 플로리안 레더만)

하드웨어 추상화

AR의 근본적인 측면은 하드웨어 설정, 기기, 상호작용 기술이 서로 달라서 '한 번 쓰면 어디에서나 구동되는' 접근법이나 표준화된 상호작용 툴킷의 개발이 대개 불가능하다는 점이다. 우리는 폭넓은 입력 기기에 투명하게 적용할 수 있는 하드웨어 추상화와 상호작용 콘셉트가 필요하다. 이런 추상화를 적용함으로써 애플리케이션의 포팅 가능성을 개선하면, 흔치 않거나 활용 비용이 올라가는 대상 AR 시스템에서 직접 개발하는 대신, 데스크톱 컴퓨터나 다른 환경에서도 애플리케이션을 개발할 수 있게 된다.

그러려면 중요한 요건이 프레임워크에서 입력과 출력 주변기기의 가능한 여러 조합을 지원하는 것이다. 모바일 기기로 작업할 때와 같은 경우에는 애플리케이션을 데스크톱 컴퓨터에서 개발하고, 이를 평가하고 튜닝하며 설치할 때는 대상 시스템에서 별도로 구동하는 것이 훨씬 편하다. 애플리케이션과 그 컴포넌트는 여러 설정에서도 재사용할 수 있어야 하며, 하나의 시스템을 위해 개발된 애플리케이션은 조금만 개조해 다른 설정에서도 구동할 수 있어야 한다. 예를 들어 웹캠 기반의 가정용 컴퓨터에서 구동되도록 설정된 애플리케이션이라면 트래킹형 투과 HMD에서도 구동되는 것이다.

물론 플랫폼 호환성의 문제가 AR에만 있는 것은 아니다. 특정 타입의 스마트폰에서 구동되지 않는 모바일 앱은 흔하다. 하드웨어 추상화로 애플리케이션을 다른 기기에서 재사용할 수 있다 해도, 심각한 사용성 문제가 생길 수 있다. 예를 들어 고해상도 스마트폰을 위해 설계된 인터페이스는 HMD를 사용할 때는 잘 맞지 않을 것이다. 이런 한계에도 불구하고, 좋은 추상화 레이어는 크로스 플랫폼 솔루션의 엔지니어링을 굉장히 쉽게 해주므로 늘 좋은 선택이다.

저작 워크플로우

저작은 기존 툴과 표준의 혜택을 누릴 수 있어, 이런 툴을 일관된 워크플로우에 접목하기 위한 인터페이스를 제공한다. 콘텐츠 생산자와 도메인 전문가가 사용하는 전문가용 툴이 AR 저작 과정에서 지원돼, 다른 부분에서 성공을 거둔 솔루션을 재적용할 필요성을 없애줘야 한다.

예를 들어, 기존에 있는 특정 애플리케이션의 프로그램적인 빌딩 블록이 있다고 가정해보자. 그렇다면 저작에는 세 가지 주요 단계가 남는다. 첫째, 멀티미디어 에셋을 생성해야 한다. 둘째, 가상과 실제 개체의 링크, 예를 들어 3D 모델을 대상에 배정하는 작업을 해야 한다. 셋째, 사용자가 환경에 있는 물체와 상호작용하면 무슨 일이 일어나는지 명세해 개체의 행동 양식을 정의해야 한다. 적절한 물리적 인공물의 생성 같은 실제 세계의 준비는 배제하는데, 이 단계는 디지털 기술로 달성할 수 있는 것이 아니라 무대 디자인 같은 전통적인 제작이 필요하기 때문이다.

분명 이런 저작 시스템은 별도로 존재할 수 없으며, 애플리케이션을 실행하고 콘텐츠를 보여줄 런타임 엔진이 필요하다. 특히 런타임 엔진은 공간적 및 시간적 콘텐츠 생성을 컨트롤할 수 있게 해줘야 한다.

협업 워크플로우와 향후 재사용을 지원하려면 애플리케이션의 모듈화가 바람직하다. 이는 애플리케이션 콘텐츠의 개별 부분에만 적용되는 것이 아니라 스토리보드, 상호작용 명세, 하드웨어 설명 같은 애플리케이션의 추상적 부분에도 적용된다.

이 장에서는 먼저 AR 저작에 관련된 요소들을 살펴보겠다. 그러고 나서 이런 요소들이 어떻게 독자적인 저작 솔루션에 적용될 수 있을지 설명하겠다. 다음 절에서는 독립형 솔루션이라기보다는 웹 기술의 플러그인 접근법을 활용하는 현대적 저작의 접근법에 대해 다루겠다.

저작의 요소

애플리케이션이 조직화되는 두 가지 기본적 방식에는 시간이 흐름에 따라 애플리케이션 오브젝트의 가시성과 행동 양식을 결정하는 시간적 조직화와 이런 오브젝트의 뷰어에 대한 위치 및 크기를 결정하는 공간적 조직화가 있다. 이런 전체적 구조는 기존의 컴퓨터 애니메이션 소프트웨어와 유사하다. 또한 AR 애플리케이션 작업에 이런 접근법을 적용하려면 특별히 고려해야 할 몇 가지 사항이 있다(그림 10.3).

액터

애플리케이션의 콘텐츠를 구성하는 오브젝트를 액터라고 부른다. 액터는 사용자와 상호작용하는 캐릭터와 같이 지오메트리로 표현돼 있을 수도 있지만, 사운드나 동영상, 심지어는 다른 액터의 행동 양식을 컨트롤하는 추상적 개체가 될 수도 있다. 단일 액터가 한 번에 다른 액터의 그룹 전체를 제어할 수 있는 방식으로 액터들을 구성하면 좋다. 각 액터는 컴포넌트의 인스턴스가 돼야 하며(따라서 새로운 컴포넌트를 추가함으로써 액터의 캐스트를 확장할 수 있어야 하며), 시간에 맞춘 이벤트나 사용자 입력의 결과로 변경이 일어날 때는 그 행동 양식을 결정하는 속성의 집단이 있어야 한다.

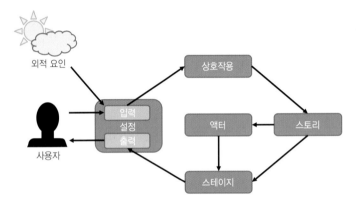

그림 10.3 AR 경험의 저작을 살펴보는 한 가지 방식은 극장에 비유하는 것이다. 입력과 출력을 위한 설정의 정의에 따라, 저작은 상호작용에 의해 가동되며 무대에 배열된 액터들에 영향을 주는 스토리(애플리케이션 로직)를 정의한다.

스토리

컴퓨터 애니메이션에서는 보통 타임라인timeline에 의해 표현되는 이벤트의 시간적 순서가 있다. 반면, 상호작용 애플리케이션은 시간적 순서를 따를 필요가 없다. 어떤 순간에든 현재의 씬이 있고, 이것이 어떤 액터가 눈에 보이고 상호작용할 수 있을지를 결정한다. 특정 조건이 만족되면 시스템은 다른 씬으로 진행된다. 이렇게 이벤트와 씬이 펼쳐지는 것은 비선형적 스토리로 볼 수 있다. 공식적으로는 현재의 씬이 현재 활성화된 상태와 동일한 유한 상태 기계finite state machine라고 불린다. 씬에 들어가서 실행하고 나올 때, 액터의 속성은 설정되거나 애니메이션된다. 계층적 컨트롤을 위해서는 한 액터의 속성을 다른 액터에 링크하는 일도 흔하다.

무대

AR 애플리케이션에서 액터의 공간적 조직화는 기존 VR의 접근법과는 다르다. VR 애플리케이션에서는 하나의 씬이 모든 사용자에게 렌더링되는 것이 일반적이다. 반면, AR 시스템이 가진 강점 중 하나는 여러 사용자에게 세상의 다른 모습을 보여줄 수 있다는 점이다. 한 명의 사용자가 쓰는 AR 시스템이라 할지라도 동시에 볼 수 있는 여러 개의 '실제'가 존재할 수 있으므로, 실제 세계와 이에 대응하도록 HUD나 상호작용 패널 같은 사용자 인터페이스 요소, 내비게이션을 위한 월드 인 미니어처[스토클리(Stoakley) 등 1995], 정보 디스플레이로 활용하기 위해 2D 텍스처로 렌더링된 씬 등 여러 컴퓨터로 생성된 오버레이가 가능하다.

이런 공간적 다양성을 지원하기 위해 AR 환경은 우리가 무대라고 부르는 공간적 유닛으로 나눌 수 있다. 작가들이 각 상태의 글로벌 월드 좌표와의 공간적 관계를 다른 무대에 정의할 뿐 아니라, 이용된 렌더링 기술과(예: 삼차원인가, 평면 위의 텍스처인가) 특정 물리 디스플레이에 연관된 무대도(예: 특정 사용자를 위한 '개인용' 콘텐츠 제공) 정의할 수 있다면 편리해진다.

상호작용

상호작용 행동 양식을 정의하는 가장 간단한 방법은 액터의 속성을 사용자가 컨트롤할 수 있게 하는 것이다. 그러려면 직접적인 조작이나(가리키는 기기, 마커, 기타 수단) 적합한 가상 유저 인터페이스 요소가 명세돼야 한다. 마찬가지로, 사용자들은 버튼 같은 사용자 인터페이스 요소나 액터와의 근접성 같은 다른 수단을 통해 씬 변환을 촉발할 수 있어야 한다. 편의상 그래픽 유저 인터페이스를 이용해 기본 상호작용을 테스트할 수도 있어야 한다. 더 발달된 상호작용 명세는 보통 파이썬, C#, 자바스크립트 같은 스크립트 언어를 통해 가능하다.

설정

AR 저작에서 유연성은 애플리케이션이 구동될 실제 시스템에 의존하는 모든 측면에서 애플리케이션을 분리해야 얻을 수 있다. 특정 하드웨어 기술을 도입하면 사용자로부터 근본적인 하드웨어의 설명을 숨겨주는 추상화 레이어를 제공할 수 있다. 다양한 하드웨어 기술을 활용하면 애플리케이션은 콘텐츠를 변경하지 않고도 다양한 하드웨어 설정에서 구동될 수 있다.

캘리브레이션이나 네트워킹 매개변수 같은 하드웨어 명세는 오픈트래커^{OpenTracker}[라이트마이어와 슈말스타이그 2001]나 VRPN[테일러(Taylor) 등 2001] 같은 기존 기기 추상화 소프트웨어 프레임워크를 이용해서 설정할 수 있다. 하드웨어에 의존하는 레이어에서 애플리케이션으로의 맵핑은 트래킹 기기나 디스플레이 같은 하드웨어 기능을 완전히 활용할 수 있게끔 충분히 표현적이어야 한다. 이런 활용을 가능케 하는 일반적 원칙은 컴퓨터, 디스플레이, 상호작용 기기 같은 모든 하드웨어 기능을 나열하고 그 사용을 위해 적합한 시맨틱을 키워드를 통해(예: 헤드 트래킹 대 손 트래킹) 선언하는 것이다. 애플리케이션은 호환되는 키워드를 명세해 하드웨어 리소스를 간접적으로 참조할 수 있다.

독립적 저작 솔루션

그럼 AR 저작 시스템에서 잘 알려진 예들을 설명하고 앞에서 추려 말한 디자인적 고려 사항을 얼마나 잘 해결하는지 살펴보겠다. 먼저 전통적 데스크톱 상호작용을 이용한 AR 저작 솔루션을 살펴보자. 데스크톱 접근법은 확실한 기반이 있는 데스크톱 상호작용 기술을 활용할 수 있다는 장점이 있지만, AR의 몰입적 성격에 제대로 맞지는 않는다. 그래서 우리는 AR 인터페이스를 저작에 직접 활용한 좀 더 실험적인 기술인 성능에 따른 저작의 예를 몇 가지 소개하겠다.

데스크톱 저작

단순한 선형 표현으로 충분하다면 슬라이드쇼를 빌어오는 것도 괜찮다. 예를 들어, 파워스페이스^{PowerSpace}는[해링거(Haringer)와 레겐브레히트(Regenbrecht) 2002] 물리적 씬에 예컨대 자동화 산업 같은 AR 주석으로 된 설명서를 타깃으로 한다. 이 기술은 빠르게 AR용 콘텐츠를 생성하기 위해 전통적인 슬라이드 편집기(마이크로소프트 파워포인트)에 의존한다. AR 액터에 대응하는 그래픽 요소의 레이아웃은 물리적 환경을 스냅샷으로 찍은 다음 2D 슬라이드 편집기에서 쌍방향으로 이뤄진다. 그 결과를 3D 오브젝트 포맷으로 내보내서 파워스페이스 편집기로 더 정제하면 3D 모델의 임포트와 함께 액터의 공간적 배열도 이뤄진다. 분명 파워스페이스 시스템은 파워포인트와 선형적 슬라이드쇼 개념에 의해 제한되므로, 비선형적 스토리텔링의 여러 무대를 담아낼 수는 없다. 그렇다고 하더라도 파워스페이스는 단순한 AR로 사람들이 이미 잘 활용하고 있는 슬라이드 편집을 활용해 상당한 효율을 보일 수 있다.

콜럼비아 대학이 MARS에서 구동되도록 개발한 시추에이티드 다큐멘터리[Situated Documentaries] 애플리케이션은 모바일 증강 현실 시스템이다. 시추에이티드 다큐멘터리는 텍스트, 동영상, 오디오, 환경에 등록된 3D 모델 같은 다양한 멀티미디어 요소로 구성된 하이퍼미디어 내러티브다. 이런 액터들은 외부 환경에 있는 장소에 묶여, MARS를 착용하고 돌아다니는 사용자가 브라우징할 수 있다. 연구자들은 시추에이티드 다큐멘터리의 사용자 설정 편집기를 개발했다[휄레러 등 1999a]. 시추에이티드 다큐멘터리는 사용자가 야외의 특정 장소에 다가가면 무대 개념으로 적용된 지리적으로 등록된 콘텐츠를 디스플레이해준다. 하지만 데스크톱 에뮬레이션을 활용해 저작하기 때문에 작가들은 등록된 물체를 조작하기 위해 물리적 장소로 이동할 필요가 없다. 후속작인 실내/야외 협업 시스템에서는 실내 AR 인터페이스를 추가해, 배치 작업의 대안으로 미니어처로 표현된 세계를 작동할 수 있다[휄레러 등 1999b].

AMIRE(혼합 현실 저작)는 컴포넌트의 데이터플로우에서 AR 애플리케이션을 생성하는 프레임워크다. AMIRE 저작 마법사는 AR 기반의 조립 설명서용 콘텐츠를 만들게 해준다[자우너(Zauner) 등 2003]. 그러려면 사용자가 각 조립 단계와 단계 간의 순서 및 의존성을 명세해, 수형도 구조를 만들어야 한다. 이 수형도는 런타임으로 단계별 설명서의 시퀀스를 선형적으로 보여준다.

이와 비슷하게, 템플릿 기반의 저작 접근법은[크뇌플(Knöpfle) 등 2005] 단계별 설명서의 시퀀스 저작을 고려한다. 이 접근법은 특히 자동차 유지 보수 절차를 고려해 이런 절차를 위한 액터와 상호작용을 생성하는 템플릿 세트를 제공한다. 이들은 설명할 수 있는 범위에 따라 약 20~30개의 템플릿에 95%의 상호작용을 담을 수 있다고 추산한다. 템플릿을 띄우면 특정한 작업 단계에 필요한 액터와 상호작용 모음이 생긴다. 예를 들어, 스크루드라이버를 활용해 엔진 부분을 푸는 데는 물리적인 엔진 부품, 가상 스크루드라이버, 그리고 스크루드라이버를 어느 방향으로 돌려야 하는지 보여주는 모션 애니메이션의 표현이 들어간다.

증강 현실 프레젠테이션과 상호작용 언어^{APRIL}는 복잡한 비선형적 AR 경험을 스터디어스투브 시스템에 얹은 것이다[레더만과 슈말스타이그 2005]. 이 시스템은 비선형적 스토리를 동시에 발생하는 계층적 상태 기계로 표현한다[베카우스(Beckhaus) 등 2004]. 이런 선택은 AR 저작 툴로서 일반적 UML 상태 차트 편집기를 제안할 수 있게 해준다(그림 10.4). APRIL은 액터로 채워진 여러 무대와 여러 사용자를 지원한다. 또한 오픈트래커^{OpenTracker}[라이트마이어와 슈말스타이그 2005] 기기 라이브러리를 이용한 임의의 상호작용과 하드웨어 추상화를 제공한다.

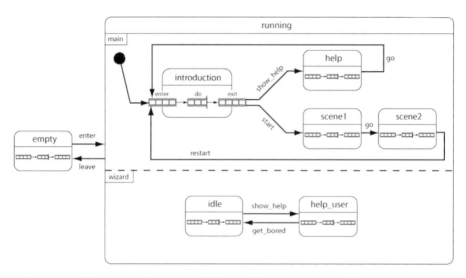

그림 10.4 UML 상태 차트 편집기에서 APRIL 프레임워크를 이용한 증강 현실 투어를 위한 주석이 달린 상태 차트의 일부를 보여주고 있다. (사진 제공: 플로리안 레더만)

모어^{Mohr} 등은[2015] 사용 설명서와 핸드북 같은 인쇄된 기술 문서를 자동으로 삼차원 AR로 변환시키는 시스템을 소개한다(그림 10.5). 이들의 시스템은 조립이나 유지 보수를 위한 순서 이미지, 폭발 다이어그램, 텍스트 주석, 그리고 모션을 표시하는 화살표처럼 인쇄된 문서에서 자주 볼 수 있는 설명서의 형식을 식별한다. 인쇄된 문서의 분석은 자동으로 이뤄지며, 사용자가 입력할 필요는 거의 없다. 시스템은 문서 자체와 문서에 설명된 물체의 CAD 모델이나 3D 스캔만 요구한다. 그래서 물체 자체와 인쇄된 문서만 있는 오래된 물체에는 매우 실용적인 접근법이 된다. 출력은 완전히 상호작용이 가능한 AR 애플리케이션이 돼, 인쇄된 문서의 정보가 3D로 실제 물체에 등록돼 표시된다.

그림 10.5 커피 메이커의 인쇄된 사용 설명서를 AR로 재구성한 결과 (위) 아바타는 사용자가 취해야 하는 시점을 표시한다. (아래) 사용자가 표시된 위치로 이동하면 문이 열려서 노란색으로 표시된 추출 유닛이 드러난다. (사진 제공: 피터 모어(Peter Mohr))

성능에 의한 저작

AR 인터페이스가 콘텐츠 설명에 직접 활용된다면 결과적인 솔루션을 성능에 의한 저작이라고 부른다.

성능에 의한 저작의 가장 분명한 용도는 실제 물체에 관련된 애니메이션을 공간에 직접 표현해 나중에 볼 수 있도록 하는 것이다. 3D 퍼페트리[3D Puppetry]가[헬드(Held) 등 2012] 가장 두드러지는 예다. 이 시스템은 사용자들이 퍼펫과 다른 물체를 가지고 노는 것을 관찰해서 관련된 모션을 캡처하고 애니메이션 시퀀스로 조합해낼 수 있다. 키네터[KinÊtre]도[첸(Chen) 등 2012] 비슷한 접근법을 택하지만, 사용자의 모션을 스켈레톤 트래킹을 통해 직접 캡처해 의자같이 애니메이션이 되지 않는 물체로 변환한다. 그래서 디즈니의 만화 영화《미녀와 야수》에서 가구 등의 물건이 애니메이션되는 것과 유사한 결과가 나온다.

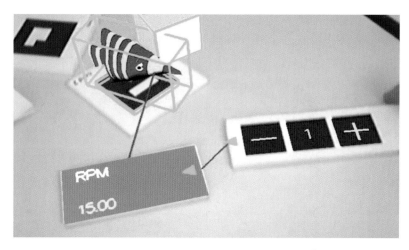

그림 10.6 탠저블 AR의 몰입형 저작을 위한 프레임워크에서 찍은 이 스크린샷들은 감독관 위젯과 키패드로 큐브의 크기를 어떻게 바꿀 수 있는지 보여준다. (사진 제공: 마크 빌링허스트)

몰입형 저작을 활용해 애플리케이션 로직을 표현할 수도 있다. 리 등은[2004] AR 공간에서 상황에 따라 액터들 간의 상호작용을 생성하는, 즉 AR 경험을 하는 중에 직접 생성하는 탠저블 AR 접근법을 설명한다. 그러기 위해 시스템은 액터 마커와 툴 마커를 제공한다(그림 10.6). 툴 마커는 크기와 색상 변경 같은 콘텐츠 조작에 사용할 수 있다. 더 복잡한 행동 양식은 액터들의 속성 사이에 간단한 데이터플로우를 설정해 만들 수 있다. 예를 들어, 물체의 가시성을 특정 마커의 존재에 연계해, 사용자가 해당 마커를 조작함으로써 물체가 나타나게 만들 수 있다.

플러그인 접근법

AR이 점차 주류 기술로 부상함에 따라, 마지막 절에서 설명한 것과 같은 실험적인 독립형 저작 솔루션이 기존의 멀티미디어 저작과 실행 환경을 위한 AR 플러그인으로 대체돼 가고 있다. 분명, AR 툴과 일반적 모델링 툴은(특히 디지털 콘텐츠 생성 툴과 게임 엔진) 겹치는 부분이 크고, 기존 모델링 및 애니메이션 소프트웨어의 성숙도가 가져다줄 수 있는 이점을 간과해서는 안 된다. AR을 콘텐츠 생성 소프트웨어에서 지원하는 새로운 타깃 플랫폼으로 추가하는 것이 그 방법이 되겠다. 게다가 오늘날 사용되는 전문가용 멀티미디어 소프트웨어 패키지에 내장돼 있는 확장 기능을 활용해 비교적 쉽게 이룰 수 있는 문제이기도 하다.

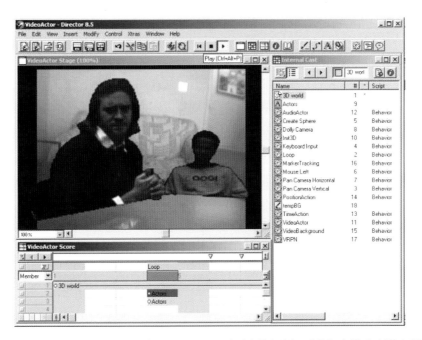

그림 10.7 DART는 매크로미디어 디렉터(Macromedia Director) 저작 환경 내에 증강 현실 저작을 추가해준다. (사진 제공: 블레어 매킨타이어(Blair Macintyre))

플러그인 접근법의 유행을 이끈 것은 조지아 테크에서 개발한 디자이너의 증강 현실 툴킷DART이었다[매킨타이어 등 2004b]. DART는 2000년대 초반 멀티미디어 애플리케이션을 위한 최고의 저작 툴인 매크로미디어 디렉터로 확장된다(그림 10.7). DART는 이미 디렉터에 친숙한 디자이너들이 3D 모델보다는 스케치와 동영상을 시작점으로 이용해 매력적인 AR 애플리케이션을 빠르게 만들어낼 수 있도록 해준다. 매크로미디어 디렉터는 비선형적 스토리텔링과 다재다능한 스크립팅 언어인 링고Lingo를 제공한다.

매크로미디어 디렉터는 3D 그래픽 지원이 약하고 웹 기반 애니메이션 형태의 경쟁작들이 떠오르면서 소프트웨어 플랫폼의 하락과 그에 따른 DART의 쇄락으로 이어졌다. 그렇다 하더라도 AR 플러그인 접근법은 유효하다[갠디(Gandy)와 매킨타이어 2014]. 뛰어난 예로는 3D 맥스, 마야, 구글 스케치업용 플러그인과[테렌지(Terenzi)와 테렌지 2011], 인기 유니티 3D 게임 엔진을 기반으로 하는 퀄컴 뷰포리아[2], 메타이오Metaio 모바일 SDK[3], 그리고 토탈이머전 디퓨전TotalImmersion D'Fusion을 활용하는 솔루션이 있다. 더욱이, 플래시(예: FLARTollkit)와 프로세싱 같은 다른 멀티미디어에도 많은 비상업적 확장이 가능하다.

웹 기술

오늘날의 정보 시스템에서 웹 기술은 멀티미디어 정보를 생산하고 소비하는 선도적인 도구로 떠오르고 있다. 웹은 브라우저, 서버 프레임워크, 콘텐츠 생성 툴이라는 풍성한 소프트웨어 환경을 가져왔다. 이렇게 지배적이 되며 웹 콘텐츠는 AR 브라우저와 AR 툴 개발자에게 점차 매력적으로 여겨지게 됐으며, 많은 작업을 전통적인 웹 기술로 처리해 AR 용도로 활용하는 것이 가능해 보이게 됐다.

특히, 가장 최근의 웹 표준인 HTML5과 그 유관 기술군은 AR의 기본적인 필요 사항을 충족하는 다재다능한 애플리케이션 플랫폼 쪽으로 급속하게 진화했다. 웹 기술은 기존의 널리 퍼져 있는 애플리케이션 프레임워크의 일부로서 AR 경험을 전달할 수

2   2015년 PTC에서 획득
3   2015년 PTC에서 획득

있으며, 따라서 상당히 플랫폼에 독립적이 된다. 구글 어스에 의해 채워지는 KML에서 알려진 장소 표시는 지리적으로 참조하는 관심 장소 저장을 편리하게 해준다. 종속형 시트^{CSS}는 콘텐츠를 모습과 분리하는 데 활용할 수 있으며, 경험을 위한 사용자에 따른 컨트롤을 제공한다. CSS3는 이미 효과적인 AR 레이아웃의 전제 조건인 삼차원 레이아웃을 고려하고 있다. WebGL은 웹 브라우저에서 3D 그래픽의 하드웨어 가속 렌더링을 허용한다.

이 모든 것이 웹 애플리케이션 어디에서나 사용되는 프로그래밍 언어인 자바스크립트 덕분에 가능하다. AR 프레임워크를 자바스크립트 인터페이스로 덮으면 웹 브라우저용의 빠른 AR 개발이 가능하다. 많은 사람들이 이미 웹 개발 훈련을 받았으므로, AR을 위한 표준 웹 포맷 적용은 이런 기존 기술을 갖춘 사람 중에서 AR 개발자와 콘텐츠 제공자를 뽑아 쓸 수 있게 해준다.

웹의 가장 매력적인 속성 중 하나는 멀티미디어 정보의 생산자와 소비자를 분리해준다는 점이다. 누구나 중앙적 권한을 통하지 않고도 웹사이트, 블로그, 트위터 계정, 혹은 RSS 피드를 출간할 수 있다. 사용자들은 자기가 원하는 대로 이런 소스에 얼마든지 가입할 수 있으며, 그 결과 임의적으로 정보들을 결합할 수 있다. 다시 말해, 사용자들은 엄청난 수의 정보 채널에 접근할 수 있다. 사용자들이 장소 표시와 기타 AR 콘텐츠를 제공하는 다수의 AR 채널에 가입할 수 있는 확장성 있는 AR 브라우징에는 채널 개념이 중요하다. 채널 메커니즘은 근본적으로 의미적 필터를 제공하며, 사용자의 현재 위치에서의 근접성이 공간 필터로 활용된다. 의미와 공간 필터는 함께 효과적이고 효율적인 정보 과잉 관리를 제공한다.

클라이언트 사이드 스크립팅 같은 기술을 활용함으로써 '패시브' 콘텐츠와 '액티브' 애플리케이션 사이의 구분이 모호해진다. 오늘날 웹 개발자 툴킷은 애플리케이션의 형태와 느낌을 완전히 좌우하며, 클라이언트 사이드에서 실행되는 모바일 코드를 포함한 다양한 웹 애플리케이션 아키텍처가 흔해졌다. AJAX 같은 애플리케이션 프레임워크는 애플리케이션 코드가 일부는 클라이언트에, 일부는 서버에 상주하게 해준다.

그림 10.8 아곤(Argon) 브라우저는 웹 기술로 정의된 여러 콘텐츠 채널을 디스플레이한다. (사진 제공: 블레어 매킨타이어)

AR 채널 아키텍처는 다른 콘텐츠와 평행으로 디스플레이된다 하더라도 콘텐츠가 어떻게 보여질 것인지에 대해 완전히 통제하게 해줘야 한다. 이는 각 채널을 개별적으로 렌더링한 후 그 출력을 구성해 처리할 수 있다. 이런 접근법에는 단점도 있다. 여러 채널이 화면 공간을 두고 경쟁하거나 어수선한 디스플레이를 초래할 수도 있다. 이런 경쟁을 해결할 보기 관리를 위해 적합한 전략은 아직 연구돼야 할 주제로 남아 있다.

AR을 위한 웹 채널이라는 아이디어는 아곤 브라우저에서 도입됐다[매킨타이어 등 2011]. 이 브라우저는 AR 디스플레이 안에서 HTML과 KML 콘텐츠 렌더링을 전달하기 위한 표준 웹 브라우저 엔진(웹킷)을 구축한다(그림 10.8). 아곤은 웹 기반 AR 콘텐츠를 위한 XML 언어에서 파생된 증강 현실 모델링 언어[ARML]가 탄생하는 데 큰 영향을 미쳤다[매킨타이어 등 2013].

요약 ▐▬▬▬▬▬▬▬▬▬▬▬▬▬▬▬

AR 같은 새로운 매체를 제대로 이해하고 확고히 하려면 기술적 난관을 극복하는 이상의 노력이 필요하다. 이런 노력 중 하나가 AR을 고유하게 만들고 AR 전용의 저작 솔루션이 성공하기 위해 해결해야 하는 요건을 식별하고 해결하는 것이다. 우리는 실제 세계의 인터페이스, 하드웨어 추상화, 저작 워크플로우 도구의 식별을 가장 중요한 요건으로 꼽는다.

기본 요건을 넘어서는 결과적 기술에 관해서는, AR 저작의 두 가지 최근 트렌드인 기존 멀티미디어와 게임 엔진에 플러그인 개념으로 AR을 도입하는 솔루션과 웹 기술을 AR에 활용하는 두 가지로 나눠 살펴봤다. 원래의 환경에서 풍성한 기능을 물려받는 이런 최근의 솔루션은 AR 저작이 많은 대중에게 성공을 거둘 수 있는 기회가 될 수 있다.

11장

내비게이션

AR 내비게이션은 실제 세계의 탐험을 향상시키고, 길 찾기를 용이하게 해주며, 실제 세계의 작업을 수행할 때 시점 컨트롤을 지원해줄 수 있다. 일인칭 시점을 강조하기 때문에 AR은 사용자의 활동에 직접 내비게이션 지원을 넣어줄 수 있다. 하지만 정말 도움이 되는 증강을 디자인하려면 주의 깊게 고려해야 할 것들이 있다. 이 장에서는 AR로 어떻게 탐험과 발견, 루트 시각화, 시점 조정에 도움을 줄 수 있는지 논의해보겠다. 또한 여러 시점을 결합한 인터페이스로 개요와 세부 사항을 제공하고 사용자가 물리적으로는 볼 수 없는 시점을 어떻게 보여줄지도 살펴보자.

휴먼 내비게이션의 근본

내비게이션, 즉 환경 안에서 이동하기에는 이동, 길 찾기, 탐험이 모두 포함된다. 이동은 위치와 방향 조종이 필요한 작업 능력이다. 길 찾기는 현재 장소, 다른 장소로의 경로 짜기, 환경에 대한 인식도를 업데이트하는 것처럼 수준 높은 사용자의 인식이다. 탐험은 알지 못하는 환경과 그 인공물을 이해하고 조사하는 것이다.

길 찾기와 탐험에는 공간 지식과 이를 통한 심상 지도의 구성이 요구된다[보우만(Bowman) 등 2005][그래셋(Grasset)등 2011]. 공간 지식은 다양한 소스에서 얻을 수 있다. 다큰arken과 피터슨Peterson은[2001] 주 소소와 보조 소스를 구분한다. 환경 자체는 주 소스로, 사람은 끊임없이 환경에서 자신이 관찰하는 공간적 정보를 추출한다. 지도, 사진, 동영상 같은 다른 소스는 모두 보조 소스다. 보조 소스는 공간 지식을 빠르게 축적할 수 있게 해주지만, 추상적 표현은 심상 지도의 정확성 면에서 일인칭 경험과 매치되지 않는 것이 보통이다.

우리는 공간 지식을 다음 범주로 정리한다[린치(Lynch)와 린치 1960][시겔과 화이트(White) 1975].

- **랜드마크**는 환경에서 두드러지게 보이는 참고 지점으로, 환경의 구조와 자신의 위치에 대한 힌트로 활용된다. 랜드마크는 시각적인 모습에 의해 기억되므로, 독특하고 쉽게 헷갈리지 않을 수 있어야 한다. 가장 중요한 랜드마크는 멀리에서도 볼 수 있는 물체지만, 작은 지엽적 디테일도 랜드마크 역할을 할 수 있다. 보는 방향에 의존적이거나 독립적인 랜드마크 모두 있을 수 있다.
- **루트**는 정해진 시작 지점에서 정해진 끝 지점까지 내비게이션하는 데 필요한 일련의 행동이다. 중간에 있는 모든 웨이포인트, 거리, 방향 전환, 랜드마크의 순서가 기억된다. 환경의 다른 요소들은 종종 특정 웨이포인트나 루트의 일부분과 결합된다.
- **노드**는 사용자가 경로 중 하나를 선택할 수 있는 선택 지점이다. 루트 계획과 길 찾기 결정은 보통 노드들의 관계에 의해 내려진다.
- **구역**은 환경에서 공원이나 쇼핑 거리처럼 넓은 지역이다.

- **경계선**은 환경의 구획이다. 예를 들어, 도로나 강을 건너려면 특별한 수단이나 장소가 필요하다. 경계선을 이루는 것이 무엇인지는 맥락에 따라 달라진다. 예를 들어 보행자라면 도로를 경계선으로 여길 것이고, 운전자라면 도로를 루트로 분류할 것이다.
- **조사 지식**은 주로 랜드마크와 루트 사이의 글로벌 공간 관계로 이뤄진다. 시간이 흐름에 따라, 보통 해당 환경에 대한 반복적 내비게이션 이후나 보조 소스에 의해 발달한다.

내비게이션 작업을 할 때 사용자는 다양한 참고의 틀에 따라 다양한 종류의 공간 지식을 적용한다[골딘(Goldin)과 손다이크(Thorndyke) 1981]. 방향과 자신의 몸으로부터의 거리 같은 자기 중심적 과제에는 루트에 대한 지식이 필요하다. 환경 안의 두 지점이 얼마나 떨어져 있는지 가늠하는 등의 외부 지향적 과제에는 관찰적 지식이 도움이 된다.

활용 가능한 지식이 다양하므로, 성공적인 내비게이션의 열쇠는 공간 지식에 참고하는 틀과 수행해야 하는 과제의 참고 틀을 변환하는 것을 처리하는 데 있다. 두 참고 틀의 차이가 작을수록 사용자가 이 둘을 마음속에서 변환할 때의 부담도 낮아진다.

탐험과 발견

다행히 AR은 모든 참고 틀로부터 내비게이션 지원을 제공할 수 있다. 가장 확실한 사용 예는 자기 중심적 탐험이다. AR 브라우저에 디스플레이되는 동적 주석은 사용자가 환경 안에서 관심 지점으로 가도록 인도한다. 사용자는 관심 지점을 선택할 때 개인적 선호 사항을 표현할 수 있다.

AR로 얻을 수 있는 탐험의 이점에는 두 가지 면이 있다. (1) 사용자는 탐험을 더 빠르게 수행할 수 있고, (2) 유관 정보를 알아낼 가능성이 높아진다. 두 번째 면은 때로 상황 인식이라고도 불리는데, 군사 작전 중 수색 및 구조 같은 절체절명의 상황에 특히 유용하다. 이런 경우 작동자는 정보 기기를 조작하느라 주의를 흩뜨리지 않고 3D 환경에 계속 집중해야 한다. 줄리어[Julier] 등이[2000] 개발한 배틀필드 증강 현실 시스템이 그 좋은 예로, 자동차, 탱크, 저격수 같은 유관 요소들의 위치에 대한 정보를 제공한다. 이런 요소들의 위치는 역동적으로 변화할 수 있으므로, 해당 정보를 계속 보고 있으면 인지에 엄청난 이득을 줄 수 있다.

대상 물체가 현재 시야에서 최소한 상당 거리를 이동하지 않고서는 보이지 않을 때 탐험은 발견이 된다. 시각화 기술은 7장에서 논의한 바 있다. 사용자의 환경을 보는 방법을 바꿔주는 두 가지 중요한 접근법은 X선 시각화와 씬 변형이다. X선 시각화는 눈에 보이는 환경을 일부나 전체가 투명해지도록 렌더링해 숨겨진 물체를 드러내 준다[파이너와 셀리그먼(Seligmann) 1992][에이버리(Avery) 등 2009][졸먼(Zollmann) 등 2010]. 변형은 환경을 구부려서 가려지거나[베아스(Veas) 등 2012b] 화면 밖의 부분을[샌더(Sandor) 등 2010b] 시야에 들어오게 하거나 전경 물체들을 압축해 가려진 물체가 보이게 한다.

루트 시각화

탐험과 마찬가지로 길 찾기 역시 자기 중심적 참고 틀에서 주로 수행되는 중요한 내비게이션 활동이다. 전형적인 접근법은 AR에서 계속되는 곡선이나 웨이포인트 순서대로 길 찾기를 지원하는 것이다. 자동차 내비게이션 같은 기존 시스템과 비교해보면, 경로가 사용자가 실제 환경을 인지하는 위에 바로 얹혀진다는 점이 다르다. 예를 들어 틴미스[Tinmith]는[토머스 등 1998] 사용자가 진행하는 데 따라 역동적으로 다음 번 웨이포인트를 순서대로 하이라이트해서 보여준다. 사인포스트[Signpost]는[라이트마이어와 슈말스타이그(Schmalstieg) 2004] 사용자가 목적지를 선택하면 경로 시각화를 동적으로 보여준다(그림 11.1). 목적지는 중간에서 만나기로 한 다른 사용자일 수도 있다.

와그너와 슈말스타이그는[2003] 후속작인 핸드헬드 기기용 인도어 사인포스트[Indoor Signpost]도 개발했다. 핸드헬드 인터페이스는 문을 알려주고, 화살표로 사용자가 다음에 가야 할 방향을 띄워 보여준다(그림 11.2).

그림 11.1 사인포스트 시스템은 야외의 AR 사용자가 웨이포인트(빨간색 원통)로 구성된 루트를 따라가도록 한다. (사진 제공: 게르하르트 라이트마이어)

그림 11.2 인도어 사인포스트 시스템은 경로를 따라 다음 문을 하일라이트해서 보여주며, 3D 화살표가 최종 목적지 방향을 알려준다. (사진 제공: 다니엘 와그너)

물로니와 슈말스타이그는[2012] 야외 내비게이션에서 AR의 사용과 지도의 사용을 비교하는 연구도 했다. 둘은 사용자들이 루트의 노드에서 주로 AR 뷰를 참고해 결정에 도움을 받고, 그 외에는 지도를 계속 보는 것을 발견했다(그림 11.3). 이 결과를 통해 내비게이션 지원은 판단을 내려야 할 때만 주는 것으로 충분하며, AR은 이런 목적에 효과적인 인터페이스임을 짐작할 수 있다.

434

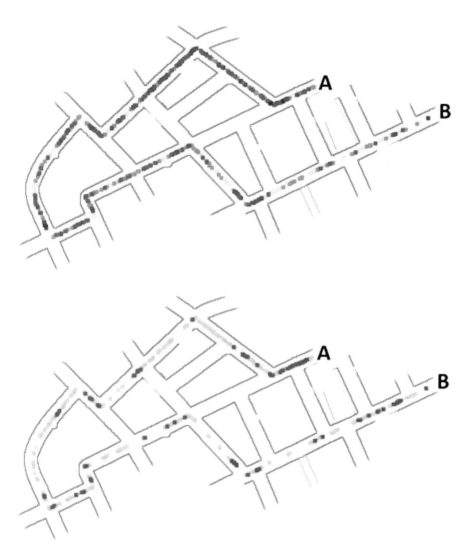

그림 11.3 이 계획은 여러 명의 사용자가 루트를 따라 있는 모든 지점에서 내비게이션 인터페이스를 활용하는 것을 보여준다. 더 많은 사용자가 인터페이스를 활용할 때 색상이 짙어진다. (위) 일반적인 지도 인터페이스에서는 전체 경로를 따라가는 동안 사용 빈도가 균일하게 높다. (아래) AR 인터페이스는 노드 지점에서 판단을 내려야 할 때 주로 쓰인다. (사진 제공: 알레산드로 물로니)

그림 11.4 (왼쪽) 사용자가 걸어갈 때 루트가 VR로 시각화된다. (가운데) 사용자가 판단 노드에 도달하면 전체 경로가 AR 환경에 정렬돼 보인다. (오른쪽) 노드에서 떠나면 디스플레이는 다시 VR로 전환된다. (사진 제공: 알레산드로 물로니)

비슷한 접근법이 실내에서 내비게이션을 사용해[물로니 등 2012] 계속 위치 측정을 제공하기 어려운 상황에서 이뤄졌다. AR 내비게이션은 복도의 교차로나 계단 같은 의사결정 노드에서 노드 간의 AR 루트 시각화와 결합돼 있을 때는 실내 내비게이션에도 효과적인 도구로 활용될 수 있음을 보여준다(그림 11.4).

시점 가이드

작은 작업 공간에서는 사람이 전체 환경을 쉽게 파악해 이끌어줄 필요가 없을 것처럼 보이겠지만, AR이 도움이 되는 상황이 빈번히 발생한다. 목표 물체가 사용자의 시야에서 벗어나 있거나, 비슷한 물체가 많아서 찾기 어려울 때가 바로 그렇다. 대상 물체를 찾기 어려운 문제보다 오히려 대상을 찾아볼 시점을 잡는 것이 더 곤란한데, 예를 들어 특정 사진을 촬영한 시점을 찾는 것이 그렇다[배(Bae) 등 2010]. 그럼 사용자를 대상 물체 쪽으로 인도하는 것과 사용자를 원하는 시점으로 이끄는 것에 대해 논의해보자.

대상 물체 쪽으로 인도하기

시야에 들어오지 않는 대상 물체나 웨이포인트는 특히 많은 AR 디스플레이의 시야가 좁다는 점을 감안하면 종종 겪을 수밖에 없는 문제다. 이럴 때는 화살표나 상형 문자로 가이드를 제공할 때가 많다. 사용자에게 올바른 방향을 알려주는 나침반 바늘의 형태를 띠거나[파이너 등 1997][와그너와 슈말스타이그 2003] 화면 가장자리 근처에 화살표를 보여주는 것이다[토마스 등 1998]. 신케Schinke 등은[2010] 화면 밖이라는 표시의 3D 화살표 주석이 3D(위에서 내려다본) 레이다 맵보다 대상 물체의 방향을 기억하는 데 더 효과적이라는 점을 보여준다.

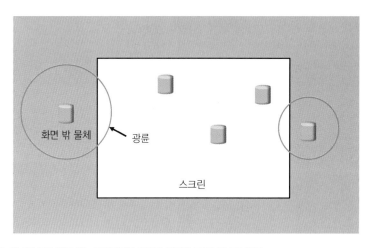

그림 11.5 광륜은 화면 밖에 있는 물체까지의 거리에 비례한 포물선형 곡선이다.

좀 더 고급의 시각 디자인으로 사용자에게 방향뿐 아니라 대상 물체까지의 거리와 빈도도 알려줄 수 있다. 헤일로Halos는[바우디쉬(Baudisch)와 로젠홀츠(Rosenholtz) 2003] 화면 밖에 있는 대상 물체를 중심으로 원을 그리고, 이 원의 지름 일부가 화면에 표시된다(그림 11.5). 눈에 보이는 포물선이 굽은 정도를 보면 물체와의 거리를 직관적으로 알 수 있다.

컨텍스트 컴퍼스Context Compass는[수오멜라(Suomela)와 레히코이넨(Hehikoinen) 2000] 화면 위나 아래를 가로지르는 좁은 띠 모양으로 전방의 특정 수평 시야(예: 110도)를 덮도록 대상 물체를 압축해 원통형으로 투영한 맵을 디스플레이한다. 360도를 다 디스플레이하면 이 애플리케이션은 극좌표를 원통형으로 맵핑한 레이다 지도가 된다(그림 11.6). 방향은 항상 디스플레이 방향과 정렬돼야 하는데, 즉 눈에 보이는 물체가 맵의 중앙에 나타나야 한다. 사용자의 현재 시야 밖에 있는 요소들은 오버레이의 아이콘 옆에 표시된다.

그저 주변이나 시야 밖의 물체를 대략 인지하는 것이 목적이 아니고, 사용자가 가능한 한 빠르게 목표 물체 쪽으로 인도돼야 한다면 화면의 더 많은 부분이 인도하는 데 쓰여야 할 수도 있다. 사용자에게 내비게이션 정보를 주고 제약하는 것으로 흔히 쓰이는 비유가 터널(그림 11.7)이다. 터널 같은 구조물의 외곽선이 삼차원 와이어프레임 오버레이로 디스플레이된다. 구조물의 원근을 축소해서 보여주면 되므로 너무 많은 픽셀을 차지하지 않고도 사용자에게 경로를 알려줄 수 있다. 사용자가 터널을 통과할 때는 이미 지나간 부분은 사용자 뒤로 사라지고, 전방의 세밀하게 묘사된 부분은 뚜렷해진다. 비오카Biocca 등은[2006] 이 디자인을 주의력 깔때기attention funnel라고 소개하며, 대상 물체를 시각적으로 하일라이트하는 것보다 경험적으로 더 효과적인 방식임을 검증해 보았다. 한 사용자 연구에서는 이런 시각화가 검색 속도를 빠르게 해주며, 인지적 노력은 줄여준다는 점을 보여줬다. 슈워트피거Schwerdtfeger와 클링커Klinker는[2008] 창고에서 주문한 물품을 찾는 데 수정된 터널 디자인을 시험해, 실제 세계의 과제에도 성능 개선을 가져올 수 있다는 것을 증명했다.

그림 11.6 컨텍스트 컴퍼스는 화면 하단에 가능한 방향들을 띠 모양으로 표시한다. (왼쪽) 화살표 오버레이가 눈에 보인다. (오른쪽) 사용자는 컨텍스트 컴퍼스를 이용해 화면 밖에 있는 화살표를 찾을 수 있다. (사진 제공: 알레산드로 물로니)

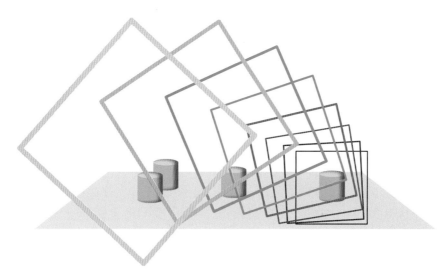

그림 11.7 터널 시각화는 사용자의 주의를 터널 끝에 있는 특정 물체 쪽으로 이끌어준다.

싱구^{Shingu} 등은[2010] 사용자를 목표 지점으로 인도하는 원뿔형 터널에 대해 논의한다. 사용자는 원뿔에 들어가야 하고, 카메라는 목표 지점을 중심으로 한 구체가 화면에 보이도록 향해야 한다.

하틀^{Hartl} 등은[2014] 여권 같은 보안 문서의 홀로그램이 진짜인지를 모바일 기기로 검증하는 시스템을 제안한다. 진짜 홀로그램의 알려진 모습을 관찰한 것과 비교하는 방식으로 샘플 테스트가 이뤄졌다. 관찰을 제공하려면 사용자는 정해진 방향에서 샘플 쪽으로 카메라가 향하게 해야 한다. 하틀 등은 샘플 면에 방향이 극좌표 그리드로 겹쳐 표시되며, 목표 방향은 하일라이트로 표시되도록 하는 '파이 조각' 인터페이스의 사용을 제안한다(그림 11.8). 파이 조각은 2D 종단점만 보이는 터널 시각화의 미니멀한 버전으로 볼 수 있다.

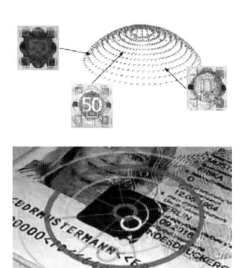

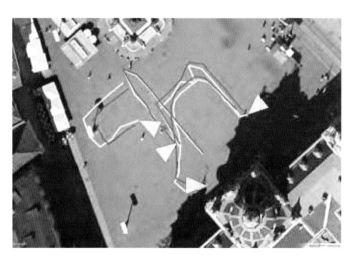

그림 11.8 (위) 홀로그램의 모양은 보는 시점에 따라 달라진다. (아래) 노란색 원은 사용자가 특정한 시점 방향을 택하도록 유도하며, 파이 조각 시각화의 중앙으로 앵글과 거리를 이동하도록 인코딩돼 있다. (사진 제공: 안드레아스 하틀(Andreas Hartl))

그림 11.9 노란색 피라미드 아이콘은 일련의 이미지에 대응하는 카메라 각뿔을 보여준다. (사진 제공: 클레멘스 아스(Clemens Arth))

수칸^{Sukan} 등은[2014] 대상 물체가 아주 작지 않은 한, 보통은 관찰할 수 있는 가능성이 많이 있다는 것을 확인한다. 따라서 이들은 임의의 찾아보는 볼륨들을 연결하는 터널 디자인을 생성해 사용자가 수용할 수 있는 뷰로 인도해주는 파라프러스텀^{ParaFrustum}을 제안한다.

대상 시점으로 인도

보통 한 번 보이는 것이 인식되고 사용자가 그쪽으로 주의를 기울이면 되는 대상 물체 쪽으로의 인도와는 달리, 시점에는 물리적 모양이 있는 것이 아니다. 사용자를 특정 시점으로 인도하는 것은 예를 들어 역사적 사진을 현대적으로 업데이트해 모사하고 싶을 때는 중요한 일이 된다.

원하는 시점의 가장 직접적인 시각화는 피라미드 형태의 보기 각뿔이다(그림 11.9). 이 애플리케이션은 스네이블리^{Snavely} 등이[2006] 사진집의 내비게이션을 위해, 그리고 썬^{Sun} 등은[2013] 초음파 탐지의 정확한 정렬을 위해 제안했다.

배^{Bae} 등은[2010] 화면 밖의 목표를 가리키는 데 활용되는 것과 유사한 지향성 화살표를 사용하는 간접적 접근법으로 사용자가 바람직한 시점으로 다가가도록 하는 방식을 제안한다. 목표 시점에 충분히 가까이 가면 사용자는 원본 사진의 투명한 렌더링에 의존해 정확하게 구도를 정렬할 수 있다.

여러 시점

개요와 조사 지식은 특히나 지도에서 활용되는 것과 같은 외부 지향적 관점에 의존한다. 8장에서 논의했듯, 자기 중심적 관점과 외부 지향적 관점은 멀티뷰 인터페이스로 합쳐질 수 있다. 원칙적으로 환경에 몰입해 있으면서 지도를 참고하는 것이 이런 조합의 예라 할 수 있다. 디지털 지도는 모바일 기기에서 언제나 활용할 수 있으며, 사용자가 움직일 때 업데이트된다. 자동차 내비게이션 시스템이 자동차의 현재 방향에 따라 사용자의 주위 지도를 보여주는 것을 생각해보자.

동시 다중 시점

자기 중심적 AR 뷰는 화면의 일부를 외부 지향적 뷰에 할당하거나 외부 지향적 뷰를 자기 중심적 뷰 위에 투명하게 덧입히는 방식으로 쉽게 합칠 수 있다(그림 11.10). 후 자는 지도 정보가 종종 발자취 구성, 관심 지점, 드문드문 있는 텍스처 라벨을 이용해 렌더링된다는 사실을 활용하는 것이다. 투명한 오버레이는 좁은 시야로 디스플레이 돼 화면 공간을 절약할 수 있다.

또한 자기 중심적 증강과 외부 지향적 뷰를 연결해 구현하는 데는 이점도 있다. 한 가 지 뷰를 선택하면 다른 뷰가 하이라이트된다. 현재 사용자의 위치는 외부 지향적 뷰 에서 하이라이트된다. 지도에 있는 관심 지점과의 거리는[위더(Wither)와 휄레러 2005] 먼 저 자기 중심적 뷰에서 관심 지점을 식별한 후 사용자가 있는 위치에서 외부 지향적 뷰의 관심 지점까지의 거리를 판단해 추정할 수 있다(그림 11.11). 루트 내비게이션이 자기 중심적 뷰에서 눈에 보이지 않을 때는 계속해서 외부 지향적 뷰의 목적지를 가 리키는 방식으로 편리하게 계획할 수 있다.

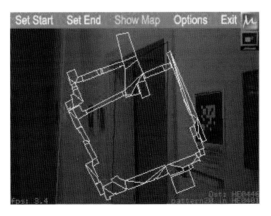

그림 11.10 투명한 레이어를 얹으면 3D AR이 동영상과 2D 맵 위에 얹혀서 하나의 이미지에서 두 가지 시각화를 합쳐 준다. (사진 제공: 다니엘 와그너)

442

그림 11.11 위에서 내려다본 조감도로 사용자는 다양한 야자수까지의 정확한 거리를 알 수 있으며, 이 실험에서는 자기 중심적 AR 씬에 가상 구체들의 크기로 인코딩돼 있다. (사진 제공: 제이슨 와이더(Jason Wither))

벨 등은[2002] 사용자가 착용하고 있는 HMD 쪽으로 기울어지는 3D 맵인 AR 월드 인 미니어처WIM를 제안한다. 사용자가 점점 아래를 내려다보면, WIM은 약간 기울어진 포지션에서 회전해 조감도로 변한다. 라이트마이어와 슈말스타이그는[2003] WIM을 사용자의 머리에 두고(그림 11.12), 사용자가 그저 팔만 들어올리면 WIM에 즉시 접속할 수 있도록 했다.

베인Bane과 휄레러의[2004] X선 시각화 시스템은 사용자가 멀리에서 건물 안의 방들을 볼 수 있게 해준다. 사용자가 먼저 원하는 방을 선택한 후 선택한 방의 외부 지향적인 가상 뷰 디스플레이가 표시되는(그림 11.13) 이 시스템은 룸 인 미니어처Room in Miniature라고 불렸다.

그림 11.12 월드 인 미니어처는 핸드헬드나 팔에 착용하는 장치에 부착할 수 있다. (사진 제공: 게르하르트 라이트마이어)

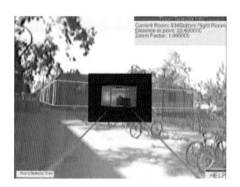 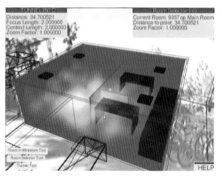

그림 11.13 원격 유지 보수 시나리오 (왼쪽) 사용자가 건물 안의 방 하나를 자기 중심적 시점에서 선택한다. (오른쪽) 방이 확대돼 외부 지향적인 원근법으로 보여지며, 사용자는 이에 대한 내비게이션 조작을 할 수 있다. 주황색 열 지도는 실내 온도 분포를 묘사한다.

자기 중심적 뷰 위에 외부 지향적 뷰를 보여주기보다, 호앙[Hoang]과 토머스는[2010] 그 반대의 접근법을 제안한다. 둘은 멀리 있는 물체의 세부 사항을 일반적인 자기 중심적 뷰에 확대해서 심어준다. 이 확대된 뷰는 카메라와 확대 렌즈를 통해 실시간으로 획득하는 것이다. 지도나 WIM과는 대조적으로, 오버레이는 세부 묘사를 보여주고 일반 뷰는 개요를 제공한다.

변화형 인터페이스

화면 크기가 충분해서 여러 뷰를 보여줄 수 있다면, 변화형 인터페이스를 사용할 수 있다. 이런 인터페이스는 공간적이라기보다는 시간 분할을 통해 여러 관점을 보여준다.

'변화형 인터페이스'라는 용어는 원래 사용자가 가상 연속체를 따라 이동하면서 외부 지향적 AR 뷰에서 자기 중심적 VR 뷰로 인터페이스가 변화하는 것을 설명하는 데 쓰였다(그림 11.14). 예를 들어 빌링허스트 등은[2001] 사용자가 내러티브 탈것^{vehicle}을 타고서 매직 북 페이지들을 이동하는 시스템을 설명한다. 휄레러 등은[1999a] 사용자가 대학 캠퍼스의 역사 AR 투어의 일부로서 물리적 장소 밑에 터널 시스템으로 주위 광경에 몰입하는 경험으로 이끌어준다.

키요카와 등은[1999] 사용자가 건축 디자인을 경험할 때 자기 중심적인 관점에서 시작해 외부 지향적인 뷰가 만들어지게끔 한다. 반면, 물로니 등은[2010] 자기 중심적 AR 뷰에서 외부 지향적 지도 뷰로 이동시키면서 개요를 제공하도록 디자인된 변화형 인터페이스를 추구한다(그림 11.15). 변화는 카메라 시점에서 조감도 시점으로 부드럽게 이동하면서 일어난다. 연구자들은 인터페이스를 일련의 공간 탐색 과제로 평가해, 변화형 인터페이스가 사용자가 개요에 크게 의존할 때 늘어나는 과제의 복잡성을 개선시킨다고 보고한다.

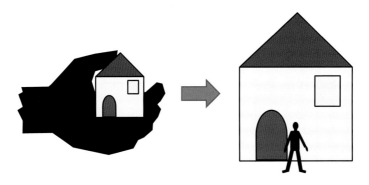

그림 11.14 변화형 인터페이스는 사용자를 AR 모델로부터 실제 사이즈의 VR 환경으로 데려갈 수 있다.

비슷한 영향이 파노라마 뷰로 변화할 때도 관찰되는데, 본질적으로는 울트라 와이드 앵글 렌즈로 시뮬레이션할 수 있다.

대안으로서의 WIM 표현이 트래킹 품질의 변화에 따라 자기 중심적에서 외부 지향적 시각화로 변화할 수 있다. 트래킹이 고품질일 때는 자기 중심적 뷰에 직접 주석과 루트 정보를 덮어씌울 수 있지만, 트래킹 품질이 낮아지면 WIM이 켜져서 몸을 참고하는 좌표 시스템이 디스플레이돼 안정적인 트래킹이 되지 않는 것에서 오는 영향을 받지 않도록 한다[휄레러 등 2001b][벨 등 2002].

변화형 인터페이스는 또한 사용자가 예를 들어 닿기 어렵거나 불편한 시점 같은 다양한 자기 중심적 시점을 경험해야 할 때도 유용하다. 수칸^{Sukan} 등은[2012] 사용자가 우선 AR 모드에서 주위 환경 모습의 고정 스냅샷을 확보한 후 임의로 이 뷰와 VR 모드를 오갈 수 있는 스냅샷 접근법을 제안한다.

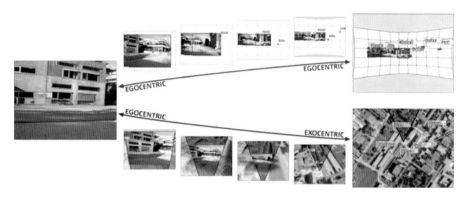

그림 11.15 줌 인터페이스는 사용자가 자기 중심적 AR 뷰에서 주위의 파노라마 뷰나 지도 개요로 매끄럽게 변환할 수 있게 해준다. (사진 제공: 알레산드로 물로니)

타츠건^{Tatzgern} 등은[2014a] 실제 전환을 디스플레이하기 위한 개선된 방법론을 제안한다. 고정 환경의 3D 스캔을 입수한 후, 사용자는 라이브 AR 뷰에서 임의의 VR 뷰로 날아 들어갈 수 있다(그림 11.16). 줌으로 확대된 뷰를 (고해상도로 스캔된 이후) 탐험하거나 가려진 영역으로 이동할 수 있는 간단한 방법을 제공하는 것이다. 예를 들어, 화면의 물체를 터치하면 이 물체가 화면을 가득 채울 때까지 사용자가 물체에 가까이 다가가게 되며, 터치 스크린에서 손을 떼면 부드럽게 뒤로 물러난다.

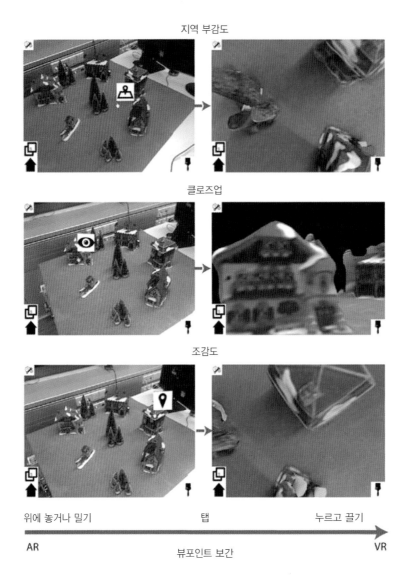

그림 11.16 라이브 AR 뷰에서 물체를 터치하면(왼쪽), 사용자에게 조감도나 전면 시점에서 확대된 VR 뷰로의 전환이 이뤄진다. (사진 제공: 마커스 타츠건)

요약

휴먼 내비게이션의 기본에 대한 고려에서 우리는 AR을 이용한 내비게이션을 논의해 봤다. AR로 상황 인식을 높여 탐험에 혜택을 받고, 숨겨진 대상들을 발견할 수 있다. 길 찾기는 자기 중심적 AR 뷰에 루트를 직접 얹거나 이동 방향을 결정해야 하는 시점에 사용자를 도움으로써 지원할 수 있다. 또한 AR에서는 다양한 신호 제공을 활용해 사용자가 목표 물체를 관찰하거나 특정한 시야를 얻을 수 있도록 시점을 조정할 수 있게 해준다. 다양한 시점의 인터페이스 역시 분할 화면이나 화면 레이어, 혹은 한 뷰에서 다음 뷰로의 전환을 통해 개요와 세부 묘사를 제공할 수 있다.

12장

협업

AR과 그 활용도 중 큰 잠재력을 담고 있는 것이 바로 커뮤니케이션 부분이다. 협력형 AR은 여러 사용자가 동시에 증강된 환경을 경험할 수 있게 해준다. 사실, AR은 협업을 위한 독특한 기회를 제공한다. 여러 명이 같은 장소에 있는 상황에서는 AR이 사용자들이 논의하고 있는 실제 세계의 인공물에 대한 추가 정보를 제공할 수 있다. 원격 협업 시 사용자들이 같은 장소에 있을 수 없을 때는 AR을 활용해 첫 번째 사용자가 실제 환경에 대한 경험이 중단될 필요 없이 다른 사용자에게 공유하고픈 정보를 커뮤니케이션할 수 있다.

두 가지 공유 모두 협업을 개선할 잠재력이 크다[루코쉬(Lukosch) 등 2015]. 이 장에서는 AR을 협업용 기술로 활용할 기술과 디자인 전략을 더 자세히 살펴보겠다. 물리적이고 기술적인 측면과 더불어 유관 인적 요인에 관심을 두고 협력적 AR 시스템의 속성을 설명하겠다. 이런 고려에 기반해 한곳에 모이는 협업과 원격 협업에 대한 접근법을 설명하겠다.

협업 시스템의 속성

컴퓨터가 지원하는 협업CSCW은 AR에만 한정되지 않으며 어떤 형태의 컴퓨터 기반 매체든 활용할 수 있다. CSCW에서 널리 허용되고 있는 분류는 2×2 분류, 식별을 이용하며, 한편으로는 협업의 시간적 측면, 다른 쪽으로는 공간적 측면을 감안하는 것이다[로덴(Rodden) 1992]. 시간적 차원에서 협업은 여러 사용자가 같은 시간에 동기화되거나 서로 다른 시간에, 따라서 서로에 관계없이 비동기화되는 것이다. 공간적인 차원에서 사용자들은 한곳에 모이거나 서로 다른 곳에서 원격으로 하게 된다. 그래서 이런 2×2 가능성은 많은 형태의 협업을 처리해낼 수 있다(표 12.1).

증강 현실은 쌍방향 매체여서 동기화식 협업, 즉 동시에 상호작용하는 방식의 협업을 강화하는 데 주로 쓰는 것이 논리적이다. AR 공유 공간은 함께 모이는 협업을 강화해준다. 협업자들이 같은 공간에서 만나고, 이 공간은 AR 디스플레이를 통해 공간적으로 등록되는 정보로 강화된다. 반면 AR 텔레프리젠스는 사용자 경험이 실시간 원격 장소에서 이뤄지게 된다.

비동기식 AR은 덜 자주 활용된다. 이 범주의 가장 중요한 사용 예는 한 사용자가 물리 환경에 주석을 넣고 나중에 다른 사용자가 상황 브라우징이나 주석 편집을 하는 것이다. 이런 애플리케이션은 일종의 가상 낙서처럼 생각해도 좋다. 주석 활동은 같은 장소에서 일어나지만, 동시에 일어나는 것은 아니다. 비동기식 원격 AR 콘텐츠 공유 역시 가능하지만, AR에만 한하는 것은 아니다. 이런 접근법은 한 사용자 이상의 관심 콘텐츠고 메시지와 통지가 비동기식으로 보내질 때 활용할 수 있다.

동기식 협업 활동에서 우리는 커뮤니케이션 공간과 과제 공간을 구분할 수 있다[기요카와(Kiyokawa) 등 2002].

표 12.1 AR과 관련한 컴퓨터 지원 협업 작업 분류

	같은 공간	원격
동기식	AR 공유 공간	AR 텔레프리젠스
비동기식	AR 주석/브라우징(상황형)	일반적 공유

- 커뮤니케이션 공간은 사용자가 정보를 교환하는 곳이다. 커뮤니케이션에서는 사용자가 서로를 보고 들을 수 있어야 한다. 보통 대화를 할 때 사람들은 서로의 얼굴을 보고 보디랭귀지를 관찰한다. 같은 공간에 있는 상황에서는 보통 커뮤니케이션 공간에 대한 기술적 지원은 필요하지 않다. 반면 원격 공간의 협업자들을 연결해주는 것은 모든 원격 커뮤니케이션 시스템의 주된 목표다.
- 작업 공간은 실제의 작업이 수행되는 공간이다. 실제 작업 공간에는 물리적 물체가 있고, 가상 작업 공간에는 디지털 정보가 (3D와 비3D 모두) 존재한다.

커뮤니케이션과 작업 공간이 더 분리될수록 커뮤니케이션과 작업 수행을 오가기는 더 어려워진다[이시이(Ishii) 등 1994]. 예를 들어, 두 명의 사용자가 사무실을 공유하는데 데스크톱 컴퓨터 화면은 서로 반대편을 향한다고 해보자. 협업자들은 서로 대화를 하다가 각자의 개인용 모니터를 볼 수 있어야만 한다(상대방의 모니터를 직접 볼 수 없다). 함께 있음에도 둘은 하나가 상대의 디스플레이 앞으로 자리를 옮기지 않는 한 공동 작업을 할 때는 간접적으로만 할 수 있다. 작업과 커뮤니케이션 공간 통합이 이뤄지지 않는 상황은 같은 공간에 있을 때는 비기술적 방식(예: 상대방의 디스플레이 앞에 모이기)이나 기술적 방식(예: 데스크톱 협업 소프트웨어 활용)으로 극복할 수 있지만, 원격 협업의 경우는 기술적인 수단이 해결돼야만 한다. 이 예에서 두 명의 공동 작업자가 서로 다른 건물에서 일하고 있다면 이들은 예컨대 전화기 등에 의존해야 한다. 이런 점을 고려하면 협업에는 여러 가지 방식이 가능하다(표 12.2).

AR은 여러 특성이 '뒤섞인' 경우에 통합 공간 시나리오를 강화해준다. 공유 공간은 로컬(그래서 실제) 커뮤니케이션 공간과 가상 과제를 합친다. 원격 회의 시스템은 원격(그래서 가상) 커뮤니케이션 공간을 실제 과제와 합친다.

표 12.2 협업을 위한 커뮤니케이션과 작업 공간 분류

커뮤니케이션 공간	작업 공간	공유 공간	예제
같은 장소	실제	아니오	교실 강의
같은 장소	가상	아니오	데스크톱 컴퓨터에서 협업
원격	실제	아니오	화상 회의
원격	가상	아니오	데스크톱 공유가 가능한 화상 회의
같은 장소	실제	예	실제 체스 게임 플레이
같은 장소	가상	예	**공유 공간**
원격	실제	예	**텔레프리젠스**
원격	가상	예	몰입형 텔레프리젠스, 온라인 게임

같은 장소에서의 협업

공유 공간에서 가상 증강은 한곳에 있는 사용자들 간에 배치될 수 있다[버츠(Butz) 등 1999][벤코(Benko) 등 2014]. 물리적 인공물이 공유 공간에 있을 때 AR은 협업자들이 이런 인공물에 추가적인 가상 정보를 주석으로 달 수 있게 해주는데, 어떤 사용자든 내용을 채워 넣을 수 있다. 순수하게 가상 물체만 보여줄 때 사용자들은 역시 같은 장소에서 이 물체를 인식한다. 예를 들어, 환경 내에 있는 특정 물체를 가리키는 단순한 대화 중의 행동이 실제의 물체와 가상의 물체 양쪽 모두에 제대로 작동하는 것이다.

협업 애플리케이션은 공유 공간을 어떻게 활용하는지 그 방식에 따라 구분할 수 있다. 공간적 분류는 대략 세 가지가 있다. 첫째, 사용자들은 (비교적) 가만히 있는다. 둘째, 사용자들이 움직일 수 있지만 제한된 위치에서만 할 수 있다. 셋째, 사용자들이 넓은 장소를 돌아다닐 수 있다.

사용자들이 가만히 있도록 하는 애플리케이션은 트래킹이 작은 작업 볼륨으로 제한되므로 큰 장점이 있다. 더욱이, 협업자의 시야에 항상 상대방이 잡힌다. 단순한 고정 설정을 활용해 삼차원 데이터를 검토하는 여러 협업용 애플리케이션이 이미 개발돼 있다. 이런 시스템의 활용성은 가상 모델을 보고 함께 토의할 수 있다는 데 있다.

퍼면^{Fuhrmann} 등은[1998] 복잡한 역동적 시스템을 표현하는 삼차원 표면을 탐험하는 시스템을 설명한다(그림 12.1). 이들은 스크린 기반 프레젠테이션에 비해, 사용자들이 삼차원 구조물에 더 관심을 보이고 이해할 수 있었다고 말한다.

카토 등은[2000] AR 기억 게임을 설명한다. 마커가 그려진 게임 카드를 발견하면 3D 모델이 디스플레이된다. 두 개의 매치되는 카드를 가까이 두면, 특수한 애니메이션 신호가 사용자에게 보내져서 이 카드들이 짝을 이루게 한다(그림 12.2). 마커 인식은 각 사용자에게 독자적으로 수행된다. 카드 쌍은 미리 결정돼 있으므로, 특수 애니메이션의 유발은 결정론적이다. 다시 말해, 협동 게임을 위해 사용자 시스템과의 네트워크 연결은 필요하지 않다.

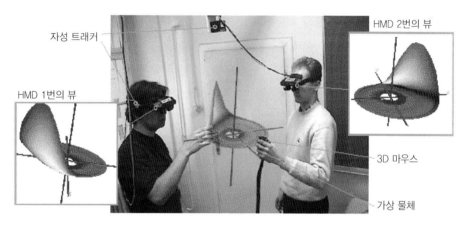

그림 12.1 공유 공간 설정은 HMD를 착용한 사용자들이 이미지에서 보이는 것과 같은 수학적 시각화 등의 가상 물체를 각자 볼 수 있게 해준다. (사진 제공: 안톤 퍼면(Antorn Fuhrmann))

그림 12.2 HMD를 쓰고 협업 기억 게임을 하는 사용자들 (사진 제공: 마크 빌링허스트)

카우프만과 슈말스타이그는[2003] 수학과 기하학 교육을 위해 특별히 고안된 3D 지오메트리 구성 툴인 Construct3D를 설명한다(그림 12.3). 주된 목적은 공간적 능력을 개선하고 학습 내용 전달을 극대화하는 시스템의 개발이다. AR 시스템을 활용해 학생들은 전통적인(대부분은 종이와 연필) 방식으로 이미 계산하고 구성해본 삼차원 물체 주위를 실제로 걸어다닐 수 있다.

교사와 학생들은 Construct3D에서 시스템이 지원하는 다양한 역할을 맡아 개인적인 뷰를 제시할 수 있다. 예를 들어 시스템은 미리 계산된 솔루션을 교사에게 연습 문제로 보여주는데, 학생들은 이를 볼 수 없다. 학생들은 연습 문제의 최초 설명과 자신이 만든 내용만을 볼 수 있고, 다른 학생이 풀고 있는 모습은 볼 수 없다.

그림 12.3 삼차원으로 구성된 지오메트리를 살펴봄으로써 기하학 교육에 도움이 될 수 있다. 이 이미지에서는 두 명의 학생이 서로 접해 있는 면들에 관련된 문제를 풀고 있다. (사진 제공: 한스 카우프만)

여러 시스템은 사용자가 회의 석상에서 디자인을 검토할 때 HMD를 써야 한다. 예를 들어 EMMIE[버츠 등 1999], 심리스디자인SeamlessDesign[기요카와 등 1999], 매직미팅 MagicMeeting[레젠브레히트(Regenbrecht) 등 2002], ARTHUR[브롤(Broll) 등 2004]는 모두 사용자가 건축이나 수학적 모델을 검토할 수 있게 해준다.

더 최근에는 마노 아 마노Mano-a-Mano가[벤코 등 2014] 멀티프로젝터 카메라 시스템(키넥트 심도 카메라도 포함)을 기반으로 한 다이내믹 공간 투영을 통해 방 안에서 사용자가 자유롭게 움직일 수 있는 기기가 없는 대면 상호작용을 구축했다. 협업하는 사용자 사이에 원근법이 정확한 삼차원 증강물이 렌더링된다.

개인 디스플레이와 뷰

실제 세계의 과제에서 협업은 참여자들이 계속 밀접하게 상호작용하며 작업하는 균일한 활동이 아니다. 그 대신 주기적으로 각 개인이 작업한 결과를 공유하고 논의하게 된다[구트윈(Gutwin)과 그린버그(Greenberg) 2000]. 그래서 디스플레이와 뷰가 개인적 필요 사항을 다 해결해주는 개인과 그룹 작업을 모두 지원하는 협업 환경이 필요하다.

개인 디스플레이는 사용자마다의 개인적 시점을 보여줄 뿐 아니라, 일부 사용자는 다른 사용자에게 가려져 있는 물체나 정보 일부를 볼 수 있어야 한다. HMD를 개인 관람 기기로 이용하면 사용자가 가상 물체를 개개인별로 입체적으로 볼 수 있다. 기하학적 형태와 물체의 배열이 중요할 때는 매우 편리한 방식이 된다. 가상 물체가 회의 참석자들 사이에 있는 공중이나 책상 표면의 임의 위치에 나타날 수 있으면 편리한 작업 공간이 만들어진다.

HMD와 마찬가지로 핸드헬드 디스플레이 역시 개인용 관람 기기다. 원칙적으로 핸드헬드 기기는 여러 사용자가 동시에 볼 수 있으며, 따라서 HMD보다는 비밀성이 다소 떨어진다. 레키모토Rekimoto의 초기 작업은[1996] 핸드헬드 AR을 카메라가 부착된 모바일 컴퓨터의 모니터에 연결하는 방식으로 협력적 사용법을 시연했다. 개인용 기기는 널리 쓰이기는 하지만, 작은 화면 자체만으로는 동시 관람이 어려워서 사용자들은 화면을 공유하기보다는 자기 화면을 보는 편을 선호한다[모리슨(Morrison) 등 2011]. 다행히, 스마트폰 같은 핸드헬드 기기는 비싸지 않으므로 그룹의 모든 이들에게 개인용 기기를 제공하기가 불가능하지는 않다.

그 대안으로 가상 물체를 보여주는 데는 대형 화면이나 투영형 디스플레이가 인기를 끌고 있다. 이런 협력형 VR 디스플레이는 실제 세계가 (가끔 협업자들에게 보이는) VR 디스플레이에서 보여주는 가상 콘텐츠에 더해진 제한적인 AR 디스플레이라고 볼 수 있다. 가벼운 셔터 글래스를 통해 보이는 입체 디스플레이는 어느 정도 서로의 시선 교환을 인지할 수 있다. 하지만 이런 디스플레이는 실제의 물체와 가상 물체 사이의 가림 처리를 할 수 없으며, 전통적인 입체 디스플레이는 한 명 이상의 사용자에게 정확한 입체 이미지를 보여줄 수 없다. 뷰에 의존적인 입체 이미지를 하나 이상의 트래킹된 사용자에게 제시하려면 시간적으로나[애그라왈라(Agrawala) 등 1997] 공간적으로[기타무라(Kitamura) 등 2001][빔버 등 2005][예(Ye) 등 2010] 여러 사용자에게 다중 상영이 가능한 특수 디스플레이가 필요하다. 이런 디스플레이의 그룹 사이즈는 보통 네 명(이하)으로 제한되지만, 최근에는 시간과 편광 기반의 다중 상영을 통해 여섯 명의 사용자까지 늘어났다[쿨리크(Kulik) 등 2011].

여러 가지 디스플레이 종류를 결합할 수도 있다. 예를 들어 고고학용 시각 상호작용 툴VITA은[벤코 등 2004] 사용자 그룹이 고고학 발굴 현장에서 기록한 데이터를 살펴볼 수 있는 시스템이다. VITA는 투영형 디스플레이로 발굴 현장의 개관을 보여주고, 몰입형 HMD는 발굴 현장 한가운데에 있는 다른 사용자를 보여준다. AR은 다양한 디스플레이를 연결시켜 물체를 시각화하고, 이런 물체를 드래그해 서로 다른 종류와 크기의 물리 디스플레이에 드롭할 수 있게 해준다[버츠 등 2999][레키모토와 사이토(Saitoh) 1999]. 물리 세계에 정보를 디스플레이하는 데 프로젝터를 활용하면[라스카 등 2001][파이퍼 등 2002], 정보 디스플레이는 물리적 표면 위로만 제한돼 보이는 AR 콘텐츠의 종류에 제약이 생긴다. 반면, 뷰에 의존적인 헤드 트래커 사용자를 위한 렌더링은 표면에서 멀리 나타나는 진짜 같은 3D 이미지를 만들어낼 수 있다[존스 등 2014].

또 한 가지 다중 디스플레이 협업의 종류로는 사용자가 팝업 북 스타일의 기준점 마커로 장식된 증강 책 페이지를 보는 인터페이스를 제공하는 매직 북magic book이[빌링허스트 등 2001] 있다. 매직 북은 관람용 기기로 HMD를 이용하며, 책은 여러 사용자가 볼 수 있다. 매직 북의 특수 기능은 사용자가 책 속으로 날아 들어가서 AR로부터 몰입형 VR로 시각을 바꿀 수 있다는 점이다. 한 사용자가 책 속으로 날아 들어가 자기 중심의 시점을 취하면, 다른 사용자들은 책 밖에서 세상이 중심인 시점을 유지하게 된다. 사용자들은 아바타로 표현되는 자신을 볼 수 있으며, VR 사용자 입장에서는 하늘에 커다란 머리들이 보이고, AR 사용자에게는 매직 북 속의 인형 크기 아바타가 보인다.

때로 사용자에게 일정 정도 프라이버시를 주는 것도 좋다. 사용자는 예를 들어 개인 정보를 숨기고 싶거나 아직 완료하지 않은 작품은 공유하고 싶지 않을 것이다. 물리 디스플레이를 여러 사용자가 공유할 경우, 다른 사용자에게서 물체를 숨기기는 불가능하다. 그래서 그 대신에 디스플레이 공간을 여러 영역으로 나눠 공개되는 부분에는 협업용 뷰가 자리잡도록 하고, 개인 영역은 개별 사용자만 보이게 하는 것도 방법이다. 이럴 경우, 다른 사용자에게 거슬리지 않도록 사회적 이해가 필요하다.

그보다는 사용자들이 명시적으로 정보를 공개했다가 나중에 이를 취소할 수 있도록 허용하는 접근법이 낫다. 버츠 등은[1998] 사용자 단위의 디스플레이를 설정해 공유 공간에서의 물체에 대한 프라이버시 상태를 점검하고 조작하는 법을 보여준다(그림 12.4). 예를 들어 뱀파이어 미러^{vampire mirror}는 공개된 물체만 반사된다. 프라이버시 램프^{privacy lamp}는 일단의 물체 위에 놓아서, 램프가 비추는 오브젝트들은 대중에게 노출되지 않도록 해준다.

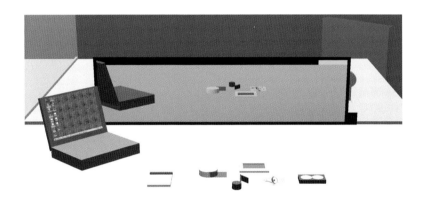

그림 12.4 선택한 물체들을(메모장과 비디오 테이프 아이콘) 숨겨주는 뱀파이어 미러 (사진 제공: 안드레아스 퍼츠와 콜럼비아 대학)

시선 인지

HMD를 이용한 협업 애플리케이션에서 중요한 제한 한 가지는 다른 사용자가 얼마나 잘 인지할 수 있는가다. 비디오 투과 HMD에서 실제 환경의 시각 품질은 사용자가 실제 세계를 직접 인지하는 것과는 비교도 할 수 없다. 따라서 사용자는 환경 안에 있는 다른 사람보다 경험의 질이 대폭 떨어지는데, 이것이 커뮤니케이션에 어느 정도 영향을 미칠 수 있다. 더욱이, HMD 바이저를 통해서는 직접 시선을 맞출 수 없다. 반면, 광학 투과 HMD는 실제 세계를 정상적으로 인지하고 어느 정도 시선도 맞출 수 있지만 보통 가상 물체는 반투명하고 명암비가 떨어져 보이게 된다.

HMD를 착용한 사용자의 시선 인지를 개선하고자 하는 시도는 여러 번 이뤄졌다. 미야사토^{Miyasato}의[1998] 눈 투과 HMD 연구에서 사용자의 눈은 HMD 안에 있는 안쪽을 향한 카메라로 관찰돼 HMD 앞에 탑재된 소형 스크린에 표시된다. 다케무라^{Takemura}와 오타^{Ohta}는[2002] 사용자의 얼굴을 HMD에 가상 물체로 얹어 렌더링했다. 타테노^{Tateno} 등은[2005] 양식적으로 렌더링한 눈을 통해 시선 커뮤니케이션을 강화한다.

직접적인 시선 재구성 외에도 시선 방향은 표시로 합성해낼 수 있다. 기요카와 등이 제시한 간단한 접근법은[1998] 사용자의 시선에서 보는 방향으로 선을 렌더링하는 것이다. 보는 방향을 이렇게 명시적으로 표시하면, 사용자는 협업자의 얼굴을 꼭 볼 필요가 없다. 다른 잠재성 있는 표시로는 보는 원뿔이 있다[모길레프(Mogilev) 등 2002]. 아이트래커를 사용해, 보는 방향의 추정을 더 정제할 수도 있다[노바크(Novak) 등 2004].

공유 공간에서의 애자일 협업

주의 깊게 최적화해 적용하면, 공유 공간에서의 경험을 비교적 작은 영역에서 사용자의 빠른 동작에 의해 구현할 수 있다. 이런 적용의 장점은 게임에서 가장 뚜렷하게 드러난다.

초기에 나온 제품 AR²하키는[오시마(Ohshima) 등 1998] 실제 테이블에서 가상 픽으로 플레이하는 2인용 게임이었다. 잘라바리^{Szalavári}와 동료들은[1998] 트래킹되는 HMD와 핸드헬드 소품으로 작동하는 협력형 공유 AR 환경을 선보였다. RV 보더 가드^{RV Border Guards}는[오시마(Ohshima) 등 1999] 사용자가 우주 시대의 군인으로 활약하며 레이저 총으로 외계인들을 격퇴한다. 헨리슨^{Henrysson} 등은[2005] 두 명의 사용자가 스마트폰으로 둘 사이의 탁구대에 기준점 마커를 놓고서 하는 탁구 게임을 설명한다. 이 애플리케이션에서 스마트폰은 보는 기기이자 탁구채의 역할을 동시에 수행한다.

〈투명 기차^{The Invisible Train}〉는[핀타릭(Pintaric) 등 2005] 선이 없는 핸드헬드 컴퓨터에 설치하는 최초의 협력형 AR 게임이었다. 이 게임에서 사용자들은 여러 개의 가상 장난감 기차를 나무 철로들에서 운전한다(1장 그림 1.11). 이 게임의 목표는 시간에 맞춰 연결부를 조작해 기차 충돌 사고를 방지하는 것이지만, 일부러 사고를 유도해도 된다. 핸드헬드 카메라의 활용으로 이전에는 사용자가 누릴 수 없었던 기동성과 민첩성이 가능해진다.

모바일 AR 사용자는 한정된 범위를 벗어날 수 있기에 물리적 이동이 게임 플레이의 상호작용 요소로 활용될 수 있다. 사용자가 이동하면서 다른 사람과 마주칠 수 있는 것은 작은 작업 공간 안에 머물러야 했던 사용자에게 실제 세계에서 자연스럽게 겪는 사회적 요소를 되돌려준다. 이렇게 돌아다니는 사회적 행동 양식의 초기 사례는 엄격히 AR 애플리케이션이라고는 할 수 없는 〈피레이츠!Pirates!〉에서 찾아볼 수 있다[보크(Björk) 등 2001]. 이 게임은 근접 센서를 활용해 사용자의 핸드헬드 컴퓨터가 특정 장소에 진입했을 때나 두 명의 해적이 해상 전투를 개시할 수 있을 만큼 근접했을 때를 판단한다. 회의장이나 로비같이 상당히 넓은 장소에서 플레이하는 게임이다. 싱가포르 국립 대학의 연구자들은 이보다 넓은 장소에서 플레이어들이 이동하며 펼치는 일련의 게임을 개발해왔다[체옥(Cheok) 등 2002, 2003]. 나이안틱 랩Niantic Labs의[2012] 〈인그레스Ingress〉 같은 게임은 AR을 이보다 더 넓은 전 세계의 수준으로 확장했다.

물로니Mulloni 등은[2008] 〈암소 대 외계인Cows vs Aliens〉이란 제목의 위치 기반 AR 게임을 설명하는데, 사용자는 여러 인접한 방과 복도를 망라하는 게임 현장에 배치해둔 기준점 마커와 상호작용해야 한다. 이 게임에서 사용자는 암소를 안전하게 이끌어가야 하며, 다른 플레이어가 특정 기준점 마커에 먼저 도달하지 못하도록 하고 먼저 이동하는 것이 중요한 게임 요소다(그림 12.5).

모리슨Morisson 등의[2011] 〈맵렌즈MapLens〉는 증강된 모바일 맵을 협력해 활용하는 시스템이다. 야외에 있는 사용자 그룹은 스마트폰을 통해 종이 지도에 있는 증강물을 볼 수 있다. 이 기술은 세 명의 사용자 단위로 팀을 이뤄 보물 찾기를 하는 현장 테스트를 거쳤다. 광범위한 관찰 결과, 연구자들은 맵이 사용자들이 잠깐 멈추고 표시된 장소에 함께 모여서 증강 정보를 확인하는 위치 탐색 행동 양식을 촉발한다는 점을 발견했다(그림 12.6). 충분히 탄탄한 트래킹 기술이 주어지면 이렇게 멈추는 시간은 아주 짧아지지만, 그래도 진행해 나가기 위해서는 이렇게 함께 의사결정을 내리는 과정이 필수적이다. 그룹 내의 모든 사용자마다 개인 스마트폰이 있을 때는 여러 기기가 병렬적으로 활용되지만, 보통은 그룹에서 대장 역할을 하는 사용자가 있게 마련이었다. 증강된 지도와 주로 상호작용을 진행하는 것은 이 사용자의 기기였다.

그림 12.5 〈암소 대 외계인〉 게임에서 한 플레이어가 상대방의 기기를 한 손으로 가려 기준점 마커와의 상호작용을 방해함으로써 상대의 속도를 늦추려 하고 있다. (사진 제공: 알레산드로 물로니)

그림 12.6 스마트폰으로 플레이하는 야외 게임 〈맵렌즈〉에서 증강된 지도를 함께 활용하는 모습 (사진 제공: 앤 모리슨(Ann Morrison))

원격 협업

디스플레이 측면에서 원격 협업은 같은 장소에서 이뤄지는 협업과 반대되는 특징이 있다. 명시적으로 공유되고 동기화된 정보만이 양쪽에 보인다는 점이다. 이런 제약은 모든 가상 물체에 적용되지만, 원격 사용자들은 원격 현장에서 캡처돼 전송되는 사용자의 실제 환경 일부만을 볼 수 있다는 것이 더욱 중요한 제약이다.

가상 증강 기능을 시연한 최초의 원격 협업 중 하나가 바로 마이런 크루거^{Myron Krueger}의 비디오플레이스 응답형 환경^{Videoplace Responsive Environment}이며, 1972년경 제안돼 1974년에서 1990년대 사이에 다양하게 적용됐다[크루거 등 1985]. 원래는 원격 통신 환경으로 계획해 적용됐던 이 시스템은 쌍방향 컴퓨터 그래픽으로 참가자들의 실루엣을 합쳐줬다.

모든 원격 협업 환경에서는 사용자가 같은 장소에 있지 않기 때문에 물리적 상태와 기술적 역량 역시 서로 다르다. 두 사용자의 역량이 같다면, 이들을 통합할 때 대칭 협업이 된다. 두 사용자가 스마트폰을 가지고 하는 피어 투 피어 회의가 그 예가 될 수 있다. 비대칭형 구성은 움직이는 작업자가 유지 보수나 건축 같은 활동을 맡고, 원격에서 전문가가 조언을 주는 원격 전문가 시나리오의 형태에서 자주 볼 수 있다. 작업자는 두 손이 자유롭게 작업할 수 있어야 할 것이므로 경량의 모바일 하드웨어만 이용하고, 원격에 있는 전문가는 컨트롤 센터에서 데스크톱 컴퓨터와 대형 터치스크린 같은 강력한 고정식 하드웨어를 사용할 수 있다. 이런 비대칭형 시나리오에서는 추가적인 원격 전문가 리소스를 활용해 상황을 더 잘 파악하고, 전문가가 현장에서 직접 작업하지 않아 생겨나는 단점을 상쇄하는 것이 좋다.

동영상 공유

원격 협업에서 생방송 전송의 주된 모드는 물론 동영상 스트리밍이다. 이런 면에서 원격 AR은 어느 정도 화상 회의와 비슷하다고 할 수 있다. 화상 회의에서는 카메라의 시야에 잡히는 물체와 사람들만 눈에 보인다. 카메라가 작업 현장 전체를 비추지 못하거나 카메라를 조작하는 사용자가 원격 사용자의 관심 지점을 제대로 향하지 않으면 커뮤니케이션의 가치가 떨어지게 된다.

전문가용 화상 회의와 감시 시스템은 여러 개의 카메라를 이용해 환경을 넓게 잡는다. 물론 이런 접근법에는 높은 비용이 따른다. 카메라들을 설치하고 동영상 스트리밍을 위한 네트워크 대역폭을 맞추려면 카메라 하나당 비용이 선형적으로 증가한다. 대부분의 애플리케이션, 특히 모바일 앱은 카메라 하나만을 수용할 수 있다. 이 카메라를 최대한의 혜택을 볼 수 있도록 배치해야 하는 것이다. 책상이나 작업대 같은 고정된 환경이라면 카메라를 머리 위나 높은 곳에 설치해 전 구역이 내려다 보이게 할 수도 있다.

모바일 애플리케이션에서는 사용자가 카메라를 헤드밴드 또는 헬멧에 쓰거나 목에 걸 수 있다. 웨어러블 카메라는 사용자의 움직임에 따라 시야가 변한다. 따라서 로컬 사용자는 환경의 어떤 부분을 원격 사용자에게 전송할지 적극적으로 결정해야 한다. 원격 사용자는 오디오 채널 등을 통해 피드백을 줘서, 원격 사용자가 관심이 있는 곳을 보여주도록 유도할 수 있다. 아니면 원격 사용자가 프리즈 프레임이나 스냅샷 기능을 활용해 동영상의 정지 이미지를 확보하고 관련 부분을 계속 볼 수도 있다. 이러려면 해당 부분이 적어도 한 번은 비춰져야 한다. 게다가 정지 프레임은 특히 환경이 곧 바뀌게 될 때는 라이브 동영상을 일시적으로만 대체할 수 있다.

순수한 화상 회의는 비디오 기반의 증강 현실이나 증강 가상으로 볼 수 없다. 표준의 화상 회의에서는 가상의 물체가 실제 세계에 등록되지 않기 때문이다. 하지만 화상 회의는 상당히 쉽게 AR 경험에 결합되거나 변환될 수 있다. 한 가지 방식은 2D 비디오 영상에 라이브 텍스처를 맵핑하는 것으로[빌링허스트 등 1998a], 참가자의 머리, 상체, 혹은 몸의 실루엣을 배경 이미지에서 분리해 공간적으로 배치된 폴리곤에 예를 들어 기준점 마커를 이용해 트래킹하는 것이다[카토(Kato) 등 2001]. 미나타니[Minatani] 등은[2007] AR에서 대면형 테이블톱 원격 협업을 위해 특별히 고안된 시스템을 개발했다. 이 접근법은 비디오 텍스처 맵핑을 활용하지만, 테이블에 앉아있는 사용자가 하나의 게시판에 최적화돼 표시되도록 모양을 구부린 게시판에 의존한다. 즉 사용자의 머리, 상체, 손과 구부린 게시판의 심도 차이가 최소화된다.

비디오 이미지를 캔버스 삼아 사용자가 예컨대 마우스나 터치스크린으로 그릴 수 있도록 처리하는 이미지 공간 증강을 추가할 수도 있다. 비디오가 정적이기만 하면(사용자가 웨어러블 카메라를 착용하고 가만히 있어야 한다.) 기술적 노력은 조금만 들이고도 동적 증강이 가능해진다. 이 모든 것은 피드백 채널에서 상대방 사용자에게 그리는 업데이트를 전송할 수 있어야 가능하다.

파노라마를 사용하는 것도 유용한 확장법이다. 4장에서는 사용자가 한곳에 서서 주위를 보며 핸드헬드 카메라 기기를 돌리면 파노라마 이미지를 얻을 수 있다는 것을 보여줬다. 칠리^{Chili}는[조(Jo)와 황(Hwang) 2013] 전화기 내부 센서의 저렴한 방향 트래킹을 통해 회전시켜 전송된 비디오 프레임에 이를 부착하는 방법을 사용한다. 이 접근법은 파노라마 공간에서 공간적 레퍼런스를 허용한다. 라이브스피어^{LiveSphere}는[카사하라(Kasahara) 등 2014] 머리에 쓰는 무지향성 카메라로 완전한 파노라마를 전송하는데, 이 시스템에서 원격 사용자가 보는 방향은 로컬 카메라 모션과는 관계가 없으며 특수 카메라 기기가 필요하다. 뮐러^{Müller}등은[2016] 표준 휴대폰을 실시간으로 원격 사용자의 폰에 엮어 비디오 스트림에서 파노라마를 구성하는 방법을 설명한다. 화면에 그리는 내용을 파노라마에 공유하면 단순하지만 효율적인 협업용 AR의 형태가 나온다.

가상 물체의 비디오 공유

가상 물체를 포함하는 AR 화상 회의는 라이브 동영상 데이터를 네트워크에 스트리밍해 이 동영상을 처리하고 다양한 AR 신호를 넣는 재래식 화상 회의 설정에 의존한다. 바라코니^{Barakonyi} 등은[2004a] 원격 참여자들이 2D 윈도우로 표시되는 AR 시스템을 개발했다. 사용자들은 씬에서 마커에 의해 조작되는 트래킹된 3D 물체들을 추가할 수 있다. 참가자들이 보는 보통 모습은 두 개의 창으로 구성된다. 창 하나에서는 로컬 사용자의 반사된 모습이 보여, 해당 사용자가 핸드헬드 마커와의 상호작용을 조종할 수 있다. 다른 창에는 원격 참가자가 보인다. 화상 회의 애플리케이션은 동영상 스트리밍뿐 아니라 트래킹 정보와 원격 현장에서의 3D 모델 상태도 공유한다(그림 12.7). 이런 식으로 실제와 가상 요소로 구성된 동일한 AR 뷰가 양쪽에 보인다.

애플리케이션의 예에서는 바라코니 등이[2004a] 동료와 함께 의사에게 의료 데이터에 대한 자문을 구하고 있다(그림 12.8). 체적형 데이터의 실시간 렌더링은 연산 부하가 걸리며, 압축 시 발생하는 결함 때문에 동영상 렌더링 결과가 좋지 않게 보인다. 체적형 렌더링을 각 장소에서 로컬로 렌더링하면 그 결과가 동영상 이미지 위에 겹쳐서 뜨는데, 그래도 원하는 결과가 나오게 된다.

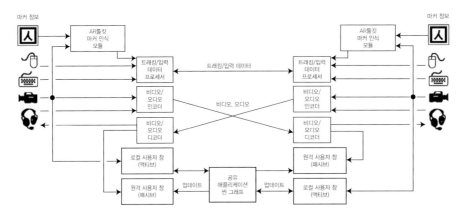

그림 12.7 AR 화상 회의 애플리케이션 시스템의 개요. 동영상 스트림 외에, 양쪽은 동영상 스트림에서 추출한 트래킹 정보를 공유하고 이를 공유 씬 표시에 업데이트한다. 이로써 양쪽이 가능한 한 빠른 속도로 로컬 AR 렌더링과 구성을 실행할 수 있다. (사진 제공: 이스트반 바라코니(Istvn Barakonyi))

야마모토^{Yamamoto} 등은[2008] 순수하게 가상 물체를 물리적 물체로 확장하는 AR 동영상 협업 탠저블 레플리카$^{tangible\ replicas}$를 제안한다. 이 접근법에서는 양쪽 사용자 모두 똑같이 트래킹된 물체를 받게 된다. 하나의 복제본을 조작하면 다른 쪽도 변한다. 많은 협업 시나리오에서 미리 어떤 물체가 필요한지 다 알 수는 없으므로, 이 접근법에는 일반적인 적용에 한계가 있는 것이 사실이다.

그림 12.8 두 명의 의사가 의학 데이터들을 로컬에서 빠른 볼륨 렌더링으로 합쳐주는 AR 화상 회의로 협업할 수 있다. (사진 제공: 이스트반 바라코니(Istvn Barakonyi))

동영상 공유와 지오메트리 재구성

넓은 시야각이나 파노라마 동영상으로 원격 사용자의 공간 인식을 확립하기에 불충분하다면, 지오메트리 재구성과 동영상 공유의 결합을 고려해볼 수 있다. 4장에서는 SLAM(동시 위치 측정과 맵핑)으로 일안식 동영상에서 삼차원 씬 표현을 생성할 수 있다는 것을 살펴봤다. 아니면 하나 이상의 심도 센서를 이용해 더 빠르고 탄탄하게 지오메트리를 캡처할 수도 있다. 특히 사용자의 몸처럼 일안식 SLAM 기술로 충분한 품질을 잡아낼 수 없는 움직이는 물체에는 유용하다.

오늘날 심도 센서로 비교적 쉽게 캡처할 수 있는 지오메트리 모델은 수년간의 연구를 거쳐 탄생한 것이다. 재론 레이니어$^{Jaron\ Lanier}$가 감독한 내셔널 텔리 이머전 이니셔티브$^{The\ National\ Tele-Immersion\ Initiative}$에서는[2001] 3년의 기간 동안(1997~2000년) 처음에는 여덟 개, 나중에는 네 개 연구 대학의 연구 그룹을 지원해 비영리 연구 컨소시엄 인터넷2^{Internet2}의 네트워크 엔지니어링 연구를 주도했다. 이 계획은 오피스 오브 더 퓨처 $^{Office\ of\ the\ Future}$를[라스카 등 1998] 위한 비전을 포함해 기존의 몰입형 원격 협업을 위한 연구를 묶고, 결국 2000년 노스 캐롤라이나 채플 힐 대학, 필라델피아의 펜실베니아 대학, 뉴욕 아몽크의 고급 네트워크와 서비스 브랜치를 연결해 3D 재구성, 3D 증강, 트래킹, 상호작용 혼합 현실과 함께 연구를 시연해 보였다[타울스(Towles) 등 2012]. 이런 연구 시연에서 상당한 맞춤형 하드웨어와 소프트웨어를 현실화하긴 했지만, 같은 종류의 경험을 지원하는 구입할 만한 가격대의 컴포넌트가 생산되기에는 굉장한 개념 증명 과정이 필요하다는 것 역시 보여줬다.

동영상 공유와 지오메트리 재구성을 합치려면 원격 사용자가 재구성된 환경을 내비게이션할 수 있고, 현재 로컬 사용자의 시점에서 제약 없이 임의의 시점을 유지할 수 있는 시스템이 필요하다. 재구성된 지오메트리 위에 직접 주석을 넣을 수 있어야만 시점과 관계없이 다른 사용자에게 피드백을 제공할 수 있다.

이런 아이디어를 활용한 초기적 시스템이 라이트마이어^{Reitmayr} 등에 의해[2007] 논의됐다. 이 시스템에서는 모바일 AR 기기가 있는 작업자가 원격에 있는 전문가에게 동영상을 스트리밍한다. 작업자의 모바일 컴퓨터와는 달리, 원격 전문가의 컴퓨터에는 받은 동영상의 SLAM 재구성을 생성할 수 있는 연산 능력이 필요하다. 원격의 전문가는 동영상 스트림을 받아서 물체들에 주석을 달 수 있다. 주석은 SLAM 알고리즘에서 인식되는 점, 원, 사각형 같은 단순한 지오메트리 기능으로 부착된다. 작업자의 카메라 좌표에 주석을 배치하는 것만 피드백으로 전달돼야 하므로, 작업자의 동영상 스트림에 입혀질 수 있다.

리Lee와 휄레러는[2006] 화상 회의의 움직이는 카메라에서 라이브 동영상을 안정화하는 기법을 제시한다. AR 뷰는 동영상 스트림에서 트래킹되는 2D 기능으로 확립되고, 비디오에서 눈에 보이는 주된 면에 호모그래피homography를 추정한다. 로컬과 원격 참가자 모두 이런 판형 물리 회의 공간에 시점이 다소 변하더라도 안정적으로 유지되는 주석을 넣을 수 있다.

그림 12.9 PC의 메모리 뱅크 교체를 위한 원격 지시. 원격에 있는 전문가는 (오른쪽) 모바일 사용자의 뷰에 직접 주석을 그려 넣을 수 있다. 이 동영상 피드는 동영상 업데이트가 계속되는 동안 터치 스크린 상호작용을 안정화해 계속 업데이트되는 모델에 정확하게 투영된다. (사진 제공: 스테픈 골리츠(Gteffen Gauglitz))

골리츠Gauglitz 등이 개발한 원격 협업 시스템은[2014a] SLAM 시스템을 활용해 환경에서 특징점의 3D 포지션을 식별한다. 특징점들은 카메라의 추정 시점에서 동영상 키 프레임을 투영함으로써 삼각측량되고 텍스처 맵핑된다. 그 결과 만들어지는 3D 모델은 지오메트리가 조악하지만, 작업자의 환경에서 시각적으로 세밀하게 표시된다(그림 12.9). 원격에 있는 전문가는 이 모델을 임의의 시점에서 보고 터치스크린을 이용해 주석을 달 수 있다[골리츠 등 2014b]. 애드콕Adcock 등과[2013] 소디Sodhi 등이[2013b] 개발한 시스템은 심도 센서로 환경을 재구성해 원격에 있는 전문가가 거의 즉시 사용할 수 있는 지오메트리 모델을 제공한다. 이 시스템은 야외에서는 작동하지 않는 키넥트 센서를 활용한다.

마이몬[Maimone]과 푸쉬[Fuchs]는[2012] 여러 심도 센서로 사용자의 환경에 실시간 프레임 레이트로 상세한 지오메트리를 표시하는 텔레프리젠스 시스템에 대해 논의한다. 이런 시스템은 설치할 공간과 노력이 필요하지만, 참가자들의 전신 모션을 사실적으로 만들어내는 훌륭한 3D 표현을 제공한다. 페이사[Pejsa] 등은[2016] 로컬 참여자들의 3D 캡처를 추출해 실제 크기의 가상 카피를 원격 공간에 그럴듯하게 투영하는 데 초점을 맞춘다.

가리키기와 제스처

가리키기나 손 제스처를 통한 공간 참고점 제공은 성공적인 원격 협업을 위해 중요한 요소로 꼽혀왔다. 웰너[Wellner]와 프리맨[Freeman]의[1993] 더블 디지털데스크[Double-DigitalDesk] 같은 초창기 연구는 사용자가 책상 위에서 양손으로 조작하는 동영상 이미지를 전송했다. 바우어[Bauer] 등은[1999] 사용자 연구를 통한 실증을 통해, 가리키는 동작이 원격 협업에서 꼭 필요한 측면임을 증명했다. 사용자의 손 동영상 전송은 가리키는 동작뿐 아니라 형태를 보여주거나 양손 간의 거리를 표시하고 궤적을 그리는 등의 제스처도 가능하다[퍼셀(Fussell) 등 2004]. 더 최근의 연구에서는 모바일 작업자에게 손 동영상을 전송할 수 있다[알렘(Alem) 등 2011][후앙(Huang)과 알렘 2013].

그림 12.10 (왼쪽) 고정 시스템은 사용자가 손으로 가리키는 것을 여러 시점의 카메라를 이용해 기록한다. (오른쪽) '신의 손'이 모바일 사용자의 AR 뷰에 나타나 특정 장소를 가리킨다. (사진 제공: 아론 스태포드(Aaron Stafford)와 브루스 토마스(Bruce Thomas))

손의 동영상을 전송할 수 없을 때는 2D나 3D 화살표 같은 가상 포인터가 가리키는 작업의 대용물 역할을 할 수 있다[차스틴(Chastine) 등 2008]. 아니면 특수 하드웨어를 사용할 수도 있다. 쿠라타^{Kurata} 등은[2004] 작업자의 어깨에 장착하는 카메라와 레이저 포인터가 달린 팬-틸트 플랫폼을 설명한다. 이 설정은 전문가가 원격으로 조종해 시야를 변경하고, 레이저 빔으로 환경 안에 있는 물체를 표시할 수 있다. 이상적으로는 가상 포인터와 주석이 월드 안정화를 지원해서 원할 때는 원격 협업자가 보고 있는 링크된 물리적 장소에 유지시킬 수 있어야 하는데, 그러려면 트래킹이 필요하다[골리츠 등 2014b].

손 제스처의 3D 표현은 심도 센서나[소디 등 2013a] 여러 대의 카메라로 얻을 수 있다. 스태포드^{Stafford} 등은[2006] 돌아다니는 사용자와의 협업을 강화하는 '신의 손^{Hand of God}을 제안한다. 작은 원통형의 작업 공간에 여러 대의 카메라를 장착해 작업장 내부에 무엇이든 즉시 이미지 기반의 캡처, 전송, 렌더링이 가능하다. 원격 사용자는 삼차원 이미지 기반의 렌더링으로 작업 공간 안에 무엇이 놓여 있는지 상당히 확대된 모습으로 보게 되는데, 실제로는 수 미터에 이른다. 신의 손 사용자가 작업장 안에 한 손을 놓으면 원격 사용자 앞에 특정 장소를 가리키는 거대한 손이 나타나는 것이 일반적인 상호작용 방식이다(그림 12.10). 또 다른 적용 예로 원통 안에 주석이 적힌 접착식 메모지를 붙이면 원격 사용자는 이것을 커다란 게시판으로 보게 된다.

애자일 사용자와의 원격 협업

신의 손은 넓은 장소를 돌아다닐 수 있는 애자일 사용자와의 비동기식 원격 협업을 가능케 할 수 있다. 예를 들어, 고정돼 있는 사용자가 정찰하는 원격 사용자를 인도하거나 감독할 수 있는 것이다. 이런 종류의 실내와 야외 협업의 초기 예제는 휄레러 등이[1999b] 제시했다. 이들의 애플리케이션에서는 야외 사용자가 콜럼비아 대학 교정을 웨어러블 AR 시스템(그림 12.11, 왼쪽)을 착용하고 돌아다니며, 시스템은 실내의 사용자와 연결돼 있다. 실내 사용자는 데스크톱 인터페이스나(그림 12.11, 오른쪽) HMD를 사용한 몰입형 VR 인터페이스를 통해 캠퍼스의 3D 맵을 보게 된다. 실내 사용자는 내비게이션 경로 제안과 환경에 관심 물체를 표시하는 깃발 같은 시각적 표지로 야외 사용자와 통신할 수 있다.

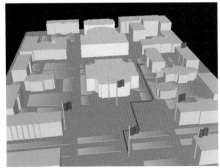

그림 12.11 대학 캠퍼스를 돌아다니는 야외 사용자와의 협업으로(왼쪽, HMD를 통해 본 모습) 고정 위치에 있는 사용자가 모바일 사용자에게 경로를 알려준다(오른쪽, VR 뷰). (사진 제공: 콜럼비아 대학)

요약

증강 현실은 다양한 종류의 협업 인터페이스에 적합하다. 증강된 실제 세계를 둘 이상의 사용자가 경험하고 조작할 때의 동기식 협업에 특히 강력한 기술이다. 좀 더 자연스러운 접근법은 아마도 함께 있는 AR 사용자들이 똑같은 실제와 가상 물체를 보지만, 각 사용자는 개별적 시점을 유지할 수 있는 공유 공간 개념이 될 것이다. 이 접근법의 위력은 가상이나 증강 물체를 복잡한 협업 도구 없이도 함께 경험할 수 있다는 점에서 비롯된다.

이와 버금가게 중요한 협력형 AR 분야가 원격 협업이다. 기존의 화상 회의에 가상이나 증강 물체를 도입하거나 원격 사용자에게 동영상 아바타를 보여줌으로써 AR 뷰를 합칠 수 있다. AR 원격 협업은 한 사용자가 라이브 비디오를 캡처하거나 심지어 라이브 지오메트리 씬을 표시하고, 다른 사용자는 첫 번째 사용자의 뷰에 직접 피드백을 넣는 비동기식 협업도 가능하다. 이런 종류의 설정은 원격에 있는 전문가로부터 상담을 받는 다양한 시나리오에 적합하다.

13장

소프트웨어 아키텍처

이 장에서는 AR 시스템의 소프트웨어 아키텍처를 더 자세히 살펴보겠다. 소프트웨어 기술에서 AR은 각자 난관이 있는 여러 분야의 컴포넌트를 한데 합쳐야 하는 애플리케이션 분야가 요구된다. 다양한 컴포넌트를 하나의 실시간 애플리케이션으로 통합하는 복잡한 과제는 AR과 VR이 모두 안고 있는 숙제다. 게다가 AR은 실제 세계와 모바일 컴퓨팅 스타일을 통합하는 등의 추가적인 요건이 있어서 AR이 VR보다 더 까다롭다고 볼 수 있다.

그러면 먼저 일반적인 요건을 분석한 후, AR 소프트웨어 아키텍처의 주요한 접근법들을 논의해보자. 이 장에서는 다양한 기존 AR과 VR 시스템의 사례를 통해 설명할 텐데, 이 두 영역은 소프트웨어 아키텍처에서 요건들이 상당히 유사하다.

전형적으로 AR은 분산 객체 시스템으로 구성된다. 이런 시스템에서는 데이터플로우 접근법이 커뮤니케이션과 컨트롤, 특히 입력 기기 데이터 스트림 처리를 조율하는 데 활용된다. 또한 씬 그래피가 흔히 AR 애플리케이션의 그래픽적 측면을 설명하는 데 활용된다. 마지막으로, 스크립팅 언어와 런타임 재구성 설비는 AR 애플리케이션 개발자들의 효율성을 향상해줄 수 있다.

이 장에서는 여기에서 제시한 솔루션을 쓸 요건을 고려하는 것부터 시작하겠다. 잘 설계된 소프트웨어는 정확하게 기능하고 신뢰할 수 있으며, 쉽게 이해할 수 있고 사용성이 높으며 효율적이고 유지 보수가 가능해야 한다. 이런 속성의 소프트웨어라면 아키텍처적인 추상화를 활용할 수 있다. AR 소프트웨어에서 가장 중요한 두 가지 기본 요소로 플랫폼과 사용자 인터페이스 추상화에 대해 간단히 살펴보고, 이어서 재사용성과 확장성에 대해 논의한 후 분산 컴퓨팅과 실시간 분산형 혼합 현실 소프트웨어 시스템의 가장 중요한 원칙 중 하나인 분리 시뮬레이션^{decoupled simulation}에 대해 자세히 들여다보자. 반복해서 디자인 패턴^{design patterns}[감마(Gamma) 등 1995][부쉬만(Buschmann) 등 1996][파울러(Fowler) 2003]이라는 개념을 언급할 텐데, 이는 좋은 소프트웨어 디자인의 원칙을 함축하는 것이다.

하지만 먼저 AR 시스템에서 가장 뚜렷한 특징과 소프트웨어 디자인의 요건에 대해 살펴보자. 즉, 컴퓨팅과 상호작용은 물리 세계에서 일어나므로 이에 반응하고 관여할 수 있어야 한다는 점이다.

AR 애플리케이션 요건

AR 시스템에서 가장 뚜렷한 특징 중 하나는 사용자 인터페이스^{UI}가 물리 세계에서 일어나야 한다는 점이다. 증강 현실 UI는 실제와 가상 물체 모두로 구성되며, 각자는 정보 디스플레이와 상호작용성에 영향을 줄 수 있다. 그래서 환경 제어, 씬 역동성, 디스플레이 공간 관리, 실제와 가상의 일관성, 시맨틱 지식이 필요하게 된다[휠레러 2004].

환경 제어와 씬 역동성

증강 현실 시스템은 실시간으로 사용자가 보는 포즈의 변화와 실제 세계가 복잡하고 예측할 수 없이 변화하는 데 반응할 수 있어야 한다. 데스크톱 인터페이스를 위한 UI는 비교적 정적인데, 역시 실시간 역동성을 갖춰야 하는 가상 현실 인터페이스는 사용자의 상호작용을 최적화하기 위해 약간 조정돼 배치될 때가 많다. AR 인터페이스는 실제 세계를 사용자가 제어할 수 있는 것이 아니므로 그보다는 유연성이 떨어져도 된다. AR 애플리케이션이 박물관의 조각상 같은 물리적 물체에 대해 가려지지 않는 시야를 요구한다고 가정해보자. 이런 시스템은 (1) 사용자가 조각상에서 시선을 돌릴 때와 (2) 다른 사람 같은 가리는 이가 사용자와 조각상 사이에 끼어들 때, 그리고 (3) 조각상을 비추는 스포트라이드가 꺼지는 일 등으로 실제 세계의 영향이 시스템의 컨트롤 한계를 넘어서 조각상의 모양이 크게 달라 보이는 경우에 대비할 수 있어야 한다. 많은 실제 세계의 상황이 일반 시스템 기본값(예: 탄탄한 트래킹 시스템), 월드 감지(예: 조명에 적응하는 디스플레이), 좋은 사용자 인터페이스 디자인(예: 시스템에서 자동으로 수정할 수 없다 해도, 보기 화면이 최적화되지 않았으므로 사용자에게 이를 향상하라는 가이드를 주는 방식으로) 등을 통해 합리적으로 처리될 수 있다. AR 시스템이 실제 세계의 씬 역동성에 반응해야 하긴 하지만, AR 화면 구성은 주석이 불필요하게 움직이면 멀미를 유발하므로 과도하게 변해서는 안 된다[벨 등 2001].

디스플레이 공간

VR과 AR은 사용자 주변에 무제한적인 디스플레이 공간을 만들 수 있으며, 주어진 시점에 따라 눈에 보이는 창이 비교적 작을 뿐이란 점이 공통된다. 둘이 주로 다른 점은 AR에서는 공간이 실제 세계에 의해 제한된다는 것이다. 동시에 AR은 실제 세계의 인프라와 접목될 수 있는 가능성이 크다. 예를 들어, AR 시스템은 물리적 세계에 존재하는 게시판, 벽 디스플레이, 모니터, 태블릿, 스마트폰, 웨어러블 등 여러 디스플레이와 연산 인터페이스에 연결할 수 있다. 그래서 AR 시스템 인프라는 분산 컴퓨팅 환경의 일부로 기능할 수 있다.

실제와 가상의 일관성

사람들은 사실 아주 어릴 때부터 시작되는 오랜 경험을 통해 물리적 세계와 상호작용하는 방법을 배운다. 데스크톱 컴퓨터에서 무엇을 기대하고 어떻게 사용하는지를 배우고, 최근에는 멀티터치가 지원되는 스마트폰과 태블릿까지도 익히고 있다(이제는 아주 어린 유아들까지 배우고 있다). 이런 좀 더 전통적인 컴퓨터 플랫폼은 물리적 세계와 분리되는 독자적인 UI 로직을 정의했지만, 물리 세계에서 메타포를 빌어오기는 한다(예: 멀티터치 기기에서 스크롤되는 창을 휙 밀어서 어떤 마찰의 변수를 감안해 물리 법칙을 대략 흉내 내는 것). VR에서 인터페이스는 아직 제대로 표준화돼 있지 않아, 잠재적으로 자연주의적 상호작용을 넘어서는 '마법의' 사용자 인터페이스를 포함한 새로운 UI 표준을 개발할 기회도 열려 있다[보우만 등 2006]. AR에도 이런 잠재력은 있지만, 사용자의 상호작용과 시스템 출력을 물리적 세계에 편성하고 조화시키는 쪽으로 수렴되는 요건이 훨씬 더 요구된다. 일반적으로 AR 시스템은 상호 연관되는 물리와 가상 물체의 상태를 서로 일관되게 유지하거나 이런 일관성을 일부러 깨기 위해 상태를 추적해야 한다. 7장에서 논의했듯, 이것은 순수한 시각적 일관성을 넘어서는 것이다(이 주제는 이미 6장에서 다뤘다).

시맨틱 지식

우리는 여러 번 거듭해 물리와 가상 물체의 관계를 시사한 바 있다. 이는 물리적 물체에 텍스트 라벨이나 하이퍼링크로 부착된 단순한 주석의 형태를 취한다. 또한 가상 대화 에이전트의 프로그래밍된 모션같이 더욱 정교해지고[아나부키(Anabuki) 등 2000] 특정 영역에는 동적인 연결을 제공할 수 있다. 가상 물체의 사용과 배치에 대한 정보에 입각한 결정을 내려야 하는 AR 시스템을 위해서는 물리와 가상 물체 사이에 의미론적 관계를 설정해야 함은 분명하다. 그러려면 물리적 물체, 가상 증강의 종류, 그 관계에 대한 정보가 필요하다. 그렇다면 전체적으로 물리 세계를 감지하고 해석하는 것은 AR에서 점점 더 중요한 요건이 된다.

물리적 공간

또 한 가지 AR이 데스크톱 및 VR 애플리케이션과 핵심적으로 다른 점은 물리적 운동의 활용이다. AR 사용자는 흔히 물리 세계 안에서 움직인다. 사용자가 AR을 경험하면서 이동하는 물리적 환경의 규모는 지원하는 트래킹 기술과 다양한 물리 환경에 수렴되는 요건을 도출한다(예: 도심 협곡 지형에서 GPS 신호 수신의 방해가 일어나는 현상 등). 가용성에 따른 다양한 트래킹 기술의 사용 가능 여부는 시간과 공간에 따라 트래킹의 정확성에 대폭 차이가 날 가능성을 낳는데, 좋은 AR 시스템이라면 이에 대비하고 적절히 반응해야 한다[매킨타이어와 코엘료(Coelho) 2000][휠레러 등 2001b].

소프트웨어 엔지니어링 요건

AR 소프트웨어가 실제 세계의 조건에서 작동할 수 있으려면 달성해야 하는 요건에 더해, 복잡한 소프트웨어 시스템의 엔지니어링에서 기인한 요건도 해결해야 한다.

플랫폼 추상화

크로스 플랫폼 호환성은 AR 애플리케이션이 다양한 운영체제, 사용자 인터페이스 툴킷, 그래픽 라이브러리를 보여주는 어떤 대상 시스템에서도 구동될 수 있도록 하기 위해 필요하다. 플랫폼 의존성은 제조사의 시스템 고착 상태와 새롭고 더욱 성능이 좋은 하드웨어를 설비에 빠르게 도입하는 것을 막는 요소인데, 빠르게 변화하는 모바일 기기 시장에서는 특히 중요하다. 일반적으로, 특정 플랫폼에 얽매이지 않는 것은 모든 소프트웨어에서 바람직한 속성이다. AR은 특히 입력과 출력 기기의 다양성 측면에서 평균보다 높은 다양성이 결합돼 있기에, 이런 속성은 AR 분야에서는 특히 중요하다. 애플리케이션은 현재의 기기 설정을 알 수 있어야 하고, 이에 적응해 사용성과 효율성을 유지할 수 있어야 한다.

플랫폼 독립성은 또한 이질적인 소프트웨어 인프라의 여러 컴퓨터에서 분산 AR 애플리케이션을 구동하기도 쉽게 해준다. 이런 유연성은 애플리케이션 자체가 제약을 가할 경우 유용하다. 예를 들어 특정 입력 기기의 기기 드라이버가 윈도우에만 있고, 나머지 그래픽 애플리케이션의 기존 코드는 리눅스에서만 구동된다고 해보자. 한 플랫폼에서 다른 플랫폼으로 코드를 포팅하기보다는, 윈도우와 리눅스 시스템이 혼합된 간단한 분산 시스템을 구성하는 편이 특히 근본적 AR 플랫폼이 이런 접근법을 허용할 때는 더 쉬울 것이다.

포팅 가능성은 AR 애플리케이션의 소스 코드를 어떤 타깃 플랫폼으로든 변경하지 않거나 최소한으로 유지하면서 컴파일할 수 있다는 뜻이다. 중개하는 플랫폼 추상화 레이어를 통해 시스템에 따른 함수를 호출할 수 있을 때만 이런 일은 가능하다. 유니티 [호킹(Hocking) 2015] 같은 VR/AR/게임 개발 플랫폼, Qt 같은 유저 인터페이스 툴킷[달하이머(Dalheimer) 2002], ACE 같은 네트워킹 툴킷[슈미트(Schmidt)와 휴스턴(Huston) 2001]에는 일반적 추상화 레이어가 담겨 있는 경우가 많은데, 개발자가 이를 확장해 AR 시스템의 모든 플랫폼에 필요한 사항을 다 넣을 수 있다. 서드파티 라이브러리를 활용할 때는 모든 타깃 플랫폼을 지원하는 제품을 선택하기 바란다. 이런 라이브러리가 없을 때는 전체 시스템이 싱글 플랫폼 라이브러리를 다른 플랫폼에도 이용할 수 있도록 설계해 싱글 플랫폼 라이브러리를 결합해도 되지만, 이런 라이브러리가 제공하는 특정한 기능은 작동하지 않을 수도 있다.

사용자 인터페이스 추상화

기본적 플랫폼 추상화는 매우 간단한 요건이지만, 사용자 인터페이스 추상화는 개념적으로 AR 시스템에 더욱 연관되는 요건이다. 항상 마우스와 키보드로 작동시키는 데스크톱 애플리케이션은 표준 WIMP(윈도우, 아이콘, 메뉴, 포인터) 패러다임을 채용하는 데 반해, AR에는 한 가지 사용자 인터페이스 패러다임이 없다(6장 참조). 따라서 특정 사용자 인터페이스 스타일이나 기기에서 어느 정도 독립적일 필요가 있다. UI를 개발하는 중에 작동하고 테스트하기에는 어렵거나 불편하므로, 이런 접근법은 AR 사용자 인터페이스 문제에 관해 고려하지 않고 애플리케이션 로직을 개발할 수 있게 해준다.

예를 들어, 넓은 지역을 트래킹하는 기기에서 입력이 들어오는 애플리케이션을 생각해보자. 최신 하드웨어 개발의 이득을 취하기 위해 실제 트래커가 선택하는 것을 개발 과정 후반에 이르기까지 미뤄둘 수 있을 뿐 아니라, 개발자는 사용자가 넓은 환경을 돌아다니면서 트래킹한 입력 내용을 시뮬레이션하는 테스트 동안 책상에 계속 앉

아이었어도 되므로 편리하기까지 하다. 입력 기기의 대체는 사용자 인터페이스 추상화에서 비교적 단순한 접근법이며, 상호작용 기술의 대체는(입력을 그래픽이나 기타 피드백과 결합하는 것) 더욱 복잡하고, 사용자 경험에 엄청난 영향을 미칠 수 있다.

재사용성과 확장성

AR 시스템은 소프트웨어 컴포넌트의 재사용이 용이해야 한다. 현대의 객체지향 프로그래밍 언어에서 재사용성은 흔한 목표며, 근본적인 클래스 추상화를 통한 재사용성은 그리 어려운 일도 아니다. 하지만 AR 애플리케이션에서는 이 지점을 넘어서는 요건이 있다. AR은 새로운 종류의 사용자 경험을 만들어내기 위한 것이므로, 많은 점진적 프로토타이핑이 필요하다. 그러므로 소프트웨어 컴포넌트들이 너무 많은 글루 코드glue code를 작성하지 않고도 재배열되고 합쳐질 수 있어야 한다.

마찬가지로, 소프트웨어 컴포넌트가 행동 양식을 개인화하기 위해 확장 가능해야 한다는 분명한 요건 역시, 하위 클래스화(즉, 기존 코드의 확장)를 통해 특화하는 것만 아니라 큰 기능 유닛을 이루는 빌딩 블록 역할을 하는 여러 컴포넌트의 집합을 통해서도 해결할 수 있어야 한다. 통합을 가능케 하는 아키텍처는 당연히 다목적이 된다.

분산 컴퓨팅

앞서 언급했듯이, 많은 AR 애플리케이션은 어떤 종류든 분산 컴퓨팅이 필요하다. 이런 요건은 여러 독립적 컴포넌트의 조합에서 오며, 특화된 하드웨어나 플랫폼에서 실행할 때 요구될 것이다. 분산 연산은 모든 사용자가 개인의 클라이언트 컴퓨터를 일반 네트워크에 배정하는 확산형 멀티유저 시스템에서도 필요하다. 어떤 경우가 됐든, 개발자는 네트워크 프로그래밍의 복잡성으로부터 가능한 한 보호받아야 한다. 분산형 애플리케이션의 개발은 단일형 애플리케이션 개발만큼 쉬워야 하며, 그렇지 않다면 개발자는 분산 활용을 삼가해야 한다.

그렇다면 AR 시스템은 최소한 두 가지 기능을 제공해야 한다는 뜻이 된다. 첫째, 네트워크를 통해 통신하는 소프트웨어 컴포넌트들에 로컬 통신만큼 쉬운 획일적 통신 메커니즘을 제공해야 한다. 쌍방향 시스템의 근본적인 통신 패턴은 보통 기능 호출보다는 이벤트 전달을 기반으로 하는데, 이벤트 커뮤니케이션은 네트워크 메시지 전달을 통해 확장될 수 있기 때문이다. 둘째, 분산 시스템의 편리한 실체화, 런타임 컨트롤, 디버깅이 필요하다.

분리 시뮬레이션

분리 시뮬레이션은 분산형 쌍방향 시스템과 가상(혹은 증강) 환경의 근본 개념이다. 이 모델에서 시스템은 최소한 두 개의 소프트웨어 컴포넌트로 구성되며, 둘은 동시에 서로 독립된 컨트롤 스레드로 실행된다. 각 컴포넌트는 환경의 특정 측면을 시뮬레이션하고 유지하며, 각자 다른 속도로 실행될 수도 있다[쇼(Shaw) 등 1993]. 환경의 공유되는 측면에 대한 정보는 하나의 컴포넌트에서 다른 컴포넌트에 비동기식으로나 꼭 필요할 때 필요한 것만 알려주는 식으로 통신된다.

예를 들어, 하나의 컴포넌트는 물체의 물리 법칙을 시뮬레이션하고, 다른 컴포넌트는 삼차원 씬을 그리는 것이다. 부드러운 애니메이션을 위해 그림의 업데이트는 화면의 주사율에 맞춰 일어나며, 따라서 물리 업데이트보다 더 자주 일어나야 한다. 마찬가지로 포즈 트래킹과 사용자의 상호작용은 별도의 스레드로 처리돼 그림 업데이트가 느려지거나 막히는 일을 방지한다. 분리 시뮬레이션 모델은 이런 방식을 간단하게 적용할 수 있게 해준다. 컴포넌트의 분리는 로컬에 대한 변화의 영향만 고려하면 되기 때문에 시스템 전체의 재구성과 확장도 더 쉬워진다.

분산 객체 시스템

분산 객체 시스템은 최첨단 AR 시스템의 기반이 되는 기초적 미들웨어를 이룬다. 다목적 미들웨어(예: CORBA[헤닝(Henning)과 비노스키(Vinoski) 1999], Java RMI[Grosso(그로소) 2001], ICE[헤닝 2004])는 플랫폼에 독립적인 분산 연산을 위한 추상화 수준을 높이려고 고안된 것이다. 분산 객체 시스템에 의해 도입된 근본 개념은 네트워크의 어디에서든 인스턴스돼 작동할 수 있는 객체, 즉 소프트웨어 컴포넌트다.

객체 간의 통신은 원격 방식으로나 메시지 전달을 통해 용이하게 이뤄질 수 있다. 후자는 분리 시뮬레이션 모델에 의해 관리되는 실시간 시스템에 더 적합할 수 있는데, 객체에 독립적인 컨트롤 스레드가 있고 통신이 비동기식으로 이뤄지기 때문이다. 따라서 CORBA 같은 전통적인 객체를 사용하는 시스템은 비교적 무거운 객체로, 각 객체는 별도의 스레드를 가지거나 심지어는 별도의 프로세스까지 갖게 된다. 다른 접근법에서는 시스템의 기본 객체들이 더 경량이며, 많은 객체가 스레드를 공유한다.

같은 호스트나 여러 호스트에 해당 소프트웨어 객체가 있는지와 관계없이 여러 컨트롤 스레드가 존재할 때는 메인 애플리케이션과 종속된 서비스 객체 간의 구분이 모호해진다. 사용자 경험은 여러 소프트웨어 객체에 의한 협동 작업으로 이뤄진다. 그중 일부는 사용자와의 직접적인 인터페이스가 있을 수 있으며, 배경에서 작동하는 것도 있다. 때로 하나의 소프트웨어 객체가 '마스터' 역할을 해서 필요할 때마다 다른 소프트웨어 객체를 생성하고 파괴할 수도 있는 것으로 간주된다. 전용 애플리케이션 컴포넌트가 없다는 것은 컨트롤 패턴이 도치될 수도 있다는 뜻이 된다[파울러 2003]. 애플리케이션을 구성하는 분산 객체들을 설정한 후에는 이벤트의 생성과 메시지의 전달이 애플리케이션의 행동 양식을 결정하게 되며, 다른 모든 객체를 완전히 제어하는 하나의 객체는 있을 수 없다.

여러 분산 객체들이 마스터 객체나 시동 기능에 의해 인스턴스되고 통신용으로 연결될 수 있다. 가장 단순하게는, 시동 기능이 비어있는 객체 저장으로 시작되고 분산 애플리케이션의 전체 아키텍처에 대한 상세 지식을 이용해 일단의 객체를 생성할 수 있다. 초기화 이후에는 집합 내의 각 컴포넌트가 로컬로 시작되며, 직접 알고 있는 피어 객체에만 통신한다.

좀 더 현실적인 환경에서는 중심 지식을 이용한 단순한 설계로는 충분치 않다. 예를 들어 모바일 AR은 새로운 컴포넌트가 물리적 거리 안에 들어오면 런타임에서 새로운 통신 링크를 수립해야 한다. 아니면, 예를 들어 기기 서버 같은 일부 컴포넌트는 계속 실행되면서 잠재적으로 아주 오랜 시간 적절한 어떤 클라이언트에든 서비스를 제공하게 할 수도 있다. 시작 기능은 자유롭게 새로운 기기 서버를 인스턴스할 수 없으며, 기존 서버를 검색해 여기에 연결돼야 한다. 일반적으로 객체의 존재와 수명은 다양하며, 객체는 상황을 확인해 동적으로 행동 양식을 조정할 수 있어야 한다. 이것이 싱글 호스트, 싱글 프로세스, 혹은 싱글 유저 환경의 근본적인 차이점이다.

객체 관리

이런 유연성을 갖추기 위해 중요한 전제 조건은 자기 관찰을 위한 런타임 시스템이나 미들웨어를 갖추는 것, 즉 시스템이 객체나 컴포넌트의 유형화 같은 자체 구조를 분석하는 능력을 갖추는 것이다. 가장 단순하게는 클래스나 메소드로의 포인터가 스트링에 주어진 클래스나 메소드의 이름으로 전환되거나 그 반대가 이뤄질 수 있어야 한다. 자바나 C# 같은 새로운 프로그래밍 언어는 언어 수준에서 자체 검사를 지원하지만, AR 시스템은 일반적으로 성능 때문에 전통적인 C++로 개발되며, 자체 검사 능력은 분산 객체 시스템 수준에서 가능하다. 인터페이스 정의 언어를 도입하거나 소스 코드에 주석을 붙여(예: 프리프로세서나 프리컴파일러를 통해) 처리할 수 있다.

자체 검사를 통해 객체 매니저를(혹은 CORBA의 '브로커broker') 쉽게 생성할 수 있으며 이것이 분산 시스템의 객체를 책임진다. 객체는 시스템 전체의 객체 매니저에 의해 유지 보수되는 데이터베이스에 등록되는데, 여기에는 객체의 속성과 인터페이스가 상세하게 담긴다. 응답으로 반환되는 원하는 개체에 대한 네트워크 투명 핸들을 사용해 특정한 객체 유형이나 품질을 객체 매니저에 쿼리해 새로운 연결을 수립함으로써 서비스 개체를 검색하고 새 연결을 설정할 수 있다. 종종 이런 발견은 SLP[거트만(Guttman) 1999] 또는 봉주르Bonjour[체셔(Cheshire)와 크로크말(Krochmal) 2006]와 같은 전용 서비스 위치 측정 프로토콜의 도움을 받는다. 객체는 팩토리 메소드를 통해 원격 호스트에서 생성될 수 있다[감마(Gamma) 등 1995]. 또한 내성 검사를 통해 객체 어셈블리를 직렬화하고 지속적으로 저장하거나 네트워크를 통해 전송할 수 있다.

일부 AR 시스템 작성자는 로컬 객체 관리자만 구현하고 애플리케이션에 투명한 객체 분배(즉, 로컬 및 원격 객체의 균일한 통신) 제공은 신경 쓰지 않는다. 이런 구성의 장점은 단순한 로컬 개체 관리자를 적당한 노력을 들여 C++로 만들 수 있으며, 따라서 큰 네트워킹 라이브러리에 의존할 필요가 없다는 것이다. 이런 아키텍처의 예로는 AR용 AMIRE[자우너 등 2003]와 CAVE[크루즈-니라(Cruz-Neira) 등 1993] 같은 전통적인 VR 설치를 위한 VR 저글러Juggler[비어바움 등 2001]가 있다.

로컬 오브젝트 관리는 송신자 및 수신자 객체의 형태로 명시적(비투명) 분산 메커니즘으로 쉽게 확장될 수 있다. 응용프로그램 프로그래머는 네트워크에서 명시적 메시지 전달을 위해 이 객체를 쌍으로 설정해야 한다. 일반적으로 데이터플로우 아키텍처

와 함께 몇 가지 정적 네트워크 통신 경로만 필요하다면, 이 방법은 인체공학적이다
(이 장 뒷부분의 '데이터플로우' 절 참조). 틴미스[Tinmith][피카르스키(Piekarski)와 토머스(Thomas)
2003]를 비롯해 인기 있는 여러 AR 프레임워크가 이런 접근법을 선택했다. VR 분야의
또 다른 예는 AVANGO(아보카도라고도 함)가 있다[트램브렌드(Tramberend) 1999]. 오픈트
래커[OpenTracker]는[라이트마이어와 슈말스타이그 2005] 명시적 네트워킹을 사용하는 AR 장치
에서 데이터 흐름을 관리하기 위한 라이브러리다. 아발론[Avalon][지베르트(Seibert)와 다흐네
(Dähne) 2006]은 봉주르를 통해 자동으로 명명된 대상의 네트워크 위치를 확인함으로
써 명시적 네트워킹을 좀 더 편리하게 만들어준다.

완전히 투명한 객체 배포로 AR을 위한 런타임 시스템을 처음부터 구축하려면 상당한
노력이 든다. 이 목표를 추구하는 연구는 기존 미들웨어의 구현에 의존해왔다. 예를
들어, MORGAN은[올렌버그(Ohlenburg) 등 2004] CORBA를 중심으로 구축된 객체 저장소
와 객체 간 통신을 위한 발행-구독 패턴을 결합한다.

DWARF에서는 좀 더 급진적인 설계가 사용된다[바우어 등 2001]. DWARF는 또한
CORBA를 기반으로 하는 구성 요소 기반의 분산 시스템이지만, 전체 응용프로그램
아키텍처와 상호 구성 요소 통신 요구에 대한 중앙 집중식 지식에 의존하는 기존의
시작 기능을 사용하지 않는다. 대신 호출 시 구성 요소(DWARF에서는 서비스라고 함)
는 객체 관리자에서 이른바 필요와 능력이라는 측면에서 인터페이스를 등록한다. 이
매니저는 필요와 능력을 일치시키고 런타임에 적합한 구성 요소를 기회주의적 방식
으로 연결한다. 응용프로그램 동작은 요구 사항과 기능이 일치해 발생한다.

이 접근법에는 몇 가지 이론적 장점이 있다. 특히 사용자가 언제든지 구성 요소를 종
료하고 교체할 수 있으므로 AR 시스템의 수명이 크게 연장된다. 이 기능은 전체 시스
템을 다시 시작하지 않고도 라이브 시스템을 디버그 및 수정할 수 있는 능동적인 개
발 과정에서 특히 유용하다[맥윌리엄스(MacWilliams) 등 2003]. DWARF의 유연성은 변화하
는 인프라에 자동으로 적응하는 모바일 AR 애플리케이션에 유용하다. 예를 들어 시
스템 구성 요소는 트래킹의 정확도를 모니터링하고, 사용 가능해지면 더 나은 트래
킹 시스템으로 전환할 수 있다. 마찬가지로 최종 사용자는 시스템 구성(가전 제품에서
'플러그 앤 플레이'로 알려진 기능)을 수정하지 않고도 모듈을 서로 연결하고 새로운 모
듈의 이점을 누릴 수 있다. 아쉽게도 DWARF의 유연성은 CORBA 기반 통신과 지속

적인 매칭 프로세스를 통해 상대적으로 높은 오버헤드를 유발한다. 추가 측정이 없으면 DWARF가 따르는 접근 방식은 동시 객체의 수에 따라 확장되지 않는다.

사례 연구: SHEEP

분산 객체 아키텍처 기반 멀티모드 시스템의 예제인 SHEEP은[맥윌리엄스 등 2003] DWARF 서비스를 사용해 시각화, 트래킹, 상호작용, 양 시뮬레이션 같은 네 가지 활동을 동시에 수행하는 다중 사용자 게임이다. 이 애플리케이션은 DWARF 서비스의 형태로 여러 서드파티 라이브러리를(예: 3D 그래픽, 추적, 음성 인식) 통합한다.

SHEEP 목초지의 몇 가지 뷰는 그림 13.1과 13.2에 나와 있다. 투영 표는 씬의 하향식 뷰를 보여주며, 헤드 트래킹과 노트북 화면 트래킹 HMD는 일인칭 시점을 제공한다. 또한 PDA를 가지고 있는 사용자는 목장에서 양을 골라 휴대 기기 화면에서 볼 수 있다.

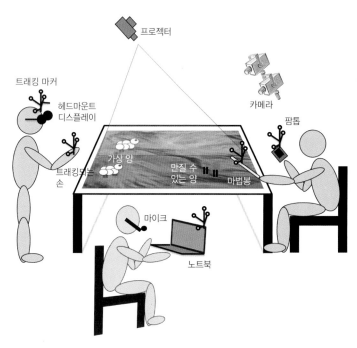

그림 13.1 SHEEP의 물리적 설정은 여러 명의 사용자가 쓸 수 있는 투영 테이블, 헤드마운트 디스플레이와 노트북 같은 보는 장치, 그리고 다양한 트래킹 기기로 구성된다.

SHEEP의 시스템 아키텍처에는 트래킹과 캘리브레이션, 프레젠테이션(VRML 렌더링 및 사운드 출력), 상호작용(트래킹되는 개체에 관한 충돌 감지와 음성 인식 등), 양 시뮬레이션을 위한 모듈이 포함된다. 각 그룹은 여러 가지 서비스를 사용하며 이러한 서비스는 필요와 능력을 표현하는 방식으로 연결된다. 분산 시스템으로 동일한 서비스의 여러 인스턴스를 실행할 수 있다. 트래킹 서비스는 단일 인스턴스에 존재하며 관련 구성 요소 모두에 위치 업데이트를 전송하지만, 사용자 인터페이스 컨트롤러 및 VRML 뷰어 서비스는 시청용 기기 수만큼 인스턴스가 생긴다. 가장 큰 서비스 그룹은 양에 할애되며, 양들은 개별적인 양 서비스로 표시된다.

그림 13.2 (왼쪽) SHEEP 목초지의 두 가지 가상도. 하나는 테이블 투영, 하나는 노트북 화면에 보여주는 방식이다. (오른쪽) 개인 디지털 보조 기기가 있는 사용자는 양을 집어들어서 좀 더 자세히 관찰할 수 있다. (사진 제공: 거드룬 클링커)

ART[1]의 적외선 트래킹 시스템은 UDP 데이터 스트림을 통해 고품질의 포즈 업데이트를 제공하며, 이것이 DWARF 서비스가 이해하는 포즈 이벤트로 변환된다. 캘리브레이션을 거친 다음, 포즈 이벤트는 다른 애플리케이션 서비스에 의해 소비된다.

양 떼 시뮬레이션은 개별적 서비스로 표시되는 양들 사이에 분산 방식으로 실행된다. 양은 모두 현재 포즈를 교환하며, 이 정보는 각 양의 움직임 판단에 사용된다. 양의 목표는 무리의 가까이에 머물면서 다른 양과 충돌하지 않는 것이다. 이 게임에는 또한 트래킹된 물리적 양이 있으므로, 양 떼를 특정한 곳으로 몰고 갈 수 있다.

뷰어 서비스는 양에 연결돼 양과 목초지의 모습을 디스플레이한다. 또한 트래킹된 뷰는 트래킹 서비스에 연결돼 사용자가 이동할 때마다 뷰를 결정하는 가상 카메라를 업

---

1   http://www.ar-tracking.de/

데이트한다. 마지막으로, 사용자 인터페이스 제어기는 음성 인식 기능 같은 이벤트로부터 사용자 입력을 수집하고, 단순한 상태 기계를 사용해 사용자 입력에 대한 시스템의 적절한 반응을 결정한다.

데이터플로우

앞서 자세히 설명한 컴포넌트 기반 접근법은 로컬이든 분산형이든 일반적으로 파이프와 필터pipes-and-filters 아키텍처를 뜻하는 데이터플로우와 결합된다[부시먼(Buschmann) 등 1996]. AR 애플리케이션은 스트리밍 데이터 또는 개별 이벤트를 생산하는 다양한 입력 기기 및 장치를 사용하며, 이를 이벤트라고 통칭한다. 이벤트는 보통 사용자가 인지하는 효과를 발동하기 전에 일련의 단계를 거친다. 예를 들어 위치 트래커에서의 이벤트는 하드웨어 기기에서 생성돼 장치 드라이버가 읽은 다음, 애플리케이션의 요구 사항에 맞게 변형되고 네트워크를 통해 다른 호스트로 전송된다. 서로 다른 설정 및 애플리케이션에는 이런 단계의 서로 다른 하위 집합 및 조합이 필요할 수 있는데, 개별 단계는 흔히 다양한 애플리케이션에서 발생한다. 이런 흔한 단계의 예로는 지오메트리 변형과 데이터 융합 필터가 있다. 그렇기는 하지만, 데이터플로우가 반드시 기기나 사용자 입력 이벤트로 제한되는 것은 아니다. 애플리케이션의 어떤 컴포넌트든 새로운 이벤트를 생성해 데이터플로우 시스템에 제공할 수 있다. 예를 들어, 물리 시뮬레이션이 실제 및 가상 객체와의 충돌 감지 이벤트를 생성할 수 있다.

데이터플로우 시스템의 기본 개념은 이런 개별 단계별로 데이터 조작을 나누고, 이런 단계로부터 데이터플로우 그래프를 작성하는 것이다. 또한 데이터플로우 그래프는 이벤트 생성자와 이벤트를 사용하는 애플리케이션 사이에 아키텍처 계층을 형성해 원래 이벤트에 액세스하고 조작하는 세부 사항을 추상화한다. 데이터플로우 그래프의 토폴로지는 일반적으로 방향성 비순환 그래프인데, 이벤트를 주기적으로 전달할 수 있으므로 골칫거리가 되고 불필요한 이벤트를 판정할 수 있다.

데이터플로우 그래프

데이터플로우 그래프에서 각 작업 단위는 노드라고 한다. 노드는 방향의 가장자리가 연결돼 흐름의 방향을 나타낸다. 각 노드마다 여러 개의 입출력 포트가 있다. 포트는 한 가장자리에 대한 연결 지점으로 구분한다. 즉, 노드는 다른 노드 포트를 통과하는 이벤트를 구별할 수 있다. 한 노드(선행 노드)의 출력 포트는 다른 노드(후속 노드)의 호환 가능한 입력 포트에 연결된다. 그래서 그래프에서 방향의 가장자리를 정의해 플로우를 설정하게 된다. 입력 중 하나를 통해 새 이벤트를 수신하는 노드는 내부 상태의 새 업데이트를 계산하고 하나 또는 여러 개의 새 이벤트를 출력 포트를 통해 내보낸다. 일부 아키텍처에서는 하나의 출력 포트를 여러 입력 포트에 연결하거나 반대로 여러 출력 포트를 하나의 입력 포트에 연결하는 것도 허용된다. 복잡한 그래프를 좀 더 간단하게 표현할 수 있는 접기fan-in 또는 펼치기fan-out 연결 등을 이벤트 전파의 시간 다중화 또는 역다중화로 처리할 수 있다.

노드는 세 가지로 구분한다.

- **소스 노드**source nodes에는 입력 포트가 없고, 외부 소스로부터 데이터 값을 받는다. 대부분의 소스 노드는 특정 입력 기기에 액세스하는 장치 드라이버를 담고 있다. 다른 소스 노드는 비주얼 트래킹 라이브러리와 같은 자립형 시스템에 대한 가교 역할을 한다. 또한 네트워크에서 데이터를 가져오거나 디버깅 입력을 제공할 수 있다.

- **필터 노드**filter nodes는 적어도 하나의 입력 포트와 하나의 출력 포트가 있는 중간 노드로, 다른 노드로부터 받은 값을 수정한다. 필터 노드는 다른 노드로부터 값을 받는다. 하나 이상의 노드로부터 업데이트를 수신하면, 필터 노드는 수집된 데이터에 기초해 그 상태의 업데이트를 계산한다. 필터 노드의 예로는 지오메트리 변환 필터(변형 행렬을 이용한 벡터의 사전 또는 사후 곱셈 등), 버튼을 누를 때 생성되는 것 같은 불리언Boolean 값에 대한 논리 연산, 예측을 위한 신호 필터, 평활smoothing 또는 노이즈 제거, 데이터 선택, 집계 혹은 융합, 한 데이터 공간에서 다른 데이터 공간으로의 변환, 사용자가 지정한 간격으로 숫자 잘라내기가 있다.

- **싱크 노드**sink nodes에는 출력 포트가 없는 대신, 데이터플로우 외부 컴포넌트의 영향을 유발한다. 싱크 노드는 소스 노드와 유사하지만, 데이터를 수신하는 대신에 전달한다. 여기에는 데이터플로우 그래프 밖에 상주하는 애플리케이션

객체로의 데이터를 전달, 다른 호스트에 네트워크 전송 또는 멀티캐스팅, 파일 로깅, 콘솔 출력 디스플레이가 포함된다.

멀티모드 상호작용

멀티모드 상호작용을 위해서는 데이터플로우 시스템이 다양한 유형의 데이터를 처리, 혼합, 일치시킬 수 있어야 한다. 씬 그래프 라이브러리에서[스트라우스(Strauss)와 캐리(Carey) 1992] 데이터플로우를 넣을 때 널리 사용되는 것과 같은 단순한 구현에서 이벤트에는 불리언, 정수, 문자열, 혹은 float3 벡터 같은 정해진 기본 데이터 타입(때로는 확장 가능한 기본 데이터 형식) 중 한 가지 타입으로 된 단일 데이터 항목이 포함된다. 입출력 포트도 마찬가지로 유형이 지정되며 호환 가능한 포트의 연결만 수락하는데, 내재적 유형 변환을 위한 몇 가지 설계가 가능하다. 이 설계는 유형을 미리 알고있는 한 혼재돼 있는 이벤트 유형을 통합하는 데이터플로우를 설정할 수 있다. 그러나 이렇게 간단한 설계로는 집계 이벤트를 처리할 수 없다. 예를 들어, 터치 스크린은 탭 조작의 (x, y) 위치를 탭의 압력과 함께 인코딩할 수 있다. 마커 트래킹 라이브러리는 다수의 마커를 동시에 트래킹하고 마커를 구별하는 식별자로 포즈 추정치를 전달할 수 있다. 이런 데이터 항목은 세트로 돼 있지만, 한 개의 기본 데이터 형식으로 맵핑할 수는 없다.

집계 이벤트를 처리하는 한 가지 방식은 집계 정보를 나타내는 새로운 기본 유형으로 시스템을 확장하는 것이다. 하지만 이렇게 설계하면 매우 특화된 데이터 유형들이 폭발적으로 늘어나기 십상이다. 더욱이 이렇게 특화하는 방법론은 일반적인 유형만 이해할 수 있는 기존 노드의 재사용과 호환되지 않는 것이 일반적이다. 오픈트래커[OpenTracker] 라이브러리[폰 스피작(von Spiczak) 등 2007]에서는 좀 더 발전한 접근법을 제안한다. 이벤트는 여러 유형의 키/값 쌍을 저장하는 컨테이너로 모델링된다. 이벤트는 기본적으로 특정 키나 유형을 포함하지 않는다. 노드는 새로운 이벤트를 생성하거나 기존 이벤트에 새로운 키/값 쌍을 삽입하거나 기존 키/값 쌍을 수정할 수 있다. 레이지 타입[lazy type] 검사 접근법에 따라, 이벤트를 수신하는 노드는 키에 의해 바람직한 속성을 가져온다.

수신된 이벤트에서 필수 속성을 사용할 수 없거나 속성이 예상 값과 유형이 호환되지 않는 경우 런타임 오류가 발생할 수 있다. 이러한 오류를 방지하려면 애플리케이션 개발자가 적절한 노드가 데이터플로우 그래프에 연결되도록 보장해야 한다. 실제로 런타임 오류는 데이터플로우 그래프가 잘못된 방식으로 구성된 경우에만 발생하므로, 이런 오류는 큰 문제가 되지 않는다.

이 설계는 이벤트 데이터 액세스에 더 많은 오버헤드를 유발하기 때문에 소모적인 복사 작업이 필요하지 않게 값으로 호출$^{call-by-value}$ 대신 참조로 호출$^{call-by-reference}$을 사용해야 한다. 그러나 값으로 호출을 사용할 수 없는 몇 가지 예외가 있다. 특히, 두 개의 연결된 노드가 동일한 주소 공간에 상주하지 않거나 펼치기$^{fan-out}$가 발생하는 경우 이벤트의 전체 사본을 수신 측에 제공해야 한다. 이벤트가 네트워크를 통해 전송돼야 하는 경우, 이벤트에 포함된 유형 정보를 참조해 이벤트를 직렬화해야 한다.

스레드와 스케줄링

설정된 스레드에 따라 데이터플로우 그래프의 노드가 작동할 수 있는 두 가지 방법이 있다. 노드는 주 스레드가 호출할 때까지 대기하거나 독립적 제어 스레드로 작동할 수 있다. 독립적 제어 스레드는 분리된 시뮬레이션이 필요할 때, 예컨대 장치 드라이버가 단일 스레드 시스템을 완전히 정지시키는 대신 대기시킬 필요가 있을 때 유용하다.

반면, 여러 노드를 하나의 메인 스레드에 할당하면 연산 자원 측면에서 더 경제적이며, 메인 스레드가 노드 업데이트 스케줄링을 제어할 수도 있다. 주 스레드는 이벤트의 시간적 문제를 어떻게 처리하느냐에 따라 여러 가지 스케줄링 전략 중 하나를 선택할 수 있다. 스케줄링은 풀과 푸시 전략으로 구별할 수 있다.

- 푸시^{push} **전략**은(그림 13.3, 위) 단순히 이전 노드의 새로운 이벤트를 후속 노드로 전달한다. 동시성을 감안하기 위해 모든 이벤트는 생성한 노드에서 타임스탬프 처리를 해야 한다. 후속 노드는 데이터의 시간적 측면에 대응할 수 있다. 예를 들어, 예측 노드는 후속 이벤트 간의 시간차를 고려해 출력을 업데이트한다. 이상적으로 스케줄링 알고리즘은 인과 관계가 있는 순서대로 노드를 방문해야 하지만 노드가 모든 이전 노드를 방문한 후에 방문하게 된다. 그러나

모든 노드가 최종적으로 방문되기만 한다면, 최근의 이벤트 전파가 여러 시뮬레이션 사이클에 의해 지연될 수도 있을 때 스케줄링이 임의의 순서로 발생할 수도 있다.

■ **풀**^{pull} **전략**(그림 13.3, 아래)에서 후속 노드는 물리적 또는 논리적 시간 값을 인수로 제공해 이전 노드를 풀링한다. 풀 전략은 창 필터와 같은 이벤트 그룹에서 작동하는 노드 또는 예측 노드와 같이, 특정 시점에서 작동하는 노드에 필요하다.

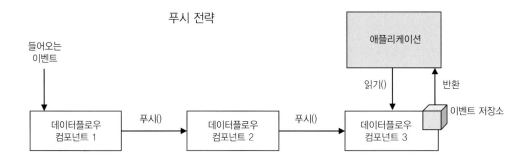

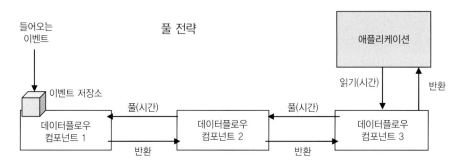

그림 13.3 (위) 푸시 전략은 가장 최근의 이벤트를 싱크(버퍼)로 전달하고, 이 이벤트는 즉시 가져올 수 있다. (아래) 풀 전략은 시간에 따라 매개변수화될 수 있는 재귀 쿼리를 데이터플로우의 반대 방향으로 발부한다.

풀링을 구현할 때는 여러 이벤트가 그래프의 가장자리에 대기한다. 다시 말하지만, 모든 이벤트는 타임스탬프 처리가 돼야 하며 호출자가 제공한 시간은 대기열에서 원하는 항목을 선택하는 데 사용되고 시간 보간, 심지어는 외삽이 필요할 수 있다. 더 많은 오버헤드를 유발하므로 풀 전략은 대개 필요한 경우에만 구현된다.

사례 연구: 웨어러블 증강 현실 설정

예를 들어, 2001년경에 오픈트래커^{OpenTracker}용으로 설계된 초기 웨어러블 AR 설정 중 하나를 살펴보자[라이트마이어와 슈말스타이그 2005]. 이 설정은 윈도우 2000이 구동되는 1GHz 프로세서 노트북을 활용한다. 출력 기기로는 소니 글래스트론 투사형^{through-through}이 사용된다. 디스플레이는 사용자가 쓴 헬멧에 고정되며 인터센스 인터트랙스 2^{InterSense InterTrax2} 방향 센서와 상호작용용 물체의 기준점 트래킹을 위한 웹 카메라가 헬멧에 장착돼 있다. 컴퓨터는 사용자가 배낭 형태로 메고 다닌다.

주된 사용자 인터페이스는 와콤 그래픽 태블릿과 펜을 사용하는 펜 앤 패드^{pen-and-pad} 방식이다. 두 기기는 마커를 이용해 카메라에 의해 광학적으로 트래킹된다. 펜의 2D 위치가 처리 과정에 통합돼(와콤 태블릿에서 제공) 패드 자체에서보다 더 정확한 트래킹이 된다. 그림 13.4에서 이 설정의 개요를 볼 수 있다.

사용자 및 상호작용용 물체 트래킹은 다양한 소스의 데이터를 결합해 이뤄진다. 오픈트래커 컴포넌트는 인터트랙스2 방향 트래커에서 사용자의 머리가 향한 방향 데이터를 수신해 몸체가 안정된 위치와 글로벌로 안정된 방향의 좌표계를 제공한다.

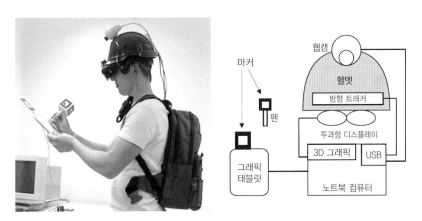

그림 13.4 노트북이 장착된 배낭, 관성 방향 트래커 및 카메라가 장착된 헤드마운트 디스플레이, 그리고 마커를 사용해 광학식으로 추적되는 휴대용 태블릿 및 스타일러스로 구성된 웨어러블 AR 설정

이 좌표계 내에서 헬멧에 장착된 비디오 카메라를 사용해 펜과 패드를 추적하고, AR 툴킷으로[카토와 빌링허스트 1999] 동영상 정보를 처리한다. 비디오 카메라와 HMD는 헬멧에 고정돼 있기 때문에 카메라와 사용자 좌표계 간의 변환은 캘리브레이션 단계에서 고정되고 결정된다.

패드에는 하나의 마커가 있다. 사용자가 패드에 표시된 2D 사용자 인터페이스 요소와 상호작용하기 위해 사용자의 시야 내에서 잡고 있는 표준 작동에는 하나만으로도 충분하다. 하지만 펜에는 다섯 개의 자유면에 마커가 있는 큐브가 있다. 그래서 사용자는 거의 모든 위치와 방향에서 펜을 트래킹할 수 있다. 또한 사용자가 펜으로 패드를 터치할 때마다 그래픽 태블릿에 의해 제공되는 것보다 정확한 2D 정보가 태블릿에 대한 펜의 위치를 설정해준다.

그림 13.5는 필요한 데이터 변환을 설명하는 데이터플로우 그래프다. 맨 위에 있는 둥근 노드는 장치 드라이버를 캡슐화하는 소스 노드다. 아래의 둥근 노드는 결과 데이터를 AR 소프트웨어에 복사하는 싱크다. 중간 노드는 트래킹 데이터가 들어있는 이벤트를 수신하고 변환한 후 전달한다. 상대 변환은 두 개의 서로 다른 장치에서 입력을 받아 한 장치의 위치를 다른 장치의 위치(베이스라고 함)에 대해 해석한다.

그림에서 다양한 회색 음영은 다른 장치에 대한 트래킹 데이터가 처리되는 방법을 설명하는 그래프의 경로를 표시한다. 상대적인 변환은 해칭으로 표시된다. 예를 들어, 광학 펜 경로는 펜 지점의 위치를 산출하기 위해 각각 변형된 다섯 개의 마커를 표시한다. 결과는 병합된 다음 추가로 변환된다. 그래픽 태블릿의 데이터와 또 한 번 병합된 후, 데이터는 방향 센서에 의해 설정된 기준 시스템으로 다시 한 번 변형된다.

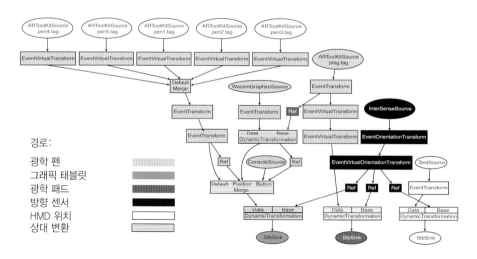

그림 13.5 모바일 AR 설정을 위한 트래킹 구성의 데이터플로우 그래프. 개별 플로우는 소스별로 표시된다. 다이어그램은 구성 설명에서 자동으로 생성됐다. (사진 제공: 게르하르트 라이트마이어)

마찬가지로, 광학 패드 경로는 패드의 위치를 얻기 위한 연산을 보여준다. 광학 패드 정보는 한 단계에서 태블릿 경로의 실제 펜 위치로 2D 정보를 변환하는 데 사용되는 부작용이 있는데, 이후 실제 광학 정보와 병합된다. 마지막으로 HMD 위치 경로는 머리 위치의 정보를 제공하는 데 사용된다. 테스트소스TestSource 노드의 작업은 상수를 제공하는 것인데, 이 값은 방위 센서에 의해 변환된다.

씬 그래프

이제 많은 그래픽 툴킷과 게임 엔진의 기초를 형성하는 그래픽 씬을 표현하고 렌더링하기 위해 널리 수용되는 데이터 구조인 씬 그래프를 살펴보자. 씬 그래프는 렌더링될 씬에 들어가는 비주얼 데이터에 대해 높은 수준의 객체지향 추상화를 제공해야 하는 필요성에서 비롯됐다. 절차 그래픽 라이브러리에(예: OpenGL 또는 DirectX) 전달된 드로잉 프리미티브의 일대일 맵핑을 나타내는 삼각형 목록과 같은 단순한 데이터 구조는 더 큰 그래픽 프로젝트에 적합하지 않은데, 의미 있는 속성이 있는 고수준의 객체를 표시하지 못하기 때문이다.

이런 데이터 구조 대신에 장면에 포함된 객체를 그래픽 속성과 함께 명시적으로 설명함으로써, 좀 더 복잡한 데이터베이스 문제를 피할 수 있는 더 정교한 표현이 필요하다. 즉, 객체 시뮬레이션 및 그리기를 위한 별도의 표현을 저장하고 유지할 필요가 없어야 한다는 뜻이다. 통일된 표현은 또한 많은 AR 애플리케이션에 필수적인 3D에서의 직접적인 상호작용에 도움이 된다. 이 개념은 오픈 인벤터Open Inventor의 모토인 '그림이 아니라 객체Objects, not drawings'로 요약할 수 있다[스트라우스와 캐리 1992]. AR에 씬 그래프가 중요한 이유는 씬 그래프에 포함된 객체를 사용해 가상 객체와 실제 객체를 모두 모델링할 수 있어서 두 가지 유형의 통합된 처리가 가능하기 때문이다.

씬 그래프의 기초

씬 그래프는 노드로 구성되는 방향성 비순환 그래프로 정렬된다. 노드는 방향성 가장자리로 연결돼 계층 구조를 형성한다. 이 계층 구조는 지오메트리 관계(예: 다리가 테이블에 연결됨) 또는 의미론적 관계를(예: 팀의 모든 플레이어를 그룹으로 묶음) 모델링한다. 이러한 계층 관계는 보통 트리로 표현될 수 있지만, 방향성 비순환 그래프도 사용할 수 있다. 즉, 노드에 여러 선행 노드가 있을 수 있다. 이러면 사용자는 여러 곳에서 하위 그래프를 참조해 하위 그래프를 재사용할 수 있다. 예를 들어, 자동차의 바퀴는 하나의 지오메트리를 나타내는 동일한 노드를 네 번 참조해 매번 다른 지오메트리 변환을 적용해 표현할 수 있다.

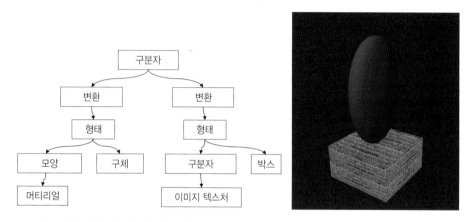

그림 13.6 (a) 빨간색 타원체와 벽돌 텍스처의 박스로 구성된 단순한 씬 그래프 (b) 씬 그래프에서 설명된 지오메트리 씬의 스크린샷

노드는 씬에서의 역할을 결정하는 클래스의 인스턴스다. 리프 노드는 상자, 구, 원뿔이나 삼각형 메시, 또는 조명 및 카메라 등 그래픽 씬의 다른 중요한 객체와 같은 기본 지오메트리 요소에 해당한다. 내부 노드는 자식을 그룹화한다. 색상, 텍스처 또는 지오메트리 변환과 같은 속성 노드는 특정 씬 그래프 라이브러리에 의해 선택된 의미에 따라 내부 또는 리프 노드로 나타낼 수 있다. 간단한 예를 들어, 그림 13.6을 보자.

모든 노드는 필드라는 속성으로 구성된다. 예를 들어, 구체 노드에는 중심 및 반지름 필드가 있다. 필드 자체는 객체며, 예컨대 직렬화 또는 관찰자 패턴에 관찰할 수 있는 객체로 참여하는 등 런타임 시스템과 상호작용할 수 있다[감마 등 1995]. 노드 및 필드에 의해 제공되는 객체지향 기능에 기초해, 전체 씬 그래프는 자기 설명적이 된다(즉, 반영이 가능함).

씬 그래프는 그래프 운행법, 즉 방문자 패턴 적용에 의해 처리된다[감마 등 1994]. 보통 그래프 운행은 씬 그래프의 루트에서 씬 그래프의 리프로 이동하며 깊이 우선 순서로 진행된다. 운행은 상태를 축적하고 각 노드가 방문되고 노드의 가상 메소드 중 하나가 호출될 때 부작용을 유발하는 상태 시스템의 실행으로 볼 수 있다. 가장 중요한 운행은 렌더링 운행으로, 각 노드에 렌더링 메소드를 호출해 씬의 뷰를 만들어내는데, 일반적으로 로우 레벨 그래픽 명령(OpenGL 또는 DirectX)을 실행한다. 다른 유형의 운행에는 절두체 컬링frustum culling, 바운딩 박스 계산, 광선과의 교차, 특정 노드 유형 검색, 파일로의 직렬화, 장치 이벤트 처리 같은 다양한 활동이 있다.

노드에는 여러 선행 작업이 있을 수 있기 때문에, 운행 중 한 번 이상 방문할 수 있다. 같은 노드를 여러 번 참조하는 이유는 동일한 노드가 씬에서 여러 개의 서로 다른 객체를 나타내야 하기 때문이다. 이러한 씬 객체를 식별하기 위해서는 단일 노드에 대한 참조만 제공하는 것으로는 충분하지 않다. 대신 객체는 루트에서 고려 대상 객체를 나타내는 노드까지 모든 노드에 대한 참조 목록(경로)을 제공해 고유하게 결정된다. 예를 들어, 응용프로그램은 경로를 제공해 루트에서 특정 개체까지의 누적 변환을 쿼리할 수 있다.

의존성 그래프

씬의 주 그래프 구조는 운행을 안내하는 계층 구조를 나타낸다는 점을 기억하자. 대부분의 씬 그래프에는 보조 그래프 구조도 들어있다. 이른바 의존성 그래프라고 하는 이 보조 그래프는 앞서 논의한 데이터플로우와 매우 유사한 데이터플로우를 표현한다. 씬 그래프의 데이터플로우는 필드 연결을 통해 개별 필드 간에 설정된다. 씬 그래프의 두 필드가 필드 연결로 연결되면, 원본 필드 값에 대한 변경 내용이 대상 필드로 전달된다. 예를 들어 대상 객체는 항상 특정 소스 객체와 동일한 색상을 사용하도록 설정할 수 있다. 이런 방식으로 주 씬 그래프 구조에서 분리된 씬 그래프의 부분을 공통된 동작을 나타내기 위해 연결할 수 있다.

494

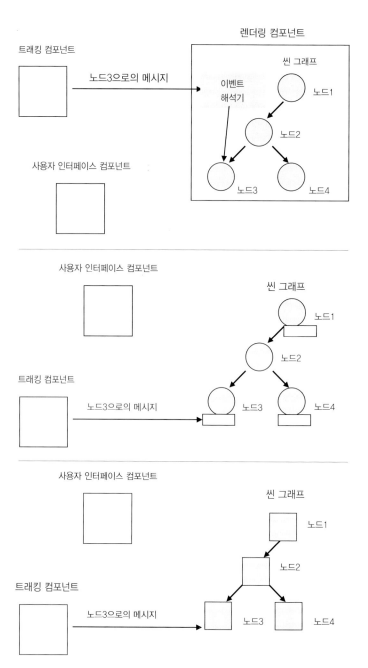

그림 13.7 시스템 차원의 데이터플로우와 씬 그래프 시스템의 통합에 대한 세 가지 접근법. (위) 서드파티 씬 그래프를 둘러싼 전용 렌더링 컴포넌트는 이벤트 변환기를 사용해 데이터플로우 네트워크에서 씬 그래프로 메시지를 전달해야 한다. (중간) 씬 그래프는 데이터플로우 컴포넌트와 직접 통신할 수 있는 특수 노드 또는 필드로 확장될 수 있다. (아래) 동종 아키텍처에서 씬 그래프 클래스는 데이터플로우 클래스에서 파생되며, 씬 그래프와 데이터플로우 컴포넌트는 원활하게 통신할 수 있다.

씬 그래프 통합

최적의 병렬 렌더링 성능 또는 VRML이나 X3D 표준 준수와 같은 다양한 디자인 목표를 다루는 수많은 씬 그래프 라이브러리가 개발돼왔다. 씬 그래프는 AR 프레임워크에서 그래픽 렌더링의 필요성을 해결하는 가장 편리한 방법이기 때문에 대부분의 프레임워크는 씬 그래프 형식을 채택해왔다. 그럼에도 불구하고 이런 통합은 쉽게 달성되지 않는다. 그러면 씬 그래프를 AR 프레임워크로 통합하기 위해 수행해야 하는 기술적 선택을 간략하게 살펴보자.

일반적인 접근법은 AR 프레임워크의(그림 13.7, 위) 렌더링 컴포넌트(즉, 무거운 객체)로서 씬 그래프를 삽입하는 것이다. AR 프레임워크가 이미 무거운(예: CORBA) 객체를 기반으로 할 때, 특히 기존의 서드파티 씬 그래프를 통합해야 할 때는 이 옵션이 적합하다. 예를 들어 DWARF는 VRML 씬 그래프 뷰어를 컴포넌트로 사용하며[바우어 등 2001], MORGAN은 X3D 기반의 렌더링 컴포넌트를 소개한다[올렌버그(Ohlenburg) 등 2004]. 기존 씬 그래프를 통합하면 작업의 중복을 피하면서 잠재적으로 매우 풍부한 그래픽 기능 세트에 액세스할 수 있다. 그러나 일반적으로 AR 프레임워크와의 긴밀한 통합은 불가능한데, 서드파티 씬 그래프는 자체 API를 도입하기 때문에 AR 프레임워크 API와 완전히 조화되지 않을 때가 있기 때문이다. 특히 AR 프레임워크에서 전달된 메시지는 씬 그래프의 개별 노드에 직접 전달되는 것이 아니라 렌더링 컴포넌트에만 전송될 수 있다. 렌더링 컴포넌트는 변환기로 작동해야 하며, 이 때문에 어색한 소프트웨어 설계로 이어질 수 있다.

아니면 AR 프레임워크에 좀 더 다듬은 컴포넌트가 가능한 경우 공통된 접근 방법은 AR 프레임워크에서 사용된 대로 데이터플로우 메시지를 보내고 받을 수 있는 특수 노드 유형을 씬 그래프에 도입해 AR 프레임워크에 씬 그래프를 연결하는 것이다(그림 13.7, 가운데). 이런 특수한 데이터플로우 노드는 씬 그래프 노드의 인터페이스와 데이터플로우 객체의 인터페이스를 모두 적용한다. 따라서 두 시스템을 더욱 매끄럽게 연결해주므로 이 접근법이 매우 인기를 끌고 있다. 새로운 노드만 구현하면 되므로 이 방법은 서드파티 씬 그래프와도 잘 호환된다. 예를 들어 아발론^Avalon 은[자이버트와 다네 2006] OpenSG를[라이너스(Reiners) 등 2002] 기반으로 하는 VRML 씬 그래프에 특수 노드가 내장된 반면, 스터디어스투브에넌[슈말스타이그 등 2002] 오픈트래커[라이트마이어와 슈말스타이그 2005] 노드가 내장돼 있다. 오스가OSGAR는[코엘료(Coelho) 등 2004] 오픈 씬 그 래프Open-SceneGraph와 VRPN 데이터플로우를 결합한다[테일러 등 2001]. 아방고Avango는[트 램버렌드(Tramberend) 1999] 퍼포머Performer[롤프(Rohlf)와 헬먼(Helman) 1994] 기반 씬 그래프에 서 네트워크를 통해 임의의 필드 연결을 가능하게 해서 네트워크로 연결된 데이터플 로우를 구현한다.

데이터플로우 네트워크의 메시지는 다양한 방식으로 씬 그래프에 전달될 수 있다. 예 를 들어, 메시지는 필드에 직접 주입되거나, 발행-예약 메커니즘(즉, 노드가 특정 이벤 트를 예약)에 의해 전달되거나, 씬 그래프 운행을 위한 페이로드로 활용(계층 필터링 구현을 허용)될 수 있다. 필드에 직접 주입하는 것이 가장 일반적으로 사용되는 방식 이지만, 최선의 접근법은 애플리케이션의 특정 요건에 따라 달라진다.

세 번째 옵션은 씬 그래프를 처음부터 계층적 객체 시스템에 맞게 구현하는 것이다 (그림 13.7. 아래). 예를 들어, 틴미스 시스템[피어카스키와 토머스 2003]에서 모든 애플리케 이션 데이터는 계층적 저장소에 객체로 배열되므로 객체 또는 객체 그룹을 쉽게 지정 할 수 있다. 씬 그래프는 단순히 전체 계층 구조에서 렌더링을 위해 지정되고 '렌더링 가능한' 객체로 구성된 하위 그래프다. 틴미스의 객체 간 데이터플로우는 씬 그래프 객체가 공통 인터페이스를 준수하는 일반 객체이기 때문에 완전히 통합된 방식으로 작동한다.

분산 공유 씬 그래프

이제 마지막으로 씬 그래프의 분포를 살펴보자. 지금까지 본 것처럼 데이터플로우 시 스템은 네트워크를 통과하도록 허용된 경우 자연스럽게 분산 애플리케이션을 지원할 수 있다. 이 개념은 씬 그래프의 데이터플로우에 적용될 수 있는데, 예를 들어 필드 연결을 사용해 네트워크를 통과할 수 있다. 아방고 시스템에서[트램브레드 1999] 네트워 크 처리된 필드 연결은 다중 사용자 또는 다중 화면 애플리케이션을 위한 메커니즘을 제공한다. 네트워크의 모든 호스트는 자체 씬 그래프를 저장하지만, 관련 공유 데이 터는 네트워크 필드 연결을 통해 연결돼 시스템 경계를 넘는 동기화를 제공한다. 비 슷한 접근법은 아발론과[자이버트와 다네 2006] 오픈트래커[라이트마이어와 슈말스타이그 2005] 처럼 데이터플로우에 특별한 '네트워크' 노드를 도입한다. 네트워크 필드 연결은 대개 마스터-슬레이브 토폴로지에 적용되며, 사용자 입력은 마스터 시스템으로 전달되고 종속 시스템에는 필드 연결을 통해 업데이트가 통보된다.

원칙적으로 필드 연결만 하면 전체 씬 그래프를 충분히 복제할 수 있다. 모든 호스트는 씬 그래프의 사본을 저장하고 필드 연결을 통해 모든 필드를 마스터 사본에 연결할 수 있다. 하지만 이 방법은 필드 연결 수가 너무 많기 때문에, 필요한 확장성에 제한이 있다. COTERIE와[매킨타이어와 파이너 1998] 디스트리뷰티드 오픈 인벤터^{Distributed Open Inventor}는[헤시나(Hesina) 등 1999] 좀 더 경제적인 접근법을 제공한다. 요약하자면, 씬 그래프는 모든 복제본에서 자동으로 동기화되는 분산 공유 메모리에 배치된다. 애플리케이션 프로그래머의 관점에서 보면, 여러 호스트가 하나의 공통된 씬 그래프를 공유한다. 씬 그래프의 일부에 적용된 조작은 다른 참여 호스트에 반영된다. 이 동기화는 애플리케이션 프로그래머에게 거의 완전히 투명하게 발생한다.

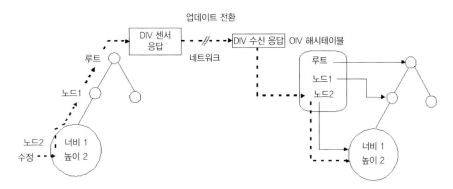

그림 13.8 마스터-슬레이브 구성에서 필드 업데이트의 예. 마스터의 필드가(예제에서는 'height') 변경되면 관찰자 객체로 알림이 전달된다. 관찰자는 네트워크를 통해 업데이트를 보낸다. 슬레이브에서 메시지가 디코딩되고 씬 그래프의 복제된 필드에 적절한 변경이 이뤄진다.

내부적으로 디스트리뷰티드 오픈 인벤터는 다음과 같이 작동한다. 메시지 전달은 씬 그래프 복제본을 동기화하는 데 사용된다(그림 13.8). 관찰자 오브젝트가 설치돼 복제된 씬 그래프에 대한 모든 변경 사항을 모니터링한다. 필드 값 변경이나 씬 그래프 토폴로지 변경과 같은 수정이 이뤄지면 관찰자는 이 변경을 감지하고 업데이트 메시지를 조합한 후, 특정 노드나 씬 그래프의 복제본이 있는 다른 모든 호스트로 전파한다. 노드 및 필드의 직렬화는 특정 메시지 프로토콜을 미리 결정하지 않고 업데이트 메시지를 조합하는 데 사용할 수 있다. 대신 노드 또는 필드 자체가 메시지 페이로드를 통제하거나 풀어준다. 수신 측에서는 네트워크 수신기가 메시지를 디코딩하고 업데이트를 복제된 노드에 적용한다. 이런 간단한 접근 방식은 마스터-슬레이브 설정 또는 인과 관계, 아니면 부분 혹은 전체 순서의 형태를 사용해 여러 사용자에 대한 동등한 액세스가 필요한 경우 P2P 동기화를 수행할 수 있다.

개발자 지원

숙련된 소프트웨어 개발자라면 지금까지 제시한 소프트웨어 추상화로 아주 강력한 빌딩 블록을 활용해 AR 애플리케이션을 설계하고 구현할 수 있다. 하지만 이런 도구는 매우 복잡하며, 사용하기가 쉽지만은 않다. 생산적인 작업을 위해 소프트웨어 개발자는 신속한 처리 시간은 물론 AR 프레임워크에서 간단하고 오류 없는 지원이 필요하다. 후자는 AR 애플리케이션이 완성된 디자인으로부터 구현되는 일이 드물기 때문에 특히 중요하다. 대신, 매킨타이어와 파이너가[1996] 말했듯이 수많은 프로토타이핑을 통한 반복적인 개선이나 '탐험적 프로그래밍' 같은 작업 스타일을 선호할 것이다. 이런 요건은 스크립팅 언어 및 런타임 재구성 기능의 채택을 유도한다.

매개변수 구성

AR 애플리케이션의 수명에 따라 많은 매개변수가 달라질 수 있다. 중요한 범주에는 입력 및 출력 장치 설정이 포함된다. 애플리케이션의 콘텐츠 설명, 특히 실제 객체를 포함하는 3D 장면 및 사용 가능한 메뉴 기능과 같은 사용자 인터페이스의 다양한 양상이 그것이다. 응용프로그램 또는 시스템 소스 코드에서는 이런 매개변수를 하드코딩하는 것보다 구성 파일의 형식을 제공하는 것이 더 좋다.

가장 간단한 구성 파일 형식은 텍스트 파일의 키/값 쌍 목록이다. 이런 줄 단위line-by-line 구성은 일반적으로 새로운 시스템이나 애플리케이션을 구상할 때 첫 번째로 구성해보는 구조다. 가장 큰 매력은 구성 파일에 대한 정교한 파서parser가 필요 없는 단순성에서 나온다. 하지만 여러 가지 물리적 환경(예: 데스크톱 시뮬레이션과 모바일 AR 설정)과 개별적으로 환경을 설정한 여러 사용자가 활동할 때는 정렬되지 않은 키/값 쌍의 순서가 급속도로 관리하기 어려워진다.

선언적 스크립팅

좀 더 강력한 접근법은 매개변수 이름 같은 메타 정보에서 일반 텍스트로 제공된 인수를 구문적으로 구분하는 마크업 언어와 함께 계층적 설명 형식을 채택하는 것이다. 계층 구조 형식은 자연스럽게 중첩된 구조를 표현할 수 있으며, 종종 '거의' 수형도로 씬 그래프나 데이터플로우 그래프를 표현할 수 있다(즉, 둘 이상의 부모가 있는 노드가 몇 개밖에 없다). 선형 텍스트 형식으로 설명될 때는 특수 구문 참조가 사용된다. 리스트 13.1은 계층적 씬 그래프의 예제다.

인간이 이해하고 기계가 처리할 수 있는 공통된 표현을 유지하기 위한 온라인 정보 시스템에 대한 필요성은 XML^{eXtensible Markup Language}의 개발로 이어졌다. 새로운 XML 파생어는 쉽게 설계할 수 있고, XML 파싱 및 처리 도구가 광범위하게 공급되면서 구성 도구의 소스 형식으로 XML이 널리 사용되고 있다. 예를 들어 오픈트래커[라이트마이어와 슈말스타이그 2005], 틴미스[피에카스키와 토머스 2003], 모건의 X3D 씬 그래프[Ohlenburg et al. 2004] 외에도 많은 접근법이 XML 기반이다.

리스트 13.1 그림 13.6의 VRML 모델의 텍스처 표현

```
#VRML V2.0 utf8
Separator {
  Transform {
    translation 0 1.5 0
    scale 0.5 1.5 1
    children[
      Shape {
        appearance Appearance {
          material Material { diffuseColor 0.8 0 0.2 }
        }
        geometry Sphere{ radius .5 }
      }
    ]
  }
  Transform {
    translation 0 0.5 0
    children [
      Shape {
        appearance Appearance {
```

```
      texture ImageTexture { url "brick.gif" }
    }
    geometry Box { size 1 0.5 1 }
  }
  ]
 }
}
```

씬 그래프 및 데이터플로우 그래프의 계층적 구조에 대한 설명은 애플리케이션의 내용과 동작을 결정한다고 볼 수 있다. 단순한 구성 보조 이상의 의미를 가지지만, 선언적 스크립팅 또는 프로그래밍으로 간주되는 것이 맞다. 계층적 입력 설명은 효과적으로 AR 프레임워크의 데이터 구조로 파싱되고, AR 런타임 시스템에 의해 해석된다. 이 런타임 해석의 중요한 측면은 씬 그래프 또는 데이터플로우 그래프의 노드에 내장된 동작이다. 각 노드는 이벤트를 수신할 때 내부 상태를 변경하고 출력을 설정해 동작을 발동하는 작은 상태 기계로 볼 수 있다. 복잡한 그래프의 선언적 스크립팅을 통해 더 많은 상태 기계가 많은 개별 노드에서 구축될 수 있다.

이런 상태 기계는 본격적인 프로그래밍 언어로 제어할 수 있다. 몇몇 AR 연구 프로토타입은 인공지능 분야와 밀접한 관계가 있는 스크립팅 언어를 활용한다. 예를 들어 아방고느[트램버렌드 1999] 모든 객체에 대해 기능적 프로그래밍 언어인 스킴[Scheme] 바인딩을 제공한다. 기능적 언어의 선택은 시스템 지향 애플리케이션에서는 다소 드물지만, 데이터 구조와 알고리즘 양쪽을 편리하게 표현할 수 있다. 콜럼비아 대학의 모바일 AR 연구 프로젝트는 수년간 객체지향 분산 컴퓨팅 언어인 오블리크[Obliq][나요르크(Najork)와 브라운(Brown) 1995][매킨타이어와 파이너 1998]뿐 아니라 LISP와 유사한 구문을 사용하는 자바 기반 전문가용 시스템 스크립팅 언어인 규칙 기반 JESS[프리드먼-힐 (Friedman-Hill) 2003]를 포함한 여러 스크립팅 언어를 지원해왔다. 이 장의 시작 부분에서 논의한 바와 같이 모바일 AR 시스템의 동적 요건으로 인해, 실시간 UI 관리 시스템으로 AR 사용자 인터페이스를 능동적으로 관리해야 하며, 이는 실시간 규칙 기반의 전문가 시스템 인프라를 이용하면 처리할 수 있다[휄레러 2004].

계층적 선언 형식에서 비롯된 복잡한 상태 기계의 관리는 다양한 시스템에서 애플리케이션 실행 모델을 만들기 위해 명시적으로 사용되는 일반적인 개념이다. 예를 들어, alVRed와[베카우스 등 2004] APRIL은[레더만과 슈칼스타이그 2005] 각각 아방고와[트램버렌드 1999] 스터디어스투브[슈말스타이그 2002]의 디지털 스토리텔링 확장이다. 주된 디자인 아이디어는 스토리를 비선형적 순서의 상태로 표현하며, 각 상태는 3D 멀티미디어 콘텐츠와 사용자가 후속 상태 전환을 발동할 수 있게 해주는 상호작용 기능으로 구성된 특정 VR 또는 AR 표현과 연관된다. 이런 런타임 엔진은 상태 기계의 확장된 씬 그래프 표현에서 직접 작동한다. 스크립팅된 상태 기계의 다른 용도는 데이터플로우를 (예: 유닛Unit[올왈과 파이너 2004] 또는 CUIML[샌더와 라이처(Reicher) 2001])을 통한 3D 상호작용 기법의 프로토타이핑을 목표로 한다.

사례 연구: 증강 현실 투어 가이드

증강 현실 투어 가이드는 대학 연구소 견학을 안내하는 가상 애니메이션 캐릭터가 있는 애플리케이션이다. 사용자는 HMD가 있는 모바일 AR을 착용한다(그림 13.4). 실내 트래킹의 경우, 헤드마운트 카메라는 건물 영역의 벽에 설치된 마커를 추적한다. 마커는 시스템이 실제 건물 영역에 등록된 정확하게 측정된 가상 모델에서 정확한 위치를 알고 있기 때문에 이 공간 안에서 사용자를 찾을 수 있다.

가상 투어 가이드의 캐릭터는 실제 건물의 참조 프레임에 배치된다(그림 13.9). 돌아다니는 동안 캐릭터는 선택한 목적지를 찾는 데 도움을 주며, 애니메이션, 2D 및 3D 시각적 요소와 사운드를 사용해 다양한 방과 그 안에서 일하는 사람들에 대한 위치별 설명을 제공한다. 투어 가이드는 건물의 지오메트리를 알고 있기 때문에, 실제 계단을 올라가서 실제 출입구와 통로를 통과하는 것처럼 보인다.

투어 가이드는 스터디어스투브 프레임워크와 기존의 실내 경로를 생성하고 시각화할 수 있는 내비게이션 시스템과 애니메이션 에이전트 컴포넌트를 활용해 실행된다. 이 두 컴포넌트는 APRIL 스크립팅 언어에 노출돼, 상태 기계를 사용해 일련의 이벤트와 동작을 설명한다.

투어 자체는 APRIL 스토리보드에서 상태 엔진으로 모델링된다. 그림 13.10은 완전한 상태 엔진의 일부분이다. 가이드 투어의 스테이션은 각각의 상태로 모델링돼, 사용자가 도착하면 선형 프레젠테이션이 발동된다. 건물의 구조와 가이드 투어의 다른 모드(선형 또는 자유 모드)는 장면 전환 및 초 상태superstates로 모델링된다.

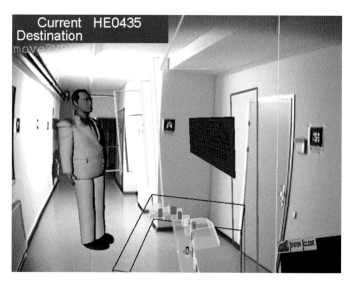

그림 13.9 모바일 AR 배낭 시스템을 착용한 사용자의 헤드마운트 디스플레이에서 캡처한 실내 관광 안내 애플리케이션의 모습. 건물 모델의 글로벌 미니어처 뷰가 표시되고, 건물에서 돌아다닐 때는 위치에 따라 달라지는 헤드업 디스플레이 오버레이 그래픽이 사용자에게 표시된다. (사진 제공: 플로리안 레더만)

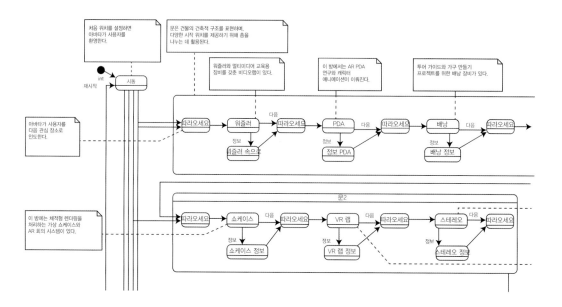

그림 13.10 투어 가이드 애플리케이션의 스토리는 실내 환경의 장소가 주된 상태인 계층적 상태 기계로 모델링된다. (사진 제공: 플로리안 레더만)

절차적 스크립팅

선언적 스크립팅이 유연한 애플리케이션 로직 표현과 사용자 정의에 충분하지 않다면 절차적 스크립팅 언어를 사용할 수 있다. 절차적 언어의 표현력은 일반적으로 선언적 언어의 표현력보다 크지 않다. 그러나 앞에서 설명한 선언적 스크립팅 언어 중 일부는 씬 그래프 또는 데이터플로우 그래프의 노드가 얇은 레이어로 설계됐다. 따라서 비교적 특화돼 있으며, 제한된 일반 컴퓨팅 기능 세트만 제공한다.

절차 언어는 VR이나 AR 시스템의 유일한 스크립팅 언어로 사용되거나 선언적 스크립팅 언어와 함께 사용될 수도 있다. 순수한 절차적 솔루션의 예로는 Tcl 언어와 ImageTcl 같은 Tcl 라이브러리 세트를 사용하는 ImageTclAR[오웬 등 2003]이 있다. ImageTclAR은 Tcl 코드의 해석을 통해 신속한 프로토타입 작성을 용이하게 하지만, 데이터플로우 같은 고급 아키텍처 개념을 제공하지 않으므로 애플리케이션 로직을 순차적으로 코드화해야 한다. 최근에는 자바스크립트 파이썬이나 루아Lua와 같은 최신 스크립팅 언어 또는 오늘날의 프로그래머에게 익숙하고 편리한 선택일 수 있는 C#과 같은 컴파일 언어의 개발이 많이 이뤄졌다. 아곤Argon은 ARK 브라우저에 웹킷WebKit을 통합해 결과적으로 HTML이나 PHP 또는 자바스크립트 같은 웹 관련 언어를 사용해 콘텐츠 또는 동작을 표현할 수 있게 해주는 웹 중심 방식을 채택했다.

대부분의 AR 프레임워크는 절차적 스크립트로 선언적 메커니즘을 대체하기보다는 보완하는 방식을 채택한다. 이 접근법은 대개 AR 프레임워크 내에서 해석된 스크립트 코드로 주어진 함수를 호출하는 메커니즘을 설정함으로써 구현된다. 이때 프레임워크의 제어 반전이 스크립트 코드에 대한 제어를 완전히 통과시키므로 손상을 피할 수 있다. 예를 들어, 자바스크립트를 사용자 정의 노드에 임베드하는 VRML의 PROTO 구문을 생각해보자. PROTO 노드에 전달된 모든 이벤트에 대해 사용자 정의된 자바스크립트 함수가 호출된다. 그러나 노드 내에서 가능한 순수한 로컬 동작은 그런 스크립팅 노드가 달성할 수 있는 것에 대해 제한을 부여한다. 예를 들어 PROTO의 자바스크립트 함수 내에서 특정 데이터 항목에 대한 전체 씬 그래프를 검색하기는 번거롭거나 불가능하다.

혼합 언어 프로그래밍

일반적인 접근법은 컴파일 언어 프로그래밍과 스크립팅을 함께 사용하는 것이다. 시간이 중요하고 반복되는 기능은 C나 C++로 구현한 후 사용자 지정 씬 그래프, 데이터플로우 노드 또는 프로시저 스크립팅 기능에 대한 바인딩을 통해 노출된다. 새로운 기능의 사용은 스크립팅을 통해 편리하게 액세스할 수 있으므로, 컴파일러를 사용하는 긴 처리 시간이 필요 없이 실제 애플리케이션 개발 및 테스트의 대부분을 수행할 수 있다.

런타임 재구성

마지막으로 런타임 구성 문제를 살펴보자. AR 프레임워크를 위한 유연하고 객체지향적인 아키텍처를 개발하는 주된 이유는 비전통적인 사용자 인터페이스를 구축할 때의 피할 수 없는 복잡성 때문이라는 점을 기억하자. 다양한 메커니즘과 장치를 단일 시스템에 결합하면 위험이 증가한다. 특히 개발 및 디버깅 과정에서 해당 컴포넌트 중 하나 이상이 오작동하거나 고장나게 된다. 하나의 문제가 발생할 때마다 전체 시스템을 다시 시작해야 하기 때문에, 초기화하거나 런타임 작업을 위해 애플리케이션 라이프타임을 별도의 단계로 분리하는 전통적인 방법은 신속한 프로토타이핑에 적합하지 않다.

대신, AR 프레임워크의 모든 기능은 아니지만 많은 기능을 런타임으로 재구성할 수 있어야 한다. 이런 요구를 충족시키기 위해 시스템 컴포넌트의 인터페이스는 변경이 발생한 후에 자체 포함된 재초기화가 발동될 수 있게 설계해야 한다. 예를 들어 특정 트래킹 기기에서 애플리케이션 객체로 데이터플로우를 제공하도록 설정된 AR 시스템이라면 트래킹 장치 연결을 끊고 대체 트래킹 장치를 시작한 후, 새 기기의 데이터플로우를 다시 애플리케이션 객체에 연결한다. 런타임으로 이런 유연성을 달성하기는 까다로울 수 있는데, 개발자가 코드를 간단하게 유지 관리하기 위해 일반적으로 채택하는 시스템 설정과 관련해 많은 불변의 가정을 사용할 수는 없기 때문이다. 그럼에도 불구하고 특히 분산 환경에서는 반복 개발 및 런타임 디버깅을 훨씬 쉽게 수행할 수 있어 사용할 가치가 충분하다.

런타임에서만 재구성하는 원시 기능은 애플리케이션 개발자의 요구 사항을 완전히 해결하지 못한다. 또한 적절한 디버깅 인터페이스를 통해 검사 및 재구성을 위해 라이브 시스템 상태를 노출시켜야 일반적으로 사용자가 쓸 수 없는 시스템 내장 함수를 조작할 수 있다. 시스템 데이터에 대한 전반적인 액세스를 제공하는 핵심적 해법은 반사체를 영리하게 사용하는 것이다. 런타임 객체 시스템에서 반사가 가능하면 개발자가 큰 노력을 기울이지 않고도 시스템 상태를 자동으로 열거할 수 있다. 시스템은 런타임 객체 저장소를 탐색하고 모든 항목을 명령 줄 또는 그래픽 사용자 인터페이스에 표시할 수 있다.

예를 들어 틴미스는[피에카르스키와 토머스 2003] 네트워크 파일시스템 NFS의 에뮬레이션으로 계층적 객체 저장소를 노출한다. 다른 호스트에서 NFS 클라이언트를 사용하면 개발자가 기존 유닉스^{UNIX} 파일 도구를 사용해 객체 저장소를 조작할 수 있다. DWARF에서[맥윌리엄스 등 2003] 분산 객체의 데이터플로우는 독점적 그래픽 시각화 도구를 사용해 런타임에서 시각화하고 수정할 수 있다. Vj컨트롤^{VjControl}은[저스트(Just) 등 2001] VR 저글러^{VR Juggler}로[비어바움 등 2001] 알려진 VR 프레임워크의 디버깅 프론트엔드로, 개발자는 네트워크를 통해 VR 저글러의 내부 상태를 제어할 수 있다. 아발론은[지버트와 다네 2006] 데이터플로우와 씬 그래프를 검사하고 조작할 수 있는 HTML 페이지를 자동으로 생성해 웹 서버를 통해 데이터플로우와 씬 그래프를 노출하는 특별한 해결책을 제안한다. 따라서 모든 웹 브라우저를 디버깅에 사용할 수 있다. 이 솔루션은 특히 장치에서 직접 디버깅하는 것이 어렵거나 불가능한 모바일 기기를 사용할 때 매우 유용하다는 이점이 있다.

AR 플랫폼 선택

이 장에서는 성공적으로 시연된 AR 플랫폼 및 프로젝트의 소프트웨어 엔지니어링 원칙에 대해 설명했다. 오늘날 성공적인 AR 소프트웨어 라이브러리 중 상당수는 실제로 이러한 원칙이나 적어도 그 일부를 잘 나타내고 있다. 그러나 문제는 여전히 남아 있다. 소프트웨어 개발자가 새로운 아이디어를 구현하기 위한 최상의 지원을 찾기 위해서는 어떤 라이브러리와 시스템 지원 도구를 사용해야 할까? 답은 물론 개발자의 특정 요구 사항에 달려 있다. 지원되는 하드웨어 및 소프트웨어 플랫폼은 고려해야 할 핵심 요소다. 트래킹 지원의 유형과 품질 또한 중요한 결정 요소다. 또한 콘텐츠 지원 역시 중요한 결정 요소인데, 매력적인 콘텐츠는 많은 AR 애플리케이션의 중요한 측면이기 때문에 오늘날의 개발 킷은 게임 엔진과 함께 작동하며, 어떤 엔진이 지원되고 어떤 임포트 옵션을 사용할 수 있는지가 플랫폼 선택에 영향을 줄 수 있다. 마지막으로 지원되는 프로그래밍 언어, 런타임 시스템, 신속한 프로토타이핑 도구는 개발자에게 매우 중요하다.

지원되는 AR 플랫폼과 SDK 환경도 빠르게 변화하고 있다. PTI 뷰포리아^{Vuforia}, 구글의 프로젝트 탱고^{Project Tango}, 마이크로소프트의 홀로렌즈^{HoloLens} 플랫폼 같은 업계 대표 주자가 지원하는 것을 비롯해 많은 도구가 나와 있다. 애플은 2015년 설립된 AR 플랫폼 제공 업체 테마이오^{Metaio}를 인수해 AR 업계 소식의 헤드라인을 장식하기도 했다. 확고한 AR 솔루션 및 플랫폼 제공 업체로는 디퓨전^{D'Fusion} 소프트웨어를 개발한 토널 이멀젼^{Total Immersion}이 있다. 그 외에도 많은 라이브러리와 툴킷이 있다. 이 책의 웹사이트에서 관련 정보를 찾아볼 수 있다.[2]

요약

AR 소프트웨어 엔지니어링은 매우 까다롭다. AR은 분산 운영을 지원해야 하는 복잡한 실시간 소프트웨어 인프라를 필요로 하기 때문이다. 이런 문제를 해결하기 위해 여러 가지 핵심적 추상화를 사용할 수 있다. 하나의 중요한 개념은 데이터플로우를 기반으로 하는 분산 객체 시스템을 사용하는 것이다. 이런 파이프 앤 필터^{pipes-and-filters} 아키텍처를 사용하면, 프로그래머가 컴포넌트를 개별적으로 개발하고 테스트한 후 서로 연결해 작동하는 애플리케이션을 만들 수 있다. 추가적인 장점은 네트워크에서 여러 호스트에 걸쳐 컴포넌트 연결을 가능하게 함으로써 이 접근법이 자연적으로 분산 시스템으로 확장된다는 것이다. 또 다른 중요한 솔루션은 계층적 씬 그래프를 사용해 AR 환경에서 가상 및 실제 객체를 모델링하는 것이다. 씬 그래프와 데이터 플로우 그래프를 연결해 완전한 AR 처리 파이프라인을 그래프와 같은 구조로 표현할 수 있다. 또한 시스템 아키텍처는 리플렉션을 사용함으로써 많은 이점을 얻는다. 즉,

---

2   http://www.augmentedrealitybook.org

네트워크 투명성을 단순화하는 것 외에도 신속한 프로토타이핑, 런타임 검사 및 AR 프레임워크를 구성하는 객체 컬렉션 디버깅을 위한 스크립트 언어 바인딩을 제공하는 것이 중요하다.

14장

미래

바야흐로 디지털 기술이 지배하는 정보 시대에 접어들었다. 디지털 기술은 물리적 제약에 구애받지 않고 전례 없는 속도로 진전되고 있다. 원래 집적 회로의 트랜지스터 수가 기하급수적으로 증가할 것을 예측하기 위해 등장했던 무어의 법칙은 정보 기술 분야의 전반적 발전과 관련해서도 비슷하게 적용되기에 이르렀다.

정보 기술로 인해 일상생활에 처음 큰 변화를 보인 것은 1980년대 초반으로, 이 무렵 사무 환경이 아날로그에서 디지털로 바뀌게 됐다. 1990년대부터는 정보 기술과 인터넷을 통해 대화, 메일, 사진, 음악 감상 같은 개인 생활의 영역까지도 돌이킬 수 없는 변화를 겪게 됐다. 이후 수년간 소셜 컴퓨팅, 모바일 컴퓨팅, 그리고 클라우드가 정보 세계에 도입됐다.

이런 발전은 어떤 면에서는 와이저의 유비쿼터스 컴퓨팅에 대한 설명에서 이미 예견됐다고 할 수 있다. 처음 발표됐던 1991년, 누구나 많은 컴퓨터를 지니게 될 것이라는 와이저의 선언은 요원하고 위험한 발언으로 여겨졌다. 하지만 오늘날엔 정보 기술 분야의 전문가가 아니더라도 많은 사람들이 일상적으로 여행할 때 여러 기기를 가지고 다니며, 와이파이 핫스팟이나 대규모 혹은 공유 디스플레이에 무선 디스플레이 연결을 하거나, 심지어 슈퍼마켓의 계산대까지도 기존 기술 인프라에 접목해 더욱 매끄럽게 운영된다.

그렇다고 해서 오늘날의 유비쿼터스 컴퓨팅이 와이저가 예언했듯 단지 조용한 컴퓨팅^{calm computing}인 것은 아니다. 오히려, 때로는 삶의 모든 측면에 대한 전용 스마트폰 앱이 존재하는 것처럼 느껴지기도 한다. 모든 것을 위해 적합한 앱을 가지고 있다는 것은 이미 따분한 이야기가 됐다.

AR이 그 유망한 대안이라 할 수 있다. AR은 머리나 몸에 착용하거나 공간 AR 디스플레이를 이용해 계속해서 활용될 수 있다. 오늘날 AR은 게임이나 광고 같은 엔터테인먼트 관련 분야에서 두드러지게 사용되고 있다. 그런데도 이런 응용의 영역을 넘어서는 새로운 VR과 AR 기술 개발을 위한 대규모의 상업적 투자가 이뤄지고 있기도 하다.

이제 마지막 장에 온 만큼, 우리는 개선이 필요하지만 그만큼 보상도 큰 AR의 몇 가지 분야를 논의해보겠다. 이 논의와 함께, 비록 빗나갈 위험은 있지만 미래에 대한 예측도 해보겠다. 이런 예측에 대해서는 독자들이 스스로 판단하길 바라며, 시간이 그 답을 알려줄 것이다.

무엇이 비즈니스 사례의 동력이 될 수 있을까

AR의 상업적 활용은 그저 개념 증명의 시연에 그쳐서는 안 된다. 돈을 내는 고객들은 그에 상응하는 가치를 요구한다. 보통, 전문가와 소비자라는 두 가지 용도로 분류할 수 있다.

전문 사용자

전문 사용자에게 새로운 기술이란 빠르거나 (따라서 저렴한) 고품질로 어떤 목표를 달성해줄 수 있는 도구가 된다. 전문가의 영역에서는 비싸더라도 새로운 도구를 활용해서 얻는 이득이 충분하다고 신뢰할 수 있으면 하드웨어를 사서 이용하게 된다. 무거운 장비를 옮겨야 하는 등 인체공학적 한계가 있다고 해도 이런 것이 용인될 수 있다. 예를 들어, 건축 현장의 엔지니어나 수술실의 의사가 사용하는 도구를 생각해보자.

전문 사용자는 해당 기술을 사용할 때 신뢰성과 지속적인 수익 창출을 동시에 기대한다. 사용 중 90%만 작동하는 기술이라면 충분치 않을 것이다. 전문가는 또한 기술 적용이 확립돼 있는 업무 흐름의 맥을 끊는다면 사용을 꺼릴 때가 많다. 새로운 기술이 경쟁력을 갖추려면 분명한 이익이 있어야 한다.

따라서 전문가를 위한 AR 애플리케이션은 튼튼하며 테스트가 잘 이뤄져 있어야 한다. 값비싸고 특별한 하드웨어가 필요하거나 심지어 사용법이 까다롭다 해도(훈련을 통해 사용법을 익힐 수 있는 수준까지에 한한다.) 전통적인 다른 대안으로는 달성할 수 없을 정도의 상당한 이득을 줘야 하는 것이다. 소프트웨어 품질에 관해서는 연구 용도의 프로토타입에 투자한 소프트웨어 기술의 10배는 투입돼야 한다는 뜻이 된다. 게다가 기업 정보 시스템 같은 기존 리소스와 AR 애플리케이션이 제대로 병합될 필요도 있을 것이다.

소비자

일반적인 소비자라면 도입해 장기적인 혜택을 얻어야 할 필요가 없기에 새로운 기술에 대한 수용 장벽이 더 낮다. 그래서 AR은 광고와 게임처럼 단기적으로 흥미롭고 재미있는 경험 자체가 목표인 곳에서 매력적인 기술이 된다. 물론 신기한 효과와 초기의 흥분은 쉽게 가라앉기 마련이고, 이것으로 기술의 결점을 덮어줄 수는 없다. 새로운 플랫폼이 없다면 기술적 문제는 악화되는데, 플랫폼은 구축하기 어렵기 때문에 소비자용 AR은 사용자들이 이미 보유하고 있는 기기에서 전달할 수 있는 순전히 소프트웨어로만 이뤄진 솔루션이어야 한다. 소비자 애플리케이션은 사용하기가 아주 쉬워야 하고 훈련 같은 것은 거의 필요 없으며, 예외적인 경우에만 HMD 같은 주변 기기에 의존해야 한다. 더욱이, 사용자들이 콘텐츠에 대해 기대하는 품질은 굉장히 높다. 오늘날의 사용자들은 어디에서나 최고 수준의 영화와 게임 같은 시각적 수준을 기대하게 됐으며, AR도 예외는 아니다. 트래킹이 흔들리거나 폴리곤 수가 적은 모델을 참아낼 리는 없다.

전문가와 소비자 양쪽 모두에서, 급진적이지만 마무리가 덜 된 제품보다는 잘 조율된 기술과 콘텐츠가 결합된 재래식 기능이 합쳐진 애플리케이션이어야 시장에서 성공할 확률이 높아진다. 그렇기에 상업적 분야에 진입할 만한 새로운 것이 개발되려면 생각보다 오랜 시간이 걸릴지도 모른다. 특히 AR 애플리케이션은 상업화가 완전히 이뤄지려면 먼저 다른 인프라(예를 들어 실내의 지도를 제공하는 온라인 서비스) 확립이 선결 과제가 된다.

AR 개발자의 위시 리스트

모바일 컴퓨팅은 분명 AR을 가능하게 해줄 핵심적 기술이다. 스마트폰 같은 모바일 기기는 상당한 연산 능력을 아무 때나 사용할 수 있게 해준다. 하지만 스마트폰은 다목적 기기며 크기, 무게, 전력 소모량, 또한 무엇보다도 가격에서 여러 취사선택이 이뤄져야 한다.

기술적으로 가능한 많은 기능은 더 기본적인 요건과 충돌할 수 있기 때문에 실제로 기기에 탑재되지 않을 가능성이 높다. 예를 들어 센서들을 추가할 때 배터리 수명에 과한 영향을 주지 않아야 하므로 새로운 센서는 전력 소모량이 적정하게 맞춰진 다음에야 기기에 결합될 수 있다. 다른 제품 사양 결정들 역시 가격에 좌우되며, 충분한 수요가 확실히 밝혀지면 이는 변경될 수 있다. 예를 들어, 최근까지 스마트폰에는 카메라 프로세서가 하나였고, 전면과 후면 카메라로 동시에 동영상을 촬영할 수는 없었다. 이런 제약은 아마도 두 번째 카메라 프로세서의 비용 때문이었을 가능성이 크다. 그래서 동시 트래킹을 위해 두 개의 카메라를 모두 활용하는 AR 애플리케이션은 불가능했다. 최근의 하드웨어 세대는 이런 제약을 없앴는데, 카메라 앱에 있는 사진 속 사진같이 편리한 '셀카' 사진을 찍기 위한 새로운 기능 요구에 부응한 것으로 보인다.

그럼 지금의 모바일 기기들이 스마트폰에서 작동하는 핸드헬드 AR에 더 적합해지면서도 기기의 다른 기능에 영향을 주거나 비용이 크게 오르지 않는 몇 가지 개조 가능성을 생각해보자. 그다음으로는 머리에 착용하는 AR로 가서, 스마트폰은 주머니에 넣어둔 채로 그냥 적절한 센서를 장착하고 무선으로 연결된 헤드셋을 구상해보자. 구글(프로젝트 탱고)과 마이크로소프트(홀로렌즈) 같은 회사들은 이미 이런 쪽을 연구하고 있지만, 아직 대규모 소비자 시장에 맞는 결과물을 내놓지는 못하고 있다. 그럼 특정한 제품과는 관계없이 이런 애플리케이션에 대한 배경을 알아보겠다.

저수준 카메라 API

카메라 모듈은 보통 완전히 독립적이고, 최종 사용자를 위한 애플리케이션에서 의도된 고수준의 기능으로만 접근할 수 있다. 카메라 컨트롤은 간접적으로 이뤄지며, 초점과 화이트 밸런스 같은 많은 카메라 설정들은 사용자에게 노출되거나 끌 수가 없다. 이런 점은 AR에는 단점인데, 카메라 하드웨어를 완전히 조정할 수 있다면 큰 혜택을 볼 수 있기 때문이다. 프랑켄카메라Frankencamera 프로젝트는[애덤스(Adams) 등 2010] 운영체제를 우회함으로써 로우 레벨로 카메라에 액세스할 수 있다는 점을 보여줬지만, 이러려면 관리자 권한으로 접근해야 하며 하드웨어의 추상화를 풀어야 한다. 하지만 프랑켄카메라조차도 카메라 하위 시스템에 임베드된 중요한 리소스인 이미지 프로세서에는 액세스할 수 없다. 운영 시스템 벤더 사가 카메라 하드웨어에 대한 완전한 컨트롤을 부여해주는 로우 레벨 API를 제공할 수 있을 것이다.

여러 카메라

미니어처 카메라는 아주 저렴해서 여러 유닛으로 모바일 기기를 구축할 수 있다. 오늘날 사용되는 표준 스마트폰은 뒷면에 있는 카메라로 사진과 동영상을 촬영하고, 전면에 있는 저해상도 카메라는 화상 회의에 쓰도록 돼 있다. 그러므로 이런 한계를 넘어서 볼 수 있겠다. 아마존에서 2014년 6월부터 2015년 8월까지 잠시만 판매됐던 아마존 파이어 폰은 네 개의 전면 카메라로 실시간 얼굴 트래킹이 가능했다. 핸드헬드 기기에 탑재될 수 있는 최대 카메라 개수가 적은 편이긴 하지만 여러 개의 카메라를 입체 매칭에 활용할 수 있다. 게다가 여러 카메라로 잡은 중복 이미지는 메트릭 재구성, 더 편리한 실시간 서라운드 파노라마 사이드 애플리케이션을 사용한 라이트필드 캡처, 역동적인 범위 이미징과 여타 컴퓨터 사진술을 포함해 AR과 관련된 많은 애플리케이션에도 사용할 수 있다.

광시야각 카메라

광시야각 카메라는 하나의 사진에 더 넓은 풍경을 담을 수 있다. 광시야각을 지원하는 렌즈 광학은 값이 비싸며, 컴팩트한 케이스 디자인과는 잘 맞지 않는다. 하지만 이미지 기반 감지와 트래킹에 실수적인 입력치를 제공할 수 있다[오스키퍼(Oskiper) 등 2015]. 실시간 애플리케이션은 입력된 정보를 잘 처리해야 하므로, 고품질의 센서가 필수적이다. 예를 들어 마이크로소프트 홀로렌즈는 네 개의 환경 감지 카메라를 이용해 광시야각을 구현하고, 헤드셋 옆면에 각 두 개씩, 그리고 심도 감지 카메라와 정면을 향하는 카메라가 추가될 것으로 예측되고 있다.

센서

마이크로소프트 키넥트가 특히 AR/VR 연구 커뮤니티에서 비교적 성공을 거두면서, 구조광이나 전달 시간 원칙 중 하나를 기반으로 하는 미니어처 센서 개발 붐이 일었다. 인텔의 리얼센스^{RealSense}와 같은 상용 센서들은 이미 모바일 기기에 탑재되고 있으며, 구글 탱고 플랫폼은 점차 기기 수가 늘어가며 확장 추세에 있다. 센서는 성능 차가 큰데, 3D 감지는 모바일 AR에 중요한 기능이다. 환경의 삼차원 표현을 직접 얻으면 모바일 기기에서 연산 시간을 대단히 줄일 수 있고, 전력 소모도 그만큼 줄일 수 있다(다만 센서 자체에서 전력을 많이 소모하기는 한다). 더욱 중요한 것은 심도 센서에 의존하는 AR 시스템이라면 일반 이미지 처리보다 훨씬 강하기 때문에 약한 조명같이 컴퓨터 비전에 영향을 주는 불리한 환경적 조건을 그다지 걱정할 필요가 없다는 점이다. 따라서 애초에 차세대 기기를 위한 프리미엄 기능으로 마케팅됐던 심도 센서가 곧 흔해지기를 기대한다.

나이트 비전과 열 감지를 위한 적외선 감지 기술이 대폭 개선되고 기술의 소형화와 가격대가 소비자 기기에 이런 센서를 탑재할 만한 지점에 근접하고 있다. 이로 인해 광량이 적은 환경에서도 내비게이션이나 협업 등에 새로운 AR 애플리케이션을 적용할 수 있게 될 것이다.

마찬가지로, AR은 향상된 위치와 방향 센서로부터도 큰 혜택을 받게 될 것이다. 적당한 가격대의 RTK GPS 기술과 3장에서 논의했던 레이저 자이로스코프로 포즈 감지 기술을 확장하고 포즈 연산의 신뢰성을 대폭 개선할 수 있을 것으로 보인다.

통합 메모리

모바일 기기는 보통 CPU와 GPU 같은 프로세서 코어가 가용 메모리를 공유할 수 있 게끔 통합 메모리 아키텍처가 적용된다. 하지만 이런 디자인은 저비용과 저전력 소모 에 최적화돼 있다. 실제로는 코어들이 가용 메모리 대역폭을 공유해야 하며, 공유 메 모리 아키텍처는 애플리케이션 개발자에게 노출되지 않는다. 즉 CPU와 GPU 사이에 데이터가 분명히 복제돼야 하는데, 이는 느리고 낭비 요소가 된다. 주변, 특히 동영상 데이터로부터 데이터 스트림은 직접 GPU로 전달될 수 없다. 통합 메모리 아키텍처 로 로우 레벨 인터페이스를 노출해주면 이런 비효율적인 우회책을 피할 수 있다. 이 런 '베어 메탈bare metal' 인터페이스는 프로그래밍하기가 더 어렵고, 잘못 사용하면 운 영체제의 안정성을 떨어뜨릴 염려도 있다. 이 부분에서는 개발자의 능력을 신뢰하는 것이 좋다고 판단된다.

모바일 GPU의 병렬 프로그래밍

일반 그래픽 프로세스 유닛GPGPU은 병렬적으로 무작위의 프로그램들을 대단위로 실행한다. 모바일 GPU도 데스크톱 컴퓨터 부품과 똑같은 기능으로 설계되지만, GPGPU 프로그래밍 언어를 모두 다 지원하지는 않는다. 오픈CL은 아직도 실험적 상 태로 구하기가 어려우며, CUDA는 최신 NVIDIA의 모바일 GPU 세대에서만 제공되 는데, 사용자층이 아직 두텁지 않다. 이미지 처리와 스테레오 매칭 같은 수치적 알고리 즘을 위해서는 GPU 성능이 CPU보다 크게 앞서야 한다. 온도와 전력의 제약 때문에 GPU가 계속해서 완전히 로딩되지 못하는 경우에도, GPGPU 기능을 필요할 때 사용 할 수 있도록 하면 AR 애플리케이션이 더욱 강력하게 작동할 수 있다. 장기적으로는 전용 하드웨어의 CPU나 GPU에 특수 기능을 추가해 전력 요건을 줄일 수 있을 것이다. 우리는 개발자들에게 가능한 모든 하드웨어를 활용할 기회를 줘서 새롭고 중요한 기능 이 전용 하드웨어 유닛에 탑재되기 전에 식별해낼 수 있도록 해야 한다는 입장이다.

더 나은 디스플레이

광학 투과 헤드마운트 디스플레이의 수도 늘고 품질도 높아지고 있지만, 누구나 바라 는 기기는 아직 나오지 않았다. 최근의 연구용 프로토타입은 이 분야의 개발을 위한 가능한 방향을 보여준다.

AR 경험을 대폭 개선해줄 첫 번째 발전은 광시야각 디스플레이다. 오큘러스와 HTC/밸브의 것 같은 비투과형 디스플레이는 90도 이상의 시야를 제공한다. 반면 상용 광학 투과 디스플레이의 시야는 30도 미만이다. 이렇게 좁은 시야로는 사용자가 계속 머리를 움직여야만 관심 물체 하나에 정확히 초점이 맞고, 주변 시야는 의미가 없어진다. 사용자의 상황 인지를 강화하는 등의 '간과되고 있는' 여러 증강 기능을 위한 AR 경험 설계는 아직 제대로 지원되지 않고 있으며, 사용자의 시야 전역에 걸친 대규모 증강 이용도 마찬가지다.

오늘날 디스플레이 기술이 가진 한계는 AR을 그저 라벨이나 작은 3D 물체에 지점 기반으로 주석을 제공하는 편협한 수준에 머물게 한다. 하지만 우리는 AR을 VR과 마찬가지로 몰입을 주면서, 실제 세계가 좀 더 주된 역할을 하는 것으로 보기를 바란다. 설계한 건물의 실제 크기 건축 모델 앞에, 실제 세워질 정확한 장소에 서서, 실제 세계의 올바른 빛과 그림자가 드리워지는 건물 전체를 제대로 경험하는 일이 가능해져야 한다. 심지어는 이런 건물 모델 안으로 들어가서 내부를 감상할 수도 있어야 한다. 멀리 떨어져 있는 물체를 시각적으로 연결해주는 것과 같은 광시야각 AR 주석이 담긴 고급 VR 시뮬레이션이[렌(Ren) 등 2016] 이미 이런 신기한 기능을 제공하고 있기도 하다. 새로운 광학 디자인이라면 AR이 큰 진전을 이룰 수 있게 해줄 것이다(2장 참조).

현재 HMD의 부피가 크다는 사실도 HMD가 널리 확산되는 데 하나의 큰 걸림돌로 작용하는 것 같다. 그러므로 개선이 필요한 두 번째 부분은 소형화다. AR 콘택트 렌즈라는 아이디어가 그래서 매력적으로 보인다. 하지만 하일리히와 빔버가[2011] 설득력 있게 설파했듯이, 이런 비전을 현실화하는 데는 필요한 광학적 요소의 크기, 동력 공급원, 또한 내구성과 건강에 미치는 영향 등 많은 장애물이 존재한다. 두 사람은 진짜 콘택트 렌즈 디스플레이는 그저 가능성의 하나일 뿐이라고 일축한다. 그로부터 5년이 지난 지금까지도 우리는 독립형 콘택트 렌즈 디스플레이에 대해서는 똑같은 기술적 장애에 묶여 있다. 하지만 2장에서 논의했듯, 최근의 눈 근접과 라이트 필드 디스플레이 기술의 개발은 최소한 더욱 경량인(그리고 좀 멋진!) 바이저 형태의 기기가 개인에 맞춘 콘택트 렌즈와 결합돼 초점과 필터링 옵션이 주어질 수도 있어 보인다.

AR과 VR 경험 양쪽에서 세 번째로 크게 개선돼야 할 것은 다양한 초점 지원이다. 재래식 디자인의 디스플레이는 초점 거리가 고정돼 있다. 시뮬레이션된 물체와 디스플레이 간의 거리 차이 때문에 입체 이미지를 정확하게 인식하기가 어렵다. 연습을 거친다고 해도 이런 종류의 디스플레이를 보고 있으면 피로감이 쌓인다. 다양한 초점이나[후앙(Huang) 등 2015] 적응형 초점을 지원하는 디스플레이는 이미 언급했듯이 AR 스타트업 기업인 매직리프에서 개발 중이며, 훨씬 편리한 관람 경험을 제공할 것으로 보인다. 라이트 필드 투영을 활용한 상용 솔루션은 입체 이미지 페어가 고차원의 라이트 필드 표현으로 대체돼야 하기 때문에 새로운 하드웨어뿐 아니라 컴퓨터 그래픽 소프트웨어 역시 변해야 한다[웨츠스틴(Wetzstein) 2015]. 최초의 상업적 라이트 필드 디스플레이는 개인용 눈 근접 디스플레이 형태로, 아마도 처음에는 소비자가 바라는 것보다 커다랗게 만들어질 것이다. 더 가보면 몇 가지 미뤄져 있는 기술적 돌파구가 있는데, 미니어처 프로젝터에서 공중에 실물 같은 3D 이미지를 쏘는 투영형 부피 측정 디스플레이로 우리의 옷에 비출 수 있다는 더 편리한 소셜 디스플레이의 대안이 될 것이다.

AR을 야외로

모바일 AR에는 사용자가 어디든 갈 수 있는 편리함이 있다. 하지만 현실에서는 최근의 상용 AR이라 해도 AR을 야외에서 구동하는 것은 훨씬 어려운 일이기 때문에 아직도 실내 사용을 전제로 하고 있다. AR이 획기적인 기술이 되려면 어디에서든, 특히 야외에서도 사용될 수 있어야 한다. 이미지 기반의 위치 측정은 야외 AR에서 중요하고도 가장 도전적인 컴포넌트다. 그런데 GPS나 관성 방향 트래킹 같은 내장 센서에만 의존하는 AR은 경험의 품질이 다소 떨어지기 때문에, 우리는 이 접근법이 야외용 AR에서는 의미 있거나 실현 가능하다고 생각하지 않는다. 따라서 야외 위치 측정에 관한 여러 분야에서, 또한 넓은 지역의 위치 측정에서 많은 개선이 절실하다.

협조적이지 않은 사용자

AR 시스템은 사용법이 아주 간단해야 한다. 사용자들이 AR 기기 작동법을 익히거나 배우는 데 협조적이리라 기대해서는 안 된다. 사용자는 기기를 주머니에서 꺼내서(이 것도 귀찮으니 이미 착용한 채로), 어떤 장소를 향하기만 하면 흥미로운 무언가가 일어나리라고 기대하게 마련이다. 이런 보고 찍기만 하는 접근법은 행동 방식을 처리하기 어렵기로 악명이 높다. 예를 들어, 사용자가 흰색 벽이나 하늘 같은 부적합한 위치를 향해 빠른 동작으로 컴퓨터 비전을 처리해야 하는 카메라를 돌릴 수도 있다. 성공적인 AR 시스템이라면 이런 행동 양식을 가능한 한 수용할 수 있어야 할 것이다. 그러려면 상당히 자주 발생할 오류 케이스를 처리할 탄탄한 방법이 필요하다. 특히, 계속해서 트래킹이 초기화될 때 최소한의 지연율로 작동하며, 하나가 실패할 경우 대체할 대안이 여러 개 필요하다. 이런 부분은 보통 오늘날의 상업적(혹은 연구용) 솔루션에서는 처리되지 않고 있다.

제한된 기기 역량

가까운 미래에 위치 측정은 기기에서 직접 이뤄질 것이다. 클라우드에서 위치 측정을 처리하는 것은 매력적이긴 하지만, 현재로서는 지연 시간이 수용 제한치를 넘어선다. 오늘날의 무선 네트워크는 빠르긴 하지만, 실제 야외의 어느 곳에 있는지에 따라 성능이 엄청나게 달라진다. 우리는 실시간 애플리케이션에서 언제나 원격 프로시저 요청을 지원할 정도로 네트워크 연결성을 신뢰할 수 없다. 설사 신뢰할 수 있다 하더라도 클라이언트-서버 시스템의 경계에서 세분화 작업이 필요 없다는 뜻도 아니다. 그렇다면 서버가 미리 데이터를 가져오거나 배경에서 작동하는 비동기식 요법으로 클라이언트가 일정한 프레임 레이트로 실제의 AR 디스플레이를 생성한다면 큰 도움이 될 것이다. 하지만 이런 비동기식 시스템은 네트워크 지연 시간에서 큰 변동을 용인할 수 있어야 하며, 서비스 품질 저하를 처리할 수 있는 형태로 처리돼야 한다. 또한 서버가 즉시 응답하지 않을 때도 사용자가 선택할 수 있는 옵션이 늘 존재해야 한다. 그러려면 AR 애플리케이션 디자인도 다시 고려해, 전체 시스템의 상태에 따라 여러 수준의 작동이 가능해야 한다. 말할 것도 없이, AR 시스템에서 이런 동시성이 요구된다면 시스템 개발이 더욱 복잡해진다.

위치 측정 성공률

이 책에서 지금까지 설명한 모든 비법을 다 활용해 위치 측정 성공률을 높여야 한다 [아스 등 2009][아스 등 2012][아스 등 2015]. 여기에는 많은 기술이 있지만, 충분한 성능을 제공하는 것들은 특정 상황 처리에만 뛰어나다는 한계가 있다. 어떤 기법은 까다로운 관람 조건을 잘 처리하고, 어떤 기법은 모델 데이터베이스든 실제 입력 스트림이든 최소한의 입력 데이터로도 작동한다. 특히 상당한 용량의 데이터나 연산에 의존하는 방식은 성공률이 더 높다. 그렇다면 예를 들어 데이터베이스를 철저하게 검색하거나 특징 트래킹을 조밀하게 해야 한다는 뜻이 된다. 또한 모든 센서와 연산 유닛을 포함해 기기가 제공하는 기능을 모두 사용하는 것이 좋다. 더욱 정확한 관성 및 방향 센서, 심도 센서 같은 새로운 센서와 함께 GPGPU 같은 새로운 연산 유닛을 활용하면 도움이 되지만, 그러면 전력 소모가 크게 증가한다. 이 모든 옵션을 적절히 조합해야만 야외에서도 괜찮은 위치 측정 성공률을 보이는 시스템이 완성될 것이다. 분명, 강력한 하드웨어를 사용한다 하더라도 이런 종류의 솔루션에는 엄청나게 복잡한 소프트웨어 엔지니어링이 필요할 것이다. 초보자용 기기에서 제공되는 것을 포함한 하드웨어 성능의 범위를 조정하기는 더욱 까다롭다.

요약하자면, 오늘날 야외 AR을 위한 많은 솔루션이 나와 있지만 이들을 활용하기란 간단하지 않다. 모든 난제를 동시에 해결하려면 극히 정교한 소프트웨어 엔지니어링이 필요한데, 모바일 기기의 단순한 '앱' 세계에서 경제적으로 수용 가능하게 여겨지는 복잡도를 한참 넘어서게 되는 것이다. 클라이언트 소프트웨어 외에도, 클라우드 서비스 형태의 인프라 역시 구축해야 한다. 우리는 제대로 된 야외용 AR이 탄생하려면 수년간 개발이 더 이뤄져야 할 것으로 본다.

스마트 물체와의 인터페이스

유비쿼터스 컴퓨팅에 대해 1990년대에 제안된 많은 아이디어들이 오늘날 사물 인터넷IoT이라는 용어로 다시 모습을 드러내고 있다. 이 트렌드는 점점 더 많은 소비자 전자 제품이 재래식 마이크로 제어 장치보다는 시스템 온 칩systems-on-chip 방식으로 컨트롤된다는 사실로 인해 더욱 불붙고 있다. 경쟁사와 차별화되는 제품을 계속 선보여야 하는 제조사들은 이런 시스템 온 칩의 프로그래밍 가능성을 소프트웨어를 통해 신기능으로 활용하고 있다. 무선 네트워킹은 이런 신기능 중 하나로, 평범한 물체를 IoT에 연결해 스마트 기기로 바꿔준다. 비슷한 트렌드가 산업에서도 발견되는데, 기계와 설비를 가상 물리 시스템cyber-physical system으로 구성하는 것이다.

IoT가 독특한 점은 사용자가 물리적 환경을 더 잘 통제할 수 있게 해주는 데 있다. 하지만 현재로는 이런 컨트롤에 어떤 인터페이스 종류가 적합한지 불분명하다. 먼저, 전문가가 아니면 잘 이해하기 어려운 많은 매개변수를 조작하려면 벅찰 수가 있다. 둘째, 사용자가 알고 있는 기기와 서비스에 연결할 수 있도록 해주는 서비스는 널리 퍼지기에 작동법이 그리 간단하지 않다.

AR은 데스크톱 컴퓨팅에서 흔히 할 수 있는 것처럼 환경 내에 있는 스마트 기기를 직접 조작 가능하게 해줄 수 있다. AR 시스템에서 어떤 기기를 사용자가 현재 보고 있거나 만지고 있는지 감지한다고 생각해보자. AR 시스템은 이런 대상 물체에 IoT를 통해 접근해, 사용자가 해당 기기를 조절할 수 있게 해준다. 이런 컨트롤은 직접 수행하거나, 직접적인 물리적 조작을 가능케 해주는 접촉형 인터페이스 또는 가상 인터페이스를 통해 이뤄질 수 있다. 대상 기기가 고정형이 아닐 경우, 기기가 멀리 있거나 많은 기기를 한 번에 조작하고 싶을 때는 가상 인터페이스가 더 편리하다.

이런 형태의 AR은 보통의 접촉형 상호작용에 비해 장점이 많다. 첫째, 스마트 기기를 제어하는 것이 AR 디스플레이를 통해 시각적으로 보인다. 둘째, 제어되는 상호작용의 반응을 AR 디스플레이를 통해 제시할 수 있다. 두 가지 장점 모두, 아주 작거나 디스플레이가 들어있지 않아서 반응을 제대로 확인할 수 없는 스마트 기기라면 특히 중요하다.

사용자 주위에 있는 물체의 공간 배열은 맥락과 관련해 가장 중요한 요소인데, 현재의 IoT 접근법에서는 거의 무시되고 있는 형편이다. 예를 들어 퍼스널 디스플레이를 생각해보자. 대부분의 사람들은 오늘날 거실에 있는 TV, 데스크톱 또는 노트북 컴퓨터, 스마트폰, 태블릿 등 여러 개의 디스플레이를 가지고 있다. TV 수상기에는 인터넷이 연결되며, 새 자동차에는 터치스크린이 달려 있다. 스마트 시계와 안경에 탑재된 디스플레이도 많은 관심을 끌고 있다. 이런 디스플레이 중 일부는 연동될 수 있게끔 설계돼 있다. 예를 들어, 스마트폰의 음악 재생 기능을 카 오디오의 터치스크린을 통해 제어하거나, 문자 메시지를 스마트워치에 전송할 수 있다. 이럴 때 세컨드 스크린second-screen 애플리케이션에서는 현재 방송 중인 TV 프로그램의 배경 정보를 보여준다. 하지만 현재로서는 이런 연동이 일어나는 경우가 드물다.

미래에는 모든 정보가 공간 근접성과 단순한 사용자 입력만으로 가능한 어느 디스플레이에나 보내질 수 있을 것으로 기대된다. 사실, 점점 많은 연구 프로토타입들이 이미 이런 시도를 하고 있다[그루버트(Grubert) 등 2015]. 반면, 제조사들은 자기 회사의 제품군에서만 이런 연동을 지원하는 것이 일반적이다. 이런 연동 분야에서의 진전은 과거를 봐도 느리게 이뤄졌는데, 상호운용성의 표준을(대부분 대표 주자들이 시장에서 주도권을 잡고 있다.) 확립해야만 수직적인 시스템 통합이 이뤄질 수 있거나, 어쩌면 업계 표준에 대한 협상이 진행 중이기 때문일 수도 있다.

입력 역시 마찬가지다. 환경 내에서 공간적 관계를 확정하고 나면 AR 트래킹과 등록에 관련된 많은 지오메트리 관계를 추론할 수 있다[퍼스카(Pustkas) 등 2011]. 예를 들어, 사용자 두 명의 스마트폰으로 투 카메라 트래킹 시스템을 구동하는 등 여러 트래킹 시스템이 있을 때는 간접적으로 트래킹되는 물체 역시 AR 애플리케이션에서 활용될 수 있도록 데이지 체인 연결을 할 수 있다. 현재로는 트래킹 시스템 간의 이런 상호운용이 이뤄지지 않아 많은 가능성을 놓치게 된다.

가상 현실과 증강 현실의 합류 지점

언젠가 AR 시스템이 물리 환경에 대한 모든 것을 알게 될 때는 무슨 일이 생길까? 3D 감지와 실시간 재구성에서 일어난 발전은 놀라워서, 우리 주변 환경의 세밀한 모델을 만들어낼 수 있다. 충분한 노력만 기울이면 비디오 카메라로 찍은 것과 거의 구분하기 힘든 디지털 환경을 합성해낼 수 있다.

결국 씬 획득은 즉시 일어나게 될 것이다. 그러면 실제 세계에 기초한 완벽한 가상 현실 경험을 전달할 수 있게 돼, 증강 현실과 가상 현실을 효과적으로 합쳐서 고품질의 증강 가상을 구현할 수 있을 것이다. AR과 VR에 더 이상 서로 다른 시스템이 필요하지 않게 되고, 다양한 층위의 현실을 마음대로 전환할 수 있게 될 것이다. 사용자는 즉시 다른 곳, 아니면 임의로 변형한 실제 세계로 갈 수 있게 될 것이다.

앨런 튜링은 흔히 튜링 테스트라고 알려져 있는 이미테이션 게임을[튜링 1950] 고안했는데, 사람이 적혀 있는 내용으로 대화를 진행하면서 상대방의 대답을 통해 그가 사람인지 컴퓨터인지 가려내는 것이다. 곧 시각적 튜링 테스트를 통과하는 증강 가상 경험을 할 수 있는 날이 와서[샨(Shan) 등 2013], 사진과 렌더링을 나란히 보여줘도 사람이 둘 중 어느 것이 진짜인지 구별할 수 없게 될 것이다. 하지만 움직이는 이미지가 이런 신뢰도를 보이는 것은 AR의 실시간 요건을 고려하지 않더라도 힘든 도전이 될 것이다.

그보다 더 큰 난관은 촉감을 사실적으로 구현하는 디스플레이가 될 것이다. AR은 포스 피드백과 택타일 피드백을 적용하지 않더라도 잘 작동할 수 있지만, 2장에서 논의했던 다중 감각 AR은 촉감을 활용해 엄청난 혜택을 줄 수 있음을 보여줬다. 사람의 증강에 대해 논의했던 착용하거나 이식하는 장비의 다양한 옵션은 우리 앞의 물리적 환경을 변화시키는 아주 미래적인 프로그래밍의 문제로까지 발전했다[골드스틴(Goldstein) 등 2005].

사람의 증강

공상 과학 소설에서는 인공 장기나 일부는 인간이고 일부는 기계인 사이보그라는 개념이 인기를 끈다. 이런 많은 소설에서는 사이보그가 악당의 역할을 맡는 디스토피아적 세계관을 보여준다. 하지만 많은 기술 개발은 사람의 인지와 일반인의 행동을 강화하는 것을 목표로 한다.

중단 없는 사용을 염두에 두지 않는 스마트폰과는 달리, 웨어러블 컴퓨터는 우리가 영구적으로 착용하는 의상이거나 심지어는 신체의 연장선으로 설계되기도 한다. 웨어러블 컴퓨터의 큰 이점은 언제나 활용할 수 있으며 1초도 안 되는 짧은 시간 안에 효율적인 상호작용을 할 수 있다는 점이다. 이런 마이크로 상호작용은 일단 주머니에서 꺼내야 하고 사람의 주의를 독차지하는 기기에서는 구현하기 어렵다.

웨어러블 컴퓨팅의 가장 중요한 부분은 센서와 작동 장치의 배치다. 제일 먼저 활용할 수 있는 부분은 안경, 이어폰, 마이크, 시선 트래커, 카메라가 보는 방향과 맞춰서 배치되기에 적절한 머리다. HMD는 디스플레이가 계속 시야에 머물 수 있으며 손은 자유로이 두고서 쳐다보는 것만으로 확인할 수 있기에 몸에 착용하는 디스플레이보다 엄청난 이점이 있다. 머리에 착용하는 전자 기기라면 착용한 사람이 실제로 어떤 활동을 하고 있는 것인지 남들이 알아채기 어려울 것이므로 프라이버시 보호 측면이 크게 개선된다. 손목은 스마트워치나 손목 밴드를 착용하기에 좋다. 손목 밴드는 혈압이나 맥박 같은 생명 신호를 측정할 수도 있지만, 손 제스처 센서를 탑재할 수도 있다.

건강 및 자가 측정 애플리케이션으로 인기를 끌고 있는 여타 생체 신호 감지 센서들은 가슴 등에 부착할 수 있을 것이다. 만보계에 유용하지만 자세 감지와 활동 확인에도 활용할 수 있는 관성 센서는 신체 어디에든 부착할 수 있다. 마찬가지로, 몸에 부착한 진동 촉감 실행 장치는 눈과 귀를 기울이지 않고도 환경 디스플레이를 제공할 수 있다.

뇌파 탐지EEG 기기는 보통 두개에 모자 모양으로 착용한다. 피부에 직접 닿지 않으며 비싸지 않고 비교적 성능이 제한적인 센서이긴 해도, EEG는 감정 상태와 두뇌 활동 감지에 점점 적합해지고 있다. 두뇌와 컴퓨터 인터페이스 연구에서는 단순한 '염력' 애플리케이션으로 일반 사용자들도 우리의 환경을 생각만으로 제어하는 날이 멀지 않았음을 보여준다[프리드리히(Freidrich) 등 2013]. 출력 면에서는 뇌심부 자극술이(현재는 침습적인 전극에 의존하고 있다.) 환자의 경련 증세를 경감시키는 데 성공적으로 활용되고 있다.

이 모든 기술이 함께 가치 있는 목적으로 사용될 수 있는 중요한 분야가 바로 요양 시설이다. 노인이나 신체 장애를 겪는 이들을 위해 안경 같은 수동적 보조물은 수 세기 동안 이용돼왔다. 전자 보청기는 비교적 최근에 발명됐지만 널리 퍼졌다. 생활 보조기 분야에 향상을 가져올 신기술은 이런 기술이 꼭 필요한 이들에게만이 아니라 편리함을 추구하는 건강한 이들을 위해서도 상당한 잠재력을 가지고 있다. HMD를 통해 비디오 기반의 확대나 텍스트 읽기 기능으로 적극적인 독서 보조 기능을 제공할 수 있다. 관성 센서는 착용자가 넘어지는지 멈춰 서는지를 감지할 수 있다. 심각한 마비 증세를 겪고 있는 환자라면 이미 의사 소통을 EEG에 의존하고 있다.

이 모든 기술이 정교한 AR 시스템과 함께 쓰인다면 힘을 강화해주는 엑소스켈레톤을 착용하거나(군용으로 이미 존재하고 있다.) 침습적으로 피부 밑에 센서를 삽입하는 것처럼 극단적인 방법을 취하지 않고도 사람에게 사이보그 같은 능력을 줄 수 있을 것이다. 현재로서는 어떤 형태의 인간 증강이 사회적으로 용인될 것인지가 불분명하다. 최근 구글 글래스를 공개 장소에서 착용하는 얼리아답터들에 대한 대중의 반응은 비디오 감시의 남용에 대한 크나큰 우려를 보여줬다. 한편으로는, 스마트폰처럼 눈에 보이는 전자 기기보다 눈에 띄지 않는 웨어러블 전자 기기의 사용이 훨씬 문제가 될 것으로 보인다. 하지만 또 한편으로는 친구나 일정, 심지어 지금 어디에 있는지 같은 일상생활의 세부적인 내용을 스스로[파이너 1999] 구글이나 페이스북 같은 클라우드 서비스에 노출하고 있는 것도 사실이다(그리고 정부 첩보 기관 역시 이를 확인할 수 있다).

웨어러블 기술을 갑자기 물리적으로 눈에 띄게만 만들어도 이런 우려가 대중의 관심을 폭발적으로 끌어올릴 수 있을 것임은 자명하다. 분명, 웨어러블 컴퓨팅을 활용할 때 용인되는 행동에 대한 사회적 규정이 정해져야 한다. 그리고 이런 사회적 규정의 원칙은 AR 같은 사용자 인터페이스에 대한 것이 아니라 데이터 프라이버시 자체에 대한 문제가 돼야 할 것이다.

극적 매체로서의 AR

맥킨타이어 등은[2001] AR이 기술적 활용도를 넘어 서사나 극을 다루는 매체로 발전할 수 있으며, AR을 위해 적합한 매체를 개발해야 한다고 주장한다. 이런 연구에 따르면 '작가와 개발자들이 대상 사용자를 위한 의미 있는 경험을 만들어낼 수 있게끔 활용할 수 있는 규약과 디자인 요소로서 매체 형식을 생각해볼 수 있다.' 다시 말해, AR의 모든 기술적 문제를 해결한다고 해도(이것이 이 책에서 주로 다루는 점이다.) 이런 성과로 인해 AR이 극장, 영화, TV 프로그램, 더 최근의 매체로는 컴퓨터 게임과 비교해 성공적인 극적 매체에 가까워지는 것은 아니다.

새로운 매체는 그 자체로서의 매체 형태가 될 것이며, 사용해가면서 그 규칙과 실행은 진화할 것이다. 오슨 웰리스의 영화 《시민 케인Citizen Kane》이 현대 영화의 중요한 스타일적 규칙을 확립한 것으로 평가받듯이, 수년간에 걸쳐 AR 스토리텔링의 형식도 확정돼갈 것이다. 다음과 같은 아주마Azuma의[1997] AR 요건은 AR의 중요한 특징에 대해 힌트를 준다.

- AR은 현실과 가상을 합친다. 가상 콘텐츠를 물리 환경 어디에든 디스플레이하는 것은 풍성한 극적 가능성을 도출한다.
- AR은 공간에 등록된다. 그래서 사용자는 경험의 관점을 제어할 수 있다.

■ AR은 실시간으로 상호작용할 수 있다. 그 경험이 수동적인 가상 콘텐츠만 담고 있다 하더라도 우리는 최소한 물리 공간과 늘 상호작용할 수 있다.

그 예로, 자유로운 카메라 제어에서 오는 서사의 초점에 대한 문제를 생각해보자. 이야기를 진행해나가는 동력이 되는 캐릭터나 사물에 카메라를 향할 동기가 사용자에게 충분히 주어져야 한다. 컴퓨터 게임에서 일인칭 카메라 제어는 종종 '컷 씬'이라고 하는 미리 짜여진 카메라 컨트롤로 대체돼, 스토리에서 상호작용할 수 없는 부분을 진행한다. 게임과는 달리 AR은 사용자에게서 카메라 제어권을 가져올 수 없다. 그래서 AR은 영화나 게임보다는 연극 무대나 상호작용 박물관 설치물에 더 맞는 극적 규칙이 적용된다는 놀라운 결론에 도달하게 된다.

소셜 컴퓨팅 플랫폼으로서의 AR

극적 매체의 시각화 도구에 더해, AR은 의사소통을 위한 도구로도 활용될 수 있다. 그런 점에서 AR은 월드 와이드 웹www과 많은 면에서 비슷한 특징을 지니며, 수동적인 소비자가 전 세계적인 애플리케이션 플랫폼에 연결되는 전형적인 정보 시스템으로부터 진화해, 더욱 중요하게는 수백만의 사람들이 서로 연결될 수 있는 소셜 플랫폼으로 발전할 수 있다.

모바일 AR 기기가 완전히 독립형이 돼 프로세싱의 우려가 없어진다 해도, 콘텐츠는 여전히 클라우드에 있어야 한다는 점을 가정할 수 있다. 이 콘텐츠는 기자나[휠레러 등 1999a] 교통 당국 같은 상업적 공급자가 제공할 수 있지만, 점차적으로 소셜 네트워크에 있는 다른 개인들이 만들어내게 될 것이다. 트위터의 '해시태그' 같은 테마 카테고리에 더해, AR 사용자가 콘텐츠 필터링으로 장소나 상황을 선택하게 될 것이다. 플리커Flickr나 파노라미오Panoramio 같은 사진 웹사이트는 이미 지정학적 위치별 필터링을 제공하고 있기에, 소셜 네트워크 사용자들은 이런 개념에 익숙할 것이다. 그렇지만 AR은 이 콘셉트를 단순히 적용하는 것을 넘게 될 텐데, AR 콘텐츠는 조악한 지리적 장소를 넘어서 특정 사람, 특정 물체, 심지어는 물체의 특정 부분 같은 정확한 위치에 의존하게 된다. 사용자가 대규모 데이터를 효과적으로 검색할 수 있으려면 고급 메타 정보가 필요하다.

이런 종류의 콘텐츠 명세를 지원하는 마크업 언어는 이미 개발 중이다. AR 마크업을 위한 최소한의 솔루션은 웹 투 AR 시추에이션^{Web to an AR situation}이라는 개념으로 알려진 다소 단순한 전송으로 달성할 수 있다[매킨타이어 등 2013]. 실제 세계의 인공 물체는 (반드시 물리적 물체일 필요는 없다.) 가상 콘텐츠에 링크된다. 인공 물체, 링크, 콘텐츠는 AR 마크업의 세 가지 공리다. 콘텐츠의 레이아웃은 가상 콘텐츠 공간 배열의 유연성을 부여할 수 있는 스타일에 따라 좌우된다. 세부적인 위치 측정은 콘텐츠의 속성에 따라 주어지며, 한 가지 이상의 위치 측정을 설정할 수 있다.

웹 브라우저처럼 이런 디자인으로 구성된 AR 브라우저 역시 디스플레이 하나에 여러 콘텐츠를 스트리밍할 수 있다. 우리는 기기와 사용자의 주의를 독점하고 있는 'AR 앱'의 일반적인 스타일을 극복할 필요가 있기 때문에 이 점이 중요하다. 많은 페이스북 사용자들이 화면의 일부를 일종의 배경 디스플레이로서 페이스북 타임라인으로 고정해두고 배경 활동을 관찰하듯이, AR 브라우저도 '늘 켜져 있고' 다양한 소스에서 들어오는 맥락적 정보를 사용자가 원하는 강도로 보여줄 수 있다. AR 연구자들은 킬러 앱을 선보이기 위해 다방면으로 오랫동안 고민해왔다[나바브(Navab) 2004]. AR은 이런 킬러 앱의 대안으로서 우리의 디지털과 물리 세계를 통합해주는 새로운 경험으로 떠오를 수 있다[바바(Barba) 등 2012].

요약

독자들이 이 마지막 장을 읽고 있는 지금 이 순간에도 미래는 현재로 바뀌고 있다. 이 장에서 언급한 많은 기회들이 주류 소비자에게 출시될 날도 멀지 않았다. 시장에서의 성공과 사용자의 확산은 많은 요인에 달려 있으며 예측하기도 어렵지만, 이 장에서는 AR이 이미 정복하기 시작한 중요한 비즈니스 케이스들을 살펴봤다. AR은 지금 부상하고 있는 스마트 기기를 활용한 인터넷의 인터페이스가 될 것이다. 그리고 도움이 필요한 사람들에게 활용될 것이다. 스토리 텔러들에게도 채택될 것이며, 소셜 매체로도 활용될 것이다. 이 모든 분야가 AR 없이도 얼마든지 활용 가능하지만, AR과 함께 한다면 훨씬 풍성한 경험을 줄 수 있다.

AR은 기술 면에서나 디자인 면에서나 근사한 많은 기회를 열어준다. 우리는 독자 여러분이 이런 발전에 크게 기여해주길 기대한다!

참고 문헌

Abowd, G. D., Atkeson, C. G., Hong, J., Long, S., Kooper, R., and Pinkerton, M. (1997) Cyberguide: A mobile context-aware tour guide. Wireless Networks 3, 5, Springer, 421-433.

Adams, A., Talvala, E.-V., Park, S., Jacobs, D., Ajdin, B., Gelfand, N., Dolson, J., Vaquero, D., Baek, J., Tico, M., Lensch, H., Matusik, W., Pulli, K., Horowitz, M., and Levoy, M. (2010) The Frankencamera: An experimental platform for computational photography. ACM Transactions on Graphics (Proceedings SIGGRAPH) 30, 5, article 29.

Adcock, M., Anderson, S., and Thomas, B. (2013) RemoteFusion: Real time depth camera fusion for remote collaboration on physical tasks. In: Proceedings of the ACM SIGGRAPH International Conference on Virtual-Reality Continuum and Its Applications in Industry (VRCAI), 235-242.

Agrawala, M., Beers, A.C., McDowall, I., Fröhlich, B., Bolas, M., and Hanrahan, P. (1997) The two-user responsive workbench. Proceedings of the ACM SIGGRAPH Conference on Computer Graphics and Interactive Techniques, 327-332.

Agusanto, K., Li, L., Chuangui, Z., and Sing, N. (2003) Photorealistic rendering for augmented reality using environment Illumination. Proceedings of the IEEE and ACM International Symposium on Mixed and Augmented Reality (ISMAR), 208-216.

Airey, J. M., Rohlf, J. H., and Brooks, F. P. Jr. (1990) Towards image realism with interactive update rates in complex virtual building environments. Proceedings of the ACM SIGGRAPH Symposium on Interactive 3D Graphics (I3D), 41-50.

Aittala, M. (2010) Inverse lighting and photorealistic rendering for augmented reality. The Visual Computer 26, 6, Springer, 669-678.

Alem, L., Tecchia, F., and Huang, W. (2011) HandsOnVideo: Towards a gesture based mobile AR system for remote collaboration. In: Recent Trends of Mobile Collaborative Augmented Reality Systems, Springer, 135-148.

Allen, B. D., Bishop, G., and Welch, G. (2001) Tracking: Beyond 15 minutes of thought. ACM SIGGRAPH Course Notes 11.

Anabuki, M., and Ishii, H. (2007) AR-Jig: A handheld tangible user interface for modification of 3D digital form via 2D physical curve. Proceedings of the IEEE and ACM International Symposium on Mixed and Augmented Reality (ISMAR), 55-66.

Anabuki, M., Kakuta, H., Yamamoto, H., and Tamura, H. (2000) Welbo: An embodied conversational agent living in mixed reality space. ACM SIGCHI Extended Abstracts on Human Factors in Computing Systems, 10-11.

Arief, I., McCallum, S., and Hardeberg, J. Y. (2012) Realtime estimation of illumination direction for augmented reality on mobile devices. Proceedings of the IS&T and SID Color and Imaging Conference, 111-116.

Arth, C., Klopschitz, M., Reitmayr, G., and Schmalstieg, D. (2011) Real-time self-localization from panoramic images on mobile devices. Proceedings of the IEEE International Symposium on Mixed and Augmented Reality (ISMAR), 37-46.

Arth, C., Mulloni, A., and Schmalstieg, D. (2012) Exploiting sensors on mobile phones to improve wide-area localization. Proceedings of the International Conference on Pattern Recognition (ICPR), 2152-2156.

Arth, C., Pirchheim, C., Ventura, J., Schmalstieg, D., and Lepetit, V. (2015) Instant outdoor localization and SLAM initialization from 2.5D maps. IEEE Transactions on Visualization and Computer Graphics (Proceedings ISMAR) 21, 11, 1309-1318.

Arth, C., Wagner, D., Irschara, A., Klopschitz, M., and Schmalstieg, D. (2009) Wide area localization on mobile phones. Proceedings of the IEEE International Symposium on Mixed and Augmented Reality (ISMAR), 73-82.

Arun, K. S., Huang, T. S., and Blostein, S. D. (1987) Least-squares fitting of two 3-D point sets. IEEE Transactions on Pattern Analysis and Machine Intelligence 9, 5, 698-700.

Auer, T., and Pinz, A. (1999) Building a hybrid tracking system: Integration of optical and magnetic tracking. Proceedings of the International Workshop on Augmented Reality (IWAR), 13-22.

Avery, B., Piekarski, W., and Thomas, B. H. (2007) Visualizing occluded physical objects in unfamiliar outdoor augmented reality environments. Proceedings of the IEEE and ACM International Symposium on Mixed and Augmented Reality (ISMAR), 285-286.

Avery, B., Sandor, C., and Thomas, B.H. (2009) Improving spatial perception for augmented reality X-ray vision. Proceedings of IEEE Virtual Reality (VR), 79-82.

Azuma, R. T., (1997) A survey of augmented reality. Presence: Teleoperators and Virtual Environments 6, 4, MIT Press, 355-385.

Azuma, R., Baillot, Y., Behringer, R., Feiner, S., Julier, S., and MacIntyre, B. (2001) Recent advances in augmented reality. IEEE Computer Graphics and Applications 21, 6, 34-47.

Azuma, R. T., and Bishop, G. (1994) Improving static and dynamic registration in an optical see-through HMD. Proceedings of the ACM SIGGRAPH Conference on Computer Graphics and Interactive Techniques, 197-204.

Azuma, R., and Furmanski, C. (2003) Evaluating label placement for augmented reality view management. Proceedings of the IEEE and ACM International Symposium on Mixed and Augmented Reality (ISMAR), 66-75.

Bachmann, E. R., and McGhee, R. B. (2003) Sourceless tracking of human posture using small inertial/magnetic sensors. Proceedings of the IEEE International Symposium on Computational Intelligence in Robotics and Automation (CIRA), 822-829.

Bae, S., Agarwala, A., and Durand, F. (2010) Computational rephotography. ACM Transactions on Graphics 29, 3, article 24.

Baillot, Y., Brown, D., and Julier, S. (2001) Authoring of physical models using mobile computers. Proceedings of the IEEE International Symposium on Wearable Computers (ISWC), 39-46.

Bajura, M., and Neumann, U. (1995) Dynamic registration correction in augmented-reality systems. Proceedings of the IEEE Virtual Reality Annual International Symposium (VRAIS), 189-196.

Baker, S., and Matthews, I. (2004) Lucas-Kanade 20 years on: A unifying framework. International Journal of Computer Vision 56, 3, Springer, 221-255.

Balcisoy, S., Kallman, M., Torre, R., Fua, P., and Thalmann, D. (2001) Interaction techniques with virtual humans in mixed environments. Proceedings of the International Symposium on Mixed Reality (ISMR), 205-216.

Balogh, T., Kovács, P. T., and Megyesi, Z. (2007) HoloVizio 3D display system. Proceedings of the International Conference on Immersive Telecommunications, ICST, article 19.

Bandyopadhyay, D., Raskar, R., and Fuchs, H. (2001) Dynamic shader lamps: Painting on movable objects. Proceedings of the IEEE and ACM International Symposium on Augmented Reality (ISAR), 207-216.

Bane, R., and Höllerer, T. (2004) Interactive tools for virtual X-ray vision in mobile augmented reality. Proceedings of the IEEE and ACM International Symposium on Mixed and Augmented Reality (ISMAR), 231-239.

Banks, M. S., Kim, J., and Shibata, T. (2013) Insight into vergence-accommodation mismatch. Proceedings of SPIE—International Society for Optical Engineering 8735.

Barakonyi, I., Fahmy, T., and Schmalstieg, D. (2004a) Remote collaboration using augmented reality videoconferencing. Proceedings of Graphics Interface, 89-96.

Barakonyi, I., Psik, T., and Schmalstieg, D. (2004b) Agents that talk and hit back: Animated agents in augmented reality. Proceedings of the IEEE and ACM International Symposium on Mixed and Augmented Reality (ISMAR), 141-150.

Barba, E., MacIntyre, B., and Mynatt, E. D. (2012) Here we are! Where are we? Locating mixed reality in the age of the smartphone. Proceedings of the IEEE 100, 4, 929-936.

Baričević, D., Höllerer, T., Sen, P., and Turk, M. (2014) User-perspective augmented reality magic lens from gradients. Proceedings of the ACM Symposium on Virtual Reality Software and Technology (VRST), 87-96.

Baričević, D., Lee, C., Turk, M., Höllerer, T., and Bowman, D. A. (2012) A hand-held AR magic lens with user-perspective rendering. Proceedings of the IEEE International Symposium on Mixed and Augmented Reality (ISMAR), 197-206.

Barnum, P., Sheikh, Y., Datta, A., and Kanade, T. (2009) Dynamic seethroughs: Synthesizing hidden views of moving objects. Proceedings of the IEEE International Symposium on Mixed and Augmented Reality (ISMAR), 111-114.

Barron, J. T., and Malik, J. (2015) Shape, illumination, and reflectance from shading. IEEE Transactions on Pattern Analysis and Machine Intelligence 37, 8, 1670-1687.

Barsky, B. A., and Kosloff, T. J. (2008) Algorithms for rendering depth of field effects in computer graphics. Proceedings of the WSEAS International Conference on Computers, 999-1010.

Bastian, J., Ward, B., Hill, R., van den Hengel, A., and Dick, A. (2010) Interactive modelling for AR applications. Proceedings of the IEEE International Symposium on Mixed and Augmented Reality (ISMAR), 199-205.

Bau, O., and Poupyrev, I. (2012) REVEL: Tactile feedback technology for augmented reality. ACM Transactions on Graphics (Proceedings SIGGRAPH) 31, 4, article 89.

Baudisch, P., and Rosenholtz, R. (2003) Halo: A technique for visualizing off-screen objects. Proceedings of the ACM SIGCHI Conference on Human Factors in Computing Systems (CHI), 481-488.

Bauer, M., Bruegge, B., Klinker, G., MacWilliams, A., Reicher, T., Riss, S., Sandor, C., and Wagner, M. (2001) Design of a component-based augmented reality framework. Proceedings of the IEEE and ACM International Symposium on Augmented Reality (ISAR), 45-54.

Bauer, M., Kortuem, G., and Segall, Z. (1999) "Where are you pointing at?": A study of remote collaboration in a wearable videoconference system. Proceedings of the IEEE International Symposium on Wearable Computers (ISWC), 151-158.

Baur, D., Boring, S., and Feiner, S. (2012) Virtual Projection: Exploring optical projection as a metaphor for multi-device interaction. Proceedings of the ACM SIGCHI Conference on Human Factors in Computing Systems (CHI), 1693-1702.

Bay, H., Tuytelaars, T., and van Gool, L. (2006) SURF: Speeded up robust features. Proceedings of the European Conference on Computer Vision (ECCV), Springer, 404-417.

Beckhaus, S., Lechner, A., Mostafawy, S., Trogemann, G., and Wages, R. (2004) alVRed: Methods and tools for storytelling in virtual environments. Proceedings Internationale Statustagung zur Virtuellen und Erweiterten Realität.

Bederson, B. (1995) Audio augmented reality: A prototype automated tour guide. ACM SIGCHI Conference Companion on Human Factors in Computing, 210-211.

Bell, B., Feiner, S., and Höllerer, T. (2001) View management for virtual and augmented reality. Proceedings of the ACM Symposium on User Interface Software and Technology (UIST), 101-110.

Bell, B., Höllerer, T., and Feiner, S. (2002) An annotated situation-awareness aid for augmented reality. Proceedings of the ACM Symposium on User Interface Software and Technology (UIST), 213-216.

Bell, S., Bala, K., and Snavely, N. (2014) Intrinsic images in the wild. ACM Transactions on Graphics (Proceedings SIGGRAPH) 33, 4, article 159.

Benford, S., Greenhalgh, C., Reynard, G., Brown, C., and Koleva, B. (1998) Understanding and constructing shared spaces with mixed-reality boundaries. ACM Transactions on Computer-Human Interaction 5, 3, 185-223.

Benko, H., Ishak, E. W., and Feiner, S. (2004) Collaborative mixed reality visualization of an archaeological excavation. Proceedings of the IEEE and ACM International Symposium on Mixed and Augmented Reality (ISMAR), 132-140.

Benko, H., Ishak, E. W., and Feiner, S. (2005) Cross-dimensional gestural interaction techniques for hybrid immersive environments. Proceedings of IEEE Virtual Reality (VR), 209-216.

Benko, H., Jota, R., and Wilson, A. (2012) MirageTable: Freehand interaction on a projected augmented reality tabletop. Proceedings of the ACM SIGCHI Conference on Human Factors in Computing Systems (CHI), 199-208.

Benko, H., Wilson, A. D., and Zannier, F. (2014) Dyadic projected spatial augmented reality. Proceedings of the ACM Symposium on User Interface Software and Technology (UIST), 645-655.

Bier, E. A., Stone, M. C., Pier, K., Buxton, W., and DeRose, T. D. (1993) Toolglass and magic lenses: The see-through interface. Proceedings of the ACM SIGGRAPH Conference on Computer Graphics and Interactive Techniques, 73-80.

Bierbaum, A., Just, C., Hartling, P., Meinert, K., Baker, A., and Cruz-Neira, C. (2001) VR Juggler: A virtual platform for virtual reality application development. Proceedings of IEEE Virtual Reality (VR), 89-96.

Billinghurst, M., Bowskill, J., Jessop, M., and Morphett, J. (1998a) A wearable spatial conferencing space. Proceedings of the IEEE International Symposium on Wearable Computers (ISWC), 76-83.

Billinghurst, M., Kato, H., and Poupyrev, I. (2001) The MagicBook: A transitional AR interface. Computers & Graphics 25, Elsevier, 745-753.

Billinghurst, M., Weghorst, S., and Furness, T. A. (1998b) Shared space: An augmented reality approach for computer supported collaborative work. Virtual Reality 3, 1, Springer, 25-36.

Bimber, O., and Emmerling, A. (2006) Multifocal projection: A multiprojector technique for increasing focal depth. IEEE Transactions on Visualization and Computer Graphics 12, 4, 658-667.

Bimber, O., Emmerling, A., and Klemmer, T. (2005) Embedded entertainment with smart projectors. IEEE Computer 38, 1, 48-55.

Bimber, O., and Fröhlich, B. (2002) Occlusion shadows: Using projected light to generate realistic occlusion effects for view-dependent optical see-through displays. Proceedings of the IEEE and ACM International Symposium on Mixed and Augmented Reality (ISMAR), 186-319.

Bimber, O., Fröhlich, B., Schmalstieg, D., and Encarnação, L. M. (2001) The virtual showcase. IEEE Computer Graphics and Applications 21, 6, 48-55.

Bimber, O., and Raskar, R. (2005) Spatial Augmented Reality: Merging Real and Virtual Worlds. AK Peters.

Biocca, F., Tang, A., Owen, C., and Xiao, F. (2006) Attention funnel: Omnidirectional 3D cursor for mobile augmented reality platforms. Proceedings of the Hawaii International Conference on System Sciences, 1115-1122.

Björk, S., Falk, J., Hansson, R., and Ljungstrand, P. (2001) Pirates! Using the physical world as a game board. Proceedings of IFIP International Conference on Human Computer Interaction (INTERACT), 9-13.

Bleser, G., and Stricker, D. (2008) Advanced tracking through efficient image processing and visual-inertial sensor fusion. Proceedings of IEEE Virtual Reality (VR), 137-144.

Blinn, J., and Newell, M. (1976) Texture and reflection in computer generated images. Communications of the ACM 19, 10, 542-546.

Blundell, B., and Schwartz, A. (1999) Volumetric three-dimensional display systems. Wiley.

Bolt, R. A. (1980) "Put-that-there": Voice and gesture at the graphics interface. Proceedings of the ACM SIGGRAPH Conference on Computer Graphics and Interactive Techniques, 262-270.

Boom, B., Orts-Escolano, S., Ning, X. X., McDonagh, S., Sandilands, P., and Fisher, R. B. (2013) Point light source estimation based on scenes recorded by a RGB-D camera. Proceedings of the British Machine Vision Conference (BMVC).

Boring, S., Baur, D., Butz, A., Gustafson, S., and Baudisch, P. (2010) Touch projector: Mobile interaction through video. Proceedings of the ACM SIGCHI Conference on Human Factors in Computing Systems (CHI), 2287-2296.

Bowman, D. A., Chen, J., Wingrave, C. A., Lucas, J., Ray, A., Polys, N., Li, Q., Haciahmetoglu, Y., Kim, J.-S., Kim, S., Boehringer, R., and Ni, T. (2006) New directions in 3D user interfaces. International Journal of Virtual Reality 5, 2, 3-14.

Bowman, D. A., Kruijff, E., LaViola, J. J., and Poupyrev, I. (2004) 3D User Interfaces: Theory and Practice. Addison-Wesley.

Bowman, D. A., and McMahan, R. P. (2007) Virtual reality: How much immersion is enough? IEEE Computer 40, 7, 36-43.

Boyd, S., and Vandenberghe, L. (2004) Convex Optimization. Cambridge University Press.

Bränzel, A., Holz, C., Hoffmann, D., Schmidt, D., Knaust, M., Lühne, P., Meusel, R., Richter, S., and Baudisch, P. (2013) GravitySpace: Tracking users and their poses in a smart room using a pressure-sensing floor. ACM SIGCHI Extended Abstracts on Human Factors in Computing Systems, 2869-2870.

Braun, A., and McCall, R. (2010) User study for mobile mixed reality devices. Proceedings of the Joint Virtual Reality Conference, EUROGRAPHICS Association, 89-92.

Breen, D. E., Whitaker, R. T., Rose, E., and Tuceryan, M. (1996) Interactive occlusion and automatic object placement for augmented reality. Computer Graphics Forum 15, 3, Wiley-Blackwell, 11-22.

Broll, W., Lindt, I., Ohlenburg, J., Wittkämper, M., Yuan, C., Novotny, T., Fatah gen. Schieck, A., Mottram, C., and Strothmann, A. (2004) ARTHUR: A collaborative augmented environment for architectural design and urban planning. Journal of Virtual Reality and Broadcasting 1, 1.

Brown, L. D., Hua, H., and Gao, C. (2003) A widget framework for augmented interaction in SCAPE. Proceedings of the ACM Symposium on User Interface Software and Technology (UIST), 1-10.

Bryson, S. (1992) Measurement and calibration of static distortion of position data from 3D trackers. Proceedings of the SPIE Conference on Stereoscopic Displays and Applications, 244-255.

Buchmann, V., Nilsen, T., and Billinghurst, M. (2005) Interaction with Partially Transparent Hands and Objects. Proceedings of the Australasian Conference on User interfaces, Australian Computer Society, 12-17.

Buehler, C., Bosse, M., McMillan, L., Gortler, S., and Cohen, M. (2001) Unstructured lumigraph rendering. Proceedings of the ACM SIGGRAPH Conference on Computer Graphics and Interactive Techniques, 425-432.

Buker, T. J., Vincenzi, D. A., and Deaton, J. E. (2012) The effect of apparent latency on simulator sickness while using a see-through helmet-mounted display: Reducing apparent latency with predictive compensation. Human Factors 54, 2, Sage Publications, 235-249.

Bunnun, P., and Mayol-Cuevas, W. W. (2008) OutlinAR: An assisted interactive model building system with reduced computational effort. Proceedings of the IEEE and ACM International Symposium on Mixed and Augmented Reality (ISMAR), 61-64.

Burgess, D. A. (1992) Techniques for low cost spatial audio. Proceedings of the ACM Symposium on User Interface Software and Technology (UIST), 53-59.

Buschmann, F., Meunier, R., Rohnert, H., Sommerlad, P., and Stal, M. (1996) Pattern-Oriented Software Architecture, Volume 1, A System of Patterns. Wiley.

Butz, A., Beshers, C., and Feiner, S. (1998) Of vampire mirrors and privacy lamps: Privacy management in multi-user augmented environments. Proceedings of the ACM Symposium on User Interface Software and Technology (UIST), 171-172.

Butz, A., Höllerer, T., Feiner, S., MacIntyre, B., and Beshers, C. (1999) Enveloping users and computers in a collaborative 3D augmented reality. Proceedings of the International Workshop on Augmented Reality (IWAR), 35-44.

Cakmakci, O., and Rolland, J. (2006) Head-worn displays: A review. Journal of Display Technology 2, 3, IEEE/OSA, 199-216.

Calonder, M., Lepetit, V., Strecha, C., and Fua, P. (2010) BRIEF: Binary robust independent elementary features. Proceedings of the European Conference on Computer Vision (ECCV), Springer, 778-792.

Cao, X., and Foroosh, H. (2007) Camera calibration and light source orientation from solar shadows. Computer Vision and Image Understanding 105, 1, Elsevier, 60-72.

Cao, X., and Shah, M. (2005) Camera calibration and light source estimation from images with shadows. Proceedings of the IEEE Conference on Computer Vision and Pattern Recognition (CVPR), 923-928.

Card, S. K., Mackinlay, J. D., and Shneiderman, B. (1999) Readings in Information Visualization: Using Vision to Think. Morgan Kaufmann Publishers.

Caudell, T. P., and Mizell, D. W. (1992) Augmented reality: An application of heads-up display technology to manual manufacturing processes. Proceedings of the Hawaii International Conference on System Sciences, 659-669.

Cavazza, M., Martin, O., Charles, F., Mead, S., and Marichal, X. (2003) Interacting with virtual agents in mixed reality interactive storytelling. In: Intelligent Virtual Agents, Springer, 231-235.

Chan, L., Müller, S., Roudaut, A., and Baudisch, P. (2012) CapStones and ZebraWidgets: Sensing stacks of building blocks, dials and sliders on capacitive touch screens. Proceedings of the ACM SIGCHI Conference on Human Factors in Computing Systems (CHI), 2189-2192.

Chastine, J., Nagel, K., Zhu, Y., and Hudachek-Buswell, M. (2008) Studies on the effectiveness of virtual pointers in collaborative augmented reality. IEEE Symposium on 3D User Interfaces (3DUI), 117-124.

Chekhlov, D., Gee, A. P., Calway, A., and Mayol-Cuevas, W. (2007) Ninja on a plane: Automatic discovery of physical planes for augmented reality using visual SLAM. Proceedings of the IEEE and ACM International Symposium on Mixed and Augmented Reality (ISMAR), 1-4.

Chen, J., Izadi, S., and Fitzgibbon, A. (2012) KinÊtre: Animating the world with the human body. Proceedings of the ACM Symposium on User Interface Software and Technology (UIST), 435-444.

Chen, J., Turk, G., and MacIntyre, B. (2008) Watercolor inspired non-photorealistic rendering for augmented reality. Proceedings of the ACM Symposium on Virtual Reality Software and Technology (VRST), 231-234.

Chen, Q., and Koltun, V. (2013) A simple model for intrinsic image decomposition with depth cues. IEEE International Conference on Computer Vision (ICCV), 241-248.

Cheok, A. D., Fong, S. W., Goh, K. H., Yang, X., Liu, W., and Farzbiz, F. (2003) Human Pacman: A sensing-based mobile entertainment system with ubiquitous computing and tangible interaction. Proceedings of the ACM SIGCOMM Workshop on Network and System Support for Games, 106-117.

Cheok, A. D., Yang, X., Ying, Z. Z., Billinghurst, M., and Kato, H. (2002) Touch-Space: Mixed reality game space based on ubiquitous, tangible, and social computing. Journal of Personal and Ubiquitous Computing 6, 5-6, Springer, 430-442.

Cheshire, S., and Krochmal, M. (2006) DNS-based service discovery. IETF Internet Draft.

Coelho, E. M., MacIntyre, B., and Julier, S. J. (2004) OSGAR: A scene graph with uncertain transformations. Proceedings of the IEEE and ACM International Symposium on Mixed and Augmented Reality (ISMAR), 6-15.

Cohen, M. F., Wallace, J., and Hanrahan, P. (1993) Radiosity and realistic image synthesis. Academic Press Professional.

Collins, C. C., Scadden, L. A., and Alden, A. B. (1977) Mobile studies with a tactile imaging device. Proceedings of the Conference on Systems and Devices for the Disabled.

Cosco, F. I., Garre, C., Bruno, F., Muzzupappa, M., and Otaduy, M. A. (2009) Augmented touch without visual obtrusion. Proceedings of the IEEE International Symposium on Mixed and Augmented Reality (ISMAR), 99-102.

Craft, B., and Cairns, P. (2005) Beyond guidelines: What can we learn from the visual information seeking mantra? Proceedings of IEEE Information Visualization (InfoVis), 110-118.

Crivellaro, A., and Lepetit, V. (2014) Robust 3D tracking with descriptor fields. Proceedings of the IEEE Conference on Computer Vision and Pattern Recognition (CVPR), 3414-3421.

Crow, F .C. (1977) Shadow algorithms for computer graphics. Proceedings of the ACM SIGGRAPH Conference on Computer Graphics and Interactive Techniques, 242-248.

Cruz-Neira, C., Sandin, D. J., and DeFanti, T. A. (1993) Surround-screen projection-based virtual reality: The design and implementation of the CAVE. Proceedings of the ACM SIGGRAPH Conference on Computer Graphics and Interactive Techniques, 135-142.

Cummings, J., Bailenson, J., and Fidler, M. (2012) How immersive is enough? A foundation for a meta-analysis of the effect of immersive technology on measured presence. Proceedings of the Conference of the International Society for Presence Research.

Curless, B., and Levoy, M. (1996) A volumetric method for building complex models from range images. Proceedings of the ACM SIGGRAPH Conference on Computer Graphics and Interactive Techniques, 303-312.

Cutting, J. E., and Vishton, P. M. (1995) Perceiving layout and knowing distances: The integration, relative potency, and contextual use of different information about depth. In: W. Epstein and S. Rogers, eds., Handbook of Perception and Cognition, Vol. 5: Perception of Space and Motion. Academic Press, 69-117.

Dabove, P., and Petovello, M. (2014) What are the actual performances of GNSS positioning using smartphone technology? Inside GNSS 9, 6, Gibbons Media and Research, 34-37.

Dalheimer, M. K. (2002) Programming with Qt. O'Reilly Media.

Darken, R. P., and Peterson, B. (2001) Spatial orientation, wayfinding, and representation. In: K. Stanney, ed., Handbook of Virtual Environment Technology, CRC Press, 467-491.

Davison, A. J., Reid, I. D., Molton, N. D., and Stasse, O. (2007) MonoSLAM: Real-time single camera SLAM. IEEE Transactions on Pattern Analysis and Machine Intelligence 29, 6, 1052-1067.

Debevec, P. (1998) Rendering synthetic objects into real scenes. Proceedings of the ACM SIGGRAPH Conference on Computer Graphics and Interactive Techniques, 189-198.

Debevec, P. (2005) A median cut algorithm for light probe sampling. ACM SIGGRAPH Course Notes 6.

Debevec, P. E., and Malik, J. (1997) Recovering high dynamic range radiance maps from photo

graphs. Proceedings of the ACM SIGGRAPH Conference on Computer Graphics and Interactive Techniques, 369-378.

DiVerdi, S., and Höllerer, T. (2006) Image-space correction of AR registration errors using graphics hardware. Proceedings of IEEE Virtual Reality (VR), 241-244.

DiVerdi, S., Wither, J., and Höllerer, T. (2008) Envisor: Online environment map construction for mixed reality. Proceedings of IEEE Virtual Reality (VR), 19-26.

Dorfmüller, K. (1999) An optical tracking system for VR/AR-applications. Proceedings of the Eurographics Workshop on Virtual Environments (EGVE), Springer, 33-42.

Doucet, A., de Freitas, N., and Gordon, N., eds. (2001) Sequential Monte Carlo Methods in Practice. Springer.

Drettakis, G., Robert, L., and Bugnoux, S. (1997) Interactive common illumination for computer augmented reality. Proceedings of the Eurographics Workshop on Rendering Techniques, 45-56.

Drummond, T., and Cipolla, R. (2002) Real-time visual tracking of complex structures. IEEE Transactions on Pattern Analysis and Machine Intelligence 24, 7, 932-946.

Durrant-Whyte, H. F. (1988) Sensor models and multisensor integration. International Journal of Robotics Research 7, 6, Sage Publications, 97-113.

Eisemann, E., Wimmer, M., Assarsson, U., and Schwartz, M. (2011) Real-time shadows. CRC Press.

Elmqvist, N. (2011) Distributed user interfaces: State of the art. In: Gallud, J., Tesoriero, R., Penichet, V., eds., Distributed User Interfaces, Springer, 1-12.

Emoto, M., Niida, T., and Okano, F. (2005) Repeated vergence adaptation causes the decline of visual functions in watching stereoscopic television. Journal of Display Technology 1, 2, IEEE/OSA, 328-340.

Engel, J., Schöps, T., and Cremers, D. (2014) LSD-SLAM: Large-scale direct monocular SLAM. Proceedings of the European Conference on Computer Vision (ECCV), Springer, 834-849.

Enomoto, A., and Saito, H. (2007) Diminished reality using multiple handheld cameras. Proceedings of the ACM and IEEE International Conference on Distributed Smart Cameras, 251-258.

Everitt, C., and Kilgard, M. J. (2002) Practical and robust stenciled shadow volumes for hardware-accelerated rendering. arXiv preprint cs/0301002.

Faugeras, O. (1993) Three-Dimensional Computer Vision: A Geometric Viewpoint. MIT Press.

Feiner, S. K. (1999) The importance of being mobile: Some social consequences of wearable augmented reality systems. Proceedings of the International Workshop on Augmented Reality (IWAR), 145-148.

Feiner, S., MacIntyre, B., and Seligmann, D. (1993a) Knowledge-based augmented reality. Communications of the ACM 36, 7, 53-62.

Feiner, S., MacIntyre, B., Haupt, M., and Solomon, E. (1993b) Windows on the world: 2D windows for 3D augmented reality. Proceedings of the ACM Symposium on User Interface Software and Technology (UIST), 145-155.

Feiner, S., MacIntyre, B., Höllerer, T., and Webster, A. (1997) A touring machine: Prototyping 3D mobile augmented reality systems for exploring the urban environment. Proceedings of the IEEE International Symposium on Wearable Computers (ISWC), 74-81.

Feiner, S. K., and Seligmann, D. D. (1992) Cutaways and ghosting: Satisfying visibility constraints in dynamic 3D illustrations. The Visual Computer 8, 5-6, Springer, 292-302.

Fiala, M. (2010) Designing highly reliable fiducial markers. IEEE Transactions on Pattern Analysis and Machine Intelligence 32, 7, 1317-1324.

Fiorentino, M., de Amicis, R., Monno, G., and Stork, A. (2002) Spacedesign: A mixed reality workspace for aesthetic industrial design. Proceedings of the IEEE and ACM International Symposium on Mixed and Augmented Reality (ISMR), 86-94.

Fischer, J., Bartz, D., and Straßer, W. (2004) Occlusion handling for medical augmented reality using a volumetric phantom model. Proceedings of the ACM Symposium on Virtual Reality Software and Technology (VRST), 174-177.

Fischer, J., Bartz, D., and Straßer, W. (2005) Stylized augmented reality for improved immersion. Proceedings of IEEE Virtual Reality (VR), 195-202.

Fischer, J., Bartz, D., and Straßer, W. (2006) Enhanced visual realism by incorporating camera image effects. Proceedings of the IEEE and ACM International Symposium on Mixed and Augmented Reality (ISMAR), 205-208.

Fischer, J., Haller, M., and Thomas, B. (2008) Stylized depiction in mixed reality. International Journal of Virtual Reality 7, 4, 71-79.

Fischer, J., Huhle, B., and Schilling, A. (2007) Using time-of-flight range data for occlusion handling in augmented reality. Proceedings of the Eurographics Conference on Virtual Environments (EGVE), 109-116.

Fischler, M., and Bolles, R. (1981) Random sample consensus: A paradigm for model fitting with applications to image analysis and automated cartography. Communications of the ACM 24, 6, 381-395.

Fitzmaurice, G. W. (1993) Situated information spaces and spatially aware palmtop computers. Communications of the ACM 36, 7, 38-49.

Fitzmaurice, G. W., Ishii, H., and Buxton, W. A. S. (1995) Bricks: Laying the foundations for graspable user interfaces. Proceedings of the ACM SIGCHI Conference on Human Factors in Computing Systems (CHI), 442-449.

Fjeld, M., and Voegtli, B. M. (2002) Augmented chemistry: An interactive educational workbench. Proceedings of the IEEE and ACM International Symposium on Mixed and Augmented Reality (ISMAR), 259-321.

Fournier, A., Gunawan, A. S., and Romanzin, C. (1993) Common illumination between real and computer generated scenes. Proceedings of Graphics Interface, 254-262.

Fowler, M. (2002) Patterns of Enterprise Application Architecture. Addison-Wesley.

Foxlin, E. (1996) Inertial head-tracker sensor fusion by a complementary separate-bias Kalman filter. Proceedings of the IEEE Virtual Reality Annual International Symposium (VRAIS), 184-194.

Foxlin, E. (2005) Pedestrian tracking with shoe-mounted inertial sensors. IEEE Computer Graphics and Applications 25, 6, 38-46.

Foxlin, E., Altshuler, Y., Naimark, L., and Harrington, M. (2004) FlightTracker: A novel optical/inertial tracker for cockpit enhanced vision. Proceedings of the IEEE and ACM International Symposium on Mixed and Augmented Reality (ISMAR), 212-221.

Foxlin, E., Harrington, M., and Pfeifer, G. (1998) Constellation: A wide-range wireless motion-tracking system for augmented reality and virtual set applications. Proceedings of the ACM SIGGRAPH Conference on Computer Graphics and Interactive Techniques, 372-378.

Foxlin, E., and Naimark, L. (2003) VIS-tracker: A wearable vision-inertial self-tracker. Proceedings of IEEE Virtual Reality (VR), 199-206.

Franke, T. A. (2013) Delta light propagation volumes for mixed reality. Proceedings of the IEEE International Symposium on Mixed and Augmented Reality (ISMAR), 125-132.

Franke, T. A. (2014) Delta voxel cone tracing. Proceedings of the IEEE International Symposium on Mixed and Augmented Reality (ISMAR), 39-44.

Friedman-Hill, E. J. (2003) Jess in Action: Java Rule-Based Systems. Manning Publications.

Friedrich, E. V. C., Neuper, C., and Scherer, R. (2013) Whatever works: A systematic user-centered training protocol to optimize brain-computer interfacing individually. PLoS One 8, 9, e76214.

Frisby, J. P., and Stone, J. V. (2010) Seeing: The Computational Approach to Biological Vision. MIT Press.

Fuhrmann, A., Hesina, G., Faure, F., and Gervautz, M. (1999) Occlusion in collaborative augmented environments. Computers & Graphics 23, 6, Elsevier, 809-819.

Fuhrmann, A., Löffelmann, H., Schmalstieg, D., and Gervautz, M. (1998) Collaborative visualization in augmented reality. IEEE Computer Graphics and Applications 18, 4, 54-59.

Fuhrmann, A., Schmalstieg, D., and Purgathofer, W. (2000) Practical calibration procedures for augmented reality. Proceedings of the Eurographics Workshop on Virtual Environments (EGVE), 3-12.

Fung, J., and Mann, S. (2004) Using multiple graphics cards as a general purpose parallel computer: Applications to computer vision. Proceedings of the IEEE International Conference on Pattern Recognition (ICPR), 805-808.

Funkhouser, T., Jot, J.-M., and Tsingos, N. (2002) "Sounds good to me!" Computational sound for graphics, virtual reality, and interactive systems. ACM SIGGRAPH 2002 Course Notes.

Furness, T. (1986) The super cockpit and its human factors challenges. Proceedings of the Human Factors Society Annual Meeting, 48-52.

Fussell, S., Setlock, L., Yang, J., Ou, J., Mauer, E., and Kramer, A. (2004) Gestures over video streams to support remote collaboration on physical tasks. Human-Computer Interaction 19, 3, 273-309.

Gabbard, J., Swan, J. E. II, and Hix, D. (2006) The effects of text drawing styles, background textures, and natural lighting on text legibility in outdoor augmented reality. Presence: Teleoperators and Virtual Environments 15, 1, MIT Press, 16-32.

Gabbard, J. L., Swan, J. E. II, Hix, D., Si-Jung Kim, and Fitch, G. (2007) Active text drawing styles for outdoor augmented reality: A user-based study and design implications. Proceedings of IEEE Virtual Reality (VR), 35-42.

Gamma, E., Helm, R., Johnson, R., and Vlissides, J. (1994) Design Patterns: Elements of Reusable Object-Oriented Software. Addison-Wesley.

Gandy, M., and MacIntyre, B. (2014) Designer's augmented reality toolkit, ten years later: Implications for new media authoring tools. Proceedings of the ACM Symposium on User Interface Software and Technology (UIST), 627-636.

Gandy, M., MacIntyre, B., Presti, P., Dow, S., Bolter, J., Yarbrough, B., and O'Rear N. (2005) AR karaoke: Acting in your favorite scenes. Proceedings of the IEEE and ACM International Symposium on Mixed and Augmented Reality (ISMAR), 114-117.

Gauglitz, S., Höllerer, T., and Turk, M. (2011) Evaluation of interest point detectors and feature descriptors for visual tracking. International Journal of Computer Vision 94, 3, Springer, 335-360.

Gauglitz, S., Nuernberger, B., Turk, M., and Höllerer, T. (2014a) World-stabilized annotations and virtual scene navigation for remote collaboration. Proceedings of the ACM Symposium on User Interface Software and Technology (UIST), 449-459.

Gauglitz, S., Nuernberger, B., Turk, M., and Höllerer, T. (2014b) In touch with the remote world: Remote collaboration with augmented reality drawings and virtual navigation. Proceedings of the ACM Symposium on Virtual Reality Software and Technology (VRST), 197-205.

Gauglitz, S., Sweeney, C., Ventura, J., Turk, M., and Höllerer, T. (2014c) Model estimation and selection towards unconstrained real-time tracking and mapping. IEEE Transactions on Visualization and Computer Graphics 20, 6, 825-838.

Genc, Y., Tuceryan M., and Navab, N. (2002) Practical solutions for calibration of optical see-through devices. Proceedings of the IEEE and ACM International Symposium on Mixed and Augmented Reality (ISMAR), 169-175.

Georgel, P., Schroeder, P., Benhimane, S., Hinterstoisser, S., Appel, M., and Navab, N. (2007) An industrial augmented reality solution for discrepancy check. Proceedings of the IEEE and ACM International Symposium on Mixed and Augmented Reality (ISMAR), 111-115.

Getting, I. (1993) The global positioning system. IEEE Spectrum 30, 12, 36-47.

Gibson, S., Cook, J., Howard, T., and Hubbold, R. (2003) Rapid shadow generation in real-world lighting environments. Proceedings of the Eurographics Symposium on Rendering Techniques, Springer, 219-229.

Goldin, S., and Thorndyke, P. (1981) Spatial Learning and Reasoning Skill. RAND Corporation.

Goldstein, E. (2009) Sensation and Perception. Cengage Learning.

Goldstein, S. C., Campbell, J. D., and Mowry, T. C. (2005) Programmable matter. IEEE Computer 38, 6, 99-101.

Gordon, G., Billinghurst, M., Bell, M., Woodfill, J., Kowalik, B., Erendi, A., and Tilander, J. (2002) The use of dense stereo range data in augmented reality. Proceedings of the IEEE and ACM International Symposium on Mixed and Augmented Reality (ISMAR), 14-23.

Grasset, R., Gascuel, J.-D., and Schmalstieg, D. (2005) Interactive mediated reality. Proceedings of the Australasian User Interface Conference, Australian Computer Society, 21-29.

Grasset, R., Mulloni, A., Billinghurst, M., and Schmalstieg, D. (2011) Navigation Techniques in Augmented and Mixed Reality: Crossing the Virtuality Continuum. Handbook of Augmented Reality (ed. Borko Furht), Springer, 379-408.

Grasset, R., Tatzgern, M., Langlotz, T., Kalkofen, D., and Schmalstieg, D. (2012) Image-driven view management for augmented reality browsers. Proceedings of the IEEE International Symposium on Mixed and Augmented Reality (ISMAR), 177-186.

Grassia, F. S. (1998) Practical parameterization of rotations using the exponential map. Journal of Graphics Tools 3, 3, Taylor & Francis, 29-48.

Greger, G., Shirley, P., Hubbard, P. M., and Greenberg, D. P. (1998) The irradiance volume. IEEE Computer Graphics and Applications 18, 2, 32-43.

Grosch, T. (2005) Differential photon mapping: Consistent augmentation of photographs with correction of all light paths. Proceedings of Eurographics 2005 Short Papers.

Grosch, T., Eble, T., and Müller, S. (2007) Consistent interactive augmentation of live camera images with correct near-field illumination. Proceedings of the ACM Symposium on Virtual Reality Software and Technology, 125-132.

Grosso, W. (2001) Java RMI. O'Reilly & Associates.

Gruber, L., Richter-Trummer, T., and Schmalstieg, D. (2012) Real-time photometric registration from arbitrary geometry. Proceedings of the IEEE International Symposium on Mixed and Augmented Reality (ISMAR), 119-128.

Gruber, L., Ventura, J., and Schmalstieg, D. (2015) Image-space illumination for augmented reality in dynamic environments. Proceedings of IEEE Virtual Reality (VR), 127-134.

Grubert, J., Heinisch, M., Quigley, A., and Schmalstieg, D. (2015) MultiFi: Multi fidelity interaction with displays on and around the body. Proceedings of the ACM SIGCHI Conference on Human-Computer Interaction (CHI), 3933-3942.

Grundhöfer, A., Seeger, M., Hantsch, F., and Bimber, O. (2007) Dynamic adaptation of projected imperceptible codes. Proceedings of the IEEE and ACM International Symposium on Mixed and Augmented Reality (ISMAR), 181-190.

Guttman, E. (1999) Service location protocol: Automatic discovery of IP network services. IEEE Internet Computing 3, 4, 71-80.

Gutwin, C., and Greenberg, S. (2000) The mechanics of collaboration: Developing low cost usability evaluation methods for shared workspaces. Proceedings of the IEEE International Workshops on Enabling Technologies: Infrastructure for Collaborative Enterprises, 98-103.

Haber, R. B., and McNabb, D. A. (1990) Visualization idioms: A conceptual model for scientific visualization systems. Proceedings of IEEE Visualization, 74-93.

Hainich, R. R. (2009) The End of Hardware: Augmented Reality and Beyond. BookSurge Publishing.

Hainich, R. R., and Bimber, O. (2011) Displays-Fundamentals and Applications. CRC Press.

Hallaway, D., Feiner, S., and Höllerer, T. (2004) Bridging the gaps: Hybrid tracking for adaptive mobile augmented reality. Applied Artificial Intelligence 18, 6, Taylor & Francis, 477-500.

Halle, M. W. (1994) Holographic stereograms as discrete imaging systems. Proceedings of the IS&T/SPIE International Symposium on Electronic Imaging: Science and Technology, International Society for Optics and Photonics, 73-84.

Haller, M., Drab, S., and Hartmann, W. (2003) A real-time shadow approach for an augmented reality application using shadow volumes. Proceedings of the ACM Symposium on Virtual Reality Software and Technology (VRST), 56-65.

Haller, M., Landerl, F., and Billinghurst, M. (2005) A loose and sketchy approach in a mediated reality environment. Proceedings of the International Conference on Computer Graphics and Interactive Techniques in Australasia and South East Asia, ACM Press, 371-379.

Haller, M., and Sperl, D. (2004) Real-time painterly rendering for MR applications. Proceedings of the International Conference on Computer Graphics and Interactive Techniques in Australasia and South East Asia, ACM Press, 30-38.

Hampshire, A., Seichter, H., Grasset, R., and Billinghurst, M. (2006) Augmented reality authoring: Generic context from programmer to designer. Proceedings of the Australian Conference on Computer-Human Interaction, ACM Press, 409-412.

Hara, K., Nishino, K., and Ikeuchi, K. (2003) Determining reflectance and light position from a single image without distant illumination assumption. Proceedings of the IEEE International Conference on Computer Vision (ICCV), 560-567.

Hara, K., Nishino, K., and Ikeuchi, K. (2008) Mixture of spherical distributions for (single-view) relighting. IEEE Transactions on Pattern Analysis and Machine Intelligence 30, 1, 25-35.

Haringer, M., and Regenbrecht, H. T. (2002) A Pragmatic Approach to Augmented Reality Authoring. Proceedings of the IEEE and ACM International Symposium on Mixed and Augmented Reality (ISMAR), 237-245.

Harris, C., and Stephens, M. (1988) A combined corner and edge detector. Proceedings of the Alvey Vision Conference, 147-152.

Harrison, C., Benko, H., and Wilson, A. D. (2011) OmniTouch: Wearable multitouch interaction everywhere. Proceedings of the ACM Symposium on User Interface Software and Technology (UIST), 441-450.

Hartl, A., Arth, C., and Schmalstieg, D. (2014) AR-based hologram detection on security documents using a mobile phone. Proceedings of the International Symposium on Visual Computing (ISVC), Springer, 335-346.

Hartley, R., and Zisserman, A. (2003) Multiple View Geometry in Computer Vision. Cambridge University Press.

Hartmann, K., Ali, K., and Strothotte, T. (2004) Floating labels: Applying dynamic potential fields for label layout. Proceedings of Smart Graphics, Springer, 101-113.

Hartmann, W., Zauner, J., Haller, M., Luckeneder, T., and Woess, W. (2003) Shadow catcher: A vision based illumination condition sensor using ARToolKit. IEEE International Workshop on ARToolkit, 44-45.

Heidemann, G., Bax, I., and Bekel, H. (2004) Multimodal interaction in an augmented reality scenario. Proceedings of the ACM International Conference on Multimodal Interfaces (ICMI), 53-60.

Heilig, M. L. (1962) Sensorama simulator. US patent no. 3050870.

Heilig, M. L. (1992) El cine del futuro: The cinema of the future. Presence: Teleoperators and Virtual Environments 1, 3, 279-294.

Held, R., Gupta, A., Curless, B., and Agrawala, M. (2012) 3D puppetry: A kinect-based interface for 3D animation. Proceedings of the ACM Symposium on User Interface Software and Technology (UIST), 423-434.

Henderson, S. J., and Feiner, S. (2009) Evaluating the benefits of augmented reality for task localization in maintenance of an armored personnel carrier turret. Proceedings of the IEEE International Symposium on Mixed and Augmented Reality (ISMAR), 135-144.

Henderson, S., and Feiner, S. (2010) Opportunistic tangible user interfaces for augmented reality. IEEE Transactions on Visualization and Computer Graphics 16, 1, 4-16.

Henning, M. (2004) A new approach to object-oriented middleware. IEEE Internet Computing 8, 1, 66-75.

Henning, M., and Vinoski, S. (1999) Advanced CORBA Programming with C++. Addison-Wesley.

Henrysson, A., Billinghurst, M., and Ollila, M. (2005) Face to face collaborative AR on mobile phones. Proceedings of the IEEE and ACM International Symposium on Mixed and Augmented Reality (ISMAR), 80-89.

Herling, J., and Broll, W. (2010) Advanced self-contained object removal for realizing real-time diminished reality in unconstrained environments. Proceedings of the IEEE International Symposium on Mixed and Augmented Reality (ISMAR), 207-212.

Herling, J., and Broll, W. (2012) PixMix: A real-time approach to high-quality diminished reality. Proceedings of the IEEE International Symposium on Mixed and Augmented Reality (ISMAR), 141-150.

Hesina, G., Schmalstieg, D., Fuhrmann, A., and Purgathofer, W. (1999) Distributed Open Inventor: A practical approach to distributed 3D graphics. Proceedings of the ACM Symposium on Virtual Reality Software and Technology (VRST), 74-81.

Hightower, J., and Borriello, G. (2001) Location systems for ubiquitous computing. IEEE Computer 34, 8, 57-66.

Hill, A., Schiefer, J., Wilson, J., Davidson, B., Gandy, M., and MacIntyre, B. (2011) Virtual transparency: Introducing parallax view into video see-through AR. Proceedings of the IEEE International Symposium on Mixed and Augmented Reality (ISMAR), 239-240.

Hillaire, S., Lecuyer, A., Cozot, R., and Casiez, G. (2008) Using an eye-tracking system to improve camera motions and depth-of-field blur effects in virtual environments. Proceedings of IEEE Virtual Reality (VR), 47-50.

Hilliges, O., Kim, D., Izadi, S., and Weiss, M. (2012) HoloDesk: Direct 3D interactions with a situated see-through display. Proceedings of the ACM SIGCHI Conference on Human Factors in Computing Systems (CHI), 2421-2430.

Hoang, T. N., and Thomas, B. H. (2010) Augmented viewport: An action at a distance technique for outdoor AR using distant and zoom lens cameras. Proceedings of the IEEE International Symposium on Wearable Computers (ISWC), 1-4.

Hocking, J. (2015) Unity in Action: Multiplatform Game Development in C# with Unity 5. Manning Publications.

Hoff, W. A., Lyon, T., and Nguyen, K. (1996) Computer vision-based registration techniques for augmented reality. Proceedings of Intelligent Robots and Control Systems XV, Intelligent Control Systems and Advanced Manufacturing, SPIE, 538-548.

Hoffman, D. M., Girshick, A. R., Akeley, K., and Banks, M. S. (2008) Vergence-accommodation conflicts hinder visual performance and cause visual fatigue. Journal of Vision 8, 3, article 33.

Höllerer, T. H. (2004) User interfaces for mobile augmented reality systems. Dissertation, Computer Science Department, Columbia University.

Höllerer, T., and Feiner, S. (2004) Mobile augmented reality. In: Karimi, H., and Hammad, A., eds., Telegeoinformatics: Location-Based Computing and Services, Taylor & Francis.

Höllerer, T., Feiner, S., Hallaway, D., Bell, B., Lanzagorta, M., Brown, D., Julier, S., Baillot, Y., and Rosenblum, L. (2001a) User interface management techniques for collaborative mobile augmented reality. Computers & Graphics 25, 5, Elsevier, 799-810.

Höllerer, T., Feiner, S., and Pavlik, J. (1999a) Situated documentaries: Embedding multimedia presentations in the real world. Proceedings of the IEEE International Symposium on Wearable Computers (ISWC), 79-86.

Höllerer, T., Feiner, S., Terauchi, T., Rashid, G., and Hallaway, D. (1999b) Exploring MARS: Developing indoor and outdoor user interfaces to a mobile augmented reality system. Computers & Graphics 23, 6, Elsevier, 779-785.

Höllerer, T., Hallaway, D., Tinna, N., and Feiner, S. (2001b) Steps toward accommodating variable position tracking accuracy in a mobile augmented reality system. Proceedings of the International Workshop on Artificial Intelligence in Mobile Systems (AIMS), 31-37.

Holloway, R. L. (1997) Registration error analysis for augmented reality. Presence: Teleoperators and Virtual Environments 6, 4, MIT Press, 413-432.

Holman, D., Vertegaal, R., Altosaar, M., Troje, N., and Johns, D. (2005) Paper windows: Interaction techniques for digital paper. Proceedings of the ACM SIGCHI Conference on Human Factors in Computing Systems (CHI), 591-599.

Hong, J. (2013) Considering privacy issues in the context of Google Glass. Communications of the ACM 56, 11, 10-11.

Horn, B. K. P. (1987) Closed-form solution of absolute orientation using unit quaternions. Journal of the Optical Society of America A 4, 4, 629-642.

Huang, F.-C., Luebke, D., and Wetzstein, G. (2015) The light field stereoscope: Immersive computer graphics via factored near-eye light field displays with focus cues. ACM Transactions on Graphics (Proceedings SIGGRAPH) 34, 4, article 60.

Huang, W., and Alem, L. (2013) HandsInAir: A wearable system for remote collaboration on physical tasks. Companion of the ACM Conference on Computer Supported Cooperative Work, 153-156.

Hughes, J. F., van Dam, A., McGuire, M., Sklar, D. F., Foley, J. D., Feiner, S. K., and Akeley, K. (2014) Computer Graphics: Principles and Practice, 3rd ed., Addison-Wesley.

Hwang, J., Yun, H., Suh, Y., Cho, J., and Lee, D. (2012) Development of an RTK-GPS positioning application with an improved position error model for smartphones. Sensors 12, 10, MDPI, 12988-13001.

Ikeda, T., Oyamada, Y., Sugimoto, M., and Saito, H. (2012) Illumination estimation from shadow and incomplete object shape captured by an RGB-D camera. Proceedings of the International Conference on Pattern Recognition (ICPR), 165-169.

Inami, M., Kawakami, N., Sekiguchi, D., Yanagida, Y., Maeda, T., and Tachi, S. (2000) Visuo-haptic display using head-mounted projector. Proceedings of IEEE Virtual Reality (VR), 233-240.

Inami, M., Kawakami, N., and Tachi, S. (2003) Optical camouflage using retro-reflective projection technology. Proceedings of the IEEE and ACM International Symposium on Mixed and Augmented Reality (ISMAR), 348-349.

Irawati, S., Green, S., Billinghurst, M., Duenser, A., and Ko, H. (2006) "Move the couch where?": Developing an augmented reality multimodal interface. Proceedings of the IEEE and ACM International Symposium on Mixed and Augmented Reality (ISMAR), 183-186.

Irie, K., McKinnon, A. E., Unsworth, K., and Woodhead, I. M. (2008) A technique for evaluation of CCD video-camera noise. IEEE Transactions on Circuits and Systems for Video Technology 18, 2, 280-284.

Irschara, A., Zach, C., Frahm, J.-M., and Bischof, H. (2009) From structure-from-motion point clouds to fast location recognition. Proceedings of the IEEE Conference on Computer Vision and Pattern Recognition (CVPR), 2599-2606.

Isard, M., and Blake, A. (1998) CONDENSATION: Conditional density propagation for visual tracking. International Journal of Computer Vision 29, Springer, 5-28.

Ishii, H., Kobayashi, M., and Arita, K. (1994) Iterative design of seamless collaboration media. Communications of the ACM 37, 8, 83-97.

Ishii, H., and Ullmer, B. (1997) Tangible bits: Towards seamless interfaces between people, bits and atoms. Proceedings of the SIGCHI Conference on Human Factors in Computing Systems (CHI), ACM Press, 234-241.

Ishii, M., and Sato, M. (1994) A 3D spatial interface device using tensed strings. Presence: Teleoperators and Virtual Environments 3, 1, MIT Press, 81-86.

Itoh, Y., and Klinker, G. (2014) Interaction-free calibration for optical see-through head-mounted displays based on 3D eye localization. IEEE Symposium on 3D User Interfaces (3DUI), 75-82.

Itti, L., Koch, C., and Niebur, E. (1998) A model of saliency-based visual attention for rapid scene analysis. IEEE Transactions on Pattern Analysis and Machine Intelligence 20, 11, 1254-1259.

Iwai, D., Mihara, S., and Sato, K. (2015) Extended depth-of-field projector by fast focal sweep projection. IEEE Transactions on Visualization and Computer Graphics (Proceedings VR) 21, 4, 462-470.

Iwata, H., Yano, H., Uemura, T., and Moriya, T. (2004) Food simulator: A haptic interface for biting. Proceedings of IEEE Virtual Reality (VR), 51-57.

Jachnik, J., Newcombe, R. A., and Davison, A. J. (2012) Real-time surface light-field capture for augmentation of planar specular surfaces. Proceedings of the IEEE International Symposium on Mixed and Augmented Reality (ISMAR), 91-97.

Jacobs, K., and Loscos, C. (2004) Classification of illumination methods for mixed reality. Computer Graphics Forum 25, 1, 29-51.

Jacobs, K., Nahmias, J.-D., Angus, C., Reche, A., Loscos, C., and Steed, A. (2005) Automatic generation of consistent shadows for augmented reality. Proceedings of Graphics Interface, 113-120.

Jacobs, M. C., Livingston, M. A., and State, A. (1997) Managing latency in complex augmented reality systems. Proceedings of the ACM SIGGRAPH Symposium on Interactive 3D Graphics (I3D), 49-55.

Jarusirisawad, S., Hosokawa, T., and Saito, H. (2010) Diminished reality using plane-sweep algorithm with weakly-calibrated cameras. Progress in Informatics 7, National Institute of Informatics, Japan, 11-20.

Jensen, H. W. (1995) Importance driven path tracing using the photon map. Eurographics Workshop on Rendering, Springer, 326-335.

Jeon, S., and Choi, S. (2009) Haptic augmented reality: Taxonomy and an example of stiffness modulation. Presence: Teleoperators and Virtual Environments 18, 5, MIT Press, 387-408.

Jo, H., and Hwang, S. (2013) Chili: Viewpoint control and on-video drawing for mobile video calls. ACM SIGCHI Extended Abstracts on Human Factors in Computing Systems, 1425-1430.

Jones, A., McDowall, I., Yamada, H., Bolas, M., and Debevec, P. (2007) Rendering for an interactive 360° light field display. ACM Transactions on Graphics (Proceedings SIGGRAPH), 26, 3, article 40.

Jones, B. R., Benko, H., Ofek, E., and Wilson, A. D. (2013) IllumiRoom: Peripheral projected illusions for interactive experiences. Proceedings of the ACM SIGCHI Conference on Human Factors in Computing Systems (CHI), 869-878.

Jones, B. R., Sodhi, R., Campbell, R. H., Garnett, G., and Bailey, B. P. (2010) Build your world and play in it: Interacting with surface particles on complex objects. Proceedings of the IEEE and ACM International Symposium on Mixed and Augmented Reality (ISMAR), 165-174.

Jones, B., Sodhi, R., Murdock, M., Mehra, R., Benko, H., Wilson, A., Ofek, E., MacIntyre, B., Raghuvanshi, N., and Shapira, L. (2014) RoomAlive: Magical experiences enabled by scalable, adaptive projector-camera units. Proceedings of the ACM Symposium on User Interface Software and Technology (UIST), 637-644.

Julier, S., Baillot, Y., Brown, D., and Lanzagorta, M. (2002) Information filtering for mobile augmented reality. IEEE Computer Graphics and Applications 22, 5, 12-15.

Julier, S., Baillot, Y., Lanzagorta, M., Brown, D., and Rosenblum, L. (2000) BARS: Battlefield augmented reality system. NATO Symposium on Information Processing Techniques for Military Systems, 9-11.

Julier, S. J., and Uhlmann, J. K. (2004) Unscented filtering and nonlinear estimation. Proceedings of the IEEE 92, 3, 401-422.

Jung, H., Nam, T., Lee, H., and Han, S. (2004) Spray modeling: Augmented reality based 3D modeling interface for intuitive and evolutionary form development. Proceedings of the International Conference on Artificial Reality and Tele-Existence (ICAT).

Just, C., Bierbaum, A., Hartling, P., Meinert, K., Cruz-Neira, C., and Baker, A. (2001) VjControl: An advanced configuration management tool for VR Juggler applications. Proceedings of IEEE Virtual Reality (VR), 97-104.

Kainz, B., Hauswiesner, S., Reitmayr, G., Steinberger, M., Grasset, R., Gruber, L., Veas, E., Kalkofen, D., Seichter, H., and Schmalstieg, D. (2012) OmniKinect: Real-time dense volumetric data acquisition and applications. Proceedings of the ACM Symposium on User Interface Software and Technology (UIST).

Kaiser, E., Olwal, A., McGee, D., Benko, H., Corradini, A., Li, X., Cohen, P., and Feiner, S. (2003) Mutual disambiguation of 3D multimodal interaction in augmented and virtual reality. Proceedings of the ACM International Conference on Multimodal Interfaces (ICMI), 12-19.

Kakuta, T., Oishi, T., and Ikeuchi, K. (2005) Shading and shadowing of architecture in mixed reality. Proceedings of the IEEE and ACM International Symposium on Mixed and Augmented Reality (ISMAR), 200-201.

Kalkofen, D., Mendez, E., and Schmalstieg, D. (2007) Interactive focus and context visualization in augmented reality. Proceedings of the IEEE and ACM International Symposium on Mixed and Augmented Reality (ISMAR), 191-200.

Kalkofen, D., Sandor, C., White, S., and Schmalstieg, D. (2011) Visualization techniques for augmented reality. In: Furht, B., ed., Handbook of Augmented Reality, Springer, 65-98.

Kalkofen, D., Tatzgern, M., and Schmalstieg, D. (2009) Explosion diagrams in augmented reality. Proceedings of IEEE Virtual Reality (VR), 71-78.

Kalkusch, M., Lidy, T., Knapp, M., Reitmayr, G., Kaufmann, H., and Schmalstieg, D. (2002) Structured visual markers for indoor pathfinding. Proceedings of the IEEE International Workshop on ARToolKit.

Kalman, R. E. (1960) A new approach to linear filtering and predictive problems. Transactions of the ASME: Journal of Basic Engineering 82, 34-45.

Kameda, Y., Takemasa, T., and Ohta, Y. (2004) Outdoor see-through vision utilizing surveillance cameras. Proceedings of the IEEE and ACM International Symposium on Mixed and Augmented Reality (ISMAR), 151-160.

Kán, P., and Kaufmann, H. (2012a) High-quality reflections, refractions, and caustics in augmented reality and their contribution to visual coherence. IEEE International Symposium on Mixed and Augmented Reality (ISMAR), 99-108.

Kán, P., and Kaufmann, H. (2012b) Physically-based depth of field in augmented reality. Proceedings of Eurographics short papers.

Kán, P., and Kaufmann, H. (2013) Differential irradiance caching for fast high-quality light transport between virtual and real worlds. Proceedings of the IEEE International Symposium on Mixed and Augmented Reality (ISMAR), 133-141.

Kanbara, M., and Yokoya, N. (2004) Real-time estimation of light source environment for photorealistic augmented reality. Proceedings of the International Conference on Pattern Recognition (ICPR), 911-914.

Kaplanyan, A., and Dachsbacher, C. (2010) Cascaded light propagation volumes for real-time indirect illumination. Proceedings of the ACM SIGGRAPH Symposium on Interactive 3D Graphics and Games (I3D), 99-107.

Karsch, K., Hedau, V., Forsyth, D., and Hoiem, D. (2011) Rendering synthetic objects into legacy photographs. ACM Transactions on Graphics (Proceedings SIGGRAPH Asia) 30, 6, article 157.

Karsch, K., Sunkavalli, K., Hadap, S., Carr, N., Jin, H., Fonte, R., Sittig, M., and Forsyth, D. (2014) Automatic scene inference for 3D object compositing. ACM Transactions on Graphics 33, 3, article 32.

Kasahara, S., Nagai, S., and Rekimoto, J. (2014) LiveSphere: Immersive experience sharing with 360 degrees head-mounted cameras. Proceedings of the Adjunct Publication of the ACM Symposium on User Interface Software and Technology (UIST), 61-62.

Kato, H., and Billinghurst, M. (1999) Marker tracking and HMD calibration for a video-based augmented reality conferencing system. Proceedings of the International Workshop on Augmented Reality (IWAR), 85-94.

Kato, H., Billinghurst, M., Morinaga, K., and Tachibana, K. (2001) The effect of spatial cues in augmented reality video conferencing. Proceedings of HCI International, Lawrence-Erlbaum.

Kato, H., Billinghurst, M., Poupyrev, I., Imamoto, K., and Tachibana, K. (2000) Virtual object manipulation on a table-top AR environment. Proceedings of the IEEE and ACM International Symposium on Augmented Reality (ISAR), 111-119.

Kaufmann, H., and Schmalstieg, D. (2003) Mathematics and geometry education with collaborative augmented reality. Computers & Graphics 27, 3, Elsevier, 339-345.

Kaufmann, H., Schmalstieg, D., and Wagner, M. (2000) Construct3D: A virtual reality application for mathematics and geometry education. Education and Information Technologies 5, 4, 263-276.

Keller, A. (1997) Instant radiosity. Proceedings of the ACM SIGGRAPH Conference on Computer Graphics and Interactive Techniques, 49-56.

Kerl, C., Sturm, J., and Cremers, D. (2013) Dense visual SLAM for RGB-D cameras. Proceedings of the IEEE/RSJ International Conference on Intelligent Robot Systems, 2100-2106.

Kholgade, N., Simon, T., Efros, A., and Sheikh, Y. (2014) 3D object manipulation in a single photograph using stock 3D models. ACM Transactions on Graphics (Proceedings SIGGRAPH) 33, 4, article 127.

Kijima, R., and Ojika, T. (1997) Transition between virtual environment and workstation environment with projective head mounted display. Proceedings of IEEE Virtual Reality (VR), 130-137.

Kim, S., DiVerdi, S., Chang, J. S., Kang, T., Iltis, R., and Höllerer, T. (2007) Implicit 3D modeling and tracking for anywhere augmentation. Proceedings of the ACM Symposium on Virtual Reality Software and Technology (VRST), 19-28.

Kimura, H., Uchiyama, T., and Yoshikawa, H. (2006) Laser produced 3D display in the air. ACM SIGGRAPH 2006 Emerging Technologies, 20.

Kitamura, Y., Konishi, T., Yamamoto, S., and Kishino, F. (2001) Interactive stereoscopic display for three or more users. Proceedings of the ACM SIGGRAPH Conference on Computer Graphics and Interactive Techniques, 231-240.

Kiyokawa, K. (2007) An introduction to head mounted displays for augmented reality. In: Haller, M., Billinghurst, M., and Thomas, B. H., eds., Emerging Technologies of Augmented Reality, IGI Global, 43-63.

Kiyokawa, K. (2012) Trends and vision of head mounted display in augmented reality. Proceedings of the International Symposium on Ubiquitous Virtual Reality (UbiVR), IEEE Press, 14-17.

Kiyokawa, K., Billinghurst, M., Campbell, B., and Woods, E. (2003) An occlusion capable optical see-through head mount display for supporting co-located collaboration. Proceedings of the IEEE and ACM International Symposium on Mixed and Augmented Reality (ISMAR), 133-141.

Kiyokawa, K., Billinghurst, M., Hayes, S. E., Gupta, A., Sannohe, Y., and Kato, H. (2002) Communication behaviors of co-located users in collaborative AR interfaces. Proceedings of the IEEE and ACM International Symposium on Mixed and Augmented Reality (ISMAR), 139-148.

Kiyokawa, K., Iwasa, H., Takemura, H., and Yokoya, N. (1998) Collaborative immersive workspace through a shared augmented environment. Proceedings of the SPIE Intelligent Systems in Design and Manufactoring, 2-13.

Kiyokawa, K., Takemura, H., and Yokoya, N. (1999) SeamlessDesign: A face-to-face collaborative virtual/augmented environment for rapid prototyping of geometrically constrained 3-D objects. Proceedings of the IEEE International Conference on Multimedia Computing and Systems, 447-453.

Klein, G., and Drummond, T. (2004) Sensor fusion and occlusion refinement for tablet-based AR. Proceedings of the IEEE and ACM International Symposium on Mixed and Augmented Reality (ISMAR), 38-47.

Klein, G., and Murray, D. (2007) Parallel tracking and mapping for small AR workspaces. Proceedings of the IEEE and ACM International Symposium on Mixed and Augmented Reality (ISMAR), 225-234.

Klein, G., and Murray, D. (2008) Improving the agility of keyframe-based SLAM. Proceedings of the European Conference on Computer Vision (ICCV), Springer, 802-815.

Klein, G., and Murray, D. W. (2010) Simulating low-cost cameras for augmented reality compositing. IEEE Transactions on Visualization and Computer Graphics 16, 3, 369-380.

Knecht, M., Traxler, C., Mattausch, O., Purgathofer, W., and Wimmer, M. (2010) Differential instant radiosity for mixed reality. Proceedings of the IEEE International Symposium on Mixed and Augmented Reality (ISMAR), 99-107.

Knecht, M., Traxler, C., Purgathofer, W., and Wimmer, M. (2011) Adaptive camera-based color mapping for mixed-reality applications. Proceedings of the IEEE International Symposium on Mixed and Augmented Reality (ISMAR), 165-168.

Knecht, M., Traxler, C., Winklhofer, C., and Wimmer, M. (2013) Reflective and refractive objects for mixed realty. IEEE Transactions on Visualization and Computer Graphics, 19, 4, 576-582.

Knöpfle, C., Weidenhausen, J., Chauvigne, L., and Stock, I. (2005) Template based authoring for AR based service scenarios. Proceedings of IEEE Virtual Reality (VR), 249-252.

Knorr, S. B., and Kurz, D. (2014) Real-time illumination estimation from faces for coherent rendering. Proceedings of the IEEE International Symposium on Mixed and Augmented Reality (ISMAR), 113-122.

Kohler, I. (1962) Experiments with goggles. Scientific American 206, 62-72.

Kölsch, M., Turk, M., Höllerer, T., and Chainey, J. (2004) Vision-based interfaces for mobility. Proceedings of the IEEE International Conference on Mobile and Ubiquitous Systems: Networking and Services (Mobiquitous), 86-94.

Korkalo, O., Aittala, M., and Siltanen, S. (2010) Light-weight marker hiding for augmented reality. Proceedings of the IEEE International Symposium on Mixed and Augmented Reality (ISMAR), 247-248.

Kosara, R., Hauser, H., and Gresh, D.L. (2003) An interaction view on information visualization. Eurographics State of the Art Reports.

Krauss, L. M. (1995) The Physics of Star Trek. Basics Books.

Kress, B., and Starner, T. (2013) A review of head-mounted displays (HMD) technologies and applications for consumer electronics. Proceedings of SPIE Defense, Security, and Sensing, International Society for Optics and Photonics, 87200A.

Kronander, J., Banterle, F., Gardner, A., Miandji, E., and Unger, J. (2015) Photorealistic rendering of mixed reality scenes. Computer Graphics Forum 34, 2, 643-665.

Krueger, M. W. (1991) Artificial Reality II, 2nd ed., Addison-Wesley.

Krueger, M. W., Gionfriddo, T., and Hinrichsen, K. (1985) VIDEOPLACE: An artificial reality. ACM SIGCHI Bulletin 16, 4, 35-40.

Kulik, A., Kunert, A., Beck, S., Reichel, R., Blach, R., Zink, A., and Fröhlich, B. (2011) C1x6: A stereoscopic six-user display for co-located collaboration in shared virtual environments. ACM Transactions on Graphics (Proceedings SIGGRAPH Asia) 30, 6, article 188.

Kummerle, R., Grisetti, G., Strasdat, H., Konolige, K., and Burgard, W. (2011) G2o: A general framework for graph optimization. Proceedings of the IEEE International Conference on Robotics and Automation (ICRA), 3607-3613.

Kurata, T., Sakata, N., Kourogi, M., Kuzuoka, H., and Billinghurst, M. (2004) Remote collaboration using a shoulder-worn active camera/laser. Proceedings of the IEEE International Symposium on Wearable Computers (ISWC), 62-69.

Kurz, D., and BenHimane, S. (2011) Inertial sensor-aligned visual feature descriptors. Proceedings of the IEEE Conference on Computer Vision and Pattern Recognition (CVPR), 161-166.

Lagger, P., and Fua, P. (2006) Using specularities to recover multiple light sources in the presence of texture. Proceedings of the IEEE International Conference on Pattern Recognition (CVPR), 587-590.

LaMarca, A., Chawathe, Y., Consolvo, S., Hightower, J., Smith, I., Scott, J., Sohn, T., Howard, J., Hughes, J., Potter, F., Tabert, J., Powledge, P., Borriello, G., Schilit, B. (2005) Place Lab: Device positioning using radio beacons in the wild. Proceedings of the International Conference on Pervasive Computing, Springer, 116-133.

Land, E. H., and Mccann, J. J. (1971) Lightness and retinex theory. Journal of the Optical Society of America 61, 1, 1-11.

Langlotz, T., Degendorfer, C., Mulloni, A., Schall, G., Reitmayr, G., and Schmalstieg, D. (2011) Robust detection and tracking of annotations for outdoor augmented reality browsing. Computers & Graphics 35, 4, Elsevier, 831-840.

Langlotz, T., Regenbrecht, H., Zollmann, S., and Schmalstieg, D. (2013) Audio stickies: Visually-guided spatial audio annotations on a mobile augmented reality platform. Proceedings of the Australian Conference on Computer-Human Interaction, 545-554.

Lanier, J. (2001) Virtually there. Scientific American 284, 4, 66-75.

Lanman, D., and Luebke, D. (2013) Near-eye light field displays. ACM Transactions on Graphics (Proceedings SIGGRAPH) 32, 6, 1-10, article 11.

Ledermann, F., Reitmayr, G., and Schmalstieg, D. (2002) Dynamically shared optical tracking. Proceedings of the IEEE International Workshop on ARToolKit.

Ledermann, F., and Schmalstieg, D. (2003) Presenting past and present of an archaeological site in the virtual showcase. Proceedings of the International Symposium on Virtual Reality, Archeology, and Intelligent Cultural Heritage, 119-126.

Ledermann, F., and Schmalstieg, D. (2005) APRIL: A high level framework for creating augmented reality presentations. Proceedings of IEEE Virtual Reality (VR), 187-194.

Lee, C., DiVerdi, S., and Höllerer, T. (2007) An immaterial depth-fused 3D display. Proceedings of the ACM Symposium on Virtual Reality Software and Technology (VRST), 191-198.

Lee, G. A., Nelles, C., Billinghurst, M., and Kim, G.J. (2004) Immersive authoring of tangible augmented reality applications. Proceedings of the IEEE and ACM International Symposium on Mixed and Augmented Reality (ISMAR), 172-181.

Lee, J., Hirota, G., and State, A. (2002) Modeling real objects using video see-through augmented reality. Presence: Teleoperators and Virtual Environments 11, 2, MIT Press, 144-157.

Lee, K., Zhao, Q., Tong, X., Gong, M., Izadi, S., Lee, S., Tan, P., and Lin, S. (2012) Estimation of intrinsic image sequences from image+depth video. Proceedings of the European Conference on Computer Vision (ECCV), Springer, 327-340.

Lee, T., and Höllerer, T. (2006) Viewpoint stabilization for live collaborative video augmentations. Proceedings of the IEEE and ACM International Symposium on Mixed and Augmented Reality (ISMAR), 241-242.

Lee, T., and Höllerer, T. (2007) Handy AR: Markerless inspection of augmented reality objects using fingertip tracking. Proceedings of the IEEE International Symposium on Wearable Computers (ISWC), 83-90.

Lee, T. and Höllerer, T. (2008) Hybrid feature tracking and user interaction for markerless augmented reality. Proceedings of IEEE Virtual Reality (VR), 145-152.

Leibe, B., Starner, T., Ribarsky, W., Wartell, Z., Krum, D., Singletary, B., and Hodges, L. (2000) The perceptive workbench: Toward spontaneous and natural interaction in semi-immersive virtual environments. Proceedings of IEEE Virtual Reality (VR), 13-20.

Leigh, S., Schoessler, P., Heibeck, F., Maes, P., and Ishii, H. (2014) THAW: Tangible interaction with see-through augmentation for smartphones on computer screens. Proceedings of the Adjunct Publication of the ACM Symposium on User Interface Software and Technology (UIST), 55-56.

Lensing, P., and Broll, W. (2012) Instant indirect illumination for dynamic mixed reality scenes. Proceedings of the IEEE International Symposium on Mixed and Augmented Reality (ISMAR), 109-118.

Lepetit, V., and Berger, M.-O. (2000) Handling occlusion in augmented reality systems: A semiautomatic method. Proceedings of the IEEE and ACM International Symposium on Augmented Reality (ISMAR), 137-146.

Lepetit, V., and Fua, P. (2005) Monocular model-based 3D tracking of rigid objects: A survey. Foundations and Trends in Computer Graphics and Vision 1, 1, Now Publishers, 1-89.

Lepetit, V., Berger, M., and Lorraine, L. (2001) An intuitive tool for outlining objects in video sequences: Applications to augmented and diminished reality. Proceedings of the International Symposium on Mixed Reality (ISMR), 159-160.

Leykin, A., and Tuceryan, M. (2004) Determining text readability over textured backgrounds in augmented reality systems. Proceedings of the IEEE and ACM International Symposium on Mixed and Augmented Reality (ISMAR), 436-439.

Li, H., and Hartley, R. (2006) Five-point motion estimation made easy. Proceedings of the IEEE International Conference on Pattern Recognition (ICPR), 630-633.

Li, Y., Snavely, N., Huttenlocher, D., and Fua, P. (2012) Worldwide pose estimation using 3D point clouds. Proceedings of the European Conference on Computer Vision (ECCV), Springer, 15-29.

Lincoln, P., Welch, G., Nashel, A., State, A., Ilie, A., and Fuchs, H. (2010) Animatronic shader lamps avatars. Proceedings of IEEE Virtual Reality (VR), 225-238.

Lindeman, R. W., Noma, H., and de Barros, P. G. (2007) Hear-through and mic-through augmented reality: Using bone conduction to display spatialized audio. Proceedings of the IEEE and ACM International Symposium on Mixed and Augmented Reality (ISMAR), 173-176.

Lindeman, R. W., Page, R., Yanagida, Y., and Sibert, J. L. (2004) Towards full-body haptic feedback. Proceedings of the ACM Symposium on Virtual Reality Software and Technology (VRST), 146-149.

Liu, H., Darabi, H., Banerjee, P., and Liu, J. (2007) Survey of wireless indoor positioning techniques and systems. IEEE Transactions on Systems, Man, and Cybernetics, Part C: Applications and Reviews 37, 6, 1067-1080.

Liu, S., Cheng, D., and Hua, H. (2008) An optical see-through head mounted display with addressable focal planes. Proceedings of the IEEE and ACM International Symposium on Mixed and Augmented Reality (ISMAR), 33-42.

Liu, Y., and Granier, X. (2012) Online tracking of outdoor lighting variations for augmented reality with moving cameras. IEEE Transactions on Visualization and Computer Graphics 18, 4, 573-580.

Livingston, M. A., Gabbard, J. L., Swan, J. E. II, Sibley, C. M., and Barrow, J. H. (2013) Basic perception in head-worn augmented reality displays. In: Huang, W., Alem, L., and Livingston, M., eds., Human Factors in Augmented Reality Environments. Springer, 35-65.

Loomis, J. M., Golledge, R. G., and Klatzky, R. L. (1998) Navigation system for the blind: Auditory display modes and guidance. Presence: Teleoperators and Virtual Environments 7, 2, MIT Press, 193-203.

Loomis, J., Golledge, R., and Klatzky, R. (1993) Personal guidance system for the visually impaired using GPS, GIS, and VR technologies. Proceedings of the Conference on Virtual Reality and Persons with Disabilities.

Looser, J., Grasset, R., and Billinghurst, M. (2007) A 3D flexible and tangible magic lens in augmented reality. Proceedings of the IEEE and ACM International Symposium on Mixed and Augmented Reality (ISMAR), 51-54.

Lopez-Moreno, J., Garces, E., Hadap, S., Reinhard, E., and Gutierrez, D. (2013) Multiple light source estimation in a single image. Computer Graphics Forum 32, 8, 170-182.

Loscos, C., Frasson, M.-C., Drettakis, G., and Walter, B. (1999) Interactive virtual relighting and remodeling of real scenes. IEEE Transactions on Visualization and Computer Graphics 6, 4, 329-340.

Löw, J., Ynnerman, A., Larsson, P., and Unger, J. (2009) HDR light probe sequence resampling for realtime incident light field rendering. Proceedings of the Spring Conference on Computer Graphics, 43-50.

Lowe, D. G. (1999) Object recognition from local scale-invariant features. Proceedings of the International Conference on Computer Vision (ICCV), 1150-1157.

Lowe, D. G. (2004) Distinctive image features from scale-invariant keypoints. International Journal of Computer Vision 60, 2, 91-110.

Lucas, B., and Kanade, T. (1981) An iterative image registration technique with an application to stereo vision. Proceedings of the International Joint Conference on Artificial Intelligence (IJCAI), 674-679.

Lukosch, S., Billinghurst, M., Alem, L., and Kiyokawa, K. (2015) Collaboration in augmented reality. Computer Supported Cooperative Work (CSCW) 24, 6, 515-525.

Lynch, K., and Lynch, M. (1960) The Image of the City. MIT Press.

Ma, C., Suo, J., Dai, Q., Raskar, R., and Wetzstein, G. (2013) High-rank coded aperture projection for extended depth of field. IEEE International Conference on Computational Photography (ICCP), 1-9.

Ma, Y., Soatto, S., Kosecka, J., and Sastry, S.S. (2003) An Invitation to 3-D Vision: From Images to Geometric Models. Springer Verlag.

MacIntyre, B., Bolter, J. D., and Gandy, M. (2004a) Presence and the aura of meaningful places. International Workshop on Presence.

MacIntyre, B., Bolter, J. D., Moreno, E., and Hannigan, B. (2001) Augmented reality as a new media experience. Proceedings of the IEEE and ACM International Symposium and Augmented Reality (ISAR), 29-30.

MacIntyre, B., and Coelho, E. M. (2000) Adapting to dynamic registration errors using level of error (LOE) filtering. Proceedings of the IEEE and ACM International Symposium on Augmented Reality (ISAR), 85-88.

MacIntyre, B., Coelho, E. M., and Julier, S. (2002) Estimating and adapting to registration errors in augmented reality systems. Proceedings of IEEE Virtual Reality (VR), 73-80.

MacIntyre, B., and Feiner, S. (1996) Language-level support for exploratory programming of distributed virtual environments. Proceedings of the ACM Symposium on User Interface Software and Technology (UIST), 83-94.

MacIntyre, B., and Feiner, S. (1998) A distributed 3D graphics library. Proceedings of the ACM SIGGRAPH Conference on Computer Graphics and Interactive Techniques, 361-370.

MacIntyre, B., Gandy, M., Dow, S., and Bolter, J. (2004b) DART: A toolkit for rapid design exploration of augmented reality experiences. Proceedings of the ACM Symposium on User Interface Software and Technology (UIST), 197-206.

MacIntyre, B., Hill, A., Rouzati, H., Gandy, M., and Davidson, B. (2011) The Argon AR web browser and standards-based AR application environment. Proceedings of the IEEE International Symposium on Mixed and Augmented Reality (ISMAR), 65-74.

MacIntyre, B., Rouzati, H., and Lechner, M. (2013) Walled gardens: Apps and data as barriers to augmenting reality. IEEE Computer Graphics and Applications 33, 3, 77-81.

Mackay, W. E. (1998) Augmented reality: Linking real and virtual worlds: A new paradigm for interacting with computers. Proceedings of the Working Conference on Advanced Visual Interfaces, ACM Press, 13-21.

Mackay, W., and Fayard, A.-L. (1999) Designing interactive paper: Lessons from three augmented reality projects. Proceedings of the International Workshop on Augmented Reality (IWAR), 81-90.

MacWilliams, A., Sandor, C., Wagner, M., Bauer, M., Klinker, G., and Brügge, B. (2003) Herding sheep: Live system development for distributed augmented reality. Proceedings of the IEEE and ACM International Symposium on Mixed and Augmented Reality (ISMAR), 123-132.

Madsen, C. B., and Laursen, R. (2007) A scalable GPU based approach to shading and shadowing for photorealistic real-time augmented reality. Proceedings of the International Conference on Graphics Theory and Applications, 252-261.

Madsen, C. B., and Nielsen, M. (2008) Towards probe-less augmented reality. Proceedings of the International Conference on Graphics Theory and Applications, 255-261.

Maes, P., Darrell, T., Blumberg, B., and Pentland, A. (1997) The ALIVE system: Wireless, full-body interaction with autonomous agents. Multimedia Systems 5, 2, 105-112.

Maimone, A., and Fuchs, H. (2012) Real-time volumetric 3D capture of room-sized scenes for telepresence. Proceedings of the 3DTV Conference.

Maimone, A., Lanman, D., Rathinavel, K., Keller, K., Luebke, D., and Fuchs, H. (2014) Pinlight displays. ACM Transactions on Graphics (Proceedings SIGGRAPH) 33, 4, article 20.

Mann, S. (1997) Wearable computing: A first step toward personal imaging. IEEE Computer 30, 2, 25-32.

Mann, S. (1998) Humanistic intelligence: WearComp as a new framework for intelligent signal processing. Proceedings of the IEEE 86, 11, 2123-2151.

Mariette, N. (2007) From backpack to handheld: The recent trajectory of personal location aware spatial audio. Proceedings of the International Digital Arts and Culture Conference.

Mark, W. R., McMillan, L., and Bishop, G. (1997) Post-rendering 3D warping. Proceedings of the ACM SIGGRAPH Symposium on Interactive 3D Graphics (I3D), 7-16.

Marner, M. R., and Thomas, B. H. (2010) Augmented foam sculpting for capturing 3D models. Proceedings of the IEEE Symposium on 3D User Interfaces (3DUI), 63-70.

Marner, M. R., Thomas, B. H., and Sandor, C. (2009) Physical-virtual tools for spatial augmented reality user interfaces. Proceedings of the IEEE International Symposium on Mixed and Augmented Reality (ISMAR), 205-206.

Marr, D. (1982) Vision: A Computational Investigation into the Human Representation and Processing of Visual Information. MIT Press.

Mashita, T., Yasuhara, H., Plopski, A., Kiyokawa, K., and Takemura, H. (2013) In-situ lighting and reflectance estimations for indoor AR systems. Proceedings of the IEEE International Symposium on Mixed and Augmented Reality (ISMAR), 275-276.

Matsukura, H., Yoneda, T., and Ishida, H. (2013) Smelling screen: Development and evaluation of an olfactory display system for presenting a virtual odor source. IEEE Transactions on Visualization and Computer Graphics 19, 4, 606-615.

Matsushita, N., Hihara, D., Ushiro, T., Yoshimura, S., Rekimoto, J., and Yamamoto, Y. (2003) ID CAM: A smart camera for scene capturing and ID recognition. Proceedings of the IEEE and ACM International Symposium on Mixed and Augmented Reality (ISMAR), 227-236.

May-raz, E., and Lazo, D. (2012) Sight: A Futuristic Short Film. YouTube, accessed March 2016.

Mazuryk, T., Schmalstieg, D., and Gervautz, M. (1996) Zoom rendering: Improving 3-D rendering performance with 2-D operations. International Journal of Virtual Reality 2, 2, 1-8.

Mei, X., Ling, H., and Jacobs, D.W. (2009) Sparse representation of cast shadows via L1-regularized least squares. Proceedings of the IEEE International Conference on Computer Vision (ICCV), 583-590.

Meilland, M., Barat, C., and Comport, A. I. (2013) 3D high dynamic range dense visual SLAM and its application to real-time object re-lighting. Proceedings of the IEEE International Symposium on Mixed and Augmented Reality (ISMAR), 143-152.

Mendez, E., Feiner, S., and Schmalstieg, D. (2010) Focus and context by modulating first order salient features for augmented reality. Proceedings of Smart Graphics, Springer, 232-243.

Mendez, E., Kalkofen, D., and Schmalstieg, D. (2006) Interactive context-driven visualization tools for augmented reality. Proceedings of the IEEE and ACM International Symposium for Mixed and Augmented Reality (ISMAR), 209-218.

Meyer, K., Applewhite, H. L., and Biocca, F. A. (1992) A survey of position trackers. Presence: Teleoperators and Virtual Environments 1, 2, MIT Press, 173-200.

Michael, K., and Michael, M. G. (2013) Uberveillance and the Social Implications of Microchip Implants. IGI Global.

Mikolajczyk, K., and Schmid, C. (2004) Scale and affine invariant interest point detectors. International Journal of Computer Vision 60, 1, 63-86.

Mikolajczyk, K., and Schmid, C. (2005) A performance evaluation of local descriptors. IEEE Transactions on Pattern Analysis and Machine Intelligence 27, 10, 1615-1630.

Miksik, O., Torr, P. H. S., Vineet, V., Lidegaard, M., Prasaath, R., Nießner, M., Golodetz, S., Hicks, S. L., Pérez, P., and Izadi, S. (2015) The semantic paintbrush: Interactive 3D mapping and recognition in large outdoor spaces. Proceedings of the ACM SIGCHI Conference on Human Factors in Computing Systems (CHI), 3317-3326.

Milgram, P., and Kishino, F. (1994) A taxonomy of mixed reality visual displays. IEICE Transactions on Information Systems E77-D, 12, 1321-1329.

Minatani, S., Kitahara, I., Kameda, Y., and Ohta, Y. (2007) Face-to-face tabletop remote collaboration in mixed reality. Proceedings of the IEEE and ACM International Symposium on Mixed and Augmented Reality (ISMAR), 43-46.

Mine, M. R., Brooks, F. P. Jr., and Sequin, C. H. (1997) Moving objects in space: Exploiting proprioception in virtual-environment interaction. Proceedings of the ACM SIGGRAPH Conference on Computer Graphics and Interactive Techniques, 19-26.

Mistry, P., and Maes, P. (2009) SixthSense: A wearable gestural interface. ACM SIGGRAPH Asia Sketches.

Miyasato, T. (1998) An eye-through HMD for augmented reality. Proceedings of the IEEE International Symposium on Robot and Human Interactive Communication.

Mogilev, D., Kiyokawa, K., Billinghurst, M., and Pair, J. (2002) AR pad: An interface for face-toface AR collaboration. ACM CHI Extended Abstracts on Human Factors in Computing Systems, 654-655.

Mohr, P., Kerbl, B., Kalkofen, D., and Schmalstieg, D. (2015) Retargeting technical documentation to augmented reality. Proceedings of the ACM SIGCHI Conference on Human-Computer Interaction (CHI), 3337-3346.

Moreels, P., and Perona, P. (2007) Evaluation of features, detectors and descriptors based on 3D objects. International Journal of Computer Vision 73, 3, 263-284.

Morrison, A., Mulloni, A., Lemmelae, S., Oulasvirta, A., Jacucci, G., Peltonen, P., Schmalstieg, D. and Regenbrecht, H. (2011) Collaborative use of mobile augmented reality with paper maps. Computers & Graphics 35, 4, Elsevier, 789-799.

Müller, J., Langlotz, T., and Regenbrecht, H. (2016) PanoVC: Pervasive telepresence using mobile phones. Proceedings of the IEEE International Conference on Pervasive Computing.

Mulloni, A., Dünser, A., and Schmalstieg, D. (2010) Zooming interfaces for augmented reality browsers. Proceedings of the ACM International Conference on Human-Computer Interaction with Mobile Devices and Services (MobileHCI), 161-169.

Mulloni, A., Ramachandran, M., Reitmayr, G., Wagner, D., Grasset, R., and Diaz, S. (2013) User friendly SLAM initialization. Proceedings of the IEEE International Symposium on Mixed and Augmented Reality (ISMAR), 153-162.

Mulloni, A., and Schmalstieg, D. (2012) Enhancing handheld navigation systems with augmented reality. Proceedings of the International Symposium on Service-Oriented Mapping.

Mulloni, A., Seichter, H., and Schmalstieg, D. (2012) Indoor navigation with mixed reality world-in-miniature views and sparse localization on mobile devices. Proceedings of the International Working Conference on Advanced Visual Interfaces, ACM Press, 212.

Mulloni, A., Wagner, D., and Schmalstieg, D. (2008) Mobility and social interaction as core game-play elements in multi-player augmented reality. Proceedings of the International Conference on Digital Interactive Media in Entertainment and Arts (DIMEA), 472-478.

Mynatt, E. D., Back, M., Want, R., Baer, M., and Ellis, J. B. (1998) Designing audio aura. Proceedings of the ACM SIGCHI Conference on Human Factors in Computing Systems (CHI), 566-573.

Naimark, L., and Foxlin, E. (2002) Circular data matrix fiducial system and robust image processing for a wearable vision-inertial self-tracker. Proceedings of the Symposium on Mixed and Augmented Reality (ISMAR), 27-36.

Najork, M. A., and Brown, M. H. (1995) Obliq-3D: A high-level, fast-turnaround 3D animation system. IEEE Transactions on Visualization and Computer Graphics 1, 2, 145-175.

Nakaizumi, F., Noma, H., Hosaka, K., and Yanagida, Y. (2006) SpotScents: A novel method of natural scent delivery using multiple scent projectors. Proceedings of IEEE Virtual Reality (VR), 207-214.

Nakamae, E., Harada, K., Ishizaki, T., and Nishita, T. (1986) A montage method: The overlaying of the computer generated images onto a background photograph. Proceedings of the ACM SIGGRAPH Conference on Computer Graphics and Interactive Techniques, 207-214.

Narumi, T., Kajinami, T., Nishizaka, S., Tanikawa, T., and Hirose, M. (2011a) Pseudo-gustatory display system based on cross-modal integration of vision, olfaction and gustation. Proceedings of IEEE Virtual Reality (VR), 127-130.

Narumi, T., Nishizaka, S., and Kajinami, T. (2011b) Augmented reality flavors: Gustatory display based on edible marker and cross-modal interaction. Proceedings of ACM SIGCHI Conference on Human Factors in Computing Systems (CHI), 93-102.

Navab, N. (2004) Developing killer apps for industrial augmented reality. IEEE Computer Graphics and Applications 24, 3, 16-20.

Navab, N., Heining, S.-M., and Traub, J. (2010) Camera augmented mobile C-arm (CAMC): Calibration, accuracy study, and clinical applications. IEEE Transactions on Medical Imaging 29, 7, 1412-1423.

Newcombe, R. A., Izadi, S., Hilliges, O., Molyneaux, D., Kim, D., Davison, D., Kohli, P., Shotton, J., Hodges, S., Fitzgibbon, A. (2011a) KinectFusion: Real-time dense surface mapping and tracking. Proceedings of the IEEE International Symposium on Mixed and Augmented Reality (ISMAR), 127-136.

Newcombe, R. A., Lovegrove, S. J., and Davison, A. J. (2011b) DTAM: Dense tracking and mapping in real-time. Proceedings of the IEEE International Conference on Computer Vision, 2320-2327.

Newman, J., Bornik, A., Pustka, D., Echtler, F., Huber, M., Schmalstieg, D., Klinker, G. (2007) Tracking for distributed mixed reality environments. Proceedings of the IEEE Virtual Reality Workshop on Trends and Issues in Tracking for Virtual Environments.

Newman, J., Ingram, D., and Hopper, A. (2001) Augmented reality in a wide area sentient environment. Proceedings of the International Symposium on Augmented Reality (ISAR), 77-86.

Nguyen, T., Grasset, R., Schmalstieg, D., and Reitmayr, G. (2013) Interactive syntactic modeling with a single-point laser range finder and camera. Proceedings of the IEEE International Symposium on Mixed and Augmented Reality (ISMAR), 107-116.

Nguyen, T., Reitmayr, G., and Schmalstieg, D. (2015) Structural modeling from depth images. IEEE Transactions on Visualization and Computer Graphics (Proceedings ISMAR), 21, 11, 1230-1240.

Niantic. (2012) Ingress. The game. https://www.ingress.com. Accessed March 2016.

Nishino, K., and Nayar, S. K. (2004) Eyes for relighting. ACM Transactions on Graphics 23, 3, 704-711.

Nistér, D. (2004) An efficient solution to the five-point relative pose problem. IEEE Transactions on Pattern Analysis and Machine Intelligence 26, 6, 756-777.

Nistér, D., Naroditsky, O., and Bergen, J. (2004) Visual odometry. Proceedings of the IEEE Computer Society Conference on Computer Vision and Pattern Recognition (CVPR), 652-659.

Nistér, D., and Stewenius, H. (2006) Scalable recognition with a vocabulary tree. Proceedings of the IEEE Computer Society Conference on Computer Vision and Pattern Recognition (CVPR), 2161-2168.

Nóbrega, R., and Correia, N. (2012) Magnetic augmented reality: Virtual objects in your space. Proceedings of the International Working Conference on Advanced Visual Interfaces (AVI), ACM Press, 332-335.

Novak, V., Sandor, C., and Klinker, G. (2004) An AR workbench for experimenting with attentive user interfaces. Proceedings of the IEEE and ACM International Symposium on Mixed and Augmented Reality (ISMAR), 284-285.

Nowrouzezahrai, D., Geiger, S., Mitchell, K., Sumner, R., Jarosz, W., and Gross, M. (2011) Light factorization for mixed-frequency shadows in augmented reality. Proceedings of the IEEE International Symposium on Mixed and Augmented Reality (ISMAR), 173-179.

Nuernberger, B., Lien, K.-C., Höllerer, T., and Turk, M. (2016) Interpreting 2D gesture annotations in 3D augmented reality. Proceedings of the IEEE Symposium on 3D User Interfaces (3DUI), 149-158.

Oberweger, M., Wohlhart, P., and Lepetit, V. (2015) Hands deep in deep learning for hand pose estimation. Proceedings of the Computer Vision Winter Workshop (CVWW), 21-30.

Ohlenburg, J., Herbst, I., Lindt, I., Fröhlich, T., and Broll, W. (2004) The MORGAN framework: Enabling dynamic multi-user AR and VR projects. Proceedings of the ACM Symposium on Virtual Reality Software and Technology (VRST), 166-169.

Ohshima, T., Satoh, K., Yamamoto, H., and Tamura, H. (1998) AR2 hockey: A case study of collaborative augmented reality. Proceedings of the IEEE Virtual Reality Annual International Symposium (VRAIS), 268-275.

Ohshima, T., Yamamoto, H., and Tamura, H. (1999) RV-Border Guards: A multi-player entertainment in mixed reality space. Poster. Proceedings of the International Workshop on Augmented Reality (IWAR).

Oishi, T., and Tachi, S. (1995) Methods to calibrate projection transformation parameters for see-through head-mounted displays. Presence: Teleoperators and Virtual Environments 5, 1, MIT Press, 122-135.

Okabe, T., Sato, I., and Sato, Y. (2004) Spherical harmonics vs. Haar wavelets: Basis for recovering illumination from cast shadows. Proceedings of the IEEE Conference on Computer Vision and Pattern Recognition (CVPR), 1, 50-57.

Okumura, B., Kanbara, M., and Yokoya, N. (2006) Augmented reality based on estimation of defocusing and motion blurring from captured images. Proceedings of the IEEE and ACM International Symposium on Mixed and Augmented Reality (ISMAR), 219-225.

Olwal, A., Benko, H., and Feiner, S. (2003) SenseShapes: Using statistical geometry for object selection in a multimodal augmented reality system. Proceedings of the IEEE and ACM International Symposium on Mixed and Augmented Reality (ISMAR), 300-301.

Olwal, A., and Feiner, S. (2004) Unit: Modular development of distributed interaction techniques for highly interactive user interfaces. Proceedings of the International Conference on Computer Graphics and Interactive Techniques in Australasia and South East Asia (GRAPHITE), 131-138.

Oskiper, T., Samarasekera, S., and Kumar, R. (2012) Multi-sensor navigation algorithm using monocular camera, IMU and GPS for large scale augmented reality. Proceedings of the IEEE International Symposium on Mixed and Augmented Reality (ISMAR), 71-80.

Oskiper, T., Sizintsev, M., Branzoi, V., Samarasekera, S., and Kumar, R. (2015) Augmented reality binoculars. IEEE Transactions on Visualization and Computer Graphics 21, 5, 611-623.

Owen, C., Tang, A., and Xiao, F. (2003) ImageTclAR: A blended script and compiled code development system for augmented reality. Proceedings of the ISMAR Workshop on Software Technology in Augmented Reality Systems (STARS).

Ozuysal, M., Fua, P., and Lepetit, V. (2007) Fast keypoint recognition in ten lines of code. Proceedings of the IEEE Conference on Computer Vision and Pattern Recognition (CVPR), 1-8.

Pan, Q., Reitmayr, G., and Drummond, T. (2009) ProFORMA: Probabilistic feature-based on-line rapid model acquisition. Proceedings of the British Machine Vision Conference (BMVC), 1-11.

Park, Y., Lepetit, V., and Woo, W. (2009) ESM-Blur: Handling and rendering blur in 3D tracking and augmentation. Proceedings of the IEEE International Symposium on Mixed and Augmented Reality (ISMAR), 163-166.

Parker, S. G., Bigler, J., Dietrich, A., Friedrich, H., Hoberock, J., Luebke, D., McAllister, D., McGuire, M., Morley, K., Robison, A., and Stich, M. (2010) OptiX: A general purpose ray tracing engine. Proceedings of SIGGRAPH, ACM Transactions on Graphics (Proceedings SIGGRAPH) 29, 4, Article 66.

Pausch, R., Proffitt, D., and Williams, G. (1997) Quantifying immersion in virtual reality. Proceedings of the ACM SIGGRAPH Conference on Computer graphics and Interactive Techniques (SIGGRAPH), 13-18.

Pejsa, T., Kantor, J., Benko, H., Ofek, E., and Wilson, A.D. (2016) Room2Room: Enabling life-size telepresence in a projected augmented reality environment. Proceedings of the ACM Conference on Computer Supported Cooperative Work (CSCW), 1716-1725.

Pessoa, S., Moura, G., Lima, J., Teichrieb, V., and Kelner, J. (2010) Photorealistic rendering for augmented reality: A global illumination and BRDF solution. Proceedings of IEEE Virtual Reality (VR), 3-10.

Petersen, N., and Stricker, D. (2009) Continuous natural user interface: Reducing the gap between real and digital world. Proceedings of the IEEE International Symposium on Mixed and Augmented Reality (ISMAR), 23-26.

Pick, S., Hentschel, B., Tedjo-Palczynski, I., Wolter, M., and Kuhlen, T. (2010) Automated positioning of annotations in immersive virtual environments. Proceedings of the Eurographics Conference on Virtual Environments & Joint Virtual Reality (EGVE-JVRC), 1-8.

Piekarski, W., and Thomas, B. H. (2001) Tinmith-Metro: New outdoor techniques for creating city models with an augmented reality wearable computer. Proceedings of the IEEE International Symposium on Wearable Computers, 31-38.

Piekarski, W., and Thomas, B. H. (2002) Tinmith-Hand: Unified user interface technology for mobile outdoor augmented reality and indoor virtual reality. Proceedings of IEEE Virtual Reality (VR), 287-288.

Piekarski, W., and Thomas, B. H. (2003) An object-oriented software architecture for 3D mixed reality applications. Proceedings of the IEEE and ACM International Symposium on Mixed and Augmented Reality (ISMAR), 247-256.

Piekarski, W., and Thomas, B. H. (2004) Augmented reality working planes: A foundation for action and construction at a distance. Proceedings of the IEEE and ACM International Symposium on Mixed and Augmented Reality (ISMAR), 162-171.

Pierce, J. S., Forsberg, A. S., Conway, M. J., Hong, S., Zeleznik, R. C., and Mine, M. R. (1997) Image plane interaction techniques in 3D immersive environments. Proceedings of the ACM SIGGRAPH Symposium on Interactive 3D Graphics (I3D), 39-43.

Pilet, J., Geiger, A., Lagger, P., Lepetit, V., and Fua, P. (2006) An all-in-one solution to geometric and photometric calibration. Proceedings of the IEEE and ACM International Symposium on Mixed and Augmented Reality (ISMAR), 69-78.

Pinhanez, C. S. (2001) The everywhere displays projector: A device to create ubiquitous graphical interfaces. Proceedings of the International Conference on Ubiquitous Computing (UbiComp), Springer, 315-331.

Pintaric, T., and Kaufmann, H. (2008) A rigid-body target design methodology for optical pose-tracking systems. Proceedings of the ACM Symposium on Virtual Reality Software and Technology (VRST), 73-76.

Pintaric, T., Wagner, D., Ledermann, F., and Schmalstieg, D. (2005) Towards massively multi-user augmented reality on handheld devices. Proceedings of the International Conference on Pervasive Computing, Springer, 208-219.

Piper, B., Ratti, C., and Ishii, H. (2002) Illuminating clay: A 3-D tangible interface for landscape analysis. Proceedings of the ACM SIGCHI Conference on Human Factors in Computing Systems (CHI), 355-362.

Pirchheim, C., Schmalstieg, D., and Reitmayr, G. (2013) Handling pure camera rotation in keyframe-based SLAM. Proceedings of the IEEE International Symposium on Mixed and Augmented Reality (ISMAR), 229-238.

Plopski, A., Itoh, Y., Nitschke, C., Kiyokawa, K., Klinker, G., and Takemura, H. (2015) Practical calibration of optical see-through head-mounted displays using corneal imaging. IEEE Transactions on Visualization and Computer Graphics (Proceedings VR) 21, 4, 481-490.

Poupyrev, I., Tan, D. S., Billinghurst, M., Kato, H., Regenbrecht, H., and Tetsutani, N. (2002) Developing a generic augmented-reality interface. IEEE Computer 35, 3, 44-50.

Pustka, D., Huber, M., Waechter, C., Echtler, F., Keitler, P., Newman, J., Schmalstieg, D., Klinker, G. (2011) Ubitrack: Automatic configuration of pervasive sensor networks for augmented reality. IEEE Pervasive Computing 10, 3, 68-79.

Quan, L., and Lan, Z. (1999) Linear N-point camera pose determination. IEEE Transactions on Pattern Analysis and Machine Intelligence 21, 8, 774-780.

Rakkolainen, I., DiVerdi, S., Olwal, A., Candussi, N., Höllerer, T., Laitinen, M., Piirto, M., and Palovuori, K. (2005) The interactive FogScreen. ACM SIGGRAPH 2005 Emerging Technologies, article 8.

Ramamoorthi, R., and Hanrahan, P. (2001) A signal-processing framework for inverse rendering.

Proceedings of the ACM SIGGRAPH Conference on Computer Graphics and Interactive Techniques, 117-128.

Raskar, R. (2004). Spatial augmented reality. Keynote, Symposium on Virtual Reality (SVR).

Raskar, R., Welch, G., Cutts, M., Lake, A., Stesin, L., and Fuchs, H. (1998) The office of the future: A unified approach to image-based modeling and spatially immersive displays. Proceedings of the ACM SIGGRAPH Conference on Computer Graphics and Interactive Techniques, 179-188.

Raskar, R., Welch, G., Low, K.-L., and Bandyopadhyay, D. (2001) Shader lamps: Animating real objects with image-based Illumination. Proceedings of the Eurographics Workshop on Rendering Techniques, Springer, 89-102.

Regan, M., and Pose, R. (1994) Priority rendering with a virtual reality address recalculation pipeline. Proceedings of the ACM SIGGRAPH Conference on Computer Graphics and Interactive Techniques, 155-162.

Regenbrecht, H., Wagner, M. T., and Baratoff, G. (2002) MagicMeeting: A collaborative tangible augmented reality system. Virtual Reality 6, 3, Springer, 151-166.

Reiners, D., Voß, G., and Behr, J. (2002) OpenSG: Basic concepts. Proceedings of the OPENSG Symposium.

Reitmayr, G., and Drummond, T. (2006) Going out: Robust model-based tracking for outdoor augmented reality. Proceedings of the ACM and IEEE International Symposium on Mixed and Augmented Reality (ISMAR), 109-118.

Reitmayr, G., Eade, E., and Drummond, T. (2005) Localisation and interaction for augmented maps. Proceedings of the IEEE and ACM International Symposium on Mixed and Augmented Reality (ISMAR), 120-129.

Reitmayr, G., Eade, E., and Drummond, T. W. (2007) Semi-automatic annotations in unknown environments. Proceedings of the IEEE and ACM International Symposium on Mixed and Augmented Reality (ISMAR), 67-70.

Reitmayr, G., and Schmalstieg, D. (2001) An open software architecture for virtual reality interaction. ACM Symposium on Virtual Reality Software and Technology (VRST), 47-54.

Reitmayr, G., and Schmalstieg, D. (2003) Location based applications for mobile augmented reality. Proceedings of the Australasian User Interface Conference (AUIC), Australian Computer Society, 65-73.

Reitmayr, G., and Schmalstieg, D. (2004) Collaborative augmented reality for outdoor navigation and information browsing. Proceedings of the Symposium on Location Based Services and TeleCartography, 31-41.

Reitmayr, G., and Schmalstieg, D. (2005) OpenTracker: A flexible software design for three-dimensional interaction. Virtual Reality 9, 1, Springer, 79-92.

Rekimoto, J. (1996) Transvision: A hand-held augmented reality system for collaborative design. Proceedings of the ACM International Conference on Virtual Systems and Multi-Media (VSMM), 31-39.

Rekimoto, J. (1997) Pick-and-drop: A direct manipulation technique for multiple computer environments. Proceedings of the ACM Symposium on User Interface Software and Technology (UIST), 31-39.

Rekimoto, J. (1998) Matrix: A realtime object identification and registration method for augmented reality. Proceedings of the 3rd Asia Pacific Conference on Computer-Human Interaction, 63-68.

Rekimoto, J., Ayatsuka, Y., and Hayashi, K. (1998) Augment-able reality: Situated communication through physical and digital spaces. Proceedings of the IEEE International Symposium on Wearable Computers, 68-75.

Rekimoto, J., and Nagao, K. (1995) The world through the computer: Computer augmented interaction with real world environments. Proceedings of the ACM Symposium on User Interface Software and Technology (UIST), 29-36.

Rekimoto, J., and Saitoh, M. (1999) Augmented surfaces: A spatially continuous work space for hybrid computing environments. Proceedings of the ACM SIGCHI Conference on Human Factors in Computing Systems (CHI), 378-385.

Rekimoto, J., Ullmer, B., and Oba, H. (2001) DataTiles: A modular platform for mixed physical and graphical interactions. Proceedings of the ACM SIGCHI Conference on Human Factors in Computing Systems (CHI), 269-276.

Ren, D., Goldschwendt, T., Chang, Y., and Höllerer, T. (2016) Evaluating wide-field-of-view augmented reality with mixed reality simulation. Proceedings of IEEE Virtual Reality (VR), 93-102.

Ribo, M., Lang, P., Ganster, H., Brandner, M., Stock, C., and Pinz, A. (2002) Hybrid tracking for outdoor augmented reality applications. IEEE Computer Graphics and Applications 22, 6, 54-63.

Richardt, C., Stoll, C., Dodgson, N.A., Seidel, H.-P., and Theobalt, C. (2012) Coherent spatiotemporal filtering, upsampling and rendering of RGBZ videos. Computer Graphics Forum (Proceedings Eurographics) 31, 2, 247-256.

Ritschel, T., Grosch, T., and Seidel, H.-P. (2009) Approximating dynamic global illumination in image space. Proceedings of the ACM SIGGRAPH Symposium on Interactive 3D Graphics and Games (I3D), 75-82.

Robinett, W., and Holloway, R. (1992) Implementation of flying, scaling and grabbing in virtual worlds. Proceedings of the ACM SIGGRAPH Symposium on Interactive 3D Graphics (I3D), 189-192.

Robinett, W., Tat, I., and Holloway, R. (1995) The visual display transformation for virtual reality. Presence: Teleoperators and Virtual Environments 4, 1, 1-23.

Rodden, T. (1992) A survey of CSCW systems. Interacting with Computers 3, 3, Elsevier, 319-353.

Rohlf, J., and Helman, J. (1994) IRIS Performer: A high performance multiprocessing toolkit for real-time 3D Graphics. Proceedings of the ACM SIGGRAPH Conference on Computer Graphics and Interactive Techniques, 381-394.

Rolland, J. P., Biocca, F., Hamza-Lup, F., Ha, Y., and Martins, R. (2005) Development of head-mounted projection displays for distributed, collaborative, augmented reality applications. Presence: Teleoperators and Virtual Environments 14, 5, 528-549.

Rolland, J. P., and Cakmakci, O. (2009) Head-worn displays: The future through new eyes. Optics & Photonics News, April, 20-27.

Rolland, J. P., Davis, L. D., and Baillot, Y. (2001) A survey of tracking technologies for virtual environments. In: Barfield, W., and Caudell, T., eds., Fundamentals of Wearable Computers and Augmented Reality. Lawrence Erlbaum Associates, 67-112.

Rong, G., and Tan, T.-S. (2006) Jump flooding in GPU with applications to Voronoi diagram and distance transform. Proceedings of the ACM SIGGRAPH Symposium on Interactive 3D Graphics and games (I3D), 130, 109-116.

Rosten, E., and Drummond, T. (2006) Machine learning for high-speed corner detection. Proceedings of the European Conference on Computer Vision (ECCV), Springer, 430-443.

Rosten, E., Reitmayr, G., and Drummond, T. (2005) Real-time video annotations for augmented reality. Proceedings of the International Symposium on Visual Computing (ISVC), 294-302.

Saito, T., and Takahashi, T. (1990) Comprehensible rendering of 3-D shapes. Proceedings of the ACM SIGGRAPH Conference on Computer Graphics and Interactive Techniques, 197-206.

Salas-Moreno, R. F., Newcombe, R. A., Strasdat, H., Kelly, P. H. J., and Davison, A. J. (2013) SLAM++: Simultaneous localisation and mapping at the level of objects. Proceedings of the IEEE Conference on Computer Vision and Pattern Recognition (CVPR), 1352-1359.

Sandor, C., Cunningham, A., Barbier, S., Eck, U., Urquhart, D., Marner, M. R., Jarvis, G., Rhee, S. (2010a) Egocentric space-distorting visualizations for rapid environment exploration in mobile mixed reality. Proceedings of IEEE Virtual Reality (VR), 47-50.

Sandor, C., Cunningham, A., Dey, A., and Mattila, V.-V. (2010b) An augmented reality X-ray system based on visual saliency. Proceedings of the IEEE International Symposium on Mixed and Augmented Reality (ISMAR). 27-36.

Sandor, C., and Reicher, T. (2001) CUIML: A language for the generation of multimodal human-computer interfaces. Proceedings of the European UIML Conference.

Sandor, C., Uchiyama, S., and Yamamoto, H. (2007) Visuo-haptic systems: Half-mirrors considered harmful. Proceedings of the Joint EuroHaptics Conference, Symposium on Haptic Interfaces for Virtual Environment and Teleoperator Systems, and World Haptics, 292-297.

Sapiezynski, P., Stopczynski, A., Gatej, R., and Lehmann, S. (2015) Tracking human mobility using WiFi signals. PloS ONE 10, 7, e0130824.

Sato, I., Sato, Y., and Ikeuchi, K. (1999) Acquiring a radiance distribution to superimpose virtual objects onto a real scene. IEEE Transactions on Visualization and Computer Graphics 5, 1, 1-12.

Satoh, K., Hara, K., Anabuki, M., Yamamoto, H., and Tamura, H. (2001) TOWNWEAR: An outdoor wearable MR system with high-precision registration. Proceedings of the International Symposium on Mixed Reality (ISMR), 210-211.

Sattler, T., Leibe, B., and Kobbelt, L. (2011) Fast image-based localization using direct 2D-to-3D matching. Proceedings of the IEEE International Conference on Computer Vision (ICCV), 67-674.

Sattler, T., Leibe, B., and Kobbelt, L. (2012) Improving image-based localization by active correspondence search. Proceedings of the European Conference on Computer Vision (ECCV), 752-765.

Sawhney, N., and Schmandt, C. (2000) Nomadic radio: Speech and audio interaction for contextual messaging in nomadic environments. ACM Transactions on Computer-Human Interaction 7, 3, 353-383.

Schall, G., Mendez, E., Kruijff, E., Veas, E., Junghanns, S., Reitinger, B., and Schmalstieg, D. (2008) Handheld augmented reality for underground infrastructure visualization. Journal of Personal and Ubiquitous Computing 13, 4, Springer, 281-291.

Schall, G., Wagner, D., Reitmayr, G., Taichmann, E., Wieser, M., Schmalstieg, D., and Hofmann-Wellenhof, B. (2009) Global pose estimation using multi-sensor fusion for outdoor augmented reality. Proceedings of the IEEE International Symposium on Mixed and Augmented Reality (ISMAR), 153-162.

Schinke, T., Henze, N., and Boll, S. (2010) Visualization of off-screen objects in mobile augmented reality. Proceedings of the ACM International Conference on Human Computer Interaction with Mobile Devices and Services (MobileHCI), 313-316.

Schmalstieg, D., Encarnação, L. M., and Szalavari, Z. (1999) Using transparent props for interaction with the virtual table. Proceedings of the ACM SIGGRAPH Symposium on Interactive 3D Graphics (I3D), 147-154.

Schmalstieg, D., Fuhrmann, A., and Hesina, G. (2000) Bridging multiple user interface dimensions with augmented reality. Proceedings of the IEEE and ACM International Symposium on Augmented Reality (ISAR), 20-29.

Schmalstieg, D., Fuhrmann, A., Hesina, G., Szalavári, Z., Encarnação, L. M., Gervautz, M., and Purgathofer, W. (2002) The Studierstube augmented reality project. Presence: Teleoperators and Virtual Environments 11, 1, MIT Press, 33-54.

Schmalstieg, D., Fuhrmann, A., Szalavri, Z., and Gervautz, M. (1996) Studierstube: An environment for collaboration in augmented reality. Proceedings of the Workshop on Collaborative Virtual Environments (CVE), 37-48.

Schmalstieg, D., and Hesina, G. (2002) Distributed applications for collaborative augmented reality. Proceedings of IEEE Virtual Reality (VR), 59-66.

Schmeil, A., and Broll, W. (2007) MARA: A mobile augmented reality-based virtual assistant. Proceedings of IEEE Virtual Reality (VR), 267-270.

Schmidt, D. C., and Huston, S. D. (2001) C++ Network Programming. Volume I: Mastering Complexity with ACE and Patterns. Addison-Wesley.

Schneider, P., and Eberly, D. (2003) Geometric Tools for Computer Graphics. Morgan Kaufmann Publishers.

Schönfelder, R., and Schmalstieg, D. (2008) Augmented reality for industrial building acceptance. Proceedings of IEEE Virtual Reality (VR), 83-90.

Schowengerdt, B. (2010) Near-to-eye display using scanning fiber display engine. SID Symposium Digest of Technical Papers 41, 1, Paper 57.1, 848-851.

Schowengerdt, B. T., and Seibel, E. J. (2012) Multifocus displays. In: Chen, J., Cranton, W., and Fihn, M., eds., Handbook of Visual Display Technology. Springer, Berlin/Heidelberg, Germany, 2239-2250.

Schwerdtfeger, B., and Klinker, G. (2008) Supporting order picking with augmented reality. Proceedings of the IEEE International Symposium on Mixed and Augmented Reality (ISMAR), 91-94.

Seah, S. A., Martinez Plasencia, D., Bennett, P. D., Karnik, A., Otrocol, V. S., Knibbe, J., Cock-burn, A., and Subramanian, S. (2014) SensaBubble: A chrono-sensory mid-air display of sight and smell. Proceedings of the ACM Conference on Human Factors in Computing Systems (CHI), 2863-2872.

Searle, C. L., Braida, L. D., Davis, M. F., and Colburn, H. S. (1976) Model for auditory localization. Journal of the Acoustical Society of America 60, 5, 1164-1175.

Seibert, H., and Dähne, P. (2006) System architecture of a mixed reality framework. Journal of Virtual Reality and Broadcasting 3, 7, urn:nbn:de:0009-6-7774.

Seo, B.-K., Lee, M.-H., Park, H., and Park, J.-I. (2008) Projection-based diminished reality system. Proceedings of the International Symposium on Ubiquitous Virtual Reality, IEEE Press, 25-28.

Shan, Q., Adams, R., Curless, B., Furukawa, Y., and Seitz, S. M. (2013) The Visual Turing Test for scene reconstruction. Proceedings of the IEEE International Conference on 3D Vision (3DV), 25-32.

Shaw, C., Green, M., Liang, J., and Sun, Y. (1993) Decoupled simulation in virtual reality with the MR toolkit. ACM Transactions on Information Systems 11, 3, 287-317.

Shi, J., and Tomasi, C. (1994) Good features to track. Proceedings of the IEEE Conference on Computer Vision and Pattern Recognition (CVPR), 593-600.

Shingu, J., Rieffel, E., Kimber, D., Vaughan, J., Qvarfordt, P., and Tuite, K. (2010) Camera pose navigation using augmented reality. IEEE International Symposium on Mixed and Augmented Reality (ISMAR), 271-272.

Shneiderman, B. (1996) The eyes have it: A task by data type taxonomy for information visualizations. Proceedings of the IEEE Symposium on Visual Languages, 336-343.

Siegel, A., and White, S. (1975) The development of spatial representations of large-scale environments. Advances in Child Development and Behavior 10, Academic Press, 9-55.

Siltanen, S. (2006) Texture generation over the marker area. Proceedings of the IEEE and ACM International Symposium on Mixed and Augmented Reality (ISMAR), 253-254.

Simon, G. (2006) Automatic online walls detection for immediate use in AR tasks. Proceedings of the IEEE and ACM International Symposium on Mixed and Augmented Reality, 39-42.

Simon, G. (2010) In-situ 3D sketching using a video camera as an interaction and tracking device. Proceedings of Eurographics Short Papers.

Skrypnyk, I., and Lowe, D. (2004) Scene modelling, recognition and tracking with invariant image features. Proceedings of the IEEE and ACM International Symposium on Mixed and Augmented Reality (ISMAR), 110-119.

Slater, M. (2003) A note on presence terminology. Presence Connect 3.

Sloan, P.-P., Kautz, J., and Snyder, J. (2002) Precomputed radiance transfer for real-time rendering in dynamic, low-frequency lighting environments. ACM Transactions on Graphics (Proceedings SIGGRAPH) 21, 3, 527-536.

Snavely, N., Seitz, S. M., and Szeliski, R. (2006) Photo tourism: Exploring photo collections in 3D. ACM Transactions on Graphics (Proceedings SIGGRAPH) 25, 3, 835-846.

Sodhi, R. S., Jones, B. R., Forsyth, D., Bailey, B. P., and Maciocci, G. (2013a) BeThere: 3D mobile collaboration with spatial input. Proceedings of the ACM SIGCHI Conference on Human Factors in Computing Systems (CHI), 179-188.

Sodhi, R., Poupyrev, I., Glisson, M., and Israr, A. (2013b) AIREAL: Interactive tactile experiences in free air. ACM Transactions on Graphics (Proceedings SIGGRAPH) 32, 4, article 134.

Song, H., Grossman, T., Fitzmaurice, G., Guimbretière, F., Khan, A., Attar, R., and Kurtenbach, G. (2009) PenLight: Combining a mobile projector and a digital pen for dynamic visual overlay. Proceedings of the ACM SIGCHI Conference on Human Factors in Computing Systems (CHI), 143-152.

Song, J., Sörös, G., Pece, F., Fanello, S. R., Izadi, S., Keskin, C., and Hilliges, O. (2014) In-air gestures around unmodified mobile devices. Proceedings of the ACM Symposium on User Interface Software and Technology (UIST), 319-329.

Spence, R. (2007) Information Visualization: Design for Interaction. Pearson Education.

Spindler, M., Martsch, M., and Dachselt, R. (2012) Going beyond the surface: Studying multi-layer interaction above the tabletop. Proceedings of the SIGCHI Conference on Human Factors in Computing Systems (CHI), 1277-1286.

Spohrer, J. C. (1999) Information in places. IBM Systems Journal 38, 4, 602-628.

Stafford, A., Piekarski, W., and Thomas, B. H. (2006) Implementation of god-like interaction techniques for supporting collaboration between outdoor AR and indoor tabletop users. Proceedings of the IEEE and ACM International Symposium on Mixed and Augmented Reality (ISMAR), 165-172.

Starner, T., Mann, S., Rhodes, B. J., Levine, J., Healey, J., Kirsch, D., Picard, R. W., and Pentland, A. (1997) Augmented reality through wearable computing. Presence: Teleoperators and Virtual Environments 6, 4, MIT Press, 386-398.

State, A., Chen, D. T., Tector, C., Brandt, A., Ohbuchi, R., Bajura, M., and Fuchs, H. (1994) Observing a volume rendered fetus within a pregnant patient. Proceedings of IEEE Visualization, 364-368.

State, A., Hirota, G., Chen, D. T., Garrett, W. F., and Livingston, M. A. (1996a) Superior augmented reality registration by integrating landmark tracking and magnetic tracking. Proceedings of the ACM SIGGRAPH Conference on Computer Graphics and Interactive Techniques (SIGGRAPH), 429-438.

State, A., Keller, K. P., and Fuchs, H. (2005) Simulation-based design and rapid prototyping of a parallax-free, orthoscopic video see-through head-mounted display. Proceedings of the IEEE and ACM International Symposium on Mixed and Augmented Reality (ISMAR), 28-31.

State, A., Livingston, M. A., Garrett, W. F., Hirota, G., Whitton, M. C., Pisano, E. P., and Fuchs, H. (1996b) Technologies for augmented reality systems: Realizing ultrasound-guided needle biopsies. Proceedings of the ACM Conference on Computer Graphics and Interactive Techniques (SIGGRAPH), 439-446.

Stauder, J. (1999) Augmented reality with automatic illumination control incorporating ellipsoidal models. IEEE Transactions on Multimedia 1, 136-143.

Stein, T., and Décoret, X. (2008) Dynamic label placement for improved interactive exploration. Proceedings of the ACM International Symposium on Non-Photorealistic Animation and Rendering (NPAR), 15-21.

Steptoe, W., Julier, S., and Steed, A. (2014) Presence and discernability in conventional and non-photorealistic immersive augmented reality. Proceedings of the IEEE International Symposium on Mixed and Augmented Reality (ISMAR), 213-218.

Stewénius, H., Engels, C., and Nistér, D. (2006) Recent developments on direct relative orientation. ISPRS Journal of Photogrammetry and Remote Sensing 60, 4, 284-294.

Stoakley, R., Conway, M. J., and Pausch, R. (1995) Virtual reality on a WIM: Interactive worlds in miniature. Proceedings of the ACM SIGCHI Conference on Human Factors in Computing Systems (CHI), 265-272.

Strauss, P. S., and Carey, R. (1992) An object-oriented 3D graphics toolkit. Proceedings of the ACM Conference on Computer Graphics and Interactive Techniques (SIGGRAPH), 341-349.

Sugano, N., Kato, H., and Tachibana, K. (2003) The effects of shadow representation of virtual objects in augmented reality. Proceedings of the IEEE and ACM International Symposium on Mixed and Augmented Reality (ISMAR), 76-83.

Sukan, M., Elvezio, C., Oda, O., Feiner, S., and Tversky, B. (2014) ParaFrustum: Visualization techniques for guiding a user to a constrained set of viewing positions and orientations. Proceedings of the ACM Symposium on User Interface Software and Technology (UIST), 331-340.

Sukan, M., Feiner, S., Tversky, B., and Energin, S. (2012) Quick viewpoint switching for manipulating virtual objects in hand-held augmented reality using stored snapshots. Proceedings of the IEEE International Symposium on Mixed and Augmented Reality (ISMAR), 217-226.

Sun, S.-Y., Gilbertson, M., and Anthony, B. W. (2013) Computer-guided ultrasound probe realignment by optical tracking. Proceedings of the IEEE International Symposium on Biomedical Imaging (ISBI), 21-24.

Suomela, R., and Lehikoinen, J. (2000) Context compass. Proceedings of the International Symposium on Wearable Computers (ISWC), 147-154.

Supan, P., Stuppacher, I., and Haller, M. (2006) Image based shadowing in real-time augmented reality. International Journal of Virtual Reality 5, 3, 1-7.

Sutherland, I. E. (1965) The ultimate display. Proceedings of the Congress of the International Federation of Information Processing (IFIP), 506-508.

Sutherland, I. E. (1968) A head-mounted three dimensional display. Proceedings of the AFIPS Fall Joint Computer Conference, Part I, 757-764.

Sweeney, C., Fragoso, V., Höllerer, T., and Turk, M. (2014) gDLS: A scalable solution to the generalized pose and scale problem. Proceedings of the European Conference on Computer Vision (ECCV), Springer, 16-31.

Szalavári, Z., Eckstein, E., and Gervautz, M. (1998) Collaborative gaming in augmented reality. Proceedings of the ACM Symposium on Virtual Reality Software and Technology (VRST), 195-204.

Szalavári, Z., and Gervautz, M. (1997) The personal interaction panel: A two-handed interface for augmented reality. Computer Graphics Forum (Proceedings Eurographics) 16, 3, 335-346.

Szeliski, R. (2006) Image alignment and stitching: A tutorial. Foundations and Trends in Computer Graphics and Vision 2, 1, Now Publishers, 1-104.

Szeliski, R. (2010) Computer Vision: Algorithms and Applications. Springer.

Takacs, G., Xiong, Y., Grzeszczuk, R., Xiong, Y., Chen, W.-C., Bismpigiannis, T., Grzeszczuk, R., Pulli, K., and Girod, B. (2008) Outdoors augmented reality on mobile phone using loxelbased visual feature organization. Proceedings of the ACM International Conference on Multimedia Information Retrieval (MIR), 427-434.

Takemura, M., and Ohta, Y. (2002) Diminishing head-mounted display for shared mixed reality. Proceedings of the IEEE and ACM International Symposium on Mixed and Augmented Reality (ISMAR), 149-156.

Tallon, L., and Walker, K. (2008) Digital technologies and the museum experience: Handheld guides and other media. AltaMira Press.

Tamura, H. (2000) What happens at the border between real and virtual worlds: The MR project and other research activities in Japan. Proceedings of the IEEE and ACM International Symposium on Augmented Reality (ISAR), xii-xv.

Tamura, H., Yamamoto, H., and Katayama, A. (2001) Mixed reality: Future dreams seen at the border between real and virtual worlds. IEEE Computer Graphics and Applications 21, 6, 64-70.

Tan, H. Z., and Pentland, A. (2001) Tactual displays for sensory substitution and wearable computers. In: Barfield, W., and Caudell, T., eds., Fundamentals of Wearable Computers and Augmented Reality. Lawrence Erlbaum Associates, 579-598.

Tanaka, K., Kishino, Y., Miyamae, M., Terada, T., and Nishio, S. (2008) An information layout method for an optical see-through head mounted display focusing on the viewability. Proceedings of the IEEE and ACM International Symposium on Mixed and Augmented Reality, 139-142.

Tateno, K., Takemura, M., and Ohta, Y. (2005) Enhanced eyes for better gaze-awareness in collaborative mixed reality. Proceedings of the IEEE and ACM International Symposium on Mixed and Augmented Reality (ISMAR), 100-103.

Tatzgern, M., Orso, V., Kalkofen, D., Jacucci, G., Gamberini, L., and Schmalstieg, D. (2016) Adaptive information density for augmented reality displays. Proceedings of IEEE Virtual Reality (VR).

Tatzgern, M., Grasset, R., Kalkofen, D., and Schmalstieg, D. (2014a) Transitional augmented reality navigation for live captured scenes. Proceedings of IEEE Virtual Reality (VR), 21-26.

Tatzgern, M., Kalkofen, D., Grasset, R., and Schmalstieg, D. (2014b) Hedgehog labeling: View management techniques for external labels in 3D space. Proceedings IEEE Virtual Reality (VR), 27-32.

Tatzgern, M., Kalkofen, D., and Schmalstieg, D. (2010) Multi-perspective compact explosion diagrams. Computers & Graphics 35, 1, Elsevier, 135-147.

Taylor, R. M., Hudson, T. C., Seeger, A., Weber, H., Juliano, J., and Helser, A. T. (2001) VRPN: A device-independent, network-transparent VR peripheral system. Proceedings of the ACM Symposium on Virtual Reality Software and Technology (VRST), 55-61.

Teh, J. K. S., Cheok, A. D., Peiris, R. L., Choi, Y., Thuong, V., and Lai, S. (2008) Huggy pajama: A mobile parent and child hugging communication system. Proceedings of the International Conference on Interaction Design and Children (IDC), ACM Press, 250-257.

Terenzi, A. and Terenzi, G. (2011) Towards augmented reality design: The case for the AR plugins. Proceedings of the IEEE ISMAR Workshop on Authoring Solutions for Augmented Reality.

Thomas, B., Demczuk, V., Piekarski, W., Hepworth, D., and Gunther, B. (1998) A wearable computer system with augmented reality to support terrestrial navigation. Proceedings of the IEEE International Symposium on Wearable Computers (ISWC), 168-171.

Tomasi, C., and Kanade, T. (1991) Detection and tracking of point features. Shape and motion from image streams: A factorization method-Part 3. Technical Report CMU-CS-91-132, School of Computer Science, Carnegie Mellon University.

Tomioka, M., Ikeda, S., and Sato, K. (2013) Approximated user-perspective rendering in tablet-based augmented reality. Proceedings of the IEEE International Symposium on Mixed and Augmented Reality (ISMAR), 21-28.

Towles, H., Chen, W., Yang, R., Kum, S., Fuchs, H., Kelshikar, N., Mulligan, J., Daniilidis, K., Holden, L., Zeleznik, R. C., Sadagic, A., and Lanier, J. (2002) 3D tele-collaboration over Internet2. International Workshop on Immersive Telepresence (ITP), ACM Press.

Tramberend, H. (1999) Avocado: A distributed virtual reality framework. Proceedings of IEEE Virtual Reality (VR), 14-21.

Treisman, A. M., and Gelade, G. (1980) A feature-integration theory of attention. Cognitive Psychology 12, 1, 97-136.

Triggs, B., McLauchlan, P., Hartley, R., and Fitzgibbon, A. (2000) Bundle adjustment: A modern synthesis. In: Triggs, B., Zisserman, A., and Szeliski, R., eds., Vision Algorithms: Theory and Practice. Springer, 298-372.

Tsai, R. Y. (1986) An efficient and accurate camera calibration technique for 3D machine vision. Proceedings of the IEEE Conference on Computer Vision and Pattern Recognition, 364-374.

Tsai, R. Y. and Lenz, R. K. (1989) A new technique for fully autonomous and efficient 3D robotics hand/eye calibration. IEEE Journal of Robotics and Automation 5, 3, 345-358.

Tsetserukou, D., Sato, K., and Tachi, S. (2010) ExoInterfaces: Novel exosceleton haptic interfaces for virtual reality, augmented sport and rehabilitation. Proceedings of the ACM Augmented Human International Conference (AH), article 1.

Tsumura, N., Dang, M. N., and Miyake, Y. (2003) Estimating the directions to light sources using images of eye for reconstructing 3D human face. Color Imaging Conference, Society for Imaging Science and Technology, 77-81.

Tuceryan, M., Genc, Y., and Navab, N. (2002) Single-point active alignment method (SPAAM) for optical see-through HMD calibration for augmented reality. Presence: Teleoperators and Virtual Environments 11, 3, MIT Press, 259-276.

Turing, A. M. (1950) Computing machinery and intelligence. Mind, LIX, 236, 433-460.

Uchiyama, S., Takemoto, K., Satoh, K., Yamamoto, H., and Tamura, H. (2002) MR platform: A basic body on which mixed reality applications are built. Proceedings of the International Symposium on Mixed and Augmented Reality (ISMAR), 246-320.

Ullmer, B., and Ishii, H. (1997) The metaDESK: Models and prototypes for tangible user interfaces. Proceedings of the ACM Symposium on User Interface Software and Technology (UIST), 223-232.

Umeyama, S. (1991) Least-squares estimation of transformation parameters between two point patterns. IEEE Transactions on Pattern Analysis and Machine Intelligence 13, 4, 376-380.

Underkoffler, J., and Ishii, H. (1998) Illuminating light: An optical design tool with a luminous-tangible interface. Proceedings of the ACM SIGCHI Conference on Human Factors in Computing Systems (CHI), 542-549.

Underkoffler, J., and Ishii, H. (1999) Urp: A luminous-tangible workbench for urban planning and design. Proceedings of the ACM SIGCHI Conference on Human Factors in Computing Systems (CHI), 386-393.

Vacchetti, L., Lepetit, V., Papagiannakis, G., Ponder, M., and Fu, P. (2003) Stable real-time interaction between virtual humans and real scenes. Proceedings of the International Conference on 3D Digital Imaging and Modeling (3DIM), 449-456.

Valentin, J., Vineet, V., Cheng, M-M., Kim, D., Shotton, J., Kohli, P., Nießner, M., Criminisi, A., Izadi, S., and Torr, P. (2015) SemanticPaint: Interactive 3D labeling and learning at your fingertips. ACM Transactions on Graphics (Proceedings SIGGRAPH) 34, 5, Article 154.

van den Hengel, A., Hill, R., Ward, B., and Dick, A. (2009) In situ image-based modeling. Proceedings of the IEEE International Symposium on Mixed and Augmented Reality (ISMAR), 107-110.

Veas, E., Grasset, R., Ferencik, I., Grünewald, T., and Schmalstieg, D. (2012a) Mobile augmented reality for environmental monitoring. Personal and Ubiquitous Computing 17, 7, Springer, 1515-1531.

Veas, E., Grasset, R., Kruijff, E., and Schmalstieg, D. (2012b) Extended overview techniques for outdoor augmented reality. IEEE Transactions on Visualization and Computer Graphics 18, 4, 565-572.

Veas, E., Mulloni, A., Kruijff, E., Regenbrecht, H., Schmalstieg, D. (2010) Techniques for view transition in multiview outdoor environments. Proceedings of Graphics Interface, Canadian Information Processing Society, 193-200.

Ventura, J., Arth, C., Reitmayr, G., and Schmalstieg, D. (2014a) Global localization from monocular SLAM on a mobile phone. IEEE Transactions on Visualization and Computer Graphics 20, 4, 531-539.

Ventura, J., Arth, C., Reitmayr, G., and Schmalstieg, D. (2014b) A minimal solution to the generalized pose-and-scale problem. Proceedings of IEEE Computer Vision and Pattern Recognition (CVPR), 422-429.

Viega, J., Conway, M., Williams, G., and Pausch, R. (1996) 3D magic lenses. Proceedings of the ACM Symposium on User Interface Software and Technology (UIST), 51-58.

Vinnikov, M., and Allison, R. S. (2014) Gaze-contingent depth of field in realistic scenes. Proceedings of the ACM Symposium on Eye Tracking Research and Applications (ETRA), 119-126.

von Spiczak, J., Samset, E., DiMaio, S., Reitmayr, G., Schmalstieg, D., Burghart, C., and Kikinis, R. (2007) Multimodal event streams for virtual reality. Proceedings of the SPIE Conference on Multimedia Computing and Networking (MMCN), SPIE 6504-0M.

Wagner, D., Langlotz, T., and Schmalstieg, D. (2008a) Robust and unobtrusive marker tracking on mobile phones. Proceedings of the IEEE and ACM International Symposium on Mixed and Augmented Reality, 121-124.

Wagner, D., Mulloni, A., Langlotz, T., and Schmalstieg, D. (2010) Real-time panoramic mapping and tracking on mobile phones. Proceedings of IEEE Virtual Reality (VR), 211-218.

Wagner, D., Reitmayr, G., Mulloni, A., Drummond, T., and Schmalstieg, D. (2008b) Pose tracking from natural features on mobile phones. Proceedings of the IEEE and ACM International Symposium on Mixed and Augmented Reality, 125-134.

Wagner, D., Reitmayr, G., Mulloni, A., and Schmalstieg, D. (2009) Real time detection and tracking for augmented reality on mobile phones. IEEE Transactions on Visualization and Computer Graphics, 16, 3, 355-468.

Wagner, D., and Schmalstieg, D. (2003) First steps towards handheld augmented reality. Proceedings of the IEEE Symposium on Wearable Computers (ISWC), 127-135.

Wagner, D., and Schmalstieg, D. (2007) ARToolKitPlus for pose tracking on mobile devices. Proceedings of the Computer Vision Winter Workshop (CVWW).

Walsh, J. A., von Itzstein, S., and Thomas, B. H. (2013) Tangible agile mapping: Ad-hoc tangible user interaction definition. Proceedings of the Australasian User Interface Conference (AUIC), Australian Computer Society, 139, 3-12.

Wang, Y., and Samaras, D. (2006) Estimation of multiple illuminants from a single image of arbitrary known geometry. Proceedings of the European Conference on Computer Vision (ECCV), Springer, 272-288.

Want, R., Hopper, A., Falcao, V., and Gibbons, J. (1992) The Active Badge location system. ACM Transactions on Information Systems 10, 1, 91-102.

Ward, G. J., Rubinstein, F. M., and Clear, R. D. (1988) A ray tracing solution for diffuse interreflection. Proceedings of the ACM SIGGRAPH Conference on Computer Graphics and Interactive Techniques, 85-92.

Watson, B. A., and Hodges, L. F. (1995) Using texture maps to correct for optical distortion in head-mounted displays. Proceedings of the IEEE Virtual Reality Annual International Symposium (VRAIS), 172-178.

Weir, P., Sandor, C., Swoboda, M., Nguyen, T., Eck, U., Reitmayr, G., and Dey, A. (2013) BurnAR: Involuntary heat sensations in augmented reality. Proceedings of IEEE Virtual Reality (VR), 43-46.

Weiser, M. (1991) The computer for the 21st century. Scientific American 265, 3, 94-104.

Welch, G., and Bishop, G. (1995) An introduction to the Kalman filter. Technical Report 95-041, University of North Carolina, Chapel Hill, Updated: July 2006.

Welch, G., and Bishop, G. (1997) SCAAT: Incremental tracking with incomplete information. Proceedings of the ACM SIGGRAPH Conference on Computer Graphics and Interactive Techniques, 333-344.

Welch, G., and Bishop, G. (2001) An introduction to the Kalman filter. ACM SIGGRAPH Course Notes.

Welch, G., Bishop, G., Vicci, L., Brumback, S., Keller, K., and Colucci, D. (2001) High-performance wide-area optical tracking: The HiBall tracking system. Presence 10, 1, 1-21.

Welch, G., and Foxlin, E. (2002) Motion tracking: No silver bullet, but a respectable arsenal. Computer Graphics and Applications 22, 6, 24-38.

Wellner, P. (1993) Interacting with paper on the DigitalDesk. Communications of the ACM 36, 7, 87-96.

Wellner, P., and Freemann, S. (1993) The DoubleDigitalDesk: Shared editing of paper documents. Technical Report EPC-93-108, Xerox Research Centre Cambridge Laboratory, Cambridge, UK.

Wetzstein, G. (2015) Why people should care about light field displays. SID Information Display 31, 2, 22-28.

White, S., and Feiner, S. (2009a) SiteLens: Situated visualization techniques for urban site visits. Proceedings of the ACM SIGCHI Conference on Human Factors in Computing Systems (CHI), 1117-1120.

White, S., Feiner, S., and Kopylec, J. (2006) Virtual vouchers: Prototyping a mobile augmented reality user interface for botanical species identification. Proceedings on the IEEE Symposium on 3D User Interfaces (3DUI), 119-126.

White, S., Feng, D., and Feiner, S. (2009b) Interaction and presentation techniques for shake menus in tangible augmented reality. IEEE International Symposium on Mixed and Augmented Reality (ISMAR), 39-48.

Wigdor, D., Forlines, C., Baudisch, P., Barnwell, J., and Shen, C. (2007) LucidTouch: A see-through mobile device. Proceedings of the ACM Symposium on User Interface Software and Technology (UIST), 269-278.

Williams, L. (1978) Casting curved shadows on curved surfaces. Proceedings of the ACM SIGGRAPH Conference on Computer Graphics and Interactive Techniques, 270-274.

Wilson, A. D., and Benko, H. (2010) Combining multiple depth cameras and projectors for interactions on, above and between surfaces. Proceedings of the ACM Symposium on User Interface Software and Technology (UIST), 273-282.

Wilson, A. D., Benko, H., Izadi, S., and Hilliges, O. (2012) Steerable augmented reality with the beamatron. Proceedings of the ACM Symposium on User Interface Software and Technology (UIST), 413-422.

Wither, J., Coffin, C., Ventura, J., and Höllerer, T. (2008) Fast annotation and modeling with a single-point laser range finder. IEEE International Symposium on Mixed and Augmented Reality (ISMAR), 65-68.

Wither, J., Diverdi, S., and Höllerer, T. (2006) Using aerial photographs for improved mobile AR annotation. IEEE International Symposium on Mixed and Augmented Reality (ISMAR), 159-162.

Wither, J., DiVerdi, S., and Höllerer, T. (2007) Evaluating display types for AR selection and annotation. IEEE International Symposium on Mixed and Augmented Reality (ISMAR), 95-98.

Wither, J., DiVerdi, S., and Höllerer, T. (2009) Annotation in outdoor augmented reality. Computers & Graphics, 33, 6, Elsevier, 679-689.

Wither, J., and Höllerer, T. (2005) Pictorial depth cues for outdoor augmented reality. Proceedings of the IEEE International Symposium on Wearable Computers (ISWC), 92-99.

Wloka, M. M. (1995) Lag in multiprocessor virtual reality. Presence: Teleoperators and Virtual Environments 4, 1, MIT Press, 50-63.

Wloka, M. M., and Anderson, B. G. (1995) Resolving occlusion in augmented reality. Proceedings of the ACM SIGGRAPH Symposium on Interactive 3D Graphics (I3D), 5-12.

Woo, G., Lippman, A., and Raskar, R. (2012) VRCodes: Unobtrusive and active visual codes for interaction by exploiting rolling shutter. Proceedings of the IEEE International Symposium on Mixed and Augmented Reality (ISMAR), 59-64.

Xiao, R., Harrison, C., and Hudson, S.E. (2013) WorldKit: Rapid and easy creation of ad-hoc interactive applications on everyday surfaces. Proceedings of the ACM SIGCHI Conference on Human Factors in Computing Systems (CHI), 879-888.

Yamada, T., Yokoyama, S., Tanikawa, T., Hirota, K., and Hirose, M. (2006) Wearable olfactory display: Using odor in outdoor environment. Proceedings of IEEE Virtual Reality (VR), 199-206.

Yamamoto, S., Tamaki, H., Okajima, Y., Bannai, Y., and Okada, K. (2008) Symmetric model of remote collaborative MR using tangible replicas. Proceedings of IEEE Virtual Reality (VR), 71-74.

Ye, G., State, A., and Fuchs, H. (2010) A practical multi-viewer tabletop autostereoscopic display. Proceedings of the IEEE International Symposium on Mixed and Augmented Reality (ISMAR), 147-156.

Yii, W., Li, W. H., and Drummond, T. (2012) Distributed visual processing for augmented reality. Proceedings of the IEEE International Symposium on Mixed and Augmented Reality (ISMAR), 41-48.

Yokokohji, Y., Hollis, R. L., and Kanade, T. (1999) WYSIWYF display: A visual/haptic interface to virtual environment. Presence: Teleoperators and Virtual Environments 8, 4, MIT Press, 412-434.

Yoshida, T., Jo, K., Minamizawa, K., Nii, H., Kawakami, N., and Tachi, S. (2008) Transparent cockpit: Visual assistance system for vehicle using retro-reflective projection technology. Proceedings of IEEE Virtual Reality (VR), 185-188.

You, S., and Neumann, U. (2001) Fusion of vision and gyro tracking for robust augmented reality registration. Proceedings of IEEE Virtual Reality (VR), 71-78.

Zauner, J., Haller, M., Brandl, A., and Hartman, W. (2003) Authoring of a mixed reality assembly instructor for hierarchical structures. Proceedings of the IEEE International Symposium on Mixed and Augmented Reality (ISMAR), 237-246.

Zhang, Z. (2000) A flexible new technique for camera calibration. IEEE Transactions on Pattern Analysis and Machine Intelligence 22, 11, 1330-1334.

Zheng, F., Schmalstieg, D., and Welch, G. (2014) Pixel-wise closed-loop registration in video-based augmented reality. Proceedings of the IEEE International Symposium on Mixed and Augmented Reality (ISMAR), 135-143.

Zokai, S., Esteve, J., Genc, Y., and Navab, N. (2003) Multiview Paraperspective Projection Model for Diminished Reality. Proceedings of the IEEE International Symposium on Mixed and Augmented Reality (ISMAR), 217-226.

Zollmann, S., Hoppe, C., Langlotz, T., and Reitmayr, G. (2014) FlyAR: Augmented reality supported micro aerial vehicle navigation. IEEE Transactions on Visualization and Computer Graphics 20, 4, 560-568.

Zollmann, S., Kalkofen, D., Mendez, E., and Reitmayr, G. (2010) Image-based ghostings for single layer occlusions in augmented reality. Proceedings of the IEEE International Symposium on Mixed and Augmented Reality (ISMAR), 19-26.

찾아보기

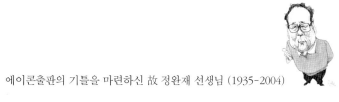

에이콘출판의 기틀을 마련하신 故 정완재 선생님 (1935-2004)

Augmented REALITY

증강 현실의 기본 원칙과 구현

발 행 | 2017년 9월 20일

지은이 | 디터 슈말스타이그 · 토비아스 휄레러
옮긴이 | 고 은 혜

펴낸이 | 권 성 준
편집장 | 황 영 주
편 집 | 조 유 나
디자인 | 박 주 란

에이콘출판주식회사
서울특별시 양천구 국회대로 287 (목동)
전화 02-2653-7600, 팩스 02-2653-0433
www.acornpub.co.kr / editor@acornpub.co.kr

한국어판 ⓒ 에이콘출판주식회사, 2017, Printed in Korea.
ISBN 979-11-6175-048-4
ISBN 978-89-6077-144-4 (세트)
http://www.acornpub.co.kr/book/augmented-reality-principle

이 도서의 국립중앙도서관 출판시도서목록(CIP)은 서지정보유통지원시스템 홈페이지(http://seoji.nl.go.kr)와
국가자료공동목록시스템(http://www.nl.go.kr/kolisnet)에서 이용하실 수 있습니다.(CIP제어번호: CIP2017023545)

책값은 뒤표지에 있습니다.